南开大学宋元史研究中心项目资助

元史论丛

（第十五辑）

蔡美彪先生纪念专号

Journal of the Yuan History Studies(Volume 15)
Special Issue in Memory of Professor Cai Meibiao

中国元史研究会　编
刘晓　主编
薛磊　于磊　马晓林　张斌　执行编辑

中国社会科学出版社

图书在版编目（CIP）数据

元史论丛. 第15辑, 蔡美彪先生纪念专号/刘晓主编. —北京：中国社会科学出版社，2023.12

ISBN 978 – 7 – 5227 – 3554 – 2

Ⅰ.①元… Ⅱ.①刘… Ⅲ.①中国历史—元代—文集 Ⅳ.①K247.07 – 53

中国国家版本馆 CIP 数据核字（2024）第 103094 号

出 版 人	赵剑英
责任编辑	宋燕鹏
责任校对	李　硕
责任印制	李寡寡

出　　　版	中国社会科学出版社
社　　　址	北京鼓楼西大街甲 158 号
邮　　　编	100720
网　　　址	http://www.csspw.cn
发 行 部	010 – 84083685
门 市 部	010 – 84029450
经　　　销	新华书店及其他书店

印　　　刷	北京明恒达印务有限公司
装　　　订	廊坊市广阳区广增装订厂
版　　　次	2023 年 12 月第 1 版
印　　　次	2023 年 12 月第 1 次印刷

开　　　本	787×1092　1/16
印　　　张	31.75
字　　　数	520 千字
定　　　价	189.00 元

凡购买中国社会科学出版社图书，如有质量问题请与本社营销中心联系调换
电话：010 – 84083683

任重道远　继往开来

——新版弁言

本辑《元史论丛》是中国元史研究会名誉会长蔡美彪先生的纪念专号。

蔡美彪（1928 年 3 月 26 日—2021 年 1 月 14 日），浙江杭州人。1946 年考入南开大学历史系，1949 年入北京大学史学研究部攻读研究生。1952 年毕业后，先后在中国科学院语言研究所、近代史研究所工作。去世前为中国社会科学院荣誉学部委员、近代史研究所研究员。蔡美彪先生治学领域广泛，涉及历史学、文献学、语言学等多学科，在辽金元边疆民族、政治制度、民族语文乃至戏曲杂剧等方面，均有突出贡献，在海内外享有很高声誉，曾先后担任中国元史研究会会长、中国蒙古史学会理事长等职。主要著作有《元代白话碑集录》《八思巴字碑刻文物集释》《八思巴字与元代汉语》（合著）《辽金元史考索》《学林旧事》等。此外，范文澜先生去世后，他还长期主持《中国通史》第五卷以后的编写工作，最后完成出版全书十二卷，并独自撰写出版《中国通史简本》与《中华史纲》。

蔡美彪先生为南开大学杰出校友，2015 年曾以夫人胡文彦名义设立"南开大学胡文彦助学金"，专门资助南开大学家境贫寒、学习刻苦、成绩优良的女学生，去世后，亲属又将蔡美彪夫妇 1949 年南开大学毕业证书、成绩单等珍贵资料捐赠南开大学档案馆，永久珍藏。2021 年 4 月 17 日，南开大学、中国元史研究会与中华书局在天津联合举办"蔡美彪先生追思会"，蔡先生生前好友、学生齐聚津门，共同缅怀先生的学术成就，追思先生的崇高品格，弘扬先生的学术精神。作为蔡美彪先生的纪念专号，本辑《元史论丛》收录了追思会的部分发言稿件。

中国元史研究会是 1980 年在南京成立的由全国元史工作者组成的学术团体，成立伊始即确定以《元史论丛》为会刊。自 1982 年由中华书局出版第一辑以来，《元史论丛》已累计出版十四辑（另有特辑一种《庆祝蔡美彪教授九十华诞元史论文集》），一直是国内元史工作者发表学术论文的园地与开展学术交流的平台。时光荏苒，四十年倏忽而逝，《元史论丛》发刊词曾提到当时"我们的力量仍是薄弱的"，如今元史研究队伍早已发展壮大。在"培养新生力量"、"提高研究水平"、"开拓研究领域"等方面，我们也已取得很大成绩。当然，新时代有新的问题、新的挑战，我们将沿着蔡美彪先生等前辈学者开辟的学术道路，披荆斩棘，继续前进，为中国学术的发展繁荣贡献自己的力量。

刘晓

2023 年 10 月 17 日于天津

目　录

Contents

忆 蔡 公

陈高华

我第一次见到蔡公是在学部（中国科学院哲学社会科学部，中国社会科学院的前身）组织的批斗会上。大概是 1966 年 6 月中旬，我刚结束了在房山南尚乐公社八九个月的"四清"回来。当时学部已经"天下大乱"，学部的领导们都已经被打倒，造反大业正是如火如荼，各种批斗会更是司空见惯，见到蔡公那次级别比较高，集中批斗一批学部和各所的头面人物、反动权威，蔡公也是其中之一，但名列最后。

当时注意到蔡公，一是因为之前虽不相识，但对他闻名已久。在我进入历史所工作之前，他不仅已经发表过多篇高水平论文，出版了成名作《元代白话碑集录》，还是范文澜先生编写《中国通史》的主要助手之一，而且是最年轻的，深得范老赏识看重。二是因为跟同台被斗的其他人比起来，他的资历、名气还有差距，不知为什么得以厕身其中。事后想来，可能是因为1961 年他写过一篇《对中国农民战争史讨论中几个问题的商榷》，被认为是否定农民战争，学术界一些人对他大加挞伐，据说批判文章有一百多篇，蔡公从此再未涉足农民战争这个领域。

与蔡公熟悉起来已经是"文化大革命"结束以后的事了。范老去世以后，蔡公承担起继续完成《中国通史》的工作，表现出了卓越的学术水平和组织能力。1978 年，社科院发起了编纂《中国历史大辞典》的工作，蔡公被聘为编纂委员会的副主编，同时兼任《辽夏金元史卷》的主编，我则列名该卷的副主编之一，在蔡公的领导下开展工作。近代史所与历史所相距不远，我们时常见面，讨论条目、分工等问题，蔡公抓得很紧。辽夏金元的历史与其他时代不同，牵涉边疆、民族、语言等多方面问题，其繁难是公认的，《辽夏金元史卷》以五千余个条目、六十万字的规模，在 1986 年就完成了出版，蔡公厥功至伟。这部书可以说是对这个时期历史的一个总结，同时又推动了研究的深入，为这个领域的进一步发展创造了有利的条件。

1980 年 10 月，元史研究会在南京成立。成立大会的会议通知讲述了组建元史研究会的缘起："一九七九年五月在成都召开的中国史学研究规划会议上，翁独健、韩儒林等同志曾倡议成立元史研究会。以加强我国元史研究者之间的学术交流和合作，促进研究事业的发展。这一倡议得到许多元史研究者的热烈赞同。经有关方面协商并报请社会科学规划筹备会议同意，委托中国社会科学院历史研究所与南京大学历史系共同筹备成立元史研究会事宜。"研究会成立后，韩先生任会长。蔡公虽然没有承担具体职务，但仍然在组建过程中起到了很大作用。所以在韩先生去世后，他众望所归，被推举接任会长。蔡公在任期间，元史界之欣欣向荣有目共睹，这不仅因为他在学术上能带动发展，更得益于他善于处理矛盾，能很好地团结大家，引领了良好的风气。而他在连任两届之后毫不恋栈，坚决辞职，也为我和元史会同仁树立了榜样。

"文化大革命"以后，经常和蔡公一起参加各种会议，其中印象较深的是 1987 年 9 月，我和蔡公一起前往蒙古国首都乌兰巴托参加第五届国际蒙古学家大会。1959 年，翁独健先生曾率团参加了这个大会的第一届。由于众所周知的原因，之后的二、三、四届中方都没有派代表与会。这一次蒙古国方面非常重视，派了曾在北京大学留学、杨讷的同学达赉专程来中国邀请。于是中方组织了一个由中国社科院和内蒙古学术界联合组成的 8 人代表团。社科院少数民族文学研究所的副所长仁钦道尔吉担任团长，顾问是内蒙古大学教授清格尔泰，蔡公和我都是团员。此外还有社科院民族研究所和内蒙古大学、内蒙古师范大学、内蒙古社会科学院语言研究所的几位同志。

我们 9 月 12 日从北京乘中蒙间的国际列车出发，蔡公和我被安排在一个软卧包厢。澳大利亚的罗依果等一些其他国家的学者受当时交通条件所限，须从北京中转前往，也与我们同行。一路上窗外只是莽莽大地，景色乏善可陈，但能够有机会深入蒙古腹地，蔡公依然兴致很高，拉着我谈古论今，倒也不寂寞。快到乌兰巴托时才渐有人烟，负责陪同的达赉也过来为我们介绍

1987 年 9 月蔡美彪与陈高华在乌兰巴托

当地的一些情况。到达乌兰巴托已是 13 日中午，安排住在当地一家条件较好的饭店，仍是两人一间，蔡公和我继续同室而居。在接下来几天里，我与蔡公朝夕相处，无话不谈，获益匪浅。

这次会议规模盛大，有 33 个国家以及联合国教科文组织和国际阿尔泰学家常务会议的正式代表 174 人，列席代表 200 余人参加。14 日大会开幕后，分为三个组进行学术讨论，第一组是历史、经济和哲学，第二组是语言和艺术，第三组是蒙古与中央亚细亚人民的文化和文明化联系。中方 8 位代表分散在三个组中，蔡公和我都是第一组。蔡公宣读的论文是《脱列哥那后史事考辨》，他运用了汉文和波斯文史料，指出脱列哥那是窝阔台的六皇后而非大皇后，讨论了她与耶律楚材等大臣的关系，以及在蒙古政务中的作用。这篇论文可谓是蔡公的代表作之一，后来发表在《蒙古史研究》上。我的论文是《元上都的宫廷生活》，请同去的社科院民族研究所斯琴朝克图用蒙语口译了主要内容。这次大会是中国蒙元史界重回世界学术舞台的一次亮相，受到国际蒙古学界的重视。在大会通过协商建立的国际蒙古学协会里，蔡公和清格尔泰教授被推举为执行委员会委员。后来在 1992 年举行的第六届大会上，国际蒙古学协会向蒙古学研究方面做出重大贡献的十位学者颁发荣誉会员证书，蔡公是其中之一，他的影响力由此可见一斑。

学术交流之余，大会还安排了不少活动，比如参观苏蒙联合考古展、纺织厂，观看歌舞表演、摔跤比赛等等。其中有个蒙古学研究成果展览，展品包括中国的汉文和蒙古文代表性著作数十种。蔡公和我特别找了个时间，请达赉带着我们去了当地最重要的藏传佛教寺庙甘登寺和蒙古国家博物馆。蒙古国家博物馆的古生物陈列比较精彩，但是历史部分则不尽人意。本来我们以为这里会有相当数量的蒙元文物，结果大失所望，只有哈剌和林出土的一些瓷器、铁器和阿睦尔撒纳的画像留下些印象。还好看到了"释迦院碑"，蔡公是研究蒙元碑刻的名家，得睹此碑真颜，终于一偿所愿，我们算是不虚此行。

1987 年 9 月蔡美彪与陈高华在乌兰巴托

　　大会闭幕后，当天下午就组织部分代表分乘三架小飞机前往杭爱省参观额尔德尼召。额尔德尼召是蒙古国现存最古老的藏传佛教寺院，距离乌兰巴托三四百千米，飞行了一个小时左右。到达以后，我们了解到哈剌和林故城遗址距此不过一两千米，不知会议为什么没有安排前往参观。对于蔡公和我来说，如果就这么与故城擦肩而过，此行无异于买椟还珠，于是找到组织者进行沟通，最终他们同意派车送我们几位中国代表前去。故城遗址位于戈壁滩上，间有废墟土堆，如果没有地表仅存的一座龟趺和脚下偶尔出现的琉璃瓦碎片，难以想象这里曾经是一个强盛帝国的首都。其时正值夕阳西下，蔡公和我在遗址中漫步，遥想七百年前这里的风起云涌，搅动欧亚大陆的英雄豪杰而今安在？鲁布鲁克为之倾倒的万安宫现在不过一马平川。沧桑兴废，令人怅然。

　　现在翻看保存下来的工作日记残篇，每年都有多次寻访蔡公的记录，在学术上或其他工作上一有疑难，我总是找他请教。我特别感谢的是他在学术上的指点和帮助。其中印象最深的是蔡公为我的第一本论文集写书评的事。中华书局于 1991 年出版了我的论文集《元史研究论稿》，此书收录了我在 1987 年以前发表的论文和札记，可以说是我前半生学术活动的一个总结。此书出版后，我送给蔡公一本。但我知道他对书评写作态度很严肃认真，他说过，写序"必须对著作的旨趣有深切的了解，对著作中研究的问题也做过相当的研究"，因此不敢冒昧提出要求。不料没有多久，蔡公就写了一篇书评《读〈元史研究论稿〉》，既对其中一些篇目做了细致的点评，又从百年来元史研究发展的角度，做了全面的分析，指出我继续前进的方向。此文发表以前和以后，蔡公都没有向我提及。我拜读以后，深受启发。现在每次重读，依然能够感受到蔡公对后进者的热情帮助。

　　在个人学术研究上，蔡公成就卓越，是无可争议的泰山北斗。对于学术界，他更是承前启后的领军者，蒙元史研究今天能有如此兴旺的景象，他的贡献不可磨灭。而蔡公之于我，"生平风义兼师友"是真实写照。我们相交近半个世纪，无论为学、为人都从他那里受益良多，他的指导与鼓励至今对我有很大的影响。斯人已逝，谨以这篇小文表达我对他的怀念。

　　　　　　　　　　　（作者为中国社会科学院古代史研究所研究员）

蔡美彪先生的治史生涯与意境

李治安

两年前，著名历史学家蔡美彪先生驾鹤西去。得悉先生病重逝世，我本想赴京探望且送最后一程，怎奈因疫情防控，京津高铁虽来往便利却难以成行，实在让人悲伤惋恨，几近唏嘘。

蔡先生长我 20 余岁，虽都曾经是杨志玖师的学生，但他成名于 50 年代，学问大，造诣深。我则因十年"文化大革命"的荒废，1978 年而立之年才考入南开大学历史学系。1988 年年底，我的博士论文答辩又是请蔡先生主持，相当于昔日科场上的"座主"。我对蔡先生的学问极为钦佩，始终视他为师长前辈。数十年来，蔡先生在学业上给我的教诲和帮助甚多，称得上杨志玖师之外第二位学术引路人。20 世纪 80 年代初，正是杨志玖师一纸便条的介绍，我有幸经常到北京王府井东厂胡同的中国近代史所向先生请教，对先生的学问成就，知晓渐多。蔡先生 70 余年如一日，致力于辽金元史和通史的研究撰述。除主编新中国第一部《中国通史》后 8 册外，《元代白话碑集录》（科学出版社，1955；中国社会科学出版社，2017 修订）、《八思巴字碑刻文物集释》（中国社会科学出版社，2011）、《辽金元史考索》（中华书局，2012）三部巨作，汇聚了先生一生最主要的学术贡献，显现出卓尔不群的学术造诣。周清澍教授评价蔡先生"是我国卓有成就和贡献的史学家"，"当今史学泰斗"。可谓实至名归。我从蔡先生处学到最多和最有益的东西，就是他精彩的史学篇章和可贵的学问境界。这里简略谈若干体会及所受教益，与诸位同仁分享，也以此表达对蔡先生的景仰和深切缅怀。

一 辽史起步 考据求真

记得六七年前，蔡先生和我谈起早年的学史经历时说："我治辽史是在南开跟杨志玖先生学的，治元史是到北大读研究生后学的。"当时，我颇觉困惑：杨志玖师是元史科班，在南开学辽史又从何谈起呢？日后拜读《辽金元史考索》中蔡先生 1947 年、1948 年撰写的几篇辽史论文，才茅塞顿开。1945 年秋季，蔡先生业已考取北京大学史学系，然因自昆明西南联大复校的北大，不承认当年在北京的招生，蔡先生只好转学到刚刚在天津复校的南开大学。杨志玖师也在借调中研院史语所若干年后，履行西南联大研究生毕业时与南开文学院院长冯文潜教授的聘任约定，偕师母自四川宜宾李庄来天津南开大学任教。蔡先生和夫人胡文彦女士就是杨志玖师所教的第一班学生。抗战后复校的南开，虽改为国立，但因曾遭日军轰炸，图书馆藏书除提前运至重庆的经研所资料外被洗劫一空。即使是文科师生从事科学研究，也会遇到文献资料方面的诸多困难。杨志玖师不得不以隋唐宋辽金元等古代史教学授课为主要工作，五十年代初即出版《隋唐五代史纲要》。而后，所从事的元史专业则因图书资料匮乏，不得不中断 20 多年。在这种困难条件下，杨师利用少量常见文献精彩讲授辽史，引起蔡先生的兴趣，也合乎情理。

蔡先生撰写并首次公开发表的辽史论文就是 1948 年 3 月 11 日南京《中央日报·文史周刊》的《辽史文学王鼎传正误》。该文详细考证《王鼎传》中的"流镇州"即"待罪可敦城"，考证编史者妄改"大安"作"寿隆"以及将王鼎前后两任观书殿学士混为一谈等，所征引不过《焚椒录》《契丹国志》《辽史》及箭内亘等论文等基础文献，然论证缜密翔实，多角度多层面地纠正《王鼎传》错误，条分缕析，丝丝入扣，令人信服。该文是用文言文书写，据刘浦江教授讲，若干年后一些海外学人甚至误认为是遗老宿儒的手笔。这篇文章实际撰写于 1947 年 12 月，杨志玖师给打了 100 分，还获得张伯苓校长亲自颁发的南开大学一等奖学金（仅两名）。身为大学二年级本科生能写出如此佳作而获得师长褒奖，当之无愧。从这篇佳作，也能窥见杨志玖师擅长以普通史料开展精密考订及追求真实的治史风格。"我治辽史是在南开跟杨志玖先生学的"，所言甚是。之后，蔡先生又先后发表《契丹的部落组织和国家的产生》《试说辽耶律氏萧氏之由来》《论辽朝的天下兵马大元帅与皇位继承》《辽代后族与辽季后妃三案》《辽史两萧塔列葛传辨析》等精彩篇章,涉及论题更为宏大,学术价值更为高深,对若干关键问题拨乱反正,卓越见识和格局似无人能出其右。姚大力教授称赞蔡先生"从容道来,寓推陈出奇于经义会通之中"。这些皆起步或奠基于1947年年底《辽史文学王鼎传正误》,皆是"在基础史料上下功夫"和"善于独立思考"[①]的成果,皆贯穿据实考证和追求真实的学术精神。蔡先生曾经对我讲,真正的史学高手,并不在于其发现某些珍本善籍,而是能够在普通常见的文献中沥沙拣金,破解疑难。我觉得,蔡先生的上述辽史诸篇无疑是沥沙拣金、破解疑难的杰作,更是得杨志玖师治学精髓进而发扬光大之作! 前述《辽史两萧塔列葛传辨析》一文,是为1994年《祝贺杨志玖教授八十寿辰中国史论集》而撰写。事后我才领悟:此文既是为杨志玖师祝寿,也蕴含着报答南开培育之恩的意思。

二 攀登白话碑和八思巴字碑刻考释的高峰

1949年年底,蔡先生在南开大学历史学系毕业,因为是新中国成立后第一批大学毕业生,还曾坐车到北京参加中央政府主持的毕业典礼,毛泽东主席和周恩来总理等国家领导人曾莅临庆贺。而后,蔡先生考入北京大学史学研究部攻读元史研究方向研究生,终于圆了进北大深造的"梦想"。

当时,北大没有元史指导教授,史学系主任郑天挺先生认为,清华系主任邵循正先生"学问为侪辈冠冕",特意聘请邵先生作导师,每年到北大讲课[②]。蔡先生遂跨校得到了元史名家的教导。蔡先生平素受到北大教授们的指教和影响也很多。特别是1950年兼任北大文科研究所助教后,文科研究所所长、著名语言学家罗常培先生送他一本新著《语言与文化》,让他惊喜不已。或许由于原中研院历史语言研究所学术传统的熏陶,又兼罗常培、邵

---

① 蔡美彪、乌兰:《蔡美彪先生访谈录》,《中国民族研究年鉴2010—2012》,中国社会科学出版社2014年版。

② 郑克晟:《忆邵循正师与郑天挺先生》,戴学稷、徐如编《邵循正先生百年诞辰纪念文集(续编)》,2010年11月。对郑天挺先生的良苦用心,蔡先生一直心存感激,60年后,遂以"学生蔡美彪敬题""懿范长存"四大字,庆贺郑天挺先生诞辰110周年。

循正等先生的影响和指点，蔡先生开始走上了考释元代白话碑和八思巴字碑刻之路，并作为自己元史研究的首要工作。

《元代白话碑集录》1955 年出版，也是蔡先生的成名作。所谓"白话碑"，是按照蒙古语结构，用元代的口语、俗语将蒙古语公牍直译为汉语的碑文。它是反映元代白话口语状况且充任元代汉语研究的必要参考，也直观反映元代寺院僧侣、宗教政策和蒙古诸王势力等社会状况。该书编写时，陈垣先生曾将他早年搜集的拓片五种借用，以示鼓励支持。邵循正、吕叔湘两先生提出了详细意见，多所指正。蔡先生首次对这种硬译白话文牍作了标点及分段，还对汉译蒙古语及其他语言的专名作了注释。这些筚路蓝缕的工作，不仅对一般蒙元史学者极具参考意义，还为日后《蒙古秘史》《元典章》等类似文牍的整理与研究提供方便。该书随即成为蒙元史学者的必备案头书之一。特别是 2017 年出版增订本时，蔡先生又认真修订碑名及年代，增立了题解项予以必要的说明。还依据新的研究成果重新改写注释，并增入一批相关照片和拓片。

八思巴字是元世祖忽必烈命国师八思巴用藏文字母创制的一种新的蒙古字，并用以译写一切文字。自 20 世纪三四十年代始，国际学术界收录并综合研究传世八思巴字音写蒙古语和汉语，方兴未艾。国外对八思巴字音写汉语研究以龙果夫（A. Dragunov）为代表，对八思巴字音写蒙语研究以鲍培（N. Poppe）为代表。国内首倡八思巴字蒙古语、汉语研究的前辈是韩儒林先生和罗常培先生。

蔡先生依然是从史料文献的搜集整理着手。自 1950 年北大文科研究所读研究生兼助教，他开始利用北京大学的丰富收藏，搜集整理八思巴字石刻拓片等资料。当时，他将艺风堂、柳风堂及研究室的新旧拓片置于一室，相对摩挲，比勘整理。1953 年，发表《北京大学文科研究所所藏八思巴字碑拓序目》（北京大学《国学季刊》7 卷 3 号）。1959 年，先生和罗常培合著《八思巴字与元代汉语》（科学出版社，中国社会科学出版社 2004 年增订），当是以资料汇编为主体的奠基之作。该书初版分为两编，第一编绪论，对八思巴字的创制推行做了概括说明，并附图介绍部分现存的八思巴字文物。第二编资料，包括北京大学文研所藏八思巴字碑拓简目和 27 件八思巴蒙古字碑刻拓本图版；元至元郑氏等五种《事林广记·百家姓》刊本；两篇《蒙古字韵》跋文、写本《蒙古字韵》和《蒙古字韵》校勘记。2004 年增订本按原计划补成四编：除对初版一二编略作修订外，又将罗常培"音韵"遗稿及陆志韦"编者校语"补为第三编，蔡先生 20 世纪 50 年代初依据本书所收碑刻和百家姓等资料编制的"字汇"仍编为第四编。该书堪称八思巴字碑刻文献等基本资料库，为后续研究提供了充足的资料条件和提升基石。

在以后的数十年间，蔡先生陆续撰写发表了 34 篇元代八思巴字碑刻文物的考释论文，2011 年汇集为《八思巴字碑刻文物集释》由中国社会科学出版社出版。其中，关于道教、佛教寺观护持碑刻的考释占一半，还广泛涉及墓碑刻石、玉册、牌符、印章、文玩等。概括起来，蔡先生有关八思巴字碑刻文物的考释论文不仅在数量上远远超越前人，还有如下三点新的突破：其一，对八思巴字碑刻和文物一概依据图版，分行做拉丁文转写与汉语旁译合璧录写；其二，部分是对新发现石刻文物的率先探讨，同时荟萃借鉴国内外学者已有研究且加以认真评述，结合相关原始资料详作探究，对错误之处予以纠正；其三，以往研究大多偏重于古汉语音韵和蒙古语的解读，较少留意相关史事原委，作者则以专门语汇切入对碑文进行笺释，兼及语汇解读和史事考订，将笺释提升到历史、语言综合研究的层面，显著增大了对八思巴字碑刻文物蕴涵背景信息的还原力度，非常有利于元代相关历史问题的深入探讨。总之，由于上述新的突破，可以说《八思巴字碑刻文物集释》确实是攀登了新的学术高峰，成为蔡先生史学成就中用力最勤和最耀眼的篇章，甚至可以说是迄今海内外八思巴字碑刻文物研究最前沿、最详赡的成果。

三 贵在"会通"的元史、通史等建树

"会通"一词，就是会合变通、融会贯通的意思。蔡先生治辽史而入元史，由白话碑和八思巴字碑刻切入而治元史，业已有纵横会通的良好势头。70 年来，蔡先生在辽史和八思巴字碑刻研究的同时，还在元史和通史等领域不懈探索，皆展现其贵在"会通"的特色风格。

元代牌符制度比较重要，也比较复杂，尽管王国维、箭内亘等已有考论，但仍存不少令人困惑的疑窦。蔡先生《叶尼塞州蒙古长牌再释》

（2008）基于前人的铭文识读和牌符综考，重点对尚存异议的"按答奚"一词再加诠释。更突出的是，在探讨蒙元长牌制度源流过程中厘定了该长牌的性质与用途。主张元代牌符直接或间接继承唐宋辽金牌符制文化传统，概分为官员佩带长牌和差使乘驿的圆牌两大类。又辨析《长春真人西游记》《蒙鞑备录》和《黑鞑事略》等文献记载，详考军官授牌、奉使悬牌以及佩带、回纳、管理等。认为成吉思汗攻破金中都将缴获的金银牌改铸为蒙古畏兀儿字牌，且援用金制分为虎头金牌、素金牌和银牌三等，太宗朝继续行用。世祖至元十六年又将三种牌符统一改铸为八思巴蒙古字。基于上述蒙元长牌演变轨迹的勾勒，综合判断叶尼塞州八思巴蒙古字银质金字长牌系漠北戍军千户佩带的金牌。该文以既放眼唐宋辽金元"长时段"的源流探讨，又参酌融汇蒙古灭金、忽必烈颁蒙古新字等重大史实及蒙元多重史籍记载异同，终于将叶尼塞州蒙古长牌为代表的元代军官长牌问题搞得水落石出，相关认知随而豁然开朗。

乣与乣军，屡见于辽金元史乘。钱大昕、王国维、陈寅恪、邵循正、箭内亘、伯希和、弗拉基米尔佐夫等中外学者已有不少论列，然因率多自乣军立论又探讨其族属，以致众说纷纭。蔡先生《乣与乣军之演变》（1983）紧扣乣字本义的阐发，逐次探研辽代、金世宗以前、金章宗以后、成吉思汗侵金时期和蒙元时期的乣与乣军。精辟指出，乣或是辽金元时代契丹、女真和蒙古语中的一个专用词汇，汉文文献中译音作乣。用以泛称杂居的外族分子。本义有"杂户""杂类"之义，与汉语中的"蕃""夷""杂胡"相似。其具体含义随时代而有所演变。乣用之于人户称乣人、乣户、乣民，用之于官称乣官、乣将，用之于地称乣地。辽代契丹所称的乣，主要是北方边境俘降的各族分子，不包括汉人和渤海。金代女真所称的乣，指北方各族的俘降分子和流散分子，不包括汉人、渤海和契丹。蒙古所称的乣，复数形为札忽惕，初期称谓汉人、契丹人及女真，后来统称被征服的各族人，包括汉人、契丹、渤海、女真以及高丽、唐兀等其他各族分子。但随着领域扩大和各族人增多，乣的含义又逐渐缩小，限于南人以外的汉人以及与汉族杂居的非色目的各族人，汉文文献中乣的译名也由乣汉演变为"汉儿"或"汉人"。乣军则是上述不同时期乣人、乣户等因统治者需要而组成的军队。蔡先生熟稔辽金元史事，精审考辨相关文献，既纵向贯通"乣"一词含义及其在辽金元三代具体形态的演变，又融通与"乣"关联的字义、各族分子和军事单位，遂将乣与乣军问题的来龙去脉梳理得一清二楚，使多年来的一桩争讼得以基本破解，还附带解释元初汉人及汉军的来由，堪称以"会通"考证疑难的典范。

1953 年蔡先生调入中国科学院近代史研究所，协助范文澜先生编著《中国通史简编》（修订本，四册），后又主持编著宋辽金元明清后八册，续写的书和范文澜书合为一体，名为《中国通史》。蔡先生主持编著了其中三分之二的篇幅，使"通史"名副其实。可以说，范文澜先生开创了《中国通史》的学术事业，蔡先生则赓续未竟，集其大成。据韩志远研究员等回忆，后八册编撰前后历时 30 余年，蔡先生虽实际担当主编，却与其他合作学者一并署名。还沿用范文澜先生前四册的传统，通常是诸位合作者提供初稿，然后由蔡先生执笔重新改写，以保持文笔风格上的一气呵成。为此，蔡先生个人承担了极其繁重的工作量，耗费了大量精力。自 20 世纪 50 年代，特别是 1978 年以后，蔡先生又结合《中国通史》编著，撰写发表了一系列论文，探研多个断代的重大问题。如《汉代亭的性质及其行政结构》（1955）、《对中国农民战争史讨论中几个问题的商榷》（1961）、《曳剌之由来及其演变》（1987）、《大清国建号前的国名、族名与纪年》（1987）、《明代蒙古与大元国号》（1992）、《略谈宋元时期农民地位的演变》（1998），以及戏曲史杂考等多篇论文。就这样沿着由断代而通史、专通并举、博约相济的特有途径一路走来。

难能可贵的是，针对 20 世纪 60 年代"五朵金花"之一农民战争问题讨论中有关评价越吵越高，蔡先生发表《对中国农民战争史讨论中几个问题的商榷》（《历史研究》1961 年第 4 期）一文，敏锐指出，中国农民战争只是在封建社会内部打击甚至推翻某王朝统治，但并不能带来新的生产力和新的生产关系，并不是社会革命。当农民军向封建王朝作斗争的时候，同时就是向它的对立面转化的开始。农民起义领袖建立的政权不是农民阶级建立的本阶级政权，不能看作"农民阶级政权""农民专政"，而是"新的封建政权"。该文既坚持马克思主义辩证唯物论，又扎根秦以降大量历史事实的考辨分析。尤其是非社会革命说，在极"左"思潮盛行之际确是独树一帜，振聋发聩。某种意义上也是作者"会通"国史的一次特殊实力展现。据说"文化大革命"时蔡先生曾因该文受造反派批判，但事实证明，它是经得起时间考验的真知灼见。

四　兼收诸家优长与奖掖后学

兼收诸家优长与奖掖后学，同样是蔡先生治史值得称道的地方。蔡先生以史学为毕生志业，之所以能够成为"我国卓有成就和贡献的史学家""当今史学泰斗"，除个人努力外，兼收诸家优长，弘扬光大前辈学问，也不可或缺。蔡先生虽然没有赶上西南联大名师荟萃的教益，但新中国建立前后得到了南开杨志玖先生、清华邵循正先生、北大罗常培先生、向达先生等直接的指导与培养，包括"要在基础史料上下功夫"，"要善于独立思考"，蒙古语、音韵学等语言学训练，等等。1952 年以后又到中国科学院语言研究所和近代史研究所工作，长期充任范文澜先生助手，耳濡目染，深受其学术影响。又身处史学中心地带，能够获得陈垣先生、吕振羽先生、吕叔湘先生等前辈的较多帮助。承蒙诸多历史学、语言学名家的教诲指点，蔡先生是非常幸运的。蔡先生曾经对我说，他最钦佩陈垣先生的学问。在一篇跋文中，他也曾写道："援庵先生是我素所景仰的宗师。1945 年，我曾去旁听（实为偷听）他讲授中国史学名著，论及钱大昕的学术，侃侃而谈，使我留下了难忘的记忆。1948 年，我在南开大学读《元秘史》，知先生有《元秘史译音用字考》一书，难以觅得，曾写信求教。不意几天之后，援庵先生竟托人将此书带津，惠赠给我。并将他未刊布的'顾千里元秘史跋文校异'抄稿一并赠我阅读。对于前辈大师的如此厚惠，我一时感奋不已，曾写下题记数行，以志不忘，兼用自勉。50 年代初，我在编纂《元代白话碑集录》时，也曾向援庵先生求教。援庵先生慨然将他珍藏的赵州柏林寺碑等拓本五通借给我收录，以补此书的不足。"[①] 近年，笔者拜读蔡先生的文章，觉得他在精研史料而得新意方面颇像杨志玖师，在宏观与微观并重、综合驾驭上颇像范文澜先生，而在行文论证时广涉博征、纵横捭阖和详赡精彩方面更像陈垣先生。足见，他"虽没有机缘受业于援庵先生门下"，但实际受陈垣先生的学术影响

---

①　蔡美彪：《读陈垣〈道家金石略〉书后》，《历史研究》1991 年第 3 期。

很大。

　　谈到蔡先生奖掖后学，还得从 20 世纪 80 年代初谈起。1982 年考取杨志玖师元史方向的硕士研究生后，我经常赴北京查阅图书资料。当时的中国科学院图书馆设在王府井大街北端，看书比北京图书馆还方便，又和近代史所毗邻。我就是利用赴京看书的机会，拿着杨志玖师的纸条介绍，初次拜见蔡先生的。记得在近代史所三楼东侧通史研究室房间，蔡先生谈笑风生地给我讲一些蒙元史文献要旨和学术动态，让我大长见识，受益匪浅。特别是参加蔡先生接任中国元史研究会会长和中国蒙古史学会理事长相继举办的苏州元史年会和包头蒙古史年会之后，与蔡先生见面接触的机会更多了。记得蔡先生曾经把元史研究会的工作归纳为两件：办好年会，编辑《论丛》。宗旨即以文会友和培育新秀。他曾经风趣地将新参加年会的硕士生和博士生戏称为"新科进士"，饱含对刚踏入学术门槛的青年学子的期望与鞭策。1986 年，为成功举办南京元史国际学术研讨会，蔡先生特意将他主编的新出版《中国历史大辞典·辽夏金元分册》百余册随身带上火车，运抵南京，以供会议使用，也给日后年轻人学习研究元史提供了极大的方便。

　　蔡先生对我学业上的指点迷津，更是令人铭感在心。1990 年初博士论文《元代分封制研究》答辩后，我特意请蔡先生指点自己论文的缺陷。蔡先生说拙文是偏重专题而融通不够。我深以为然。只是其他事务缠身，拖至今日尚未增写贯通沿革的相关篇章，来日一定补上。后来蔡先生还对我讲，明清"八股文"追求文章写作的章法，不无合理之处。我们写文章应该讲究"起承转合"，才能做到尽可能完美，让读者读得畅快。这番话对我 90 年代后撰写质量较高的文章，启发颇大。20 世纪 90 年代初，我跟随刘泽华先生承担项目，撰写《社会阶层制度志》和《中国古代官僚政治》二书，耽误了一些精力和时间。一次见到蔡先生，汇报自己有不务正业之嫌。蔡先生回答说，这是正业，不算不务正业。后来慢慢体会到：蔡先生是点拨我将专攻元史与探研古代史相结合，不能因为断代划分而限制自己的思考和探索。90 年代末，人民出版社乔还田编审约我撰写《忽必烈传》，我有些犹豫，又去向蔡先生请教。蔡先生说，《忽必烈传》是半部元史，很值得写。由于他的鼓励，我克服担任行政职务等困难，写成了这本传记。虽然比较粗糙，但对我从元代制度史扩展到政治文化史领域，意义重大。以上皆是在我做学问遇到困难或迷茫时蔡先生所给予的宝贵教诲。每念及此，我都由衷地感谢蔡先生！

蔡先生还主持了包括我在内的数十名元史及古代史的博士、硕士论文答辩，仅南开就多达十余名。其中，北大张帆及马晓林最受优待，蔡先生在主持博士论文答辩之余还为张帆修改出版的《元代宰相制度研究》题签。2012年夏，我指导的博士生马晓林论文外审专家反映很好，时值"元代国家与社会国际学术研讨会"在天津召开。我打电话向蔡先生提出不情之请：敬请他提前来津，主持马晓林的博士论文答辩。因为我是学生辈，曾担心有所不便，没想到蔡先生以学术为重，欣然应允。于是，在蔡先生主持下举行了一场超级阵容的博士论文答辩会，委员有陈得芝先生、刘迎胜先生、姚大力先生、高荣盛先生、中国台湾中研院史语所洪金富先生和美国威尔士利学院刘元珠先生。答辩之后，蔡先生与马晓林结为"忘年交"，2019年年届九旬，还为马晓林即将出版的《元代国家祭祀研究》题签。这对晚辈学人来说，无疑是极大的关爱和提携。

记得是马晓林答辩会结束后的2012年8月24日下午，我陪蔡先生重游南开八里台校园。因那天稍热，是乘车与漫步交替。蔡先生兴致挺高，在主楼、马蹄湖、木斋楼、思源堂和芝琴楼等处，他都停下脚步，一边仔细观看，一边给我们深情地讲述六十多年前在此读书的情景：每逢开学，张伯苓校长都在木斋楼前讲话，也曾在此楼前亲自给他颁发奖学金。夫人胡文彦等女同学住在芝琴楼，男同学则住在六里台宿舍，每天步行往来八里台上课。这是蔡先生最后一次返回母校，也是最后一次漫步南开园。

2016年春，蔡先生打电话让我到北京东总布胡同住所面谈。他提出要拿出人民币100万元，以夫人的名义在母校南开大学设立"胡文彦助学金"，专门资助经济困难的女学生（本科生及硕士生）。蔡先生介绍说，胡文彦女士与他同班，因为家境贫寒，上学较晚，能考进南开大学读书非常不容易。这就是他设立助学金而非奖学金的缘由。我对蔡先生膝下无儿无女，却要捐献出靠工薪及稿酬的终生积蓄为晚辈学生设立助学金，甚为感动，立即将此事向学校汇报并迅速办理"助学金"设立手续。南开党委书记薛进文和校长龚克还专程登门看望蔡先生并致以谢忱。2017年至今，此助学金已经颁发5次，蔡先生在世时的前3次，受帮助的学生代表都要向蔡先生致信感谢。南开莘莘学子将永远记住"杰出校友"蔡美彪、胡文彦伉俪留下的这份无垠大爱！永远怀念史学泰斗蔡美彪先生！

（作者为南开大学历史学院教授）

广识博学　史家风范

——忆蔡美彪先生

刘迎胜

　　蔡美彪先生生于 1928 年，长我 19 岁，是 1949 年新中国成立后在国内教育环境下成长起来的第一代史学大师。南京大学韩儒林教授培养出来的陈得芝、丁国范与邱树森各位老师当面互以"公"相称，如"陈公""丁公""邱公"，也以"蔡公"称蔡美彪，但我们几位"文化大革命"后入学的韩门弟子（姚大力、萧功秦与高荣盛等）皆不敢仿此，一直尊称他为"蔡老师"或"蔡先生"。

　　2019 年深秋，我在清华大学国学院，姚大力适从复旦来京。我们从韩志远处得知蔡老师仍能见客，遂事先电话联系好，一起去看望。乘电梯上楼后，开家门的是一位小区内的保安师傅，负责照料他日常生活。我们到后，保安师傅搀扶他从床上站起，步履蹒跚地走到书桌边与我们交谈。其时他已年过九旬，但自述精神尚健，头脑思维正常，还在写作。我们告辞时，他还站起来送行，想不到竟是最后一晤。

　　我初识蔡老师是在 1980 年。当时正值"文化大革命"结束后全国学术研究的春天，各种学术团体纷纷成立。1979 年成立了蒙古史学会，翁独健先生任会长，秘书处设在呼和浩特；中亚学会也在北京成立，韩儒林先生赶去参加成立会，陈翰老为会长，秘书处设在中国社科院历史研究所中外关系史研究室。当时成立学会并无需报民政部批准的手续，学会名称之前也没有冠以"中国"的字样，在国内只要报出学会名称，基本上就是全国性的，只有对外才加上"中国"二字。1979 年起，元史学界开始酝酿成立元史研究会，具体由南京大学元史研究室筹办。我与几位韩先生的学生参与筹备会务，具体工作之一就是编写国内外元史研究成果目录。因为这个机会，开始了解国内外元史同仁和他们的研究成果，对蔡美彪先生有所耳闻。1980 年，元史研究会成立大会在南京大学举行，蒙元史学界可谓群贤毕至。我们几位研究生在邱树森老师领导下承担会务工作，包括迎送，协助购买返程火车票，安排会场等，有机会与蔡老师等与会学者接触。当时蔡老师才 50 岁出头，我见到他时第一印象是身高体硕，极有风度，非常健谈。

20 世纪 70 年代末至 80 年代初，中国史学界启动了几项大工程，其中有《中国大百科全书》的《中国历史》卷与《中国历史大辞典》。其中大百科的《中国历史卷·元史分册》的主持者是韩儒林先生，而《中国历史大辞典·宋辽夏金元》分册的主持人是蔡美彪老师。当时国内蒙元史学界研究力量比较集中的，有这样几个地方，一是北京，二是内蒙古，三是南京。北京主要是中国社科院历史研究所的陈高华与杨讷，近代史所通史组的蔡美彪、周良霄与韩志远，以及民族研究所的翁独健先生和他班子中的刘荣焌、高文德、蔡志纯、白翠琴等人。内蒙古集中在内蒙古大学蒙古史研究所，主要有亦邻真、周清澍、余大钧等人，周良霄与黄时鉴已经调离内大。南京主要是南京大学元史研究室。

元史研究会的会员中有许多同时也是蒙古史学会的会员，当年治元史者对辽金史也很感兴趣，所以大百科《元史卷》与《中国历史大辞典·宋辽夏金元》分册的作者互有交叉。我们几位研究生也承担了一些词条。由于这两个项目是新中国成立以来第一次以辽金元史学界的整体力量来编写的史学工具书，又是"文化大革命"结束后上马的大工程，参与人员很多，师承有别，对编写总则的理解有些不一致，非常需要统一思想。于是研究会成立大会之后，韩儒林先生与蔡美彪老师接着就在南京大学元史研究室召开了大百科《元史卷》与《中国历史大辞典·宋辽夏金元》分册的审稿会。

当时南京大学元史研究室设在鼓楼校区西南楼三楼。参加审稿的老师每天集中到研究室，分头阅读收来的词条，再集中一条一条讨论。除了主持人韩先生和蔡老师外，南大的参加者是陈得芝、丁国范和邱树森三位老师，内蒙古大学的是亦邻真、周清澍，还有杭州大学的黄时鉴，中国社科院的周良霄、杨讷与陈高华，在南京大学进修的山东大学乔幼梅老师，与大百科出版社的一位女编辑杨川等人，我们几位研究生负责会务，在工作之余旁听了词条的修订过程。我们撰写的词条也被拿出来讨论。在韩先生与蔡老师的主持下，审稿会开得非常充实，与会老师对每个词条——过堂，即使撰稿人坐在自己桌子对面，有意见也当面直言，明确词条修改原则和意见。我们每日会后与蔡老师等一起午餐与晚餐，逐渐熟悉起来。记得会议期间我因业务不熟，发现保管的参会老师们预缴的回程火车票款账对不上，告诉邱老师后，他要我与他一笔笔回忆，看有无漏记。经反复核查才算解决。

元史研究会初成立时，只有会长与秘书长，并不设副会长，也不设理事。成立大会选举韩儒林先生为会长，邱树森老师为秘书长。除了开大会时韩儒林先生站在主席台上之外，其他所有人，包括翁独健先生都坐在台下，都是普通会员。学会的秘书处设在南京大学元史研究室，我们几位研究生负责秘书处的日常工作，包括编写《元史研究通讯》。1983 年春，韩先生因前列腺癌复发去世，元史学界酝酿推举新会长，决定当年初夏 5 月间在庐山举行元史研究会年会。由于庐山所在的九江不通铁路，不少参会者，如蔡老师、亦邻真、周清澍、黄时鉴等都先乘火车抵南京，再一同从下关码头乘长江轮船溯江而上至九江。其时我们几位研究生已经毕业，姚大力、高荣盛与我留南大工作。在共赴九江途中，韩志远在船上告诉我，学会各方的老师一致认为蔡美彪是最合适的会长人选，他说蔡老师有能力，一定会干得好。

会议于 1983 年 5 月 9—13 日在庐山举行。在年会上，根据研究会章程，推选翁独健先生为名誉会长，蔡老师为会长，主持学会工作。蔡老师在会议上提议增选副会长，得到大家的同意，经选举由南京大学陈得芝、中国社会科学院历史所的陈高华与内蒙古大学的亦邻真担任，邱树森老师仍任秘书长，秘书处仍设在南大元史室，还决定由杨讷老师负责《元史论丛》的工作。《论丛》经蔡老师推荐，由中华书局承担出版。

在庐山，与会者都分住在不同的度假小别墅中，我们南大的几位青年学者，与近代史所的韩志远，北京民族学院的史卫民、兰州西北民族大学的汤开健以及已到上海工作的萧功秦等，被安排在同一幢别墅中住宿。大家都是年少气盛之时，会议之后的几乎每个晚上辩论不断，题目日日不同，周清澍老师当时才 50 岁，很喜欢参加我们的辩论。他当时身体很好，50—60 厘米高的台阶可以一跃而上。记得会间我们还相约黎明前一起步行去到含鄱口看日出，余大钧老师走在第一位。会上中央民族学院的贾敬颜老师突发中风，由同单位的李桂芝陪同提前下山送回北京。

我 1984—1985 年在北京大学进修波斯语时，有时进城去看蔡老师。记得有一次提到元代畏兀儿字文献中有一篇提到大都的白塔寺。后来蔡老师还把这个消息转告北京史志办的人员。韩儒林教授去世后，我与姚大力转入中国社科院民族研究所翁独健先生门下继续攻读博士学位。在北大的第二年，翁先生在民族所组织了我的博士学位论文答辩，答辩委员除了南京大学的几位老师之外，还请了蔡老师、陈高华与北大的张广达教授，马大正是答辩秘书。当时的条件很简陋，民族研究所没有条件安排大家吃饭，答辩之后在院里中央民族学院的食堂里就便请各位老师吃了一顿普通的饭，但各位老师都不计较，蔡老师在餐桌上谈笑风生。

1986 年 9 月下旬，元史研究会与内蒙古大学蒙古史研究室、南京大学元史研究室在南大举办了中国第一次元史国际讨论会。这次会议不但是中国元史学界的"首次"，也是南京大学首次举办国际学术研讨会，各方都很重视。蔡老师专门从社科院争取了 6000 元经费，其他老师也募集了 2000 元，这在当时是很大一笔经费，保证了会议顺利举行。海外学者报名参会很踊跃，除港台地区以外，还有美国、日本、新加坡、蒙古国等国的学者报名。当时还未开放外国人对华个人自由旅游，外国学者来华参会，要由南京大学外办事先开具参会邀请信，邮寄给报名参会的外国学者，他们接信后才能凭以向中国使领馆申请来华签证。改革开放之初，外国人对来华充满了好奇心，参会学者有些带家属来，记得日本的池内功由于太太是中国台湾人，他夫妻要带三个孩子一起来南京。好在当时南大中美文化中心新开张，有较好的住宿条件。但南大校方提出，对国外参会者要收取一定的餐宿费。蔡老师与元史室老师通过电话与书信反复讨论，商定了合理的收费标准，既不使与会外国学者为难，也对南大有所交代。后来池内功一家被安排在中美文化中心的一个大套间中，但他们觉得饭费有些高，不参加会议就餐。会后才知道他们一家在南京期间吃了不少方便面。杉山正明那次也来参会，当时已经是助教授。我就是在那次会上认识他的。

蔡老师预先电话告知了他到达南京的时间、车次和车厢号，室里安排我去接站，还从学校车队订了辆小车。当时火车站有站台票出售，凭票可进站接送。我在月台上等火车进站停下后，见到宁的旅客都下了车，但始终不见蔡老师人影。那时火车停站时间相当长，不似现在这样只停 2—3 分钟。我等旅客都下完后，进车厢发现蔡老师端坐在座位上，手上还拿着行李。见我后，他高兴地打招呼，说车厢有前后两个门，怕碰不到接站的人，坐在位子上等最保险。蔡老师在去南大招待所的途中告诉我，中国社科院管得很严，因为有外国学者参会，提出要求会议期间每天晚上向院里汇报国外学者的情况，他们要"掌握动向"。开会后第一两天，蔡老师执行得很认真，后来也就比较随便了。

在这次会议上，蔡老师作为会长，作了题为《中国元史研究的历程》的主题报告，回顾了中国元史学的历史，把新中国成立前的元史研究归纳为三个阶段：第一阶段是以钱大昕为代表的清乾嘉时期，是以资料收集和考据为主。19 世纪中叶以来的西北史地之学的发展，促进元史学进入第二阶段，以洪钧的《元史译文证补》、柯劭忞的《新元史》和屠寄的《蒙兀儿史记》为代表，主要趋向是修史。第三阶段，大致 20 世纪 20 年代开始，其特征是从重修《元史》转变为专题探讨，在研究方法上较多地受到法、日两国汉学家的影响，早期代表人物有王国维和陈垣，后期的领军人物主要是留欧美归国的韩儒林、邵循正和翁独健等人，元史研究风格因之而变。他还指出 1949 年以来在四个方面取得了进展，一是从一般性的人物评价转到深入社会、政治、经济制度的研究，二是从简单化的对阶级斗争的赞颂深入社会经济和阶级结构的研究，三是从片面谴责蒙元统治阴暗面转而关注这一时期的历史特点和科学文化成就，四是研究方法从单纯的史学发展到结合其他学科。因此元史研究的领域扩大了，形成了一支具有较高学术水平的研究队伍，并写出了相当数量的学术论著。这个发言实事求是地表达了改革开放初期中国元史学界对过去所走过道路的回顾，受到大家的好评。

这次国际讨论会上发生了一个小插曲，反映了蔡老师的严肃与讲原则的特点。他到南大招待所住下后，翻看会议论文集，发现有个别学者提交的论文中有脱离学术的不当表述，把元代实行的蒙汉两种制度与中英谈判中中方提出将在香港实行的"一国两制"相类比。蔡老师与组委会的老师们，其中包括南大的陈得芝、丁国范、邱树森，社科院的陈高华与杨讷，内蒙古大学的亦邻真与周清澍等，连夜协商，一致认为，在中国首次举办元史研究国际会议上，对论文质量要从严要求。此文带有"文化大革命"残余，本着维护会议学术性的精神，决定将它撤下，不提交会议。

由于论文集已经印好，蔡老师等决定把那篇论文所在页面抽去，同时在目录页上用黑笔将该文题目抹去。我与几位担任会务的青年老师接通知后，为了保证论文集次日能及时发放，忙着一本一本地抽页抹墨，直到半夜。论文集发放后，有部分外国学者居然发现了论文集有缺页，还有人好奇地试图对着灯光看被抽去的是哪篇文章。涉事作者原本是南大元史室的老朋友，对此处理极为不满，但在会上没有公开表示。会后，为了平息事态，邱树森老师还专门安排请他到南大报告，以为其怨气能就此平息。2004 年在天津南开的元史研究会上，我又见到他。他把我叫到一边，问我是否还记得近 20 年前那次撤稿的事，我说还记得。他说要告诉我一件事：他事后把这篇被撤的论文寄到当时北京方面主管意识形态的大员某那里，诉说了不满。某专门回了信，说这篇文章在中华人民共和国的任何刊物都能发表。他还说后来上面要出版某的个人文集，向他索要这封信。他现在告诉我这件事，一是因为知道的人不多了，二是证明自己是正确的，蔡老师是不对的。我要他别放在心上。事后有一次见到蔡老师，告诉他这件事情居然捅到某那里去了，他一笑置之。

1986 年，翁独健先生逝世，南大元史室的老师们在赴京参加告别会之前，与蔡老师商量好，在翁先生告别会后，顺便在民族研究所举办姚大力的博士论文答辩会，由蔡老师主持。翁先生生前担任蒙古史学会会长，过后不久蒙古史学会也酝酿推举新会长，经反复考虑，最终经上面批准，决定由蔡老师继任蒙古史学会的会长。这样，蔡老师同时为元史学会与蒙古史学会两个学会的会长，成为中国蒙元史学界当之无愧的掌门人，因工作关系与南大各位老师的关系也更为密切。后来南大陈得芝老师的学生华涛、夏维中等举行博士论文答辩时，蔡老师都专程南下来宁主持答辩。夏维中因蔡老师担任答辩委员会主席很是自豪，用"阵容豪华"来形容自己的学位答辩委员会。

1987 年 9 月，蔡老师应邀赴蒙古国乌兰巴托参加第 5 届国际蒙古学家大会（The Fifth International Congress of Mongolist），他根据自己多年关注的元代八思巴字碑铭中出现的脱列哥那六皇后的称号，提交了论文 Events Relating to

Töregene Khatun（《脱列哥那哈屯相关事迹考》），确定脱列哥那是"六皇后"，而元太宗窝阔台的大皇后另有其人。问题的缘起是《元史》和元代其他汉文史料均记脱列哥那皇后是窝阔台的"六皇后"，但澳大利亚的罗依果等人认为，"六皇后"是汉文"大皇后"之误写，换而言之，他们认为，脱列哥那是窝阔台的正后。会后，蔡老师将其论文修改后在国内《蒙古史研究》中正式发表。罗依果也发表了《脱列哥那合敦是窝阔台的"六皇后"吗?》作为回应。我后来因撰写有关成吉思汗死后，其后宫中的乞列忽帖尼皇后等女眷被元太宗收继的事，仔细阅读了蔡老师的研究成果，了解了这一争议的来龙去脉。在那次乌兰巴托会议上，蔡老师被推举为国际蒙古学大会的理事。

1988 年，我从德国归国后，因学会秘书长邱树森老师调离南大，在当年 11 月于四川金堂举行的元史研究会年会上被学会选为元史研究会副秘书长，在南大主持元史会的日常会务。内蒙古阿拉善左旗达邻政协副主席非常热心地支持元史研究，在他的积极争取和协助下，两年后，1990 年元史研究会在宁夏银川和阿拉善举行年会，除了学术研讨之外，研究会还召开会员大会，决定设立理事会，元史会从那时起才有了理事。会议选举蔡老师继续担任会长，除原有的副会长之外，还增选北京图书馆的杨讷、内蒙古大学的周清澍与西北第二民族学院的邱树森三位老师为副会长，还一致推选南开大学的杨志玖先生为名誉会长，让我接任邱树森老师的位置，任秘书长。这样我有了更多向蔡先生请益的机会。

1997 年，元史研究会在广州暨南大学举行的年会上换届，蔡老师与杨讷等都因到龄而辞去正副会长的职务，会议选举陈高华老师为会长。会后邱树森老师组织了他的澳门学生黄晓峰、刘月莲的博士论文答辩，蔡老师为答辩委员会主席，参加者有陈得芝、亦邻真、周清澍、陈高华、杨讷与我。后来黄晓峰与刘月莲两位热心人士一直奉蔡美彪先生为师。答辩结束后，邱树森老师安排答辩委员会成员顺便访问港澳两地。我们一行乘火车到深圳，通过罗湖口岸进入香港，先访问香港中文大学。当时陈学霖教授在中文大学任职，陈学霖在见面中讲他认真考虑看有无机会将来在香港办一次元史会议。次日访问了港大，赵令扬教授在他的办公室里接待我们。那个时候蔡老师步态已经显老，他的行李中带了一些书准备分送香港的学者，挺重的。亦邻真老师虽然 60 多岁，但也步履蹒跚，我一路尽力帮助他们拿行李，几日间无话不谈。从香港去澳门是乘喷气船，我们一行一早从中大招待所出发，但蔡美彪与亦邻真两位老师毕竟腿脚不便，换乘地铁紧赶慢赶去码头，结果还是迟到了一点。黄晓峰只好把已经购好的船票换为下一班。在澳门期间被安排食宿于当时最有名的葡京酒店，里面灯红酒绿，记得蔡老师与陈高华老师都感到有些不适。

后来我在南大的硕士生程越考入蔡老师门下读博，我几乎每次进京，都要抽时间去近代史所看望蔡老师。蔡老师惯于在办公室工作，每天上午到位于王府井东厂胡同的近代史所看书写作，几十年不变。办公室电梯口东面走廊尽头的一个向南的套间，他在里间工作，在外面那间办公室见过他的学生田澍、刘小萌等人。斜对面是通史组韩志远的办公室。我与蔡老师在办公室交谈后，如果时近午饭时间，他或邀我一起去所里一楼的餐厅吃饭，或去当时中华书局旁边的一家鲁菜馆翠花楼。蔡老师胃口很好。他说他每天下午 4 点左右离所回家，途中顺便买一点食品。

一次内蒙古科右旗发现一面铭有八思巴字蒙古文、汉文与阿拉伯字母拼写的某种文字合璧的元代夜行银牌。民族研究所的照那斯图教授根据所里维吾尔族学者纳森的意见，将阿拉伯字部分确定为察合台文，他对八思巴文部分的释读意见与蔡老师有差。蔡老师为此专门给我写信，介绍他对牌子上八思巴文的识读，还给我发来照片，要听取我对所谓"察合台文"部分的意见。我经过辨识，否定了照那斯图转述的纳森的意见，确定阿拉伯字拼写的是 bā īnka šab gašt，乃波斯文"凭此夜行"的意思。我把这个意见写出来，寄给了蔡老师。不久后，在内蒙古大学举行的教育部重点人文社科重点研究基地评估会上，我见到照那斯图老师，我们在会后到赤峰考察的途中交谈时，我对他谈了自己对这块银牌上阿拉伯字母部分的意见。照那斯图很高兴地表示，这个意见很好，很重要。后来不知是什么原因，《民族研究》没有原文照登蔡老师和我的信件，而是综合了一下，摘要地发表了。

蔡先生一生保持了朴素的学者风范，为学界树立了良好的榜样。1997—1998 年，元史界张罗举行他"古稀"之年的贺寿活动，他一再表示坚决不同意。后来会议还是举行了，在前门外大街食堂里就餐时，他只与大家见了一次面。2008 年，田澍在河西学院主办祝贺蔡老师 80 寿辰学术研讨会，周清澍先生在会上作主旨发言，他也没有参加。2016 年，中华书局与南开大学在中华书局举行祝贺他"米寿"的活动，知道他不会同意，一直瞒着他，他到会议看到田澍还感到很奇怪，问："你怎么到北京来了。"

蔡先生 1949 年毕业于南开大学，1952 年毕业于北大研究生院，成名很早，长期保持学术青春，治学特色极为鲜明。我总结起来，一是由于曾协助范文澜先生编写《中国通史》，范先生逝世后他独立组织完成辽金元以后部分，学术视野开阔，精于考证。二是兼治辽金，习惯于从更长时段和北方民族的视角看待与思考中国历史的问题。三是把八思巴字碑铭的收集整理与元史研究相结合。四是兼治中外关系史与边疆民族史。记得有一次他发现我一篇稿子中拼音转写有误，直率地当面批评我，说你跟韩先生学过审音勘同，怎么犯这种错误，搞得我很难堪，留下了深刻印象，也一直引以为训。

自 1980 年元史研究会成立，至 2021 年蔡老师去世，相识垂 40 年，至今几乎每次见面的情景都历历在目。我深信南开大学杨志玖先生、蔡美彪老师开创的优良治学传统必代有传人。值此追思良师益友之际，谨祝中国蒙元史研究前景光明，后浪推前浪。

（作者为浙江大学中西书院教授）

怀念追忆蔡美彪先生

王晓欣

2021 年 1 月 14 日，著名历史学家、我们中国元史学会的老会长蔡美彪先生于北京驾鹤西去。疫情之下，深感悲痛的我们当时只能在网上或小范围的会议上表达哀思。一晃两年多过去了，蔡先生的崇高形象、道德文章仍时时在我们心中浮现。蔡先生是我们这个年纪和稍小些年纪的大批元史学子的博、硕学位论文的答辩主席，按古制可称我们这个年龄段许多人的座师，不仅是蒙元史，还包括其他断代，比如我们南开大学历史系，我们这一代前后几级的明清史、史学史研究生的答辩主席都是蔡先生。从这个角度说，他作为业师直接指导的弟子不是很多，但作为座师可称门生遍地。对于后辈学子的教诲、提掖与恩泽，相信许多人是没齿难忘的。中国元史研究会决定本期《元史论丛》为纪念蔡先生的特辑，正是蒙元史学界同仁们的共同心愿。两年来已有多位师友在各种媒体和刊物上对蔡先生的学术贡献和品格做了全面深入的评价。笔者这里仅作为有幸忝列以蔡先生为座师的门生，补充追思三十多年来先生给我留下的印象特别深刻的几个片段，再次表达对他老人家的深深怀念！

与蔡先生的最早见面记得是 1984 年。我和治安兄当年均作为尚未毕业的研究生，一起上京谒见几位社科院的先生。上京谒见京城元史名家，是那个年代我们外地高校研究生的惯例。记得一般先到离北京火车站最近的建国门内大街的社科院大楼，住在附近的招待所，在"科图"（当时正式名称是中国社科院情报研究所，因前身是中国科学院哲学社会科学学部学术资料研究室，很长时间里同仁们都简称"科图"）查书，谒见陈高华先生、杨讷先生、陆峻岭先生等。然后去王府井近代史所谒见蔡先生。记得第一次去并未碰到韩志远老师，周良霄先生在。听说我们来了，蔡先生从里屋出来，就是他几十年每天从家里来此办公并午休的那间屋子。我们汇报了自己的研究方向、论文设想和进度，蔡先生对我们的方向均表示肯定。周先生还提及社科院开会有领导提出写东西不能太长，太长了"领导同志没有时间看"，众人大笑。蔡先生在他们那辈人里面是属于成名很早的人，我在本科时就知道蔡先生大名了，我们同学都知道他是范文澜先生通史编撰的助手和继承主编。记得当时我们大学同学曾统计过"文化大革命"前中国科学院的研究员和副研究员，蔡先生很早就成为副研究员（1961 年，"文化大革命"前很少评职称，刚过 30 岁就任副研更是少见）曾让我们都感到吃惊（"文化大革命"结束后恢复职称评定，他毫无争议地成为正研究员）。就是这样一位对我来说如雷贯耳的大学者，初次见面却令人感到那样的轻松、亲切，还有蔡先生特有的那种幽默，这种感觉几十年来每次和蔡先生见面都没有变。后来我论文答辩时，业师杨志玖先生请的答辩主席就是蔡先生。20 世纪 80 年代不像现在答辩前论文由学校统一外送，正好在《历史教学》编辑部工作的内人（当时还是女朋友）要赴京出差，她以前因为《历史教学》的业务关系认识在高等教育出版社任职的蔡师母胡文彦老师，杨先生就托她把论文代呈蔡先生。蔡先生后来见我还开玩笑说"你的对象真不错，为你这么奔忙"。我读研期间在《南开学报》发表的第一篇论文，和蔡先生的论文在同一期学报，他碰到我后专门提到，对我的论文很是鼓励。后来我的硕士论文改动后再刊于《南开学报》，又和蔡先生的大作一期，他见到我时又玩笑着说："我又有幸和你同一期了。"2015 年，我校举办杨先生百年诞辰纪念会，这是蔡先生最后一次回天津，记得开幕式前很多人要求跟他合影，我当时正台上台下忙着会务，他突然叫住我，提出要和我合一张影，这是那天他唯一一次主动提出和他人的合影，对先生的这种关爱，我实在是非常感动！

就南开大学的角度说，蔡先生是我们的老学长。他来南开大学读本科的经历较为曲折，其中细节现在知道的人不多了。蔡先生祖籍杭州，但在天津长大，少年时期就读于天津私立第一小学、木斋中学，酷爱文史。1942 年，他 14 岁进入天津崇化学会举办的国学专科讲习班学习，1945 年考入北京大学。众所周知，抗战时北大主体和清华、南开一起南下至云南成立了西南联大，少部分留下的教员和北平大学等构成了日占区的北大，后来被国民政府称为"伪北大"，尽管为"伪"，但其作为抗战沦陷区华北的最高学府，对于滞留在沦陷区的适龄青年而言，只能是求学北大的唯一选择，每年也有上千学子报考。蔡先生就是在这样的背景下考上的。不久抗战胜利，回到北平的国民政府将原沦陷区各大学一律名为"伪大学"，教员开除，在校学生全部集中编入各"临时大学补习班"，进行"甄审"和重新考试，每人还要写出对蒋介石《论中国之命运》的心得体会。这些被认为严重歧视原沦陷区青年的举措引起了北平等地民众的强烈反感和抵制。蔡先生也曾几次跟我们提起此事，他愤愤地说："这是蒋介石抗战胜利后丧失民心的一个重要原因！"之后当局不再搞"甄审"，将"临时大学补习班"改成"临时大学"继续收容在校学生，待 1946 年各迁往西南、西北大后方的国立大学回迁复校后，各临时大学便把收容的学生"分发"至各复校的大学，但这种"分发"过程中学生的意愿往往是不被考虑的。蔡先生当时在"北平临时大学"二分班史学系一年级（北临大当时共有 6 个分班，二分班是含史学系在内的文学院班），他当时已经确定了对辽金元史的学习和研究兴趣，"独喜读辽金元史"，一年级时就自学完成了习作《辽史属国表补正》，补出遗漏处 200 余条；另初步完成《补辽史交聘表》。蔡先生第一年的综合成绩也位列全班第一。他很希望继续留在北大，跟着辽金元史专家姚从吾先生学习。不料"分发"时，主事者可能是考虑蔡先生来自天津，径直将他分发至南开大学了。蔡先生不情愿，还给姚先生写信恳求，又恰逢姚先生赴河南大学任校长去了，最终还是来了南开。初来南开时，因为刚复校，图书馆资料不全，研究环境似乎比北大要差不少，蔡先生的心情是很低落的，他告诉我说，当时一度想转行学外语。是南开历史系的老师，特别是杨志玖先生给了他重新学习研究辽金元史学的力量。因为杨先生恰好是姚从吾先生在北大文科研究所的研究生，也是精通辽金元的专家，这方面的师承可以延续。蔡先生选修了杨先生《辽金史》《元朝秘史研究》等课程，蔡先生的天分，他自学和努力所达到的学力也很快就被慧眼识人的杨先生发现。蔡先生回忆他当时给杨先生交习作后，杨先生竟给了文科成绩中很难拿到的满分 100 分，这给了他很大的激励和信心。之后蔡先生在辽金元史领域的第一批正式成果就是在南开完成的。1947 年，他用文言文撰成《辽史文学王鼎传正误》，次年及之后先后发表于南京《中央日报》和香港《学原》上，因论文文笔老道，考证精密，很长时间里被海外很多人误认为是一位老先生所作。1948 年，他又先后在天津《益世报》和《大公报》上发表了《元秘史中所见古代蒙古之婚俗》和《读〈宋辽金史〉》等论文。因成绩突出，蔡先生在学期间荣获了当时南开大学文科唯一的一等奖学金。这段大学的经历使蔡先生从此一直对南开抱有深深的感情。蔡先生和蔡师母胡文彦老师是南开历史系 1946 级的同班同学，在南开相恋，毕业后相伴终生。芝琴楼是南开当时唯一的女生宿舍楼，此楼现仍存于南开园。记得前些年几位元史大家来南开大学参加博士生答辩，我陪他们路过芝琴楼，杨讷先生、周良霄先生几位一起笑着要蔡先生交代当年如何在楼下喊胡文彦的，蔡先生当时居然露出了一丝羞怯的表情。胡老师去世后，生活一向简朴的蔡先生于 2015 年拿出一生积攒的稿费和积蓄为南开大学捐款 100 万元，以胡老师名义设立"南开大学胡文彦助学金"，每年资助一批家境贫寒、成绩优秀的女大学生，充分体现了他们夫妇一日南开人，终身南开缘，心系母校，助力后学的情怀。2019 年，南开大学为庆祝建校 100 周年，授予包括蔡先生在内的 20 位在各领域和各行业为国家和民族做出重大贡献的校友以"杰出校友"荣誉称号，蔡先生当之无愧。蔡先生与杨先生更是师生情义深厚。他多次提及他的辽金元史是跟着杨志玖先生入门的。也曾多次向我们回忆在南开时和杨先生交往，说当时历史系一个班人数不多，穷学生时常吃不饱，杨先生就经常叫他们到家里由师母给做饭吃，他最难以忘怀的是"师母做的红蛋"。离开南开后，他与杨先生通信不断，每次回南开到杨先生处都跟回家一般。杨先生的子女到北京去，也都把蔡先生家当自己家。杨先生去北京或外地开会，蔡先生都尽量为他提供照顾。韩志远老师曾回忆，元史研究会成立后前几次年会，他都受蔡先生委派陪同照顾杨先生，如 1982 年庐山第二届年会，他陪同杨先生爬上庐山五老峰。这种陪同照顾一直到治安兄和我参加元史会后。而我们接过这种陪同任务后，有一件事我一直记得：1990 年 8 月，元史研究会和蒙古史学会在宁夏联合举行学术研讨会，那时候很少坐飞机，火车票又不好买。元史界当时很多先生在北京转车买票都要找神通广大的韩志远老师帮忙才行。天津去银川也要到北京转车，我那年是第一次陪杨先生出远门，什么也不摸门，也不知道找韩老师。一早傻乎乎地到北京站去排队买卧铺，根本不成。只买到两张硬座票，急得团团转。幸好上车时碰上蔡先生、陈高华先生和杨讷先生等。蔡先生立刻带着我们找到列车员，打出陈先生和杨先生的旗号，让他们拿出证件，说他们一个是全国政协常委（陈高华先生），一个是国家图书馆的馆长（杨讷先生），他们和老师杨志玖先生一起开会，老师却没有卧铺，必须补一个。终于让列车员补了一个软卧。在一旁看着蔡先生这通操作，我有些想笑，又非常的感激！蔡先生诗做得很有水平，《中国通史》10卷本出齐时，做了一首诗，"书成十卷鬓如丝，雪夜寒灯伴影时。旧作重温惭识浅，新篇缕析启沉思。千秋青史情无限，百岁生涯憾有期。夜读常嗟人易老，金鸡为我报晨迟。"他给我们解释，说通史做了一辈子，做老了，想回家回天津了。他对天津一直有眷念，生活习惯也打上了津门的烙印。胡老师去世后，我和治安兄去看他，给他带的补品、水果等他都说吃不了，让我们拿走，唯有我们买的塘沽虾酱，这种天津百姓用来蘸馒头吃的普通佐料勾起了他的青年记忆，他留下了。胡老师去世后按遗愿，骨灰撒在了海河入海处，这其实是蔡先生和胡老师的共同愿望。2023年春季，蔡先生的骨灰和胡老师一样，最终和天津海河一起，奔向大海而永生！

蔡先生在蒙元史学界有很高的威信，除了学问服众，还有着独特的人格魅力。开会时会时时感到他强大的气场，口齿清晰，逻辑严密，滴水不漏，极富感染力。苏州元史会时，萧功秦老师看着正在讲话的蔡先生，悄悄跟我说，蔡先生演讲有一种国家领导人的感觉，让人不禁产生敬畏。其实蔡先生的气场来自他学者的底蕴。记得有一次蔡先生赴境外参加一个学术活动，回来后我们问他盛况如何，他很有些遗憾地说：各行名流不少，真儒不多。其实如果简单的评价蔡先生，他自己就是一个典型的"真儒"。清高，严谨，睿智。说到清高，蔡先生一辈子生活的核心就是学术，他也以一直以这个来规范自己以及评判人和事。除非外出开会，数十年坚持去办公室伏案坐班，六十余载笔耕不辍。蔡先生的为人，学界有人总结为"五不"：不当甩手挂名主编，若当主编必亲力亲为；不轻易给别人写序；不上主席台；不多招研究生；不慕名逐利，即不屑做官。这种"清高"，实即表现的是一个学者的纯粹。就严谨而言，蔡先生一直坚持范文澜先生的治学精神，力倡实学，反对空疏。讨论具体问题精细周密，考证功力堪称顶流。撰写通史也力求平实，论述必言之有据。蔡先生对范老文笔十分推崇，指出范老化古汉语为现代汉语，文笔流畅，驱遣自如，要努力学习，力求接近。他自己一直特别注意文字和稿件的简明清晰和规范，由于长期的坚持和习惯，蔡先生的文稿形成了独有的特色。据说国内几大编辑出版部门的编辑们有一个共识：蔡先生手写的稿子是最干净清楚，讹误极少，最容易编辑的。蔡先生特别注意用词准确和科学。我留校工作后有一次到近代史所求教，在他办公室讲起大学历史教材，他说现在不少教材不注意历史的特定时空和具体场合，写的时候或讲课时随意套用现代词汇，比如"某朝政府"，须知古代一些时期（如宋朝），"政府"是有特定指向的，决不能用来等同朝廷，帝王时代还是皆用"某朝廷"为好。又，帝王年号的使用必须严谨，如乾隆皇帝还没有出场，书中就不能出现乾隆年号。这些教诲让当时刚进入大学教学的我实在是获益匪浅。蔡先生不赞成对学术著作用"里程碑"之类的评价语句，包括他自己主编的《中国通史》也是如此要求。他对文史工作者用词随意特别不能容忍，时常会忍不住发声批评。社科院有一位副研究员申报正高，在申报表中填写了"付研究员"的字样，蔡先生就在院评审委员会上尖锐地说："堂堂中国社会科学院的申报研究员，还写白字！"对于一些文笔不通的送审论文，蔡先生在评审时也毫不客气，如此也得罪了一些人。说到睿智，蔡先生清晰睿智的思维和时时带有机锋的评论常使我们在和他交谈时有醍醐灌顶之感。他经常一句话切中要害，把很复杂的问题用很简明的方法解释清楚。有一次蔡先生跟我们谈怎样解释元代的五户丝，他说中原人将五户丝等同于汤沐邑，而汤沐邑就类似于现代的洗理费。我为蔡先生主持的多场答辩担任过秘书，蔡先生经常强调学位答辩的目的是了解答辩人是否已经达到独立研究的能力，其他要求都是次要的，不能机械强求，如关于论文的创新性，蔡先生指出他从来不认为每个研究生的论文都一定要找出创新点，创新这个词有点用滥了。至于要求一点也不能违背的格式"规范化"，蔡先生直斥为"新八股"。前些年中华书局开展二十四史标点本的修订，《元史》修订本当年是老一辈杰出学者完成的，质量很高。现在接手的学者中有人担心修订的空间不大，蔡先生指出："找不出问题也是成果。"有一届元史会上，有学者提出辽朝就是一国两制，产生争议，蔡先生指出硬性做古今类比不合适，我们做学问的重点应该在于呈现史实，而不是影射和多方面的发挥。当时和海外的学术交流已在逐渐展开，元史会上与台湾学者开会和交流时应该怎么处理，相关部门提出若干条注意事项,中心意旨是要讲政治。元史同仁们讨论此事,不少人觉得不好办。蔡先生站出来说:我们中国元史研究会与包括港澳台在内的海外学者开会交流,只讨论学术,不讲政治,就是最大的政治。

蔡先生是真正的学术大家。继续并发展范老未竟事业,付出前后半个多世纪心血,完成《中国通史》十二卷本。借用周清澍先生的评价:作为真正的主编,统筹全书,在每一卷都参与写作、修改、统稿(包括范老所编前四册的修改订正)的情况下完成如此通贯中国封建王朝历史的巨著者,蔡先生可称"举国之内第一人"。面向大众,内行称道,举重若轻,雅俗共赏。《中国通史》多次再版,累积印数已达数百万册,被定为国家常备图书,荣获国家图书奖。这套巨制在厚实学术质量的基石上对历史教育和普及所做出的贡献,在中国史学发展史上的地位是不可磨灭的。1955 年,蔡先生在冯承钧《元代白话碑》之后扩展、补充编撰出版《元代白话碑集录》,2017 年又再版,在元代白话碑收集和整理方面迄今一直是必读之书。蔡先生 1959 年和罗常培先生合著《八思巴字与元代汉语》,2011 年又出版《八思巴字碑刻文物集释》,堪称国内八思巴字研究的第一权威。蔡先生《辽金元史考索》出版时,他在前言里谦虚地说他 60 多年就写了这点东西。但就"这点东西",篇篇精品!蔡先生在辽金元史众多领域的开创性贡献是举世公认的。如《辽金石刻中的鞑靼》《元代文献中的达达》《乣与乣军之演变》《脱列哥那哈敦史事考辨》《试论马可波罗在中国》《说头项、头下与投下》《明代蒙古与大元国号》等,但凡治辽金元史的,这些论文都是这个领域不能绕过的经典,这方面许多专家都有评价,兹不赘述。这些年学界多有强调"打通断代,长时段研究"的呼声。蔡先生可以说是在实践上打通宋辽金元史及元明清各段,进行长时段专题研究的真正先驱。蔡先生虽已仙逝,但不论是鸿篇巨制,还是专题考论,皆为后学典范,他的学术之树永远常青!

(作者为南开大学历史学院教授)

回忆蔡美彪先生

陈有和

我和蔡美彪先生认识已四十多年了，中国社会科学院近代史研究所与蔡先生住的东总布胡同 19 号院我是常客，但新冠疫情暴发后我就没能再去探望先生。我知道蔡先生近年来身体不好，本想等疫情缓和后再去，等到的却是志远兄的电话，告知蔡先生离我们去了，值逢疫情严重期间，还无法前往相送。想到蔡先生晚年只身一人，临终走的还这么不是时候，感到无比的哀痛与无奈。好在身边还有志远兄和小萌老弟两位在，心里略有宽慰。我在电话里请志远兄代为送别，并希望能以个人的名义敬献个花圈，以表哀悼。

今天在天津举办追思会，和大家在一起回忆与先生的几件往事。

一

我和蔡先生的结识还是在 20 世纪的 70 年代末。因为我在南开大学就读的是历史系，侧重的是中国史，到出版社后先分在政治编辑室，跟着老编辑们组织编辑了一批时政类的图书，另外也接触编辑了一些涉及党史、军事史类的图书，还发挥所长，根据社资料室所藏的图书资料，拉出了一个拟可考虑出版的党史人物选题计划目录，得到老编辑和有关领导的肯定。此时这一领域还属禁区，没有放开。但总感觉还是和以前自己所学有点距离。1977 年年底，适逢社里各部门调整，虽然编辑室主任找我谈话，希望我能够留下来，但我还是决定去了专业对口的历史编辑室。

历史编辑室里有一位老大姐吕昇芳同志，南开大学毕业后就来到人民出版社工作，为人很热情，见我是从南开来的，校友之情油然而起，主动将与南开有关的书稿交与我来协助她与作者联系，如历史系刘泽华等编的《中国古代史》、杨志玖先生的论文集，等等。吕异芳与蔡美彪先生及夫人胡文彦都是南开校友，往来非常好，蔡先生接手范老的《中国通史》修订本编写任务后，编辑出版工作就是吕异芳来承担的。我过来时，第五册（宋朝史）已接近出版，第六册（辽金的政治、经济、军事等）也已发稿。第七册因刚组织人员编写，书稿的责编任务就转交予我。由此开始了我与蔡先生的几十年交往。

　　因为中国社科院近代史所离我们人民出版社比较近，一个是在王府井大街的东厂胡同，一个是朝阳门内大街，两个单位相距也就 1.5 千米，根本不用坐车，找个自行车随时就可以骑过去，即使是走路也没有多长的时间。蔡先生一心扑在学术研究上，每天都在所里很晚才走，后来夫人胡文彦去世后更是把所当成了家。他退休不退业，八十多岁依然每天前往办公室上班，笔耕不辍，所以找蔡先生是最好找的，去之前先打个电话告知一下，先生总是很高兴，很客气地说"欢迎、欢迎"，没有因为我是一个刚出茅庐的年青人而拒之门外。和先生熟悉以后有时我有急事甚至事先不打招呼，直接就上楼穿过志远兄与刘小萌的办公室敲先生的门。

为蔡美彪先生在自家门口留影纪念（2015 年）

蔡先生一生与史结缘。19 岁就用文言发表极具学识的论文《辽史文学王鼎传正误》，赢得了"治史天才"的美誉；1950 年在香港《学原》发表时，当时自己都还不知道，直到 1985 年一位来访的美国学者提起，才大白于内地学界。蔡先生在辽金蒙元史和八思巴字的研究上卓有建树，1949 年毕业于南开大学历史系，当年考入北京大学研究生部，在导师邵循正先生指导下研究史学。曾在罗常培先生领导的文科研究所做助教。中国科学院成立后，1952 年转到语言研究所。1953 年调入近代史所，协助史学大家范文澜先生编写《修订本中国通史简编》并进行学术研究工作。

范文澜《中国通史简编》原著成书于 1941—1943 年。1940 年 1 月中共中央宣传部在延安要求范老编写一本十几万字的中国通史，为某些干部补习文化之用。在资料少、时间短、条件差的情况下，范老只用一年多点就完成了，四册约六十万字。这是我国历史上第一部运用马克思主义的观点，科学地、系统地阐述中国历史的著作，一经问世，立刻受到广大读者的热烈欢迎，很多人将其作为学习祖国历史的启蒙读本，这对当时反对日本帝国主义的侵略，激发人民大众的爱国主义热忱，坚持抗战，起到了积极的作用。全国解放后，条件好了，范老计划重新修订扩充为《修订本中国通史简编》。经过努力，1953 年第一编完成，由人民出版社出版。1957 年第二编出版。由于劳累，1959 年 10 月范老大病一场，后虽出院，但并未痊愈。1964 年重又住院，但他依然不忘简编的写作。1965 年第三编的一、二册在卞孝萱、蔡美彪两位助手的协助下出版。"文化大革命"期间，范老身体已相当衰弱，1969 年 7 月 29 日范老夙愿未了，与世长辞。临终前嘱托蔡先生组织通史组同人合作，把此书写完，"完成比不完成要好些"。正是这句话，使蔡先生深受感动，增添了续编《修订本中国通史简编》的勇气和信心。

范老逝世后，蔡先生毅然肩负起这项未竟事业，带领中国通史组对已出版的前三编四册进行校订，重新编制了插图、地图、年表，增订了地名注释和注音，考虑到范著的前四册已不是延安版的修订，后续各册更不宜称为"修订本"，故将范著的前四册改名《中国通史》分一、二、三、四册交由人民出版社再版，蔡美彪先生主持编写了后续的第五至第十册。1993 年十册版《中国通史》出齐后，蔡先生觉得应该补写从道光继位至宣统退位（即1820—1911 年）这一部分，以清朝及其封建帝制的灭亡作结束，遂联合其他学者编写《中国通史》第十一、十二册。全书气势恢宏，从远古先秦一直叙述到近代清朝覆亡，它通过记叙各个历史时期的历史事实与历史人物，阐明中国社会发展的基本规律。蔡先生秉承范文澜先生的观点，认为"一本好的通史，第一要直通，第二要旁通，最后要会通"。按照范文澜的解释，直通，就是要精确、具体地划分出中国社会发展的各个阶段；旁通，就是社会中各个现象不是孤立的，它们互相有机联系着，互相依赖着，互相制约着；会通，就是两个方面的综合。蔡美彪说："如果没有水乳交融的会通，就算不得具有时代气息的完备通史。"通史"就是普通人写的通俗的历史书"。出语平易，其实艰辛。

《中国通史》十二册本

《中国通史》十二册本是蔡先生的毕生倾力之作，虽有范文澜先生开初创之力，但后续更加艰难，因为参加写作的人比较多，写作的思路既要有总体的考虑，既要能和范老前四册的通史相衔接，又得照顾后面每个撰写者的个人学术特点。作为主编非常的不容易，我接触过很多集体写作的班子，内部都是矛盾重重，互相之间瞧不起。可能是知识分子的通病，善于个体操作，单兵作战，人人都是一条龙，单人项目完成都很快，集体项目却迟迟难以启动，或启动了却窝着工，有的甚至被拖黄了。而蔡先生把握得非常好，通史组内部很团结。蔡先生有很强的组织力、凝聚力，他尊重大家，尊重每一个人的学术研究，不以自己的学术地位来强迫别人听自己的。他认为在学术上大家都是平等的，无论是谁，只要是言之有理、言之有道，有据可依的，就可以体现在书稿中，但要有全局观念。他也没有完全按照范老对唐以后中国历史的观点进行阐述，而是本着合理、全局、科学的精神，勇于在一些重大的学术议题上提出自己的见解。他说"马克思主义不能成为僵固的教条，而需要不断地汲取社会科学以及自然科学的新成果，以求得生动活泼的发展"。后续每一册的书稿，虽是集体编写，实际上是参与写作的人先拿出初稿，然后蔡先生在此基础上再按全书的要求来重写，"非此，如各写各的，那就不成一本书了"。如十册本的第七、第九册出版后，后续两册初稿质量太差，作者又坚持己见不情愿配合，书稿几乎无法继续往前进行，停顿了约三年。最后在出版社的协调下，蔡先生又费了好大的劲去修改，直至满意为止。另外是1978年出版的第五册，因成稿较早，受"文化大革命"的影响较深，书稿反复修改，第一版出来后，1993年又有修订，是耗费先生精力最多的一册，他几次和我说宋明理学、法家儒家、变法与保守、农民起义，但该坚持的还得坚持，要尊重历史，实事求是。

二

关于《范文澜与〈中国通史简编〉简介》一文的撰写。1987年河南大学的朱绍侯先生主编了一套高等学校文科教学参考书《中国古代史研究入门》，按设想为了使这本书能真正起到指导研究中国古代史入门的作用，准备每篇文章都请专家、学者，至少是对某个问题有专门研究的同志撰写。其中选择介绍的有：吕振羽《简明中国通史》、范文澜《中国通史简编》、翦伯赞《中国史纲要》、郭沫若《中国史稿》、白寿彝《中国通史纲要》、周谷城《中国通史》、尚钺《中国历史纲要》、邓之诚《中华两千年史》、钱穆《国史大纲》、夏曾佑《中国古代史》等十部新中国成立解放前后出版的中国古代史和中国通史名著的"简介篇"，其中"范文澜与《中国通史简编》"就想邀约蔡先生来写。这个题目邀蔡先生来写当然没有一点问题，蔡先生做过范老多年助手，又是当代史学大师，中国社会科学院近代史所研究员，中国社会科学院学部委员，当时正在续编《中国通史》，应是最佳的人选。

但蔡先生却打电话约我到所里跟我说这篇文章想让我来写。虽然我在人民出版社担任史学编辑多年，又常往通史组跑，对《中国通史》书稿的编写情况知晓一些，但对范文澜老先生的详细情况知之甚少，我知道这是蔡先生给我一次写作锻炼的机会，是师长对年青晚辈的培养与爱护。所以开始时我犯怵不敢接，坦白向蔡先生表示说我有很多情况不清楚，写不好。蔡先生鼓励我说没关系，你先写，写完后有什么不清楚的地方我可以告诉你。当时还没有互联网，个人电脑也没有，查找个东西非常的困难。我努力搜集各方资料，多次去打搅蔡先生，先生不厌其烦地向我介绍情况，耐心地帮助我审读初稿，纠正文中错误。比如文章提到范老 20 世纪 40 年代在延安求教于主席《中国通史简编》应该如何来编，一直搞不清主席是如何说的。蔡先生就明确地告诉我"毛主席不止一次对范老说，写中国历史要'夹叙夹议'，后来范老他的工作就是依照毛主席的意见做的"。《中国通史简编》内容丰富，全书没有引文，不加注释，文字通俗易懂，非常适合普通工农干部补习文化知识，学习中国历史的需要。这也成了蔡先生主持续编《中国通史》的重要写作风格。

2012 年 8 月 25 日与蔡美彪先生在元代国家与社会国际学术研讨会上

文章几易其稿，直至蔡先生认为满意后，才最终交付朱绍侯先生。文章分三个部分：第一部分是全面介绍范老的基本情况，他的治学思想与治学态度，学术成就与在史学界的地位；第二部分是讲《中国通史简编》的成书过程、特点及不足；第三部分是介绍蔡先生主持的《中国通史》续编工作进展、学术成果、特点及全书规划，这也是第一次较系统地向读者全面介绍蔡美彪先生主持续编《中国通史》的一篇文章。这篇文章得到朱绍侯先生的好评，他在序言中说"当然也有几篇是年青同志写的，但是，他们都是在导师、老专家指导下完成的。也可以说'后来居上'，青年同志的文章质量也是高的"，文章收进其主编的《中国古代史研究入门》一书，由河南人民出版社 1989 年 1 月出版。说实话文章如果蔡先生自己来写，几天很轻松地就能搞定了。但是先生却让我来写，他既费劲，还耽误了很多自己宝贵的研究时间。这让我非常感动，也令我终生难忘。

2000 年人民出版社准备搞社庆，除了有关领导人外，还准备邀请一些与我社图书有关联的知名学者、作者为社庆题字、题词。我立刻想到了先生，《中国通史》早已享誉海内外，但先生的脾气向来耿直，轻易不愿为人题词作序，这次能不能为人民出版社写几个字呢？我心里没有把握。我 11 月 10 日先打电话与先生联系，向先生讲明情况，希望能为人民出版社的社庆留下一幅墨宝。没想到他丝毫没有犹豫，立即就答应了，并说下周联系。蔡先生把题字当作了一件很重要的事，写什么，怎么写？过了没两天，11 月 14 日即打电话给我，说已写好，我放下电话立即赶到所里，见到了蔡先生，他深情地对我说，人民社社庆这是大事，祝贺啊！我写了四个字"书林北斗"，你看如何？衷心希望人民出版社这块金字招牌能够越来越亮。我说太感谢了，这是您对我社的期望，也是对我们工作的一种激励。我们一定不辜负您对我们的厚爱和要求，努力为人民多出好书。

蔡美彪先生为人民出版社社庆题词

三

2015 年 7 月 10 日，泸州《酒城新报》的记者魏敏和我联系，希望能帮助联系一下蔡先生，他们准备举办"古代西南丝绸之路专家大型考察活动"，已联合贵州遵义市政协文史委，邀请国内知名学术专家作为顾问和考察人员，拟对历史记载中的以四川泸州（合江）为起点，经过贵州、广西，在北部湾钦州出海的古代西南丝绸之路进行详细的历史考察，用田野调查、科学结论，来佐证该路线的确凿存在，并在历代发挥重要作用，为沿途地区进入中央"一带一路"总体规划进一步提供参考建议。拟请蔡先生作为学术顾问。14 日我专程到蔡先生家里，向蔡先生汇报了泸州方面的情况和邀请蔡先生当顾问的事。蔡先生问我的意见，我说这项活动很有意义，与中央的"一带一路"倡议建设规划是相吻合的。泸州市文化研究中心以南方丝绸之路研究中心的名义，联合中国先秦史学会、贵州省文史馆等单位的专家学者开展南方古代出海丝绸之路考察，第一阶段已完成，马上要进行第二阶段，他们有积极性可以支持。他说"一般这样的活动挂名我都不参加"，后来他想了想又说，"你如参加我就参加，这项活动都是他们地方发起的，外地没人，我们俩一起参加吧"。后来我多次把泸州那边寄过来的材料转给蔡先生并通报他们考察的情况和成果。

蔡先生关心地方史学的研究和发展，与泸州来的赵晓东、
夏燕讨论西南丝绸之路的考察

2016 年 6 月 6 日泸州市文化研究中心负责人赵晓东、夏燕来京专门向蔡先生汇报丝绸之路西南线二期考察计划，重点是贵州境内的北盘江和南盘江，从金沙开始到达蔗香乡即北盘江、南盘江的交汇处。蔡先生听完汇报后很高兴，他说：你们在为地方学术作努力和贡献，我自当知无不言，也不需要你们任何报酬！唐蒙从泸州合江通夜郎寻找牂牁江水道到广州，两千多年学术界都没理清楚具体走向，你们也不要急于毕其功于一役。只要在努力，在认真研究，总有拨开云雾见天日的时候。他预祝他们二期考察能取得收获。赵总此时提出希望蔡先生能为二期考察团的团旗题字，以激励大家去更好的完成任务。蔡先生极少为人题字和写序，出于对地方史学的关心和爱护，蔡先生也是很爽快地答应了他们的请求。过了大概一周见没有动静，泸州方面不好意思直接打电话给蔡先生，就打电话找我，说考察团预定出发的时间马上就要到了，大家都希望能打着蔡先生题写的团旗出发，我很理解他们的心情。我到蔡先生家里，还不敢直接说泸州在催问题字的事，只是在聊完别的事后顺带提了一下，先生很认真地对我说，"我已好长时间不写字了，哪能提起笔就写呢？怎么也得练个十天半月的，手写开了才行啊！"这事虽是一件小事，但可看出，先生做事的认真，只要是答应的事从不敷衍。为了把字写好些，他提起久违的毛笔，认认真真勤练十余天，直到恢复书法功底后，才挥毫写下了"西南丝路考察团"七个大字。然后打电话告诉我，说把题词简化了一下，我说这样更好。我去取回来，到家后立刻用相机拍下来，再转到手机上利用微信先将其迅速传到泸州去，以便赶制到即将出发的丝绸之路西南线二期考察团的团旗上。

是月底，我专程赶到贵州的都匀，在考察团的考察总结会上代表蔡先生到会并表示祝贺，并将"西南丝路考察团"题字的原件交给他们。

对泸州市文化研究中心的各项工作，蔡先生都十分的关注。泸州市文化研究中心编辑出版的第一批、第二批"泸州全书"，通过我专门送给蔡先生。他兴趣盎然地逐一翻阅，对《泸州地方目录提要三十种》《川江地理略》《少岷拾存稿笺注》等学术研究著作给予了较高的评价：城市的文化根脉，除了能有活人对答，更要有记载永存。一个民族文化的根基，一种精神文明的传承，需要载体。他说"泸州全书"如果坚持下去，就愈能给这座城市带来更多文明的力量。

蔡美彪先生为"西南丝路考察团"题字

今年 1 月 14 日，泸州市文化研究中心的赵总、夏总听到我转告先生去世的消息后，因无法来京，写下了《蔡美彪先生与泸州的学术情缘——斯人不逝》一文，登载在他们（泸州市文化研究中心）的公众号上以作悼念。文章深情地说："蜀水长流，神臂低首。远处京华的蔡美彪先生因学术认同而钟情四川盆地边缘的酒城泸州，认同泸州从事学术研究的这个小小群体。当然我们更不会忘记您。不会忘记您对学术的热忱与执着，不会忘记您对学术的认真与付出，不会忘记您对学术的坚持与无畏。"

四

2011 年后，我退休了，不久先生也随着年龄的增长，身体变差，去所里少了，我就开始经常去东总布胡同的家里拜访。蔡先生作为一个史学大家，中国社会科学院的名誉学部委员，经济收入还是可以的，但他从不乱花一分钱，一生简朴，每天的生活规律就是两点一线，从单位到家，上下班都是步行，要走 40 分钟，中午就在机关的食堂里打点饭，有时连晚餐也捎带上了。他家里的陈设非常朴素简单，家具也都很陈旧，几乎看不到现代的家装设备。如多来两个客人，就没地方坐了，只能搬个凳子。

蔡先生家里简朴的家具陈设

先生家里经常有客来访，作为礼节，来人总喜欢稍带点水果之类的东西，先生身体不好，血糖高。碍于情面，又不好明说拒绝。客人走后如何处理，就成了问题。一次我去他那里，他就跟我说，前两天南开李治安他们来，送的香蕉、火龙果，扔了太可惜了，为了不浪费，就把它们全吃了，血糖立刻就上来了，这一连好几天都感觉不舒服。我说他们都是好意，但不了解您的身体状况，您自己也得多注意，这事您可明着告诉他们来时什么也别带，不行就送给院子里的邻居。这事虽小，但体现了先生对来者的尊重和对食物的节俭，更体现了先生为人品德高尚。

2012 年 8 月，元史研究会准备在南开大学召开"元代国家与社会国际学术研讨会"，给蔡先生发来会议通知，希望蔡先生能莅临。先生非常想回阔别多年的母校看看，天津虽然离北京不远，有高铁，上车半小时即到。但对一个 80 多岁，身体虚弱的老人来说却是一件非常困难的事。别说拿着行李奔火车站，即使空着手，两头都有出租车接送，也不行，因为上下车，进出站，上下楼梯，都是难题。他和我说，接到南开通知了，我是很想去，多年没回南开了。但现在腿脚不行了，去不了啦。我看到他脸上的无奈和遗憾的表情，安慰他说，没关系，只要您想去，我过来接您，咱们开车一起去天津，保证不让您多走路。他思考片刻后终于答应了。在天津的日子里，蔡先生的心情非常好，了结了多年想回南开看看的夙愿，还见到了许多学界的老朋友，这也是蔡先生生前最后一次到京外参加这样的大型学术活动。

蔡美彪先生与陈得芝先生、白翠琴先生合影（2012 年 天津）

蔡先生与先师范文澜一样，把金钱看得很淡。他一生那么多的著述，却极少主动申请课题经费和参与评奖。他几乎用毕生精力为之奋斗的鸿篇巨著十二册《中国通史》，总共仅申请了两万元科研经费。教育部曾将《中国通史》作为大学教材，拟给他一笔钱，都被他坚拒。当《中国通史》获得国家图书奖一万元奖金时，他将奖金平分给所有作者和参与者。这样的事例还有很多。他的一些做法，看起来有点不合时宜，却折射出高尚的思想境界与道德风范。

2015 年 2 月 1 日，已 87 岁的蔡先生向母校南开大学捐款 100 万元，以其夫人名义设立"南开大学胡文彦助学金"，该助学金用于资助在南开大学就读的家境贫寒、学习刻苦、成绩优良的女学生。蔡先生与夫人胡文彦同为南开大学历史系 1946 级同班同学，几十年来二人相濡以沫，恩爱有加，情深逾恒。几年前夫人不幸早走一步，蔡先生决定在两人共同求学的母校建立助学金以示对贫困学子的关心，同时也是对爱妻的纪念。

蔡美彪先生与夫人胡文彦

2017 年 1 月 22 日我去先生家，给他送泸州寄来的《泸州全书》，他看了很高兴，跟我说，"他们做了不少的事，很好"。接着就告诉我，说去年底，他去所里，中午吃完饭后准备回家，突然失去平衡摔倒在地，幸好是在单位的门口，马上被路人发现后，告知所里被及时的送到协和医院，头被摔破缝了 7 针，住了十几天的医院回到家里。前两天不小心又摔了一跤，坐在地上不能动，待了好几个小时，直到小萌早上打电话过来才被发现。现在所里安排了护工 24 小时陪护。我听他讲完后心里非常的难过。我每次见到他都提醒要小心，岁数大了，身体也不好，自己一定要多注意，不要再去所里了，离得太远，有事可用电话联系。如想走的话，就在院子里活动活动，或在家门口的附近走走，而且一定要有人陪着。我又与他身边的护工打招呼，请他多费心，一定要帮忙照顾好。

后来的一段时间，我又多次去家里探望他，希望他能多保重身体。一次与朋友们一起吃饭，正好遇到中国社会科学院院部的秘书长晋保平先生在座，我就向他提起蔡先生的状况：孤独一人，年事已高，身体又不好，还摔了几次，希望社科院的院部能够好好地关心一下蔡先生这个著名学者的个人生活问题。他说这是应该的，回去后就找所里商量，后来还通过朋友转告我，说所里已专门作了安排。

时间过得真快，转眼四十多年了。我平时喜欢摄影，这几年去先生那里，总要随手拍几张照片。后来我想虽拍了不少蔡先生的照片，但都是即兴随意拍的，应该为蔡先生认真地拍几张他能满意的。2015 年 7 月中旬，我带着相机来到先生家里和先生说，我这次过来，想给您好好地拍几张照片，他听了很高兴，立刻正襟危坐，摆起了姿势想让我照，我看他严肃认真的样子，立刻说放松、放松，您随意，用不着紧张。我从各个角度拍完以后，回到家里，从几十张照片中精心挑选了一张自认为比较满意的照片，拿到专门的图片公司洗印放大并镶上镜框后送给了先生，先生看了非常开心，放在家里显眼之处。

2015 年 7 月为蔡美彪先生拍摄的照片

2020 年新冠疫情暴发，要求居家隔离，各单位、小区也都封闭管理，禁止集结和走动串门，我不便再去登门拜访，只能通过电话不时地问候一下，先生耳朵有点背，需要借助助听器，平时交流起来比较困难。我知道蔡先生近年来身体不好，本想等疫情缓和点后，去家里看望。却不承想先生这么快就离我们而去了，愿先生安息！先生的音容笑貌与他的著作、治学精神永存！

二〇二一年四月十七日于天津

附注：应刘晓老师之约，将原在天津追思会上的发言稿进行了修改补充，并增补了几张照片，作为对蔡先生的怀念之文。

二〇二三年三月十五日于京

（作者为人民出版社编审）

窝阔台时期的中枢官员

陈 希

  大蒙古国肇起朔方，典章制度颇为简朴。成吉思汗建国后，任命别里古台、失吉忽秃忽为大断事官，处置偷盗审判、人户分配等事务。这是大蒙古国时期中央行政建制的开端。成吉思汗之子窝阔台即位后，"立中书省，改侍从官名"①，大蒙古国的行政中枢出现新变化。

  前贤对此已有充分讨论。李涵认为，"侍从"是指怯薛执事官必阇赤。这表明当时中书省已开始从怯薛执事官中分立出来。但它仍非参决军政大事的中枢机构，与地方机构也没有紧密的隶属关系。②姚大力指出，大蒙古国时期的行政中枢是由一名或数名大断事官及所属必阇赤组成的。窝阔台时期的"中书省"并非一个机构的专名，而是对必阇赤群体的汉语泛称。"立中书省"是在大断事官制框架范围内的活动。③张帆梳理了窝阔台时期有关大断事官和必阇赤的汉文史料，发现这一时期大断事官材料不多，而必阇赤的记述丰富，证明了后者地位的提升。④概言之，窝阔台时期行政中枢的变化，一是出现了主要由必阇赤组成的行政组织"中书省"；二是掌管文书事务的必阇赤作用日益突出，其中的若干任职者与大断事官共同构成了中枢官员。

  对这一时期担任中枢官员的具体人物，学界亦有不少考证。姚大力认

---

  ① 《元史》卷2《太宗纪》，中华书局1976年标点本，第31页。

  ② 李涵：《蒙古前期的断事官、必阇赤、中书省和燕京行省》，原刊于《武汉大学学报》1963年第3期，后收入作者《宋辽金元史论》，四川人民出版社2022年版，第26—27、32—33页。

  ③ 姚大力：《从"大断事官"制到中书省——论元初中枢机构的体制演变》，原刊于《历史研究》1993年第1期，后收入作者《蒙元制度与政治文化》，北京大学出版社2011年版，第213页。

  ④ 张帆：《元代宰相制度研究》，北京大学出版社1997年版，第4页。

为，窝阔台时期担任大断事官者，有失吉忽秃忽、额勒只吉歹、镇海、昔里钤部和也速折儿①五人。② 张帆则认为，此时的大断事官只有失吉忽秃忽和按只孵二人。另有耶律楚材、粘合重山和镇海三位必阇赤协同负责行政事务。③ 札奇斯钦对元代的必阇赤群体有集中研究，他将曷思麦里之子密里吉和野里尤归类为窝阔台时期的"汗廷重臣"。④ 由此可见，前贤对窝阔台时期大断事官和重臣必阇赤的考订有所差别，本文即由此入手，首先考订这一时期两种官职的担任者。

一 窝阔台时期的重臣必阇赤

如前所述，窝阔台时期行政中枢发生的新变化，都与必阇赤有关。故本节在既有研究基础上，先对这一时期参决国政的重臣必阇赤进行梳理。

从汉文史料的记述来看，窝阔台时期的重臣必阇赤有耶律楚材、粘合重山和镇海三人。《元史·太宗纪》明言：太宗三年（1231），"立中书省，改侍从官名。以耶律楚材为中书令，粘合重山为左丞相，镇海为右丞相"⑤。《黑鞑事略》的记述更为具体："其相四人……曰移剌楚材，曰粘合重山，共理汉事。曰镇海，专理回回国事。……鞑人无相之称，即只称之曰必徹徹。"⑥ 由此可知三人具体分工及职衔。同书又记"行于回回者，则用回回字，镇海主之，……行于汉人、契丹、女真诸亡国者，只用汉字，移剌楚材主之，却又于后面年月之前，镇海亲写回回字云'付与某人'，此盖专防楚材"⑦，是知耶律楚材虽与镇海共理政事，但镇海对他有牵制之权。

---

① 该人名应作"也迷折儿"，见后文。
② 姚大力：《蒙元制度与政治文化》，第 201 页。
③ 张帆：《元代宰相制度研究》，第 3—5 页。
④ 参见札奇斯钦《说元史中的"必阇赤"并兼论元初的"中书令"》，收入作者《蒙古史论丛》，台北：学海出版社 1980 年版，上册，第 377—378 页。这一观点似可商榷。按《元史·曷思麦里传》，曷思麦里常年镇戍地方，仅凭"必阇赤"之衔难以判断其人是否长期处理文书、参决政事，则亦难明确其次子密里吉的具体执掌。野里尤随失吉忽秃忽前往燕京行省籍户，应属行省级别的必阇赤。这两人的官职与作者定义的"写发宣诏"之"汗廷重臣"似有出入。
⑤ 《元史》卷 2《太宗纪》，第 31 页。
⑥ （宋）彭大雅著、徐霆疏：《黑鞑事略》，王国维校注本，《王国维遗书》，上海古籍书店 1983 年版，第 13 册，叶 2a。
⑦ （宋）彭大雅著、徐霆疏：《黑鞑事略》，王国维校注本，《王国维遗书》，第 13 册，叶 8b。

这里需对镇海的官职稍作辨明。一种观点认为，镇海在窝阔台时期是参决政事的重臣必阇赤；另一种则认为，他当时已升任大断事官。① 后一种观点的主要证据是②，《世界征服者史》中记窝阔台"命镇海、台纳尔及札儿忽的其他一些首脑"③，鞫问争夺呼罗珊管理权之案。既令镇海牵头主持札鲁忽④，可说明他已"位至相当于丞相的大断事官"⑤。查《世界征服者史》的波斯文刊本对应处，原文作：

قآن فرمود تا جینقای و بازنال و جمعی دیگر از امرای یارغو به تفحّص احوال ایشان بنشستند.

［转写］Qā ā n farmūd tā Jīnqāī va Bāznāl va jam'ī dīgar az umarā – yi yārghū ba tafahhus – i ahvāl – i īshān ba – nishast – and.

［译文］罕命令把对他们情况的调查委付于镇海和巴纳儿，以及另外/其他一群出自札鲁忽异密中的人。⑥

该句中دیگر有"另外"（表示与已知者不同类别）、"其他"（表示与已知者同类别）两种含义，则镇海、台纳儿（巴纳儿⑦）与汉译文中"札儿忽的

---

① 前一种观点参见唐长孺《蒙元前期汉文人进用之途径及其中枢组织》，收入作者《山居存稿》，武汉大学出版社2013年版，第470—471页。前引李涵、张帆文皆引用这一观点。后一种观点参见姚大力《从"大断事官"制到中书省——论元初中枢机构的体制演变》，收入作者《蒙元制度与政治文化》，第200页。

② 此处作者还举出《史集》称镇海为窝阔台的"大瓦即儿"，及《镇海神道碑》称碑主曾为"札鲁花赤"两条证据。前者可参照察合台近臣维即儿，从他记录察合台每日言行来看，其官职实为必阇赤。《史集》记其名"维即儿"是窝阔台所赐，后者认为"他是察合台的近臣"（参见［伊朗］拉施特编《史集》第二卷，余大钧、周建奇译，北京：商务印书馆1985年版，第185—186页）。可见《史集》文本语境中的"瓦即儿/维即儿"可指必阇赤。后者已经作者指出存疑处，参见姚大力《蒙元制度与政治文化》，第200页注3。

③ ［伊朗］志费尼：《世界征服者史》，何高济译，翁独健校订，内蒙古人民出版社1980年版，下册，第592页。

④ 关于蒙古传统的札鲁忽审判，参见周思成《究竟是yārghū还是"钩考"？——阿蓝答儿钩考的制度渊源探微》，《北京师范大学学报（社会科学版）》2021年第1期，第80—87页。

⑤ 姚大力：《蒙元制度与政治文化》，第200页。作者已利用哈兹维尼波斯文刊本对此句进行汉译，但未对其中的波斯语词另加讨论。

⑥ 'Alā' al – Dīn 'Aṭa Malik Juwaynī, *Tā rī kh – i Jahāngushā*（《世界征服者史》）, ed. by Ḥabīb Allāh 'Abbāsī & Īraj Mihrakī, Intishā rā t – i Zavvā r, 1385（2006 – 2007）, Vol. 2, p. 166. 本文波斯文转写使用IJMES转写系统。

⑦ 该汉译名出现差异的原因是两处译文所据波斯文写形的首字母识点不同。

其他一些首脑"（出自札鲁忽异密中的人）可能有官职区别，似难直接说明镇海是大断事官（大札鲁忽赤）。而对比同书后文，提到"镇海和必阇赤们"把案件供述上呈大汗时，波斯文原文为"جینقای و بیتکچیان"（Jīnqāī va Bītikchiyān）①。此处并未使用دیگر，说明应将上引文中的镇海和"出自札鲁忽异密中的人"理解为两种类别（官职），前者的官职即必阇赤。

另一条佐证来自波斯文谱系史料《五世系》（Shu'ab - i Panjgāna）②。该史料"蒙古世系"部分，记述了从成吉思汗到合赞汗历任统治者在位时期的朝廷重臣信息。在"窝阔台合罕异密"名录中，有六条必阇赤的记录，其一即"镇海必阇赤，出自畏兀儿部，是也里可温"③。此处仅提到镇海的必阇赤官职。考虑到《五世系》以《史集》为主要史源，其记述应与伊利汗国官方史书的说法相符。故谨慎而言，镇海在窝阔台时期的官职仍应是必阇赤。不过，从此处窝阔台派镇海与断事官合作审案，及前引《黑鞑事略》记"镇海亲写回回字云'付与某人'，此盖专防楚材"等语，不难看出此时镇海在诸必阇赤中的优势地位。

《五世系》所记其余五位必阇赤，也是编纂者眼中的当朝重臣。其身份需逐一说明。兹引文如下：

表1　　　　　　　　　《五世系》所见窝阔台时期必阇赤④

9	阿必失哈是怀都的兄弟，出自克烈部，是受尊敬的必阇赤，也是陛下近侍异密之一
30	忽儿迷失必阇赤出自札剌亦儿部
32	镇海必阇赤，出自畏兀儿部，是也里可温

① ［伊朗］志费尼：《世界征服者史》，何高济译，翁独健校订，下册，第593页；'Alā' al - Dīn ' Aṭa Malik Juwaynī, Tā rī kh - i Jahāngushā, p. 167.

② 关于《五族谱》的发现、内容与研究等情况，参见王一丹《波斯拉施特〈史集·中国史〉研究与文本翻译》，昆仑出版社2006年版，第47—49页；邱轶皓《蒙古帝国视野下的元史与东西文化交流》，上海古籍出版社2019年版，第382—406页。

③ Shu'ab - i Panjgāna（《五世系》），İstanbul: Topkapı - Sarayı Müzesi kütüphanesi, MS. Ahmet Ⅲ 2937, f. 124a. 此处及以下汉译文引自北京大学外国语学院"波斯文《五族谱》整理与研究"项目二次修订稿相应部分。

④ 此处共列包括镇海在内的6条必阇赤信息，序号为《五世系》原名录排序。该名录第31位异密铁干，在《贵显世系》（Mu ' izz al - Ansāb）中被记为必阇赤。未知《贵显世系》何据，故此处暂未计入此人。

续表

33	速罗海必阇赤,出自畏兀儿部,是大汗的儿子哈剌察儿的同乳,一直保存和管理底万的所有文书
34	答失蛮哈只卜,他是哈剌鲁人,极为受尊敬,是木速蛮。他是成吉思汗与合罕的御前近臣,曾经共饮班朱尼河之水
35	侍郎,出自主儿扯部,他管辖乞台地区

这里的第 34、35 两位异密,在《五世系》文本中并无"必阇赤"的职衔,但可从相关事迹判断其官职。第 35 位异密侍郎即前述耶律楚材①。前引《黑鞑事略》记耶律楚材,注文有"字晋卿,契丹人,或称中书侍郎"之语,并明言他担任必阇赤。耶律楚材所作《西游录》末尾有"燕京中书侍郎宅刊行"字样②,可知他曾以"中书侍郎"自称。

第 34 位异密答失蛮哈只卜的事迹见于《史集》。第一,如《五世系》所记,他是成吉思汗和窝阔台的御前近臣。《史集》记述了他作为使者劝降咱儿讷黑城、受窝阔台汗之命去集市买枣、向水中掷币借以搭救木速蛮等事。③能够担任使者,说明他有一定的文化素养;而参与大汗的日常生活,说明他应具有怯薛身份。第二,蒙哥汗即位后处置政敌,由大断事官忙哥撒儿审理贵由之妻和失烈门之母,而镇海则"由哈只卜答失蛮审理解决"④。由被审理对象来看,统治者家族成员的地位显然高于镇海,大断事官忙哥撒儿审理前者,可知答失蛮哈只卜官位低于大断事官;而他又能审理必阇赤镇海,推测他应与镇海官职相近,也是重臣必阇赤。答失蛮哈只卜在蒙哥即位后受重用,或与他抚养窝阔台第七子灭里有关。⑤

---

① 《五族谱》读书班讨论时提到,耶律楚材自称"香山老侍郎"。参见(元)耶律楚材《湛然居士文集》卷 9《和张敏之诗七十韵三首(其一)》,谢方点校,中华书局 1986 年版,第 201 页。

② 刘晓教授研究耶律楚材著述时注意到这条记述,参见刘晓《耶律楚材评传》,南京大学出版社 2001 年版,第 161 页。

③ [伊朗]拉施特编:《史集》第一卷第二分册,余大钧、周建奇译,商务印书馆 1983 年版,第 280—281 页;[伊朗]拉施特编:《史集》第二卷,余大钧、周建奇译,第 86、97 页。

④ [伊朗]拉施特编:《史集》第二卷,余大钧、周建奇译,第 255 页。

⑤ [伊朗]拉施特编:《史集》第二卷,余大钧、周建奇译,第 22 页。灭里亲赴蒙哥即位的忽里台表示支持,其家臣答失蛮哈只卜自然由此受益。参见[伊朗]志费尼《世界征服者史》,何高济译,翁独健校订,下册,第 679 页。《征服者史》将灭里记为合丹之侄,实际应为其弟,汉译本已指出这一错误。

第 33 位异密速罗海的身份需要考订。《五族谱》读书班原将此人识读作
孛剌海（بولاغای），并根据"一直保存和管理底万的所有文书"的信息，将他
与蒙哥汗时期必阇赤长、克烈部人孛鲁合勘同。① 但细察《五世系》原文，
此人名应录写作سولاغای,② 波斯文写形首字母为辅音 s（س）而非缺少识点的
b（ـب，缺少识点且在词首写作 ــ ），转写应作 Sūlāghāy，与"孛鲁合"之
名不能勘同。

按《五世系》所给信息，此 Sūlāghāy 出身畏兀儿部，是窝阔台之子哈剌
察儿的同乳兄弟，可知其母为哈剌察儿乳母。而《元史·塔塔统阿传》记：
"（太宗）命其妻吾和利氏为皇子哈剌察儿乳母"③，则此 Sūlāghāy 应为塔塔
统阿与吾和利氏之子。《元史》记塔塔统阿四子中，第三子"速罗海"即可
对应 Sūlāghāy 之名。《五世系》记速罗海是必阇赤，且"一直保存和管理底
万的所有文书"。"底万"是波斯史家对国家行政中枢的称谓，可知速罗海
在窝阔台时期负责汗廷文书事务。这与其父塔塔统阿创制文字关系密切。而
《塔塔统阿传》又记他"袭父职，仍命司内府玉玺金帛"④，知他在文书工作
外，还管理大汗印玺和金帛财物。

值得注意的是，速罗海与前述答失蛮哈只卜有相似之处。二者担任必阇
赤的同时，本人或其家族还承担了抚育皇子的职责，与大汗建立了密切的私
人关系。这反映出必阇赤的怯薛属性，即需要履行服务大汗的基本职责，证
明此时这一官职仍未完全脱离怯薛组织。

第 9 位异密阿必失哈是克烈部大异密怀都的兄弟。《史集》记怀都长子
秃古儿、秃古儿之子阿里纳黑时，均附必阇赤之衔⑤，这说明该家族的怯薛
世职即必阇赤。《五世系》记阿必失哈为大汗的近侍异密，可推测他亦有参
决政务的资格和较高的政治地位。第 30 位异密忽儿迷失必阇赤，由于未见
其他材料，仅知他出身札剌亦儿部。

对比汉文史料和波斯文《五世系》，不难发现二者均记述了必阇赤镇海

---

① "波斯文《五世系》整理与研究"项目 124a 二次修订稿，第 12 页注 7。

② *Shu'ab – i Panjgāna*（《五世系》），MS. Ahmet Ⅲ 2937, f. 124a.

③ 《元史》卷 124《塔塔统阿传》，第 3048 页。

④ 《元史》卷 124《塔塔统阿传》，第 3049 页。

⑤ ［伊朗］拉施特编：《史集》第一卷第一分册，余大钧、周建奇译，商务印书馆 1983 年版，
第 220 页。

和耶律楚材。但二人在《五世系》中的排序，并不符合汉文史料对其地位的描述，耶律楚材甚至位居六位必阇赤之末。排在镇海之前的必阇赤，是材料不多的阿必失哈和忽儿迷失。而排在耶律楚材之前的两人，在波斯文材料中的记述更为丰富。

这一情况与《五世系》"窝阔台合罕异密"名录的排序规则有关。该名录中收录的大部分臣僚信息，都能从《史集》中找到信息来源，且臣僚排序基本与《史集》对草原诸部族的叙述顺序一致。[①] 尽管除阿必失哈必阇赤外，上引表中其余五人身份信息的确切史源尚不清楚，但不难发现，他们的排序也以其出身部族为标准。故这一排序与诸必阇赤的实际地位可能存在差别。

不过，《五世系》中提到的答失蛮哈只卜和速罗海的情况值得重视。从《史集》对答失蛮哈只卜外出买枣的记述，和《元史》记速罗海"司内府玉玺金帛"，可知二人主要负责内廷财物相关事宜，而非地方行政事务。这体现出当时重臣必阇赤具有的草原政权官员特征。姚燧为必阇赤长孛鲁合所撰《神道碑》中，提到他掌"帑藏与祠祀、医卜、诸臣"[②]，可见内府财物、祭祀医卜等事务也属于必阇赤长管理。《元史·宪宗纪》中也有类似记述：宪宗二年十二月，"以帖哥紬、阔阔术等掌帑藏；孛阑合剌孙掌斡脱；阿忽察掌祭祀、医巫、卜筮，阿剌不花副之。……以只儿斡带掌传驿所需，孛鲁合掌必阇赤写发宣诏及诸色目官职"[③]。由此可知，上引《碑》中记述由孛鲁合所掌诸事，其实还设有专人分管。疑答失蛮哈只卜和速罗海即窝阔台时期分管商人、帑藏等事务的重臣必阇赤。进一步说，此二人的情况或提示出，窝阔台时期的重臣必阇赤中，已出现更细致的职权分工。

二 窝阔台时期的大断事官

对这一时期大断事官的担任者，学者也有不同观点，共提到失吉忽秃

① 参见陈希《窝阔台汗时代大蒙古国研究》，博士学位论文，北京大学，2021年，第62—67页。
② （元）姚燧：《牧庵集》卷13《皇元高昌忠惠王神道碑铭并序》，《四部丛刊》初编影上海涵芬楼藏武英殿聚珍本，叶9a。
③ 《元史》卷3《宪宗纪》，第46页。

忽、额勒只吉歹、镇海、昔里钤部和也迷折儿五人。本文前节已讨论过镇海的情况。他在窝阔台时期应当仍为重臣必阇赤，并没有担任大断事官。

昔里钤部和也迷折儿也可排除。此二人担任大断事官的说法，见于程钜夫所作《魏国公先世述》："军还，太宗皇帝命公（即昔里钤部——笔者按）与也迷折儿为也可扎鲁火赤。"① 从文意看，似是窝阔台任命了昔里钤部、也迷折儿为大断事官。但早于《先世述》成文的、记述昔里钤部事迹的其他碑传材料②有不同说法。在王恽为昔里钤部所作《神道碑》中，记成吉思汗攻下沙州，"既而命贰业陌赤，行其部断事官"③。可知昔里钤部和也迷折儿（业陌赤）担任的是部族断事官，且昔里钤部为也迷折儿的副手。支持这一说法的还有20世纪90年代出土的李爱鲁《墓志》，其中提到其父昔里钤部"天兵次燉煌，与国同归我太祖皇帝，帝异其材，俾充其部断事官"④。

《先世述》出现窝阔台任命昔里钤部为"也可扎鲁火赤"的记述，应受到姚燧撰李爱鲁《神道碑》的影响。⑤ 此《碑》与《先世述》同年成文，其中记昔里钤部随军西征，班师后"又俾同伊玛齐为断事官于朝"⑥。《先世述》进一步改写此事，将任命昔里钤部和也迷折儿（伊玛齐）之事系于太宗窝阔台。但窝阔台在长子西征大军东还之前已经去世，《先世述》所谓昔里钤部"军还"后才得太宗任命，不合史实。由此可判断《先世述》记述错误，昔里钤部、也迷折儿亦非窝阔台时期的大断事官。

剩余二人中，额勒只吉歹（按只鬍）的执掌可得《元朝秘史》和《黑鞑事略》证实。《元朝秘史》第278节记窝阔台任命额勒只吉歹为"众官人

① （元）程钜夫：《雪楼集》卷25《魏国公先世述》，收入台湾"国立中央"图书馆编《元代珍本文集汇刊》，台北："国立中央"图书馆，1970年，下册，第972页。

② 关于昔里钤部家族诸碑传材料的介绍，参见修晓波《〈元史〉昔里钤部、爱鲁列传探源及其补正》，《中国史研究》2022年第1期，第133—135页。

③ （元）王恽：《秋涧先生大全文集》卷51《大元故大名路宣差李公神道碑铭并序》，《四部丛刊》影江南图书馆藏明弘治刊本，叶6b。

④ 朱建路、刘佳：《元代唐兀人李爱鲁墓志考释》，《民族研究》2012年第3期，第76—77页。

⑤ 这一观点及下述"军还"不合史实处，为北京大学历史学张帆教授观点，尚未成文。笔者旁听2022年秋季学期《元代典志研读》课程时，曾向张帆师请教关于昔里钤部诸种史料记述的准确性问题，此为老师示教，谨致谢忱！

⑥ （元）姚燧：《牧庵集》卷19《资德大夫云南行中书省右丞赠秉忠执德威远功臣开府仪同三司太师上柱国魏国公谥忠节李公神道碑》，《四部丛刊》初编影上海涵芬楼藏武英殿聚珍本，叶10b。

每"① 之长；《黑鞑事略》记按只孵为当时"四相"之首，"有谋而能断"②，明指此人官职与地位。不过，前述《五世系》"窝阔台合罕异密"名录中未见此人信息。这可能与他后来卷入统治者家族的内部斗争有关。在贵由汗统治时期，额勒只吉歹被任命为西征军主帅，本应接管由拜住统帅的大军。但适逢汗位转移，蒙哥下令将他逮捕，并送往拔都处处死。③ 或波斯史家因此人与拖雷后裔的关系不睦，讳言其事迹。

失吉忽秃忽是否曾在窝阔台时期担任大断事官，稍有疑问。前贤判断他此时任职的依据，一是《秘史》中成吉思汗对他担任大断事官的任命；二是柯劭忞称他为"两朝断事官"④。此外似未见指明窝阔台令他担任大断事官的直接记述。《五世系》记述此人时，也没有提到他大断事官的头衔，只说"在窝阔台罕时代他如此受尊敬，以至于他在高于蒙哥合罕等诸王子的位置落座"⑤。明确记忽秃忽有"断事官"衔者，仅《元史·太宗纪》言他出任"中州断事官"⑥，即燕京行省最高长官。在太宗六年的这次任命前，忽秃忽的具体情况在汉文史料中亦无明证。

有两条相关材料或能推断忽秃忽当时在汗廷的处境。一是前述《秘史》第 278 节，窝阔台任命额勒只吉歹为众官人之长。此节主要记述窝阔台任命新的怯薛长官，从内容关联性来看，此事发生时间应在同书记窝阔台即位、拖雷将万人怯薛交还给他的第 269 节之后。也就是说，窝阔台即位不久，就任命了额勒只吉歹为大断事官。二是《史集》记述，拖雷旧部曾因窝阔台将拖雷私属三千户拨给皇子阔端不满，意欲上诉大汗，失吉忽秃忽即参与此事的代表人物。⑦ 由此可见，他明显偏向拖雷家族的立场。故综合来看，在窝阔台统治前期，失吉忽秃忽虽然在汗廷享有较高地位，却未必深得大汗信任，他是否曾获窝阔台任命出任大断事官、任期多久，仍有可讨论的空间。

---

① 乌兰校勘：《元朝秘史（校勘本）》，中华书局 2012 年版，第 394 页。
② （宋）彭大雅著，徐霆疏：《黑鞑事略》，《王国维遗书》第 13 册，叶 2b。
③ ［伊朗］拉施特编：《史集》第二卷，余大钧、周建奇译，第 251 页。
④ 参见姚大力《蒙元制度与政治文化》，第 198 页；张帆《元代宰相制度研究》，第 2—3 页。
⑤ *Shu'ab - i Panjgāna*（《五族谱》），f. 123b. 汉译文引自北京大学外国语学院"波斯文《五族谱》整理与研究"项目二次修订稿相应部分。
⑥ 《元史》卷 2《太宗纪》，第 34 页。
⑦ ［伊朗］拉施特编：《史集》第一卷第二分册，余大钧、周建奇译，第 380—381 页。

《五世系》没有记述这一时期的大断事官，除了担任者的具体原因外，也反映出在窝阔台时期，汗廷内处理庶务的主要官员似非大断事官，而是重臣必阇赤。这与汉文史料反映的情况是一致的。① 这些必阇赤地位的提升有两方面原因：

第一是处理繁多公文和行政事务的实际需要。窝阔台即位后，大蒙古国统治疆域继续扩大，较早被征服的地区也逐步进入日常管理阶段，汗廷需要处理的行政事务日益增加，仅凭大断事官难以应对繁多纷杂的新情况。处理往来公文、处置地区事务都需要任用行政管理经验丰富的官员。如镇海、耶律楚材等治国人才，对自己曾经任职政权的典章制度和当地的风土民情有充分了解，能够恰当处理大蒙古国辖境内不同政治传统、文化环境的各类事务。统治者给予他们必阇赤的官职，能够充分发挥他们在行政事务上的专长，解决国家发展中出现的实际问题。

第二是窝阔台支持重臣必阇赤处理政事。从《元史·耶律楚材传》对传主屡次建言政事、《史集》对镇海出席政治活动的记述，可见他们参政深受窝阔台的支持。除"立中书省，改侍从官名"外，窝阔台还下令"今后凡事先白中书，然后闻奏"②，专意强调这些必阇赤的重要地位，亦见他对建立行政中枢的积极态度。再结合分派牙老瓦赤管理河中地区、任命燕京行省和课税所官员等举措，可知他对建立国家行政管理制度有总体构想。同时，通过赐予必阇赤之职，更多非蒙古部族出身者得以进入汗廷、施展才干，也有利于窝阔台巩固最高统治，降低家族成员对他行使权力的干扰。

三 重臣必阇赤带来的政治经验

前述讨论已提及《五世系》中必阇赤的部族出身。来自各地的重臣必阇赤在处理行政事务的同时，也将不同地区、以往政权的政治统治经验带给大蒙古国的统治者，促进了中央行政体制的建设。这些必阇赤由出身部族或曾经效力处获得行政管理经验，为大蒙古国的制度建设提供了多种可

---

① 参见前引张帆《元代宰相制度研究》，第4—6页。

② （元）宋子贞：《中书令耶律公神道碑》，收入苏天爵编《国朝文类》卷57，《四部丛刊》初编影上海涵芬楼藏元刊本，叶14a。

能性。

畏兀儿人在窝阔台时期表现突出。必阇赤镇海、速罗海都出自畏兀儿部。速罗海之父塔塔统阿曾受成吉思汗之命"教太子诸王以畏兀字书国言"[1]，颇受蒙古统治者信任。窝阔台之子贵由即位后重用的必阇赤八剌也是畏兀儿人。[2] 如将考虑范围扩大，窝阔台时期的呼罗珊地区长官阔儿吉思、斡赤斤王傅岳璘帖穆尔，及拖雷家族封地内任职的孟速思、布鲁海牙等人，均出身于畏兀儿部，[3] 足见窝阔台家族统治时期，黄金家族对畏兀儿人的重用。

由于畏兀儿政权归降蒙古较早，亦都护获得了成吉思汗第五子的政治待遇，为其部贵族入仕大蒙古国创造了条件。得益于语言、文化的相似性，畏兀儿人与蒙古显贵具有更多的接触机会。而塔塔统阿创制回鹘体蒙古字后，具备书写能力也成为畏兀儿人的明显优势。畏兀字成为大蒙古国的官方文字，意味着大汗颁布诏令、拟写对外文书，都需要任用熟悉文字的畏兀儿人。他们由此成为大蒙古国早期最突出的文官群体。

正如白迈克（M. C. Brose）已注意到的，畏兀儿人长期居于东西往来的必经地区，学习外来语言的能力相当出色，且有接纳、吸收多样文化的历史传统[4]。白迈克指出，回鹘人的行政管理模式受到突厥、粟特和唐朝的共同影响。[5] 这反映出不同政治文化传统对该族群的深远影响。畏兀儿人具有的复杂政治文化传统，能够满足大蒙古国统治多语言、多文化地区的迫切需要，这也是窝阔台至贵由汗时期，畏兀儿人在汗廷常掌权柄的重要原因。

亦都护政权作为回鹘汗国的余脉，还保留了以往草原统治者的治国经

---

[1] 《元史》卷124《塔塔统阿传》，第3048页。

[2] ［伊朗］志费尼：《世界征服者史》，何高济译，翁独健校订，上册，第55页。此处记蒙哥即位前，窝阔台家族派出"一个畏吾儿的偶像教徒，国之大臣，八剌必阇赤去找亦都护"，此人显然是加宾尼《蒙古史》中记述的"丞相八剌"。《蒙古史》汉译本注释中已将二者勘同。参见［意大利］约翰·普兰诺·加宾尼《蒙古史》，收入［英］道森编：《出使蒙古记》，吕浦译，周良霄注，中国社会科学出版社1982年版，第65页及注137。

[3] 上述人物很早获得学界关注。参见尚衍斌《元代畏兀儿研究》，民族出版社1999年版；Michael C. Brose, *Subjects and Masters：Uyghurs in the Mongol Empire*, Bellingham：Western Washington University, 2007.

[4] Michael C. Brose, *Subjects and Masters：Uyghurs in the Mongol Empire*, p. 73.

[5] Michael C. Brose, *Subjects and Masters：Uyghurs in the Mongol Empire*, p. 63.

验。回鹘时代尤为明显的政权建设特征是建立都城和任用粟特商人，窝阔台建立的哈剌和林城临近回鹘故都遗址，斡脱商人则成为大蒙古国新的合作者。更为重要的是，如粟特商人能够入仕漠北汗国一样，斡脱商人在大蒙古国也可以直接参决政事。据王国维的考证，镇海即《蒙鞑备录》所记回鹘田姓富商①，其人"饶于财，商贩钜万，往来于山东河北"②，显然自商贾起家。由他举荐的奥都剌合蛮③，在窝阔台统治末期以商人身份"充提领诸路课税所官"④，取代耶律楚材的原有官职。由耶律楚材的情况类比，奥都剌合蛮对蒙古统治者而言，也类似于重臣必阇赤。这一传统与汉地王朝科举选官的做法有很大差异，商人入仕中枢，反映出草原政权对商贸活动的高度依赖。

克烈部作为成吉思汗兴起之前的草原霸主，在游牧部族中具有相当发达的政权架构，也是大蒙古国的效法对象。前引《五世系》记述了出身克烈部的必阇赤阿必失哈，他很可能在窝阔台时期也参与政事处理。拖雷之子蒙哥夺取汗位后，任命的必阇赤长孛鲁合也是克烈人。涂逸珊（İ. Togan）指出，克烈部通过姻亲方式获得乃蛮部的长期支持，且在政权内部具有"双首领统治"的明显特征。⑤成吉思汗早年奉王罕为父，实际上是为取得"第二辕"的政治地位。⑥黄金家族与克烈部的札阿绀卜家族也建立了姻亲关系。周良霄先生很早提出，成吉思汗将汗位留给窝阔台、而将军队留给拖雷的做法，是受到原始部落制度中酋长与军事首领分任的观念影响。⑦这种"双首领"的观念，可能也受到克烈部等草原强部的直接影响。

除了从出身部族获得的政治经验，不少重臣必阇赤还曾效力于其他政

---

① （宋）彭大雅著，徐霆疏：《黑鞑事略》，《王国维遗书》第13册，叶2a。

② （宋）赵珙：《蒙鞑备录》，王国维校注本，《王国维遗书》，上海古籍书店1983年版，第13册，叶14a—14b。

③ 《元史》卷146《耶律楚材传》，第3463页。

④ 《元史》卷2《太宗纪》，第36页。

⑤ İsenbike Togan, *Flexibility and Limitation in Steppe Formations: The Kerait Khanate and Ghinggis Khan*, Leiden & New York: Brill, 1998, p. 66; p. 105.

⑥ İsenbike Togan, *Flexibility and Limitation in Steppe Formations: The Kerait Khanate and Ghinggis Khan*, p. 104。这一说法源于《元朝秘史》第177节的内容，即铁木真派人向王汗传话，其中有"我与你如车的两辕、车的两轮……我岂不比一条辕、一个轮"的比喻。参见乌兰校勘《元朝秘史（校勘本）》，第200页。

⑦ 周良霄：《蒙古选汗仪制与元朝皇位继承问题》，《元史论丛》第3辑，1986年，第37页。

权，能够提供更丰富的管理经验。如畏兀儿人镇海，在许有壬所作《神道碑》中被记为克烈部人。前贤认为，此举通过将镇海出身由色目阶层抬升至蒙古阶层，提高了他的政治地位。① 若考虑到镇海的富商身份，碑中记他"至朔方始氏怯烈"②，或指他以行商专长效力于克烈部③。再如畏兀儿人塔塔统阿，在归降蒙古前也担任过乃蛮部的王傅和掌印官。此类中最典型的例子即出身契丹贵族的耶律楚材。他的父兄皆入仕金朝，故他谙熟金代典章制度，充分利用定朝仪、主赋税等时机向窝阔台介绍传统典制。他的事迹前贤已多探讨④，本文不再赘述。

蒙古统治者吸收的统治经验，不只来源于相近的草原部族和金朝，还获益于被征服的中亚地区。按《五世系》，出身于哈剌鲁部的答失蛮哈只卜曾参加班朱尼河盟誓⑤，可见他在成吉思汗被克烈部汪罕击败时就已投效蒙古。哈剌鲁人分布在海押立、阿力麻里和普剌等地，这些地区原属于阿尔思兰汗家族统治。阿尔思兰汗和后来统治阿力麻里一带的斡匝儿汗降蒙，是1211年前后之事，⑥ 此时克烈已灭，故答失蛮哈只卜并非随哈剌鲁统治者一起归降的王族或近臣。而从他带有波斯王朝典型官职"哈只卜"（侍卫官）⑦ 之

---

① 丁国范：《镇海族源辨》，《元史及北方民族史研究集刊》第 10 辑，1986 年，第 45 页。

② （元）许有壬：《圭塘小稿》卷 10《元故右丞相怯烈公神道碑铭》，收入张凤台辑《三怡堂丛书》，中国书店 1990 年版，第 12 册，叶 5b。

③ 彭晓燕曾举出类似例子：波斯文史料记载成帖木儿和丞相孛罗为哈剌契丹人，这并非表明他们的真正族属，而是反映出他们与哈剌契丹政权之间存在着某种联系。参见 Michal Biran，*The Empire of the Qara Khitai in Eurasian History：Between China and the Islamic World*，New York：Cambridge University Press，2005，p. 145。

④ 参见刘晓《耶律楚材评传》。

⑤ 杨志玖先生在《蒙古初期饮浑水功臣十九人考》中言，巴托尔德在为《伊斯兰百科全书》撰写的《成吉思汗》条目中提及，有一位穆斯林答失蛮·哈只卜也参加了班朱尼河誓约。但此说未知出处，柯立夫于此说法也十分谨慎。故杨先生亦未轻信此说。现有《五族谱》明言答失蛮·哈只卜参加班朱尼河盟誓，可知巴托尔德所言有据。参见杨志玖《蒙古初期饮浑水功臣十九人考》，收入南京大学元史研究室编《内陆亚洲历史文化研究——韩儒林先生纪念文集》，南京大学出版社 1996 年版，第 11—12 页。

⑥ 参见马晓娟《成吉思汗时期的哈剌鲁人——以海押立、阿力麻里地区的哈剌鲁人为中心》，《元史论丛》第 14 辑，2013 年，第 218 页。

⑦ 巴托尔德指出，萨曼王朝时期，内廷最高的官职及首席哈吉卜（Ḥājib‑i‑buzurg）或"哈吉卜的哈吉卜（Ḥājib al‑hujjāb）"，是王国头等尊贵的官职之一。参见［俄］巴托尔德《蒙古入侵时期的突厥斯坦》，张锡彤、张广达译，上海古籍出版社 2017 年版，上册，第 263 页。萨曼王朝的行政制度被后来的突厥人建立的伽色尼王朝基本继承，后来如塞尔柱王朝、花剌子模王朝等同类政权，都基本承袭了伽色尼王朝的管理体制。

衔,可推测他曾供职于某个继承波斯传统官制体系的中亚政权。成吉思汗曾派此人进入咱儿讷黑城招降。该城处在花剌子模旧都玉龙杰赤与不花剌之间,或他曾是花剌子模王朝旧臣,对当地情况比较熟悉。窝阔台重用此人,除了攻打花剌子模残余势力的现实考虑外,还有对统治呼罗珊及更广大波斯地区的长远需要。从被他抚养的皇子灭里之名来源于阿拉伯语①来看,具有波斯—伊斯兰文化背景的答失蛮哈只卜对大汗家族确实产生了一定影响。

四 结论

由前引《五世系》"窝阔台合罕异密"名录可见,这一时期具有参决要务资格的重臣必阇赤,或为大汗近侍,或为皇子保傅,均与蒙古统治者保持直接、密切的私人关系。这一特点证明了此时必阇赤仍未完全脱离怯薛组织,需要履行服务大汗的基本职责。这也是他们获得大汗信任的有效途径。同时,同一时段存在数位重臣必阇赤,也反映出游牧政权中多长官共同负责制的文化背景。这是必阇赤作为汗廷官职保持传统的一面。

而在同一时期,因行政组织和担任者的变化,必阇赤也开始具有中枢行政官的属性。随着大蒙古国辖境扩大,行政事务日益繁重,处理政务的实际需要和窝阔台发展中央行政体系的积极态度促成了必阇赤的分化。太宗三年立中书省,标志着参决政务的必阇赤在怯薛序列外有了新的行政组织。同时,更多来自不同地区的治国人才出任必阇赤,带来了以往草原帝国及同时期其他政权的统治经验,也在客观上推动了必阇赤由"内廷"走向"外朝"。

作为成吉思汗的继承人,窝阔台即位时面临着国家发展和加强汗权的双重任务。他通过重用有必阇赤职衔的专业文官,实现了对宫廷内部和行政事务的有效管理,初步建立起大蒙古国的中枢行政结构,加强了汗廷与辖境内不同地区之间的纵向沟通。由大断事官和重臣必阇赤构成的这一行政结构为后来统治者所继承。同时,窝阔台支持镇海、耶律楚材等非蒙古部族出身者

---

① 参见刘迎胜《关于马薛里吉思》,《元史论丛》第 8 辑,2001 年,第 22 页注 7。

参政，也意在对本家族或显贵部族内偏向拖雷的势力形成制约，尽量削减拖雷因卓越军功和监国经历形成的政治影响力，从而达到集中汗权、巩固最高统治的政治目的。

（作者为中国人民大学国学院讲师）

元惠宗朝中央行政决策模式演变研究

温　旭

元惠宗妥懽贴睦尔在位时期（1333—1370），政局不稳定，中央行政决策模式经历了三个不同历史阶段的演变。经梳理分析《元史·宰相年表》《北巡私记》的记载可知，在元惠宗执政的 38 年中，中书右丞相先后更替了 16 人，人均任期不足 2.4 年。这不利于元惠宗朝国策连贯实施。为解答元惠宗朝中书右丞相为何频繁更替的疑问，有必要探讨一下元惠宗朝中央行政决策问题。目前，学界对元代行政决策问题已有不少开创性研究成果，论述了宰相制度、御前奏闻、皇太子和怯薛与元代朝政、圆议连署等。① 这为探究元惠宗朝中央行政决策问题奠定了基础，并具有启发意义。本文将围绕妥懽贴睦尔皇帝、卜答失里太皇太后、完者忽都皇后、爱猷识理达腊皇太子、中书右丞相在中央行政决策中不同的政治影响力，探究元惠宗朝不同历史阶段的中央行政决策模式演变问题。不当之处，敬请专家批评、指正。

一　太皇太后卜答失里称制

至顺三年（1332）八月，元文宗图帖睦尔驾崩后，新帝未立。按照蒙古政治传统，哈敦的政治地位很高，可以参与政事。金帐汗国、伊利汗国的哈

---

① 韩志远：《爱猷识理达腊与元末政治》，《元史论丛》第 4 辑，中华书局 1992 年版，第 183—195 页；张帆：《元代宰相制度研究》，北京大学出版社 1997 年版，第 203—217 页；李治安：《元代政治制度研究》，人民出版社 2004 年版，第 1—55 页。

敦们常以可汗的名义发布命令。① 元文宗皇后卜答失里同样遵行蒙古人的政治传统，临朝称制，代行皇权。中书百司政务，咸启中宫取进止。② 她召集文宗朝老臣，临时组建了一个中央行政决策咨询班子，负责商讨国政。据《元史·孛朮鲁翀传》记载："文宗崩，皇太后听政，命别不花、塔失海牙、阿儿思兰、马祖常、史显夫及翀六人，商论国政。"③ 55 岁的集贤直学士孛朮鲁翀、55 岁的江南行御史台中丞马祖常等 6 人都没有中书省行政职务。在元宁宗懿璘质班、元惠宗妥懽贴睦尔两朝，卜答失里皇后先后被尊为皇太后、太皇太后。直到重纪至元六年（1340）六月十四日，她一直称制如故，以婶母身份监护缺乏政治经验的侄皇帝治国理政，是元朝中央行政决策中枢系统中的最终决策者。

至顺三年十一月廿六日，元宁宗懿璘质班暴崩。卜答失里皇太后派中书右丞阔里吉思将妥懽贴睦尔太子从广西静江迎至元上都，因受卜算家影响，妥懽贴睦尔迟迟未能即位，迁延了半年。④ 在这个皇位空缺的特殊时期，卜答失里皇太后主导着元朝中央行政决策。"国事皆决于燕铁木儿，奏文宗后而行之。"⑤ 而妥懽贴睦尔太子在至顺四年六月初八正式继承皇位前，已经作为合法化的皇储，开始参与决策元朝中央行政事务了。据《至正条格》卷二《断例·职制》"沮坏风宪"条记载：

> 元统元年五月初五日，御史台奏："大都台官每备着监察御史文书说将来：'山东宣慰使七十，蠹政害民，违别圣旨，辄便为头画字。被山东廉访司弹劾之后，挟仇排捏饰词，影射本罪，阻当刷卷监问书吏，故将累朝风宪勾当沮坏。启奉令旨，省里、台里差人取问呵，要了他明白招（伏）[状]。拟了六十七下罪名，罢职，遍行文书。'么道。俺商量来，依着他每定拟的罪过，打六十七下，罢职，遍行照会呵，怎生？"

① 乌马里：《历眼诸国记》（选译），内蒙古大学蒙古史研究所编：《蒙古史研究参考资料》新编第 32、33 辑，1984 年版，第 102 页。

② 《元史》卷 37《宁宗纪》，中华书局 1976 年点校本，第 809 页。

③ 《元史》卷 183《孛朮鲁翀传》，中华书局 1976 年标点本，第 4222 页。

④ （明）达仓宗巴·班觉桑布：《汉藏史集》，陈庆英译，青海人民出版社 2017 年版，第 136 页。

⑤ 《元史》卷 38《顺帝一》，第 816 页。

启呵，奉令旨："那般者。"①

　　上述公文中，"启呵"在先，"奉令旨"在后。"呵"表示一个动作引出另一个动作。② 换言之，御史台官员先上启卜等失里皇太后，后遵奉妥懽贴睦尔的令旨施行。此时妥懽贴睦尔还没有正式即皇帝位，所以公文行文不能直接用"圣旨"，只能用"令旨"。御史台官员在得到妥懽贴睦尔的令旨后，还需要得到卜答失里皇太后的懿旨同意，才能遵照令旨行事。这层关系在上述公文中通过"启"字直接体现出来，在实际的行政决策中是存在的。

　　至顺四年六月初八，经过诸王、宗戚在忽里勒台大会上的劝进，妥懽贴睦尔终于在上都（今内蒙古正蓝旗境）继承了皇帝宝位。他身处中央行政决策的权力中心，通过参加御前奏闻，实践学习治国理政。奏事官向妥懽贴睦尔皇帝奏事前，须按照元朝原有的中央行政决策机制，先上禀中书右丞相伯颜，不得隔越奏闻。中书右丞相伯颜取代燕铁木儿后，拥有奏拟权，经御前奏闻，奏请妥懽贴睦尔皇帝圣裁，颁发圣旨以置可否。亲政前的妥懽贴睦尔皇帝并非任人摆布的傀儡皇帝，也不是简单的"那般者"草草了事。他在行政决策时有自己独立的主观思考。重纪至元四年四月初八前，监察御史曾奏请妥懽帖睦尔升御史台御史中丞（正二品）脱脱做一品职事，但妥懽贴睦尔没有同意，下旨答复道："你每题说的哏是。我后的回说也者。"四月初八，经御史台官员御前奏闻商议，由御史中丞脱脱接替撒迪的职位，为御史大夫（从一品），得到妥懽贴睦尔批准。奉圣旨："我也那般寻思着来，恁哏题说的是。那般者。"③ 李治安教授注意到，在卜答失里太皇太后称制时期，妥懽贴睦尔皇帝的圣旨并不能即刻生效，尚需转启卜答失里太皇太后，请得懿旨同意，方可钦依皇帝圣旨施行。④ 当是。

　　元统二年（1334），杭州路南山大普庆寺僧善达密的理将其师临济宗佛慈圆照广慧智觉禅师明本的遗著总题为《天目中峰和尚广录》30 卷，通过

---

　　① 韩国学中央研究院编：《至正条格》（校注本），韩国学中央研究院 2007 年版，第 174 页。

　　② 亦邻真：《元代硬译公牍文体》，收入亦邻真《亦邻真蒙古学文集》，齐木德道尔吉、乌云毕力格、宝音德力根编辑，内蒙古人民出版社 2001 年版，第 589 页。

　　③ （元）唐惟明：《宪台通纪续集》，"命脱脱为御史大夫"条，《宪台通纪》（外三种），王晓欣点校，浙江古籍出版社 2002 年版，第 95 页。

　　④ 李治安：《元代政治制度研究》，第 15 页。

内廷官员奎章阁承制学士沙剌班奉表奏闻妥懽贴睦尔皇帝，请求依照旧例得赐刊版入《藏经》。元统二年正月十日，妥懽贴睦尔皇帝御大都明仁殿，制可。① 元统二年正月二十六日，妥懽贴睦尔皇帝又在大都延春阁后咸宁殿召集外廷官员，以御前奏闻的形式，专门商议《天目中峰和尚广录》刊版入《藏经》一事。现存《天目中峰和尚广录》收录了与此相关的公文，我们从中能够清晰地了解到卜答失里皇太后与妥懽贴睦尔皇帝在中央行政决策中的政治关系。

> 降赐《天目中峰和尚广录》入藏院札：皇帝圣旨里行宣政院准宣政院咨：元统二年正月二十六日，笃连帖木儿怯薛第二日，延春阁后咸宁殿里有时分，速古儿赤马札儿台、大夫汪家奴、院使罗锅、殿中喃忽里、火里歹等有来。本院官撒迪平章、不阑奚院使、汪束攒古鲁思院使、左吉院使、燕京间院使、桑哥失里院使、喃哥班同知、辇真班同佥、唆南参议、也先不花经历、陈都事等奏："在先，好师德每撰集来的文字奉皇帝圣旨，教刊板入藏经里有来。如今，为这中峰和尚悟明心地好师德的上头，奉札牙笃皇帝圣旨，他根底也立了碑来。如今，它撰集来的文字都是禅宗里紧要的言语有。如今，依先例，将这文字但有《藏经》印板处，教刊板入《藏经》，教揭监丞撰序，加与普应国师名字，俺行与省家文书，教与宣命呵，怎生？"奏呵，奉圣旨："那般者。"教火者赛罕院使皇太后根底启呵，"那般者。"么道懿旨了也。钦此。除钦遵外，咨请钦依施行。准此。除外，使院合下仰照验钦依施行。须议札付者。右札付杭州路南山大普宁寺主持。准此。元统二年五月印日。②

分析上述札付可知，元统二年正月二十六日当值的陪奏怯薛有怯薛长笃怜帖木儿、速古儿赤马札儿台等。来自中书省、御史台、宣政院的平章政事撒迪、御史大夫汪家奴、院使桑哥失里等众多官员出席了此次御前奏闻活

---

① （元）揭傒斯：《揭傒斯全集》辑佚《天目中峰和尚广录序》，李梦生注解，上海古籍出版社 2012 年版，第 495 页。

② （元）释明本：《天目中峰和尚广录序》，北京图书馆古籍出版编辑组：《北京图书馆古籍珍本丛刊》第 77 册，元统三年释明瑞募刻本，书目文献出版社 1988 年版，第 540 页。

动。他们拟奏，建议将《天目中峰和尚广录》依例刊版入《藏经》，由秘书监丞揭傒斯撰序，加赐明本为普应国师。15 岁的妥懽贴睦尔皇帝颁旨决策。经火者赛罕院使转启卜答失里皇太后，由卜答失里皇太后作最终裁决，颁发懿旨同意施行。另，赛罕不是普通的火者，他有院使职衔，负责及时将皇帝的圣旨转启皇太后，请得懿旨。在元代唐惟明编撰的《宪台通纪续集》中，与赛罕政治角色一样的火者还有秃满迭儿①和当住②。卜答失里皇太后可能是这些火者的本主。

有时，御史台的奏事官员在御前奏闻结束后，也可以不经过卜答失里太皇太后身边的火者，直接到太皇太后面前启奏，请太皇太后决策。

> 至元六年四月二十五日，本台官奏：俺根底众监察御史文书里说：
> "近年每遇问事，并一切事物，辄令监察御史同往，甚失台宪旧规。又
> 兼西、南两台，各设御史，分治台务，迩者行台按治去处，亦复遣内宪
> 御史行事，是行台之任渐轻，内台之任益扰。宜遵旧制，以复成规。合
> 闻奏举行。"的说有。俺商量来：依着监察御史每说来的，行与省家文
> 书，教做例呵，怎生？奏呵，奉圣旨："那般者。"么道圣旨了也。当月
> 二十六日，众台官太皇太后前启呵，"那般者。"么道懿旨了也。钦此。③

这是一份反映重纪至元六年四月二十六日，妥懽贴睦尔皇帝罢黜中书大丞相伯颜之后，卜答失里太皇太后继续裁决中央政务的公文。御史台官员鉴于监察御史协同问事、内台御史代行台御史分治台务等情况"甚失台宪旧规"，奏请皇帝"宜遵旧制，以复成规"。妥懽贴睦尔皇帝采纳了御史台官员的建议，颁旨首肯。次日，"众台官"当面上启卜答失里太皇太后，请懿旨施行。当时，21 岁的妥懽贴睦尔已经不再是小皇帝，却依然没有获得最高的中央行政决策权。直到重纪至元六年六月十四日，妥懽贴睦尔下诏废黜婶

---

① （元）唐惟明编撰：《宪台通纪续集》，"命脱脱为御史大夫"条，《宪台通纪》（外三种），王晓欣点校，第95—96 页。

② （元）唐惟明编撰：《宪台通纪续集》，"褒赠台臣"条，《宪台通纪》（外三种），王晓欣点校，第96 页。

③ （元）唐惟明编撰：《宪台通纪续集》，"复遵旧制"条，《宪台通纪》（外三种），王晓欣点校，第101 页。

母卜答失里的太皇太后名位，才结束了卜答失里太皇太后称制的局面，夺回了最高的中央行政决策权。

二　元惠宗朝中书右丞相统百官、总庶政

按照元世祖定下的制度，在铨选授官方面，"惟枢密院、御史台、宣政院、宣徽院得自奏闻，余悉由中书"①。中书右丞相、中书左丞相的日常职责在于"统六官，率百司，居令之次。令缺，则总省事，佐天子，理万机"②。元朝皇帝与宰相的关系是一种"委任责成"的模式，根植于游牧社会家产制国家"家臣治国"的传统。③ 这种君臣关系也适用于元惠宗妥懽贴睦尔朝。

1333—1340 年，妥懽贴睦尔下诏命中书右丞相伯颜和左丞相撒敦共同"专理国家大事"④，"统百官，总庶政"⑤，"领军国重事"⑥。为了避免中央行政决策出现重大失误，年幼的妥懽贴睦尔采纳了元明宗亲臣阿鲁辉帖木儿的建议，"天下重事，宜委宰相决之，庶可责其成功；若躬自听断，则必负恶名"⑦。其实，这样做既符合"委任责成"的政治传统，也是妥懽贴睦尔皇帝的无奈之举。毕竟妥懽贴睦尔年幼，没有掌握成熟的治国理政经验，除了依靠内廷怯薛，在行政决策方面，就不得不依靠居西宫称制的婶母卜答失里太皇太后作最终决策，并利用外廷政治经验丰富的官员，尤其是总领中书省事务的伯颜右丞相，奏闻拟议。

"御前奏闻通常是以大臣上奏朝廷政事开始，继而附上所拟处理意见，最后以皇帝圣旨决策为终结。大臣奏议是皇帝决策的必要辅助，他负责提供有关政务的大部分信息及处理意见草案，以供皇帝抉择。皇帝的圣旨决策则是御前奏闻的结果。"⑧ 从这个层面来看，妥懽贴睦尔皇帝早期主导御前奏闻时，以圣旨形式批准的"那般者"一定程度上也代表了元朝士大夫的施政意

---

① 《元史》卷 29《泰定帝一》，第 639 页。
② 《元史》卷 85《百官一》，第 2121 页。
③ 张帆：《元代宰相制度研究》，第 203、216 页。
④ 《元史》卷 38《顺帝一》，第 818 页。
⑤ 《元史》卷 38《顺帝一》，第 819 页。
⑥ 《元史》卷 38《顺帝一》，第 825 页。
⑦ 《元史》卷 38《顺帝一》，第 817 页。
⑧ 李治安：《元代政治制度研究》，第 13 页。

志。当拟议符合卜答失里太皇太后的施政意志时，就会得到懿旨支持，能够钦依圣旨施行。反之，即使拟议获得圣旨通过，但卜答失里太皇太后也可行使最高行政决策权，用懿旨加以否决。在现存有限的历史文献中，虽然我们很难找到卜答失里太皇太后否决皇帝圣旨决策的事例，但这并不代表它不存在。

重纪至元元年六月，中书右丞相伯颜诛杀中书左丞相唐其势后，突破了中书左丞相的牵制，"独秉国钧，专权自恣"①，但一直受制于卜答失里太皇太后。重纪至元二年十月廿七日，妥懽贴睦尔下诏组建了一个以中书右丞相伯颜为首的8人议政班子，在内外廷协同议政，作为中央行政决策中枢系统的组成部分。"每日，右丞相伯颜（。）［，］太保定住（。）［，］中书平章政事孛罗、阿吉剌聚议于内廷。平章政事塔失海牙，右丞巩卜班，参知政事纳麟、许有壬等聚议于中书。"② 重纪至元五年三月，这个议政班子就基本瓦解了。据《元史·宰相年表二》记载，重纪至元三年二月，中书平章政事定住卒于位；重纪至元五年三月，平章政事阿剌吉改任辽阳行省平章政事，右丞巩卜班改任甘肃行省平章政事。在中书大丞相伯颜倒台前夕，只剩下伯颜、孛罗、纳麟3人尚在议政班子内。重纪至元六年二月十六日，妥懽贴睦尔皇帝在罢黜中书大丞相伯颜的诏书中直言："伯颜不能安分，专权自恣，欺朕年幼，轻视太皇太后及朕弟燕帖古思。"③ 可见，伯颜倒台的一个重要外因是失去了卜答失里太皇太后的支持。

以重纪至元六年六月十四日为界限，妥懽贴睦尔皇帝与中书右丞相之间的"委任责成"关系发生明显变化。亲政的妥懽贴睦尔皇帝独揽皇权，在御前奏闻中掌握了最高中央行政决策权。从中书右丞相马札儿台开始，元惠宗朝的中书右丞相重新回归本职，专理国家大事、总领军国重事等政治特权被皇帝收回，并重新受到中书左丞相的牵制，左右二相鲜有和谐共处的。从至正十三年六月开始，爱猷识理达腊皇太子兼领中书令、枢密使。④ 元朝中央行政决策中枢系统在原有的中书宰相内部矛盾之上，又多了一层中书令与中书宰相的矛盾。这种交织在一起的复杂矛盾关系一直持续到元亡。正因如此，妥懽贴睦尔皇帝亲政后，中书右丞相更迭频繁，再也没有出现过像中书大丞相伯颜那样专权的宰相。

纵观 1340—1353 年，在爱猷识理达腊皇太子兼领中书令之前的 14 年里，马札儿台、脱脱、阿鲁图、别儿怯不花、朵儿只 5 人先后出任中书右丞相。任期最短的是别怯儿不花，不足 5 个月而罢。其次是马札儿台，任期不足 8 个月。任期最长的是脱脱，两度出任中书右丞相，累计 9 年多。每任中书右丞相的平均任期为 2.3 年。

至正十四年十一月初九，妥懽贴睦尔敕："中书省、枢密院、御史台，凡奏事先启皇太子。"[1] 在 1354—1370 年期间，身处元朝中央决策中枢系统的中书右丞相更迭更加频繁，在 17 年内出现了脱脱、汪家奴、定住、搠思监、太不华、孛罗帖木儿、伯撒里、完者帖木儿、也速、扩廓帖木儿 10 人 12 任中书右丞相。其中，定住、搠思监曾两度任职右丞相。每任中书右丞相的平均任期为 1.4 年。

简而言之，元代中书右丞相总庶务，皇帝无需事必躬亲，一般委任丞相责成其事。在卜答失里太皇太后称制、妥懽贴睦尔皇帝亲政、爱猷识理达腊皇太子监国的三个阶段，中书右丞相在中央行政决策中的影响力也发生变化，总体呈现出递减的趋势。

三 中书令、枢密使爱猷识理达腊皇太子监国抚军

在元代，中书令、枢密使不常设，分别是中书省、枢密院的首脑。中书令位居中书丞相之上，主要负责"典领百官，会决庶务"[2]。按旧制，皇太子兼领中书令、枢密使。真金、爱育黎拔力八达[3]、硕德八剌[4]、爱猷识理达腊等诸位皇太子皆如此。以中书令、枢密使身份监国抚军的皇太子对右丞相有所制约。

---

① 《元史》卷 43 《顺帝六》，第 916 页。
② 《元史》卷 85 《百官一》，第 2120 页。
③ 佚名：《元典章》卷 1 《诏令·建储诏》，陈高华等点校，天津古籍出版社、中华书局 2011 年版，第 19 页。
④ 佚名：《元典章》卷 1 《诏令·建储诏》，陈高华等点校，第 24 页。

　　至正十三年六月初二，妥懽贴睦尔按照嫡长子继承制，"立皇子爱猷识理达腊为皇太子、中书令、枢密使，授以金宝，告祭天地、宗庙。命丞相脱脱兼詹事。……甲辰，以立皇太子诏天下，大赦"①。这与元人周霆震《喜东宫受册》的记载一致。其序文云："六月二日，东宫受册；越八日，大赦天下"；诗文有"稽首洪禧万亿年"之语。②据此可知，爱猷识理达腊在上都大安阁洪禧殿受皇太子册宝。

　　元朝皇太子受册，兼领中书令、枢密使后，可在中书省署牒。"国朝故事，正六品以下官，中书奉敕署牒以命之。牒具中书官位最尊者，令也。署牒者，自丞相以下而不敢以烦令。惟皇太子立，必兼中书令、枢密使。皇太子既受册，即中书上日，独署一牒。明日，省臣以其名闻，天子即以宣命超拜五品官。其人自非素亲近有誉望最于群臣者不得也。"③张昱的《辇下曲》恰与之相印证，诗文云："御前亲拜中书令，恩赐东宫设内筵。手署敕黄唯一道，任谁只受付双迁。"④

　　如前文，至正十四年十一月初九，妥懽贴睦尔敕中书省、枢密院、御史台，奏事先启爱猷识理达腊皇太子。这道敕谕被贯彻执行，标志着中书令爱猷识理达腊皇太子正式进入元惠宗朝中央行政决策中枢系统。在元惠宗朝中央行政决策机制中，妥懽贴睦尔皇帝与卜答失里太皇太后的关系完全不同于他与中书令爱猷识理达腊皇太子的关系。前者是"先奏后启"，最高决策权归"称制"的卜答失里太皇太后；后者是"先启后奏"，最高决策权归妥懽贴睦尔皇帝。爱猷识理达腊皇太子实际是以中书令、枢密使的身份"承制"行事。例如，至正二十五年八月，为彻底消灭中书右丞相孛罗帖木儿，妥懽贴睦尔"诏命皇太子分调将帅，戡定未复郡邑，即还京师，行事之际，承制用人，并准正授"⑤。爱猷识理达腊皇太子"承制调遣岭北、甘肃、辽阳、陕西及扩廓帖木儿等军，进讨孛罗帖木儿"⑥。

---

　　①《元史》卷43《顺帝六》，第910页。

　　②（元）周霆震：《石初集》卷4《喜东宫受册》，施贤明、张欣点校，北京师范大学出版社2016年版，第110页。

　　③（元）陶宗仪：《南村辍耕录》卷22《皇太子署牒》，中华书局2008年版，第269页。

　　④（元）张昱：《张光弼诗集》卷1《辇下曲》，辛梦霞点校，北京师范大学出版社2016年版，第345页。

　　⑤《元史》卷46《顺帝九》，第970页。

　　⑥《元史》卷207《孛罗帖木儿传》，第4604页。

　　元末政局激烈动荡，妥懽贴睦尔"溺于娱乐，不恤政务"①，痴迷于修行密宗佛法，而将部分中央行政决策权下放给皇太子代行。"于是帝在位久，而皇太子春秋日盛，军国之事，皆其所临决。"② 爱猷识理达腊皇太子的生母完者忽都皇后甚至密谋内禅。按元世祖旧制，台谏封章须在御前开拆。至正七年正月初五，妥懽帖睦尔也下旨加以重申。③ 然而，爱猷识理达腊皇太子监国期间违背祖制，擅拆台谏封章，横加沮抑。至正二十三年，监察御史也先帖木儿、孟也先不花、傅公让等上章弹劾完者忽都皇后的近侍宦官资政使朴不花、宣政使橐驩骄恣不法，御史大夫老的沙以其事上启中书令爱猷识理达腊。由于完者忽都皇后包庇资政使朴不花、宣政使橐驩，监察御史也先帖木儿等皆被左迁。治书侍御史陈祖仁针对此事，继续向中书令爱猷识理达腊上疏弹劾朴不花、橐驩，并谏言："且殿下职分，止于监国抚军、问安视膳而已，此外予夺赏罚之权，自在君父，今方毓德春宫，而使谏臣结舌，凶人肆志，岂惟君父徒拥虚器，而天下苍生，亦将奚望！"爱猷识理达腊大怒，反而以真金皇太子为榜样，反驳道："昔裕宗为皇太子，兼中书令、枢密使，凡军国重事合奏闻者，乃许上闻，非独我今日如是也。"④ 经陈祖仁第二次上疏力争，中书令爱猷识理达腊才将其事奏闻妥懽贴睦尔。中书右丞相搠思监与资政使朴不花互相壅蔽，"四方警报及将臣功状，皆壅不上闻"⑤。中书省行政效率低下的局面除了搠思监个人原因，或许与中书令爱猷识理达腊参与行政决策，滥用予夺赏罚之权有一定的关系。

　　陈祖仁疏中所言"岂惟君父徒拥虚器"，反映的仅是陈祖仁个人的忧虑。实际上，妥懽贴睦尔没有被爱猷识理达腊皇太子架空皇权，也绝非完全不理朝政。他晚年怠政是其丧失图治心态的表现，但始终留心政事，紧握着最高决策权。元末成书的《析津志》所录"大都东西馆马步站"条记载了至正二十年七月十五日妥懽贴睦尔在明仁殿举行御前奏闻的活动，以平章政事失列门为首的中书省官员奏事，商议整顿东胜驿站，调运延安等处粮食之事。

---

① 《元史》卷205《搠思监传》，第4586页。
② 《元史》卷204《朴不花传》，第4552页。
③ （元）唐惟明编撰：《宪台通纪续集》，"御前开拆"条，《宪台通纪》（外三种），王晓欣点校，第127页。
④ 《元史》卷186《陈祖仁传》，第4274页。
⑤ 《元史》卷205《搠思监传》，第4587页。

失列门在上奏皇帝前，首先是"省官每商量有"，随后，"太子根前启呵，圣旨识也者，么道。奏呵，奉圣旨：那般者。钦此"①。另，蔡美彪先生辑录的 1363 年《大都崇国寺札付碑——宣政院札付》同样能充分反映出中书令爱猷识理达腊皇太子监国时，宣政使、中书右丞相、皇太子、皇帝在中央行政决策中的地位关系。

> 皇帝圣旨里宣政院：
>
> 至正二十三年十月十六日，哈剌章怯薛第二日，明仁殿里有时分，速古儿赤也速迭儿、云都赤火里、殿中月鲁帖木儿、给事中观音奴等有来。本院官帖古思不花院使、阿剌台经历等奏："大都有的大崇国寺开山住持空明圆证选公大师立传戒碑石的上头，俺与搠思监太保右丞相一处商量来，交中书省参政危素撰文并书丹，集贤大学士滕国公张璂篆额呵，怎生？"么道。皇太子根底启呵，上位根底奏呵，圣旨识也者，么道。奏呵，奉圣旨：那般者。钦此，除已移咨参政危素撰文并书丹、学士张璂篆额外，使院合下，仰照验钦依施行。须议札付者。
>
> 右札付大崇国寺，准此。②

分析上述宣政院札付给大崇国寺的下行文可知，宣政院使帖古思不花上奏的主要内容是为大崇国寺主持善选立传戒碑。他先与中书右丞相搠思监商议，并拟出具体处理意见，即"交中书省参知政事危素撰文并书丹，集贤大学士滕国公张璂篆额"。之后，先上启中书令爱猷识理达腊皇太子，后上奏妥懽贴睦尔皇帝。最后，经御前奏闻，以圣旨形式作出决策，钦依圣旨，移中书省、集贤院、宣政院施行。

对于御前奏闻场合之外的政治活动，中书令爱猷识理达腊皇太子负责直接向妥懽贴睦尔转奏。至正二十二年，高丽王伯颜帖木儿诛杀骄横的奇氏家族，因此得罪了完者忽都皇后，被削夺王爵。至正二十三年，高丽王伯颜帖木儿派奇皇后内兄三重大匡益山府院君李公遂奉表入元大都，向妥懽贴睦尔

---

① （元）熊梦祥：《析津志》，北京图书馆善本组辑佚本，北京古籍出版社 1983 年版，第 120—121 页。引文原文标点有欠妥之处，引用时径改。

② 蔡美彪：《元代白话碑集录（修订版）》，中国社会科学出版社 2017 年版，第 249 页。

申诉，希望恢复王爵。据《山府院君谥文忠李公墓志铭并序》记载：

> 既至都，皇后、皇太子郊劳络绎。四月初三日，帝在兴圣宫，命典瑞院使完泽笃召公入，劳之。公献礼物。既而，皇后设馔厚慰……公曰："……丙申之祸实我家盛满不知止足之所致耳，非王之罪也。不知自咎，而欲废有功之主，朝廷无人乎？他日必为天下笑，愿殿下善奏于帝，复吾王，逐奸臣。幸甚！幸甚！"皇后虽感其言，怒犹未已。①

在接待李公遂的整个过程中，妥懽贴睦尔只在兴圣宫②召见了李公遂。李公遂没有直接向妥懽贴睦尔当面申诉，而是在完者忽都皇后举办的家宴上向皇后奇氏、爱猷识理达腊皇太子辩解，并希望爱猷识理达腊皇太子能"善奏于帝"。事后，"皇太子以帝命召公（李公遂——引者），同上万寿山广寒殿"，"帝在太液池舟上，太子以公语奏之"③。

爱猷识理达腊皇太子兼领中书令、枢密使之后，以皇储的身份成为皇帝的副手，政治地位仅次于妥懽贴睦尔，深刻影响着元惠宗朝中央行政决策。至正二十七年八月初八，妥懽贴睦尔为了有效调动汉地军队，决意瓦解中书左丞相扩廓帖木儿军政集团，专门为爱猷识理达腊设立大抚军院，总领天下兵马，专掌兵机。除岭北军务仍归枢密院管理外，内外诸王、驸马、各处总兵、统兵、行省、行院、宣慰司的军情必须全部移到大抚军院，不能隔越奏闻。④ 至正二十八年闰七月，妥懽贴睦尔与部众离散的中书左丞相扩廓帖木儿和解后，爱猷识理达腊皇太子仍旧依前诏"悉总天下兵马，裁决庶务"⑤。

在明军逼近大都的情况下，妥懽贴睦尔率后宫、文武百官巡幸上都，以

---

① ［朝鲜］李穑：《牧隐稿》卷15《山府院君谥文忠李公墓志铭并序》，杜宏刚、邱瑞中、［韩］崔昌源辑：《韩国文集中的蒙元史料》（下），广西师范大学出版社2004年版，第528—529页。

② 《高丽史·李公遂传》可能取材于《牧隐稿》的记载，但将"兴圣宫"误作"兴庆宫"。（［朝鲜］郑麟趾等著，孙晓主编：《高丽史》，西南师范大学出版社、人民出版社2014年版，第3412—3413页）另，明初工部郎中萧洵奉命毁元旧都，所以有机会遍阅大都宫殿，并撰成《元故宫遗录》（《丛书集成》初编本）1卷，其中没有提到"兴庆宫"，而对"兴圣宫"有描述。

③ ［朝鲜］李穑：《牧隐稿》卷15《山府院君谥文忠李公墓志铭并序》，杜宏刚、邱瑞中、［韩］崔昌源辑：《韩国文集中的蒙元史料》（下），第529页。

④ 《元史·百官八》记载与《元史·顺帝纪》相抵牾，将设置大抚军院系于至正二十七年九月（《元史》，第2332页）。

⑤ 《元史》卷47《顺帝十》，第985—986页。

躲避明军锋芒。据《北巡私记》记载，1368—1370 年，北巡的妥懽贴睦尔在上都、应昌（今内蒙古克什克腾旗境）一带活动，一如既往地总揽皇权，召见群臣，视朝议事，决策军国重事。至正二十八年八月十七日，"上自至上都，昼夜焦劳，召见省臣或至夜分"；十一月廿四日，爱猷识理达腊皇太子出屯红罗山。至正二十九年三月初二，"皇太子请率精骑直搏大都，上不许"①。一直到了至正三十年正月初二，妥懽贴睦尔在应昌病危，才"诏皇太子总军国诸事"②，正式将皇权全部移交给爱猷识理达腊皇太子。

小 结

元惠宗朝中央行政决策模式在不同的历史时期呈现出不同特点，但君相间"委任责成"的模式始终没有发生实质变化。1333—1340 年，卜答失里太皇太后称制，在中央行政决策中一直掌握着最终决策权。在元宁宗死后皇位空悬的半年多时间里，尚未正式继承皇位的宗王妥懽贴睦尔太子作为皇储，在中央行政决策中只能先以令旨决策，再请得婶母卜答失里皇太后懿旨施行。妥懽贴睦尔即位后，在卜答失里太皇太后监护下，通过御前奏闻实践学习治国理政。凡奏事官奏事，先上禀右丞相伯颜，拟定处理意见后再上奏皇帝，皇帝在御前奏闻时初步作出圣旨裁决，最后由带有院使职衔的火者转启卜答失里太皇太后，传达懿旨施行。有时无需火者转启，御史台的奏事官可直接面启卜答失里太皇太后，请得懿旨。1340—1353 年，亲政的妥懽贴睦尔夺回了最高中央行政决策权。奏事官奏事需要先上禀右丞相，后上奏皇帝，经御前奏闻圣裁，奉旨施行。1354—1370 年，爱猷识理达腊皇太子兼领中书令、枢密使，开始"承制"监国抚军，位居中书右丞相之上，甚至代皇帝行赏罚予夺之权。中央行政决策时，奏事官需先上禀右丞相，再上启皇太子，最后上奏皇帝圣裁。总之，妥懽贴睦尔不是傀儡皇帝。随着妥懽贴睦尔独揽皇权与爱猷识理达腊皇太子监国，元惠宗朝的中书右丞相更迭频繁，

---

① （元）张昱：《北巡私记》，薄音湖、王雄编辑点校：《明代蒙古汉籍史料汇编》，第 1 辑，内蒙古大学出版社 2006 年版，第 3—5 页。

② （元）张昱：《北巡私记》，薄音湖、王雄编辑点校：《明代蒙古汉籍史料汇编》第 1 辑，第 7 页。

在中央行政决策中的政治影响力呈下降趋势。

附记：业师及 2022 年中国元史研究会年会的与会学者曾对拙文提出若干宝贵意见，顺致谢忱。

（作者为山西师范大学历史与旅游文化学院副教授）

留梦炎廷沮沙不丁

——元初政治斗争的另一面相

杨思炯

绪　言

留梦炎，字汉辅，号中斋（忠斋），衢州人，是宋末元初的重要政治人物。其为宋理宗淳祐四年（1244）状元，在南宋官至左丞相；降元后为礼、吏部尚书，至翰林学士承旨而致仕[①]，与宋元之际诸多历史事件关系密切，值得深入研究[②]。

自明清以来，对留梦炎的评价多单纯基于道德角度，将其与文天祥、谢枋得等忠贞不屈之士联结、对照讨论，以反衬其作为状元宰相而降元之不

[①]《宋史》《元史》皆未为留梦炎立传，其生平事迹散见诸宋元史料，可参看王德毅、李荣村、潘柏澄编《元人传记资料索引》（第二册），中华书局1987年版，第929—930页。

[②] 留梦炎的重要性早已受到史家注意，如王鸣盛便认为："惟留梦炎，《宋史》《元史》皆无传，聊为收入宋叛臣差可。"（清）王鸣盛：《蛾术编》卷10《说录十·刘整不当在宋史》，陈文和主编，中华书局2010年版，第225页。然而关于留梦炎的专门研究至今仍不多见，此前张楠（顾诚先生之笔名）的《谈文天祥和留梦炎》（《明朝没有沈万三：顾诚文史札记》，光明日报出版社2012年版，第230—232页；原载《蒲公英》杂志1979年第6期）、陈爽的《忽必烈时期南方士大夫政治地位的浮沉：元代"南人"地位的局部考察》（北京大学硕士学位论文，2002年）和李华瑞的《文天祥与南宋末年宰执之关系考》（《宋代文化研究》第17辑，四川大学出版社2009年版，第397—419页）对留梦炎有所关注，近年专论则仅有姜学科的《元人眼中的留梦炎》（《文史知识》2019年第5期，第12—16页）。此文着眼于文学和士人交游，并未涉及留梦炎入元后的政治行动。其指出元人眼中的留梦炎似乎是"忠贞之士"，却未进一步探析这一与后世颇为不同之评价的成因。

堪。明人孔天胤有言："两浙有梦炎，两浙之羞也"①；郑真则认为留梦炎"贵为辅相，国亡身俘不能死事，乃腼然以富贵自终"②，最终祸及子孙是善恶之报；万历时衢守张公还要求撤掉留氏祠堂中的梦炎像③。在清代，王鸣盛痛斥其曰："梦炎则诚虫蛆粪秽矣"④；赵翼则唾留梦炎"反颜事仇，真狗彘弗若也"⑤；魏源亦贬其"卖国负君"⑥，"身为将相大臣，乃亦趋降恐后，无复愧耻。不章其恶，则贼臣接踵，岂尚有所顾忌哉"⑦，将留梦炎视为乱臣贼子的典型；西安令陈鹏年杖打留氏祠堂梦炎像之事⑧作为善政被记录。王国维在对比汪元量与留梦炎二人后，也提出"大臣如留梦炎辈当为愧死"⑨的观点。近代川剧大师黄吉安以留梦炎劝降文天祥为历史原型，创作了《柴市节》，剧中留梦炎变节无耻的形象深入人心⑩。这些评价虽具一定合理性，但忽视了留梦炎自身的个性，同时也掩盖了其多变的政治命运所反映的时代背景。

廷沮桑哥同党沙不丁是留梦炎在元初的重要政治参与之一：此事件一方面造就了留梦炎入元后的直臣形象，另一方面也深刻反映出元初汉法、回回法之冲突的复杂性。是故，分析此事件的前因后果，对认识留梦炎这一人物乃至整个元初政局都具有积极意义。

元初汉法、回回法之冲突，历来受到元史学界关注，并逐渐形成以汉

---

① （清）来集之：《倘湖樵书》二编卷9《留氏子姓结状》，《续修四库全书》第1196册，上海古籍出版社2002年版，第269页。

② （明）郑真：《荥阳外史集》卷35《记所见》，《景印文渊阁四库全书》第1234册，台湾商务印书馆1986年版，第191页。

③ （清）金武祥：《粟香随笔·粟香三笔》卷5《纪西安留氏事》，谢永芳校点，凤凰出版社2017年版，第584—585页。

④ （清）王鸣盛：《蛾术编》卷60《说人十·陈宜中杀郑虎臣》，陈文和主编，第1252页。

⑤ （清）赵翼：《陔余丛考》卷15《留梦炎及第》，栾保群点校，中华书局2019年版，第363页。

⑥ （清）魏源：《元史新编》卷29《平宋功臣》，《魏源全集》编辑委员会编校，岳麓社2004年版，第692页。

⑦ （清）魏源：《元史新编》卷29《平宋功臣》，《魏源全集》编辑委员会编校，第745页。

⑧ （清）陈康祺：《郎潜纪闻二笔》卷15《陈总河杖留梦炎像》，晋石点校，中华书局1984年版，第602—603页。

⑨ 王国维：《观堂集林》卷21《史林十三·书〈宋旧宫人诗词〉〈湖山类稿〉〈水云集〉后》，《观堂集林（外二种）》，彭林整理，河北教育出版社2001年版，第657页。

⑩ 黄吉安：《柴市节》，《黄吉安剧本选》（下），四川省戏曲研究所编，四川人民出版社1960年版，第599—663页。

法、回回法、蒙古法之冲突为主轴的世祖朝历史叙述①。这一模式点出了元初政治的关键，但是在诸多细节上仍存在继续深入的可能。在近年来的研究中，马娟以奥都剌合蛮、阿合马、倒剌沙为个案，通过研究大蒙古国时期、元初、元中期回回上层与汉人士大夫之间的冲突，提出回回法为自身生存而进行调适的新见②。其又以《元典章·禁回回抹杀羊做速纳》为例，分析元代伊斯兰法与蒙古法之间的冲突与调适，指出主奴观念是其中关键③。罗贤佑也以许衡与阿合马为例，分析元初汉法、回回法的斗争，指出忽必烈的支持是阿合马得以专权的关键④。本文欲以留梦炎与沙不丁的矛盾为线索，尝试在前人研究的基础上进一步梳理元初汉法、回回法之冲突与蒙古本位，探索其时政治斗争的多重面相。

一 廷沮事件本末

沙不丁受元世祖、桑哥信任已久。至元二十四年（1287），桑哥奏以沙不丁遥授江淮行省左丞，同时以乌马儿为参政，依前领泉府、市舶两司，拜降福建行省平章。为防诸臣对此人事安排存在异议，桑哥特地向世祖确认："臣前言，凡任省臣与行省官，并与丞相安童共议。今奏用沙不丁、乌马儿等，适丞相还大都，不及通议，臣恐有以前奏为言者。"而世祖也对其表达充分信任，勉励桑哥曰："安童不在，朕，若主也。朕已允行，有言者，其令朕前言之。"⑤

留梦炎廷沮沙不丁之事发生在沙不丁升任江淮行省平章的前夕。对元世

---

① 如萧启庆《西域人与元初政治》，台湾大学文学院 1966 年版；杨志玖《元代回回人的政治地位》，《历史研究》1984 年第 3 期，第 112—135 页；蔡美彪《拉施特〈史集〉所记阿合马案释疑》，萧启庆主编《蒙元的历史与文化：蒙元史学术研讨会论文集》（上），学生书局 2001 年版，第 1—16 页；黄时鉴《真金与元初政治》，《黄时鉴文集Ⅰ：大漠孤烟》，中西书局 2011 年版，第 48—62 页；周良霄《忽必烈》，吉林教育出版社 1986 年版；李治安《忽必烈传》，人民出版社 2004 年版。

② 马娟：《元代回回法与汉法的冲突与调适》，《回族研究》2004 年第 3 期，第 5—13 页。

③ 马娟：《元代伊斯兰法与蒙古法之间的冲突与调适——以〈元典章·禁回回抹杀羊做速纳〉为例》，《元史论丛》第 9 辑，中国广播电视出版社 2004 年版，第 175—187 页。

④ 罗贤佑：《许衡、阿合马与元初汉法、回回法之争》，《民族研究》2005 年第 5 期，第 78—86 页。

⑤ 《元史》卷 205《桑哥传》，中华书局 1976 年标点本，第 4572 页。

祖和桑哥所支持的沙不丁，时任吏部尚书的留梦炎竟然敢于在朝堂之上公开对其升迁表示反对，"廷沮沙不丁平章政事。抚（抗）言：'贾胡司泉府、主市舶可，宰相不可。'忤意曳出，复召，如初对，得释"①。这一直谏行为虽未被世祖采纳，却为时人胡长孺载入《吴用晦墓志铭》中，并与"李瑾登咸淳进士第，既胪传，识时相骄肆将覆宗社，即日上书阙下，挂冠去。赵卯发权池州，兵薄城，夫妇缢州治。冯骥战独松岭，不胜死。高斯得言丞相当事危急时弃去归，愿以同列议已说，必偾国。罢同签书枢密院事还湖州，眠破屋中，或时不食。何应桂权发遣忠安军事，栖霞岭不守，刺血裂衣帛，作书上之，缢州治"诸事并列，表彰道："俯仰垂千年，卓伟魁杰之士，顾出于其间何可胜数。近四十年亦得六七公"，"此六七公者，视死何如？况区区得丧祸福哉！"② 胡氏对留梦炎的评价高至如此，可见元人眼中的留氏与其在后世被极端贬斥的奸邪形象很不相同。成宗即位后不久，"翰林学士承旨留梦炎告老，帝以其在先朝言无所隐，厚赐遣之"③，廷沮沙不丁正是成宗认为其"言无所隐"的依据之一。

作为此事件另一位主角的沙不丁，亦是元初政局中的重要人物。关于沙不丁，陈高华在研究澉浦杨氏时已有所注意，并认为"沙不丁、合八失兄弟在元代海外交通中扮演重要角色其地位应在杨氏之上"④。高荣盛在《元大德二年的珍宝欺诈案》⑤、《元沙不丁事迹索考》⑥ 二文中对其进行专门研究，并判断沙不丁家族"可能是前代即已迁居泉州的阿拉伯人"⑦。四日市康博则指出，元朝的江南统治存在中央将官、地方官豪、色目人官僚之组合，而沙不丁正在这一组合中扮演了重要角色⑧。向正树也在研究元代南海贸易时

---

① （明）朱存理纂辑：《珊瑚木难》卷4《吴用晦墓志铭》，王允亮点校，浙江人民美术出版社2019年版，第303页。此处的句读和文字与引文出处有所不同，承蒙马晓林老师指点，在此深表感谢。

② （明）朱存理纂辑：《珊瑚木难》卷4《吴用晦墓志铭》，王允亮点校，第303页。

③ 《元史》卷18《成宗纪一》，第390页。

④ 陈高华：《元代的航海世家澉浦杨氏——兼说元代其他航海家族》，《海交史研究》1995年第1期，第17页。

⑤ 高荣盛：《元大德二年的珍宝欺诈案》，《元史浅识》，凤凰出版社2010年版，第20—48页。

⑥ 高荣盛：《元沙不丁事迹索考》，《元史浅识》，第49—68页。

⑦ 高荣盛：《元大德二年的珍宝欺诈案》，《元史浅识》，第30页；参看高荣盛《元沙不丁事迹索考》之"沙不丁族里略辨"一节，《元史浅识》，第66—68页。

⑧ ［日］四日市康博：《元朝的浙江、福建统治与市舶政策》，李治安、宋涛主编：《马可波罗游历过的城市：元代杭州研究文集》，杭州出版社2012年版，第147页。

特别注意到沙不丁，他认为，在"以福建为据点展开海上贸易、海外诏谕等活动中，忙兀台和沙不丁的关系网与唆都和蒲寿庚的关系网处于竞争关系"①。马娟经过考证得出，波斯文史料中所记载的巴哈丁（Bahā al‑Dīn Qunduzī）、失哈不丁（Shihāb al‑Dīn Qunduzī）与《史集》汉译本之别哈丁·浑都即是同一人，即《元史》所载之沙不丁②。结合史料和前人研究，我们可以大致了解：沙不丁是祖籍浑都即（Qunduzī，即今阿富汗昆都士）的回回人，系桑哥亲信，经斡脱、市舶之任而为江淮行省宰执，成为元初管理江南的重臣之一。

二 廷沮事件之内：效忠表态与权力斗争

留梦炎廷沮行为之激烈，廷沮对象之特殊，以及时人赞颂之崇高，诸现象背后实则具有丰富的内涵。

首先，留梦炎此举与桑哥倒台前夕的留梦炎、叶李优劣之论相呼应，体现出元代新忠义观念的塑造与形成。在与赵孟頫关于留、叶优劣的讨论中，元世祖认为，"梦炎在宋为状元，位至丞相，当贾似道误国罔上，梦炎依阿取容；李布衣，乃伏阙上书，是贤于梦炎也"③，将敢于忤逆权臣视为叶李优于留梦炎之处。世祖的言外之意甚明，要求以留梦炎为代表的南宋降官要一心忠直报效元廷。赵孟頫在此番议论后便建议出身蒙古燕只吉台氏的彻里弹劾桑哥④，而留梦炎则在得知赵孟頫所作"状元曾受宋朝恩，目击权奸不敢言。往事已非那可说，好将忠孝报皇元"的嘲讽诗后"以此衔之终身"⑤。正因留氏自知在南宋的作为一贯受到世祖的鄙薄，才会采取"廷沮"桑哥亲信沙不丁的"壮举"。这一行为使时人咋舌称奇，乃至上升至"俯仰垂千年，卓伟魁杰之士"的评价，一扫前朝留梦炎阿附权相的形象。从留氏主观因素探查，此举与其渴望建功元廷、积极融入新朝的心态密

---

① ［日］向正树：《从福州到杭州：元代初期江南行省官员忙兀台对南海贸易的影响（1274—1290）》，李治安、宋涛主编：《马可波罗游历过的城市：元代杭州研究文集》，第167页。
② 马娟：《元代伊斯兰教研究》，上海古籍出版社2020年版，第56页。
③ 《元史》卷172《赵孟頫传》，第4020—4021页。
④ 《元史》卷172《赵孟頫传》，第4021页。
⑤ （宋）周密：《癸辛杂识》续集上《嘲留忠斋》，吴企明点校，中华书局1988年版，第153页。

不可分，而这一心态在元初南宋降官之中普遍存在①，皇帝指名道姓的批评和负面印象无疑更增加了留梦炎个人在新朝政坛的压力。另外，世祖基于前朝之事而对留、叶作出的优劣评价，反映出忠义观念在元初的转变，即从对宋朝的忠诚转移至对元朝的忠诚。即于磊所谓，元初对宋末"忠义""遗民"类文献的编纂，其最终落脚点在于要求在蒙元新政权的统治下继续彰显忠节观念。② 是故，留梦炎通过反对沙不丁来凸显自身对元廷的忠诚，用行动来回应世祖"好将忠孝报皇元"的要求，此次看似忠直的廷沮，实际上是揣摩君上心意之后而作出的政治表态。也正因元世祖对此种忠诚的表彰和推崇，留梦炎才敢于作出如此行动。即使此举并未成功，沙不丁依然得任平章，但是留氏却达到了向世祖表示效忠的目的，其亦领会这一举动将因暗合世祖心意而不必担忧受到桑哥一党的政治报复。

其次，这一事件体现出元初汉法、回回法之冲突的新变化。

第一，汉法派在蒙元混一南宋后出现新动向，南人作为汉法的新因素加入政争。对于元世祖来说，汉法对其有着至关重要的意义。其在金莲川幕府的潜邸旧人便以汉地文人而非西域人为主③，至与阿里不哥斗争而得以稳固大汗之位，更与汉地作为后勤基地，汉人作为重要辅佐密不可分④。诚如黄时鉴所言："忽必烈是依靠汉法派建立元朝的，汉法派在元初势力很大，根深蒂固"⑤。然而以李璮之乱、王文统伏诛为界，忽必烈转而重用回回人，汉人的地位一落千丈，终元一代也未能回复到最初的位置。正是在这样的历史

---

① 如王积翁在元初出使日本、开河之议、奏征南宋雅乐器等事中亦表现出相同的心态。参看于磊《元代江南知识人与社会研究》，上海古籍出版社 2022 年版，第 29—31 页。么书仪也注意到南人降官的这种心态，她认为："他们在动乱年代长期受到遏制的从政热情，一旦得到发挥的机会，他们便忘乎所以，因而难免碰壁"（么书仪：《元代文人心态》，人民文学出版社 2012 年版，第 136—137 页）。

② 于磊：《元代江南知识人与社会研究》，第 16 页。

③ 萧启庆：《忽必烈"潜邸旧侣"考》，《内北国而外中国：蒙元史研究》，中华书局 2007 年版，第 132 页。

④ 杉山正明曾提出忽必烈与阿里不哥之战中起到决定性作用的是"忽必烈军遥遥领先的游牧战斗能力"，认为强调汉人因素的论断是一种曲解，所谓游牧派、汉法派的分类更只是虚构（［日］杉山正明：《蒙古帝国的兴亡（上）——军事扩张的时代》，孙越译，邵建国校，社会科学文献出版社 2015 年版，第 140—141 页）。然而其在后文中仍然肯定了汉地物资补给的重要性，可见其新见虽然对重新思考以往的游牧派、汉法派叙述具有一定启示作用，但是轻视、甚至完全否定汉法因素对忽必烈取胜具有重要意义的观点显然难以成立。

⑤ 黄时鉴：《真金与元初政治》，《黄时鉴文集Ⅰ：大漠孤烟》，第 59 页。

背景下，南宋为蒙元所混一，南人降官为元初政局带来新的成分。以往学者认为世祖在此时重用南人是为了加剧汉人、南人之间的矛盾、使之互相牵制①，但事实似乎更指向于：汉人、南人合流而重新加强了汉法派的实力，并坚决地与回回法派展开斗争。特别是此时元朝疆域的主体，即人口、经济所集中之地转向华北汉地和江南，汉法派自认具有一种天然的正当性。这些因素使得南、北汉人士大夫不论此前政治观点、行动如何，皆对回回法采取激烈地抵抗和反对。留梦炎作为南宋"状元宰相"和元廷吏部尚书，自觉地接过了推行汉法的接力棒，并与和礼霍孙同上开科之议②，尽力推荐南宋士人入仕元朝。从元世祖论留、叶优劣的侧面也可看出，世祖对留氏一直特别注意和了解。同时，留氏以上诸行动的目的也在于"努力为江南人争取待遇改善的问题"③，这也可以解释为何时人对留氏有着较高评价。以上因素都促使留梦炎仕元后努力将自己塑造成为汉法派的新代表。

第二，此前以真金、阿合马为代表的汉法、回回法的对峙格局随着二人之死而崩溃，新的斗争进一步复杂化。至元十九年（1282），阿合马为王著所杀④，至元二十二年底，四十三岁的真金太子早逝⑤，前者是作为权相的回回法派领袖，而后者是作为储君的汉法派领袖。这两位重要人物的去世使得元初政坛面临重大变局。对汉法派而言，真金太子的离世无疑是根本性的打击。以往的研究多立于汉人视野，将真金、和礼霍孙等视为蒙古人中的"汉化"或"华化"的代表。实际上，与其说汉人利用真金太子作为推行汉法的护身符，不如说是真金太子利用汉法派为巩固自己的政治地位服务。李治安曾强调元代存在"内蒙外汉"的二元政策⑥，以此视角，不论是元世祖还是真金都选择利用汉法为其政治合法性背书。蒙元统治在向汉地和江南渗透的过程中，开始依靠儒家传统对王朝合法性、正统性进行系统论证。混一南宋

① 周良霄：《忽必烈》，第200页。

② 至元二十一年（1284）九月，和礼霍孙与留梦炎提出"天下习儒者少，而由刀笔吏得官者多"，并建议"惟贡举取士为便"（《元史》卷81《选举志一》，第2017—2018页）。

③ 姚从吾：《忽必烈平宋以后的南人问题》，《姚从吾先生全集：辽金元史论文集》（下），正中书局1982年版，第21页。

④ 《元史》卷205《阿合马传》，第4563页。

⑤ 《元史》卷115《裕宗传》，第2893页。

⑥ 李治安：《元代"内蒙外汉"二元政策简论》，《元史暨中古史新论》，人民出版社2022年版，第98页。

后，汉法对巩固元朝统治的意义更加不可或缺，而为回回法所不及。故汉法的采用偏向政治意义，回回法的采用偏向经济意义，最终的根本则立足于蒙古本位。按照蒙古旧俗，大汗由黄金家族内部通过忽里台大会选出，而非嫡长子继承。真金作为太子的储君地位和政治合法性完全得自儒家理念，故其有不得不全力支持汉法派的理由。而阿合马的回回法派则有世祖作为最大后台，卢世荣、桑哥相继掌权，许多政策在三人掌权之时得以延续。面对如此强大的对手和如此不利的境地，留梦炎并没有选择退缩，这本身也体现其入元后的坚定政治立场。

此外，南宋党争的遗产也由南宋降官带入元廷，对元初政治产生影响。沈松勤指出：南宋的党争强化了专制文化性格，坚固了排他性学术文化性格，推进了党同伐异的政治文化性格①。此三者在入元后亦进一步发展：专制文化性格正迎合了蒙古统治者的需求；排他性学术文化性格则表现为坚守儒学传统并对外来思想、文化、制度努力排斥；党同伐异之政治文化性格更发展为多族群的派系斗争。是故，元初政治斗争并未与南宋纯然断裂，以留梦炎为代表的南人降官带着南宋党争留下的诸种文化性格加入元廷，深刻影响了元初政局。

三　廷沮事件之后：沙不丁用废与至元市舶则法

廷沮事件的延续和影响体现于沙不丁的江南治理以及围绕市舶则法制定的各方博弈。留梦炎在廷沮沙不丁时所依据的理由是："贾胡司泉府主市舶可，宰相不可。"② 此处"贾胡"一词既揭示出沙不丁发迹的途径，也体现出元代汉人儒士对回回理财官员的一般看法。至元元年（1264），阿合马欲通过王鹗上位，商挺在为王鹗所作的《先茔碑》中记载此事曰："是时，贾胡以钱谷事夤缘为奸，欲乘隙取相位，求荐于公。公愤然曰：即欲举此人为相，吾不能插驴尾矣"③，其中"贾胡"的说法和王鹗的断然拒绝与留

---

① 沈松勤：《南宋文人与党争》，人民出版社 2005 年版，第 160 页。
② （明）朱存理纂辑：《珊瑚木难》卷 4《吴用晦墓志铭》，王允亮点校，第 303 页。
③ （元）苏天爵辑撰：《元朝名臣事略》卷 12《内翰王文康公》，姚景安点校，中华书局 1996 年版，第 240 页。

梦炎诅沙不丁具有相同内涵。经历金①、南宋的汉人儒士受到"重本逐末"与"华夷之别"思想的深刻影响，而沙不丁等回回理财官员正好"既贾且胡"，从而受到双重的鄙夷和排斥。

作为"贾胡"的沙不丁，其所掌管的重点是泉府、市舶二司。泉府司发端于至元四年（1267）所立的诸位斡脱总管府②，至元十八年（1281）升总管府为泉府司③，可见沙不丁本身是作为元世祖和蒙古权贵私属的斡脱商人而发迹。其于蒙元混一南宋后，又作为桑哥党羽控制南宋故地的市舶事务。桑哥与信仰伊斯兰教的回回人的合作是全方位的，世祖所下"禁回回抹杀羊做速纳"④的禁令正是在沙不丁等人贿赂桑哥之后，由桑哥力主方得解除⑤。沙不丁在江南的市舶管理，同样也处于桑哥理财的统一规划之下。值得注意的是，以沙不丁出任江淮行省平章为重要标志，江南的经济与政治权力被加以整合，这种统合财政、行政大权的趋势实际上与桑哥在中央推行尚书、中书二省合一的揽权意图是遥相呼应的。

在沙不丁被遥授江淮行省左丞后不久，桑哥便"置上海、福州两万户府，以维制沙不丁、乌马儿等海运船"⑥，着手加强对江南市舶的控制。沙不丁上奏曰："江南各省南官多，每省宜用一二人"，元世祖随即下放官员任用的权力，回复道："除陈岩、吕师夔、管如德、范文虎四人，余从卿议"⑦，由是可见沙不丁权力之大，以及世祖、桑哥君相对其之重用和信任。沙不丁也积极以行动向世祖和桑哥作出回应。一方面，沙不丁继续加强对江南财赋的控制，如至元二十五年（1288）中央从其与乌马儿所请"置镇抚司、海船千户

---

① 金季蒙古南下攻掠时，金朝士大夫亦通过夷夏理论来自卫。参看张佳《"胡元"考：元代的夷夏观念潜流》，《图像、观念与仪俗：元明时代的族群文化变迁》，商务印书馆 2021 年版，第 52—58 页。

② 《元史》卷 6《世祖纪三》，第 117 页。

③ （元）姚燧：《牧庵集》卷 13《皇元高昌忠惠王神道碑铭并序》，《四部丛刊初编本》，上海书店 1989 年版，第 9 页 b。《元史》则载置泉府司事在至元十七年（《元史》卷 11《世祖纪八》，第 227 页）。

④ 《元典章》卷 57《刑部》卷 19《诸禁·禁宰杀·禁回回抹杀羊做速纳》，《洪金富校定本元典章》（三），"中央"研究院历史语言研究所 2016 年版，第 1638—1639 页。

⑤ ［波斯］剌失德丁：《成吉思汗的继承者：〈史集〉第二卷》，周良霄译注，上海古籍出版社 2018 年版，第 277—278 页。

⑥ 《元史》卷 14《世祖纪十一》，第 298 页。

⑦ 《元史》卷 14《世祖纪十一》，第 298 页。

所、市舶提举司"①。另一方面，沙不丁积极向元廷上供，仅至元二十六年（1289）春所上岁输便有"珠四百斤、金三千四百两"②。从中不难看出，留梦炎所谓"贾胡"的形容在当时的南人眼中并非空穴来风："贾"的方面，沙不丁由掌控市舶、泉府而为行省宰执，其施政的中心不是新附江南的治理和安定，而是基于商业和财赋的聚敛；"胡"的方面，除了传统的华夷之别外，更暗藏着沙不丁所贯彻的桑哥改革及其背后所蕴含的与汉法不同的一套思维、治理模式。同时在桑哥执政时期，江南的统治中心逐渐转向两浙、福建③，这意味着元廷势力进一步向原南宋腹地深入，而沙不丁正是此政策的执行者。由是观之，留梦炎之沮沙不丁，还蕴含着江南士人对这一从江淮到江浙之不断南下加强控制的抵抗，反映了南人对桑哥之政的反感。

沙不丁升任江淮行省平章后，其江南治理的弊端愈发显露。至元二十六年九月，沙不丁要求："提调钱谷，积怨于众，乞如要束木例，拨戍兵三百人为卫"④，"积怨于众"的说法正体现出沙不丁之不得人心。同年十月，其又"以便宜增置浙东二盐司，合浙东、西旧所立者为七"⑤，进一步加强对江南财赋的管控。至元二十七年（1290），沙不丁甚至动议"令发兼并户偕宋宗族赴京"，幸朝廷遣人与其商议而罢⑥。他所推荐和表彰的官员，也多是聚敛之才，如"以参政王巨济钩考钱谷有能，赏钞五百锭"⑦。这样的施政是完全不被南人所接受的。扬州儒学正李淦在批评桑哥一党中特别指出："尤可痛者，要束木祸湖广，沙不丁祸江淮，灭贵里祸福建。"⑧程钜夫在上书中也说道："今权奸用事，立尚书钩考钱谷，以剥割生民为务。所委任者，率皆贪饕邀利之人，江南盗贼窃发，良以此也"⑨，其所谓钩考理算，"名曰理算，其

---

① 《元史》卷15《世祖纪十二》，第311页。

② 《元史》卷15《世祖纪十二》，第319页。

③ ［日］四日市康博：《元朝的浙江、福建统治与市舶政策》，李治安、宋涛主编：《马可波罗游历过的城市：元代杭州研究文集》，第144页。

④ 《元史》卷15《世祖纪十二》，第325页。

⑤ 《元史》卷15《世祖纪十二》，第326页。

⑥ 《元史》卷16《世祖纪十三》，第336页。

⑦ 《元史》卷16《世祖纪十三》，第338页。

⑧ 《元史》卷173《叶李传》，第4049—4050页。

⑨ 《元史》卷172《程钜夫传》，第4016页。

实暴敛无艺。州县置狱株逮，故家破产，十九逃亡入山"①。此钩考理算之弊非惟两河独有，江南亦广受其害，如玉吕鲁在至元二十七年上报："江南盗贼凡四百余处。"② 值得注意的是，元初江南盗贼之发源，一方面是对沙不丁等钩考理算的反抗，另一方面则是对沙不丁财富聚敛政策的顺应和利用。时人张之翰指出："今盗贼繁多，在淮及北且未论，观南方归附以来，负贩之商，游手之辈，朝无担石之储，暮获千金之利。始则茶商，终因茶而为盗；始则盐商，终则因盐而为盗；始则铜铁铅矾之商，终则因铜铁铅矾而为盗；始则海运之夫、蕃船之商，终则因海运、蕃船而为盗"③，这种局面的发生无疑与沙不丁的施政江南密不可分。

有鉴于此，元世祖终于决定遏止沙不丁之政。至元二十七年秋七月，沙不丁"以仓库官盗欺钱粮，请依宋法黥而断其腕"，世祖则以"此回回法也"回绝④。皇帝对回回法公开表达不满和反对，实际上预示着沙不丁乃至桑哥一党的倒台。至元二十八年（1291），沙不丁果然遭到全面清算，世祖先是"命江淮行省钩考沙不丁所总詹事院江南钱谷"⑤，又"以沙不丁等米赈江南饥民"⑥，同时朱清、张瑄提出罢沙不丁去年新设泉府司所隶运粮二万户府的申请也被世祖通过⑦，最后，"敕没入琏真加、沙不丁、乌马儿妻，并遣诣京师"⑧，沙不丁等人作为桑哥党羽而被审查、治罪。《史集》中甚至有"至于其他在蛮子境者，亦遣使尽捕之"⑨ 的记载，可见世祖清算桑哥一党与江南政策的转向是密切关联的。以往的叙述径将沙不丁被罢视作桑哥倒台的后果，其实忽视了世祖对沙不丁等江南施政本身的不满。

元世祖罢斥沙不丁后，江南市舶的管理重新转向汉法派，其中起关键作

---

① （元）欧阳玄：《欧阳玄集》卷9《元翰林学士承旨荣禄大夫知制诰兼修国史赠江浙等处行中书省平章政事魏国赵文敏公神道碑》，陈书良、刘娟点校，岳麓书社2010年版，第104页。

② 《元史》卷15《世祖纪十二》，第320页。

③ （元）张之翰：《西岩集》卷13《议盗》，《景印文渊阁四库全书》第1204册，台湾商务印书馆1986年版，第463页。

④ 《元史》卷16《世祖纪十三》，第339页。

⑤ 《元史》卷16《世祖纪十三》，第345页。

⑥ 《元史》卷16《世祖纪十三》，第346页。

⑦ （元）赵世延等撰：《经世大典辑校》卷6《赋典·海运》，周少川等辑校，中华书局2020年版，第105—106页。

⑧ 《元史》卷16《世祖纪十三》，第352页。

⑨ ［波斯］剌失德丁：《成吉思汗的继承者：〈史集〉第二卷》，周良霄译注，第279页。

用的正是此前廷沮沙不丁的留梦炎。至元二十八年沙不丁被罢后，时任江淮行省参知政事的南人燕公楠便针对沙不丁时期市舶政策之混乱和弊端，建言道："如今，亡宋时分理会的市舶司勾当的人每有也。委付着那的每，市舶司勾当教整治呵，得济有"，留梦炎同时进言："市舶司的勾当，亡宋时分恨大得济来。如今，坏了有。那时分理会的市舶司勾当那个根底问着行呵，大得济有"①。二人的提议显然代表了南人利益，并且要求将江南市舶管理回归到南宋旧法。留梦炎还推荐了"理会的市舶司勾当"的南人人才，即"旧知市舶人员李晞颜"②。李晞颜入元后任行大司农司丞，此番得留梦炎之推荐开始着手按照南宋旧法，从"抽分市舶则例、合设司存、关防情节备细"诸方面制定至元市舶则法。在报到亡宋市舶则例后，元廷"会集到各处行省官、行泉府司官，并留状元及知市舶人李晞颜圆议，拟到下项事理"③。留梦炎得以参加圆议无疑是对其政治地位和有功于新市舶则法的肯定。最终，在至元三十年（1293），元廷出台"市舶则法二十三条"④。除了参与至元市舶则法的总体制定，留梦炎在市舶管理的某些细节调整方面也起到重要作用，如至元三十年，时任翰林学士承旨的留梦炎与燕公楠共同进言曰："杭州、上海、澉浦、温州、庆元、广东、泉州置市舶司凡七所，唯泉州物货三十取一，余皆十五抽一，乞以泉州为定制。"⑤ 并且，留梦炎所参与的至元市舶则法制定和舶税改革，其内容较宋代旧制来说具有进步意义⑥。

留梦炎除了参与对沙不丁市舶政策的修正，在对桑哥一党的政治清算中也占据一席之地。至元二十九年，"冯子振、刘道元指陈桑哥同列罪恶，诏令省台臣及董文用、留梦炎等议"⑦，留氏在此时受到如此重视与之前廷沮沙

① 《元典章》卷22《户部》卷8《课程·市舶·市舶则法二十三条》，《洪金富校定本元典章》（二），第839页。
② 《元典章》卷22《户部》卷8《课程·市舶·市舶则法二十三条》，《洪金富校定本元典章》（二），第839页。
③ 《元典章》卷22《户部》卷8《课程·市舶·市舶则法二十三条》，《洪金富校定本元典章》（二），第839页。
④ 关于"市舶则法二十三条"的具体内容，高荣盛在论述元代市舶管理制度时已有深刻剖析。参看高荣盛《元代海外贸易研究》，四川人民出版社1998年版，第196—269页。
⑤ 《元史》卷17《世祖纪十四》，第372页。
⑥ 如高荣盛便认为："元代的舶税构成与舶税抽取率总体上要明显比宋代合理"（《元代海外贸易研究》，第211页）。
⑦ 《元史》卷17《世祖纪十四》，第360页。

不丁的坚决态度密不可分，同时其对江南政治、经济情况的深刻了解也得到元廷的正视。

四　廷沮事件之外：汉法、回回法之冲突与蒙古本位

梳理从留梦炎廷沮沙不丁到沙不丁罢斥、市舶则法出台的整体脉络，掩映于元初汉法、回回法之冲突中的蒙古本位呼之欲出。

首先，沙不丁的被释是蒙古主奴私属观念的体现。元世祖对桑哥党羽的处置十分严厉，其一度下令："死者勿论，其存者罚不可恕也"①，然而，在此严令之下，沙不丁最终却得到宽恕。《元史》载世祖在释放沙不丁时曾说："桑哥已诛，纳速剌丁灭里在狱，唯沙不丁朕姑释之耳"②，《彻里传》亦云："籍桑哥姻党江浙省臣乌马儿、蔑列、忻都、王济，湖广省臣要束木等，皆弃市"③，如此，则沙不丁被释看似具有特殊性。然对读《史集》相关部分的记载，当巴哈丁（沙不丁）、纳速剌丁灭里、乌马儿、沙的左丞被捉拿后，元世祖便下令把他们全部处死。但随后，世祖说道："我得巴哈丁于彼父"，最终对沙不丁的处置方式是"喝令其以手亲批己颊者数④，枷号而囚于井窖中"⑤。波斯文史料表明，沙不丁家族当与世祖存在主奴私属关系，世祖对他的惩罚方式也体现出鲜明的主奴观念。这种主奴关系在私的方面重上下尊卑分明，在公的方面又显内外亲疏有别，故对沙不丁的惩罚，世祖采用掌掴这一私刑家法，尔后又释之。然而，沙不丁并非世祖唯一赦免之人，《元史》记载相对《史集》而言有所遗漏。在与沙不丁同被捉拿的三人中，纳速剌丁灭里先被赦免，后来才因盗取官钞十三万余锭而在至元二十九年被诛杀⑥，

---

① 《元史》卷17《世祖纪十四》，第360页。
② 《元史》卷16《世祖纪十三》，第352页。
③ 《元史》卷130《彻里传》，第3162页。
④ 此处周良霄译本为忽必烈喝令沙不丁掌掴自己，而余大钧、周建奇译本则为忽必烈"向他大喊，亲手给了他几个嘴巴"（参看［波斯］拉施特《史集》（第二卷），余大钧、周建奇译，商务印书馆2017年版，第361页）。
⑤ ［波斯］剌失德丁：《成吉思汗的继承者：〈史集〉第二卷》，周良霄译注，第279页。
⑥ ［波斯］剌失德丁：《成吉思汗的继承者：〈史集〉第二卷》，周良霄译注，第279页；《元史》卷17《世祖纪十四》，第361页。

乌马儿和沙的左丞二人"因诸王阿吉只 AjÏgÏ 求免，合罕乃宥其死"①。是故作为桑哥党羽的四人在此案中皆被赦免，而赦免不论是出于世祖本意或是诸王求情，皆可看出其人具有黄金家族私属奴仆之身份。

此外，沙不丁的商贸特长也是其最终免死的重要因素之一。至元二十九年，世祖重新因为福建水站之事而向曾至实地的沙不丁咨询②；至成宗朝，皇帝"令沙不丁等议规运之法"③；武宗至大四年（1311），沙不丁又提调海运事宜④。除了忽必烈、铁穆耳、海山诸帝依赖沙不丁理财经商的能力，素与儒臣为善的安童亦因沙不丁的商贸特长而为其说情："国家出财资舶商往海南贸易宝货，赢亿万数。若沙福丁黜，商舶必多逃匿，恐亏国用。"⑤ 正如高荣盛所说，当政者对义利之争的理解比"重义"之臣更具现实性，考虑到世祖朝的财政情况，以及蒙古贵族依赖回回人谋利的现实，桑哥及其党羽的理财政策并非全无裨益的⑥。是故，至元二十九年，沙不丁在卷入"广南西路安抚副使赛甫丁等诽谤朝政"一案时，即使"复资给之"也未再受惩处⑦。可见，沙不丁的被释及其于成宗、武宗朝再得重用是与他的私属身份和经济才能密切相关的。

其次，留梦炎与沙不丁之争的背后存在着蒙古、回回、汉多族群和中央、地方多层次的，围绕市舶利益的派系斗争。从卢世荣的"官本船"政策，到沙不丁主政江南时的"开禁"，再至留梦炎、李晞颜等提出以南宋旧制为蓝本，最终与权贵私利相糅合而成"市舶则法二十三条"，其中所牵扯到的派系和利益之争已经远超汉法、回回法二分的语境。向正树在关于元代海外贸易的研究中提出："在以福建为据点展开海上贸易、海外诏谕等活动中，忙兀台和沙不丁的关系网与唆都和蒲寿庚的关系网处于竞争关系。"⑧ 这

---

① ［波斯］剌失德丁：《成吉思汗的继承者：〈史集〉第二卷》，周良霄译注，第 279 页。

② （元）赵世延等撰：《经世大典辑校》卷 8《政典·驿传》，周少川等辑校，第 534 页。

③ 《元史》卷 94《食货二·市舶》，第 2402—2403 页。

④ 《元典章》卷 59《工部》卷 2《造作二·船只·海道运粮船户免杂泛差役》，《洪金富校定本元典章》（三），第 1078 页。

⑤ （元）吴澄：《吴文正公集》卷 32《元荣禄大夫平章政事赵国董忠宣公神道碑》，《元人文集珍本丛刊》（三），新文丰出版公司 1985 年版，第 542 页。

⑥ 高荣盛：《元代海外贸易研究》，第 13 页。

⑦ 《元史》卷 17《世祖纪十四》，第 364 页。

⑧ ［日］向正树：《从福州到杭州：元代初期江南行省官员忙兀台对南海贸易的影响（1274—1290）》，李治安、宋涛主编：《马可波罗游历过的城市：元代杭州研究文集》，第 167 页。

一论断对理解留梦炎与沙不丁的冲突具有重要启示意义：留梦炎当年在衢州投降，正是因为"唆都亲率诸军鼓噪登城，拔之"①。二人之间投降与纳降的关系或对留梦炎仕元后的政治倾向有所影响。唆都与忙兀台关于江南市舶的斗争，使得蒲寿庚、沙不丁以及留梦炎与朱清、张瑄皆卷入其中而为各自的派别谋利②。桑原骘藏曾在分析元世祖反对至元十六年（1279）蒲寿庚请下诏招海外诸蕃的原因时指出，"寿庚之请下诏。或由十五年之招蕃。未有圆满效果。故复以此请。世祖理无不允。而竟拒之者。或欲收利权于中央。不愿唆都、蒲寿庚垄断其利于泉州也"③。由此可见，南宋旧制的采用与《市舶则法二十三条》④的制定，颇可以从"元世祖利权集中之计画"这一角度理解：在汉法和回回法冲突中，汉法所强调的中央集权和皇帝威严正是世祖心之所系。元初围绕着新附江南的利益斗争，还有可以深入研究的前景和可能。

最后，桑哥、沙不丁的下台与市舶则法二十三条的出台表面上是汉法派与回回法派斗争获得阶段性胜利，实际却是元世祖在统治末期对外战略收缩的必然结果。世祖在日本、东南亚等地的军事行动多以失败告终，至成宗初时正式结束：如至元二十三年（1286）正月甲戌，世祖以"日本孤远岛夷，重困民力，罢征日本"⑤，又如大德四年（1300），成宗"罢征缅兵"⑥等。而这一战略收缩与贬斥回回法而重新采用汉法是有所关联的。

---

① 《元史》卷 129《唆都传》，第 3151 页。

② 桑原骘藏认为："唆都虽与蒲寿庚同任招谕诸蕃。而互市事唆都实无所知。实际恐由寿庚一人主之。柔克义疑二人利用此机。图彼等自身之利。政府之利益。未必措意。"（《支那与东方群岛之关系及贸易》一九一四年《通报》）。其说是否未可知矣"（［日］桑原骘藏：《蒲寿庚考》，陈裕菁译订，中华书局 2009 年版，第 163 页）。经上文论述，窃以为柔克义之说实较桑原氏为确。此外，高荣盛在分析朱清、张瑄案时亦注意到派系集团之斗争，认为"这次事件的影响不仅在二人本身，而在于涉及了一个盘根错结，并且与海外有广泛联系、由'南人'组成的集团势力"（高荣盛：《元代海外贸易研究》，第 22 页）。

③ ［日］桑原骘藏：《蒲寿庚考》，陈裕菁译订，第 163 页。

④ 桑原骘藏曰："《大元圣政国朝典章》卷二十二《户部》八《市舶》部有至元三十年（一二九三）颁行之《市舶则法》二十二条"（［日］桑原骘藏：《蒲寿庚考》，陈裕菁译订，第 7 页）。且全书皆将至元三十年之市舶则法记为"二十二条"，与《元典章》原文"市舶则法二十三条"有所出入，或为误。

⑤ 《元史》卷 14《世祖纪十一》，第 285 页。

⑥ 《元史》卷 20《成宗纪三》，第 432 页。

结 语

李玠奭在讨论"江南统治论"时提出：以往的观点把江南人民之抵抗和江南财源之重要看作元廷对江南有所妥协的决定性因素，而未正视作为统治主体的蒙元政权本身。江南只是满足蒙古内在要求的对象，而非可以被平等对待的对象①。同样的，从留梦炎廷沮沙不丁到留梦炎、李晞颜主持制定出台"市舶则法二十三条"，这一连串看似发生于汉法、回回法之间的冲突，其激烈的斗争不过是表面现象，真正起到决定作用的，不论在中央还是江南，最终都是蒙古因素。傅光森认为，至元二十六年桑哥出任尚书右丞相"是忽必烈时期官僚系统与怯薛系统对立最明显的时刻，也是双方势均力敌的一场权力斗争。在最后的对抗中忽必烈还是站到蒙古怯薛大臣这边，因为这是政权的本体"②。这一论断对分析留梦炎等南宋降官与回回法派的斗争，亦值得借鉴。即南宋降官对其辈之攻讦除却政治理念和施政方式的冲突外，最主要的还是权力与派系之争，从而向真正具有决定性作用的蒙古勋贵靠拢③。本文所谓的"蒙古本位"，侧重点并不在蒙古法，而在居于统治核心的蒙古权贵。他们并非任何时候都以蒙古法为准绳，而是依照自身政治利益，适时任用各个派别群体，使用各种治理方式。如忽必烈之多次更张，真金之倾心汉法，乃至中、晚元的政治斗争和政局动荡可说皆未脱此理。推而广之，蒙古各汗国的在地化过程，也可以从这一视角进行更清晰地观察。

留梦炎廷沮沙不丁的失败与其后参与清算桑哥党羽、以南宋旧制为底色制定市舶则法的成功，一成一败之间，起着主导作用的终究还是蒙古。只有把握汉法、回回法之冲突背后的蒙古本位，认清元初政治斗争的另一面相，方能对诸如此类的复杂政争拥有更深刻的理解。

（作者为浙江大学历史学院硕士研究生）

---

① ［韩］李玠奭：《试探"江南统治论"》，中国蒙古史学会编：《蒙古史研究》第 6 辑，2000 年，第 118 页。

② 傅光森：《元朝中叶中央权力结构与政治生态》（上），花木兰文化出版社 2012 年版，第 36 页。

③ 如至元二十一年，留梦炎与和礼霍孙一起提出重开科举的建议（《元史》卷 81《选举志一》，第 2017—2018 页）；赵孟頫在与元世祖讨论留、叶优劣后，亦是建议彻里弹劾桑哥（《元史》卷 172《赵孟頫传》，第 4021 页），此二人都是蒙古勋贵中的代表人物。

论元末明初的世祖形象和
"世祖之法"话语[*]

徐子明

忽必烈是元代历史上无法绕过的人物。他的名字和他所创立的元王朝紧紧联系在一起。在以忽必烈为对象的历史学研究中，相对于宋濂《元史》"信用儒术，用能以夏变夷"的陈旧评价，现代蒙元史学者对忽必烈政治事业和制度建设已经有了更加客观全面的认识。[1] 然而，与一个历史人物实存的事功有所区别的是，在形象、记忆、符号、叙事和话语等研究维度上[2]，忽必烈的相关研究曾较为欠缺。1999 年，英国学者巴瑞特（T. H. Barrett）撰文简要讨论了中国传统历史编纂学中的忽必烈形象。[3] 在文章结尾，巴瑞特写道："面对谜中之谜，孤独的历史学家必须停下脚步，谨慎地等待援军。"

2004 年，陈得芝先生在《元世祖诏令、圣训丛谈》中敏锐地观察到：

＊ 本文初稿曾于 2021 年 10 月 30 日在南京大学历史学院博士生学术讲座第二十九讲上宣读。

① 周良霄：《忽必烈》，吉林教育出版社 1986 年版；Morris Rossabi, *Khubilai Khan：His Life and His Times*, Berkeley：University of California Press, 1988；李治安：《忽必烈传》，人民出版社 2004 年版；屈文军：《元世祖"以夏变夷"、"信用儒术"辩》，《暨南史学》第 17 辑，暨南大学出版社 2013 年版，第 249—262 页。

② 此类研究可参见陈蕴茜《崇拜与记忆：孙中山符号的建构与传播》，南京大学出版社 2009 年版；解扬《话语与制度：祖训与晚明政治思想》，生活·读书·新知三联书店 2018 年版，第 6 页。

③ T. H. Barrett, "Qubilai Qa'an and the Historians：Some Remarks on the Position of the Great Khan in Pre－modern Chinese Historiography", in Reuven Amitai－Preiss and David O. Morgan eds., *The Mongol Empire and Its Legacy*, Leiden：Brill, 1998, pp. 250－259.

"元末明初人对元朝制度和蒙古、色目人每有怨言……但对忽必烈，却颇多赞语。"① 陈先生的断语揭示了元末明初是忽必烈形象被塑造的关键时期，并且指出了该时段一个耐人寻味的话语现象："批评元朝和蒙古、色目人但称赞忽必烈。"在巴瑞特和陈先生之后，近年来，意大利学者多娜泰拉·圭达（Donatella Guida）的《明太祖论元朝：在种族性和正统性之间》、鲁大维（David Robinson）的《控制记忆与运动：早期明廷与变动中的成吉思汗系世界》和邱轶皓的《通过重塑忽必烈合罕的形象拯救合法性叙事》等论文相继发表②，标志着巴瑞特所期盼的"援军"终于到来。此外，洪丽珠对元代的"成宪"政治文化也有所思考。③ 概括来说，这些新近研究的主要观点有：在蒙汉政治文化并存背景下，作为"成宪"和札撒（ǰasaq），忽必烈所创的制度在元代享有崇高地位。明初帝王积极控制和改造关于蒙古帝国的记忆，用以提高自身的合法性。朱元璋在不同时期对元评价分别偏向正统论和种族论，并最终采取了区分忽必烈与元朝其他君主的策略：忽必烈被重塑为儒治贤君，而包括成吉思汗在内的其他蒙古君主则遭到贬斥。

上述研究揭示了忽必烈形象的一些谜团，初步勾勒出元明时代忽必烈话语的主要面目，但仍然存在一些缺憾：多篇论文对"忽必烈话语"的考察都是直接从明初帝王角度回溯的，因此，对元末的一些关键节点缺乏讨论；主要针对的是统治精英而非被统治的民众的观点；在蒙元帝国崩溃后，着重关注包括明朝在内的各"后蒙古"政权对蒙古帝国遗产的利用，而忽略元朝（合罕兀鲁思）有别于整个蒙古帝国的独特性。

因此，在吸纳前人研究和梳理史料的基础上，本文选取元末明初这一时段，抓住"世祖形象"和"世祖之法"这两个关键词，进一步提出以下论

---

① 陈得芝：《蒙元史与中华多元文化论集》，上海古籍出版社 2013 年版，第 32 页。该文最早于 2004 年 8 月在"元代社会文化暨元世祖忽必烈国际学术研讨会"上发表。

② Donatella Guida, "Ming Taizu on the Yuan Dynasty：Between Ethnicity and Legitimation", *Archiv Orientální*, Vol. 86, No. 1, 2018；David Robinson, "Controlling Memory and Movement：The Early Ming Court and the Changing Chingisid World", *Journal of the Economic and Social History of the Orient*, Vol. 62, No. 2, 2019；Qiu Yihao, "Rescuing Legitimate Narrative by Re – imaging Qubilai Qa'an", in Timothy May and Michael Hope eds., *The Mongol World*, Abingdon；New York：Routledge, 2022, pp. 953 – 972.

③ 洪丽珠在其对元代晚期政治史的研究中曾注意到相关问题，并提出"成宪"与"旧章"是朝廷政治派系之间角力的中线，见氏著《肝胆楚越——蒙元晚期的政争（1333—1368）》，花木兰出版社 2011 年版，第 25 页。近年来她在"扎撒、成宪、家法：元代中后期政治争议中的祖宗之法"（2022 年 10 月 25 日，南开大学讲座）等讲座中也表现出对元代"成宪"问题的思考。

点：第一，元末新政和继之而来的动乱形成了褒扬、抬高、神圣化乃至传奇化忽必烈及其制度的舆论气候。第二，基于元末观念的影响、利用合法性的动机还有自身的统治哲学，朱元璋奠定了明廷崇尚"世祖之法"的忽必烈叙事基调；第三，在以往史学界较关注的帝王与士大夫言论之外，《黄孝子寻亲记》这样的戏曲表明，一部分汉地民众也认同忽必烈符号；第四，即使在实施"反元"政策后，高丽末期和朝鲜前期舆论仍然认同忽必烈是儒家贤君；第五，在"大元"崩溃之后，各地统治精英乃至部分民众仍然共享对忽必烈和"世祖之法"的正面记忆，说明元朝版图（合罕兀鲁思）在政治文化上具备某种一体性。

一 "各取所需"与"共同崇拜"：元代"世祖话语"的诸面相

虽然许多元史研究者可能都曾注意到元人"言必称世祖"的情况，但鉴于这一话语尚未得到系统性的论述，因此，在进入"元末明初"这一时段前，本文先简要描摹出元代"世祖"话语的大致面貌。

在元代，忽必烈得到尊崇，与汉、蒙两种政治文化有关。中原王朝的"祖宗之法"和蒙古人对"圣旨"（ǰarliq）、"法度"（ǰasaq）、"体例"（yosun）的推崇，都为忽必烈及其制度的特殊地位提供了政治文化基础。此外，忽必烈本人还具备多重角色：王朝开创者，制度设计者，公正的裁决者，至高权力的主人，帝国境内各种文化和信仰的保护人，具有"君德"或超凡魅力的圣君……他因扮演了这些角色又具备了"可诠释性"——元代各色群体在膜拜他的同时，又能出于各自目的对这尊偶像提出自己的解释，表达自身的诉求和希冀。

于是，在忽必烈的巨大光环下，元代朝堂形成了一种"言必称世祖""言必称旧制"的氛围，且对"世祖旧制"的崇拜愈演愈烈。成宗皇帝几次提及"世祖定制"①，还主要是就事论事。武宗时代，身居储位的仁宗则开始标榜"凡世祖所未尝行及典故所无者，慎勿行"②，对世祖朝制度的利用开

---

① 《元史》卷18，中华书局1976年点校本，第385页；卷19，第401页；卷125，第3077页。

② 《元史》卷24，第536页。

始由制度事实走向依托于制度的政治话语。仁宗继位后，更是针对武宗改革宣布"敕百司改升品级者悉复至元旧制"。与此同时，政治斗争的失败者也往往被扣上"乱祖宗家法""变乱旧章，流毒百姓"的罪名，直至元末权臣伯颜的结局都不例外。

元代儒士对忽必烈这尊偶像也有自己的打算。他们致力于把忽必烈"儒家化"，声称忽必烈本人崇儒重道："世祖混一区宇，亟修文教"[①]；"世祖皇帝在位，崇儒之诏累下"[②]。儒士们的另一大发明，则是把忽必烈与元代理学名臣许衡联系起来，然后将此君臣二人纳入理学道统说之中："世祖皇帝以天纵之资，得帝王不传之学……河内许先生以天挺之才，得圣贤不传之学。"[③] 因此，那个"用夏变夷，信用儒术"的忽必烈形象，在元代就已经初具规模了。不过，儒家化的"世祖话语"并不总能得到元朝皇帝的回应。1327 年，御史台臣请泰定帝亲祀郊庙，泰定帝的回答是："朕遵世祖旧制，其命大臣摄之!"[④] 皇帝巧妙地用世祖旧制为辞回避了儒家礼制义务。儒臣与皇帝对"世祖旧制"作了各取所需的解读。

在中原汉地以外也有世祖话语的诠释者和利用者。对高丽而言，忽必烈时代实现了蒙丽关系的转型，他所许诺的"衣冠从本国之俗，皆不改易"成为高丽统治精英的护身符。在成宗时代的阔里吉思理政和英宗时代改设行省两次事件中，高丽君臣都最大程度地利用了"世祖皇帝旧制"来存续本国。陈得芝先生说："从上述两次侵害高丽相对独立地位事件之所以得以化解看来，忽必烈对高丽的既定政策是高丽能够维持在'永为东藩'条件下本国自主权的法理基础。"[⑤] 此言绝非夸张之语。除了高丽，元代藏文文献也津津乐道于忽必烈对藏传佛教的信奉和在藏地施行的制度。[⑥] 藏僧还曾以"以前忽

① （元）程钜夫：《大元国学先圣庙碑》，《程矩夫集》，张文澍校点，吉林文史出版社 2009 年版，第 65 页。

② （元）欧阳玄：《分宜县学题名记》，《欧阳玄集》，魏崇武、刘建立校点，吉林文史出版社 2009 年版，第 60 页。

③ （元）欧阳玄：《许先生神道碑》，《欧阳玄集》，第 92 页。

④ 《元史》卷 30，第 676 页。

⑤ 陈得芝：《忽必烈的高丽政策与元丽关系的转折点》，《蒙元史与中华多元文化论集》，第 278—282 页。

⑥ 蔡巴·贡嘎多吉：《红史》，陈庆英、周润年汉译，西藏人民出版社 1988 年版，第 41—49 页。

必烈等皇帝们的事业,你们是否要改变?"为言维护僧侣集团的利益。①

至此,可见"世祖话语"的操持者有蒙古皇帝、汉人儒士、高丽君臣、西藏僧侣……他们都按照自己的需要对"世祖"这一符号作出了解读。但是,在不同取向中又有融合的一面。比如,正是拒绝亲郊泰定帝时期形成了稳定的经筵制度,儒臣在经筵中用"世祖皇帝"劝导他:

> 我世祖皇帝不爱杀人的心,与天地一般广大,比似汉高祖,不曾收服的国土今都混一了。皇帝依着世祖皇帝行呵,万万年太平也者。②

因而,元代"世祖话语"的操持者们既有张力和冲突,又有交融和统合的一面,结果是对"世祖崇拜"的共同建构。而"依着世祖皇帝行呵,万万年太平也者"的想法,未来将会在元末动乱中得到更多人的呼应。

二 上层政治变革的推动:失败的新政与成功的"世皇"

有元一代,形成了崇拜忽必烈的政治文化。但"世祖"和"世祖之法"的进一步升格,则与元末顺帝朝施政的刺激有关。1340 年,重新抬出忽必烈"至元"年号的伯颜讽刺性地以"变乱祖宗成宪"的罪名被贬斥。从这一年起,至 1354 年脱脱在高邮城下被解职,这一时段内元政权中央朝局中的"世祖话语"表现出以下三个特点:

第一,相对于昔日"言必称旧制"的情况,执政话语开始向某种革新性表述靠拢,乃至被后世史学家称为"脱脱更化"。③ 实际上,"更化"并不见于至正年间的诏敕,也不见于脱脱本人的言论。但《至正改元诏》确实用了一个与"更化"近似的表达:"与天下更始",且《至正改元诏》没有像元

---

① 蔡巴·贡嘎多吉:《红史》,陈庆英、周润年汉译,第 92 页。
② (元)吴澄:《吴文正集》卷 44,明成化刊本,第 19 页 a。
③ 洪丽珠注意到"更化"在元代最早用于忽必烈时期,见《肝胆楚越》,第 44 页。此外,元成宗和元仁宗时期也曾被称为"更化"。刘敏中《题金监司饯行卷后》云:"大德丙午之春,朝廷更化,黜奸登贤",邓瑞泉、谢辉校点《刘敏中集》,吉林文史出版社 2008 年版,第 207 页;刘申岳《与张侍郎书》云"皇庆更化",《申斋集》卷 4,四库全书本,第 23 页 a。

代许多其他改元诏一样征引世祖。① 至正初年还有许多儒士用"更化"来形容时政,并把"更化"与儒治联系在一起。如"今天子更化之初,登用儒雅"②、"乃至正更化之始,荐开经筵,博延儒流"③。而当脱脱第二次执政后,《庚申外史》对其超越旧制"求新"心态的描述则更加微妙:"欲大有为,以震耀于天下,超轶祖宗旧法。"

当然,脱脱并没有背弃"世祖崇拜",也不是第一个在元代朝堂寻求革新的执政者。④ 然而,这种求新姿态的彰显,却也意味着一旦新政遭遇挫折,将会引发"成宪"话语的强烈反弹,其施政"违背世祖旧制"的色彩将会被描摹得更加浓重。

第二,脱脱新政中的部分激进措施,招致部分儒臣重拾"世祖旧制"话语加以反对。最典型的就是1350年"变钞"讨论中吕思诚所说的话:

> 偰哲笃曰:"祖宗法弊,亦可改矣。"思诚曰:"汝辈更法,又欲上诬世皇,是汝与世皇争高下也。且自世皇以来,诸帝皆谥曰孝,改其成宪,可谓孝乎?"偰哲笃曰:"钱钞兼行何如?"思诚曰:"钱钞兼行,轻重不伦,何者为母,何者为子?汝不通古今,道听而途说,何足行哉!"偰哲笃忿曰:"我等策既不可行,公有何策?"思诚曰:"我有三字策曰:行不得!行不得!"⑤

面对偰哲笃"祖宗法弊,亦可改矣"的表态,吕思诚诉诸"世皇成宪"的神圣性。如果说,在之前扳倒伯颜的运动中,指责伯颜"变乱旧章"是儒治派利用成宪话语对蒙古本位主义者的反击,那么吕思诚的"言必称世祖"

---

① 《元史》卷40,第859—860页。

② (元)黄溍:《金华黄先生文集》卷30《翰林待制柳公墓表》,四部丛刊本,第18页b。

③ (明)王祎:《王忠文公集》卷6《经筵录后序》,明嘉靖刻本,第9页a。

④ 脱脱曾以"世祖岂以是教裕皇哉?"劝顺帝学习经史,见《元史》卷138,第3344页;宋濂为脱脱老师吴直方所撰的《集贤大学士吴公行状》说"比后至元之治于前至元,公之功居多",把脱脱第一次执政时期与忽必烈时代相提并论,见《宋文宪公全集》卷41,清嘉庆刻本,第7页a;另外,洪丽珠提出脱脱锐意革新可能和蒙古传统中对英雄精神的追求有关,见《肝胆楚越》,第72页。

⑤ 《元史》卷185,第4250页。

则是在"儒治"成为表面共识后儒家保守派对改革派的攻讦。① 他的话虽未推翻改革政策，但也迫使改革派自证并未违背世祖遗意。② 吕思诚实际上开启了用"不遵世祖之法"来总结元末衰亡教训的先河。

第三，在农民起义规模进一步扩大后，顺帝、脱脱君臣又再度抬出了"世祖旧制"来拉拢"南人"。《元史·顺帝纪》记至正十二年（1352）三月，"诏南人有才学者，依世祖旧制，中书省、枢密院、御史台皆用之"③。《元史》的语言经过了润色，《南台备要》保存了这份圣旨出台的原貌：

> 至正十二年七月初十日，准御史台咨：承奉中书省札付：至正十二年三月二十四日笃怜帖木儿怯薛第三日，兴圣殿东鹿顶里有时分，速古儿赤朵儿只、云都赤朵儿只、给事中忻都等有来，脱脱答剌罕太傅右丞相特奉圣旨："世祖皇帝时分，不分诸色人等，有才学的选择着，勾当里委付有来。近间将南人省、院、台里不曾委付上头，偏付的一般有。天下四海之内，都是咱每百姓有。如今依着世祖皇帝时分用人例，南人内有才学的好人有呵，省、院、台里交用者。"么道圣旨了也。钦此。除钦遵外，都省合下仰照验，就行钦依施行。承此。咨请钦依施行。④

----

① 对于吕思诚的这番话，洪丽珠曾分析说："对于儒士来说，有时候坚守忽必烈成宪，对于汉法的成果是一种保护……至正期傻哲笃以色目人的背景，再度挑起理财争议，这不能不让吕思诚联想到理财派与汉法派之间的角力，以及色目人压制儒士的历史，事实上也有学者将傻哲笃与桑哥相提并论。"见《肝胆楚越》，第74页。按，洪丽珠对儒士利用世祖旧制的揭示甚为精当，但用种族背景解释吕思诚与傻哲笃（实际上是脱脱执政集团）的争论恐不能成立。傻哲笃本人诚然是儒化色目人，但此时脱脱的谋主汝中柏、龚伯遂，支持变钞的武祺（武子春）都是汉人，其中武祺还得到了士大夫广泛赞誉（《庚申外史》述武祺被选任时说："惟四川一道得王士熙、武子春，稍振纲纪，余皆鼓吹而已。"）。此外，《庚申外史》把傻哲笃记为完全看不出色目人面貌的"薛世南"（薛为 sečegtü 首音节"傻"的异译，世南为其字），《草木子》把建议变钞者由傻哲笃误记为贾鲁，都说明傻哲笃的种族背景并没有引起当时人的格外注意。因此，相比种族因素，笔者认为窦德士（John W. Dardess）在《征服者与儒士》（*Conquerors and Confucians : Aspects of Political Change in Late Yuan China*, New York and London: Columbia University Press, 1973）中采用的思路更为可取：把这一时期脱脱与其他儒臣的冲突，看作是"儒化"内部的冲突。

② 陈高华指出顺帝钞法改革诏书强调世祖是为了应对吕思诚的反对意见，见《中国经济通史·元代经济卷》，经济日报出版社2000年版，第429页。

③ 《元史》卷42，第896页。

④ 《南台备要》，王晓欣点校：《宪台通纪》（外三种），浙江古籍出版社2002年版，第245页。

这道圣旨既是作为实际措施发挥作用：会让南人有更多出仕、升迁机会，得到实际利益；也是作为话语发挥作用——利用忽必烈在元朝各族群精英心中的正面形象，利用忽必烈优待叶李、程矩夫、赵孟頫等南士的记忆，动员南人支持元朝。实际上，这里的"世祖皇帝时分用人例"经过了美化。忽必烈用人当然有灵活、宽宏的一面，但并非"不分诸色人等"，仍然具有种族防范心理。可这里重要的不是忽必烈时代的历史实相究竟如何，而是在当时人的观念中，"世祖旧制"象征和代表着一种"天下四海之内，都是咱每百姓有"的理想状态，这是发布圣旨的元廷和作为圣旨招揽对象的南方士人的"共识"。元末南方士人陶安就应和道"世祖旧章，南北人才视之无间"①。如同杨讷先生所说："为了拉拢南方的地主阶级……这一招相当有效。"②

随着脱脱事业的完全失败，上述第一点"革新"话语很快消弭了，或者说如吕思诚指斥的那样沦为背弃成宪的负面标签。而第二、第三点则与"世祖崇拜"和"祖制崇拜"的心理相结合，造成了世祖制度在元末的被神圣化乃至传奇化。

三　走上神坛：元末动乱中"世祖"和"世祖之法"的升格

1354 年末，元军围攻张士诚部起义军的高邮之战因顺帝临阵罢免脱脱而功败垂成，元末乱局自此进入"不可收拾"的境地。大动乱的到来，使以士大夫为代表的元末论者产生空前规模的思慕世祖的情绪。上层政治的变动，即"新政"的夭折和用"世祖旧制"招揽南人的举措，也提供了有利于抬高忽必烈的舆论氛围。于是，陈得芝先生所说的元末明初人责备元朝和蒙古色目人却青睐忽必烈的局面开始形成。

以脱脱新政中成为焦点的钞法改革为例。除了朝堂上的"上诬世皇"，当时流行的传说还把忽必烈用楮币与元朝命运用谶纬话语联系在一起：

① （明）陶安：《陶学士文集》卷 14《送许经历序》，四库全书本，第 16 页。
② 杨讷：《刘基事迹考》，上海古籍出版社 2017 年版，第 43 页。

世皇尝以钱币问太保刘文贞公秉忠，公曰："钱用于阳，楮用于阴。华夏阳明之区，沙漠幽阴之域，今陛下龙兴朔漠，君临中夏，宜用楮币，俾子孙世守之。若用钱，四海且将不靖。"……此虽谶纬之学，然验之于今，果如所言。①

陶宗仪说："验之于今，果如所言"，即认为，后世改变了刘秉忠为世祖设计的钞法，果然招致天下大乱。忽必烈楮币之制与元朝命运相联系的传说，还见于长谷真逸《农田余话》，只不过谶纬解说者由刘秉忠换成了丘处机："世祖尝问国祚于丘真人，曰：'三样纸钱飞不起。'至是言矣。"② 王祎《泉货议》说，"或者顾谓废钱而用钞实祖宗之成宪，而于术数之说为有符"③。可见此说在朝野流传甚广。

在钞法以外的讨论中，也能看到美化、神化、传奇化忽必烈及其制度的取向。本来，对亲身经历过忽必烈时代的儒士而言，他们对"中统至元之治"的断裂性是有所记忆的。④ 但在元末，虽然也有批评世祖制度的声音⑤，更多意见则把批评元末弊政与颂扬忽必烈分开，抬高乃至替忽必烈制造"家法""定制"。《草木子》激烈指责元政府"内北人而外南人"，但在字面上也不把这种政策与忽必烈联系起来，反而说"元初，法度犹明"⑥。刘基《感时述事》诗云："庙堂喜新政，躁议违老夫。悠悠祖宗训，变之在朝晡"；"大哉乃祖训，典章尚流传。有举斯可复，庶用康逍遭。"⑦ 和吕思诚一样鞭挞"新政"，尊崇"祖训"。《庚申外史》说世祖皇帝本有"贱高丽女子，不以入宫"的"家法"，但顺帝违背这一家法立奇氏为后，于是"识者知天下之将乱也。"⑧ 其实，无论是高丽女子入宫还是高丽女子为后，在顺帝

① （元）陶宗仪：《南村辍耕录》卷2，中华书局1959年标点本，第26页。

② （元）长谷真逸：《农田余话》卷上，明宝颜堂秘笈本，第7页 a。

③ （明）陈子龙编：《皇明经世文编》卷1，明崇祯刻本，第27页 b。

④ 如刘敏中说："至元乙亥之后，老奸巨蠹，继踵用事。"见《奉使宣抚言地震九事》，《刘敏中集》，第185页。

⑤ 如梁寅说："世祖之约，不以汉人为相，故为相皆国族。而又不置谏官，使忠直路塞，"见《梁石门集》卷8，清光绪十五年重刊本，第17页 b。

⑥ （明）叶子奇：《草木子》卷4下，《草木子》（外三种），吴东昆等校点，上海古籍出版社2012年版，第62页。

⑦ （明）刘基：《刘基集》，林家骊点校，浙江古籍出版社1999年版，第366—367页。

⑧ （明）权衡：《庚申外史笺证》，任崇岳笺证，中州古籍出版社1991年版，第12页。

之前都发生过。① 这种"世祖家法"应当是人们出于厌恶奇氏的心理而制造的。《草木子》还记录了一个忽必烈以仁爱之心"饶三下"故事：

> 元世祖定天下之刑……笞杖罪既定，曰："天饶他一下，地饶他一下，我饶他一下。"自是合笞五十，止笞四十七，合杖一百十，止杖一百七。②

按：尾数为七的刑制是蒙古旧俗，忽必烈的贡献是推广而非创制。因此，虽然减少三下确实是仁政，但应不存在"天、地、我饶三下"这样的传奇性起源。③ 这种传说的诞生，应和神化、美化世祖及其制度的心理有关。

从《草木子》《山居新语》《辍耕录》《冀越集记》《元史》等文献看，当时社会上还流传着许多忽必烈的传说，尤其是关于事物起源的。如《元史·后妃传》说因为忽必烈抱怨胡帽无檐，阳光刺眼，所以察必皇后增加了帽子的前檐④；《草木子》说西瓜是因元世祖征西域才传入中国（实则元代以前西瓜已传入中国）⑤；《山居新语》和《辍耕录》都记载了一个忽必烈征南宋渡黄河，封某人为答剌罕的故事（实则当从窝阔台白坡渡黄河或伯颜南征遇"溧水"故事演化而来）⑥；熊太古《冀越集记》记录了一个"世祖平西番"见异兽角端经刘秉忠解说的传说（角端传说最初的主角是成吉思汗与

---

① 任崇岳曾依高丽女入宫的史实和顺帝时监察御史李泌言，认为忽必烈实际上并未禁止高丽女子入宫，但曾经禁止高丽女子为皇后。但其实仁宗时也有高丽女子为后的情况，参见刘晓《元仁宗答里麻失里皇后小考》，《中国史研究》2015 年第 1 期；喜蕾《元代贡女研究》，民族出版社 2003 年版，第 64—70 页。

② （明）叶子奇：《草木子》卷 3 下，《草木子》（外三种），吴东昆等校点，第 50 页。

③ 相关考证和讨论，见谭天枢《元代笞杖刑制"七作尾数"之成因考辨》，《唐山学院学报》2021 年第 1 期。

④ 张佳认为，《元史》记载的这个故事，未必是出于史官杜撰，察必所改进后的帽子就是钵笠。参见张佳《"深簷胡帽"：一种女真帽式盛衰变异背后的族群与文化变迁》，《故宫博物院院刊》2019 年第 2 期。

⑤ 关于西瓜传入中国的过程，参见刘启振《西瓜引种中国及其本土化研究》，博士学位论文，南京农业大学，2019 年。

⑥ 韩儒林：《蒙古答剌罕考》，《穹庐集——元史及西北民族史研究》，上海人民出版社 1982 年版，第 18—46 页；高建国：《伯颜南征遇"溧水"事辨析》，《元史及民族与边疆研究集刊》第 25 辑，上海古籍出版社 2013 年版，第 108—114 页。

耶律楚材)①。这些故事有些是有依据的，有些则是嫁接、附会而来，但它们的被创作或流行，和决杖尾数因"饶三下"而产生的传说一样，都体现了一种"天下之善归于世祖"的心理。

从钱穆《读明初开国诸臣诗文集》起，元末明初人怀念元朝的现象就受到学界注意。②而种种"忠元""思元"倾向中一个突出内容，就是对于忽必烈本人的颂扬和怀念。"巍巍世皇业，乔岳深根柢"③；"世皇一宇宙，四海均惠慈"④；"世祖艰难德泽深，风悲城郭怕登临"⑤；"吾元本恭俭，世祖膺圣德"⑥……在动乱中苦苦挣扎的元末士大夫一遍又一遍地念诵世祖。而到了易代之际，世祖当然会成为忠于故国者的符号。元顺帝准备逃出大都时，宦官赵伯颜不花哭谏说："天下者，世祖之天下。陛下当以死守，奈何弃之？"⑦明朝建立，高丽改换门庭后，在济州岛牧马的蒙古牧人曾被要求送马于明朝，他们冒着激怒明朝和高丽的风险回答说："吾等何敢以世祖皇帝放畜之马献诸大明？"⑧

忠于元室者自然要大呼特呼世祖名号，而转向者也会以"辞谢世祖皇帝"的方式缓解变节带来的道德压力。如《故诚意伯刘公行状》述刘基对元廷失望而辞官：

> 　　时执政者右方氏，遂置公军功不录……敕书至，公于中庭设香案，拜曰："**臣不敢负世祖皇帝**，今朝廷以此见授，无所宣力矣。"乃弃官归田里。

对此，致力于揭露《故诚意伯刘公行状》中片面、不实之词的杨讷评价

---

① 何启龙：《角端、耶律楚材与刘秉忠：以谣言理论研究传说流变》，《元史论丛》第 13 辑，天津古籍出版社 2010 年版。

② 钱穆：《读明初开国诸臣诗文集》，《中国学术思想史论丛》卷 6，安徽教育出版社 2004 年版，第 97—99 页。

③ （明）刘基：《天寿节，同诸寓臣拜于宝林教寺。礼毕，登槃翠轩，分韵得稽字》，《刘基集》，第 331 页。

④ （明）刘基：《感时述诗》，《刘基集》，第 364 页。

⑤ （元）周霆震：《石初集》卷 4《登城》，四库全书本，第 7 页 b。

⑥ （元）王逢：《梧溪集》卷 2《奉谢杨山居宣慰寄遗茧纸》，清知不足斋丛书本，第 5 页。

⑦ 《元史》卷 47，第 986 页。

⑧ 《高丽史》卷 44，第 1347—1348 页。

说："《行状》之说刘基因'军功不录'弃官，又写上一段'我不敢负世祖皇帝'云云，如同它在前面臆造'羁管'绍兴的故事一样，刻意制造悲情，目的是想证明基不负元、乃元负基，为刘基的背元博取谅解与同情。"① 杨讷先生的眼光堪称犀利。但正如姚大力在讨论宋濂仕元问题时所说的，某些叙述未必全然符合史实反而说明了它们的可贵，即它们表明了"当时人们对事情本应当如何发生"的普遍见解。② 无论刘基当时是否设过香案，是否说过"我不敢负世祖皇帝"这样的话，他本人或他的传记作者，需要借重世祖符号，来为其背弃元朝的政治选择辩护。

作为血缘符号的忽必烈，在元末动乱中还曾被野心家看重。"青军"头目张明鉴曾向镇守扬州的元镇南王孛罗普化进言："殿下世祖孙，当正大位，为我辈主。"③ 孛罗普化答复："如汝言，我何面目见世祖于宗庙耶？"这里，张明鉴看重的是忽必烈孙子的身份在动乱中的政治价值，而孛罗普化则要坚持对忽必烈王朝统绪和继承制度（"支子不嗣"）的忠诚，结果孛罗普化因不能满足青军的要求被逐出扬州。

应该说，在某一朝代危亡之时，言及创业之君是一种常见的现象。南宋李庭芝坚守扬州时，元使手拿宋朝谢太后诏书招降，李庭芝答："此艺祖、高宗物也，岂太皇可以私与人乎？"④ 明末清初，江南士大夫在参与抗清活动时，也曾悬挂明太祖朱元璋画像。⑤ 忽必烈作为元朝开创之君，在元末被频繁提起也在意料之中。但元末的世祖形象却还有一个明确的指向：世祖制度是美好的、可行的，甚至是神圣的，是后世君臣变乱旧章导致了元朝的灭亡。于是，在元王朝走向覆灭的同时，忽必烈本人和"世祖之法"的形象反而变得空前高大起来。

---

① 杨讷：《刘基事迹考述》，第71页。

② 姚大力：《中国历史上的民族关系与国家认同》，载氏著《追寻"我们"的根源：中国历史上的民族与国家意识》，生活·读书·新知三联书店2018年版，第6页。

③ 《明太祖实录》卷5，台湾"中研院"1962年校印本，丁酉十月甲申，第57页。

④ （宋）郑思肖：《心史·大义略叙》，《郑思肖集》，陈福康校点，上海古籍出版社1991年版，第169页。

⑤ 参见冯贤亮在《政治变动与日常生活：清初嘉定侯氏的"抗清"与江南社会》中的讨论，刘昶、陆文宝主编：《水乡江南：历史与文化论集》，上海古籍出版社2014年版，第307页。

四 崇尚"世祖之法"：明廷的元世祖话语

元末人的这种看法，甚至影响到了红巾军出身的朱元璋。关于明太祖朱元璋对元朝和忽必烈的观点，学界已有多篇有分量的研究。无论是圭达指出的"区分对待忽必烈和元朝其他君主"的策略，鲁大维所说的"控制与塑造关于蒙古帝国的记忆来为明朝利益服务"的动机，还是邱轶皓阐述的"根据儒家原则重塑忽必烈形象以加强自身合法性的努力"，都揭示了朱元璋言论中忽必烈话语的一些特点。然而，尚有一个未得到充分讨论的关键词——"法度"（ǰasaq）。在朱元璋的"元世祖观"中，除儒家贤君形象的接受与重塑之外，一个重要内容就是：败坏"世祖之法"，元朝后世君臣不尊祖训，乃是王朝灭亡的原因。

在建立明朝前，朱元璋已经表达过对忽必烈法度的推重。1367 年，他送所俘元宗室北还时曾说："如予者父母，生于元初定天下之时，**彼时法度严明**，使愚顽畏威怀德，强不凌弱，众不暴寡，在民则父父、子子、夫夫、妇妇各安其生，惠莫大焉。"① 明朝建立后，1372 年，朱元璋在与群臣交谈时又说："前元国初，风宪体制甚严。"② 朱元璋祭元世祖文云："惟神昔自朔土，来主中国，治安之盛，生养之繁，功被人民者矣。夫何传及后世**不遵前训**，怠政致乱，天下云扰，莫能拯救。"③ 在陈述自身家史的《御制皇陵碑》中，他也写道："群雄自为乎声教，戈矛天下铿锵。元纲不振乎彼**世祖之法**，豪杰何有乎仁良。"④

另外，洪武本《华夷译语》还保存了朱元璋推崇忽必烈法度的言论及其蒙古语对译：

> 他生一个有仁德的孙儿，来俺中国做皇帝，号做世祖皇帝（sečen qahan）么道，将俺宋朝不爱抚恤百姓的皇帝，都平定了，统着中国并九夷八

---

① 《明太祖实录》卷25，吴元年九月戊戌，第374页。
② 《明太祖实录》卷72，洪武五年二月壬午，第1326页。
③ 《明太祖实录》卷92，洪武七年八月甲午，第1605页。
④ （明）朱元璋：《皇陵碑》，张德信、毛佩琦主编：《洪武御制全书》，黄山书社1995年版，第190页。

蛮，将几一百年来，仁德谁不思慕，号令谁不畏惧（tungqaqsan ǰasaq‑i inu ülü ayuqčin ügei aǰu'uǰe），似这等恩德号令，七十余年，人民安乐。（《敕礼部行安答纳哈出》）①

该段中的 ǰasaq 一词，汉字旁译为"法度"，说明朱元璋言论中的"法度"在当时对应的蒙古语表达就是"札撒"（ǰasaq），反映了蒙汉政治文化联通的一面。②

当然，如同元泰定帝和儒臣对"世祖旧制"各取所需的解读一样，朱元璋对"世祖之法"的称赞也是有选择的。例如，1370 年朱元璋与侍臣讨论元朝兴亡时，侍臣们纷纷说"世祖君贤臣忠以得之，后世君暗臣谀以失之"，"世祖能用贤而得之，后世不能用贤而失之"，"世祖好节俭而得之，后世尚奢侈而失之"，朱元璋却借题发挥，发表了一番就中书省权职而言与"世祖旧制"精神截然对立的看法。③

那么，如何解释朱元璋对"世祖之法"的推重呢？朱元璋一些褒扬忽必烈法度的论调乃至具体词句，与元末论者一脉相承，显然离不开这一舆论气候的影响。前辈学者也指出他具有"利用和重塑合法性"的动机。除了这两点以外，笔者以为，还有一个原因在于朱元璋个人的统治哲学。朱元璋非常重视对绝对秩序的塑造与维护。④"彼时法度严明，使愚顽畏威怀德"，"号令谁不畏惧"这样的文字既是他元初法度的叙述，也是他想实现的统治目标

---

① 乌云高娃：《明四夷馆鞑靼馆及〈华夷译语〉鞑靼"来文"研究》，中国社会科学出版社 2014 年版，第 117 页。因本文篇幅所限，这里只引用总译和部分字句的蒙古语拉丁转写，略去原文的汉字音写和旁译。

② 除了《华夷译语》外，《元朝秘史》中名词 ǰasaq 共单独出现 10 次，其汉语旁译除两次作"军法"外都作"法度"，见［日］栗林均编《「元朝秘史」モンゴル語漢字音訳傍訳・漢語対照語彙》，东北大学东北亚研究中心 2009 年版，第 227 页。

③ 《元史》卷 26：御史台臣言："诸司近侍隔越中书闻奏者，请如旧制论罪。"制曰："可。"《元史》卷 29："敕谕百司凡铨授官，遵世祖旧制。惟枢密院、御史台、宣政院、宣徽院得自奏闻，余悉由中书。"因此，不得隔越中书省奏事，乃是元代"定制"的常态。但朱元璋在洪武三年（1370 年）表达的观点则是："夫元氏之有天下，固由世祖之雄武，而其亡也，由委任权臣上下蒙蔽故也。今礼所言不得隔越中书奏事，此正元之大弊，人君不能躬览庶政，故大臣得以专权自恣。"见《明太祖实录》卷 59，洪武三年十二月己巳，第 1158 页。朱元璋的言论，显然是出于其加强君权，警惕权臣的心理。

④ ［法］马骊：《朱元璋的政权及其统治哲学：专制与合法性》，莫旭强译，吉林出版集团股份有限公司 2017 年版，第 197—201 页。

即不会出现犯上作乱、"自为声教"的"群雄"。在此基础上，承认且浓墨重彩地描述元朝曾经有过一个"法度严明"的时代，可以更好地警示民众不要造反。① 在接受和塑造"世祖之法"话语的同时，朱元璋还看到了为朱氏王朝主动创制"祖制""祖训"话语的必要性。朱元璋不断强调自己所创制度之不可更改，不断诉诸《大诰》与《皇明祖训》之类的文字，恐怕就和他受到"世祖之法"话语和元朝经验的启发有关。

在历史编撰上，《元史》的编成标志着以"正史"的形式完成了对"世祖之法"的再神圣化：世祖制度成为衡量忽必烈之后元朝诸帝功过的准绳。在"本纪"部分的史臣评语中，元成宗被誉为"善于守成"，"以去世祖为未远，成宪具在故也"；武宗的施政被评为"至元、大德之政，于是稍有变更"；仁宗则被称誉为"一遵世祖之成宪云"；而泰定帝则是"然能知守祖宗之法以行，天下无事，号称治平"。这样，元代近百年的政治得失都被纳入了是否遵循世祖成宪的宏大叙事。与《元史》史论相近的，是明宣宗朱瞻基于 1432 年登临北京万岁山广寒殿时说的一番话：

> 世祖知人善任使，信任儒术，爱养民力，故能混一区宇，以成帝业。再传至武宗，元政稍有变更。仁宗继之……其孜孜为治，一遵**世祖之法**，足为贤君……至顺帝在位既久，肆意荒淫，怠于政事，纪纲法度荡然，遂至失国。使顺帝能恭俭，长守**世祖仁宗之法**，天下岂为我祖宗所有？②

需要指出的是，明初帝王对"世祖之法"和忽必烈的推重，与元明革鼎后明朝统治者为塑造自身合法性而极力推行的"严华夷之辨"的文化建设并不必然矛盾。③ 比如，被钱穆称为"于易代之际，而正式提出中国夷狄之大

---

① 《大诰三编·造言好乱第十二》曾中对百姓发出过"缺食而死"胜于"兵刃而死"、应当安分守己不当"作乱"的警告，在该警告之前则是一段对"当元承平时"的田园诗式的描述。见《洪武御制全书》，第 900 页。

② （明）娄性：《皇明政要》卷 9，嘉靖五年刻本，第 4—5 页。

③ 关于明初朱元璋用激活"夷夏意识"来论证自身合法性的动机，参见张佳《新天下之化：明初礼俗改革研究》，复旦大学出版社 2014 年版，第 49—51 页。按，朱元璋在指认元朝"夷狄"属性时，极少数情况下也会直接批评忽必烈"以胡俗变易中国之制"，见《明太祖实录》卷 30，洪武元年二月壬子，第 525 页。但更多场合下如前引圭达和邱轶皓文章所言，他采取了区分忽必烈与元朝其他君主的策略。

辨者，今可考见，惟此一文"的《谕中原檄》，一方面高喊"驱逐胡虏，恢复中华"口号；另一方面又用"四海内外，罔不臣服，此岂人力，实乃天授"来形容元朝开国。《谕中原檄》还把"自是以后，元之臣子，**不遵祖训**，废坏纲常"作为元朝衰亡原因，明显是沿袭元末抬高"世祖之法"的论调。"不遵祖训"的表述，也与朱元璋祭元世祖文的词句相同。因为此文说了元朝的一些好话，所以钱穆仍嫌其"隐约谦让""气和辞婉"。① 其实，在"思元"氛围浓厚的情况下，用区分忽必烈时代与元王朝其他时段、区分作为"天授"君主忽必烈与"夷狄"本性的办法来宣扬夷夏观念，正是《谕中原檄》的高明之处。②

五 《黄孝子寻亲记》对"薛禅皇帝下旨释俘"的建构：汉地民间的世祖想象

以上关于世祖话语的研讨多是依据皇帝、朝臣和有名望的士大夫们的言论展开的。有一部贴近普通人生活的南戏《黄孝子寻亲记》③，也刻画了忽必烈的正面形象。《黄孝子寻亲记》（下文简称《黄孝子》）讲的是宋末元初孝子黄觉经寻找自己被元将掠走的母亲的故事。戏中让"薛禅皇帝圣旨"出场，作为促进主人公大团圆的助力，反映了汉地民众对世祖符号的情感投射。

在检视《黄孝子》中的"薛禅皇帝"之前，先要讨论一下该戏的形成年代。因为《古本戏曲丛刊》影印的郑氏藏抄本署"元阙名撰"，徐渭《南词叙录》将该戏归入"宋元旧篇"，所以以往主流观点认为该戏为元代作品。

---

① 钱穆：《读明初开国诸臣诗文集》，《中国学术思想史论丛》卷6，安徽教育出版社2004年版，第97—99页。

② 除了《谕中原檄》之外，另一篇典型体现朱元璋区分忽必烈与一般"胡人"的文本是《辩答禄异名洛上翁及谬赞》，文中朱元璋批评答禄与权用"天性有常"赞扬忽必烈不恰当，因为一成不变的是禽兽，而人类和作为人类之首的君主是无所不变的。朱元璋在颂扬忽必烈而驳斥答禄与权时甚至用了"莫不是胡人之性理"这样的辞令来强调答禄与权的"胡人"身份。见《洪武御制文集》第312、313页。Guida，"Ming Taizu on the Yuan Dynasty"，pp. 154 – 156.

③ 周渭初《关于〈黄孝子传奇〉的几个问题》（《浙江社会科学》2020年第3期，第122页）敏锐地指出《黄孝子寻亲记》中关于骗术、误会、解梦的描述都非常接近普通人的日常生活和社会经验。

近年周明初根据戏文对蒙古军做了负面描绘等"反元倾向"和地名多为明代建制这两点,认为《黄孝子》是明代作品,现存戏文是晚明人根据明前期南戏改定而成。[①] 按:现存元代戏曲中也有描述蒙古军的负面词句[②],且《黄孝子》除了描写元兵劫掠,还有对元朝"车书混朔南,还宇归明君"的赞颂,不能将其归为"反元"作品。戏文诚然有明代建制,但是也有大都、集庆、薛禅皇帝、"至正二年"[③] 等元代特有的信息,且对剧情起重要推动作用的人物乐善曾任"建昌提举",主人公之父结尾被追封"隆兴郡公",在地方官制中普遍设置某某提举和追封郡公都是元代而非明代的特征。[④] 这些痕迹说明《黄孝子》的最初作者曾大量从元代社会生活中取材,可能有元代生活经历。如果现存文本的另一些明代信息和疑似在元违碍字句不是出于后期改动的话[⑤],则说明《黄孝子》可能是某位剧作家由元入明后的作品,恰与本文所关注的时间范围相一致。

《黄孝子》第二十一折《释俘》提到"薛禅皇帝"下达了一道释放驱口的圣旨:

> 诏曰:薛禅皇帝有旨:方今天下安宁,四海一统,不欲鳏人之夫,寡人之妻,孤人之女,独人之子。一应俘来驱口,诏书到日,尽皆放回

---

① 周明初:《关于〈黄孝子传奇〉的几个问题》,第116—120页。

② 如现存元刊本关汉卿《拜月亭》写蒙古攻金时有"白骨中原如卧麻""家国一时亡"等句(徐沁君校点:《新校元刊杂剧二十种》,中华书局1980年版,第29、36页)。被认为接近元本面貌的明世德堂刊本元施惠《拜月亭记》写蒙古攻金还有"番兵犯介"的表述(施惠《拜月亭记》卷1,《古本戏曲丛刊》初集,中华书局1954年影印明世德堂刊本,第16页a)。关于施惠《拜月亭记》的年代,参见崔茂新《施惠为〈拜月亭记〉作者考论》,《水浒争鸣》第11辑,中央文献出版社2009年版,第900—915页;都刘平《〈拜月亭〉南戏与关汉卿同名杂剧关系实证研究》,《戏剧》(中央戏剧学院学报)2018年第6期。

③ 戏中黄觉经寻母誓文的末尾写着"至正二年",见《黄孝子传奇》卷上,《古本戏曲丛刊》初集,中华书局1954年影印长乐郑氏藏抄本,第25页a。周明初曾根据"至正二年"与元初存在时代矛盾,认为作者不熟悉元代的时间概念,用以证明《黄孝子》为明人作品。但如果把"至正二年"看作是原作者把自身生活年代误植入戏文的痕迹,则反而说明《黄孝子》可能形成于元末。

④ 明代自洪武三年封爵制度定型后,基本不见有追封郡公的记载。而元代追封郡公的情况则较为常见,如刘因被追封为容城郡公,吴澄被追封为临川郡公,袁桷被追封陈留郡公,见《元史》卷171,第4010页;卷171,第4014页;卷172,第4026页。

⑤ 戏中径直称"元兵",而不像关汉卿和施惠的《拜月亭》称之为"天兵""大朝",似非本朝人口吻。把掳掠妇女的元将命名为"木华黎",虽然元代文网相对宽纵,但仍有犯忌之嫌。

宁家，不许绝人之嗣，以为国家之大纲。随即施行，勿辜朕意。①

在《黄孝子》中，这道圣旨迫使元将释放了黄觉经的母亲，为主人公寻母成功创造了条件。在黄孝子的故事原型里，并不见黄觉经/黄用中寻母得到忽必烈圣旨帮助的记载。②但《黄孝子》却着实带有一些模仿元代官方文本的痕迹。"薛禅皇帝"是忽必烈的蒙文尊号，"薛禅皇帝圣旨""薛禅皇帝定来的体例"常见于元代硬译公牍体文献中。而"诏书到日"也确乎是元代诏书的套语。元顺帝罢黜伯颜时，为求万无一失，还把诏书中的"诏书到日"改为"诏书到时"，传为佳话。③那么，这份"圣旨"所云释放驱口的内容，是否合乎忽必烈时代的制度呢？

忽必烈确实有过财政需要驱使下改驱为良的举措。④从《通制条格·户计》中关于"儒人被虏""被虏平民"和"卖子圆聚"的规定可以看出，忽必烈时代关于驱口的政令确实含有某种"仁政"考虑，并对改善特定驱口待遇起到了作用。但是，他始终没有下过免除一切战争所获驱口为良的圣旨，也不可能下达这样的圣旨——那意味着严重损害蒙元军功贵族的利益。因此，《黄孝子》的情节设置，反映了当时人对忽必烈形象的一种美化和寄托。原作者可能根据少数驱口因忽必烈法令获得解放的经验，撷取元代公文中的几个常用词汇，怀着对世祖的正面想象创作了这份"薛禅皇帝圣旨"。这种情况并不是孤立和偶然的，日本学者乙坂智子即曾分析过汉地社会对杨琏真伽挖掘宋陵故事的书写，指出元人罗灵卿《唐义士传》和明人卜世臣戏曲《冬青记》都把惩罚杨琏真伽、主持正义的角色赋予了忽必烈，即便这一正面角色是违背史实的。⑤

---

① 《黄孝子传奇》卷下，第 20 页 a。

② 《黄孝子寻亲记》主人公的原型为《元史·孝友传》中的黄觉经和《宋史·忠义传》中的黄用中，参见毛劲《寻亲戏曲中的真情苦境与家国同构——以南戏〈寻亲记〉与〈黄孝子〉为中心》，《温州大学学报（社会科学版）》2017 年第 4 期。

③ （元）杨瑀《山居新语》卷 1，杨晓春、余大钧校点：《玉堂嘉话·山居新语》，中华书局 2006 年版，第 200 页。

④ 《元史》卷 15，第 322 页。

⑤ 乙坂智子：《藏传佛教和元朝汉民族社会》，《元史论丛》第 10 辑，中国广播电视出版社 2005 年版，第 373—382 页。

六 "元世祖与尧舜同"：高丽末期与
朝鲜王朝前期的忽必烈观

在元朝统治稳固的时代，"世祖旧制"曾一再成为高丽在面对元朝"改制""改行省"压力时的护身符。自1356年起，先是恭愍王发起了摆脱元朝控制的自立运动，而后又发生了王氏高丽变为李氏朝鲜的易姓革命。恭愍王与朝鲜王朝初期都采取了亲附明朝的外交政策。那么在这一过程中，朝鲜半岛统治精英对忽必烈的评价是否也发生了变化呢？

1356年，高丽恭愍王骤然发难，诛杀奇辙、权谦等附元权臣，随后又出兵元双城总管府等地，开始实施其"反元政策"。然而恭愍王在已然诛杀元奇皇后亲族、与元军兵戎相见之后，仍然摆出一副维护"世祖旧制"的姿态。当年十月，恭愍王派李仁复向元朝为自己辩解："如蒙钦依世祖皇帝旧制，除三万户镇守日本外，其余增置五万户府及都镇抚司，乞皆革罢"，指出元朝在高丽的一些建制本来就不合乎"世祖旧制"[1]；1363年，恭愍王再次以"世祖皇帝许不革国俗"回复元朝使者。[2] 恭愍王这样做，既是出于高丽统治精英拿"世祖旧制"当挡箭牌的惯性，当然也有现实政治的考虑，即避免与元朝完全决裂。他一系列政治活动的目的是加强王权，追求自治，而非完全断绝高丽与元的关系。[3] 但"世祖旧制"能承担这样的独特功能，也说明了忽必烈个人威望的巨大影响。对世祖制度的认同，使得"反元自立"之后的高丽仍能在名义上维持与元朝/合罕兀鲁思的特殊关系。

在丽末外交上，不独恭愍王对元朝拿"世祖旧制"当挡箭牌，北元和明朝也都曾对高丽使用"世祖话语"。1373年，北元派使节到高丽，劝说高丽君臣倒向北元："王亦世祖之孙也，宜助力复正天下"，想用恭愍王身上因元丽通婚而来的忽必烈血统打动他。恭愍王最后在"畏朝廷（指明朝）知"的背景下于夜间接见了元使。高丽一方的决策主要是出于当时北元与明争锋

---

[1] 《高丽史》卷39，第1212页。

[2] 《高丽史》卷40，第1259页。

[3] ［美］鲁大维：《帝国的暮光：蒙古帝国统治下的东北亚》，李梅花译，社会科学文献出版社2019年版，第111页；屈广燕：《元明嬗代之际中朝政治关系变迁研究》，中国人民大学出版社2021年版，第45页。

的形势，而非因为恭愍王是"世祖之孙"。① 但从元使的话中，我们可以看出北元朝廷对高丽王室忽必烈血统——哪怕是外玄孙血统的重视。无独有偶，朱元璋也曾用"元世祖入中原，尝救本国于垂亡，而乃妄怀疑贰"指责高丽反复无常。② 北元和明朝都认为忽必烈时代中国与朝鲜半岛形成的纽带和发生过的前例仍能发挥作用。

在高丽挣脱元朝控制之后，高丽儒者李穑依然对忽必烈的治绩做出了积极评价："鲁斋许先生，用其学相世祖，中统至元之治，胥此焉出！"③ 他的这一认识，具有性理学道统说的色彩，应当受到了其师李齐贤和元朝儒士的影响。④ 李穑对忽必烈的观点，也和他对元王朝的个人感情相一致。⑤

即使是在朝鲜王朝建立以后，忽必烈的正面形象也并未改变。朝鲜太祖李成桂的佐命功臣郑道传所著《经济文鉴别集 · 君道》元代部分全盘照搬了《元史》对忽必烈"信用儒术""规模宏远"的评语以及以世祖成宪为准绳衡量元朝诸帝的评价体系。⑥ 1445 年郑麟趾等编纂的《治平要览》元代部分结尾引黎贞的话说："至世祖，帝仁明英武，故能混一区宇，坐致太平，知人善任……大阐嘉猷，制礼作乐，民物阜康，夷狄之盛古未有也。"⑦

在朝鲜君臣的议论中，还可见到他们称赞忽必烈戒酒、简朴、儒治等"君德"。1433 年吏部判书许稠向朝鲜世宗进言说："又闻元世祖立禁酒之法，以酒盛玉瓮，酒皆渗漏，而玉瓮如钣，以瓮置阙下，示戒群臣。其酒毒甚矣，而示戒之意至矣。"⑧ 忽必烈放置玉瓮确有其事，且玉瓮实物"渎山

---

① 屈广燕：《元明嬗代之际中朝政治关系变迁研究》，第 66—67 页。

② 《高丽史》卷 134，第 4025 页。

③ ［朝鲜］李穑：《〈选粹集〉序》，原载《牧隐稿》卷 9，引自《全元文》第 56 册，凤凰出版社 2006 年版，第 473 页。文中称恭愍王为"玄陵"，当是恭愍王逝世后的作品。

④ 李齐贤在《栎翁稗说》曾说"世祖既一四海，登用儒雅，宪章文物，皆复中华之旧"，见蔡美花、赵季主编《韩国诗话全编校注》第 1 册，人民文学出版社 2012 年版，第 158 页。至于把许衡与忽必烈联系在一起承接理学道统，则是元代儒士的常见表述。

⑤ 关于李穑以及其他朝鲜半岛元"遗民"的心态，参见张建松《一位域外文人的"故国"之思》，《甘肃民族研究》2008 年第 3 期；舒健、张建松《韩国现存元史相关文献资料的整理与研究》，上海大学出版社 2015 年版，第 180—200 页。

⑥ ［朝鲜］郑道传：《三峰集》卷 12，《韩国文集丛刊》第 5 册，汉城：景仁文化社 1990 年版，第 54 页。

⑦ ［朝鲜］郑麟趾等编《治平要览》卷 147，朝鲜活字本，第 39 页 b，第 40 页 a。

⑧ 《朝鲜世宗实录》卷 59，太白山本，世宗十五年三月丙子，第 53 页 b。

大玉海"一直保存到今天①,但并无戒酒之意。耶律楚材曾持酒槽铁口劝止窝阔台酗酒。② 许稠所言忽必烈示戒可能是耶律楚材劝谏窝阔台故事的误传。这和元末文献中许多"天下之善归于世祖"式传说的产生逻辑是一致的。1444 年,朝鲜世宗在讨论朝鲜产玉时又提及了忽必烈不追究高丽献假玉的行为。③

元末明初,一些中原论者把忽必烈与元朝其他君主和一般"夷狄"区分开来的态度,在朝鲜人的观念中也有反映。1450 年,明朝使者与朝鲜官员发生了如下一段对话:

> 尹凤往见所赐第……凤又曰:"太宗皇帝时,有一太监,与我同坐曰:'朝鲜人与达子无异。'予内怀怒意曰:'达达亦知琴棋、书画乎?'其人赧然曰:'我失言矣。'"郑善曰:"达达与狗无异,父则狼,母则白鹿,只食牛马乳,牛马乃达达父母也。"安崇善曰:"达达人中,岂无豪杰?元世祖混一天下,共称圣人,又其臣有如脱脱太师。"凤曰:"安宰相言是也。中国亦称元世祖,与尧、舜同。"④

在这组对话中,尹凤和郑善是原籍朝鲜供奉,于明内廷的宦官,此时代表明朝出使朝鲜,安崇善是朝鲜官员。他们在认为朝鲜人具有与明朝汉人相当的文明程度,贬斥蒙古人"与狗无异"的同时,又认为,元世祖是尧舜一样的圣人,且在朝鲜人和明朝人眼中都是如此。忽必烈本人的威望,已然盖过了他亲手创建的元王朝和他族属所在的"达达人"。元末明初对忽必烈"再神圣化"运动塑造的观念之强,令人慨然。

据韩国学者黄喜顺研究,朝鲜前期大部分知识分子仍然承认元朝为正统。但到朝鲜成宗(1469—1495 年在位)即位后,以种族为中心的华夷论进一步抬头,朝鲜士林趋于否定元朝的正统地位。⑤ 不过,直到 1513 年,朝

---

① 韩儒林:《元代漠北酒局与大都酒海》,《穹庐集》,第 140—144 页;却拉布吉:《忽必烈薛禅汗玉瓮考述》,《西北民族研究》2005 年第 3 期。

② 《元史》卷 146,第 3462 页。

③ 《朝鲜世宗实录》卷 106,世宗二十六年十月辛未,第 17 页 a。

④ 《朝鲜文宗实录》卷 3,文宗元年八月庚子,第 24 页 b。

⑤ [韩]黄喜顺:《朝鲜王朝初期对元朝认识的变化和华夷论》,《史林》2018 年第 66 期。

鲜大臣郑士龙仍然说"元世祖虽夷狄之君，然用姚枢、许衡，故几致小康，厥后不知用君子退小人之道。"① 郑士龙之言可谓"世祖崇拜"的余音。再往后，忽必烈也和他的王朝沦为"胡元"一样，进入被贬斥的夷狄君王之列。② 但自元朝衰亡，在一百多年的时间里，忽必烈仍能在朝鲜半岛保持正面形象，足见元代政治文化在此地的持久影响。

结语："大元"崩溃之际的忽必烈

通过上文多视角的考察，我们可以发现，正是在"大元"崩溃之际，忽必烈个人和"世祖之法"的威望不但没有跌落，反而被大大抬高，在相当广泛的人群范围内得到赞誉和认同。从职业而言，有皇帝、国王、士大夫、军事将领、牧人、宦官、没有留下姓名的剧作家；从地域和政权而言，有明朝统治的中原汉地，高丽末期和朝鲜前期的朝鲜半岛，北元所盘踞的蒙古草原，实际上还包括了西藏。③ 这一地域范围，又恰好与由几个"田地"所组成的元朝（合罕兀鲁思）版图④，以及在本族语言文字中对"大元"国号有准确反映的几个族群的居地高度重合。⑤ 这种重合不是偶然的，它启发我们以"忽必烈话语"为线索，重新思考元代的"统一性"问题。

萧启庆先生曾经指出，元代虽然实现了政治统一，但在"国家统合"上

① 《朝鲜中宗实录》卷18，中宗八年九月乙酉，第62页 b。

② 《朝鲜宣祖实录》卷193，宣祖三十八年十一月癸酉，第3页 b。

③ 关于十五世纪西藏史书《汉藏史集》对忽必烈和蒙元统治的肯定性描述，见沈卫荣《中世纪西藏史家笔下的蒙元王朝及其与西藏的关系——以阅读藏文史著〈汉藏史集〉（*rGya bod yig tshang*）为中心》，《大元史与新清史——以元代和清代西藏和藏传佛教研究为中心》，上海古籍出版社2019年版，第49—104页。因篇幅所限，本文不再专设小结讨论藏地的忽必烈话语。

④ 关于元朝疆域内的若干个被称为"田地"的"政治泛区"，参看丁一《元代监司道区划考：兼论元代政治泛区的划分》，《中国历史地理论丛》2012年第1期。丁一指出了元帝国内的七块政治泛区：汉儿田地、蛮子田地、河西田地、哈剌章田地、畏吾儿田地、西番田地、达达国土，未有论及高丽。按高丽虽享有自治地位，但在观念上仍是元朝的属地，"高丽田地"一词则见于元仁宗圣旨和《老乞大》。［朝鲜］李齐贤：《益斋乱稿》卷6《在大都上中书都堂书》，《韩国文集丛刊》第2册，第544页；［韩］韩光主编：《原本老乞大》，外语教学与研究出版社2002年版，第34、45页。

⑤ 蒙元时代的汉文、八思巴字汉语、畏吾体蒙古文、藏文、西夏文都有过对"大元"国号的反映。此外伊利汗国的波斯文著作《史集》中也出现过"大元"名号，但对其意义有所扭曲。参见李春圆《"大元"国号新考——兼论元代蒙汉政治文化交流》，《历史研究》2019年第6期；徐子明：《"大元"而非"大王"——对〈史集·成吉思汗纪〉中一个汉语名号的考释》，未刊稿。

却不甚成功。① 姚大力先生在评论蒙古帝国与元代中国的关系时，则表示一方面当时东亚存在一个"由忽必烈以中国为中心建立的国家"；另一方面元代蒙古语对"元朝"版图并没有产生出一个特定的专有名称，可以用它把各大区域合在一起，当作一个政治单元来称呼。② 这种专有名称的缺乏，意味着元朝版图"一体性"的不足。但是，如果我们从"忽必烈话语"这一角度来思考的话，元朝境内乃至影响范围内固然没有达到完全的统合，但产生了一种共有的"忽必烈崇拜"和"尊崇世祖之法"的政治文化。正如在由四大汗国和"合罕兀鲁思"组成的"蒙古世界"中，各地蒙古统治精英都熟悉和认同成吉思汗一样；在达达国土、汉儿田地、蛮子田地、哈剌章田地、河西田地、西番田地、高丽田地所组成的"大元世界"中③，各地精英乃至一部分民众共享对忽必烈和"世祖之法"的认同。这种认同与历史实相中的忽必烈及其制度不完全重合，但它的实际存在，以及在"大元"崩溃之后仍然维系甚至一度抬升的现象，却鲜明表明了忽必烈和元王朝在"政治文化"维度上所留下的历史印记。

（作者为南京大学中国南海研究协同创新中心、历史学院博士研究生）

---

① 萧启庆：《元朝的统一与统合：以汉地、江南为中心》，载氏著《内北国而外中国：蒙元史研究》，中华书局 2007 年版，第 17—38 页。

② 姚大力：《怎样看待蒙古帝国与元代中国的关系》，载氏著《追寻"我们"的根源：中国历史上的民族与国家意识》，第 274 页。

③ 金浩东曾指出"大元"在元朝蒙古人观念中就是蒙古帝国的同义词，狭义的元朝版图应当被称为"合罕兀鲁思"，见［韩］金浩东撰，［韩］崔允精汉译《蒙古帝国与"大元"》，《清华元史》第 2 辑，商务印书馆 2013 年版，第 3—32 页。笔者赞同金浩东的判断，并在本文中运用"合罕兀鲁思"一词。但"大元"等于蒙古帝国只是"合罕兀鲁思"境内蒙古人的观念，蒙古帝国其他部分并不认同乃至知晓"大元"国号，因此笔者认为"蒙古世界"与"大元世界"仍然存在差异，可以用后者即"认同大元的世界"指代合罕兀鲁思覆盖的空间。

南宋对刘整降蒙事件的应对及其影响

翟 禹

宋元战争期间，为南宋驻守川蜀的将领泸州安抚使刘整，率领泸州军民降附蒙古。刘整降附蒙古，对于南宋朝廷和川蜀地方来说，不啻为一次沉重打击，可谓是朝野震动。南宋最初得知消息，是由四川制置使俞兴向朝廷上报，同时发布檄文"讨整"，这是南宋景定二年（1261 年，蒙古中统二年）六月之事："蜀帅俞兴奏守泸州刘整率所部兵北降，由兴构隙致变也。至是，兴移檄讨整。"① 实际上，在 1261 年之前，至少俞兴已经率军围攻泸州，力图控制局面。本文重点讨论南宋对刘整降蒙的应对过程及其对南宋政局的影响。② 应对过程所涉及的重要事件，包括南宋将领俞兴、张桂、金文德、王达等人率军奔赴现场，直接参与对刘整的军事打击和围攻，还有南宋部分文臣官吏受到刘整的裹挟，以求探讨刘整反宋降蒙的详细过程。

一 俞兴率军围攻泸州城失败

刘元振进入泸州城以后，以制置使俞兴、都统制老水张为首的南宋军队将泸州城包围，实施长达半年的围攻。《元史·刘元振传》载："宋泸州主

---

① 《宋史》卷 45《理宗本纪五》，中华书局 1981 年新 1 版，第 877 页。《宋史全文》载，中统二年六月戊申（十八日），南宋理宗说："泸南刘整之变，宜急措置。"（佚名：《宋史全文》卷 36《宋理宗六》，汪圣铎点校本，中华书局 2016 年版，第 2903 页）。

② 关于刘整降蒙的过程，将以《刘整降蒙过程考述》一文专门予以探讨。

帅俞兴，率兵围泸州，昼夜急攻，自正月至五月，城几陷。"①《刘元振墓志铭》亦载："宋制置使俞兴、都统制老水张者，将兵五万、战舰三千余艘围泸城，昼夜急攻，百道并进，自正月至五月，城几陷者屡矣。"②"制置使俞兴"即时任四川制置使的俞兴。围攻泸州城的南宋将领只提及俞兴，略去"都统制老水张"；围攻泸州城的军队数量、军种和规模，略去了"兵五万"和"战舰三千余艘"；围攻泸州城的进攻方式略去了"百道并进"；更有甚者，泸州城在被围攻之下，"城几陷"的情况是"屡矣"，但《传》将"屡矣"删掉。此外，部分内容还有所改动：率军围攻泸州城的南宋将领俞兴，《刘元振传》载为"泸州主帅"，《刘元振墓志铭》载为"制置使"。俞兴被任命为制置使是在中统二年四月。③如果进攻泸州城的时间是中统元年正月至五月，则此时俞兴尚未担任"制置使"，可能是"制置副使"。《宋史》载："冬十月丁丑，以俞兴为四川制置副使、知嘉定府兼成都安抚副使。"④可见，俞兴在1260年之前为"知嘉定府"。当然，《刘元振墓志铭》的事后追述不一定十分严谨。

都统制老水张，全名张桂，外号"老鼠张桂"，或许因发音讹为"老水张桂""老水张"，张桂在此次围攻泸州的战役中阵亡，关于此人尚未引起学界关注。其时，成都方面的蒙古统帅失里答派出以张威为首领的援军，于中统二年八月之前到达泸州城，刘整和刘元振在城内与在城外的张威里应外合，共同夹击围攻泸州城的宋军，最终攻破宋军，"斩老水张于阵前"⑤，俞兴率残军逃跑，自此泸州解围。张桂是如何阵亡的，《刘元振墓志铭》未有详载，《宋史·忠义传》中保留一条史料：

> 整既降，遂引兵袭都统张桂营，桂及统制金文德战死。纳溪曹赣合

① 《元史》卷149《刘元振传》，中华书局1976年版，第3519页。

② 此墓志铭全名为《大元故成都路经略使怀远大将军行军副万户刘公墓志铭》（简称《刘元振墓志铭》），引自陕西省考古研究院编著《元代刘黑马家族墓发掘报告》，文物出版社2018年版，第68页。

③ 《宋史》卷45《理宗本纪五》，第877页："（中统元年）夏四月乙未，以……俞兴保康军承宣使、四川安抚制置使。"《宋史全文》"中统元年四月"未载俞兴任四川安抚制置使。

④ 《宋史》卷44《理宗本纪四》，第863页。

⑤ 《刘元振墓志铭》，第68页。

门死之。①

《刘克庄集笺校》的笺校者在"张桂"条"笺注"中引用了这条材料，但将其句读改为："整既降，遂引兵袭都统张桂营，桂及统制金文德战死纳溪。曹赣阁门死之。"② 笺校者应当是认为张桂与金文德在纳溪（今四川泸州纳溪区）战死，而非《宋史》点校者所理解的"曹赣"是纳溪人，但笺校者未在笺注文中作出任何改动说明。关于纳溪，《宋史》载："南渡后，增县一：纳溪。皇祐三年（1051），纳溪口置砦。绍定五年（1232），升为县。"③ 纳溪，为今泸州市纳溪区，北宋时期置纳溪寨，南宋时期设置纳溪县。根据《刘元振墓志铭》记载，张桂是与俞兴一同围攻泸州城，在刘整和刘元振等到成都派来的援兵之后，与援兵里应外合杀出泸州城，击败宋军，所以张桂阵亡的现场应当是在泸州城外，而不是纳溪。南宋朝廷对同时战死的另一位将领金文德封赠的诏令中有"环高城而攻，忠存讨逆；凿凶门而出，义不求生"④ 之语，从中可知金文德也是与张桂一同进攻了泸州城。因此，张桂和金文德都是在泸州城外阵亡，而非在纳溪，故应当是"纳溪曹赣合门死之"为是。⑤ 曹赣的全家被杀，具体情况不明。纳溪当时为泸州下辖一县，但这句话只能表明曹赣为纳溪人，不能说明曹赣是在泸州城内还是在纳溪县全家被杀。由于当时南宋的镇压和刘整的突围主要发生在泸州神臂城内，因此推测曹赣应当也是在城内或城外附近被杀。

《昭忠录》记载稍详：

> 制置俞兴、都统张桂、金文德等收复兵逼城，整出兵江山大战败走，逐北至城门，仅得入，气息垂绝。兴弗知，不能乘胜夺门，乃以日

---

① 《宋史》卷449《忠义四·许彪孙传》，第13241页。
② 刘克庄撰，辛更儒笺校：《刘克庄集笺校》卷67《外制》，中华书局2011年版，第3144页。
③ 《宋史》卷89《地理志五》，第2218页。
④ 《刘克庄集笺校》卷67《外制》，第3144页。
⑤ 《（嘉庆）大清一统志》卷412（四部丛刊续编景旧钞本）"人物"载："曹赣，纳谿人。刘整降于元，赣合门死之。"可见，后出文献都以曹赣为纳溪人。

暮收兵。明日整乘城拒守，乞纽怜济师乘。① 兴复围城，城中势甚穷促，而元兵来援。八月摘围城兵。命都统屯达晨往迎敌。逮午，复摘东门。围城卒往助，易他卒补缺。更替未定间，整登城见而悟，亟命勇士从暗门突东围，始惟百十卒，继乃大至，冲兴师大溃，兴得小舟奔南岸黄市，还重庆。达闻败亦遁，附马尾渡江，士卒拥溺者十八九，流尸蔽江而下。惟桂、文德力战不敌，死之。桂尝守老鼠隘，军中号曰"老鼠张桂"，誓取整。一日，整令呼曰："吾今日放猫捕矣。"桂以气吞整不戒，果遇害。事闻，赠桂容州观察使，文德复州团练使。②

《宋史》和《昭忠录》的这两段内容恰好互补。刘整在击破围城的南宋军队以后，主动向张桂军营发动袭击，发生战斗之后，张桂与金文德一同战死，因此《昭忠录》将二人的事迹一同作了记述。老鼠隘是由张桂来驻守，都统张桂因为曾驻守老鼠隘，故被称为"老鼠张桂"。③ 但尚不知张桂驻守老鼠隘的时间，张桂奉命镇压刘整阵亡，此时他还被称作老水张、老鼠张桂，很可能是作为四川制置使的俞兴将正在戍守老鼠隘的张桂调遣至泸州。南宋朝廷封赠张桂为容州观察使④，通过刘克庄文集的记载，可知张桂阵亡之前的官职是"金州驻扎御前诸军都统制兼知叙州"，故《刘元振墓志铭》中简称其为"都统制老水张"。金州（今陕西安康）归属利州路，但在宝祐

---

① "师乘"不可解，疑多一"乘"字。

② 佚名：《昭忠录》"张桂（都统）、金文德（都统）"条，墨海金壶丛书本。赵景良《忠义集》卷3有张桂、金文德事迹，文首收录有刘麟瑞《昭忠逸咏》诗曰："已献金汤又返锋，师奔山市甲犹衷。鼠曾守隘机潜伏，猿欲投林计已穷。祭纛有灵嗟二将，死绥无愧慨孤忠。度泸露布谁人笔，谩诧当时制帅功。"（四库全书本）

③ 张桂所戍守的老鼠隘，在南宋时期是川蜀地区比较重要的关隘，《宋史》中出现老鼠隘是在宝祐四年（1256）："五月丁未，诏申严老鼠隘防戍。"（第857页）。此时驻守老鼠隘的将领应当就是张桂。老鼠隘记载亦见《宋史全文》卷35《宋理宗五》（第2849—2850页）："（五月）乙巳，上谕辅臣：'边备合加申严。'槐奏：'蒲择之谓见措置泸、叙之上盐井，设险以待之，仍以鬼国为虑。此事不可吝费，使之大作规模，或趱调以助其力。'元凤奏：'若令播州以兵助罗鬼，制司以兵助播州，亦似可行。'上曰：'更令制司从长区处。'上谕辅臣：'邕、宜之备，不可加严。老鼠隘毕竟如何？合于此三两月便定规模。'槐奏：'当以圣旨催促，今惟有尽力，人事而已。'"此事件与《宋史》所载为同一件事，但《宋史全文》更为详细。

④ 《刘克庄集笺校》卷67《外制·右武大夫阁门宣赞舍人特除金州驻扎御前诸军都统制兼知叙州张桂特赠容州观察使》，第3143页。

六年（1258）之前，金州已为蒙古占据①，故张桂不可能在金州驻扎，因张桂还"兼知叙州"，故应在叙州（四川宜宾）驻扎，那么张桂所驻扎的老鼠隘应当也在叙州境内。叙州隶属于潼川府路，刘整此时为潼川安抚使（或安抚副使），因此张桂应是其下属，从军事上需听其调遣。叙州位于泸州上游，直线距离不足一百公里，调遣张桂赴泸州围城甚为便利。

以下为南宋朝廷给阵亡的张桂、金文德封赠的制词。首先是张桂：

> 右武大夫阁门宣赞舍人特除金州驻扎御前诸军都统制兼知叙州张桂特赠容州观察使
>
> 声罪致讨，勇于祭纛之行；杀身成仁，壮矣死绥之节。追怀英概，加峻愍章。具官某，躬秉戎韬，气吞叛垒。危机文急，甘效命于颜行；大势不支，犹握拳而血战。妖氛未溃于塞外，将星忽陨于营中。边候亟闻，朕怀震悼。爰涉廉车之秩，以为幽坏之光。噫，李陵之罪通天，恶名遗臭；张巡之鬼厉贼，忠骨犹香。可。②

其次是金文德：

> 武翼大夫阁门宣赞舍人特除重庆府驻扎御前保定诸军都统制金文德特赠复州团练使
>
> 环高城而攻，忠存讨逆；凿凶门而出，义不求生。尔勇冠诸军，誓枭叛将。赤心卫上，以国士报之；白刃在前，曰男儿死耳。力已穷而斗愈急，骨可朽而名不埋。俾陟遥团，以光幽壤。噫，马革裹尸之志，岂不壮

---

① 《元史》卷3《宪宗本纪》，第51页："（宪宗八年）夏四月，丰州千户郭燧奏请续签军千人修治金州，从之。"蒙古在1258年四月对金州实行修治，可证在此之前金州已为蒙古所控制。李昌宪：《中国行政区划通史·宋西夏卷》（第二版），复旦大学出版社2017年版，第566页。

② 《刘克庄集笺校》卷67《外制》，第3143页。按，本卷外制，起景定二年十二月，迄三年二月，中书舍人任内所撰。可知，这份制词是在刘整叛乱的中统二年（景定二年）年底或者第二年年初起草完成。

哉？豹死留皮之言，复何憾矣！可。①

从封赠制词中，我们能够窥知二人阵亡的过程，称张桂"大势不支，犹握拳而血战"，称金文德"力已穷而斗愈急"，可知二人均是在刘整与援军里应外合反攻之后，制置使俞兴已率军溃逃，二人尚在苦苦支撑，力战不支而死。原本是为了彰显张桂、金文德的忠义壮烈之举，但是《昭忠录》也因此无意中记录下来一个详细的泸州城攻防战场面，可补《刘元振墓志铭》所载"主帅昔力斡令侍郎张威将兵三千赴援，夜举三烽与城中相应。犁明，公与整分道而出，直冲宋壁，与援军内外合势，宋军腹背受敌"之阙略。先是俞兴、张桂、金文德率军与刘整在泸州城外展开激战，刘整战败退回城内，但俞兴并不知道刘整受创程度，故因为天色已晚则收兵。第二天，刘整继续坚城据守以等待援兵，很快援兵到来。到了八月份，在泸州城外的围攻战斗非常激烈。援兵击溃南宋围城军队，待到控制了东门以后，南宋军立即调遣围城士兵前往救助，这时被困在城内的刘整率军从城内的暗门突破东边的包围，里应外合击溃了围城的南宋军。

根据考古调查，能确认的泸州神臂城城门共 5 座（神臂门、内西门、外西门、东门、小南门）。其中，东门的复杂防御体系堪为"诸城之冠"。从神臂城自身的防守来说，东门外最缺乏地理条件，其左、右便于上下江岸，门外直通陆路，缺乏高峻的崖壁可兹利用。因此，东门外不仅面临着来自陆路和两侧水路登陆而来的三路敌人，还无险可守。修建神臂城的曹致大，在构筑东门防御体系时，建有主城墙、东门、东门内瓮城、东门耳城、护城池、敌台、墩台等一系列设施，构成一套高低错落、火力交叉的多层次立体防御体系。② 因此，尽管东门的防御体系复杂而完备，南宋围城军队依然选择从东门突破进攻，而正是由于东门易攻难守，蒙古援兵与城内的刘整里应外合，夹击东门处的南宋围城军，才得以击败宋军。突围的关键在于刘整率军从城内的暗道（暗门）突出，与城外援兵合击，从而解围。关于神臂城的

---

① 《刘克庄集笺校》卷67《外制·武翼大夫阁门宣赞舍人特除重庆府驻扎御前保定诸军都统制金文德特赠复州团练使》，第3144—3145页。按，本卷外制，起景定二年十二月，迄三年二月，中书舍人任内所撰。可知，这份制词是在刘整叛乱的中统二年（景定二年）年底或者第二年年初起草完成。

② 蒋晓春、林邱：《宋代泸州神臂城城防体系分析》，《中国国家博物馆馆刊》2017年第9期。

"暗门"，有学者进行过考订调查："暗门（连通城内城外的秘密坑道）。共 3 处，为城内与城外的地下通道，当地人称'蛮子洞'。洞口在 20 世纪 50 年代堵塞。其中两处位于'一字城'西北约 400 米的瓦厂，门（洞口）高约 1 米；另一处在城北纱帽岩下，洞口高 0.6 米，宽 0.45 米。"① 在今日神臂城外东南方向的大江岸边，还可看见一垒长堤，尽头处有一座圆形石堡，当地百姓称之为"万人坟"，"传说这里便是当年宋军残部退到江边，无路可走，惨遭蒙古军屠杀后的墓葬。此说虽不足凭信，但从江对岸就是宋军基地黄氏坝看，这一垒石筑长堤之处，无疑是当年宋军残部最后搏斗的古战场。因为长堤旁即是古城的校场坝。"② 《昭忠录》中所载俞兴乘小舟奔逃的"南岸黄市"，学者也有考订即黄氏坝（今合江县大桥镇长江村），喻亨仁先生对此地有详细调查，认为此地是合江县治所在，后来吕文德收复泸州城的时候曾言"已复泸州外堡，拟即对江垒石为城，以示持久之计"③，这个在江对岸"垒石为城"的地点也是黄氏坝（黄市）。黄氏坝的军事地理意义非常重要，要进攻神臂城（泸州州治）必先占黄氏坝，而要守住神臂城也必先占黄氏坝。黄氏坝是泸州神臂城的前沿阵地和外围城堡。④（图四）

八月，蒙古援兵击溃围城的南宋军之后，俞兴命令一位叫做"都统屯达"的将领前往迎敌。这位"都统屯达"并未扭转战局，因为他早晨受命迎敌，等到中午不仅没有阻止援军的进攻，反而被援军将泸州城东门的南宋围城兵击溃。南宋军彻底溃败以后，这位都统"闻败亦遁，附马尾渡江，士卒拥溺者十八九，流尸蔽江而下"，狼狈至极，与《刘元振墓志铭》所描述的"自相蹈藉，弃甲山积"如出一辙。这位"都统屯达"是何人并未引起学界注意，也未有过讨论。刘克庄所撰制词中，有一位叫做王达的将军参与了围

① 赵永康等：《论"老泸州"故城遗址的保护和开发》，收入陈世松等编著《宋元之际的泸州》"修订本"附录十三，中国统一出版社 2015 年版，第 232—247 页。最新的考古调查还有蒋晓春、林邱《泸州神臂城宋代城防设施调查简报》，《西华师范大学学报》2017 年第 4 期；蒋晓春、林邱《宋代泸州神臂城城防体系分析》，《中国国家博物馆馆刊》2017 年第 9 期。最新的调查也基本采用了早期调查成果和认识，没有更进一步的发现。只称据当地村民介绍，城外的地洞很深，与城内相通，内有石梯、石桌。可惜现已崩塌堵塞，无法进入。

② 陈世松：《宋元之际的泸州》，第 75 页。

③ 《宋史》卷 45《理宗本纪》。

④ 详见合江县志办公室喻亨仁《关于宋末元初合江县治的考察》，载胡昭曦、唐唯目《宋末战争史料选编》，四川人民出版社 1984 年版，第 693 页，此文又收入《宋元之际的泸州》附录八，第 200—203 页。

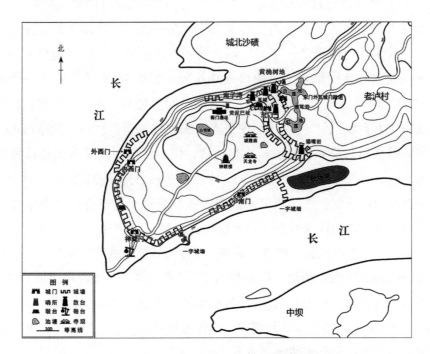

图1 神臂城城防设施遗迹分布图

（引自蒋晓春、林邱《宋代泸州神臂城城防体系分析》，《中国国家博物馆馆刊》2017年第9期）

攻讨伐刘整的战斗，并在战后受到南宋嘉奖：

> 武功郎带行阁门宣赞舍人重庆府驻扎御前诸军都统制王达为泸城战
> 捷特授□州刺史依旧带行阁门宣赞舍人
> 去岁贼将据泸，我师环而攻之。尔在诸将中劳绩尤著，遥刺阁职，
> 一日并命。夫事会宁有终极，而将相宁有种哉？勉立隽功，予有醲
> 赏。可。①

王达受封是在景定三年，则"去岁贼将据泸"指景定二年刘整泸州之事。
他原本的职位是"重庆府驻扎御前诸军都统制"，应当与金文德同为重庆府下
辖军官。王达在景定二年参与了俞兴、张桂围攻泸州城的战斗，由于各版本刘

---

① 《刘克庄集笺校》卷69《外制》，第3212页。按：本卷外制，起景定三年四月，迄是年五
月，中书舍人任内所撰。

克庄文集关于王达嘉奖授予的刺史官职所属州郡名称缺失，不得其详。《宋史》卷46《度宗本纪一》"咸淳六年（1273）四月"条中，有"丁未，诏忠州潜藩已升咸淳府，刺史王达改授高州刺史"① 之语，可知王达在咸淳九年之前为忠州刺史。忠州为今重庆忠县，后由于度宗潜邸于此，度宗即位以后，忠州改为咸淳府，则王达可能在景定三年被嘉奖担任"忠州刺史"。《昭忠录》所记载的"屯达"与王达均为"都统制"，且都参与了"围剿"泸州刘整的军事行动，则很有可能《昭忠录》将"王达"误作"屯达"。如果判断无误，可见这位"屯达"（王达）并未如封赏其诏令中所称的"劳绩尤著"，根据《昭忠录》的描述，他恰恰没有获得战功，还吃了败仗，最后为了保命落荒而逃，逃跑的时候不顾士兵的性命，极尽败将之态②，这一点可从下面这条材料得到证明：

> （景定三年，1262）十月丁卯，吕文德言遣将校御敌，多逗留不进，且奏功失实，具姓名上闻。诏：吕文焕、王达、赵真削两秩，马堃、王甫削一秩，余贬降有差。③

因为是吕文德上奏，又在刘整降蒙的翌年，故很有可能所奏"逗留不进""奏功失实"的诸将，均曾参与了围攻刘整的军事任务，这一点与另外两处信息有所关联：一是里面提到这次受到惩罚的将领中有王达，根据《昭忠录》对"屯达"（王达）事迹可知，他在战斗中的表现远比"逗留不进"要严重得多，且据刘克庄制词，王达在景定三年四五月间因"泸城战捷""劳绩尤著"而受到封赏，符合"奏功失实"之举；二是受惩罚的将领还有吕文焕，联想到在前述《元史·纽璘传》中记载刘整"以泸州降"之时，南宋方面是"吕文焕围之"。吕文德在景定三年十月"具姓名上闻"的失职将领中有吕文焕，证明吕文焕参与了"围剿"泸州城的军事行动，这就与《纽璘传》的记载达成一致。由于南宋组织的"围剿"失败，与其相关的将领相应地都会受到惩罚。当然，

---

① 《宋史》卷46《度宗本纪一》，第913页。
② 李天鸣：《宋元战史》（第858页）在叙述刘整叛乱、俞兴军被击败的过程中，引用赵景良《忠义集》及其中所引之《昭忠逸咏》的资料，直接使用"王达"一名。
③ 《宋史》卷45《理宗本纪五》，第882—883页。

受到惩罚最为严厉的乃是俞兴。景定三年秋七月戊寅，南宋侍御史范纯父言："前四川制置使俞兴，妬功启戎，罢任镌秩，罚轻，迄更褫夺，以纾众怒"①，理宗予以同意。由此可知，俞兴在景定二年八月围剿失败、临阵逃脱以后早已受到惩罚，但是，侍御史范纯父认为"罚轻"，还要加重惩罚以平众怒。于是在景定四年（1263）二月，"诏俞兴往岁失陷泸城，更削一秩"②。

此外，参加此次"围剿"的还有一位叫做同鼎的南宋将领。《刘克庄集笺校》卷70"外制"③中记载同鼎因为"戍泸及援重庆"有功，故转其为"右武大夫，升带右屯卫大将军，依旧任"，同鼎原职为"武功大夫、忠州刺史、左屯卫将军、京湖制置大使司计议官。"至于同鼎"戍泸"详情曰：

> 赴援解围，虽元戎之方略；摧锋陷阵，亦群帅之忠勤。具官某，昨者戍泸，勇于捍塞。倍道趋古渝之急，挺身居诸将之先。④

从"赴援解围""勇于捍塞"可知，同鼎确实参加了"围剿"刘整行动。他虽然是"京湖制置大使司"的计议官，但其原职中还有"忠州刺史"，因此他很可能在忠州（重庆忠县）驻守，故便于率军赴泸州。因为他此次受到封赏的功劳除了"戍泸"还有"援重庆"，因此可知他一定在重庆、泸州一带驻扎。此人

---

① 《宋史》卷45《理宗本纪五》，第881—882页。俞兴是在景定二年四月受任"四川安抚制置使"，至八月壬辰，吕文德"兼四川宣抚使"，而俞兴八月惨败于泸州城外，据《昭忠录》"兴师大溃，兴得小舟奔南岸黄市，还重庆"可知，俞兴围剿失败以后逃归重庆。《宋史全文》"景定二年八月"条中有一段宋理宗和贾似道关于俞兴围剿泸州失败的对话："上曰：'蜀事可虑，朕甚为之不安。'似道奏：'俞兴攻取泸城，坏于垂得，致轸圣虑。臣累疏自请一行，捐躯不辞，或可上宽忧顾。'上曰：'丞相所请，备见忠忱。但廊庙事体至重，岂宜轻动？'又奏：'若文德入蜀，则荆湖与江面关系尤重，臣不容不往。'上又曰：'此未可轻。'"（第2905页）

② 《宋史》卷45《理宗本纪五》，第884页。

③ 关于本卷撰写时间，按：本卷外制，起景定三年五月，迄是月，中书舍人任内所撰。那么可以明确，这条制词是在景定三年五月所撰，与其他赴泸州的南宋将领的封赠制词撰写时间大体一致。

④ 《刘克庄集笺校》卷70"外制"，第3266页。笺校者作注："同"，《四部丛刊》本作"周"，误。"笺注"：题，同鼎，洪咨夔《平斋集》卷一六有"归顺人同鼎武翼郎王闻显武翼大夫呼延实来伯友修武郎制。"李曾伯《可斋杂稿续稿》卷4《催区处援夔兵奏》有"淳祐七年调兵二千五百人，差都统同鼎总统入蜀"语。笔者按：李曾伯所记载的同鼎入蜀事，奏疏标题亦为"援夔"，夔当为夔路，即重庆。其事与封赠诏令所称"援重庆"事相同，但时间不合，淳祐七年为1247年，而"戍泸"之事在景定二年（1261），第二年（景定三年）因其功而封赠。

事迹记载较少，不得其详。

通过《刘元振墓志铭》的记载，我们知道在景定二年八月，泸州城已解围，俞兴率领围城宋军撤退。《宋史》载，八月壬辰（初二日），吕文德兼任四川宣抚使①，是南宋朝廷对其委以重任，以处理刘整之事。② 当年十月癸巳（初四），吕文德上报称已经收"复泸州外堡，拟即对江垒石为城，以示持久之计"③。可知，刘整在八月份获得解围以后，应当继续驻守泸州。

二　吕文德攻占泸州城

俞兴围城失败以后，南宋又派遣吕文德收复泸州。刘整与刘元振、失里答曾共同与吕文德展开激战："（十月）甲辰，宋兵攻泸州，刘整击败之。

---

①　《宋史》卷45《理宗本纪五》，第878页。景定二年四月丙申，"吕文德超授太尉、京湖安抚制置屯田使、夔路策应使兼知鄂州"，随后同月"壬寅，吕文德兼湖广总领财赋。"可见，在吕文德受命担任四川宣抚使之前，他的身份是"赐少傅保康军节度使、安抚大使、屯田使、知鄂州、兼侍卫马军指挥使、湖广总领、兼夔路策应使"，但他曾经上疏辞免，南宋朝廷不允。制词全文保留在刘克庄的文集之中："赐少傅保康军节度使安抚大使屯田使知鄂州兼侍卫马军指挥使湖广总领兼夔路策应使吕文德再上奏辞免特授太尉升大使职事恩命不允诏"："敕文德：功高者赏厚，任重者礼隆。卿筑险而思播之守坚，燔梁而渝合之围解，其功可谓高矣。建旗鼓，开幕府，以镇楚援蜀，其任可谓重矣。麋以好爵，非厚也。陟其使名，非隆也。朕方以上流付卿，宜恭君命，宜讨军实，宜以英、卫、李、郭勋业自勉。若夫崇尚辞异，若儒生修饰边幅之为者，岂所望于大将哉？"（《刘克庄集笺校》卷55"内制"，第2688页）按，《刘克庄集笺校》卷55"内制""答诏"部分，"起淳祐十一年（一二五一）辛亥，迄景定二年（一二六一）辛酉，两当内制时所撰"。从其所列吕文德官职，知其在景定二年四月壬寅至八月壬辰之间。这一点笺校者辛更儒先生已在"笺注"指出。从"吕文德再上奏辞免特授太尉升大使职事"可知这次辞免的是"升大使职事"，则应当是"四川宣抚使"，而且吕文德这已经是第二次"上奏辞免"。

②　《宋史全文》卷36《宋理宗六》"景定二年九月"条有"壬午，诏出封桩库楮币一百万、银三万两付四川宣抚司"。（第2906页）这是在八月份任命吕文德为四川宣抚使以后，吕文德入蜀收复泸州期间，南宋朝廷对四川宣抚司的物资支持。

③　《宋史》卷45《理宗本纪五》，第878页。神臂城的外层防线由多个"外堡"构成堡垒群，有东北四十五里的盘山寨、北十五里的珍珠堡、四倍十五里的暗溪寨、西北角的宝子寨、城南江中的大中坝水寨、江对面的黄市（氏）坝等。前文已述，陈世松等先生考证，认为吕文德"收复"的"泸州外堡"和"垒石为城"是在神臂城对岸的黄氏坝。有关神臂城外堡遗迹的调查，亦见蒋晓春、林邱《泸州神臂城宋代城防设施调查简报》，《西华师范大学学报》2017年第4期；蒋晓春、林邱《宋代泸州神臂城城防体系分析》，《中国国家博物馆馆刊》2017年第9期。蒋晓春等学者对神臂城外堡的整体防御作了总述："大中坝位于城南江中，面积广阔，地势平坦，东端地势高敞，无水患之虞，是理想的驻军之地，既可在此布置水军，又可与神臂山守军夹击由水道而来的敌军。长江和大中坝水寨捍卫着神臂城的北、西、南三面水路，其余外堡位于陆地，分布在长江两侧，距离不等，既可监视并节节抵御水路来敌，又控扼着神臂城的东面陆路，同时可与神臂城守军夹击敌军，可谓一举多得。"（《宋代泸州神臂城城防体系分析》）

诏赏整银五千两、币帛二千匹。失里答、刘元振守御有功，各赏银五百两，将士银万两、币帛千匹。"① 所谓"刘整击败之"，显然是因其继续驻扎并守御泸州，南宋军队在吕文德的率领下继续进攻泸州，因此，刘整奋力击退，双方展开激烈争夺。其中，有功之臣还有失里答和刘元振，他们的功劳是"守御"，刘元振在泸州与刘整共同抵抗南宋进攻可以得到合理解释，但是，失里答时为成都主帅，并未有明确记载此时也在泸州，我们目前所知的八月份从成都来到泸州的蒙古援军主帅是张威，因此，失里答是否也在泸州不得而知。陈世松认为，这是刘整投附事件引发"战事的第二阶段。"②

十一月，南宋紧接着安排刘雄飞担任四川安抚制置副使："十一月己未朔，刘雄飞和州防御使、枢密副都承旨、四川安抚制置副使兼知重庆府、四川总领、夔路转运使。"③ 景定三年（1262）正月，南宋宣告收复泸州，并改名为江安军，吕文德受到连续加官晋爵的嘉奖。④ 刘整以泸州降蒙，对南宋不啻一次地震式打击，收复泸州之举本为弥补损失之行为，但吕文德却因此而加官晋爵、恩宠日盛，加之刘整降蒙与吕文德难脱干系，后文详述。可见吕文德的崛起与刘整的命运有着很大关联。

泸州再次为南宋占领，刘整及其降附军民与蒙古援兵均应在此前不久撤

---

① 《元史》卷4《世祖本纪一》，第75页。

② 陈世松等编著：《宋元之际的泸州》（修订本），第75页。

③ 《宋史》卷45《理宗本纪五》，第879页。

④ 《宋史》卷45《理宗本纪五》，第880页。《宋史全文》卷36《宋理宗六》将吕文德受"开府仪同三司"之事记为"景定三年二月壬寅"："吕文德于宣蜀道，克复泸城，可授开府仪同三司。"（第2909—2910页）《刘克庄集笺校》卷56"内制"，第2743页有"赐太尉保康军节度使吕文德辞免除开府仪同三司职任依旧恩命不允诏"："敕文德：自吾有狄患，而尔有智勇，自奋于兵间，周旋三边，大小百战。昔援蜀，今复泸，其功尤伟。谓卒转饷，皆宣幂府自任，不以烦朝廷。使人人皆如尔之忠忧体国，朕岂有忧此虏哉？使相之拜，良不为过焉。而来奏方谦谦然，为诸将叙劳，尤见不矜功伐能之意。昔人比战胜于猎，归功于发踪指示者。今猎者各分所获，尔欲辞发踪指示之赏，可乎？所辞宜不允。"再有《刘克庄集笺校》卷57"内制"，第2751页亦有"赐太尉保康军节度使京湖安抚制置兼屯田大使四川宣抚使兼知鄂州兼马军都指挥使湖广总领吕文德上奏辞免除开府仪同三司恩命不允诏"："敕文德：复泸州之役，卿功第一。巽函初上，谕卿勿辞。前诏未至，遽腾再疏。谦谦然有冯异、贾复之风，非以高爵为荣者。然赏不逾时，《武志》也。令出惟行，君命也。卿乌得而执一至之见乎？昔李靖、郭子仪，唐之名将，皆富贵寿考，然则天相卿之耆庞福艾必矣，又何恩宠蹢分之虑？"可见，吕文德收复泸州之功甚伟，此次其所受开府仪同三司之恩赏，与此有直接关系。

离。泸州改名为江安军①，直至南宋灭亡前夕的德祐元年（1275），守臣梅应春投降，至此泸州彻底归属元朝。刘整到底带走了多少军马、百姓？仅见《钱塘遗事》保留"遂领麾下亲兵数千人，投北献策"②一语，具体不详。衣川强先生认为，刘整不可能带领潼川十五州郡全部军民投降，据《宋史·许彪孙》"召彪孙草降文，以潼川一道为献"之语分析，最初刘整应当是准备将整个潼川地区都献与蒙古，即《元史》所载"潼川十五州、户三十万"，实际上他仅是带领泸州一城军民投降。③

景定三年四—五月④，在刘克庄保留下来的一份制词中，我们看到南宋朝廷对收复泸州以后采取的一些措施以及对刘整的评价：

> 李与赵、与枟并升直华文阁。与赵潼川提刑、提举兼运判，与枟成都路提刑提举，并权四川制参。

> 自蜀有狄难，而识者预言其乱先定，至此而泸叛平，虏之整居于内者皆去。虽天道福华而祸夷，亦吾师武臣力所致尔。与赵，以西州之彦，与枟，以属籍之英，观风一道，参画大闿。宣劳既久，进职因任。尔其思载驰周咨之义，勿置四方而不问。赞拓里撑表之策，勿使外邪之再入。则参井之墟，有高枕之渐。朕宽顾忧，尔为能臣矣。可。⑤

"蜀有狄难"指的是蒙哥亲征，"泸叛平"指的是吕文德收复泸州。"虏之整居于内者皆去"一语，笺校者认为，"语句难通"⑥。笔者以为，据上下

---

① 《宋史全文》卷36《宋理宗六》，第2909页载："（景定三年正月）都省言：'逆整以泸叛，宣制两阃奉行天讨，已遂收复。'诏奖谕，寻改泸州为江安军。"所谓"宣制两阃"指的是四川宣抚司和四川制置司（或四川安抚制置司）。《宋史》卷89《地理志五》，第2218页："景定二年，刘整以城归大元，后复取之，改江安州。"查《宋史》，泸州最初改名为江安军，首见称其江安州，是在咸淳元年（1265）十月庚辰，但不知何时改称"江安州"。咸淳七年六月癸巳亦有"江安州"之称呼。泸州最后为元朝所占领已经是到了至元十二年（德祐元年，1275）："六月戊午，知泸州梅应春以城降。"（《宋史》卷47《瀛国公本纪》，第931页）那么，咸淳七年以后江安州或复名泸州。见李昌宪《中国行政区划通史·宋西夏卷》（第二版），复旦大学出版社2017年版，第559页。

② 《癸辛杂识》别集下"襄阳始末"条，第306页。

③ 衣川强《刘整的叛乱》。

④ 《刘克庄集笺校》卷69《外制》开篇写道："按，本卷外制，起景定三年四月，迄是年五月，中书舍人任内所撰"，第3209页。

⑤ 《刘克庄集笺校》卷69《外制·李与赵、与枟并升直华文阁。与赵潼川提刑、提举兼运判，与枟成都路提刑提举，并权四川制参》，第3221页。笺校者辛更儒先生注："与枟"，其前疑阙一"赵"字。（第3222页）

⑥ 《刘克庄集笺校》卷69"外制"，第3222页。

文推测，刘整被认为是与蒙古"沆瀣一气"，成为蒙古一方的将领，被归为"狄""虏"行列，故将蒙古进攻四川称为"狄难"，刘整反宋投向蒙古。更将刘整之举一并看作是这次四川所遭受"狄难"事件的一部分。开头所言"虏之整"恰恰表明南宋已将刘整看作是蒙古（即"虏"）部将，而"居于内者"指的是泸州城内的南宋官吏，有的是甘愿跟随刘整（如后章将要论述的刘整部将沙全等人），有的是被迫跟从，因为还有一些誓死不从者，均被刘整所杀害，因此才成为被载入"史册"的忠义之士。经此一役，南宋再次控制泸州城的时候，城内的官吏出现大量空缺。南宋任命李与赵为"潼川提刑、提举兼运判"，李与杬为"成都路提刑提举，并权四川制参"，以便重新设官置署，恢复社会秩序，稳固地方统治。

从"虽天道福华而祸夷，亦吾师武臣力所致尔"可以看出，宋理宗对此次泸州"平叛"表现出了极大的乐观态度，文中所谓"福华"，恰与贾似道门客廖莹中、翁应龙等人所作《福华编》① 正相呼应。在对局势的判断上，

---

① 廖莹中也恰在此时"除大理寺丞"，《刘克庄集笺校》卷68"外制·廖莹中除大理寺丞"（第3177—3178页）保留了除授制词：

自古大幕府多奇才，汉、魏则班固、王璨、陈琳、阮瑀，晋则阮修、孟嘉、孙楚、袁宏，唐则石洪、温造、杜甫、杜牧，本朝则强至、谢绛、尹洙、李之仪之流，皆以文墨议幕，望崇此府。尔镡津名族，代有异人。载笔从戎之后，辙环三边。愈风之檄，贺捷之表，多出其手，可谓之奇才矣。寺监之属丞为高选，而棘丞尤高。肆以命尔，益养资望，以对甄擢。可。

本卷首称，这一卷内容起景定三年三月，迄是年四月，中书舍人任内所撰，故任命廖莹中的时间明确，即景定三年（1262）三四月间。廖莹中撰《福华编》当是在此之前。《宋史》卷474《奸臣·贾似道传》，第13782页载："明年，大元世祖皇帝登极，遣翰林侍读学士、国信使郝经等持书申好息兵，且征岁币。似道方使廖莹中辈撰《福华编》称颂鄂功，通国皆不知所谓和也……除太师、平章军国重事，一月三赴经筵，三日一朝，赴中书堂治事。赐第葛岭，使迎养其中。吏抱文书就第署，大小朝政，一切决于馆客廖莹中、堂吏翁应龙，宰执充位署纸尾而已。"田汝成辑撰《西湖游览志余》卷5《佞幸盘荒》载："会宪宗崩，似道请和，元人许之，兵解，遂上表以肃清闻。帝以其有再造功，宠用日盛，似道乃使门客廖莹中、翁应龙等撰《福华编》，以纪鄂功。"（刘雄、尹晓宁点校本，上海古籍出版社2018年版，第58页）可见，所谓"廖莹中辈"还包括翁应龙，二人一道成为贾似道的"左膀右臂"。《福华编》编撰于鄂州之役之后，据这两段史料所载，则是在中统元年（1260，南宋景定元年）。董师谦对此感叹道："酿成亡国恨，一部福华编。"（董师谦：《钱塘怀古》，厉鹗：《宋诗纪事》卷76，上海古籍出版社1983年版，第1949页）《福华编》遂成为代表南宋末年政治生态的一个符号，既是以贾似道和南宋皇帝为首的权力核心所努力追求的政治目标，又成为士大夫极力营造的一个虚假的政治理想，或称为一个自我麻痹、自我陶醉的政治气氛。关于《福华编》的问题，可参考黄寅《"非鄞则婺"论——南宋后期政治研究之一》，《人文论丛》2003年卷，武汉大学出版社2003年版），文章把南宋后期三朝政坛格局的演变概括为"非鄞则婺""小元祐""福华编"三个阶段，"非鄞则婺"是鄞（四明）人与婺人联合主政时期；"小元祐"是指朱学"正人"在朝廷扮演重要角色时期；"福华编"指贾似道主政时期。还有一篇，肖崇林、廖寅：《〈福华编〉南宋末年贾似道执政时代述论》（《宋史研究论丛》第十四辑），文章把"福华"作为贾似道执政时代的整体特征和内涵做了系统的论述。

南宋朝廷可谓达到了"君臣高度一致"的程度。

从 1259 年蒙古以多路南征军队大规模进攻南宋以来，在南宋君臣（尤指宋理宗和贾似道）看来，南宋取得了一个又一个的"胜利"，诸如鄂州击退忽必烈、蒙古大汗蒙哥死于四川合州城下、涪州断桥之役、新生矶断桥之役、白鹿矶击败蒙古军以及收复泸州等等，从 1259 年到 1262 年底的三年之内，南宋在最为重要的京湖、川蜀战区基本上抵住了蒙古的进攻，刘整反宋降蒙虽给南宋带来不小打击，但却并未导致城池大面积丢失，同时江淮地区又接到李璮反蒙降宋的"好"消息。这一切都预示着"福华"时代的到来，或许在宋理宗和贾似道的眼里，这是属于他们的"最好的时代"吧？

三 刘整降蒙期间泸州宋臣的反抗

在南宋应对刘整反宋降蒙的过程中，有相当一部分文臣武将表现出誓死忠于南宋朝廷的"壮举"，他们宁可战败被杀或主动选择自杀，也绝不跟从刘整反宋。在这里涉及一件刘整在泸州现场的事情，诸文献虽详略有别，但大体不出《钱塘遗事》所载：

> 北军压境，整集官吏喻以故曰："为南者立东庑，为北者立西庑。"官吏皆西立，惟户曹东立，杀之，与西立者二十八人归北。①

从所载可知，刘整把麾下官吏召集到大堂之内，让大家自行选择站在"东庑"和"西庑"，前者是"为南"即不接受降蒙，后者是"为北"即接受降蒙。结果，只有户曹一人站到东庑，其他二十八人均跟从降蒙，于是户曹被杀。这条史料所载的场景只是刘整降蒙期间的一个缩影，也没有提及具体人物。那些拒绝投降且以死抗争的"忠义之士"，被史家写进了标榜和宣扬忠义的史书中。南宋遗民所撰《昭忠录》收集、描述了在宋金、宋元战争中的"忠臣""义士"，清代四库馆臣对这部文献评价曰：

---

① 《钱塘遗事校笺考原》卷 4《刘整北版》，第 122 页。

所记皆南宋末年忠节事迹，故以昭忠名篇。自绍定辛卯元兵克马岭堡总管田璲等死节，迄于国亡殉义之陆秀夫、文天祥、谢枋得等，凡一百三十人，详其词义，盖宋遗民入元者之所作也。每条先列姓名、官爵于前，而纪其死难事实于后，其文间有详略，而大都确实可据。……此本乃旧传抄帙，文字亦间有讹脱，而大略尚可考见。谨著之于录，庶一代忠臣义士未发之幽潜复得以彰显于世，且俾读宋史者亦可藉以考见其疏略焉。①

这部由入元以后的南宋遗民所作的专题文献，收录了一些与刘整降附有关的人物，如黄仲文、廉节、许彪孙（祖）、张桂、金文德等，他们均因奉行忠义、抵抗到底，坚决不与刘整合作而被杀或自杀。通过这些人物事迹，我们能够从另一个侧面进一步认识刘整反宋降蒙的过程，尤其是有助于梳理这个过程的细节。南宋对刘整降蒙的应对，展示了在王朝更迭浪潮中，身处其中的南宋文臣武将在面临重大变故之时是如何作出抉择的。

张桂、金文德是与俞兴一同前来镇压而在战斗中阵亡的将领，除此以外还有一些人是在泸州城内被刘整武力胁迫、威逼利诱之下不屈而死，主要有黄仲文、廉节、许彪孙（祖）等。本节通过考察这些人物的事迹，来进一步补充叙述刘整降附过程中的一些细节。

（一）黄仲文、廉节拒降被杀

首先我们来看《昭忠录》所载的"黄仲文、廉节"事迹：

景定辛酉六月，都统知泸州刘整以泸降，北人称整曰赛存孝。翼日，即除湖北副总管，总统援蜀诸军。黄仲文有众三千戍泸，众欲乘未定夺舟东走，整诳之曰：以俞兴兵故投拜，与公无伤也，事定当厚礼遗（遗？）公。翼日，整乃分散其兵，诱使降。仲文大骂不屈，整杀之。保义郎廉节，奉制檄籴麦于泸，不降遇害。事闻，仲文赠武显郎，除致仕

---

① 佚名：《昭忠录》卷首附"钦定四库全书提要"语，墨海金壶丛书本。

恩泽外，更与一子恩泽，节赠忠训郎，与一子进武校尉。①

黄仲文被委任为湖北副总管，负责统领增援川蜀的军队。此时，黄仲文率领三千士兵驻守在泸州，他们并没有跟随刘整一起反宋，而是打算趁乱乘船出走。于是，刘整声称是因为俞兴的缘故，与黄仲文无关，成功之后定当重谢。第二天，刘整分散黄仲文的兵力并迫使其投降。但黄仲文最终没有投降，大骂不屈，被刘整杀害。与黄仲文一同遇害的还有保义郎廉节，恰逢其正在泸州"奉制檄籴麦"，亦因拒不投降而被杀。黄仲文后来得到南宋封赠：

> 武翼郎荆湖北副总管统援蜀诸军黄仲文可特赠武显郎除致仕恩泽外更与一子恩泽
>
> 昔郦琼举合肥降虏，独乔张二大将不屈而死，庙食至今，名标史册。尔驻兵于泸，贼整献城，强以从逆。尔握拳嚼齿，骂不绝声。宁折首而不肯屈膝于虏。茶马使者为朕言其状，与乔张死节，先后相望。是可以列忠义之传，而寒乱臣贼子之胆矣。进五秩，录孤儿，英爽凛然，歆此休命。可。②

赵景良《忠义集》也记录了黄仲文、廉节的事迹，基本内容与《昭忠录》相差无几。文首收录刘麟瑞《昭忠逸咏》诗以赞颂："谁刑白马誓西园，背却宸旒弃塞垣。存孝得名嗟虎噬，郦琼失节效麇奔。父天母地君知否，婢膝奴颜子勿言。骂不绝声军又散，更无人肯为招魂。"③ 将郦琼与刘整对比，郦琼原为北宋宗泽麾下的将领，后来他叛宋投效了刘豫所建立的齐政权。齐被金朝灭亡以后，郦琼又在金朝任职。从这首诗的内容可知，其应当

---

① 《昭忠录》"黄仲文（总统）、廉节（保义郎）"条。熊燕军先生在《南宋佚名〈昭忠录〉疑事辨析》（《元史及民族与边疆研究集刊》第二十五辑）一文中对这一条作了辨析："即除"后缺"黄仲文"三字。《昭忠逸咏》"总统黄公（仲文）保义廉公（节）"诗后小注："武翼郎、荆湖北副总管、总统援蜀诸军黄仲文有众三千。"

② 《刘克庄集笺校》卷69"外制"，第3249页。按本卷外制，起景定三年四月，迄是年五月，中书舍人任内所撰。

③ （元）赵景良：《忠义集》卷3，四库全书本。

取材于南宋对黄仲文封赠诏书的文字。

对廉节的封赠：

> 保义郎廉节可赠忠训郎与一子进武校尉
>
> 尔怀闻橄，籴麦于泸。整于是时，已蓄异志。增价争籴，恶其从旁掣肘也，一旦遂甘心焉。然尔于身谋虽甚疏，于王事则甚忠矣。进秩录孤，以劝来者。可。①

黄仲文、廉节的事迹不见于正史，仅存于《昭忠录》和刘克庄所撰文。廉节被刘整杀害的原因，是由于刘整"增价争籴"，而廉节因为受命在泸州专责"籴麦"事宜，刘整感到廉节从旁掣肘，于是在决定叛降以后，便对廉节起了杀心。

（二）许彪（孙）［祖］的自杀

《昭忠录》"许彪孙"事迹：

> 许彪孙，简州人，状元奕子也，罢郡奉祠禄，寓居泸城，人称许观使。刘整使修降表诱之降。彪孙朝服以拜天地祖先，率一家由少而长，自绞死。赠中奉大夫、直秘阁，除致仕恩泽外，再与一子恩泽，谥介节，立庙。②

赵景良《忠义集》卷3也有许彪孙事迹，文首收录有刘麟瑞《昭忠逸咏》诗："元戎忽已化鲲鲸，少长呼来就此烹。科第昔曾夸冠世，衣冠今忍负平生。休教秉笔修降表，乍可捐驱肯献城。壹惠已彰幽壤慰，巍巍庙貌焕高甍。"从诗中可见后人对许彪孙的"英勇"事迹极尽褒奖之能。

许彪孙，本应作许彪祖。刘克庄文集的四部丛刊集部初编本、清抄翁

---

① 《刘克庄集笺校》卷69"外制"，第3209页。按本卷外制，起景定三年四月，迄是年五月，中书舍人任内所撰。

② 《昭忠录》"许彪孙（观使）"条。

校本①均写作"许彪祖"。辛更儒笺校本就是以清抄翁校本为底本，以四部丛刊集部初编收录的清抄本为主要校本。辛更儒先生在这条校文中以《昭忠录》写作"孙"为依据，在正文中将以清抄翁校本为底本的"许彪祖"改作"许彪孙"②，笔者以为，似欠妥当。《昭忠录》为南宋遗民所作，遗民多生活于南宋灭亡以后的元朝时期，成书必当晚于生活在南宋末年的刘克庄所保留的个人文集，且根据前文所引大部分文字可知，《昭忠录》部分材料与刘克庄文集所收录诏令文字有渊源关系。据目前可见史料发现，只有刘克庄《后村先生大全集》写作"许彪祖"，其他自《昭忠录》以下均写作"许彪孙"，而从所载之事迹来看，后出文献均抄录《昭忠录》《宋史·忠义传》。因此，笔者认为，仍应当以最早的《后村先生大全集》为准。刘克庄为南宋中书舍人，此条制文是其亲自起草，应当不会有错。③《刘克庄集笺校》卷六八"外制"许彪祖制词：

> 朝散大夫前绍兴府许彪（孙）[祖]，寄居于泸，逆整诱之使降，朝服以拜天地祖先，率一家由少而长，自绞而死。可特赠中奉大夫直秘阁，除致仕恩泽外，更与一子恩泽。
>
> 朕遭时艰虞，思古忠义。卞侍中父子同罹寇锋，颜平原兄弟继陨国难。乃若阃门之守节，尤为旷世之罕闻。尔西州抡魁之家，茂陵名从之子。安榆枌而重徙，释符竹而闲居。属整不臣，胁尔从逆。一城偷生者众，十口视死如归。被发左衽为夷，忍污于贼虏；稽首再拜乃卒，不负于君亲。行路涕洟，临朝震悼。进文阶而寓直，越常格而推恩。喟然悯焉，嗟何及矣！噫，指壁下之殡，壮哉遗言；求袴中之孤，冀有其后。可。④

① 关于清抄翁校本，四川大学古籍整理研究所组织编撰的由线装书局 2004 年影印出版《宋集珍本丛刊》，收录《后村先生大全集》翁同书校语的清抄本（简称清抄翁校本），共计三十六册，为翁之熹捐赠，现藏北京国家图书馆。

② 《刘克庄集笺校》，中华书局 2011 年版。

③ 陈世松《宋元之际的泸州》根据刘克庄文集记载，使用"许彪祖"一名，认为《宋史》《昭忠录》以下均误写为"许彪孙"。熊燕军先生在《南宋佚名〈昭忠录〉疑事辨析》（《元史及民族与边疆研究集刊》第二十五辑）一文也指出了这个问题：许彪孙当为"许彪祖"。《宋史》卷四四九有《许彪孙传》，《昭忠逸咏》"观使许公（彪祖）"记"彪孙"为"彪祖"，刘克庄《后村集》卷六八有许就义后朝廷褒奖制书，记其为"许彪祖"，应为许彪祖。

④ 《刘克庄集笺校》卷 68 "外制"，第 3207 页。写作时间为景定三年（1262）三—四月。

许彪（孙）［祖］，简州（今四川简阳市简城镇）人，其父许奕为简州状元，是当时较有名气的士人，《宋史》有传①，其子许彪（孙）［祖］在《忠义传》：

> 许彪孙，显谟阁学士奕之子也。为四川制置司参谋官。景定二年，刘整叛，召彪孙草降文，以潼川一道为献。彪孙辞使者曰："此腕可断，此笔不可书也。"即闭门与家人俱仰药死。②

许彪祖寓居泸州，被人称为许观使。许彪祖在泸州生活，当源于其父亲许奕曾知潼川府，驻守泸州。③ 刘整曾派人请许彪祖修降表，并迫使其一同降附，但是，回应他的却是许彪祖的刚烈之举，他穿好朝服以拜天地祖先，然后率领一家老小自杀而死。④ 陈世松《老泸州城"刘整降元"石像考》一

① 《宋史》卷406《许奕传》，第12267—12271页。
② 《宋史》卷449《忠义四·许彪孙》，第13240页。《通鉴续编》卷23亦载有许彪祖在刘整叛乱时的事迹，内容与其他文献基本一致："整之将叛也，命制置司参谋官许彪孙草表，彪孙不屈，合门仰药死。"张寿镛《宋季忠义录》卷4"许彪孙（附 张桂、金文德、曹赟、胡世全、庞彦海、李丁孙、唐奎瑞）"条（四明丛书本）内容取自《宋史》卷499《忠义四·许彪孙》的记载，抄录内容稍有差异，《宋史》"制置司参谋官"，写作"制置使参谋官"。《宋史》卷406《许奕传》载许奕曾"以显谟阁待制知泸州"，后"进龙图阁待制，加宝谟阁直学士、知潼川府。"（第12270页）未见有"显谟阁学士"之称。

关于许彪祖官职"制置司参谋"，熊燕军《南宋佚名〈昭忠〉疑事辨析》（《元史及民族与边疆研究集刊》第二十五辑）一文中也指出了这个问题：又，《宋史》本传谓其为制置司参谋，饮药死。按，许彪祖若为制置司参谋，当在重庆，不当在泸州，从"许观使"称呼看，许彪祖当时应为罢郡奉祠禄。《后村集》亦载许彪祖自绞死。

此外，《四川通志》中记载了一位名叫"许彪祖"的人："许彪祖，玉池人。绍兴间知中江，作义阡于亚松山，收暴骨无所归者，之，凡九百余家。"（《（雍正）四川通志》卷7，四库全书本）据其事迹可知，此非许奕之子许彪祖。

③ 《宋史》卷406《许奕传》载："奕遂卧家求补外，以显谟阁待制知泸州。……移知夔州，表辞不行，改知遂宁府。……进龙图阁待制，加宝谟阁直学士、知潼川府。初，奕之守泸，帝顾礼部尚书章颖曰：'许奕已去乎？'起居舍人真德秀侍帝前，论人才，上以骨鲠称之。"（第12269—12270页）

④ 《宋史》载"仰药"而死，《昭忠录》称"自绞"而死。检索其他相关记载，后出文献均载为"合门仰药死"，如《明一统志》载：许彪（孙）［祖］，"理宗时，泸州制置司参谋，知州刘整欲叛降元，召彪孙草降文，彪孙不从，合门饮药死"。（李贤等撰：《明一统志》卷72《名宦》，四库全书本）《昭忠录》所载文字与刘克庄封赠制词基本一致，均写作"朝服以拜天地祖先，率一家由少而长，自绞而死"，可见《昭忠录》所录文字源自刘克庄文集，应当以刘克庄文集和《昭忠录》所载为准，许彪祖一家实为自绞而死。熊燕军先生在《南宋佚名〈昭忠录〉疑事辨析》（《元史及民族与边疆研究集刊》第二十五辑）一文中亦予以指出。

文认为在"刘整降元"石像右侧的另一尊半身石像，就叫做"许彪（孙）[祖] 托孤保子图"。陈世松先生在泸州城当地开展了很多细致入微地调研、走访并得出结论："据当地传闻，许彪（孙）[祖] 率全家自尽前，曾将一子托付家人，命其出城逃生，以存许门后嗣。主仆二人经西门出城，来至江边，无以为渡，正准备以拌桶为舟过江，不幸被获，仍未得免一死。老泸城西北岩现有保子头（又作宝子寨，俗称保子顶）的地名，相传便是许氏主仆二人遇难之地。许彪（孙）[祖] 托孤保子未成，无以为后，遂以出嫁在黄家的许彪（孙）[祖] 的女儿所生之子，过继许家，从而保存许门烟火，蕃衍至今。"①

在南宋末期，由于拒不投降而行全家自杀之举者，不在少数。明代商辂纂修的《通鉴纲目续编》（二十七卷）对刘整叛乱时逼迫许彪祖草书一事亦有记录，正文与其他文献基本一致，颇有价值者为"发明"和"广义"。"发明"曰：

> 书刘整以城降，则见彪孙未尝降也。彪孙实以仰药而死，直书死之者，所以著其不屈之节也。《纲目》一书叛降，一书死之，则其褒忠臣、贬乱贼之意可见矣，其旨严哉。②

"广义"曰：

> 刘整之叛，信有罪矣。然原其所自，亦非其本心也，乃似道迫之也。呜呼，似道驱良将以资敌人，是犹撤藩篱以延盗入室也，欲求货资之不丧得乎？③

《通鉴纲目续编》是在以朱熹的《资治通鉴纲目》为底本的基础上所编撰，后世版本众多，多次改编。后世学者增加了众多的"发明""广义""书法"等以儒家思想为主导的对历史事件的评论、褒贬和臧否，因此受到

① 陈世松等编著：《宋元之际的泸州》，第196页。
② （明）商辂：《通鉴纲目续编》卷21，四库全书本。
③ （明）商辂：《通鉴纲目续编》卷21。

清朝统治者的重视，几经删削、修改，保留至今的都是符合儒家传统思想的评价之语。

（作者为内蒙古自治区社会科学院历史研究所研究员）

元人"讳言鞑靼"说再议

张晓慧

元人"讳言鞑靼"说,首倡自王国维。此说之提出,源于王国维对辽金宋史料中"蒙古早期史事"的系统考察。[①] 王国维认为,元修辽金二史没有关于鞑靼的记载,是因为元人"讳言鞑靼"。[②] 此说出后,影响广泛,为元史研究者熟知。其后,蔡美彪撰文订正此说,指出"达达"一名在元代文献中屡见不鲜,元人对此并无避忌。[③] 此观点为学界普遍接受,几成定论。

不过,这一问题中尚存在一些重要细节,似乎并未得到彻底的解释。所谓元人"讳言鞑靼"说,其实包含两个层面。一是作为称呼的"鞑靼"字眼,二是鞑靼相关史事。对于前者,王国维认为:"蒙古人本非鞑靼,而汉人南人辄以此呼之,固为蒙古人所不喜。"蔡美彪认为:"汉人官民仍沿旧习,称蒙古为达达,并为蒙元朝廷及蒙古官民所认同。"需要进一步发问的是,元人对"达达"一名并无避忌,是否足以否定"讳言鞑靼"说?作为名号的"达达"与"鞑靼",能否等同视之?至于第二个层面,即有关鞑靼的"蒙古早期史事",王国维认为:"元末修史汉臣,已不复知鞑靼与蒙古之别,而辽、金史料中所记鞑靼,非朝贡即寇叛,彼盖误以蒙古之先朝贡于辽金也,虑其有损国体,故讳之尤深。"蔡美彪认为:"这是为了避免读史者

---

① 见王国维《鞑靼考》《萌古考》《南宋人所传蒙古史料考》等一系列文章,收入《观堂集林》卷14、卷15,中华书局1959年版,第623—763页。

② 王国维:《鞑靼考》,原载《清华学报》第三卷第一期(1926年)。参见贾敬颜订补《鞑靼考》,收入史卫民编辑《辽金时代蒙古考》,内蒙古自治区文史研究馆1984年版,第1—21页。

③ 蔡美彪:《元代文献中的达达》,原载《南开大学历史系建系七十五周年纪念文集》(1988年),后收入《辽金元史考索》,中华书局2012年版,第207—214页。

与习称的达达即蒙古相混，产生误解。"那么，元人对辽金宋文献中的蒙古早期史事，到底持有何种态度？上述两个层面的问题，需要分别进行反思。

一 元代文献中的"鞑靼"与"达达"

首先需要了解的是，作为名称的"鞑靼"与"达达"，分别是在什么样的背景中产生的。"鞑靼"这一译名，见于辽金史料，流行于两宋史料中。除"鞑靼"之外，宋辽金史料中还有"达旦""达靼""达怛"诸译法。但"达达"二字，则到了蒙元时代方才出现。"达达"一名见诸蒙元文献，最早见于窝阔台征高丽时期（1231）蒙军致高丽牒文。① 至元八年（1271）尚书省条画引窝阔台圣旨，也出现"达达"二字。② 入元后，"达达"屡屡出现在元代官方文献中，作为蒙古的同义词使用。而元代表示狭义的塔塔儿部和塔塔儿部人，译名不一，包括：塔塔儿、塔塔儿歹、塔塔歹、达达儿、塔塔带、塔塔儿台、搭搭（儿）、答答儿歹、答答带、答答里带、答答剌、达德台、达达力歹等，均与"达达"有着明确的区别。留存至今的至元十五年（1278）"管水达达民户达鲁花赤之印"，"达鲁花赤"用八思巴字拼写蒙古语，而"水达达"则用八思巴字拼写汉语，可见元初人们就将"达达"一词视作汉语。③ 蔡美彪指出，《至元译语》和《华夷译语》都以"达达"来意译蒙古（音译为"蒙古歹"和"忙豁"），达达是汉人通用的意译语。④ 因此，尽管"达达"与"鞑靼"，究其根本，来源于部族名 Tatar，但是从译名角度讲，"达达"一名，并不是 Tatar 的直接音译，而是"鞑靼"二字的同音替换。"达达"一名，已脱离了原初的蒙古语语境，可以视作汉语语境之下对蒙古族群的称呼。

"达达"这一称呼在蒙元时代的产生，是值得注意的现象。元代文献中，"达达"与"鞑靼"，有着不同的使用情境。元代的官文书和政书相关

---

① 《高丽史》卷23《高宗世家》，西南师范大学出版社、人民出版社2014年标点本，第2册，第710页。

② 陈高华、张帆、刘晓、党宝海点校：《元典章》卷17《户部三·户计·籍册·户口条画》，中华书局、天津古籍出版社2011年版，第584页。

③ 照那斯图、薛磊：《元国书官印汇释》，辽宁民族出版社2011年版，第247页。

④ 蔡美彪：《元代文献中的达达》，《辽金元史考索》，第210—211页。

史料，如《元典章》《通制条格》《南台备要》《宪台通纪》《至正条格》和依赖《永乐大典》而部分保存下来的《经世大典》等，均不见"鞑靼"二字，一律以"达达"来称呼。用"达达"而不用"鞑靼"，可以说，是元朝官文书的通例。"达达"二字，不仅为元代官文书所首创，而且成为官文书的规范用字。因此可以说，"达达"二字的出现与广泛使用，源于官文书的刻意规范。

弃现成的"鞑靼"不用而另创"达达"，应该出于蒙古统治者的授意。蒙古人对"鞑"字持有何种态度？《大越史记全书》记载，忽必烈派蒙古人乌马儿等率军远征安南，安南士兵在胳膊上刺字"杀鞑"，乌马儿看到后很生气："令人墨刺杀鞑字，欺侮天兵，其过大矣。"① "欺侮"之说，表明乌马儿知晓"鞑"字的族群歧视意味。

元人在著述中，的确继续沿用宋辽金史料中的"鞑靼"，来指称建国号为"大元"之前的蒙古政权，这体现出官方用字规范施行范围的有限性。但是值得注意的是，元人在沿用的同时做了一定程度的删改。关于元代版刻中的避讳挖改，见张佳《元刊史书讳阙举例》。② 元代书坊在刊刻之时，部分地避讳"鞑"字，是因为"鞑"字具有仇恨或歧视的嫌疑。检索两宋时期文献和元代文献，会发现"鞑"字的单独使用，两宋时期较为普遍，而元代极少。元代文献单独使用"鞑"字的例子仅集中地见于郑思肖所撰《心史》中。郑思肖是宋元之际反元态度最为激烈的南宋遗民之一。在《心史》中，他很少用"蒙古"和"元"来指称元朝，而是惯用"鞑"字，激愤之情溢于纸上。③ 这从侧面反映了"鞑"字在宋元时期可能蕴含的仇恨色彩。

可资对比的是，元人对于"鞑靼"与"蛮子"持不同态度。"蛮子"原本是对南方族群具有歧视意味的蔑称，在元灭南宋之后，却成为元朝官方认可的对于故宋之地民众的称呼，元代白话中一般以蒙古、色目、汉儿、蛮子

---

① 吴士连：《大越史记全书校合本》，陈荆和编校，东京大学东洋文化研究所1984年版，第358页。

② 张佳：《图像、观念与仪俗：元明时代的族群文化变迁》，商务印书馆2021年版，第100—102页。

③ （宋）郑思肖：《心史·大义略叙》，《北京图书馆古籍珍本丛刊》第90册影印明崇祯刻本，北京图书馆出版社2000年版，第960—984页。

来划分族群。蒙古统治者对于"蛮子"一词的歧视意味，可能不甚了解，蒙古人中以"蛮子"为名者很多。但是，蔑称成为官称，隐约可见元代南人地位不高。尽管"蛮子"一词在元代使用率很高，不过均是作为他称。元代文献中未见有南方士人自称"蛮子"者。不仅如此，还有史料表明，南方士人对于"蛮"字的敏感心态。元末明初的陶宗仪是黄岩（浙江台州）人，其《南村辍耕录》记有成吉思汗赐丘处机圣旨的内容。圣旨碑的拓片藏于国家图书馆，文字与《辍耕录》所记有所不同。据拓片，圣旨称南宋政权为"蛮宋"，而《辍耕录》则作"赵宋"①。《至正直记》中记载了一则故事，孛朮鲁翀"一日，侍文宗言事，俄而虞伯生学士至，帝引伯生入便殿，翀不得入，久立阶上，闻伯生称道帝曰：'陛下尧、舜之君，神明之主。'翀在外厉声曰：'这个江西蛮子阿附圣君，未尝闻以二帝三王之道规谏也，论法当以罪之。'"② 孛朮鲁翀是女真人，在元代的族群分类中被划入汉人。虞伯生，即虞集，江西抚州人。孛朮鲁翀斥虞集为"江西蛮子"，"蛮子"一词的歧视意味可见一斑。

总之，围绕着"鞑靼"与"达达"，王国维的元人"讳言鞑靼"说，与蔡美彪的元人"不讳言达达"说，其实并不矛盾。从元初开始，官文书就有意地规范用字，以"达达"代"鞑靼"。而在民间，尽管文化环境相对宽松，但是，正如王汎森在清代政治与文化的研究中揭示的那样，"权力的毛细管作用"普遍存在。在政治压力之下，文化领域中自我压抑、自我删节的现象无处不在，"人们也可能尽其所能地'创造性'地减少或回避影响与支配，而其最终的结果却是每每吊诡地扩大了官方政策的实际作用，形成一股席卷每一个角落的旋风"③。元代书贾涉及宋元易代史事的自发性避讳，正是"自我删节"的表现。元人避免用敌视的字眼指称蒙古或元朝，对从两宋时期沿用下来的"鞑靼"，尤其是"鞑"字眼，有着一定程度的避忌。

---

① 北京图书馆金石组编：《北京图书馆藏中国历代石刻拓本汇编》，中州古籍出版社1989年版，第48册，第15页。（元）陶宗仪：《南村辍耕录》卷10《邱真人》，中华书局1959年版，第121页。虽然并不能确定"蛮宋"到"赵宋"的改动必是出于陶宗仪之手，但至少应与南方士人有关。

② （元）孔齐：《至正直记》，李梦生、庄葳、郭群一校点，上海古籍出版社2012年版，第145页。

③ 王汎森：《权力的毛细管作用：清代的思想、学术与心态》，联经出版事业股份有限公司2014年版，"序言"第7、18页。

二 元人对两宋时期文献所传蒙古早期史的认知

元人"讳言鞑靼"说的提出，在推动鞑靼史事的考辨之外，还具有另一种启发意义。有关前成吉思汗时代蒙古的记载，很大部分散见于辽金宋史料之中。然而，基于中原文献记载的蒙古早期史认知，在元代却乏善可陈，直到乾嘉时代才再次受到关注。赵翼注意到《蒙鞑备录》中的"蒙古斯国"等史事，认为应据以补正《元史》①。清末俞樾、李慈铭，也就南宋人所记草原史事发表了零星见解。② 至王国维撰述四考，基于辽金宋史料的蒙古先世问题始得以系统深入地研究。此后的研究，基本上是在"四考"基础之上的深化、细化。不过，研究的视角，都是在史实层面上，对辽金宋史料所记蒙古信息进行考辨，发掘上述文献的史料价值。至于史实层面之外，元人如何看待文献所记前成吉思汗时代蒙古史，缺乏专门的讨论。要彻底回答元人"讳言鞑靼"的问题，必须从知识传播和接受，以及心态和史观的角度出发。下文就首先聚焦于元人对这些历史信息的普遍态度。

南宋李心传《建炎以来朝野杂记》中，有"鞑靼款塞蒙国本末"一条，称"鞑靼之先，与女真同种，盖皆靺鞨之后也。……又有蒙国者，在女真之东北"③。其中涉及草原政权"鞑靼"与"蒙国"的史事，屡为宋元之际的著述所征引（《两朝纲目备要》《古今纪要逸编》《续宋中兴编年资治通鉴》《宋史全文》《大金国志》《通鉴续编》等，皆曾征引《朝野杂记》；《佛祖历代通载》《释氏稽古略》等书又辗转引用《大金国志》）。这条记载，体现了面对文献记载和现实情报的差异时，南宋人内心的困惑。李心传分别在文献中追溯了鞑靼与蒙国的源流，发出了这样的疑问："至是鞑靼乃自号大蒙古国，边吏因以蒙鞑称之。然二国居东西两方，相望凡数千里，不知何以合

---

① （清）赵翼：《廿二史札记校证（订补本）》卷29《元史》，王树民校证，中华书局1984年版，第651页。

② （清）俞樾：《茶香室丛钞》卷16《元朝本非蒙古》，贞凡、顾馨、徐敏霞点校，中华书局1995年版，第778页；李慈铭：《越缦堂读书记》卷3《大金国志》，中华书局2006年版，第342页。

③ （宋）李心传：《建炎以来朝野杂记》乙集卷19《边防》，徐规点校，中华书局2000年版，第847—848页。

为一名也。"在李心传看来，被称为鞑靼的铁木真及其部众本位于西方，而见于文献记载的蒙国位于东方，不知为何铁木真建号大蒙古国，从而使蒙国与鞑靼合二为一。南宋吴潜《许国公奏议》云："金之方盛，已有蒙古为北荒之敌国，兀朮至谓他日必为国患。又安知今日之鞑，不如所传闻狗国、大人国诸强垂涎朵颐而乘其后也？"① 在吴潜的观念中，文献中曾经存在的蒙古与现今的鞑靼（大蒙古国）并无关联。《蒙鞑备录》也援引了文献记载中的蒙古斯国，认为鞑靼人建号大蒙古国，是因为"慕蒙为雄国，故以国号曰大蒙古国，亦女真亡臣教之也"②。也认为，现今鞑靼人所建之国，与曾经见于记载的蒙国并非一国，只是女真亡臣借用曾经称雄的蒙国国号，赋予新近崛起的鞑靼人。在南宋人眼中，鞑靼与蒙古，分别变成了族称与国号，因此多有"蒙鞑""鞑蒙"的说法。

成吉思汗崛起之后，蒙古人对曾经存在的蒙国是否知晓、持何种态度？《蒙鞑备录》提供了重要的细节："旧有蒙古斯国，在金人伪天会间，亦尝扰金虏为患，金虏尝与之战，后乃多与金帛和之。按，李谅《征蒙记》曰：蒙人尝改元天兴，自称太祖元明皇帝。今鞑人甚朴野，略无制度。珙尝讨究于彼，闻蒙已残灭久矣。盖北方之国，或方千里，或方百里，兴衰起灭无常。"所谓"珙尝讨究于彼"，说明赵珙曾出于好奇，以蒙人改元称帝之事，求证于接待他的蒙古人。他得到的回答是"蒙已残灭久矣"，可见蒙古人并没有否认曾有蒙人建国之事，只是其国久已灭亡，无迹可寻。这反映出蒙古帝国建立之后蒙古人的历史观，是以成吉思汗家族的统治为核心，这一历史观在事实上消解了其他统治者和政权历史存在的意义。张帆先生指出蒙元君主的魅力型领袖特质（Charisma），与汉族社会早已熟悉改朝换代不同的是，在蒙古人的意识中，第一个"朝代"就是由成吉思汗建立。③ 这种成吉思汗开天辟地而不是朝代更迭的史观，在蒙古帝国建立的早期就已看到端倪。

在民间的私人撰述中，事涉本朝历史之时，元人不同程度地获悉南宋人

---

① （宋）吴潜：《许国公奏议》卷1《应诏上封事系国家大体治道要务凡九事》，《宋集珍本丛刊》第84册影印清光绪刻本，线装书局2004年版，第71页。

② 王国维：《蒙鞑备录笺证》，收入《王国维遗书》第13册，上海古籍出版社1983年影印商务印书馆1940年版，第4页 b。

③ 张帆：《论蒙元王朝的"家天下"政治特征》，《北大史学》第8辑，第58页。

所记成吉思汗建国之前的蒙古史事,但均未将其与本朝历史相联系。元末梁寅云:"元之先起于北方,在唐谓之靺鞨,后谓之鞑靼。"① 这一说法,与《朝野杂记》"鞑靼之先,与女真同种,盖皆靺鞨之后也"一脉相承。但梁寅对南宋人曾有疑问的蒙国,也不置一词。除《朝野杂记》之外,元人著史时对《金人南迁录》中的"蒙人"事迹亦有征引。《金人南迁录》,署名金张师颜撰,内容"舛错谬妄,不可胜举。故赵与旹《宾退录》、陈振孙《书录解题》皆断其伪"②。尽管《金人南迁录》的内容不可信,但是依然为宋元人所征引。值得注意的是,元人并未将其中的"蒙人"与本朝历史相联系。例如,宋元之际,婺源人胡一桂撰有《十七史纂古今通要》一书,其《后集》卷三专述金国历史。经比对,《金人南迁录》是此卷的史源之一。胡一桂并未将其中关于鞑靼、蒙人的记述,与元朝历史相联系。③

如上所述,前朝文献中的草原史事,或多或少为元代文人所知晓。但他们对于这些史事的认识,始终停留在片段式的殊方传闻上。他们无意将这些史事与本朝历史建立某种关联。

与此稍有不同的是《佛祖历代通载》中的"蒙人"事迹。《佛祖历代通载》一书中保留了不少关于蒙元史的珍贵资料,学者多有利用。此书对成吉思汗建国前后历时的记载十分独特,与诸史籍不同:"辛亥(明昌二年1191)。大朝太祖成吉思皇帝是年起兵。"④ 贾敬颜注意到,这段史源不明的文字,记载的成吉思汗起兵时间比其他史料所记要早,因为成吉思汗、王汗配合完颜襄攻打塔塔儿是在明昌七年,比这段记载还要晚五年。⑤ 已知成吉思汗事迹最早的明确系年见于《史集》,始于 1195 年。⑥ 而《佛祖历代通载》的系年,竟然比《史集》还要早 4 年。《佛祖历代通载》这段记载的史

① 梁寅:《新喻梁石门先生集》卷 8 史论之"元",《北京图书馆古籍珍本丛刊》第 96 册影印清乾隆十五年刻本,第 472 页。

② (清)永瑢等:《四库全书总目》卷 52《史部·杂史类存目一·南迁录》,中华书局 1965 年版,上册,第 473 页。

③ (元)胡一桂:《十七史纂古今通要·后集》卷 3,《中华再造善本》影印国家图书馆藏元刻本,第 1—7 页。

④ (元)释念常:《佛祖历代通载》卷 20,《中华再造善本》影印元刻本,第 31 页。

⑤ 贾敬颜:《从金朝的北征、界壕、榷场和赐宴看蒙古的兴起》,《元史及北方民族史研究集刊》第 9 辑,第 19 页。

⑥ [波斯]拉施特:《史集》,余大钧、周建奇译,商务印书馆 2009 年版,第 1 卷第 2 分册,第 374 页。

源到底是什么，又是否真实可信？

查《佛祖历代通载》明昌二年前后的记事，涉及不少所谓爱王大辨的事迹。对比《大金国志》与《佛祖历代通载》的记载，可发现《佛祖历代通载》的记载，是由《大金国志》的如下内容删减而来。即"爱王遣使大朝求援"条、承安二年"天下大旱，山东〔及泽〕、潞间寇盗屯结至万余人"和承安五年爱王"陷大都城，围和龙"。"爱王叛"条记明昌五年，爱王年十六。年十二时，即明昌二年，被遣至边境，恰逢"蒙人"寇边。可见，释念常将"蒙人"等同于成吉思汗，故将明昌二年记作成吉思汗开始起兵之时。①《大金国志》的上述内容，其史源是伪书《金人南迁录》。②《大金国志》在抄录《金人南迁录》之时，对其记事进行了相当程度的改造。《金人南迁录》的虚假纪年与实际的金朝纪年无法对应，《大金国志》是将《金人南迁录》中的记事系于实际的金朝年号之下。《大金国志》所作改写，又被《佛祖历代通载》所沿袭。

因此，《佛祖历代通载》关于成吉思汗起兵攻金的记载，从根源上讲，来自伪书《金人南迁录》，不可采信。《大金国志》和《佛祖历代通载》的作者都自然而然地将金章宗时期对金作战的蒙古部视为成吉思汗所部，但实际上铁木真此时并未获得蒙古共主的地位，也未与金朝交恶。《大金国志》和《佛祖历代通载》，体现了宋元人征引相关文献时的另一种倾向，即将文献中的蒙古事迹都附会在成吉思汗身上，创造出以成吉思汗为中心的蒙古早期史。在成吉思汗的光环之下，与成吉思汗无关的蒙古史事失去了独立存在的意义。

元人对两宋史料所传蒙古早期史，表现为对一般性知识的无意识接受，与以成吉思汗为中心的附会改写。这两种态度都体现了元人历史记忆的遗忘与重塑。在某种程度上，非成吉思汗家族史的民族历史，其意义被成吉思汗家族的"魅力"（Charisma）消解了。另一些记忆的碎片，被扭曲地附会进成吉思汗家族史中。成吉思汗家族史之外的草原历史信

---

① （旧题）宇文懋昭：《大金国志校证》卷 19《章宗皇帝》，崔文印校证，中华书局 1986 年版，第 260—277 页。

② 邓广铭：《〈大金国志〉与〈金人南迁录〉的真伪问题两论》，载《纪念顾颉刚学术论文集》，巴蜀书社 1990 年版，第 417—432 页。

息,逐渐暗淡。在此基础上,草原历史的叙述方式,被成吉思汗家族史所定义。

总 结

王国维之所以提出元人"讳言鞑靼"说,是为了解释元末史臣修辽金二史中不见鞑靼字眼的原因。不仅鞑靼二字遭到删改,而且在金朝后期金与草原诸部战事连年、边患严峻的情况下,元末修成的《金史》里,直接记载蒙古诸部以及蒙古与金朝战事的信息明显太少。针对这一情况,王国维提出了本文开头引述的看法,认为"元末修史汉臣,已不复知鞑靼与蒙古之别"。对于此说,蔡美彪认为系出推测,修史汉臣对蒙古先世史事,有《太祖实录》《圣武亲征录》诸书在,不容不知而与辽金之鞑靼混淆。这一看法更加合理。不过,既然二者区别甚明,元代史臣又为何对辽金之鞑靼置之不谈?元代史臣对于所谓统治者先世史,或者说政权早期史,其讲述方式和逻辑是否有多样的选择?

可以对比的,是元人对前成吉思汗时代蒙古史的态度,与元人修《辽史》之时对中原文献所记契丹早期史的态度。根据苗润博的研究,元朝史官"对中原文献系统和辽金文献系统进行了拼接,勾勒出契丹自北魏至唐末的发展框架"[1]。在元朝史官眼中,辽史的内容不仅是辽一朝历史,而是涵盖了契丹部族的源流。书写辽的历史,在利用辽代相关文献的同时,还需参照中原文献。但是,对于中原文献中的蒙古早期史,元朝史臣的态度显然迥异。

宋元之际,民间的历史书写中间,不乏将文献中记载的蒙兀,与现实中的蒙古进行关联的例子。郑思肖所著《心史》中,仍沿用《系年要录》等文献的记载,来建立蒙古族群渊源的系谱。[2] 可见两宋时期文献中有关蒙古

---

① 苗润博:《记忆·遗忘·书写:基于史料批判的契丹早期史研究》,博士学位论文,北京大学,2018年,第93页。

② (宋)郑思肖:《心史·大义略叙》,第974页:"鞑靼本靺鞨部。唐灭高丽,靺鞨四散遁走,遗种奔逃阴山北,曰鞑靼。女真西北有蒙国,唐蒙兀部,其人不火食,生啖兽肉,兀术欲灭之,不克。后蒙人虏取金人子女,生子孙渐不类蒙人,渐能火食,忽来与鞑靼通好,合为一鞑靼,即假号曰蒙古国。"

的记载，对宋元人来讲并不是完全陌生的。因此，很难想象文献中的蒙古早期史信息，全然不为元朝史官所知。余大钧注意到，《元史·太祖纪》中关于铁木真与金朝完颜允济的交涉、金人献岐国公主等记事，与《朝野杂记》的记载相似度很高。① 从元朝官方修史的史源上讲，史臣修撰《实录》之时，有可能参考南宋人的稗史笔记。但是，南宋人所传的蒙古建国前史，却在元朝史臣的撰述中找不到踪迹。

《元史》中的蒙古起源叙事，没有与成吉思汗家族以外的其他草原统治家族、部族和政权建立联系。与此类似，《元朝秘史》开篇云"成吉思合罕的根源"，明确分辨苍狼白鹿的祖先传说只是属于成吉思汗家族的故事。元代史臣可以说是"自然而然地"接受了成吉思汗家族是自古以来膺天秉命的蒙古政权统治者的话语，并在修史活动中传承和强化天赋汗权的政治神话。尽管在现代研究者看来，辽金宋时期汉文文献中有关草原族群的种种史事，足以解构成吉思汗家族的政治神话，但这些信息都被元代史臣置之罔顾。欧阳玄《进金史表》云："念彼泰和以来之事迹，接我圣代初兴之岁年。"② 泰和以来，也就是成吉思汗崛起以来。这表明元人将《金史》里的蒙古史事，限定在一个非常有限的范围，即开始于成吉思汗。蒙古帝国的国史与族史的范围，很大程度上被成吉思汗的家族史所定义。黄金家族史本身就足以承担国史的功能和意义，从他者的历史撰述中认识自身的需求并不迫切。宋辽金等朝代的汉文文献，记录下来的草原诸政权历史与蒙古早期史，其核心与主线并不在成吉思汗家族身上，被蒙元时人置之不谈，也就不难理解。

总之，本文从元代文献中的"鞑靼"字样和元人对鞑靼史事的认知两个方面，对元人"讳言鞑靼"说进行了重新的检讨。元人对"鞑靼"字样，尤其是"鞑"字，持有一定程度的避忌态度，突出地表现在官文书的用字规范上。对于鞑靼史事，元代知识人一般仅仅将其视作殊方异闻。因为他们鲜有途径接触深藏元廷的秘史，对成吉思汗时代前后的草原史事十分陌生。而官方史臣虽然有条件同时获悉宫廷所藏部分历史文献与辽金宋汉文文献，但

---

① 余大钧：《〈元史·太祖纪〉所记蒙、金战事笺证稿》，《辽金史论集》第 2 辑，第 330、343 页。
② （元）欧阳玄：《欧阳玄集》卷 13《进金史表》，魏崇武、刘建立点校，吉林文史出版社 2009 年版，第 166 页。

对成吉思汗家族史以外的蒙古史事置之不谈。对元朝统治的认同与服膺，从不同角度影响了蒙元时人的历史认知。

（作者为中国社会科学院古代史研究所助理研究员）

金代城市夜禁考论*

寇博辰

夜禁亦称宵禁，是政府基于社会秩序考虑所制定禁止公共空间夜间行动的法律规定，为中国古代一项重要的城市治安管理法规①。已有研究成果对宋朝夜禁问题关注较多，指出两宋城市虽有宵禁之法，但在整体上并不严格执行，与前后朝代相比，宋代夜晚秩序管理较为松散②。南宋都城临安甚至是民众夜生活活跃，夜市经济繁荣③。且夜市兴盛是宋朝城市普遍现象④。那么灭亡北宋又与南宋并立的金朝，其城市是否有夜禁之法。或者说金朝作为北方少数民族军事征服政权如何管理城市、维持治安，这一问题也许值得学界关注。本文拟对金代城市夜禁之制进行初步考察，简要梳理这项制度在辽宋金元时期之施行情况，并对差异原因、实施效果略做探讨。

* 本文为北京市博士后科研活动经费资助 A 类项目"元大都社会治安防控体系研究"（2023—ZZ—158）阶段性成果。

① 中国古代从先秦到明清持续实施夜禁政策，参见陈熙远《中国夜未眠——明清时期的元宵、夜禁与狂欢》，《"中央"研究院历史语言研究所集刊》第 75 本第 2 分，2004 年，第 283—329 页；冯之余《古代中国的黑夜秩序》，《东南学术》2009 年第 3 期，第 141—146 页；郑显文《中国古代的法典、制度和礼法社会》第三章《中国古代的引礼入法及法律实践活动》第四节《中国古代出行的法律制度》第二小节《古代法律严禁官民百姓夜间出行》，中国法制出版社 2020 年版，第 388—392 页。

② 王茂华、张金花：《宋朝城市公共空间夜晚秩序》，《城市史研究》第 39 辑，社会科学文献出版社 2018 年版，第 1—17 页。

③ ［法］谢和耐：《蒙元入侵前夜的中国日常生活（插图本）》，刘东译，北京大学出版社 2020 年第 2 版，第 32—33 页；此书法文原著出版于 1959 年。

④ 张金花、王茂华、王虹：《宋代夜市规模、形态与消费主体分析》，《首都师范大学学报（社会科学版）》2021 年第 2 期，第 17—26 页。

《金史·完颜襄传》载："章宗即位，坐与御史大夫唐括贡为寿，犯夜禁，夺官一阶，罢。"①《金史·唐括贡传》对此事记载更为详细：

> 章宗立，为御史大夫。会贡生日，右丞相襄、参知政事刘玮、吏部郎中曺、中都兵马都指挥使和喜为贡寿，遂犯夜禁，和喜遣军人送襄至第。监察御史徒单德胜劾其事，下刑部逮曺等问状。上以襄、玮大臣释之，而贡等各解职。②

由以上两则史料可知，完颜襄、刘玮、完颜曺、和喜等人因庆贺唐括贡生日夜聚晚归而违犯夜禁，此事被监察御史弹劾，并由刑部展开调查。最终，完颜襄和刘玮二人虽然凭借宰执重臣身份豁免，但其他犯夜官员则受到罢免官职之惩罚，而唐括贡则应是作为夜聚组织者受到连带处罚。由此可见，金朝城市不仅有夜禁之制，并且对于违反者惩处较为严厉。这一案件不难判断应是发生在中都城，金中都设有武卫军担负城市军事防御、治安管理双重任务③，负责巡查夜禁。

而除中都城外，金朝地方城市亦实施夜禁。《金史·百官志》曰："诸总管府、节镇兵马司：都指挥使一员，正五品，巡捕盗贼，提控禁夜，纠察诸博徒、屠宰牛马，总判司事。"④ 关于总管府，需要从金代路制谈起。金代的路是指总管府路，属于军事、治安建置，首要机构为兵马都总管府。路主要围绕京府和总管府（广义上总管府亦包括京府）设立。每个京府和总管府同时又是一路治所，其长官府尹（留守、知府）兼任本路长官兵马都总管，"总管府"之名亦得于此。京府、总管府合计共十九所，故金朝共有十九路⑤。关于节镇，金代各州可划分为节镇州、防御州、刺史州三等，节度使等节镇州官实际上可以视作本总管府路之下的军分区官员，掌管本节镇州以

---

① 《金史》卷66《完颜曺传》，中华书局1975年标点本，第1568页。

② 《金史》卷120《唐括贡传》，第2626页。

③ 《金史》卷56《百官志二》载："武卫军都指挥使司，……掌防卫都城、警捕盗贼。"（第1281页）

④ 《金史》卷57《百官志三》，第1324页。标点略有改动。

⑤ 张帆：《金朝路制再探讨——兼论其在元朝的演变》，《燕京学报》新12期，北京大学出版社2002年版；此据吴宗国主编《中国古代官僚政治制度研究》"回归与创新——金元"，张帆著，北京大学出版社2004年版，第349—354页。

至若干防御州、刺史州之军事①。而兵马司则应该是总管府、节镇州所属统兵机构，长官为都指挥使。此机构职能之一为"提控禁夜"，由此可以判断金代府、州级城市应实施夜禁政策。另外，金朝设有射粮军担任守卫地方、辅佐军事等职能，统于各路兵马都总管府②，故射粮军应该是在兵马司等机构统辖之下具体执行巡查夜禁任务。

至于最低行政层级城市——县城是否实施夜禁，尚未发现直接材料。元好问《资善大夫吏部尚书张公神道碑铭并引》记载：

> 〔寿张〕县境多营屯，世袭官主兵，挟势横恣，令、佐莫敢与之抗。兵人殴县民，民诉之县，县不决，申送军中，谓之"就被论官司"，民大苦之。一日，阍者告百夫长夜破门钥，挟两妓以出。公（笔者注：寿张主簿，姓张字公理）谓："夜破门钥，盗也。"遣吏捕还，榜掠至百数，且械系之。明日，千夫长与其属哀请不已，约此后不复犯平民，乃释之。讫公任终，更无一人敢横者。③

由这段史料可见，寿张县驻军即使殴打当地居民，地方政府也对涉事军人无可奈何，显然军队一方处于强势。但是，当一名百夫长在夜间冲破城门外出后，得知此事的县主簿便派人对当事军官予以逮捕并严加拷打，说明这名百夫长犯有较为严重的罪行，否则县政府官员不会如此处置并将案件定性为盗贼案。具体而言，"夜破门钥"涉及两项犯罪：其一，破坏门禁、闯关而出显然违法；其二，在夜晚扰乱、危害治安可谓罪上加罪。这说明县城夜间社会秩序的管控比较严格，因此，这一案件或许能够表明金代县城可能亦施行夜禁之制。

另外，在金末战争时期城市夜禁政策的执行十分严格。姚燧《中书左丞姚文献公神道碑》记载：

---

① 王曾瑜：《辽金军制》，河北大学出版社 2011 年版，第 162—163 页。

② 陈学霖：《金代"射粮军"考释》，《辽金史论集》第 5 辑，1991 年；此据同作者《金宋史论丛》，香港中文大学出版社 2003 年版，第 97—105 页。

③ （金）元好问：《资善大夫吏部尚书张公神道碑铭并引》，《元好问全集》，姚奠中主编，三晋出版社 2015 年版，第 394 页。

　　壬辰（1232），许城被围，州版公（笔者注：姚枢）军资库使，与副夜直，四鼓，闻牖外叹曰："人献东门。"出索之，无得。副曰："吾尝遭兵河朔，鬼物云然，宜拣吾家。"乃相与归，街陌横铃索断行，见其怀印，若赴州计事者。至家，乃尽出金银酒具奁饰，裹糇粮，为逃死谋。日出而东门果破。①

此时金蒙交战②，许州被蒙古军队围攻。在这种局势下许州城内夜间"街陌横铃索断行"，使用系铃绳索封锁道路严禁夜行，从而确保城内稳定、防止发生混乱。姚枢则因携带官印似是赴州衙公干，未引起巡夜者怀疑，故得以返回家中计划和家人逃亡。

　　虽然由于《泰和律义》等金朝官方法典的散佚③，我们无从窥知关于夜禁之法律条文的原始面貌。但是，由上文讨论可见，金代城市确实比较普遍地实施禁夜，并且对于违犯者惩处较为严厉。需要注意的是，辽朝施行夜禁之制维护社会治安④。故金朝有可能是在灭辽之后仿效辽代实施夜禁政策。

　　而元代城市亦严行夜禁之法⑤，应是继承自金朝。总之，金、元两朝均在城市严格实行夜禁政策，这与宋朝情况存在明显差异。那么为何会形成这种差异。张帆指出，北宋设路首重财赋反映出财政问题在宋朝之重要性，金代设路首重军务和治安则反映了金朝的民族征服政权背景⑥。上述差异或许也可以从这一角度进行讨论，宋朝为促进夜间经济发展繁荣并不严行夜禁⑦，而金、元两个北方少数民族军事征服政权则为维持社会治安、防范民众反

① （元）姚燧：《中书左丞姚文献公神道碑》，《姚燧集》，查洪德编校，人民文学出版社2011年版，第215页。

② 关于金蒙战争过程，参见蔡美彪《金朝史概述》，收入同作者《辽金元史考索》，中华书局2012年版，第156—159页；党宝海《外交使节所述早期蒙金战争》，《清华元史》第3辑，商务印书馆2015年版，第159—187页；周思成《隳三都：蒙古灭金围城史》，山西人民出版社2021年版。

③ 关于《泰和律义》，参见叶潜昭《金律之研究》，台湾商务印书馆1972年版。

④ 朱绍侯主编：《中国古代治安制度史》，河南大学出版社1994年版，第522页。

⑤ 关于元朝城市夜禁问题，参见王茂华、张金花《元朝城市夜禁考论》，《兰州学刊》2016年第3期，第93—97页；党宝海《马可·波罗所述行在城的夜禁政策》，《国际汉学研究通讯》第23、24期，北京大学出版社2022年版，第267—276页。

⑥ 张帆：《金朝路制再探讨——兼论其在元朝的演变》；此据吴宗国主编《中国古代官僚政治制度研究》"回归与创新——金元"，张帆著，第352—353页。

⑦ 关于宋朝财经政策，参见李华瑞《宋代的财经政策与社会经济》，《中国社会科学》2022年第7期，第113—129页。

抗严格禁夜从而维护统治稳定。值得注意的是，宋朝发达繁盛的夜间经济能够为国家财政提供巨大利源，夜间经济整体在国家财政货币收入总额中占有一定比重①，反映出城市经济活跃发达。但在金、元二朝，由于受到夜禁政策束缚、限制，城市夜间经济几乎无从谈起。张帆提出，元朝经济应比宋代退步②，从城市经济的角度而言情况大概如此。

综合上文，金代以及元朝严格实施夜禁之制一方面虽然有利于维护城市治安，但在另一方面却对城市经济有负面影响。而如何把握维持社会秩序与保障经济活动之间的分寸，防止政策过度给民众日常生活、社会经济运行造成种种不便甚至危害或许是城市管理、社会治理的一项重要问题。

（作者为首都师范大学历史学院博士后）

---

① 李华瑞：《古代夜市，为何宋朝最兴盛》，《人民论坛》2019 年第 28 期，第 143 页。
② 《张帆谈元朝对中国历史的影响》，黄晓峰、钱冠宇采写，《东方早报·上海书评》编辑部编：《殊方未远：古代中国的疆域、民族与认同》，中华书局 2016 年版，第 194—196 页。

元初江淮交通杂考

——以《祈请使行程记》为中心

贾建增

  宋元战争期间，江淮地区是两国对峙的前沿，南北阻隔甚深。至元十三年（1276）元入临安后，江淮地区由边疆地区变为元朝统治的内郡，在南北交通中占有重要地位。《祈请使行程记》为南宋日记官严光大所作，是对亡宋君臣北上行程的记录①。至元十三年（1276）正月，元军进入临安，宋恭帝纳表投降。二月庚申，忽必烈令伯颜"偕宋君臣入朝"②。文天祥记载："北兵入城，既劫诏书，布告天下州郡各使归附，又逼天子拜表献土。左丞相吴坚、右丞相贾余庆、枢密使谢堂、参政家铉翁、同知刘岊五人奉表北庭，号祈请使。"③ 随祈请使北上的日记官严光大将沿途所经记录了下来，是为《祈请使行程记》。《祈请使行程记》以日记的形式记载了沿途所经过的城池、驿站、古迹，是研究元初南北交通的珍贵材料。关于

  ① 关于《祈请使行程记》的版本与内容的研究，可参见 A. C. Moule, "Hang‐chou to Shang‐tu: A. D. 1276", *T'oung Pao*, Second Series, Vol. 16, No. 3 (Jul, 1915), pp. 393–419；王瑞来《"镜古孰非殷监呈"——〈钱塘遗事〉考述》，《四川师范大学学报（社会科学版）》2013 年第 4 期；闫雪莹《亡宋北解流人诗文研究》，博士学位论文，东北师范大学，2012 年；闫雪莹《亡宋祈请使群体及创作考论》，《古籍整理研究学刊》2013 年第 6 期；贾建增《元初山东驿站交通杂考——以〈祈请使行程记〉为中心》，《济宁学院学报》2019 年第 4 期。

  ② （明）宋濂等撰：《元史》卷 9《世祖纪六》，中华书局 1976 年标点本，第 180 页。

  ③ （宋）文天祥：《文山先生全集》卷 13《指南录·使北》，《四部丛刊初编》，商务印书馆 1922 年影印本，第 1337—1346 册。

元代江淮交通，学术界已有相关研究①。本文以《祈请使行程记》为中心，结合正史、方志、文集等材料，对祈请使所经江淮州县及相关史事进行考证，并据此分析元初江淮交通情况。

一 从瓜州到淮安的交通

祈请使于至元十三年（1276）二月十九日自镇江渡过长江，到达瓜州，进入江淮地区，严光大记载：

> （二月）十九日，府第率众官渡扬子江，入瓜州，见阿术平章，留宴于秃鲁万户、张郎中房子。
> 二十日，阿术元帅统诸臣、从官同太皇太后续差到阁赞吴忠翊、督战孙通直赍手诏，带北朝马数千往扬州。至杨子桥，砲声连响，继至城下，一砲震天，城上旗帜云拥，军船放划，车弩密如雨。再一砲响，阴云四合，冷雨大作，骤如倾盆，势不可进。阿术丞相请回扬子桥，茶饭罢，入瓜洲。
> 廿一日，雨雪大作，疾风骤发，江涛汹涌，不敢发舟，再泊瓜洲。
> 廿二日，雪霁，诸使回镇江府。②

祈请使于二月十九日渡过长江，进入瓜州，"见阿术平章"。按瓜州，史籍又作瓜洲，在江都县南四十里，"盖扬子江中之沙碛也。沙渐涨出，其状

---

① 邹逸麟考察了中国古代淮河下游南北运口的变迁，指出元代开济州河、会通河之后，泗口再度成为南北水运的咽喉。参见邹逸麟《淮河下游南北运口的变迁和城镇兴衰》，《历史地理》第6辑，上海人民出版社1988年版，第7—62页；默书民广泛利用元人诗文材料，结合《析津志·天下站名》与《经世大典·站赤》的记载，对元代从大都到江浙行省的水路驿路进行了较为全面的考证，其中对江淮地区的交通状况有所涉及。参见默书民《蒙元邮驿研究》，博士学位论文，暨南大学，2004年，第180—192页。李之勤对《析津志·天下站名》这份资料所载江淮水陆驿站的名称与地望一一进行了考证。参见李之勤《〈析津志·天下站名〉校释》，三秦出版社2018年版；日本学者矢泽知行讨论了运河交通对于河南江北行省的重要作用。参见矢泽知行《元代の水运・海运をぬぐる诸论点——河南江北行省との関わりを中心に——》，《爱媛大学教育学部纪要》，第53卷第1号，161—170，2006.
② （宋）严光大：《祈请使行程记》，（宋）刘一清：《钱塘遗事校笺考原》卷9，王瑞来校笺，中华书局2016年版，第320—322页。

如瓜，接连扬子江口，民居其上。唐为镇。今有石城三面"①。瓜州设有渡口，"以通镇江"②。阿术又作阿珠，③ 时为中书平章政事。④ 至元十二年（1275）三月，元廷决定围攻扬州，阿术遂率军"驻瓜洲，距扬州四十五里。宋淮东制置司尽焚城中庐舍，迁其居民而去。阿术创立楼橹战具以守之"⑤，并且"立木栅于杨子桥，断淮东粮道，且为瓜洲藩蔽"⑥。祈请使进入瓜州后，阿术设宴接待祈请使，"诸公皆与之语"，唯独文天祥以其"鲜腆倨傲，令人裂眦"，始终无言。⑦ 瓜州在元代是南北交通的重要枢纽，元廷在此设有三处驿站，其中马站有马三十五匹，水站有船三十一只，递运站有船二百零五只。⑧

严光大记载祈请使到达瓜州时，李庭芝等人仍坚守扬州，北上道路阻塞。阿术遂命使者持谢太后与宋恭帝诏书招降李庭芝，此事亦见《宋史·李庭芝传》，"已而两宫入朝，至瓜州，复诏庭芝曰：比诏卿纳款，岂未悉吾意？尚欲固围邪？今吾与嗣君既已臣伏，卿尚为谁守之？"李庭芝拒降，"命发弩射使者"，⑨并偕姜才一道出兵试图救回南宋君臣，"瀛国公至瓜州，（姜）才与庭芝泣涕誓将士出夺之，将士皆感泣。乃尽散金帛犒兵，以四万人夜捣瓜洲，战三时，众拥瀛国公避去，才追战于蒲子市，夜犹不退"⑩。祈请使无法继续北上，遂于二月廿二日又返回镇江。使者所经过之扬子桥，在"（扬州）府南二十里。自古为滨江津要，繇此渡江抵京口，渡阔四十里"⑪。

① （宋）祝穆撰，祝洙增订：《方舆胜览》卷44《淮东路·扬州》，中华书局2003年点校本，第793页。
② （明）李贤等纂修：《大明一统志》卷12《扬州府》，三秦出版社1990年影印本，第198页下栏。
③ （元）刘敏中：《平宋录》卷中，《丛书集成初编》，商务印书馆1939年版，第3910册，第11页。
④ 《元史》卷8《世祖纪五》，第154页。
⑤ 《元史》卷8《世祖纪五》，第165页。
⑥ 《元史》卷8《世祖纪五》，第166页。
⑦ （宋）文天祥：《文山先生文集》卷13《指南录·渡瓜洲》。
⑧ 《经世大典·站赤》，（明）解缙等奉敕纂修：《永乐大典》卷19422，中华书局1986年影印本，第7244页下栏。
⑨ （元）脱脱等撰：《宋史》卷421《李庭芝传》，中华书局1977年标点本，第12602页。
⑩ 《宋史》卷451《姜才传》，第13268页。
⑪ （清）顾祖禹：《读史方舆纪要》卷23《南直五》，中华书局2005年点校本，第1126页。

廿三日，吴阇赞、孙通直、阿术平章欲命诸使亲札，劝扬州制置李庭芝纳降，众从之。独文丞相不书名。既而平章先索稿，及诸官札成，无计可达。其地分各有军马把截，时有游骑出从，夜宿舟中。

廿四日，宴于镇江府治。夜泊舟中。

廿五日，夜宿舟中。

廿六日，巴延夫人自临安回。夜宿舟中。

廿七日，夜宿舟中。

廿八日，焦金省诸使宿镇江府治。

廿九日，渡江，夜泊舟中。至夜，文丞相脱去。

三月初一日，早方知文丞相已脱去，闭城三日，搜觅不见，收从人、干仆并馆伴使千户及总管等人囚之。夜宿舟中。①

祈请使于二月廿二日返回镇江后，在镇江停留了六日，二月廿九日再次渡过长江，其间文天祥逃脱。《元史·世祖纪》记载："文天祥自镇江遁去，追之弗获。"② 此事亦在文天祥《脱京口》一诗诗序中有所记载："二月二十九日，予自京口城中，间道出江浒登舟，泝金山，走真州，其艰难万状。"③ 严光大记载当时的长江江防甚为严厉，长江两岸"地分各有军马把截，时有游骑出"，这亦可与文天祥的记载相互印证，其《得船难》诗序云："北船满江，百姓无一船可问。"④《出巷难》诗序云："北遣兵龁巷，禁夜不得往来。"⑤《出隘难》诗序亦云："北于市井尽处设险，以十余马拦路。"⑥

从十九日到二十九日，祈请使在十天之内先后三次横渡长江，严光大记载了长江"雨雪大作，疾风骤发，江涛汹涌"的情景。在元代江淮交通中，自镇江路西津渡到扬州路瓜州的长江接运是非常关键的一环。"西津渡乃南

① （宋）严光大：《祈请使行程记》，（宋）刘一清：《钱塘遗事校笺考原》卷9，王瑞来校笺，第322—327页。

② 《元史》卷9《世祖纪六》，第180页。

③ （宋）文天祥：《文山先生文集》卷13《指南录·脱京口》。

④ （宋）文天祥：《文山先生文集》卷13《指南录·得船难》。

⑤ （宋）文天祥：《文山先生文集》卷13《指南录·出巷难》。

⑥ （宋）文天祥：《文山先生文集》卷13《指南录·出隘难》。

北冲要之地，江浙闽海物货悉由此以达京师，使命、客旅络绎往回，日不暇给。"① 卞思义有诗称："西津渡口望瓜州，侯吏欢迎使客舟。天堑已无南北限，江流不尽古今愁。"② 但西津渡一带"江面广阔。金山屹立中流，盘涡漩激，号为大漳，险恶犹甚③。除长江天险以外，元初长江接运系统亦不完善。宋理宗宝祐六年（1258）重建的京口闸在宋元战争中被毁，商旅"徒步五里方可登舟"④。长江两岸私渡横行，⑤ 梢水和把守渡口军人勒索钱财的现象时有发生。⑥ 因此，从西津渡到瓜州的人员与物资接运颇为艰险。朱德润曾记载长江接运之险，"击鼓动连艘，牵帆若飞泝。盘涡旋欲没，楫急浪花舞⑦。郑潜亦感叹长江接运："云帆万斛输京国，谁念苍生涕泪中。"⑧ 为了保证人员与物资转运的安全，元廷采取了多种措施对长江接运系统进行整顿和维护。⑨

祈请使于三月初二日到达扬州附近：

初二日，宿于扬子桥圃内，乘铺马。

初三日，宿湾头。于午前径行，有扬州都统姜才出战，士气百倍，其锋不可当，乃退。

初四日，过邵伯镇，径行一堡子，阔六十里，北军屯戍，又有水

---

① （元）脱因修，俞希鲁纂：《至顺镇江志》卷2《地理·津渡》，《宋元地方志丛书》第5册，大化书局1977年影印本，第3134页上栏。

② （元）卞思义：《西津渡》，杨镰主编：《全元诗》，中华书局2013年版，第50册，第106页。

③ （元）脱因修，俞希鲁纂：《至顺镇江志》卷2《地理·津渡》，《宋元地方志丛书》第5册，第3134页上栏。

④ （元）脱因修，俞希鲁纂：《至顺镇江志》卷2《地理·闸》，《宋元地方志丛书》第5册，第3135页下栏。

⑤ （元）脱因修，俞希鲁纂：《至顺镇江志》卷2《地理·津渡》，《宋元地方志丛书》第5册，第3134页上栏。

⑥ 陈高华等点校：《元典章》卷59《工部二·造作二·船只·禁停橹取渡钱》，中华书局、天津古籍出版社2011年版，第1985页；（元）脱因修，俞希鲁纂：《至顺镇江志》卷二《地理·津渡》，《宋元地方志丛书》第5册，第3134页上栏。

⑦ （元）朱德润：《存复斋类稿》卷8《延祐六年九月廿二日渡扬子江》，《续修四库全书》，上海古籍出版社2002年影印本，第1324册，第321页下栏。

⑧ （元）郑潜：《江上漫兴》，杨镰主编：《全元诗》，第48册，第468页。

⑨ 关于元代对长江接运系统的整顿，笔者另有专文讨论，兹不展开。

寨，屯军甚多。内有小堡子六十余所。波罗相公、阿里右丞在内，宰马置酒，延待诸使。忽报扬州北门军马拥出，姜才分阵杀夺，交伤不少。相持半日，及暮，波罗相公以军马相距而退，至中路，遇庐州一卒，云淮西、庐州夏贵已于三月初三日投拜，见赍降书至阿术平章处，有军马数十护送，盖扬州未降故也。晚宿荒屋内，路上尸骨如山。①

在初四日的行程里，严光大记载了夏贵降元之事，夏贵当时任宋淮西制置使，负责两淮防务。元廷曾多次对他进行招降，如至元十二年（1275）七月，"遣使持诏诏谕宋李庭芝及夏贵"②。至元十三年（1276）二月，"诏刘颖、程德辉招淮西制置使夏贵"③。夏贵投拜之事亦见于《元史·昂吉儿传》，昂吉儿率军攻庐州，"夏贵使人来言曰：公毋吾攻为也，吾主降，吾即降矣"，遂举所部纳款。④阿术于至元十三年（1276）三月甲戌遣使汇报庐州夏贵投降的消息。⑤

祈请使所经之湾头，又称茱萸湾，⑥"在（扬州）府城东北九里"⑦。至元十二年（1275）九月，阿术在此筑湾头堡以围困扬州。⑧十月，丞相伯颜南下，"留博罗欢、阿里伯等部锐兵万众守湾头堡"⑨。邵伯镇，"在（扬州）城北四十里"，即古邵伯埭，"居人众盛，为水陆孔道"⑩。汪元量有诗描述祈请使经过邵伯镇时的情景："邵伯津头闸未开，山城鼓角不胜哀。一川霞锦供行客，且掬荷香进酒杯。"⑪至元十六年（1279），文天祥被俘北上，亦曾经过邵伯镇，"今朝车马地，昔日战争场。我有维扬鹤，谁存邵伯棠。一

①　（宋）严光大：《祈请使行程记》，（宋）刘一清：《钱塘遗事校笺考原》卷9，王瑞来校笺，第328页。

②　《元史》卷8《世祖纪五》，第169页。

③　《元史》卷9《世祖纪六》，第178页。

④　《元史》卷132《昂吉儿传》，第3214页。

⑤　《元史》卷9《世祖纪六》，第180页。

⑥　雍正《扬州府志》卷6《都里》，哈佛燕京图书馆藏雍正十一年刻本。

⑦　（明）李贤等纂修：《大明一统志》卷12《扬州府》，第196页下栏。

⑧　《元史》卷8《世祖纪五》，第170页。

⑨　（元）刘敏中：《平宋录》卷中，《丛书集成初编》，第3910册，第12页。

⑩　雍正《扬州府志》卷6《都里》，哈佛燕京图书馆藏雍正十一年刻本。

⑪　（宋）汪元量：《增订湖山类稿》卷2《湖州歌·其五十一》，孔凡礼辑校，中华书局1984年版，第47页。

湾流水小，数亩故城荒。回首江南路，青山断夕阳"①。邵伯镇为南北水路交通枢纽，水路在此分为二路，一路正东自泰州至海州，一路自扬州至瓜步扬子江。② 元代在邵伯镇设置驿站两处，其中马站有马五十匹，水站有船四十一只。③

关于严光大所记邵伯镇附近元军屯戍之堡子和水寨，光绪《增修甘泉县志》指出："北湖之地皆其屯所。"④ 另外，嘉靖《维扬志》载有一幅南宋江都县图，邵伯镇以北标有新城地名，附近标有董家湖水寨、艾陵湖水寨、渌阳湖寨等。⑤ 光绪《增修甘泉县志》记载："黄珏桥之东，皆标水寨，盖南宋时地。"⑥ 严光大所记水寨当指此。

> 初五日，过天长县，宿荒草上，坐以待旦。有尸遍野。
> 初六日，渡天长河，无舟，满河皆腐尸。夜宿荒草。
> 初七日，过宝应军。
> 初八日，过招信军，至淮安界。忽望见旌旗云拥，砲响震天。有数队人马出战，矢如雨下，乃许文德兵马亲临军阵，杀伤不少。特穆尔万户集兵拒守，及日晚方退，夜遂移屯，宿于荒草。⑦

祈请使所经之天长县，即今安徽省天长县，元初隶招信军（今江苏省盱眙县），至元二十七年（1290）改属淮安路泗州。⑧ 天长县在扬州西北，其

---

① （宋）文天祥：《文山先生文集》卷14《指南后录·过邵伯镇》。

② （元）熊梦祥：《析津志辑佚》，北京图书馆善本组辑，北京古籍出版社1983年版，第127页。

③ 《经世大典·站赤》，（明）解缙等奉敕纂：《永乐大典》卷19422，第7244页下栏。

④ 光绪《增修甘泉县志》卷24《丛缀》，《中国地方志集成·江苏府县志辑》，江苏古籍出版社1991年影印本，第44册，第215页。

⑤ 嘉靖《维扬志》卷1《古今图》，《天一阁藏明代方志选刊》，上海古籍出版社1961—1966年影印本，第14册，第40页。

⑥ 光绪《增修甘泉县志》卷24《丛缀》，《中国地方志集成·江苏府县志辑》，第44册，第215页。

⑦ （宋）严光大：《祈请使行程记》，（宋）刘一清：《钱塘遗事校笺考原》卷9，王瑞来校笺，第329—330页。

⑧ 《元史》卷59《地理志二》，第1417页。

地"背淮腋湖，面大江而履平楚，弥数百里，自前代为朔南交地"①。由于当时扬州、高邮地区尚处于战争状态，"宋主以国内附，而淮东诸城犹为之守"②。祈请使自邵伯镇向西北绕道天长县北上，三月初七日过宝应军，到达淮安境内。宝应军，今江苏省宝应县，至元十六年（1279）改为安宜府，至元二十年（1283）废为县，属高邮府。天长河即秦兰河，③ 在天长县东四十里，源出于横山，经于官桥，至秦兰而始胜舟楫，入于毘沙湖。④ 秦岚河下游流入高邮州境内，距州治六十里，至秦兰镇大桥以北俱隶高邮。⑤

招信军，今安徽省盱眙县，其地"阻山带海，襟带吴、楚，江淮要冲，为国北门"⑥。元朝至元十三年（1276）设立招信军安抚司，领盱眙、天长、招信、五河四县。至元十五年（1278）改为临淮府，至元二十七年（1290）废为盱眙县。⑦

总之，祈请使自镇江渡过长江，到达瓜州，自瓜州乘舟，沿古邗沟北上。按古邗沟，据乾隆《江南通志》记载："运河在府治东南，即古邗沟也……其南水道有二，一自仪征东行，一自瓜州镇北行，二河合流于杨子桥。北经府城凡六十里而入邵伯、高邮、宝应，又北至黄浦入山阳县界，由清江浦达于淮。"⑧ 古邗沟是元代纵贯南北的大运河的一部分，在元代南北交通中占据重要地位。苏天爵记载："江南贡赋皆由邗沟入淮，以达京师。"⑨ 汪梦斗至元十六年（1279）自大都南归，曾取道古邗沟南下。⑩ 但是，由于当时扬州、高邮一带战事未靖，祈请使自扬州扬子桥便放弃直截的运河交

---

① （元）张以宁：《修儒学记》，嘉靖《嘉靖天长县志》卷5《人事志·纪载》，《天一阁藏明代方志选刊》，第36册，第319页。

② 《元史》卷121《博罗欢传》，第2989页。

③ 光绪《增修甘泉县志》卷24《丛缀》，《中国地方志集成·江苏府县志辑》，第44册，第215页。

④ 嘉靖《天长县志》卷1《地舆志》，《天一阁藏明代方志选刊》，第36册，第45页。

⑤ 道光《高邮州志》卷1《山川》，《中国地方志丛书·华中地方·第二九号》，成文出版社1970年影印本，第362页。

⑥ （宋）祝穆撰，祝洙增订：《方舆胜览》卷47《淮东路·招信军》，第840页。

⑦ 《元史》卷59《地理志二》，第1416页。

⑧ 乾隆《江南通志》卷14《舆地志·山川》，哈佛燕京图书馆藏乾隆元年刻本。

⑨ （元）苏天爵：《滋溪文稿》卷12《元故荣禄大夫御史中丞赠推诚佐治济美功臣河南行省平章政事冀国董忠肃公墓志铭》，陈高华、孟繁清点校，中华书局1997年版，第192页。

⑩ （宋）汪梦斗：《北游集》卷上《易舟泛邗沟有怀来途》，《景印文渊阁四库全书》，台湾商务印书馆1986年版，第1187册，第462页下栏。

通，改乘铺马北行，并从扬州邵伯镇向西北绕道天长县，经宝应而至于淮安。其自邵伯镇的北上路线，据光绪《增修甘泉县志》的推测，"以今地推之，或由杨家渡，或由汤家泮西至杨兽医坝而北"①。此外，统一之初，江淮地区的驿站系统并不完善，祈请使某些时日只能泊野岸，宿荒草。

二 自淮安到徐州的交通

祈请使于三月初九日渡淮，严光大记载：

> 初九日过江罗城，渡清河口，至清河口。守渡众官迎入军治，设宴，出城，宿舟中。
> 初十日，舟离清河口，过小清河口、七里庄，转河，至桃源，晚宿舟中。
> 十一日，宿舟中。②

严光大所记祈请使初九日和初十日的行程多有令人费解之处，下面笔者逐条加以厘清：

第一，在这两日的行程中，严光大反复提到了清河口这一地名。按清河口，史籍又作清口，即清河入淮口，亦即黄、淮交汇之处。③据万历《淮安府志》记载，清河有二，即大清河与小清河，"二清河即泗水之末流，源出太安州，经徐、邳至（清河）县西北三汊口，分为大小二清河，大清河由治东北入淮，小清河由治西南入淮"④。祈请使所过清河口应指大清河和小清河的入淮口。大小清河口均建有渡口，其中小清口渡，在清河县治所东北五

---

① 光绪《增修甘泉县志》卷24《丛缀》，《中国地方志集成·江苏府县志辑》，第44册，第215页。

② 在祈请使初十日的行程中，王瑞来校笺本《钱塘遗事》"舟离清河口"一句之后脱漏"过小清河口"一句，现据《四库提要》本补。（宋）严光大：《祈请使行程记》，（宋）刘一清：《钱塘遗事》卷9，上海古籍出版社1985年影印本，第202页；（宋）严光大：《祈请使行程记》，（宋）刘一清：《钱塘遗事校笺考原》卷9，王瑞来校笺，第330—331页。

③ 参见邹逸麟《淮河下游南北运口的变迁和城镇兴衰》，《历史地理》第6辑，第7—62页。

④ 万历《淮安府志》卷3《建置志》，《天一阁藏明代方志选刊续编》，上海书店1990年影印本，第8册，第274页。

里，大清口渡，在清河县治所东北十里。① 因此，大、小清河口的间距当在五里左右。清河口在元初为南北水路交通的必经之路，至元十六年（1279）文天祥被押解北上时，曾经过小清河口，作诗以记之："乍见惊胡妇，相嗟遇楚兵。北来鸿雁密，南去骆驼轻。芳草中原路，斜阳故国情。明朝五十里，错作武陵行。"② 同样是在至元十六年（1279），汪梦斗自大都南还，"取小清河出淮，谓可省路四十里"，非常欣喜，遂写诗以记："前来不得由捷径，今日才能据要津。水趁晚潮势殊顺，岸陈秋绿迹相亲。"③ 王恽某年北还，亦曾经过清河口，"拖舟入清口，适喜乱淮碧。崔镇抵宿迁，徐行才半日"④。

第二，严光大记载祈请使到达清河口时，"守渡众官迎入军治"。在这则记载中，"守渡众官"之"渡"当指大清口渡。而"军治"指的是南宋清河军治所。⑤ 宋元之际，清河口一带位置非常重要，"北有清泗，屏蔽淮东，水陆交通，扬、楚要冲，淮南控扼之地，南北必争之地"⑥。宋廷于咸淳十年（1274）八月在大清河口修筑清河城，并以其地为清河军。⑦ 宋元战争期间，控扼南北水路交通咽喉的清河城成为双方争夺的焦点。元军将领博罗欢指出："清河城小而固，与昭信、淮安、泗州为掎角，猝未易拔。"⑧ 至元十一年（1274），元军攻占清河军，⑨ 此后王庆端、王友迪等人曾在此镇守，清河军"邑当孔道，甲马宵发，车船夕济，警无虚日。公（王友迪）一镇之以静，居民贴然如在中州乐土"⑩。至元十五年（1278）十二月，元廷降清河军为清河县，⑪ 其治所在泰定元年

---

① 万历《淮安府志》卷 3《建置志》，《天一阁藏明代方志选刊续编》，第 8 册，第 311 页。

② （宋）文天祥：《文山先生文集》卷 14《指南后录·小清口》。

③ （宋）汪梦斗：《北游集》卷上《舟过桃源至下流近申刻舟人欲取小清河出淮谓可省路四十里既入小清河乘潮亟行舟去如駛次早已至山阳》，《景印文渊阁四库全书》，第 1187 册，第 462 页上栏。

④ （元）王恽：《秋涧先生大全集》卷 4《自淮口抵宿迁值风雨大作》，《元人文集珍本丛刊》，新文丰出版公司 1985 年影印本，第 1 册，第 202 页。

⑤ 万历《淮安府志》卷 3《建置志》，《天一阁藏明代方志选刊续编》，第 8 册，第 344 页。

⑥ （宋）祝穆撰，祝洙增订：《方舆胜览》卷 46《淮东路·淮安军》，第 820 页。

⑦ 《宋史》卷 47《瀛国公纪》，卷 421《李庭芝传》，第 922、12600 页。

⑧ 《元史》卷 121《博罗欢传》，第 2989 页。

⑨ 《元史》卷 154《洪福源传》，第 3631 页。

⑩ （元）程钜夫：《雪楼集》卷 17《冀国王忠穆公墓碑》，《元代珍本文集汇刊》，第 666 页；（元）陆文圭：《墙东类稿》卷 12《清河令王公墓志铭》，《元人文集珍本丛刊》，新文丰出版公司 1985 年影印本，第 4 册，第 596 页下栏。

⑪ 《元史》卷 10《世祖纪七》，卷 59《地理志三》，第 207、1416 页。

（1324）因水患迁于甘罗城，天历元年（1328）又迁于小清河口之西北。① 元代在清河县设有水站，有船三十三只。②

第三，严光大所记江罗城，应为甘罗城之误。按甘罗城，据万历《淮安府志》记载，"在旧淮阴治北，或即淮阴故城"，距离清河县马头巡检司一里。③ 而马头巡检司，在清河县治所以东七里马头镇内，小清河口西。④ 因此，元初甘罗城之地望，当在大清河口附近。

至此，我们大致可以厘清祈请使初九日和初十日的行程：初九日自运河入淮河，沿淮西行，经甘罗城、大清河渡，至大清河口，入清河军治所；初十日继续沿淮西行，经小清河口，转入黄河河道。

祈请使自小清河口转入黄河河道。黄河"南行徐邳之道"，始于金章宗明昌五年（1194）。⑤ 方回记载："黄河决入钜野，溢于泗以入于淮者，谓之南清河。"⑥ 周权也记载："黄河不复行故道，下注清淮通海涘"。⑦ 黄河在元初是南北水路交通的一个重要通道，元初曾借黄河转运物资，"运粮则自浙西涉江入淮，由黄河逆水至中滦旱站，陆运至淇门，入御河，以达于京"⑧。但黄河水运非常艰险，黄溍曾记载某年"江南漕秫米二十万石，由邳沟达大河，覆溺者十之一"⑨。郑潜有诗描述黄河行舟之险："舟溯桃源县，朝盘未及餐。沙崩回柂折，风急下篷难。敧侧中流过，颠危两岸看。"⑩ 尽管如此，黄河清口至徐州这一河段仍是元朝纵贯南北的大运河的重要组成部分，在元代南北交通中发挥重要作用。

---

① 万历《淮安府志》卷3《建置志》，《天一阁藏明代方志选刊续编》，第8册，第344页。

② 《经世大典·站赤》，（明）解缙等奉敕纂：《永乐大典》卷19422，第7244页下栏。

③ 万历《淮安府志》卷3《建置志》，《天一阁藏明代方志选刊续编》，第8册，第371页。

④ 万历《淮安府志》卷3《建置志》，《天一阁藏明代方志选刊续编》，第8册，第310、345页。

⑤ 咸丰《邳州志》卷4《山川》，《中国方志丛书·华中地方·第三四号》，成文出版社1970年影印本，第88页。

⑥ （元）方回：《铜江集》卷1《孙君山经序》，《续修四库全书》，第1322册，第365页上栏。

⑦ （元）周权：《此山诗集》卷4《八里庄渡淮入黄河水浑不可饮过徐入清河水方澄洁信笔闲记》，《景印文渊阁四库全书》，第1204册，第22页上栏。

⑧ 《元史》卷93《食货志一》，第2364页。

⑨ （元）黄溍：《金华黄先生文集》卷25《广东道都转运盐使赠推诚守忠全节功臣资德大夫河南江北等处行中书省右丞上护军追封高昌郡公谥忠懋合刺普华公神道碑》，《四部丛刊初编》，商务印书馆1922年影印本。

⑩ （元）郑潜：《樗庵类稿》卷2《黄河纪险》，《景印文渊阁四库全书》，第1232册，第107页下栏。

祈请使所经之桃源，即桃园县，属淮安路。① 元代在桃源县设置水站马站各一处，其中水站有船三十九只，马站有马六十匹。②

> 十二日，至宿迁县，仅二三十家，舟泊野岸。
> 十三日，舟行，晚宿邳州城外，邳州牧离城远接，置酒作乐，会众官于草庐下。夜，舟泊圯桥之下，即子房槌击始皇博浪沙，中副车，遂逃于此。子房进黄石公履，即此桥也。自此，人皆戴笠，衣冠别矣。
> 十四日，换舟，诸官入邳城去看风俗。城壁圮颓，民居荒芜。自此经过州县只如此。晚宿野岸。③

宿迁，今江苏省宿迁市。宿迁亦是南北水路交通的一个重要枢纽，李凯记载："宿迁于宋，属淮阳军。其地西瞰大河，北枕马陵，东南控淮、涟之境，江南以之为边城，抚洽最后。至元十四年，民得安居，辟土树桑，始赡其生。"④ 邳州，今江苏省邳州市，元代邳州属归德府，辖下邳、宿迁、睢宁三县。⑤ 至元十六年（1279），文天祥被俘北上，经过邳州，作诗以记："中原行几日，今日才见山。问山何处在，云在徐邳间。邳州山，徐州水，项籍不还韩信死。"⑥

严光大记载当时的邳州城颇为破败，"城壁圮颓，民居荒芜"。这是因为，邳州在金元之际处于南北对峙的前沿，屡经战火破坏。"邳之为州与鲁分野，而当南北之冲，夙为用武地。"⑦ 张琯也记载："时残宋方下，长淮南北，邑里萧条。"⑧ 汪元量有诗描述当时的邳州："身如传舍任西东，夜榻荒

---

① 《元史》卷59《地理志二》，第1416页。

② 《经世大典·站赤》，（明）解缙等奉敕纂：《永乐大典》卷19422，第7244页下栏。

③ （宋）严光大：《祈请使行程记》，（宋）刘一清：《钱塘遗事校笺考原》卷9，王瑞来校笺，第331—332页。

④ （元）李凯：《创修庙学记》，同治《宿迁县志》卷12《学校志》，《中国方志丛书·华中地方·第一四一号》，第875页。

⑤ 《元史》卷59《地理志二》，第1408页。

⑥ （宋）文天祥：《文山先生文集》卷14《指南后录·邳州》。

⑦ （元）王构：《重修文庙记》，民国《邳志补》卷23《金石》，《中国地方志集成·江苏府县志辑》，第63册，第680页。

⑧ （元）张琯：《东岳庙碑记》，民国《重修汝宁县志》卷6《艺文志》，《中国方志丛书·华北地方·第一二三号》，成文出版社1968年影印本，第649页。

邮四壁空。乡梦渐生灯影外，客愁多在雨声中。淮南火后居民少，河北兵前战鼓雄。万里别离心里苦，帛书何日寄归鸿。"①

圮桥，即圮上，"在（邳州）旧城东南，俗呼圮桥"②。作为祈请使之一的家铉翁，经过圮桥时，曾作有《圮上行》一诗，其诗序云："舟过圮上，有感而作。"③至元十六年（1279）汪梦斗赴大都，经过邳州，有诗描述圮桥："博浪沙中击副车，却来跪履受编书。欲从圮上寻黄石，今有何人孺子如。"④

祈请使进入邳州后，发现"人皆戴笠"，遂感叹南北衣冠之别。邳州人所戴之"笠"，即幔笠（或名方笠，四角笠子），是元代中国最为流行的一种帽式。⑤元朝统一南北之初，在祈请使看来，佩戴幔笠是北人的服饰标志。邳州自金亡以后，"宋暂有之"，不久归元。元廷在此经营数十年，阿术、张邦直、史天泽等人先后在此镇守，修城池、赈灾荒、劝农桑，⑥已经建立了相当稳定的统治。

祈请使于三月十五日进入徐州境内，严光大记载：

十五日，早发淮阴，属徐州界，道左有元祐间石麒麟院所立镇碑。是晚，徐州府臣携酒至，款诸使。夜宿舟中，其日乃清明，诸使感怀。

十六日，抵徐州，换舟，宿野岸。

十七日，舟行，午过留城，少泊。父老云此是汉高祖封子房为留侯，即此城是也。有庙碑记在焉。过九里（原有缺字）。⑦

① （宋）汪元量：《增订湖山类稿》卷2《邳州》，孔凡礼辑校，第33页。
② 咸丰《邳州志》卷19《古迹》，《中国方志丛书·华东地方·第三四号》，成文出版社1970年影印本，第569页。
③ （宋）家铉翁：《则堂集》卷5《圮上行》，《景印文渊阁四库全书》，第1189册，第346页下栏。
④ （宋）汪梦斗：《北游集》卷上《下邳永丰桥舟过其下有感》，《景印文渊阁四库全书》，第1187册，第453页下栏。
⑤ 张佳：《"深簷胡帽"：一种女真帽式盛衰变异背后的族群与文化变迁》，《故宫博物院院刊》2019年第2期。
⑥ 《元史》卷5《世祖纪二》，卷6《世祖纪三》，卷7《世祖纪四》，第85、8、105、142页。
⑦ （宋）严光大：《祈请使行程记》，（宋）刘一清：《钱塘遗事校笺考原》卷9，王瑞来校笺，第332—333页。

　　徐州，今江苏徐州，在元属归德府，辖萧县。① 徐州在元代为南北交通枢纽，傅若金记载：“国朝收复残宋，车书混一，无思不服，重译入贡，辇琛辇赞，必由彭城。使者旁午，适无虚日，连樯巨舶，络绎不绝。”② 汪元量有诗描述祈请使经过徐州时的情景：“徐州城上觅黄楼，四壁诗章读不休。更欲登台看戏马，州官携酒共嬉游。”③ 文天祥被押解北上时，也曾经过徐州，作诗以记：“连山四维合，吕梁贯其中。河南大都会，故有项王宫。晋牧连扬豫，虎视北方雄。唐时燕子楼，风流张建封。”④

　　祈请使自徐州，转入泗水北行。关于泗水，《大明一统志》记载：“泗水，源发陪尾山，四泉并发，循泗水县北八里始合为一，西经曲阜县贯府城（兖州）下，至济宁分流南北，南流入徐州境，北流入会通河。”⑤ 嘉靖《沛县志》也记载：“泗水，源出山东泗水县南，流过沛至徐城。”⑥ 泗河在金元之际是一条重要的南北交通线，宪宗丁巳年（1257），元廷曾借泗河转运粮饷：“济侉奉符毕辅国请于严东平，始于汶水之阴，堽城之左，作一斗门，堨汶水入洸益泗，漕以饷宿、蕲戍戍边之众，且以溉济、兖间田。汶由是有南入泗淮之派。”⑦ 祈请使沿泗水北行，所过之留城，“在（徐州）城北九十里，与沛县接界”⑧，即“张良遇汉高祖处”⑨。汉高祖封张良为留侯，后在留城建有留侯庙。⑩ 郝经有诗记述留城留侯庙：“龙蛇绕乱出氛埃，隆准相逢帝业开。三世相韩携剑起，一言平楚据鞍回。扫除乱略伊周辈，驾驭英雄管乐才。崔浩张宾是何者，敢将骥骤比驽骀。”⑪

---

　　① 《元史》卷59《地理志二》，第1408页。

　　② （元）傅若金：《徐州洪神庙碑记》，民国《铜山县志》卷12《建置》，《中国地方志集成·江苏府县志辑》，第62册，第199页。

　　③ （宋）汪元量，《增订湖山类稿》卷2《湖州歌·其五十五》，孔凡礼辑校，第48页。

　　④ （宋）文天祥：《文山先生文集》卷14《指南后录·过彭城》。

　　⑤ （明）李贤等纂修：《大明一统志》卷23《兖州府》，第369页下栏。

　　⑥ 嘉靖《沛县志》卷1《舆地志·山川》，《天一阁藏明代方志选刊续编》，第9册，第37页。

　　⑦ （元）李惟明：《改作东大闸记》，乾隆《兖州府志》卷27《艺文志三》，哈佛燕京图书馆藏乾隆三十五年刻本。

　　⑧ 乾隆《徐州府志》卷8《古迹》，哈佛燕京图书馆藏乾隆七年刻本。

　　⑨ （明）李贤等纂修：《大明一统志》卷18《徐州》，第279页上栏。

　　⑩ 嘉靖《徐州府志》卷6，《中国方志丛书·华中地方·第四三〇号》，成文出版社1983年影印本，第579页。

　　⑪ （元）郝经：《郝文忠公陵川文集》卷13《题留城留侯庙》，《北京图书馆古籍珍本丛刊》第91册，书目文献出版社1988年影印本，第589页下栏。

此外，严光大还记载了黄河西岸之麒麟院，查阅乾隆《徐州府志》相关记载可知，麒麟院或即兴明寺，宋元祐元年建，在桐城县东南。[1]"过九里"一句后有缺字，不详其所指。王瑞来先生疑所缺之字为山[2]，按徐州附近确有九里山，但其在城北五里，严光大"过九里"的记载系于"午过留城"之后，留城位于徐州城北九十里，因此二者并不契合，[3]姑且存疑待考。

结 语

元灭南宋后，江淮地区由宋元对峙的前沿变为元朝统治的内郡，在南北交通中占据重要地位。严光大《祈请使行程记》所载元初江淮交通以淮安为界可大致分为两部分：其一，自镇江渡过长江到达瓜州，自瓜州乘舟，沿古邗沟北上。其二，自淮安乘舟渡淮，自小清河口转入黄河河道北上，经桃源、宿迁、邳州而到达徐州。但江淮地区由边疆到内郡这一角色的转换是一个过程，不可能一蹴而就。在交通方面，表现在扬州、高邮等地尚有南宋残余势力坚守，南北交通阻塞。祈请使自杨子桥便须舍弃更为直接的运河交通，改乘铺马，经扬州、湾头而至邵伯镇。自邵伯镇又要向西北绕道天长县，经宝应而达于淮安。在长江接运中，横渡长江颇为艰险，长江接运系统并不完善，元廷江防又较为严厉，人员与物资转运很是困难。此外，统一之初，江淮地区的驿站系统也还不完善，祈请使在北上途中，一些时日只能夜泊野岸，或宿荒草，或宿舟中。

这一交通线路持续的时间并不是很长，随着元军逐渐消灭南宋残余势力，南北交通的壁垒被彻底打破。元廷采取多种措施，积极改善江淮地区交通条件，疏浚扬州运河，设立水陆驿站，完善驿站祗应，整顿长江接运系统，最终形成了以邗沟和黄河河道为主干，以瓜州、扬州和淮安为枢纽的江淮交通。

（作者为山东大学历史文化学院副研究员）

① 乾隆《徐州府志》卷8《寺观》，哈佛燕京图书馆藏乾隆七年刻本。

② （宋）严光大：《祈请使行程记》，（宋）刘一清著，王瑞来校笺：《钱塘遗事校笺考原》卷9，第332—333页。

③ 乾隆《徐州府志》卷2《山川》，哈佛燕京图书馆藏乾隆七年刻本。

海外回响：蒙元帝师八思巴在日韩历史中的形象与书写[*]

余　辉

一　日本中世以来对元帝师八思巴的观感与看法

日本室町时代（大约在元朝晚期）史籍《太平记》记载一则蒙宋二帝化身狮羊而争夺天下的故事。据日本学者研究，《太平记》作者可能是日本佛教天台宗的僧人，或许曾经来过元朝求法。^① 其中涉及"蒙宋二帝化身定天下"的故事，是值得我们深究的一个故事。

《太平记》言：大元国主为"太元老皇帝"（按日本史料多称呼大元为太元），宋朝治世已历十六代，其亡时乃幼帝执位。此时大元国主较宋皇帝老，已属吐蕃管辖之诸侯，宋朝四百州自万里之云南至高丽三韩皆残，是时攻取可入骨取心，彼老皇帝思此事仰天垂目而睡。梦中宋朝幼帝与大元老皇帝隔扬子江整阵相对，时扬子江顷俄水旱而为陆地，两阵之兵欲相近而战，幼帝化生为勇猛迅奋之狮子，老皇帝之形俄变白色柔和之羊，两方之兵见是皆卸弓弃戈，天下之胜负在狮子同羊之战。羊忽惧狮子凶形而倒地，时羊之二角一尾骨皆折……老皇帝梦醒之后更为不悦，虑此乃大不吉之梦，西蕃之帝师闻是心中之梦占谓曰："夫羊之文字，八点悬书王上，八点乃羊之角，

---

　　* 本文系作者国家社科基金青年项目"宋元江西北部石刻资料整理与研究"，阶段性成果，项目编号：23CZS021。

　　① ［日］渡辺守順：《〈太平記〉における天台》，《説話文学の叡山仏教》，和泉書院1996年版；［日］松尾剛次：《太平記》，东京：中央公論新社2001年版。

而竖针乃尾。故羊之二角与与一尾皆王字之首尾，是大元老皇帝将并吞宋国之高丽而为保天下之主之瑞相也。宋朝之幼帝成狮子而显凶愤乃自灭之相也。夫狮子身中有毒虫，必食其身而杀之，幼帝所率官军之中亦有行贰臣倒戈之事……"使得宋廷夷叛臣三族，其后宋军不战而降，最终临安开城，南宋灭亡。最后《太平记》的撰者总结道：蒙古灭宋，事在天运，实则是帝师一人之谋略者。①

陈学霖先生《宋金二帝弈棋定天下——〈宣和遗事〉考史一则》一文提及：德运在朝代更替占有重要地位，《宋金二帝弈棋定天下》故事看似是书坊篡造，却也反映南宋后期民间对于北宋覆灭与金宋对抗的看法。②《太平记》所载《蒙宋二帝化身定天下》与宣和遗事本《宋金二帝弈棋定天下》有非常类似的地方。看似荒诞不经，如其中八思巴为元世祖解梦，已经是汉地普通卜算先生为人所解字，其实八思巴并不认识汉字，如何能解羊字倒写而克制狮子，八思巴如何能懂得宋元汉地把猛兽如狮子、猛虎称为"大虫"。这两个故事为我们揭示了底层以及宗教如何看待朝代更迭，天命统治之权如何以某种形式转移变化。我们细审《蒙宋二帝化身定天下》文本，可以发现，其实糅合很多南宋与日本底层民众对蒙元朝廷的看法。我们逐渐分析这个故事多重背景。蒙元崇信释教，以原吐蕃地区密教为佛教正统，信仰非常虔诚，大部分蒙元上层都皈依藏传佛教，历代蒙古皇帝修习密教仪轨甚勤，所以才会出现太元皇帝忽必烈虽然管辖太元、高丽、宋国三个地区，却也是吐蕃管辖一个诸侯，这也反映了《太平记》作者深厚的佛教背景。

故事中，年长的忽必烈化身为羊，而年幼的宋帝化身为狮子。这是非常有意涵的暗喻。藏传佛教中，狮子具有崇高的地位。《贤愚经》有舍利弗与劳度差化身千万种变化斗法，众人在旁评判其化身高下，最后舍利弗以其多变而端庄的造型而胜。

> （劳度差）复作一牛，身体高大，肥壮多力，麤脚利角，爬地大吼，奔突来前。时舍利弗，化作师子王，分裂食之。众人言曰："舍利弗胜！

---

① 《太平记》卷38，《太元军事》，国立国会图书馆藏江户时代和钞本，第24b—30a页。
② 陈学霖：《宋金二帝弈棋定天下——〈宣和遗事〉考史一则》，载氏著《宋史论集》，东大出版公司2001年版，第211—240页。

> 劳度差不如。"①

其中舍利弗就曾变为狮子，劳度差变为蛮牛尚且不如，何况是忽必烈变为稍弱的羊。可见，《太平记》说忽必烈变为羊而见狮子而惊惧，是非常有可能的。年幼的宋朝皇帝赵㬎被元军俘虏后，还曾被送往西藏地区学法，成为高僧。由此可见，忽必烈虽然重视佛教，但在宗教亲源关系上，自然是输给了年幼宋帝，所以化身斗法失败，使得他不得不求助于八思巴。同时期，日本春屋妙葩禅师在《智觉普明国师语录》有："佛喻之狮子身中虫食狮子肉，……宋太祖皇帝亦不改之，大元老皇帝亦从而行之。"②

《太平记》还有一段话涉及八思巴，我们来看这里的记载：

> 如今禅僧的心操法则，皆与之相悖。因此，宋朝有位真言师，作为西番帝师，修摩诃迦罗天法，护持朝廷。帝师上天之下，一人之上，因而禅僧无论是怎样的大寺长老、大耆旧，若是途中遇到帝师，也只能屈膝跪地，参会朝廷时，则伸手脱履为礼。③

这里谈到宋朝皇帝尊崇西番真言师为帝师，修习摩诃迦罗天法，禅宗诸大贤长老、西番见到帝师也只能恭恭敬敬，并且先行大礼。这当然不是元朝真实情况，《太平记》喜欢以宋朝代替元朝，可能认为宋为正统。元朝崇信藏传密教，达到无以复加的程度。《太平记》反其道而行之，可能并非不知道实际情况，而是故意突出西番教对于宋朝（元朝）的危害。

忽必烈与宋帝化身斗法失败，问计于八思巴。藏文史集有些许记载。《雅隆尊者教法史》说：

> 忽必烈欲收服蛮子江山，询问上师八思巴，曰："收服南方蛮子之地，可否提高侍奉佛教之威望，扩大蒙古兵丁之势力？"大喇嘛言道：

---

① 《大正藏》第四册，《贤愚经》卷10，第420页。
② 转引自张静宇《『太平记』卷三十八「大元军事」と宋元文化》，载太平记国际研究集编《太平记をとらえる》第二卷，笠間書院2015版，第19页。
③ ［日］佚名：《太平记》新第四卷，兵藤裕己校注，岩波书店2015年版，第131页。

"而今汝无良仆，吾得启请三宝，伺机而行。"于是建立涿州护法殿。护法面朝南方。①

这里说的是，忽必烈请八思巴做法收服江南地区，而八思巴以忽必烈无良好的仆从，而请忽必烈在涿州建立护法殿，以庇佑蒙古军队。《汉藏史集》则记载得更为细致，指出建立护法殿即为建立摩诃葛剌殿。同时修正了一些明显冒犯之类的错讹语，如忽必烈无良仆之类的话语。

> 皇帝又对上师八思巴道："如今遣伯颜领兵攻打蛮子地方如何？"上师回答说："彼足以胜任。我将为其设法，求得吉兆。"上师遣尼泊尔人阿尼哥，犹如幻化之工匠般出力，在涿州地方兴建一座神殿，内塑护法摩诃葛剌主从之像，由上师亲自为之开光。此依估像之脸面，朝向南方蛮子地方。并命阿阇黎胆巴贡嘎在此护法处修法。②

八思巴指出，伯颜为将率军攻南宋是足以胜任的，他看来还需要一点佛法的加持，所以还要崇拜摩诃葛剌之像。《太平记》卷三十五中还有伯颜请大黑天加持军力的说法：

> 帝命伯颜垂相，攻取江南不克，遂问丝旦竺兰云。护神云何不出气力。奏云：人不使不去，佛不请不说。帝遂求请。不日而宋降。

护神摩诃葛剌即摩诃迦罗，则是崇拜梵名摩诃葛剌（MaMkSLa）的菩萨，其在藏传佛教中是重要的护法神，在元朝备受蒙古人崇拜，蒙人尚武，故而多崇拜其为战神。八思巴命阿阇黎胆巴贡嘎在神殿修法，就是为了加强其神力，加持蒙军战力。

元人柳贯有文对摩诃葛剌神在元朝崇拜有仔细的记录：

> 摩诃葛剌神，汉言大黑神也。初，太祖皇帝肇基龙朔，至于世祖皇

---

① 释加仁钦德：《雅隆尊者教法史》，汤池安译，西藏人民出版社 1989 年版，第 51 页。
② 达仓宗巴·班觉桑布：《汉藏史集》，陈庆英译，西藏人民出版社 1986 年版，第 172—173 页。

帝绥华纠戎，卒成伐功，常隆事摩诃葛剌神，以其为国护赖，故又号大护神，列诸大祠，祷轵响应。而西域圣师大弟子胆巴亦以其法来国中，为上祈构，回请立庙于都城之南。涿州祠既日严，而神益以尊。方王师南下，有神降均州武当山曰："今大黑神领兵西北来，吾当谨避之。"及渡江，人往往有见之者。武当山神即世所传玄武神。①

《雅隆尊者教法史》记载：

至元十三年，伯颜率军出征，收服蛮子之地，虏蛮子幼主而归。至涿州护法殿，见护法神像，言道："昨日带兵之黑巨人在此。"②

《汉藏史集》记载：

当蛮子国王及归降之众到来时，有人给他们指示涿州依怙殿，彼等说："在我们地方，望见军中出现一大黑人及其侍从，原来大黑人住在此处。"③

现实情况其实也并非蒙古新崇拜摩诃迦罗天菩萨，修建其庙宇，尊奉其塑像，就战无不胜，这是蒙古官方为了瓦解南宋官方守护神真武而构建一个故事，为的就是打击南宋军民抵抗的决心。④ 元顺帝（后）至元六年（1340）禅僧念常撰成的《佛祖历代通载》卷二二有八思巴弟子胆巴传记，其中记载胆巴与大黑神之间的关系，为《太平记》八思巴做法为忽必烈谋取仆从，护佑蒙军一个背景：

（胆）巴入中国。诏居五台寿宁。壬申（至元九年，1272），留京师。王公咸禀妙戒。初，天兵南下，襄城居民祷真武，降笔云：

---

① （元）柳贯：《待制集》卷9，四部丛刊本。
② 释加仁钦德：《雅隆尊者教法史》，汤池安译，第51—52页。
③ 达仓宗巴·班觉桑布：《汉藏史集》，陈庆英译，第176页。
④ 马晓林：《蒙元时代真武—大黑天故事文本流传考》，《藏学学刊》第10辑，第85—98页。

"有大黑神领兵西北方来,吾亦当避。"于是列城望风款附,兵不血刃。至于破常州,多见黑神出入其家,民罔知故。实乃摩诃葛剌神也。此云大黑。盖师祖父七世事神甚谨,随祷而应,此助国之验也。乙亥(至元十二年,1275),师具以闻。有旨建神庙于涿之阳。结构横丽,神像威严,凡水刼蝗疫,民祷响应。①

宋朝也知道,蒙元上层推行大黑神护佑蒙军战胜宋军的神话。张端义《贵耳集》有记真武避黑神,且把蒙古军队杀武当山 105 岁高龄道长曹观妙,当做是神谕:

均州武当山,真武上升之地,其灵应如响。均州未变之上,敌至,圣降笔曰:"北方黑煞来,吾当避之。"继而真武在大松顶现身三日,民皆见之。次年有范用吉之变。敌犯武当,宫殿皆为一空,有一百单五岁道人,首杀之。则知神示,人有去意矣。……《左传》云:"国将兴,听于人;国将亡,听于神。"即此意也。②

学者考证出这段文字写于 1244—1248 年之间,这说明当时蒙古军队已经开始宣传大黑神战力无穷,南方真武神避之的传说。③ 南宋方也已经察觉,而且联系《左传》经典之语的记载,为己方军事失败作掩护。

《太平记》言八思巴潜入宋,招募死士,混乱南宋朝纲。据元人郑元祐《遂昌山人杂录》记载,有位蒙元官员尤宣抚潜入南宋京畿地区八年,刺探军情:

伯颜丞相先锋兵至吴,是日,大寒天,雨雪。老僧者时为承天寺行童,兵森列寺前,住山老僧某,令其觇兵势,且将自刎,无污他人手。行童震栗,远望有以银椅中坐者,以手招行童。行童莫敢前。且令军士

① (元)释念常:《佛祖历代通载》卷22,《大正藏》第49册,第726页。
② (宋)张端义:《贵耳集》卷下,中华书局1958年版,第68—69页。
③ 马晓林:《蒙元时代真武—大黑天故事文本流传考》,载《藏学学刊》第10辑,第85—89页。

趣召之。将至，戒以无恐。既至，召令前，问住山某和尚安否，西廊下某首座安否。行童大惊。且戒令先往首座房致意，首座僧大惊。而银椅中坐者已至房，作礼，笑问曰："首座如何忘却耶？某固昔时知命子，寺前卖卜者也，尝宿上房逾半年。"已而偕至方丈拜主僧，主僧错锷，谡不省，扣之，乃言曰："我尤宣抚也，今日尚何言？"即命大锅煮粥啖兵人，令兵人持招安榜，而令行童以吴语诵榜文晓谕百姓。于此，始知尤公探谍江南凡八年，至以龙虎山张天师符箓，取验于世祖皇帝云。①

这里提到尤宣抚为忽必烈找张天师问计，看似不可能，我们可从元末宋濂之语作比对，相互印证其真实性。

时当宋季，元世祖闻其（张天师）神异，密遣问使讯之。可大授以灵诠，且谓使者曰善事尔主，后二十年当混一天下，逮至元十三年，果验。②

从《遂昌山人杂录》文中可知，尤宣抚潜伏佛寺，在南宋八年刺探军情外，又在道教培养亲元势力。他策反龙虎山张天师，使之为忽必烈所用，张天师欣然用符箓做法，取验于忽必烈，为灭亡南宋作了重要基础，瓦解南宋军民抵抗的信心，可以说，这一段时间佛寺僧侣在宋蒙战争中起了非常重要的作用。③ 江南军民在宋亡元兴后，必定对此有所反思，所以，这些故事才逐渐流传开来，为时人所记载。

元朝中后期，为了感谢八思巴对于元朝的巨大贡献，有鲜卑僧人请求元廷为八思巴建立帝师庙，仿照汉地孔子庙建置，为天下人崇祀。当时佛教首领杨安普力推，杨安普是杨琏真迦之子，因为其父掘南宋帝陵，毁坏南宋故宫文物而构筑佛寺于其上，摧毁江南之王气而遭到汉族士人的责难。杨安普等一帮西域僧人是推动建立八思巴帝师庙幕后推手。

---

① （元）郑元祐：《遂昌山人杂录》，中华书局1991年版，第3—4页。

② （明）宋濂：《宋濂全集》第4册，《宋学士文集·汉天师世家序》，浙江古籍出版社2014年版，第1228页。

③ 廖寅：《传法之外：宋朝与周边民族战争中的佛寺僧侣》，《中国文化》2014年冬之卷，第32—41页。

忠肃王元年，帝命王留京师。王构万卷堂于燕邸，招致大儒阎复、姚燧、赵孟頫、虞集等，与之从游，以考究自娱。时有鲜卑僧上言："帝师八思巴制蒙古字，以利国家，乞令天下立祠比孔子。"有诏公卿耆老会议。国公杨安普力主其议。王谓安普曰："师制字，有功于国，祀之自应古典，何必比之孔氏？孔氏百王之师，其得通祀。以德不以功。后世恐有异论。"言虽不纳，闻者胜之。①

元代以来，一直流传杨安普父杨琏真迦为八思巴弟子的传说，② 总之，以他们为代表的西域僧人促使元廷下决心，由元仁宗拍板，于各地建立八思巴帝师殿，比肩汉地孔庙祭祀。日本学者乙坂智子分析指出，大儒吴澄受命撰写八思巴帝师殿碑文时，使用智、悟、能、用、力等词汇形容八思巴的政治与宗教才能与现实功绩，极力避免以传统美誉圣、德为赞词，淡化其在汉语文本中的神圣性。③ 仁宗虽然以尚儒治受到汉地士人推崇，他同时也是藏传佛教的信徒。仁宗时期蒙古、色目官员对汉地士大夫多有牵制。④ 可见，当时八思巴在元朝超然的崇高地位，以及在这些入汉地僧人中的重大影响，元朝国家祭祀把八思巴提升到与孔子一般的高度，汉地士大夫必然有所不满，以及汉地各类汉传佛教僧人，都处在帝师八思巴为代表的藏传佛教压制下。⑤ 这些士人表达不满之办法，不能直接针对元廷，于是把矛头针对了帝师八思巴。也能说明《太平记》把蒙宋二帝斗法，其中胜负关键人物设定为八思巴，而不是其他蒙宋两边之王公与耆老，正如日本学者所考察，《太平记》是糅合南宋士人、禅宗僧人与日本来华僧人各方历史记忆，而由日本来

① ［朝鲜］郑麟趾：《高丽史》卷34，《忠宣王甘家二》，韩国首尔大学奎章阁藏明刻本，第6b—7a页。关于杨琏真迦、杨安普父子研究参见陈高华《略论杨涟真迦和杨暗普父子》，《西北民族研究》1986年第1期，后收入《元史研究论稿》，中华书局1991年版，第385—400页。

② ［意］dPal byor bzang po, rGya bod yig tshang chen mo, Si khron mirigs dpe skrun khang 1985. pp. 327 - 328. 转引自沈卫荣《论蒙元王朝于明代中国的政治和宗教遗产——藏传佛教于西夏、元、明三代政治和宗教体制形成中的角色研究》，载《西夏佛教文献与历史研究》，甘肃文化出版社2018年版，第443页。

③ ［日］乙坂智子：《吴澄撰パクパ帝師殿碑二篇——反仏教的「真儒」のチベット仏教僧顕彰文》，《横浜市立大学論叢》第63卷第3期，第240—306页。

④ ［日］乙坂智子：《元代江西の帝師殿と吴澄——撫州路・南安路帝師殿碑撰文の背景》，《横浜市立大学論叢》第64卷第2期，第120—168页。

⑤ 马晓林：《元朝八思巴帝师祭祀研究》，《北大史学》第18辑，第81—103页。

华僧人执笔撰写流传下来的文本。

此故事中帝师八思巴近乎神僧与小人，神僧乃是可以逆转天道，为君上分忧。小人乃是不正常手段，潜入敌境，祸乱敌国之心。这个故事是汉地精英与日本为了显示元朝得国不正与八思巴等人诡计多端而构建起来的一个故事。虽然看似荒诞不经，却融入了当时很多时代背景。江南佛教对于宋蒙易代之看法，乃出自天命观，而且是宋方占据某种优势情况下，被人为强行转圜了天意。《太平记》所提到的伯颜、吕文焕、贾似道虽然都归为宋方将领，虽不尽贴合历史实情，但这三人都是灭亡宋之关键人物，所以都归为被八思巴施计诱惑，甚至采用刲股纳书等极端方式传递情报，① 所以逐个败亡。这段故事为我们理解元朝以及八思巴在江南佛教禅林以及日本来华僧侣心理提供一个很好的文本，也为我们理解元代汉人笔下番僧三个形象：神通、妖术和贼髡，多了一个有趣的注解，② 有日本学者还以中国史籍没有《太平记》类似的记载，而认为，太平记这段故事当然是虚构的。③ 我们从《太平记》成书背景看，大部分研究《太平记》的学者认为，是日本细川赖之纠合日本五山禅林而创作的，每个故事原型都有所本。④ 其中涉及透露宋蒙之交的故事历史史实是存在的，而且有学者认为，反映日本僧人对江南地区禅宗与密教势力此消彼长的看法⑤。总之，《太平记》中"蒙宋二帝化身定天下梦"故事更加增进我们窥探元代江南士林、禅林对于藏传佛教与元廷关系看法，提供一个切入口。

---

① 张静宇：《『太平记』卷三十八「大元军事」と宋元文化》，载太平记国际研究集编《太平记をとらえる》第二卷，第27—28页。按战争情况下，使用腊丸且刲股纳书，只见于记载岳飞事迹《鄂国金佗稡编续编》与《宋史·岳飞传》，《太平记》"大元军事"说八思巴用腊丸刲股纳书传递情报，使用反间计，无疑受到了上述记载的影响。王曾瑜先生认为：岳飞用反间计一事，宋朝其他史书全无记载，疑为岳珂杜撰。即使岳飞曾施行反间，也不会在刘豫之废立中有多少作用。见（宋）岳珂编《鄂国金佗稡编续编校注》卷七《经进鄂王行实编年卷之四·绍兴七年丁巳岁》，王曾瑜校注，中华书局1989年版，第454页。

② 沈卫荣：《神通、妖术和贼髡：论元代文人笔下的番僧形象》，《汉学研究》第21卷第2期，2003年，第219—247页。

③ ［日］釜田喜三郎：《文芸と何であ石か——楠木正成の神謀鬼策——》，《太平記研究》，新典社1992年版。

④ 张静宇：《元代帝师与〈太平记〉中西番帝师》，《暨南史学》第19辑，第104—112页。

⑤ 康昊：《"西番帝师"与"亡国先兆"：日本康永四年山门暗诉叙述中的宋元佛教》，载赵轶峰、彭卫、李振宏编《中国古代史研究的国际视野》，中国社会科学出版社2019年版，第297页。

二 朝鲜文献中的帝师八思巴

朝鲜文献记载八思巴帝师首见于《高丽史节要》,按:《高丽史节要》多为朝鲜王朝时期据《高丽实录》删改而成,保存了部分高丽实录的原貌。这则故事系于元世祖至元十三年,也即八思巴受封帝师不久。

> 吐蕃僧,自元来,自言帝师遣我,为公主国王祈福,宰枢,备旗盖,迎于城外,请王,作曼陁罗道场,令备金帛,鞍马,鸡羊,用麦作人,长三尺,坐之坛中,又作小面人,面灯,面塔,各一百八,列置其傍,吹螺击鼓,凡四日,僧,戴花冠,手执一箭,系阜布其端,周麾而雀跃,车载面人,令旗者二,甲者四,弓矢者三十曳弃城门之西,公主施钱甚厚,其徒争之,诉曰:僧非帝师所遣,佛事,乃其伪作,公主诘之,皆服,遂黜遣之。[①]

我们仔细分析此则故事。此时正是高丽忠烈王臣服于元,并且尚元公主。元公主为高丽王后,依仗元朝帝室,在高丽朝政占据了主导作用。当时元公主不察,因该位法师自言来自吐蕃,且又为帝师派遣,为公主、国王祈福,所为甚有模样。公主欢心大悦,赐赏极其丰厚,导致其徒弟争利,进而暴露佛事作伪的真相。公主虽然驱逐作伪的吐蕃僧人,但是也暴露此时高丽王室力图靠近元廷上层,崇尚释教的心态。苏天爵记载:"帝师至自西方,勅百官郊迎,公卿膜拜进觞,师坐受之。"[②] 可见,帝师在元代中央及地方所受到的尊崇,百官还要跪迎。

至元三十一年,高丽人八哈思拜靠帝师八思巴门下,研习佛法多年,以蕃师身份而返回高丽得享受荣华富贵。元代帝师及其弟子在各地广为受到尊敬。

---

① 《高丽史节要》卷19,忠烈王二年(元至元十三年)。
② (元)苏天爵:《滋溪文稿》卷8,《碑志二·元故中奉大夫江浙行中书省参知政事追封南阳郡公谥文靖字尤鲁公神道碑铭并序》,陈高华、孟繁清点校,中华书局1997年版,第121页。

秋七月，元遣吃折思八、八哈思，赍护沙门诏来，吃折思八者，蕃僧之名，八哈思者，蕃师之称，师本珍岛人，岁辛未讨南贼时，被虏而西，遂投帝师剃发，离乡久不知父母存殁，至是得于西林县，贫不能自存，为人家佣，王赐米与田，令家于乔桐县，聚其族而复其役。①

八哈思为高丽贫者，因缘际会得以投帝师剃发为蕃僧，回高丽后，收拢散落的族人，又得忠烈王赐予米与田产，可谓受到很高的礼遇。细究这一切都是因为其改变身份，不再仅仅是一高丽贫者，而是大元帝师八思巴的弟子，由此可见，高丽对于元朝帝师八思巴的推崇，当然这也和元代制度有关。《元典章》记载僧人所受到的优待：

> 为僧官教和尚每生受，经文的勾当急慢的上头，除宣政院外，其余僧司衙门革罢了来。如今，帝师为头讲主每、众和尚等交奏：和尚每根底，交纳税粮着；铺马、祗应，不拣甚么杂泛差发，休当者。②

蒙元时期，僧人受到优待极大，很多差役都可以免除，这与藏传佛教僧人八思巴为帝师有着密切的关系，这即是忽必烈时期与藏传佛教的联盟。我们来看朝鲜王朝早期士人林椿对于帝师在蒙元受到礼遇的评价：

> 仆观古贤士之于世，不苟异，不苟同。用之则为帝师，不用则乃穷谷一叟耳。故其动静语默，皆得其所矣。③

《高丽史节要》与李齐贤《益斋乱稿》还记载元英宗延祐年间鲜卑僧人请求为帝师八思巴建立帝师庙，此次元廷高层会议情况，为中国史料所缺载，我们在上文已有分析，此不赘述。《元典章》：

---

① 《高丽史节要》卷21，忠烈王二十年（元至元三十一年）。
② 佚名编：《元典章》卷33，《释道·礼杂·释道·释教·和尚头目》，洪金富校，"中研院"史语所2016年版，第1039页。
③ ［朝鲜］林椿：《寄山人悟生书》，载《东文选》卷59。

八思八帝师，薛禅皇帝时分蒙古文书起立来的上头，"盖寺者。"说来。前者，盖了有来。如今，交比文庙盖的大。随处行文书，都教大如文庙。八思八帝师根底，教盖寺者。么道，圣旨了也。钦此。①

《元典章》记载八思巴帝师庙要建立比文庙大，足见元廷高层信仰中，藏传释教之地位要超过汉地之儒家信仰。这一点一直为明清文士所诟病，成为元朝政权迫害儒士之证据。朝鲜王朝时代，朝鲜王朝崇儒甚居，对于蕃僧为帝师甚为排斥。所以展开了批判，特别是八思巴为帝师，建立帝师庙之事。朝鲜儒者李学逵谈道：

芦沟河上万卷堂，谁其主者沈阳王。充梁插架皆文章，钿金之带承宠光。（帝尝赐王金虎符玉带七宝带碧钿金带等物）

思巴议祀言尤当，（时鲜卑僧上言帝师八思巴，制蒙古字，以利国家。乞令天下立祠比孔子。王曰：师制字有功于国，祀之自应古典，何必比之孔氏。孔氏百王之师，其得通祀。以德不以功，闻者韪之）江南九月时菊芳。奉使归来文思长，尚论轩羲与虞唐。

姚阎元赵皆专场，风流儒雅莫可量。民之秉彝在伦常，一丁不识庸何伤。

戴星之路何许忙，坐久胡为看淑昌。中菁之言不可详，万卷虽多何能藏。②

李学逵以元廷为八思巴建帝师庙乃是秉承八思巴创立国字的功绩，这一点可以比肩轩羲与虞唐，但是，这种观点受到其他朝鲜儒者严厉批判。金平默则有诗对比：

西衲昂昂作帝师。胡官何怪贬宣尼。狗不食余怀孟坚。翱翔奥窦善

---

① 佚名编：《元典章》卷68，《工部·造作·工役·帝师殿如文庙大》，洪金富校，第1930页。
② ［朝鲜］李学逵：《洛下生集》，《秋树根斋集·海东乐府》，《韩国文集丛刊》，第290册，第521页。

为媚。①

　　西释巍巍北帝师。冬青杜宇古今悲。元初失却修攘义。地覆天翻悔莫追。（忽必烈盗据中国，宠西僧杨琏真伽为帝师，任其恣横。至掘拔宋帝诸陵，取其骨为浮屠，宋之遗民，暗行赂遗，易以他骨，合葬诸帝之骨，植冬青以识之。夷狄之祸至此，尤不忍言）②

　　金平默以胡官（蒙古人）以西天僧人昂首挺胸，而贬低孔子之教，使中原地区儒家伦理遭到极大的破坏。直接导致西天胡僧杨琏真迦掘南宋帝陵，为祸人间。

　　沈定镇在朝鲜王宫经筵日讲对国王说：

　　臣又曰：西僧帝师自尊如此者，盖佛氏以为天上天下惟我独尊，其所谓独尊者何也，天地万物。皆阴阳中物事。而佛者则外人伦外形骸，超乎阴阳之外。故曰：天上天下惟我独尊，故西僧帝师之妄自尊大。盖本于此也。③

　　朝鲜王朝还有一种看法，直接指帝师是导致元代九儒十丐等政策的元凶。

　　中统元年，首以西番僧八思马为帝师。令公卿受戒，继而衡征为太子傅矣。元之制典。人有十等，一官二吏七娼九儒十丐，则介乎娼之下丐之上者儒也。④

　　朴趾源《热河日记》则留有大量笔墨，记载清代活佛的情况，以类比元

---

① ［朝鲜］金平默：《重菴集》卷3，《诗·海居观物》，《韩国文集丛刊》，第319册，第77页。
② ［朝鲜］金平默：《重菴集》卷3，《诗·咏怀》，《韩国文集丛刊》，第319册，第60页。
③ ［朝鲜］沈定镇：《霁轩集》卷6，《讲说·书筵讲说》，《韩国文集丛刊》，第89册，第126页。
④ ［朝鲜］黄德吉：《下庐先生文集》卷4，《书·答郑希仁》，《韩国文集丛刊》，第260册，第329页。

代的帝师。

> 乌斯藏去中国万余里。有大宝法王。小宝法王。投胎夺舍。递相轮换。俱有道法。生即神圣。即今活佛。乃古元时西天佛子。大元帝师。去岁内阁永公陪皇六子。备法驾仪仗。往迎活佛。活佛已知皇帝贵臣当来迎我离京日子及贵臣名某。名永贵。现任内阁学士。宠臣云。所居皆黄金屋。其侈丽更盛于中国。《热河日记》

朴趾源《热河日记》又有"班禅始末"一章,大幅叙述帝师历史渊源,讲述班禅的历史影响,以及对比大元帝师的待遇。这其实是朴氏为了向朝鲜内部说明清乾隆时期崇班禅的历史背景。

> 赐号皇天之下一人之上宣文大圣至德真智大元帝师,后有请缴压魔之戏,发卒数万。皆纨袴绣袍,车骑、幡旌、宝盖,皆饰以金珠宝玉。锦绣绫彩,围列皇城,游历四门,复导以蕃汉细乐,迎缴入宫,谓之巴思八教。然已与本教旨意大乖,棼糅幽恠,杂以鬼道。帝及后妃公主,俱素食,迎缴膜拜,与亿兆导福,所谓打斯哥儿。值巴思八游,日至有破家倾产。万里来观者,终元之世,岁以为常,其崇奉其教如此,同时有澹巴,后有珈璘真,皆番僧善秘密法,然皆异巴思八教,能通他心,微中帝心内事,帝皆师之。而当时亦未有投胎夺舍之说。洪武初,广谕西番诸国,于是乌斯藏,先遣使朝贡,其王兰巴珈藏卜者僧也,犹自称帝师。是时诸番帝师及大宝法王,已为有国之号,如汉唐时单于可汗之称帝,悉改帝师为国师。而赐玉印,帝自审玉理,更制美玉,其文有出天行地宣文大圣等号,为史者省之也。印比所赐玺书,双螭结钮。其后西番诸国称法王帝师,益遣使,达名号于天子之庭者,无虑数十国,则悉改封国师,或加大国师以宠异之。①

综合朝鲜文献来看,高丽时期对于帝师表现为尊崇,这与元与高丽特殊

---

① [朝鲜]朴趾源:《燕巖集》卷13,《热河日记·班禅始末》,《韩国文集丛刊》,第252册,第238页。

关系所决定。元与高丽是附属国，也是甥舅之好。元廷在中国大陆推行的很多政策都会影响到高丽的政策。朝鲜王朝时期，由于崇朱子学的关系，使得朝鲜君臣及士人一反高丽时代尊奉佛教，大尺度批判帝师，直指为儒家之敌，破坏社会文治的元凶。

三　结语

日本与朝鲜半岛文献记载帝师有异，原因大概有几点。

第一，高丽时代朝鲜半岛与蒙元上层有着直接的接触，特殊国与国的关系，使得高丽特别熟悉蒙元的制度和各项政策，也受到蒙元极大影响。日本则不然，他们关于蒙古的讯息与情报都是来自江南僧人东渡时的传播，所以容易出现传说与史实相互交织，记载出现相当程度的失真，但是，每项记载的背后都有其独特的渊源。

第二，蒙古崇佛也深深影响了高丽，使得其后朝鲜王朝在施行彻底崇儒政策，势必要对此前高丽崇佛进行政治清算，而帝师正好是蒙元控制地域下，崇佛的最大标志。朝鲜王朝君臣以及儒林对于帝师之看法可想而知。日本是一个佛教国家，汉传佛教在日本是最大宗教，而且他们如东亚大陆般没有彻底儒家化政策，使得他们不怎么会去批判佛教帝师。其后，由于没有直接的影响，他们只是把帝师作为元朝一个符号，也就不会存留太多的历史记忆。

第三，朝鲜半岛是大陆架的延伸，日本是一个海洋国家，这决定了他们对于中原地区政教接受程度、来源、方式都是不一样的。朝鲜半岛靠近蒙元首都大都，可以直接受到影响，蒙元时期，日本主要与原南宋地区之人交流，使得双方本位立场都不一样。但是，随着时间推移，明朝建立后，汉地开始重新儒家化，朝鲜半岛也开始崇儒，而日本似乎又没有受到影响。朝鲜与日本看待这个作为蒙元残留符号的帝师，心态是非常不一样的。

值得一提的是，关于蒙元与南宋斗争之间的故事，在日本演绎如此多的神话，似可以从元人黄溍"人失人之常，鬼行其怪；中国失中国之常，夷行其怪"来理解。[①] 至少在部分元朝文士理解"宋蒙易代"是妖孽行于南宋之

---

① （元）黄溍：《金华黄先生文集》卷16，《隆山牟先生文集序》，收入《四部丛刊初编》第239—240册，据元刊本影印，第6a页。

怪事，无怪乎日本出现八思巴如此多的故事。日韩两国出现八思巴故事起源都来源中国，大元国师八思巴故事传播于东亚大陆及其附属海域，扩散了元朝作为统一多民族国家在东亚社会的影响力。

（作者为杭州师范大学人文学院历史系讲师）

金元时期全真道宫观分布的地域特征

程　越

唐宋时期佛、道两教各有发展，总的说来，佛教的影响比道教要大，但是，在一些具体的阶段，比如唐初和北宋后期，道教得到皇帝的尊崇，于是势力伸张。到了金代，全真道、大道教和太一教等新型道教应势而起。其中全真道的影响最大，由金入元，逐渐成为一支势力遍布北方、道众及于全国的强大教派。

笔者综合《道家金石略》《道藏》与方志等史料，用数据库软件建立了一个金元时期全真道的《宫观资料库》，可以进行索引、排序、累加等操作。资料库收录宫观1208座，主要数据包括宫观名、宫观在金元时期的地址、今址、创建年份、最早见于记载的时间、宗主（反映宫观所属的宗派支系）以及资料来源①。全真道士尚云游，其足迹西到中亚、东到大海、北到和林、东北到高丽、南到缅甸，但是，我们无法凭借个别道士的行踪指代全真道的覆盖范围。只有宫观的建立，才代表了一定规模的宗教团体和相当的经济实力。以《宫观资料库》为依据对宫观的地域分布做出定量分析，可以看出，全真道在金元时期的传播以黄河中下游流域为中心，同时遍布全国。以下试加申论，并对山东、陕西、辽南一带的全真道宫观作抽样描述。

一　全真道宫观的分布范围

一些金元时期人物的著作，曾经论述全真道的传播范围。元好问1233年

---

① 收入程越《金元时期全真道宫观研究》，齐鲁书社2012年版。

撰《紫微观记》，称全真道"南际淮，北至朔漠，西向秦，东向海，山林城市，庐舍相望，什百为偶，甲乙授受，牢不可破"①。高鸣1236年所撰《清虚宫重显子返真碑铭》，则说全真道"今东尽海，南薄江淮，西北历广莫，虽十庐之聚，必有香火一席之奉"②。杨奂1251年撰于善庆（1166—1250）传记，称赞于氏作为全真一代高道，"足迹东彻海岱，南穷襄邓，西极洮巩，北极燕辽"③。可以说，东到海，西到今甘肃，南到与宋交界的江淮，北到和林，东北到今天的辽宁，就是全盛期全真道的传播范围，而于氏基本都曾履及。

蒙古灭宋后，全真道乘机南传。1281年，朱象先说："近全真教启，玄风大扇，东尽海，西迈蜀，南逾汉江，北际大漠，莫不家奉人敬，从风而靡，自昔道化之行，未有如是翕然之盛也。"④ 结合其他史料可知，入元之后，全真道南传已达江浙、湖北、四川、广西等省。

表1　　　　　　　　金元时期全真道宫观依行省分布情况

行省	宫观数（座）	百分比（％）
中书省	788	69.98
陕西行省	219	19.45
河南行省	81	7.19
其他	38	3.38
合计	1126	100

在元代各行省中，以中书省的全真道宫观分布最多，这一方面是由于中书省地域辽阔，包括今天的北京、天津、河北、山西、山东等地，另一方面也因为全真道士在此间活动频繁。其次是陕西行省，这里是全真道的发祥地，所谓"祖庭所辖恒占堂下之半"。再次是河南行省。

笔者以为，金元时期，全真道宫观的地域特征可以概括为集中分布在黄

① （金）元好问：《遗山集》卷35《紫微观记》，《四库全书》本。
② 陈垣等编纂：《道家金石略》，文物出版社1988年版，第476页。
③ 陈垣等编纂：《道家金石略》，《沔阳玉清万寿宫洞真真人于先生碑并序》，第509页。
④ （元）朱象先：《古楼观紫云衍庆集》卷中《文仙谷纯阳洞演化庵记》，文物出版社1988年《道藏》本。

河中下游流域。依现行区划看，宫观数最多的几个省市依次是：京津冀（为方便统计，现将北京、天津的宫观与河北合计）、河南、山东、陕西、山西。

表2 金元全真道宫观依现行区划分布情况

现行区划	宫观数（座）	现行区划	宫观数（座）
京津冀	234	甘肃	24
河南	231	安徽	5
山东	199	江苏	2
陕西	193	宁夏	2
山西	190	广西	1

依托《宫观资料库》，可以看出，不同阶段金元全真道宫观的创建数是有显著消长的，综合考虑其他因素，可以分为四个阶段：初创期（1167—1222），史料记载创立于这一阶段的全真宫观有63座；全盛期（1223—1255），史料记载创立宫观171座；抑制期（1256—1308），史料记载创立宫观51座；后弘期（1309—1368），史料记载创立宫观11座。我们可以进一步对宫观分布较集中地域不同阶段的创建情况作一对比。

表2 金元全真道宫观创建变化情况

省份	陕西		山西		河北		山东		河南	
	创建数	增率（%）	创建数	增率（%）	创建数	增率（%）	创建数	增率（%）	创建数	增率（%）
初创期	10		6		6		28		9	
全盛期	26	160	26	333	49	717	14	−50	37	311
抑制期	7	−73	6	−77	9	−82	11	−21	10	−73
后弘期	10	43	0	−100	1	−89	1	−89	4	−60

从上表可以看出，初创期在今山东地域创建的宫观最多，进入全盛期则以京津冀为多，恰好反映出全真道活动中心的迁移。

二　宫观在山东的分布

初创期全真道的中心在山东。王重阳在陕西开创全真道的宫观制度，要求道士必须出家修行，其真正得到广泛崇信，则在进入山东传教之后。

大定七年（1167）闰七月十八日，王重阳抵达宁海州，当地富户马钰（1123—1183）与高巨才邀他住在范明叔怡老亭，题为"全真庵"，是为全真道的第一座宫观。王重阳在全真庵先后招收丘处机、郝大通、马钰、谭处端等入道。其后他在山东半岛东部传教，先后在莱州、登州、宁海州，先后创立了三教七宝会（文登）、三教金莲会（宁海）、三教三光会（福山）、三教玉华会（蓬莱）、三教平等会（掖县），建立了最早的全真道基层信徒组织。

王重阳先后招收的全真七子籍贯都在山东，前期亦主要在山东活动，尤其是王处一（1142—1217）一直以山东为传教重心。王所著《云光集》收入《道藏》，从中可以看出他曾五次收到金廷诏旨，或前往京城谒见皇帝，或到亳州主持普天大醮；此外还曾北上辽东半岛，南下今天的鲁南日照、苏北赣榆，显得非常活跃。1214 年所撰宁海（今山东牟平）《玉虚观记》盛赞王氏的影响力，说他的"门徒居天下者三之二"①。

丘处机西行会见成吉思汗前，亦曾长期传道于山东。潍阳玉清宫是丘氏一系的著名宫观，开创于尹志平。尹 1191 年师从丘处机入道后，又参访郝大通、王处一，道誉日隆，"潍阳州将完颜龙虎，素慕真风，奉亭圃为庵，寻赐额曰玉清观"②。"此地当诸郡往来之冲，（尹志平）领众耕稼，竭力馆谷师友，凡二十年。"③ 1219 年，刘仲禄先于此见尹志平，告知成吉思汗欲召见丘处机之意，再与其同往莱州昊天观说服丘氏成行。此观一度毁于兵火。尹志平在 1245 年曾命门人增饰之。④ 1249 年，"中宫懿旨，凡海岳灵山

---

① 陈垣等编纂：《道家金石略》，第 442 页。
② 陈垣等编纂：《道家金石略》，《大元故清和妙道广化真人玄门掌教大宗师尹公道行碑铭并序》，第 689 页。
③ 陈垣等编纂：《道家金石略》，《清和演道玄德真人仙迹之碑》，第 538 页。
④ （元）李道谦：《终南山祖庭仙真内传》，收入《道藏要籍选刊》卷下《清和真人》，上海古籍出版社 1989 年版。

及玄教师堂,遣近侍护师(潘德冲)悉降香以礼之。乃增葺潍阳玉清宫。"①
潘德冲重修玉清宫的缘起之一,是当年曾在玉清宫参见尹志平,并由尹引见
丘处机入道,成为丘十八弟子之一,时人遂称其为"丘神仙之高弟,尹尊师
之正传",而他亦因兴复永乐纯阳万寿宫、"兼复潍阳之旧观"的业绩,被
昌童大王赐予"冲和微妙真人"尊号②。据称潍阳玉清宫崇墉千栋,建筑规
模很是雄伟。③

　　进入全盛期,今河北、陕西、山西、河南等地的宫观都在成倍增加,只
有山东发展缓慢,推究起来,这里处于蒙宋交兵的前线,又经历了李璮之
乱,是重要的外因。丘处机结束西行回到中原后,一直驻节燕京,一般全真
高道因而齐集于斯,王处一等人去世后少有能弘大其支派者,造成山东全真
一系人才相对匮乏,当是主要的内因。

　　当然,山东的全真道也不像郑素春所说"金亡(1234 年)以后,则未
再增加"④。由前表可知,自 1223 年进入全盛期至元末,山东新创宫观共 26
座,其中邹县峄山更被称为海内名山,"道书有妙光洞天之目,羽客庐其中,
不啻百数,仙人万寿宫实为之冠"⑤。

三　宫观在陕西的分布

　　陕西是全真道的发源地,但是,金末这里沦为战场,遭到很大破坏,宫
观亦概莫能外。《甘水仙源录》载 1261 年商挺撰《增建华清宫记》云:"天
兵南下,居民东迁,所在宫观,例堕灰劫,秦为兵冲,焚毁尤甚。"商挺此
时身为陕西行省官员,所言当较可信。赵良弼亦说:"自贞祐丙子(1216),
关右丧乱几廿年,居民百万,以至缁黄,麋灭殆尽。"⑥

　　金亡后,陕西渐趋安定,但是经济仍不景气。1235 年,"关中甫定,岁
且饥,祖庭道众屡欲委去,赖先生(赵志渊)训以功行,化以罪福,方便诱

---

①　陈垣等编纂:《道家金石略》,第 554 页。
②　陈垣等编纂:《道家金石略》,《纯阳宫令旨碑及请潘公住持疏》,第 491 页。
③　陈垣等编纂:《道家金石略》,《清和演道玄德真人仙迹之碑》,第 538 页。
④　郑素春:《全真教与大蒙古国帝室》,第 141 页。
⑤　陈垣等编纂:《道家金石略》,《仙人万寿宫重建记》,第 762 页。
⑥　陈垣等编纂:《道家金石略》,《默庵记》,第 583 页。

掖，内外怵然"①。连祖庭的道众都发生了动摇，可以想见陕西其他全真道宫观的情况也不乐观。

恰在这时，田雄来到陕西，他的到来推动了全真道在陕西的发展。

田雄（1189—1246），原为金将，1211 年降蒙古，隶木华黎麾下，1233年以战功迁京兆府路都总管②。他与王志谨（郝大通门人）门人儒志久"有昆弟之旧"，受其影响崇信全真道，"纵仆隶几千人，释俘虏十万余户"③。1235 年田雄"出军半途而还"，他反复思索后认为，出师不顺是上天在暗示他应该帮助全真道重振祖庭，"遂专遣僚佐赍疏礼请清和真人主尽"④。正好，全真掌教尹志平也有心重振祖庭，遂赴陕西。

1236 年，尹志平到达京兆，田雄又将太平宫、楼观、太一宫、佑德观、华清宫、云台观尽归于尹志平掌管，为祖庭辅翼。尹志平高度重视此次重建，尹氏文集《葆光集》中的《示重阳宫、佑德观道众》，应作于此时，他激励门人以真功实行弘兴祖庭，并许诺这是修行速成的最好门径："祖庭因缘非小补耳，不同他处，此乃是上天容许众圣阐化教门基业之地，既在门下者，重兴修建须凭真实行，用志诚心，遇魔阻不生退怠，一志积功累行，方可消得。此个地面道人会意积功一分比他处十倍，如作业亦然。"

尹志平还敦请其他高道入关相助。丘处机门人、后任"权教门事"（全真道的一个管理职务，有权代理掌教的部分职责）的冯志亨担任尹的助手⑤。尹邀请王处一门人刘志源修复终南山上清太平宫⑥，请丘处机门人刘道宁（1172—1246）主持华山云台观⑦，请（马钰的徒弟）周全道的门人李志源营造重阳成道宫⑧，李志柔掌古楼观。此前，在 1234 年，尹已派遣马钰门人李志远（原师从马钰门人杨明真，得道名守宁，尹志平派其主持重阳宫前为

① 陈垣等编纂：《道家金石略》，《清平子赵先生道行碑》，第 649 页。

② （元）姬志真：《云山集》卷 7《咸宁清华观碑》，文物出版社 1988 年《道藏》本。

③ 北京图书馆金石组：《北京图书馆藏中国历代石刻拓本汇编》第 48 册《十方重阳万寿宫记》，中州古籍出版社 1990 年版，第 10 页。

④ 陈垣等编纂：《道家金石略》，《清和演道玄德真人仙迹之碑》，第 540 页。

⑤ （元）李道谦：《甘水仙源录》卷 6《佐玄寂照大师冯公道行碑》，文物出版社 1988 年《道藏》本。

⑥ 陈垣等编纂：《道家金石略》，《终南山上清太平宫记》，第 518 页。

⑦ （元）李道谦：《甘水仙源录》卷 6《浑源县真常子刘君道行记》。

⑧ （元）秦志安：《宫观碑志》，文物出版社 1988 年《道藏》本。

其改名志远）主持祖庭兼提点陕西道门事①。这些高道各展身手，陕西全真道发展呈现兴旺之势。尤其是李志柔，邀请田雄、刘德山为功德主，继承总府文据，率徒百人，六年完成了楼观重建任务，人们称赞为"尹李古今仙契"②。布置完毕后，尹志平回到山西，后转赴云中，听太宗宣旨，选天下高道。

1238 年，移剌宝俭入长安为太傅。移剌氏也是全真道的信徒，丘处机奉诏西行途经，移剌氏请其入居宣德朝元观③。丘处机回驻燕京，命李守坚负责燕北教化，李至宣德，移剌氏及其母待之甚厚，创庆云观为之主持。1238年，李又随移剌氏入关中，将京兆府录事司真武庙新建为龙阳观居④。移剌氏还曾干涉祖庭提点的任免。当时，郝大通高徒范圆曦入关祭祀重阳祖师，移剌氏礼敬有加，请其提点祖庭，范不应职，移剌氏竟不许其出关。范被迫主持半年，才得以寻间回到真定⑤。

1240 年，移剌宝俭和田雄以陕西农业小获丰收，当年秋天差官与綦志远一起，赴燕请尹志平入关督办改葬王重阳事宜，其时尹志平已让位李志常，但他德高望隆，在道内仍有崇高地位。权教冯志亨也辅行此事⑥，"时陕右虽甫定，犹为边鄙重地，经理及会葬者，四方道俗云集，常数万人，物议汹汹不安，赖师道德素重，镇伏邪气，故得完其功"⑦。

此次会葬是一件大事，尹志平十二月二十四日到重阳宫亲自主持。1241年正月二十五日，葬王重阳遗骨于白云堂。规模盛大，仅道士就有数千人，"往还道徒奉□□，络绎不绝，加修筑宫之人，恒不下数千人"⑧。这引起了朝廷的注意与不满，直到至元十七年（1280），世祖忽必烈还旧事重提：

① （元）李道谦：《甘水仙源录》卷6《无欲观妙真人李公道行碑》。
② （元）朱象先：《古楼观紫云衍庆集》卷上《大元重修古楼观宗圣宫记》。
③ 陈垣等编纂：《道家金石略》，《长春演道主教真人内传》，第 635 页。
④ 陈垣等编纂：《道家金石略》，《玉真清妙真人本行记》，第 541 页。
⑤ （元）李道谦：《甘水仙源录》卷4《普照真人玄通子范公墓志铭》。
⑥ （元）李道谦：《甘水仙源录》卷6《佐玄寂照大师冯公道行碑》。
⑦ （元）李道谦：《甘水仙源录》卷3《尹宗师碑铭》。
⑧ （元）李道谦：《终南山祖庭仙真内传》，《洞真真人》，第 480 页。参见同书《尹志平传》；《甘水仙源录》卷7《终南山圆明真人李练师道行碑》。《清和演道玄德真人仙迹之碑》云"黄素会者以万□"，人数更多，见《道家金石略》第 540 页，本书不取。

"前京兆府地面里王祖师庵头，聚著人众生歹心来。"①

陕西在全真道历史上的特殊地位，尤其是祖庭会葬，吸引了更多高道云集陕西常住、建观、收徒、弘道，极大地促进了全真在陕西的发展。仅举三例如下。

尹志平本人主持完成祖庭会葬之后入居楼观，直到1250年返燕，他在此9年。"逍遥闲居，澹然为神明游，登台怀古，间形咏歌，有曰：'周朝兴逸士，唐代显尊师，宗祖古楼观，清和得继之。'"②

宋德方是刘处玄的门人，曾主持重修《道藏》，在吕洞宾出生地山西芮城主持修建了河中纯阳万寿宫，被时人称为"东祖庭"，以他为祖师的宗系在元代一直很有影响，出过祁志诚、苗道一、完颜德明三任掌教，属下宫观不下二百座③。1244年，他应先锋使夹保公所请，同于善庆、薛致玄、綦志远、李志远等高道，在祖庭设罗天大醮。紧接着，五位高道又应太宗次子阔端之请设金箓大醮④。醮毕，宋氏留居祖庭，"闲居雪堂，日与洞真（于善庆）、白云（綦志远）、无欲（李志远）三宗师暨耆年宿德，谈经论道，教养为心"。直到1247年冬卒于此地⑤。

薛致玄，字庸斋，曾为河南路玄学提举，1244年参加醮事后被封为太霞真人。著有《道德经藏室纂微开题文疏》五卷、《道德经藏室纂微手钞》二卷，均收入《道藏》。李庭《寓庵集》卷二有诗相赠，盛赞他"四十年来演道经，世间草木亦知名"；又为其书作序，赞扬他"性纯德粹，部学该通，号为羽流宗匠，本末毕备"。

在这些高道的周围又集结了大批全道弟子，其中以马钰一支最盛，仅杨明真门下就有万人之众。杨明真（1150—1228），字谦之，师从马钰于祖庭，外号杨害风、杨马勺。他经营祖庭二十余年，"出师之门者凡行万其众，有如杨四先生、无欲李公、高陵王公、新丰李公、下邽李公、曹李先生，及

① （元）释祥迈：《辩伪录》第67册卷6《长春宫晓谕碑》，（台北）新文丰出版公司1980年版《正藏经》。

② （元）朱象先：《古楼观紫云衍庆集》，《大元清和大宗师尹真人道行碑》。

③ 北京图书馆金石组：《北京图书馆藏中国历代石刻拓本汇编》第49册《宋德方道行碑》，第81页。

④ （元）李道谦：《甘水仙源录》卷5《玄门弘教白云真人綦公本行碑》。

⑤ 陈垣等编纂：《道家金石略》，《玄通弘教披云真人道行之碑》，第753页。

邢、郑、焦、董之侪，皆自堂入奥……有十师叔之称"①。

由于这些高道的大力经营，又得到地方官吏的扶持与广大民众的信奉，陕西的全真道宫观也趋于鼎盛，《宫观资料库》中所收分布在今陕西境内的宫观就有193座，可以反映陕西全真道的影响力。

四 宫观在辽南一带的分布

全真道在东北的传播，主要在金北京路、元代辽阳行省的大宁路一带，约略以今天的辽南为中心，西及内蒙古赤峰，南界河北秦皇岛（南）。最早可能是王处一一派在这里传道。《道藏·洞玄部·记传类》有一部《体玄真人显异录》，国内学者过去多未注意此书。其中记述了王处一的奇行异事，如治愈绝症、祈雨灵验、未卜先知等等。《道藏提要》推测本书是王氏弟子所撰②。另据书名用的是至元六年（1269）世祖所赐真人号，而不是至大四年（1310）武宗所赐真君号来判断，本书的成书时间在1270—1310之间，与李道谦撰《七真年谱》等全真教史时代大体相当。

《甘水仙源录》收王氏道行碑，提及大安元年（1209）"北京（今内蒙古赤峰市宁城县）请居华阳观"③，《显异录》的记载则更为丰富。书中说，北京大旱五十余天，按察使得知王处一在蓟州遵化县传道，"选差在京奉道商四官人赍书邀请，师闻之不能辞避，应命而往，于七月十四日到北京。使与诸官及应系乞雨数千人参拜"。果然得雨。王氏又以自己吃的剩饭治愈按察副使之母的痼疾，使此人信道，受法名道号。听说此事，另一副使乌林答清质第二天会集了北京信道善众，请王处一在华阳观修黄箓醮。

王处一《云光集》有诗序曰："宗州海阳县张二郎出己钱买观额度牒，告立知观，遂令门人魏志明充当。"宗州，今秦皇岛市，金属北京路，《金史》卷二四《地理志》"瑞州"条："本来州，天德三年更为宗州，泰和六年（1206）以避睿宗讳，谓本唐瑞州地，故更今名。"是则1206年以前全

---

① 北京图书馆金石组：《北京图书馆藏中国历代石刻拓本汇编》第48册《杨明真碑》，第29页。
② 任继愈主编：《道藏提要》，中国社会科学出版社1991年版，第428页。
③ （元）李道谦：《甘水仙源录》卷2《玉阳体玄真人王宗师道行碑》。

真道的影响已及于北京路。海阳县张二郎之名两见于《体玄真人显异录》，又写作张二官人，参加了王处一在华阳观的醮事、请王到海阳县修下元黄箓大醮。

金代还有一位康泰真（1147—1238）曾传全真道于利州（今辽宁喀喇沁左翼蒙古族自治县）等地。他的师承不清，1217 年居霤都长春观，立门受教者上千人。不久回利州，建玉京观，1238 年受赐含光体道真人号，建方丈，并仿照燕京长春宫名为葆光堂。弟子康守安担任过利州道录①。

到丘处机西域归来，辽宁一带的全真道已有一定规模，马钰法孙柔和子卢某受丘命提点北京道教事②。卢的职务是道录，驻节于华阳观（后改为宫），全真道第九任掌教王志坦即在此师从卢氏，"卢素严厉，少忤辄责诮之，殆若官府然，故门下者鲜克其终。公参谒之余，力营百役，至于廥厩溷硒之细，躬执靡有懈，卢亦悯其勤而诚，复加以礼。癸未（1223）秋，谒大宗师长春真人于宣德，一见器之，传付秘诀。既恐无以善其后，遂行化兴中（兴中州，今朝阳市）、义（义州）、锦州（今锦州）间，日丐一食，虽蚊蚋喁败，亦不屑弃，已匪茆而居，不计何地，遇昏暮即止"。1228 年往燕京参见尹志平③。

尹志平继任掌教后，1233 年秋冬在北京华阳观、义州（今辽宁义县）通仙观、建州（朝阳市西）开元观、川州（阜新西）玉虚观等地宣教，门人将其讲义辑为《北游语录》，收入《道藏》，是对全真道教史、教义口语化论述最精彩的一部著作。

丘处机门下十八大士中的张志素，也曾"应北诸侯之聘，演教白霤（在今内蒙古赤峰市宁城县），门徒琳宇，灿然改一方之观"④，传教颇有收获。后于 1256 年以掌教张志敬命，往亳州复兴太清宫。

依照《至元辩伪录》的记述，李志常掌教时全真道在白霤、辽东（今长春一带）、肥水（？）等路"打拆夺占（寺庙）、碎幢磨碑，难可胜言"，这和上面的材料相印证，说明全盛期东北全真道也获得了大发展。东北是辽金

① 乾隆《钦定热河志》卷 119《云峰真人康泰真墓铭》。
② 乾隆《林县志》卷 14《栖霞观记》，《中国方志丛书》，成文出版社 1966 年编印本，第 1066 页。
③ （元）李道谦：《甘水仙源录》卷 7《崇真光教淳和真人道行之碑》。
④ （元）李道谦：《甘水仙源录》卷 4《应缘扶教崇道张尊师道行碑》

两朝发祥地，金人特别是辽朝崇佛，这里的佛教寺宇很多，蒙古国时期也和河北等地一样，发生了激烈的佛道冲突。

世祖焚经，对东北全真道发展必然有不利的影响，但是后弘期这里的宫观仍续有创修。1326 年，刘德宁重修川州东岳庙，塑武安王等像，建客房厨室等五间。1340 年，丘处机法孙、锦州人李元久，重建瑞州云溪观三清殿及云堂、斋室、仙坟，大宁路总管等官吏捐钞七千贯助缘①。还有东平人王德元 1340 年受末代掌教完颜德明委任，赐号清玄诚微妙大师、教门高士，充邹县碧云宫山主。他在此前曾云游至高丽②。

时、地、人，是我们研究历史的三大要素。本文在综述金元全真道宫观的地域分布之后，选取山东、陕西这两个全真道的发展中心，以及辽南一带这个全真道广泛传布的样本，概述从掌教到普通信众在其间创建与发展宫观的重要活动，也许可以促进我们对全真道的认识更加全面。

（本文作者为西藏自治区社会科学院一级巡视员、博士）

---

① 乾隆《钦定热河志》卷 119《川州重修东岳庙记》，第 827 页；《瑞州海滨乡云溪观碑》，第 824 页。

② （元）徐显：《稗史集传》，中华书局 2011 年"丛书集成初编"本，第 25 页。

元末明初的寺观户与僧道户

——以静嘉堂藏洪武初年浙江行省文书为中心*

尹敏志

  佛教、道教追求山林隐逸的清净生活，但为维持教团的日常运营，现实中的寺院、道观往往拥有田产，或由僧道自行耕耘，或租赁给民户佃种。在中国古代，中央政府考虑到宗教的现实作用，通常会给予寺院、道观一定优免，但又对寺观经济侵蚀国家赋役基础的可能性保持戒备。国家权力与寺观经济之间的这种微妙关系，早已引起学界注意。

  爱宕松男、白文固、陈高华、蔡美彪等对元代佛寺道观优免问题进行过诸多讨论，指出元代宗教政策宽松，尤其尊崇佛教，寺院僧尼在原则上拥有赋役方面特权，享有不同程度的优免①。清水泰次、野口铁郎较早研究明代的寺观田②。竺沙雅章指出，明代将有田僧道编入黄册，纳粮当差，是中国

  * 本文系国家社科基金青年项目"新见日本藏明初浙江行省文书整理研究"（项目编号：23CZS028）阶段性研究成果。

  ① ［日］爱宕松男：《元朝における仏寺道観の税糧優免について》，《塚本博士頌寿記念仏教史学論集》，塚本博士頌寿記念会1961年版，后收入氏著《爱宕松男東洋史学論集》第4卷《元朝史》，三一书房1988年版，第337—352页；陈高华：《元代佛教与元代社会》，《中国蒙古史学会成立大会纪念集刊》，中国蒙古史学会1979年版，第329—343页；白文固：《元代寺院僧尼的赋役问题》，《中国经济史研究》1998年第1期，第101—107页；陈高华：《元代佛教寺院赋役的演变》，《北京联合大学学报（社会科学版）》2013年第7期，第5—15页；蔡美彪：《编余散记：白话碑诸问题》，《元代白话碑集录（修订版）》，中国社会科学出版社2017年版，第257—265页。

  ② ［日］清水泰次：《明代ノ寺田》，《東亜経済研究》1924年第8卷第2号，后收入氏著《明代土地制度史研究》，大安1968年版，第205—220页；［日］野口鉄郎：《明代寺田の税役と砧基道人》，《仏教史学》1968年第14卷第2号，第17—33页。

宗教社会史上引人注目的改变①。傅贵九、林枫关注明代寺田对国家财政的影响②。何孝荣认为,洪武后期朱元璋注重抑制寺院经济③。任建敏指出,明代僧道田赋役经历了明初"止纳秋粮,别无科差"到明代中叶与民间"一体当差"的变化过程,洪武旧制的精神是僧道田纳税粮但不服徭役④。周荣则指出,明初僧户也需要编纳民差⑤。

学界普遍认为,明代寺观僧道的特权不如元代,但对洪武年间寺观僧道税粮、差役的范围存在一定分歧。2019 年,笔者在静嘉堂文库藏宋刊明印本《汉书》《后汉书》发现 1698 件纸背文书,均为洪武初年浙江行省公牍,其中大部分是户籍文书,小部分是卫所军政、州县民政文书。户籍文书基本是洪武元年(1368)至洪武三年(1370)黄册残件,可见寺观僧道的相关记载。本文将根据新见纸背文书,结合存世典籍,讨论洪武年间江南地区的寺观户与僧道户问题。

一 元末明初宗教政策的调整

史料所限,前人主要根据《通制条格》《元典章》《元史》与元代白话碑等研究元代寺观优免问题。但法律规定与实际执行往往存在出入,近年新发现的元明公文纸印本纸背文书,有助于我们从基层视角出发,展开进一步讨论。如上海图书馆藏《增修互注礼部韵略》纸背的元代湖州路户籍文书,保存元代浙西地区寺观将田产租赁给民户耕种的细节,迻录一件如下:

1. 一户朱拾玖,元係湖州路德清县遵教乡拾壹都新市镇人氏,亡宋乙亥年前作民户附籍,至元十三年正月内于本镇随众▢▢

2. 　　　　　本镇住坐应当民役

3. 计家:亲属陆▢

---

① [日]竺沙雅章:《明代寺田の赋役について》,[日]小野和子编《明清时代の政治と社会》,京都大学人文科学研究所 1983 年版,第 489 页。

② 傅贵九:《明清寺田浅析》,《中国农史》1992 年第 1 期,第 20—28 页;林枫:《福建寺田充饷浅析》,《厦门大学学报(哲学社会科学版)》1998 年第 4 期,第 48—53 页。

③ 何孝荣:《试论明太祖的佛教政策》,《世界宗教研究》2007 年第 4 期,第 19—30 页。

④ 任建敏:《明代广东寺观田产研究》,中山大学出版社 2019 年版,第 7、16 页。

⑤ 周荣:《财政与僧政:从民间赋役文书看明初佛教政策》,《清华大学学报(哲学社会科学版)》2021 年第 5 期,第 95—106 页。

4.　　　男子叁口

5.　　　　成丁壹口男拾陆年叁拾伍岁

6.　　　　不成贰口

7.　　　　　朱拾玖年陆拾叁岁　　孙男阿弟年壹岁

8.　　　　妇女叁口

9.　　　　　妻胡捌娘年陆拾壹岁　儿妇张玖娘年叁拾囗岁

10.　　　　　孙女回奴年肆岁

11.　事产：

12.　　陆地伍分　　赁房住坐

13. 营生：养种，佃田武康县普济庵水田壹亩伍分，拾都梅林村三德院陆地壹囗

14.　　　　　本镇觉海寺水田壹亩①

朱拾玖是德清县民户，家中 6 口人，自有陆地仅 5 分，不足为生，故分别从武康县的普济庵、德清县的觉海寺、三德院分别租赁水田 1 亩 5 分、1 亩、陆地若干亩耕种。民户租赁寺田的例子湖州路户籍文书中十分常见，也有民户租赁观田的例子，如张拾叁带种杭州路天庆观田 3 亩，沈阿伍佃种洞霄宫田 5 亩 2 分 5 厘，某民户佃种余杭冲天观田 4 亩。另外，湖州路、杭州路寺观会将田产分割租赁给不同民户，如昌国寺将寺田分租给某县四十七都的 4 户民户，定光寺将寺田分租给某县三十八都、四十八都的 4 户民户，定业寺将寺田分租给某县四十八都至少 12 户民户②。由此归纳，元末湖州府租赁寺田、观田耕种的大多是贫穷民户，一般租种一小块田地，面积在几亩左右。

陈高华指出，元代寺院占有土地的方式包括国家赏赐、私家捐献、巧取豪夺等，寺院田地分设田庄进行管理，职寺僧中设有庄主，负责向租赁民户收租③。无独有偶，江南地区道观也通过私家捐献等方式积累田产。如元贞

---

① 王晓欣、郑旭东、魏亦乐编著：《元代湖州路户籍文书——元公文纸印本〈增修互注礼部韵略〉纸背公文资料》，中华书局 2021 年版，第 1178 页。原注指出，第 6 行 "不成" 后当脱 "丁" 字，应是。

② 王晓欣、郑旭东、魏亦乐编著：《元代湖州路户籍文书——元公文纸印本〈增修互注礼部韵略〉纸背公文资料》，第 926—927、934—935、1319 页。

③ 陈高华：《元代佛教与元代社会》，第 322—324 页。

元年（1295），昆山州崇福观"设神君、仙人之属，身为道士事之。人以四十顷有奇为观田总道教者，因表其观曰崇福。"① 40 顷土地等于 4000 亩，足够上千户朱拾玖这样的民户养家糊口。由此推测，崇福观很可能也需要分设田庄，由道士担任庄主，以管理名下的巨额土地。

元朝覆灭前夜，江南部分寺院、道观拥有的田产数量远超自给范围，一举成为土地租赁市场的地主，民户则是其佃户，形成了比较成熟的租赁机制。少年时期的朱元璋寄身寺院，目睹僧人类似地主的优渥生活②。可能出于切身经验，朱元璋率领红巾军占据江南后，一改元朝政府的宗教政策，将当地的寺观僧道作为赋役征发的重点对象。

至正十六年（1356），朱元璋将金陵改名应天③。至正二十年（1360）开筑虎口、龙湾城④，南京建城活动正式拉开帷幕，僧人也被卷入其中。明初婺州人刘辰《国初事迹》记载：

> 太祖尝曰："浙西寺院田粮多，寺僧惟务酒肉女色，不思焚修。"尽起集京城工役，死者甚多。皇后谏曰："度僧本为佛教，为僧犯戒，自有果报。今使工役死亡，有所不忍。"太祖从后言，尽释之。

刘辰亲身经历了朱元璋从起家到建国的过程，永乐年间又参与编修《明太祖实录》，此记载当有所本，非晚出稗史可比。《国初事迹》还记载，元末朱元璋克婺州之初，曾宣谕百姓："我兵足而食不足，欲加倍借粮，候克浙江，乃依旧科征。"擒张士诚后，果然免去婺州地区税粮，惟僧、道不免⑤。可见明建国之前，朱元璋有意加重江南僧道赋役，甚至超过普通民户，这一点也

① （元）陈旅：《安雅堂集》卷8《昆山州崇福观记》，《元代珍本文集汇刊》，"国立中央图书馆"1970年影印本，第350页。又据陈旅《安雅堂集》卷10《孙高士墓志铭》，至元三年（1337）广信府贵溪县人孙景真"作榆原真馆，割田若干亩入焉。又以田益益清宫、真元宫、崇禧院、崇禧观、篠岭之崇贤馆各若干亩。"（第444页）

② 吴晗：《朱元璋传》，人民出版社1991年版，第11、13页。

③ 《明太祖实录》卷4，丙申岁三月辛卯，"中研院"历史语言研究所1962年影印本，第43页。

④ 《明太祖实录》卷8，庚子岁十二月癸巳，第110页。

⑤ （明）刘辰：《国初事迹》，邓士龙辑、许大龄等点校《国朝典故》卷4，北京大学出版社1993年标点本，第80、82页。

可从南京城墙砖中得到佐证①。不少寺院僧人被迫从事城砖烧造相关差役，如太平府当涂县造南京城墙砖砖文：

> 总甲僧德成　甲首谷庆 禅
>
> 小甲谷士 旺　窑匠杨云一
>
> 造砖人夫邹荣②

当时的明代南京城墙砖有九级责任人，即府级提调官、府级司吏、县级提调官、县级司吏、总甲、甲首、小甲、窑匠、造砖人夫③。砖文中"总甲僧德成"属于第五级责任人。周荣曾统计南京城墙砖中出现的明初僧户与僧人，指出参与此类工役的寺院和僧人占有田产数量通常较多，且寺院田产越多，所对应的职役等级越高④。此说可从。然而，周氏将城墙砖中户名"徐僧""徐名僧"的人户也判断为僧户，似值得商榷。从静嘉堂藏《汉书》纸背洪武二年、三年黄册来看，"僧某某"的确是僧户，"某某僧"则应该是普通民户。如静嘉堂藏《汉书》卷九十四下叶三六纸背文书（文书一）：

1. 　　　　　耗麦：壹勺陆抄贰撮伍圭捌粟贰粒
2. 　　　秋粮
3. 　　　　　正米：壹升玖合叁勺伍抄伍撮
4. 　　　　　耗米：壹合叁勺伍抄肆撮捌圭伍粟
5. 一户叶僧，係本都民户，洪武十一年甲首
6. 　　人丁：贰口
7. 　　男子：壹口
8. 　　　成丁：壹口
9. 　　　不成丁

---

① 杨国庆：《明初寺院参与南京城墙造砖工役考析》，南京市明城垣史博物馆编撰：《南京城墙砖文》，南京师范大学出版社 2008 年版，第 350—355 页。

② 王克昌等编著：《明南京城墙砖文图解》卷 2，南京出版社 1999 年版，第 36 页。

③ 张开正：《浅析南京明城墙砖文的责任制——以洪武砖文为例》，《贵州文史丛刊》2016 年第 2 期，第 31—36 页。

④ 周荣：《财政与僧政：从民间赋役文书看明初佛教政策》，第 99—103 页。周氏的取样范围是《南京城墙砖文》中的记载。

10.　　　　妇女：壹口

11.　　　田产

12. 民田：叁亩叁分贰毫

13.　　　夏税

14.　　　　　正麦：壹合玖勺捌抄壹撮贰圭

15.　　　　　耗麦：壹勺叁抄捌撮陆圭捌粟肆粒

据洪武二年、三年黄册记载归纳，民户分别登记男子、妇女口数，寺户、僧户则只登记僧人几口，不出现妇女。文书一中"叶僧"户下包括妇女，可知是民户。类似例子还有静嘉堂藏《汉书》卷九十九中叶三〇纸背文书"一户金佛僧，系本都民户，洪武十年甲首"；第六十九中叶五纸背文书"一户叶寄僧，系本都民户，充库子"，第六十九中叶三五纸背文书"一户金僧行，系本都民户，洪武九年甲首"。又静嘉堂藏《后汉书》卷四十下叶二七纸背文书"一户苏保僧，系松阳县民户，洪武四年甲首"，卷四十九叶二纸背文书"一户潘道僧，系本都民户，洪武六年里长"，等等。

洪武初年人姓名中带有"僧""佛"等字的，还可能是军户。如静嘉堂藏《汉书》卷九十四上叶四八纸背文书记载，洪武六年二月"初十日，取获到小旗王僧收领二月初六日至本月初十日，工匠贰拾陆名，米贰拾陆斗"。总之，元末明初江南部分民户、军户以佛教词汇命名，但不能将这类人户简单等同为僧户。

综上，元代江南不少寺院、道观拥有超过自给范围的田产，并将寺观田分割租赁给民户耕种。至正末年，朱元璋军队占据江南地区后，一改元代优免寺观僧道的政策，向其征收税粮，并征发僧人承担南京筑城等差役，所加负担甚至超过普通民户。

二　洪武试行黄册所见寺观户与僧道户赋役

元代的诸色户计包括僧户、尼户、道户等名色①，并为明代所继承。洪

---

① 黄清连：《元代户计制度研究》，台湾大学文学院 1977 年版，第 15、37 页；李治安：《元江浙行省户籍制考论》，《首都师范大学学报（社会科学版）》2015 年第 5 期，第 5 页。

武十四年（1381）首次在全国范围攒造赋役黄册①，洪武二十四年（1391）规定："凡庵观寺院已给度牒僧道，如有田粮者，编入黄册，与里甲纳粮当差。于户下开写一户某寺院庵观某僧某道，当几年里长、甲首。无田粮者，编入带管畸零下作数。"② 即将僧人、道士编入里甲组织，攒造赋役黄册时注明该僧人或道士属于某寺院或庵观，充当里长户、甲首户或畸零户。实际上，洪武二、三年间，浙江处州府等地率先编排百户里甲组织，攒造黄册时，既可将寺院、道观整体作为一个应役单位登记成寺观户，也可将僧人、道士个人作为一个应役单位登记成僧道户，与民户一同纳粮当差。对此明代存世典籍鲜有记载，本节试做分析。

洪武初年，处州府领丽水、青田、缙云、松阳、遂昌、龙泉县③。静嘉堂藏《汉书》《后汉书》纸背洪武二、三年黄册大部分来自处州府，据这批文书记载，里甲组织原则上由100户本都有田民户组成正管户，其中10户为里长，剩余90户为甲首，分为10甲，每年1户里长带领9户甲首，以10年为周期应役。正管户组成的100户里，既可带管弓兵、铺兵、水站夫等外役户，又可带管50户以下编排不尽畸零户。50户以上畸零户则须自选10户为里长，其余为甲首，攒造"小黄册"，同样以10年为周期应役。据正德《后湖志》："夫洪武旧本，由木之根、水之源也。木有千条万干，总出一根；水有千支万派，总出一源；人有千门万户，总出于军、民、匠、灶之一籍。"④ 故明初的寺观户、僧道户既可自成一类，又可归于民户大类之下，分别以正管户、外役户或畸零户的名义编入里甲组织。

（一）正管户

洪武二年、三年黄册册头有"里长甲首轮流图"，用表格表示正管户的户名、轮役年、里长或甲首等信息。如静嘉堂藏《汉书》卷九十六下叶三三纸背文书（文书二）：

———————————

① 《明太祖实录》卷135，洪武十四年正月丙辰，第2143—2144页。

② 正德《大明会典》卷21《户部六》，汲古书院1989年影印本，第1册，第255、256页。

③ 成化《处州府志》卷1《沿革》，日本国立国会图书馆藏明刊本，第1页a—2页b。《原国立北平图书馆甲库善本丛书》，国家图书馆出版社2013影印本，第375册也收录成化《处州府志》，仅存卷3至4、7至10、13至18。

④ （明）赵官等著：《后湖志》卷10《事例》，南京出版社2011年标点本，第202页。

	洪武四年	洪武五年	洪武六年	洪武七年	洪武八年	洪武九年	洪武十年	洪武十一年
里长	九保 普济院	九保 有道观	四保 叶钧宾	五保 净目寺	四保 叶钧节	七保 何益远	七保 徐福	七保 何遇叁
甲首	一保 叶彦浩	一保 吴怡之	四保 吴福原	一保 叶仲成	一保 吴仲奎	一保 毛聪肆	一保 吴贤叁	一保 吴镇叁
甲首	三保 胡先之	三保 胡文贰	三保 叶贤	三保 胡纹伍	三保 徐寿	一保 吴西山	一保 杨显	一保 陈洪轻
甲首	四保 金安壹	四保 间庆三	四保 包进贰	四保 叶回伍	四保 叶容贰	四保 叶彬肆	三保 李仁叁	三保 胡方叁
甲首	四保 叶成柒	四保 谷福玖	四保 项肆	四保 叶为壹	四保 □丙	四保 叶云壹	四保 金保壹	四保 叶方壹
甲首	四保 项福叁	四保 叶容柒	四保 叶仁肆	四保 叶蔡妹	四保 叶祥定	四保 叶以礼	四保 叶钦壹	四保 金寿陆
甲首	五保 刘盛之	五保 毛胜叁	五保 叶智壹	五保 叶英贰	四保 徐开贰	四保 叶敬壹	五保 林茂壹	四保 金寿柒
甲首	六保 王仲逺	六保 毛南轩	六保 何仁谷	五保 叶永叁	五保 叶仁壹	五保 周王壹	五保 周付贰	五保 百仞社
甲首	六保 金遇伍	六保 潘镇	六保 何仲鼎	六保 徐叶弟	六保 何均用	六保 何牙壹	六保 叶享之	六保 周珍叁
甲首	六保 郑彦名	六保 钱仍壹	六保 何提领	六保 何仲容	六保 叶大师	六保 毛聪进	六保 毛聪叁	六保 叶子仁

　　元末明初，江南地区的"保"是"都"下一级的地域单位。文书二中，户名右上方用红笔标注其来自某保，可知这是一个穿保而成的里；又因为该图从洪武四年（1371）开始第一甲轮役，可知是洪武三年黄册残件。文书二缺最后 2 列，但可以推测原表格共计 100 户正管户。

　　在此轮流图中，洪武四年里长普济院、洪武七年（1374）里长净目寺属于寺户，洪武五年（1372）里长有道观属于道观户。万历七年（1579）刊刻的《括苍汇记》记载："普济院：去（松阳）县南十五里，唐会昌中建"，"有道观：去（松阳）县南十里，宋德祐三年建"①。净目寺则未见，可能在万历七年前废弃或更名。普济院、有道观位于松阳县南十里至十五里范围之内，其地理位置相近，与洪武二、三年编排里甲时正管户不出本都的规定相符。又静嘉堂藏《汉书》卷九十七上叶三四纸背文书，是与文书二类似的里长甲首轮流图，其中洪武十年里长名为"永兴观"，应是道观户。

　　洪武初年处州府编排里甲时，根据田粮丁力的多少确定里长或甲首。证据是静嘉堂藏《汉书》卷九十六下叶二六纸背文书记载："处州府松阳县九芝乡拾玖都里长项德遇，承奉本县旨挥为税粮事。仰将本都有田人户，每壹伯家分为十甲，田粮丁力近上之家壹拾名，定为里长，每壹年挨次轮流承当。"又静嘉堂藏《汉书》卷九十九上叶四一纸背文书记载："青田县坊郭里长董均明等承奉本县旨挥，该：奉温州府旨挥为税粮黄册事。仰将坊郭有田人户，每一伯家分为十甲，内选田粮丁力近上之家十名，定为里长，每一年挨次一名承当，十年周而复始。"由此推测，普济院、净目寺、有道观由于田粮丁力较多，故被登记为里长户。另一方面，静嘉堂藏《汉书》卷九十九中叶二纸背的里长甲首轮流图中，洪武七年甲首有"吴□和尚"，洪武九年甲首有"潘和尚"，它们属于僧户，由于普通僧道田粮丁力有限，故登记为甲首户。这一正管户划分标准，与南京城墙砖中寺院田产越多对应的职役等级越高相似。

（二）外役户

　　在洪武二年至十三年（1380）处州府的里甲组织中，外役户不承担里甲

---

　　① （明）熊子臣、何镗纂修：《括苍汇纪》卷 15《杂事记·寺观》，《四库全书存目丛书》，齐鲁书社 1997 年影印本，史部，第 193 册，第 688、689 页。

正役，但需承担水马驿、急递铺、巡检司等州县机构的差役。静嘉堂藏《后汉书》卷五十九叶一五纸背文书中，里长甲首轮流图后的带管外役人户共10户：铺兵无为观、铺司刘镇抚、铺兵妙严寺、铺兵妙音寺、铺兵刘季瑟、铺司妙果寺、水夫郑珉、弓兵夏忠夫、弓兵王顺忠、弓兵谷贤良。宣德十年（1435）礼科给事中李让言："各处铺司、铺兵，将公文不即传递，待至二三十角，然后发送。乞依洪武年间旧制，于封皮上填写时刻及铺兵姓名，如有耽延，查究问罪。"① 可知铺司、铺兵的差役内容，是在急递铺传递公文。据万历《括苍汇记》，"妙果寺：（青田）县西一百五十里，唐大中年建"，"妙严寺：（青田）县西南一百三十五里，唐大顺年建"，"无为观：（青田）县西南一百五十里，唐天宝元年建"②，推知上述十户均为处州府青田县的外役户。

静嘉堂藏《汉书》卷九十九中叶一一一纸背文书（文书三），是寺户充铺兵后的各户登记：

1. 带管

2. 　外役人户

3. 　　一安和院，系本都户，充铺兵

4. 　　　僧人：贰口

5. 　　　田产

6. 　　　　民田：贰拾捌亩捌分叁厘叁毫叁丝叁忽

7. 　　　　　夏税

8. 　　　　　　正麦：陆升玖合壹勺玖抄玖撮玖圭玖粟贰粒

9. 　　　　　　耗麦：肆合捌勺肆抄叁撮玖圭玖粟玖粒肆微肆尘

10. 　　　　　秋粮

11. 　　　　　　正米：伍斗柒升陆合陆勺陆抄陆撮陆圭

12. 　　　　　　耗米：肆升叁勺陆抄陆撮陆圭陆粟贰粒

13. 　　　　　民地：叁亩

---

① 《明宣宗实录》卷8，宣德十年八月丙辰，第158页。

② （明）熊子臣、何镗纂修：《括苍汇纪》卷15《杂事记·寺观》，第685页。案：万历年间处州府有两座妙果寺，分别位于青田县、景宁县（《括苍汇纪》卷15《杂事记·寺观》，第692页），纸背文书所见属前者。

14.　　　　夏麦

外役户"安和院"有僧人 2 口,无妇女。据《括苍汇纪》:"安和院:在邑(遂昌县)东七里,元乾祐三年僧智元建。"①安和院户下既有水田,又有旱地,分别登记为民田、民地。第 3 行"系本都户",不同于文书一"系本都民户"的表述,透露出安和院的特殊性质。

通过文书三计算可得,安和院名下民田夏税名义科则 = 正麦 ÷ 民田 = 6.9199992 ÷ 28.83333 = 0.24 升/亩,夏税实际科则 = (正麦 + 耗麦)÷ 民田 = (6.9199992 + 0.4843999)÷ 28.83333 = 0.24 升/亩;秋粮名义科则 = 正米 ÷ 民田 = 57.66666 ÷ 28.83333 = 2 升/亩,秋粮实际科则 = (正米 + 耗米)÷ 民田 = (57.66666 + 4.0366662)÷ 28.83333 = 2.14 升/亩。民田加征的耗麦、耗米,均为正米、耗米的 7%。耿洪利指出,明初处州府民田科则有 3 种:第一种,夏税正麦 6 勺、秋粮正米 5 合;第二种,夏税正麦 2 合 4 勺、秋粮正米 2 升;第三种,夏税正麦 3 合 6 勺、秋粮正米 3 升②。安和院符合第二种,可知其名下田地按照民田地标准起科。

寺户或僧户还可充当水马驿的驿夫,如静嘉堂藏《后汉书》卷八十八叶一八纸背文书(文书四):

1.　　驿夫:壹户,计僧人成丁壹口

2. 编排不尽人户:壹拾陆户,计男女贰拾陆口

3.　　　男子:贰拾壹口

4.　　　成丁:壹拾柒口

5.　　　不成丁:肆口

6.　　　妇女:伍口

7. 寄庄

8.　　　民:叁伯陆拾叁户

9.　　　铺兵:壹户

10.　　驿夫:柒拾玖户

由文书四第 2 行"编排不尽人户"、第 7 行"寄庄"推知,第 1 行应是本都的寺户或僧户充"外役户"驿夫。该户仅 1 户,有僧人成丁 1 口。

①　(明)熊子臣、何镗纂修:《括苍汇纪》卷 15《杂事记·寺观》,第 689 页。
②　耿洪利:《小黄册所见明初浙东地区民田考略》,《安徽史学》2022 年第 1 期,第 30 页。

　　然而，并非所有寺观僧道名下田产都按照民田地登记，按民田地科则征收税粮。如静嘉堂藏《后汉书》卷八十二下叶一五纸背文书，是对某里户口总数、田产总数、税粮总数的统计，其中可见："田产：官、职、学院、民、寺田贰拾伍硕壹拾叁亩肆分贰厘肆毫玖丝柒忽。"该里除民田外，还有官田、职田、学院田、民田与寺田。据静嘉堂藏《后汉书》卷八十二下叶七纸背文书，洪武初年处州府某县"职田：每亩照依民田则例起科夏税正麦陆勺，秋粮照依旧额起科不等"，"学田：每亩照依民田则例起税夏税正麦陆勺，秋粮照依旧额起科不等"，"民田：起科夏税正麦陆勺，秋粮正米伍合"。职田、学田、民田的夏税科则为每亩6勺，秋粮科则遵循元代旧额，惟具体数额不明。崇祯《义乌县志》记载："田三等，曰官田、僧田、民田。官田有抄没、学院、义庄诸名目，赋最终，而免其差。僧田属之寺观，半占于民，而赋稍重。余尽为民田，而等赋，各以其地宜为差。"① 由此推测，洪武初年土地若登记为寺田，其税粮科则可能高于民田。

（三）畸零户

　　畸零户又名"编排不尽畸零户"，是指本都范围内50户以下、无法被编排入100户正管户的民户。在洪武二、三年黄册中，带管畸零户图附于里长甲首轮流图、外役户图之后，如静嘉堂藏《后汉书》卷八十二下叶一四纸背文书（文书五）：

带管畸零户	洪武四年	洪武五年	洪武六年	洪武七年	洪武八年	洪武九年
	叶泽	陈子□	陈原淳	刘伯先	张田六	叶原名
	宋保七	庆感堂	潘生	赵俞洪	裘□	茂名寺
	严显贤	严显□	王进三	刘梃	□□	尤兴有

（左侧："后图"）

---

① 崇祯《义乌县志》卷8《时务书·田赋》，《稀见中国地方志汇刊》，中国书店1992年影印本，第17册，第463页。

文书五右端注明"带管畸零户",可知是由 100 户正管户带管的畸零户图。该图缺洪武十年（1377）至十三年的 4 列，原图应有 30 户，每年 3 户，由正管户里长带领应役，其中洪武五年畸零户"庆感堂"与洪武九年（1376）畸零户"茂名寺"为寺户。

另有僧户充畸零户的记载，如静嘉堂藏《后汉书》卷四十五叶一六纸背文书（文书六）：

1. 　　　　不成丁：壹口
2. 　　　　妇女：壹口
3. 　　　田：壹亩叁分叁厘叁毫叁丝叁忽
4. 　　　　夏税：正耗麦伍合壹勺叁抄陆撮
5. 　　　　　正麦：肆合捌勺
6. 　　　　　耗麦：叁勺叁抄陆撮
7. 　　　秋粮：肆胜贰合捌撮
8. 　　　　　正米：肆胜
9. 　　　　　耗米：贰合捌撮
10. 一户悦和尚收广净堂田
11. 　　　田：捌分伍厘
12. 　　　　夏税：正耗米叁合贰勺柒抄肆撮贰圭

文书六第 10 行户名之后既未注明里长户、甲首户（如文书一），又未注明充何种外役（如文书三），可知是畸零户。第 11 行未登记人丁，而直接登记田产，则属于寄庄户的特征。由户名"悦和尚收广净堂田"来看，这是僧户悦和尚收广净堂在本都的寺田之后，先以僧户充本都寄庄户，再以畸零户身份编入里甲组织，由本都百户里甲的里长带管。"悦和尚收广净堂田"名下田 0.85 亩，仅为前引文书三安和院民田 28.83333 亩的 34 分之 1，很可能是原属广净堂但已分散各户的田产的一部分。

"悦和尚收广净堂田"前一户为阙名畸零户，其夏税名义科则 = 0.48 ÷ 1.33333 = 0.36 升/亩，夏税实际科则 = （0.48 + 0.0336）÷ 1.33333 = 0.385 升/亩；秋粮名义科则 = 4 ÷ 1.33333 = 3 升/亩，秋粮实际科则 = （4 + 0.28）÷ 1.33333 = 3.21 升/亩。耗麦、耗米均为正米、耗米的 7%，与根据文书三计算的加耗相同。"悦和尚收广净堂田"名下田的夏税实际科则 =

$0.32742 \div 0.85 = 0.3852$ 升/亩，若除去 7% 加耗，夏税名义科则 $= 0.36$ 升/亩，与明初处州府民田科则第三种恰好相符。由此推断，洪武初年浙江行省的寺户、僧户名下田产通常登记为民田地，按民田地科则起科，并按相同比例加耗。

总之，洪武初年，处州府等地的寺观户与僧道户以正管户、外役户或畸零户的名义编入里甲组织，与民户一体当差，承担正役或外役。其田产若登记为寺田，则按高于民田的科则起科；若登记为民田地，则按洪武初年新规定的民田地科则起科并加耗。至少在明初浙江行省，不存在僧道"止纳秋粮，别无科差"的情况。

三 洪武年间对寺观僧道的整饬

关于洪武年间的宗教政策，朱鸿认为，明太祖限制释道发展，但不加以禁绝，整饬时似严于僧而宽于道[1]。陈高华认为，明太祖一方面尊佛，一方面加强管理[2]。周齐认为，明太祖的佛教政策凸显着既限制又利用的强势倾向[3]。何孝荣则认为，洪武前期对佛教侧重于保护和提倡，后期则着力整顿和限制[4]。实际上，就刊刻大藏经、征招名僧、任命僧官等文化层面而言，朱元璋的确有尊佛倾向；但就户籍、土地、赋役等经济层面而言，至少在江南地区，朱元璋从未放松对教团的管控。

建国之初，朱元璋已开始着手削减寺观僧道数量。洪武五年（1372），朱元璋将南京天禧寺、能仁寺的常住田土、寺家物件与僧人并入蒋山寺，僧人"若是作歹不良善的，分豁出来，开剃为民"[5]。似乎是嫌这一政策不够具体，洪武六年（1373）又下令："释老二教，近代崇尚太过，徒众日盛，

---

① 朱鸿：《明太祖与僧道：兼论太祖的宗教政策》，《台湾师范大学历史学报》第 18 期，1990 年，第 71 页。

② 陈高华：《朱元璋的佛教政策》，《明史研究》第 1 辑，黄山书社 1991 年版，第 110—118 页。

③ 周齐：《试论明太祖的佛教政策》，《世界宗教研究》1998 年第 3 期，第 43—58 页。

④ 何孝荣：《试论明太祖的佛教政策》，第 19—24 页。

⑤ （明）葛寅亮：《金陵梵刹志》卷 2 《钦录集》，《续修四库全书》，上海古籍出版社 2002 年影印本，第 718 册，第 455 页："七月十六日，中书省钦奉圣旨：蒋山系是大禅刹处所，如今你省家出给执照与主持长老行容收执，把那天禧寺、能仁寺两处应有旧日常住田土并寺家物件，都入蒋山砧基簿内作数，永远为业，收的钱粮等项，听从蒋山寺支用。其天禧寺、能仁寺僧人，都收入蒋山坐禅。钦此。"

安坐而食，蠹财耗民，莫甚于此。乃令府州县止存大寺观一所，并其徒而处之，择有戒行者领其事。若请给度牒，必考试，精通经典者方许。又以民家多女子为尼姑、女冠，自今年四十以上者听，未及者不许。"① 一方面归并已有寺观，削减僧道名额；另一方增加僧道度牒考试的难度，提高尼姑、女冠的出家年龄。

由于洪武年间全国僧户、道户数量的记载阙如，相关限制政策在地方上的实际效果，可从数据资料相对完整的徽州府窥测。洪武四年，徽州府"官给户由，分军、匠、民、医、儒、僧尼、道士户等"②。王晓欣、郑旭东指出，朱元璋征战过程中随处颁给的"户由"，是户帖的另一种称呼③。此说可从。明代的户由是官府发放给民户保存的户籍册副本，如嘉靖年间宁国府知府刘起宗建议："每户印给户由一纸，以为永照，粮里征收，仍复旧区。"④ 洪武四年徽州府发下的户由，近年在安徽省图书馆藏明抄本《吴氏祊坑永禧寺真迹录》中发现一件抄件，全文如下：

十王院民由

一户僧张宗寿，徽州府祁门县　都住民，承十王院户，见当民差。计家一口：

男子一口。

成丁一口。

本身年四十五岁。

事产：

田四十六亩八分八厘八毛，地六亩三分五厘四毛，坐落十一都。

瓦屋三间，黄牛一头。

右户帖付民张宗寿收执。准此。

洪武四年　　月　　日

---

① 《明太祖实录》卷86，洪武六年十二月戊戌，第1523页。

② 弘治《徽州府志》卷2《食货一·户口》，《天一阁藏明代方志选刊》，上海古籍书店1963年影印本，第21册，第34页b。

③ 王晓欣、郑旭东：《元明时期户籍文书系统及其演变初探》，李治安主编：《元明江南政治生态与社会发展》，中国社会科学出版社2019年版，第125—126页。

④ 万历《宁国府志》卷8《食货志》，《稀见中国地方志汇刊》，第23册，第915页。

郑小春最早公布此文书，指出这是一件僧户帖，"十王院"又称"十王寺"，是寺院名，位于祁门县十一都①。周荣认为，这份文书以"民由"而不以"户帖"为名，暗示这份民由所产生的时间较早，是照元代户籍资料抄录下来，在洪武四年户帖制度的推行中补充田产等相关内容②。笔者同意上述观点，鉴于洪武元年《大明令》规定："凡军、民、医、匠、阴阳诸色户计，各以原报抄籍为定，不得妄行变乱。违者治罪，仍从原籍。"③ 洪武初年处州府攒造黄册时，应该也参考了元代遗留的户籍资料。

需要补充的是，此户帖记载洪武四年"僧张宗寿"继承"十王院户"田地的同时，承当与此土地相关的民差。"僧张宗寿"属于民户大类下的僧户，"十王院户"属于民户大类下的寺户。由此窥测，与处州府相似，明建国初期徽州府攒造户籍册时，既可将寺院整体作为一个应役单位登记，也可将僧人个人作为一个应役单位登记。其次，"僧张宗寿"承"十王院户"后，既获得了后者的部分或全部田地，又继承了相应的赋税与民差，并造户帖为证。洪武三年朱元璋下令"户部制户籍、户帖，各书其户之乡贯、丁口、名岁，合籍与帖，以字号编为勘合，识以部印，籍藏于部，帖给之民"④。此文书标题为"十王院民由"而不是"僧张宗寿民由"，透露出南京户部仍然保存着"十王院"的旧户籍，而且除了张宗寿外，可能还有其他僧人承"十王院户"，分得部分寺田，并领到了类似的户帖。

洪武初年，将寺观户拆分成多个僧道户登记户口，可能在全国普遍推行。证据是弘治《徽州府志》中，洪武四年歙县僧尼户116户、道户19户，休宁县细数无考，婺源僧户55户、道户16户，祁门县僧户43户、道户2户，黟县僧尼户38户、道户4户，绩溪县僧户35户、道户4户，均未见寺户、观户。从洪武四年至洪武九年、弘治九年（1496），上述六县僧尼户、道户的绝对数量及其在总人户中的比例，整体呈减少趋势⑤。在其他地区，

① 郑小春：《洪武四年祁门县僧张宗寿户帖的发现及其价值》，《历史档案》2014年第3期，第137—141页。

② 周荣：《财政与僧政：从民间赋役文书看明初佛教政策》，第96—99页。

③ 《皇明制书》卷1《大明令·户令》，《北京图书馆古籍珍本丛刊》，书目文献出版社1997年影印本，第46册，第9页。

④ 《明太祖实录》卷58，洪武三年十一月辛亥，第1143页。

⑤ 弘治《徽州府志》卷2《食货一·户口》，第34页a—37页b、39页a—39页b。

弘治年间南直隶宿州有僧户 1 户①；嘉靖元年（1522），南直隶建平县有僧户 44 户、道户 3 户②；嘉靖二年（1523），江西东乡县有僧户 85 户、道户 18 户③；隆庆六年（1572），浙江会稽县有僧户 28 户、道户 10 户④；万历六年（1578），浙江新昌县有僧户 16 户⑤。虽然明中后期赋役黄册制度松弛，上述数据不一定代表实际情况，但各地不再登记寺观户应该是普遍现象。

明政府在江南地区限制僧道经济势力的做法，也被推行至其他地区。洪武十五年（1382），明军平定云南后，征南将军傅友德报告"元末土田，多为僧道及豪右隐占"，而明军岁用不足，"督布政司核实云南临安、楚雄、曲靖、普安、普定、乌撒等卫，及霑益、盘江等千户所见储粮数一十八万二千有奇，以给军食。恐有不足，宜以今年府州县所征，并故官、寺院入官田，及土官供输盐商中纳戍兵屯田之入以给之"。以寺观田收入弥补军需之不足的建议，得到了朱元璋批准⑥。这与朱元璋擒张士诚后，婺州地区税粮"惟僧、道不免"如出一辙。

洪武二十五年（1392），朱元璋又下令全国寺院造周知文册："自在京及在外府州县寺院，僧名以次编之，其年甲、姓名、字行及始为僧年月与所授度牒字号，俱载于僧名之下。既成，颁示天下僧寺，凡游方行脚至者，以册验之，其不同者，许获送有司，械至京，治重罪。容隐者，罪如之。"⑦原本游离于寺院之外的"游方僧"，也被纳入国家的管理之下。

总之，洪武四年后朱元璋开始归并寺观，削减僧道数量，提高出家标准，进一步加强对寺观僧道的经济管控。在徽州府等地，寺户被重新登记为僧户，寺院田产与赋税差役被僧人分割继承，颁给僧户新的户帖。在此之后，寺观户的记载在明代户口登记系统中基本消失。

---

① 弘治《直隶凤阳府宿州志》卷上《户口》，《天一阁藏明代方志选刊续编》，上海古籍书店 1990 年影印本，第 35 册，第 259 页。
② 嘉靖《建平县志》卷 2《田赋志·户口》，《天一阁藏明代方志选刊》，第 26 册，第 3 页 a。
③ 嘉靖《东乡县志》卷上《户口》，《天一阁藏明代方志选刊》，第 40 册，第 27 页 a。
④ 万历《会稽县志》卷 5《户口》，《天一阁藏明代方志选刊续编》，第 28 册，第 184 页。
⑤ 万历《新昌县志》卷 6《民赋志·户口》，《天一阁藏明代方志选刊》，第 19 册，第 2 页 a。
⑥ 《明太祖实录》卷 143，洪武十五年三月丁丑，第 2258—2259 页。
⑦ 《明太祖实录》卷 223，洪武二十五年闰十二月甲午，第 3268—3269 页。

四　结语

明修《元史》记载，元代"崇尚释氏，而帝师之盛，尤不可与古昔同语"，道家"乘时以起，曾不及其什一焉"①。元代寺院僧尼的政治势力庞大，享有差役、田赋、商税优免等经济特权。至正年间，朱元璋占据江南后，以南京筑城及征伐军需为契机，开始将寺观的人丁田产统一纳入国家赋役体系之中，从此寺观僧道的势力一落千丈。由静嘉堂藏《汉书》《后汉书》纸背文书可见，洪武二、三年间，处州府等地编排里甲组织时，既可将寺院、道观作为一个应役单位登记为寺观户，又可将僧人、道士作为一个应役单位登记为僧道户，与民户一同纳粮当差，不存在所谓"止纳秋粮，别无科差"的情况。寺观户一般充当里长，僧道户一般充当甲首，除这两种正管户外，寺观户与僧道户还可充当外役户或畸零户。寺观户、僧道户名下田产一般登记为民田地，按民田地科则起科。在元末明初，江南地区寺观僧道从特权阶级转而成为国家赋税差役的重要来源，其负担甚至一度超过普通民户，这是中国宗教社会史上的重要变化。

另外，洪武初年朱元璋归并已有寺观，削减僧道名额，增加度牒考试的难度，提高出家年龄。洪武四年前后徽州府等地将寺观户重新登记为僧道户，可能是为进一步明确赋税劳役的实际责任人，实现朱元璋所说的"民有田则有租，有身则有役"②。洪武后期进一步加强对佛道尤其是佛教经济势力的限制，相关政策在靖难之役后才有所松弛，永乐十五年（1417），明成祖朱棣发现："近有不务祖风者。仍于僻处私建庵观，僧尼混处，屡犯宪章。"③ 正统五年（1440），监察御史丘俊建议："勿令别寺观僧道兼管收租，有误粮税。寺观废者，毋得重修。"④ 正统十年（1445），又重申洪武年间的

① 《元史》卷202《释老传》，中华书局1976年标点本，第4517页。
② 《明太祖实录》卷165，洪武十七年九月己未，第2545页。
③ 《明太宗实录》卷189，永乐十五年闰五月癸酉，第2008页。
④ 《明英宗实录》卷65，正统五年三月丁巳，第1248页。

寺观定额令①。由上述禁令反推，永乐以后寺观僧道势力似有抬头迹象，但经过洪武年间的大力整饬之后，已难以恢复在元代的地位。

（作者为复旦大学文史研究院博士后）

---

① 《明英宗实录》卷127，正统十年三月甲申，第2533页："洪武以来，寺院菴观，已有定额。近年往往私自创建，劳扰军民。其严加禁约，除以前盖造者，遇有损坏，许令修理，今后不许创建，敢有故违者，所在风宪官执问，治以重罪。若纵容不问，一体究治不宥。"

六方元朝八思巴字官印考释

党宝海

官印是历史学和语文学研究的重要资料。对于元朝的八思巴字官印，学界已有大量研究，尤以照那斯图、薛磊先生的贡献最大。他们合著的《元国书官印汇释》是相关研究的集大成之作。[①] 本文按照《元国书官印汇释》的印章分类和八思巴文字母换写方案，对六方元朝八思巴字官印试做考释。

一　诸王印

在镇西武靖王搠思班写给夏鲁万户贡嘎顿珠的藏文令旨上钤盖一方印章。令旨的起首语是"天的气力里，皇帝福荫里，搠思班镇西武靖王令旨"。句中明确提到了发令者的名字。令旨的最后写的是颁旨的时间和地点："鸡年七月十一日写于昂若。"[②] 这件文书又收入《夏鲁寺历史集要》，扎西旺都先生编《西藏历史档案公文选·水晶明鉴》收录了令旨的全文和《夏鲁寺历史集要》编者的注释。[③] 搠思班是忽必烈子西平王奥鲁赤之孙，他的父亲是镇西武靖王铁木儿不花。[④]《元史》中多次提到他，他封王的时间不晚于元成宗大德十年（1306）。直到元文宗至顺二年（1331），《元史》中仍有关于

---

①　照那斯图、薛磊：《元国书官印汇释》，辽宁民族出版社 2011 年版。

②　文书照片见 G. Tucci, *Tibetan Painted Scrolls*, Vol. 2, Roma: Libreria dello Stato, 1949, fig. 133, document X, 藏文录文见该书 p. 754.

③　扎西旺都编：《西藏历史档案公文选·水晶明鉴》，王玉平译，中国藏学出版社 2006 年版，第 108 页。

④　《元史》卷 107《宗室世系表》，中华书局 1976 年点校本，第 2725 页。

他的记载。① 意大利著名藏学家图齐（G. Tucci）认为，上引藏文令旨当是1321 年或 1333 年搠思班在西藏昂若时写发的。② 扎西旺都根据《夏鲁寺历史集要》中记述的藏历土鸡年判定为 1309 年，即元至大二年。令旨上的印文并不清晰，不过，由于钤盖了两处，可以互相补充（见图 1A、B）。其印文可复原如下：džin si wu／tsiŋ 'uaŋ jin。根据《元史》的记载，镇西武靖王的官印为驼纽金镀银印。③

图 1A   图 1B

元朝蒙古诸王的官印实物现存稀少。《元国书官印汇释》收录了白兰王印和怀宁王印。④ 据《元史》，它们分别是驼纽金印、螭纽金印。⑤ 白兰王印存有实物，是驼纽镀金铜印，方形，边长 11.3 厘米，高 11 厘米，重 4.4 千克。此印原存西藏萨迦寺，现藏西藏自治区文物管理委员会。⑥ 怀宁王印只有印文，钤盖在 1305 年（大德九年）怀宁王海山（即后来的元武宗）颁发

① 《元史》卷 21《成宗纪四》，第 468 页；卷 35《文宗纪四》，第 783 页。

② G. Tucci, *Tibetan Painted Scrolls*, Vol. 2, op. cit., p. 706, note 990.

③ 《元史》卷 108《诸王表》，第 2746 页。

④ 照那斯图、薛磊：《元国书官印汇释》，第 14—18 页。

⑤ 《元史》卷 108《诸王表》，第 2745、2736 页。

⑥ 国家文物局主编：《中国文物精华大全·金银玉石卷》，（香港）商务印书馆有限公司、上海辞书出版社 1994 年版，第 433 页。关于此印的材质，有不同说法。西藏自治区档案馆编《西藏历史档案荟萃》收录了白兰王印，记为鎏金铜质。见《西藏历史档案荟萃》，文物出版社 1995 年版，元朝第 22 号（原书无页码）。

给夏鲁寺的令旨上。① 目前已知的第三方王印就是这件镇西武靖王印。它们的印文拼写的都是汉语。

二 中央官署印

在山东省巨野县独山镇金山南麓的秦王避暑洞隧道（又称"金山大洞"）东壁南侧刻有元朝至元二十三年（1286）中书省户部颁给当地金山寺的榜文一通。在正文第二至四行的上部、公文末汉文大字日期的"年"和"日"字之间、"月"字的周围，各摹刻了一方八思巴字官印的印文（见图 2A、B）。据拓片，印文相同，均为两行，但都有模糊不易辨识之处，比较两处印文，互相补充笔画，其文字或可转写为：1）džuŋ šeu 2）ɣu pu jin，音写的汉字为："中书户部印。"这是榜文的颁发机构中书省户部的官印。我在 2017年发表的《巨野金山寺元代榜文八思巴字蒙古文考释——兼论元朝榜文的双语形式》中考释石刻上的印文为"户部之印"，现在看来是错误的。②

摹刻颁发机构官印的元朝榜文，还有其他例子，如大德十年二月曲阜"兖国公庙禁约榜文"上刻有"中书礼部之印"。③

元朝政府曾下令禁止民间在石刻上摹刻圣旨、令旨。《元典章》中收录了一则法令，题为"碑上不得镌宝"：

> 至元五年□月，中书右三部：近据太皇寺提举河渡司不鲁歹申："南京朝元官碑上，镌着圣旨御宝一颗，诚恐奸细歹人模勒伪造，偷贩马疋，难以别辨。"省部行下南京路，勘当（德）〔得〕本官中统二年王志谨钦奉皇帝御宝圣旨，赐惠慈利物至德真人，以此模勒镌凿上碑。为此，呈奉中书省札付："公议得：随路寺观内，应有似此将御宝圣旨并诸王令旨模勒镌凿，合行一体磨毁。于二月二十日，奏奉圣旨：

---

① G. Tucci, *Tibetan Painted Scrolls*, Vol. 2, op. cit., p. 622, fig. 123.

② 党宝海：《巨野金山寺元代榜文八思巴字蒙古文考释——兼论元朝榜文的双语形式》，《中国古代法律文献研究》第 11 辑，社会科学文献出版社 2017 年版，第 341 页。

③ 参看前引照那斯图、薛磊《元国书官印汇释》，第 36—37 页。

'准。' 钦此。"①

上述禁令仅限于摹刻皇帝圣旨和诸王令旨，但标题为"碑上不得镌宝"。事实上，在此之后碑刻上的政府官印常不刻出印文，而是用方框或"印"字来代替。② 有的在钤印处不做任何标记。不过，摹刻官印的例子并不罕见。在《元国书官印汇释》中收录了一些石碑上摹刻的官印资料。③ 薛磊在他的近著中刊布了至元十四年枢密院给赞皇县宣圣庙的禁约榜文，上面清晰摹刻了枢密院的官印。④ 元人在碑石上摹刻官印，其主要目的应是体现石刻公文的真实性、权威性。

图2A   图2B

严绍璗《日本藏汉籍珍本追踪纪实——严绍璗海外访书志》提到，在日本东京静嘉堂文库收藏着一部宋蜀刊大字本《周礼郑注》残本二卷，每卷上

---

① 《元典章》卷33《礼部六》"杂例·碑上不得镌宝"，陈高华等点校，中华书局、天津古籍出版社2011年版，第1151页。

② 参见照那斯图、胡鸿雁《新发现三份八思巴字碑刻资料》，《民族语文》2009年第6期，第39页。

③ 如中书省印，刻在大德十一年（1307）十月中书省给山东曲阜衍国公庙的禁约榜石碑上，详见呼格吉勒图、萨如拉编著《八思巴字蒙古语文献汇编》，内蒙古教育出版社2004年版，第422页，图版38—1。

④ 薛磊：《元代官方印章与制度史研究》，人民出版社2020年版，第144页。

钤蒙古文官印。① 2008 年，我利用去东京开会的机会，在早稻田大学近藤一成教授的帮助下，到静嘉堂文库看书，目的之一就是查看这方印章（见图3A）。图书管理员告诉我，日本学者鹈木基行已经将印文释出。在鹈木基行的论文中，印文被准确释读为：御史台/经历/司印。② 八思巴字印文可转写为：'eu šhi t'ay/geiŋ li/shi jin。

图3A   图3B

2011 年，北京大学历史学系乔秀岩教授主持刊布了《旧京书影》一书。乔先生赠我一部。在该书第 399 页，是宋版南宋人罗泌《路史》残本的书影。该书后纪卷四之一"禅通纪"之"炎帝纪下"的卷首书叶上钤盖八思巴字官印一方（见图 3 B）。印文正是"御史台/经历/司印"，转写如下：'eu šhi t'ay/geiŋ li/shi jin。③与静嘉堂文库藏书上的印章进行比对，两印篆体八思巴字字母的写法并不完全相同。这说明，在元代，御史台经历司至少先后有两方官印。

经历是御史台的首领官。所谓"首领官"是元朝政府机构中位居正官以下、级别较低、统属吏员办理具体事务的幕职官。通常经历设于枢密院、御

① 严绍璗：《日本藏汉籍珍本追踪纪实——严绍璗海外访书志》，上海古籍出版社 2005 年版，第 266 页。

② 鹈木基行：《元代官府パスパ文字藏書印管見》，（日）古典研究会编《汲古》第 49 号，2006 年，第 36—37 页。

③ ［日］倉石武四郎编拍：《旧京书影》，乔秀岩编辑，人民文学出版社 2011 年版，第 399 页。

史台、宣政院、宣徽院等重要中央官府，及行枢密院、行御史台、宣慰司、廉访司、路等高级地方官府，主管衙门案牍文书，统领吏员，秩从五品至从七品不等。御史台经历司是以经历为首的办公机构，设经历和蒙古经历各一员，品秩为从五品。其下有其他首领官和吏员等。① 由于御史台经历司负责该机构的案牍文书，所以御史台的经、史书籍上钤盖经历司的印章。

以上《周礼郑注》《路史》两种古籍分属经、史不同部类，书上的八思巴字官印说明，向来不为学界注意的元朝最高监察机构御史台也收藏着一定数量的书籍，具体由御史台经历司管理。

三 元朝义兵官印

在《元国书官印汇释》中收录了两方元朝义兵官印。其一为"鄾城等处义兵百户之印"，此印为出土实物，铜质，方形，边长6.3厘米，厚1.1厘米，直钮（见图4A）。印文转写为：·en šiŋ /dhiŋ tšʻeu /ŋi biŋ bay /ɣu dži jin。这方官印的印背刻有"鄾城等处义兵百户之印""至正十八年八月造"等字样。此印1998年在内蒙古托克托县东胜州故城遗址出土，现存该县博物馆。②

图4A

---

① 《元史》卷86《百官志二》，第2178页。
② 照那斯图、薛磊：《元国书官印汇释》，第166页，第514号官印。

　　另一方印只遗留了印文，现存唯一的直接资料是罗振玉 1915 年编印的《赫连泉馆古印存》（见图 4B）。① 《元国书官印汇释》介绍了此印的情况：印为铜制，方形，边长 6.1 厘米。该书将印文转写为 ·an šiŋ /dhiŋ tšʻeu /ŋi biŋ bay /ɣu jin，释文为"安城等处义兵百户之印"。② 实际上，这两方印的篆体印文虽然写法不同，但文字基本相同，第二印的首字不是 ·an，而是 ·en，其读音不是"安"，而是"鄢"。第二印少写了"之"字，其他文字都是相同的。

图 4B

　　虽然这两方鄢城等处义兵百户官印的印文内容基本相同，但篆体八思巴字的写法存在差异。另外，从印章大小来看，它们的边长也不同，现存实物要稍大一些。义兵大多出现于元朝末年。即使同一支义兵部队，其内部基层单位的官印也有差异。出现这种差异的原因很可能是铸造印章的时间不同，印文书写和印章制作人员不同，从而导致印文有别。

　　结合上文提到的两方"御史台经历司印"的情况可知，在元代有的政府或军事机构在不同时期曾经使用印文内容相同而篆书形式不同的官印。

---

　　① 1988 年上海书店影印出版了该书，这方官印的印文见第 30 页。
　　② 照那斯图、薛磊：《元国书官印汇释》，第 182 页，第 532 号官印。

四 奥鲁印

1953 年，蒙古国科学院院士仁钦（Б. Ринчен）撰文释读了蒙古国国家博物馆收藏的三方八思巴字官印。[①] 我先讨论其中的第三方，这方官印印面边长 6.4 × 6.4 厘米，印背没有释文，印文是八思巴字拼写的汉、蒙混合语（仁钦摹写的印文见图 5）。仁钦的转写是：Hyam niŋ fen ǰeu geun aurux gon yin，他的法文译文是：Le sceau de service d'aurux des troupes de Feng – tcheu à Hsian ning，可汉译为：咸宁（Hsian ning）丰州（Feng – tcheu）军队奥鲁机构之印，表示的印文为"咸宁丰州军奥鲁官印"。

图 5

按：这一释读是错误的。仁钦读错了第三个八思巴字，该字应当转写为 hụen，表示的是汉字"县"。全部印文可转写为："hem niŋ hụen/dǯeu geun'a/·u ruq'gon jin"，印文应释读为"咸宁县诸军奥鲁官印"。

元代陕西行省奉元路与湖广行省武昌路均有咸宁县。[②] 后者属于长江以

---

① Бямбын Ринчен，"Trois sceaux de bronze avec l'inscription carrée dans les collections du musée national à Oulanbator"，in Эрдэм шинжилгээний бүтээлийн чуулган，III，*Mongol Studies*，Улаанбаатар：ADMON，2011，pp. 18 – 20. 该文最初发表于 *Archiv Orientální*，tom XXI，No. 2 – 3，1953，Prague，pp. 424 – 426.

② 《元史》卷 60《地理志三》、卷 63《地理志六》，奉元路、武昌路，第 1424、1524 页。

南地区。根据元朝制度，县级奥鲁多为汉军奥鲁，仅设置于北方。① 此处的
咸宁县，当属陕西行省奉元路。此县在近代已经废置，原辖区属于今西安市
长安区。至元九年十二月，元朝"命府州司县达鲁花赤及治民长官，不妨本
职，兼管诸军奥鲁。各路总管府达鲁花赤、总管，别给宣命印信，府州司县
达鲁花赤、长官止给印信。"② 此印应是奉元路咸宁县达鲁花赤或县尹持有的
奥鲁官印。

　　仁钦院士还介绍了蒙古国家博物馆收藏的另外两方八思巴字官印，分别
为"行军千户所印""登州镇海千户所印"。这两方印章在《元国书官印汇
释》均加收录，但依据的都是罗福颐（1905—1981 年）收藏的印文，而非
官印实物。由于罗福颐收藏的只是印文，所以官印的其他信息付之阙如。仁
钦根据实物，提供了更多信息。行军千户所印，印面边长 7.4 × 7.4 厘米，
在印背刻有印文的释文："行军千户所印"以及印章制造的机构与时间"中
书礼部造""至元廿二年六月日"。登州镇海千户所印，印面边长 6.4 × 6.4
厘米，在印背刻有印文的释文"登州千户所印"以及印章制造的机构与时间
"中书礼部造""至正廿二年"。仁钦在文中介绍说，这三方官印都是 1924
年蒙古国科学委员会首任主席札木扬（Djamyang）从北京的一位铜器商人
（chaudronnier）那里购买的。

　　根据蒙古国家历史博物馆收藏的"行军千户所印""登州镇海千户所印"
两方印章可知，它们都曾被中国的金石学家注意过。罗福颐是罗振玉的第五
子。罗家富于收藏，在旧都北平颇负盛名。虽然不能断言罗福颐曾经收藏过
这两方印章，但至少他收集了两印的印模。在近现代中国，元朝官印作为文物
在古董商与收藏家之间流转，出现印文和实物多次著录的情况。将收录印文的
早期书籍与实物的收藏现状联系起来考察，可以了解文物流传的若干线索。

五　路府州县等地方官署印

美国柏克莱加州大学（University of Califonia，Berkeley）东亚图书馆收藏

---

① 史卫民：《元代军事史》，收入军事科学院主编《中国军事通史》第 14 卷，军事科学出版社
1998 年版，第 331 页，据《元史》卷 91《百官志七》，路、散府奥鲁官，第 2316—2317 页。

② 《元史》卷 98《兵志一·兵制》，第 2514—2515 页。

了一套文物拓片合集，题为《商周秦汉六朝吉金文字》，在它的第五册中收录了一方元朝官印，包括印文的钤本（见图6）和印背的拓本。[①] 印章正面为四个篆体八思巴字，可转写为 "ma gay /džiw jin"。根据著录，印为铜质，高6.9厘米，宽6.7厘米。印背有刻字，在印钮的右侧为 "□□州印"，钮左为："中书礼部造""元统元年二月日"[②]。

图 6

这是元朝后期某个州的官印，但是，我未能准确比定出它属于哪个州的政府。印文首字 ma 对应的汉字有：麻、马、禡等；第二字 gay 对应的汉字有：该、垓、荄、陔、改、盖、溉、概等。[③] 印背的释文中州的具体名称完全不可辨识。从州名的发音来看，该州很像是元朝西南边疆地区设置的某个土州。这个州可能是元顺帝朝增置的，但传统文献关于元朝地方行政区的记录中对此并无反映。

---

① 柏克莱加州大学东亚图书馆编：《柏克莱加州大学东亚图书馆藏碑帖》，上海古籍出版社2008年版，上册，第287页。此印编号272。

② 上引《柏克莱加州大学东亚图书馆藏碑帖》，上册，钮左侧的制印时间，原书录文误为"工氏□"，当为"二月日"；下册，第367页，录文亦误。

③ 参照字见照那斯图、杨耐思编著《〈蒙古字韵〉校本》，民族出版社1987年版，第143页、74页。

结　论

综合上述六方官印的情况，我们可以得到几点认识：

一、在元代，官民在碑石上摹刻官印的行为长期存在，主要目的是体现石刻公文的真实性、权威性。

二、元朝某些政府或军事机构曾经使用印文内容相同而篆书形式不同的官印。

三、元朝后期地方行政区曾有增置，但传统文献失载。

四、在近现代中国，元朝官印作为文物会经多个藏家辗转收藏，出现印文和实物多次著录的情况。将收录印文的早期书籍与实物的收藏现状联系起来考察，可以了解文物的流传轨迹。

附记：蔡美彪先生对八思巴字的研究取得了杰出的成就。2011 年，先生把他刚刚出版的论文集《八思巴字碑刻文物集释》赠我。每次捧读先生的这部著作，我总能得到教益和启迪。谨以这篇习作，感谢先生的学恩。

（作者为北京大学历史学系副教授）

论八思巴字史料承载的文教信息*

王风雷

随着八思巴字史料的发现，特别是其整理、研究工作的层层递进，为我们深入了解那一时期的文化、教育，提供了一个全新的视野。审视笔者以往的学术研究，最大的短板在于忽略了八思巴字文献资料。其原因不在于客观，而是主观努力不够。总感觉这是个畏途，在困难面前不敢挑战。实践证明，这种思路和想法都是错误的，也不利于学术进步。

笔者从 2005 年 8 月开始接触八思巴字文献，学习时断时续缺少了持久的关注。正月教授发过来的"八思巴字文献与蒙、汉、藏语接触"国际学术研讨会邀请函，对本人产生了巨大促动，迫使自己重新阅读八思巴字文献资料，并借此机会谈谈个人的学习体会，求教于学界同仁。

一 八思巴字蒙古语史料

八思巴字蒙古语资料，包括译写的汉文资料，都有一个共同的特点——对重要的语汇进行了抬写（ᠮᠥᠷ ᠲᠡᠳᠬᠦᠵᠦ ᠪᠢᠴᠢᠳᠡᠭ mör tedqüjü bičideg）。

例如：ᠱᠠᠩ ᠲᠡᠨ ᠭᠡᠥᠨ ᠮᠢᠨ（上天眷命 ṣ̌aŋ ten gĕon miŋ）

ᠥᠩ ᠳᠢ ᠱᠢᠩ ᠳᠵᠢ（皇帝圣旨 γoŋ di ṣ̌iŋ dži）

ᠮᠣᠩ-ᠺᠳᠧᠨ-ᠷᠢ-ᠶᠢᠨ ᠺᠦ-ᠴᠤᠨ-ᠳᠤᠷ（mo₃ŋ–kdển–ri₁–yin ku₂–čun–du₂r 长生天气

———

* 本文是国家社科基金重大项目"基于八思巴文献资料的蒙、汉、藏语接触研究"（20&ZD303）的子课题成果。

力里 ꡏꡡꡃꡁ (monk tegri yin küčün dür)

ꡗꡦꡁꡠ ꡛꡟ ꡆꡜꡜꡜ ꡗꡞꡋ 大 福 荫 护 助 里 $ye_1\text{-}ke\ su_2\ j\text{-}li_1\text{-}yi_1n$ ·$i_1\text{-}h_1\cdot en\text{-}du_2r$ ꡗꡦꡁꡠ ꡛꡟ ꡆꡜꡜ ꡗꡞꡋ ꡞꡁꡦꡋ ꡊꡟꡘ (yeke su jali yin iken dür) 等固定词句都要抬写。另外,皇帝的名字包括孔子的名字在内,属于尊称的范围,都予以了抬写。在后来的科考策论里,抬写重要词汇成为一个固定的程式。有意思的是,早在 1225 年成吉思汗石里,也能看到抬写的印记。抬写与平阙,有一定的渊源关系。何大安先生认为,"平阙发轫于秦汉,漫衍于魏晋南北朝,严密于唐宋"[1]。总之,抬写是一种特定的行文格式,它源自汉文化被蒙古人接纳,而且对后世产生了深远的影响。

在八思巴字蒙古语文献中,出现的 ꡊꡡ ꡗꡞꡊ ($do_1\text{-}yi_1d$ 和尚 ꡊꡡꡗꡞꡊ doyid)、ꡠꡘ ꡁꡠ ꡟ ꡊ ($\dot{e}r\text{-}k\dot{e}\text{-}\cdot u_2d$ 也 里 可 温[2] ꡠꡘꡁꡟꡊ erkegüd、ꡛꡠꡋ ꡚꡞꡃ ꡉꡟꡊ ($sen\text{-}\check{s}h_1i_1\text{-}\eta u_2d$ 先生—道士 ꡛꡠꡋꡚꡞꡃꡉꡟꡊ——复数 siyanšeng、ꡊꡚ ꡏꡊ ($d\check{s}\text{-}md$ 答失蛮[3] ꡊꡚꡏꡊ dašmad) 等,都属于宗教人士。政府规定他们不承担任何差发,享有一定的经济待遇。早在成吉思汗时期,以丘处机为代表的全真道取得了相当高的社会地位。即便是在 1254 年神学辩论[4]的情况下,他们仍有很大的影响力。就是在八思巴登上历史舞台后,元廷对道教、也里可温、答失蛮采取了平衡的态度,因而都得到了自己的发展空间。文献中所提到的 ꡛꡟ ꡏꡠꡛ ($su_2\text{-}mes$ 寺院 ꡛꡟꡏꡠꡛ sümes) ꡂꡠ ꡗꡞꡊ (geyid 房舍 ꡂꡠꡗꡞꡊ geyid) 是和尚们的修行学经的地方,也是一个育人的场所。同样道理,那些 ꡂꡠꡟꡃ ꡂꡡꡋ (geuŋ – gon

---

① 何大安:《写下来的礼貌:平阙的历史和语用》,见复旦大学汉语言文字学科《语言研究集刊》编委会编《语言研究集刊》(第二十一辑),上海辞书出版社 2018 年版,第 465—477 页;(唐) 李林甫等撰,陈仲夫点校:《唐六典》,中华书局 1992 年版,第 113 页;同时也感谢孙伯君研究员给予的提示。

② 东方杂志社编印,陈垣:《元也里可温考》(东方文库第七十三种),(上海)商务印书馆 1935 年版(一册);《中国大百科全书·中国历史——元史》,周良霄:"也里可温",中国大百科全书出版社 1985 年版,第 128—129 页;余太山主编,殷小平著:《元代也里可温考述》,兰州大学出版社 2012 年版;此外在"中国知网"上,关乎"也里可温"文章也有多篇,在此不一一赘述。

③ 杨志玖:《元代回族史稿》,"元代的几个答失蛮",中华书局 2015 年版,第 431—444 页,该文最早发表于 1983 年 5 月 9—14 日在江西九江召开的"元史研究会第二届会员大会",如今在网上还能见到它的打印稿;《中国大百科全书·中国历史——元史》,陈得芝:"答失蛮",中国大百科全书出版社 1985 年版,第 27 页。

④ [英]道森编,吕浦译,周良霄注:《出使蒙古记》,中国社会科学出版社 1983 年版,第 206—214 页,以及第 253 页的注 136。

宫观（〔八思巴字〕geuŋgon），也是一个施教场所。至于也里可温和答失蛮虽无固定场所，但其神职人员仍以其特有的方式，进行着文化传播实现了中西文化交往交流交融。基于这种认识，政府加强了对寺院和道观的保护，任何人不能以任何方式对它肆意妄为。

拿现代人的眼光看，在当时的寺院、宫观里，除了房地产真正值钱的东西并不多。如果说都是坛坛罐罐，或许有点贬义的嫌疑。其所属资产为：〔八思巴字〕（q-jr u-su$_2$n 土地河流 〔八思巴字〕ɣaǰar usun）、〔八思巴字〕（bq 园林 〔八思巴字〕baɣ）、〔八思巴字〕（t'e—gi$_1$r－med 碾磨 〔八思巴字〕tegermed）、〔八思巴字〕（dè$_1$m 店 〔八思巴字〕diyan）、〔八思巴字〕（k'e－bi$_1$d 铺席 〔八思巴字〕kebid）、〔八思巴字〕（q－l－·u$_2$n u－su$_2$n 浴堂 〔八思巴字〕〔八思巴字〕qalaɣun usun）、〔八思巴字〕（gey-dè$_1$m（书上写成 n）－k'u 解典库 〔八思巴字〕〔八思巴字〕ǰiyE diyan ku）。寺院、宫观的强大，不能只看外在的物质，相反还在于内涵，取决于高僧老道。他们的存在保证了文化血脉得到了有效传承。当然，不关注物质的东西，也不符合基本的情理。正因为如此，元代寺院、宫观与学校的田产争端的记载，屡屡出现于史籍。这说明浮屠、道士也是人，他们也没有远离人间烟火。

八思巴字蒙古语文献除了固定的格式和套路，它往往要罗列一连串的蒙古大汗的名字，例如，〔八思巴字〕（ǰi$_1$ŋ-gi$_1$s q·-nu$_2$ "成吉思汗的" 〔八思巴字〕θ cinggis qan nu）、〔八思巴字〕（'eo$_1$-keo1-deè$_3$ q·-nu$_2$ "窝阔台皇帝的" 〔八思巴字〕θ ögedei qaɣan u）、〔八思巴字〕（se–č'en q·-nu$_2$ "薛禅皇帝的" 〔八思巴字〕θ sečen qaɣan u）、〔八思巴字〕（'eo$_3$l-jeè$_3$-t'u$_2$ q·-nu$_2$ "完泽笃皇帝的" 〔八思巴字〕θ ölǰeitü qaɣan u）、〔八思巴字〕（k'eu$_2$－lu$_2$g q·－nu$_2$ "曲律皇帝的" 〔八思巴字〕θ külüg qaɣan u）、〔八思巴字〕（bu$_2$－yn－t'u$_2$ q·－nu$_2$ "普颜笃皇帝的" 〔八思巴字〕θ buyantü qaɣan u）、〔八思巴字〕（ge－g·en q·－nu$_2$ "格坚皇帝的" 〔八思巴字〕gegen qaɣan u）、〔八思巴字〕（qu$_2$－t'u$_2$q－t'u$_2$ q·－nu$_2$ "明宗翼献景孝皇帝的" 〔八思巴字〕θ quturtu qaɣan u）、〔八思巴字〕（rè$_3$n-č'è$_3$n-dpl q·-nu$_2$ "宁宗冲圣嗣孝皇帝的"[①] 〔八思巴字〕rinčinbal qaɣan u）等后面都带有属格，并附带了〔八思巴字〕（ǰr-liq 圣旨

---

① 该自然段里，元代皇帝谥号为笔者添加；原文见呼格吉勒图、萨如拉编著《八思巴字蒙古语文献汇编》，内蒙古教育出版社 2004 年版，"妥欢帖睦尔皇帝鸡年（1345）圣旨"，第 287—302 页。

ᠵᠠᠷᠯᠢᠭ jarliɣ）。该圣旨是元顺帝于鸡年（1345 年），针对西藏公哥曲寺所辖僧人事宜颁行的。值得一提的是，它的内容在关注僧人事务的同时，进一步涵盖了先生和也里可温，也隐含了答失蛮等诸多方面的问题，因而它早已超出了宣政院所辖范围，并在大元全境具有了同等的法律效力。从表述上看，这项政策措施应该成熟于成吉思汗时期，然后一直延续到元末。从其执行情况看，圣旨的颁行距元顺帝退出元大都还短 23 年，应该说它持续到 1368 年，乃至于北元时期更长的时段。因为某些社会行为会按特有的惯力向前推进，甚至将形成群体的思维定式。所有这些都说明蒙元历朝皇帝，都出台过这类政策，在客观上保护了寺院、宫观的正常运行。可谓前后衔接得天衣无缝、从一而终贯彻到底，为宗教文化教育的发展提供了法律保障。

在八思巴字蒙古语文献中，夹杂了很多汉语。这些首先表现为，对人名的音译。例如，ꡙꡞ ꡈꡓ ꡁꡠ'�024 （li₁ – tw – k'em 李道谦 ᠯᠢ ᠳᠠᠤ ᠴᠢᠶᠠᠨ li dau čiyan）、ꡟ ꡆꡞ ꡐꡤꡋ （u–ǰi–tsven 吴志全 ᠤ ᠵᠢ ᠴᠢᠤᠸᠠᠨ u zhi ciowan），此外，还有西番人名 ꡋ（yon – dan – rgel – mts'an 元旦嘉措? ᠶᠤᠨᠳᠤᠨᠵᠠᠯᠠᠨ yondonjalzan）等。其次是对地名的音译。例如，ꡆꡞꡃ ꡊꡜꡞꡟ ꡙꡟ （ǰŋ–dhi₁y–lu 彰德路 ᠵᠠᠭ ᠳᠧ ᠯᠦ jaxg dE lü，在回鹘式蒙古文里，把"路"译为 ᠴᠦᠯᠭᠧ čülge，这是二者间的差异）等词汇较多，在此不一一赘述。第三是对职官及官衙名称的译写。例如，ꡆꡟꡃ ꡚꡦꡟ ꡚꡞ ꡟꡋ （ǰuŋ–šeu₂–ši₁–ŋu₂n 中书省的 ᠵᠦᠩ ᠱᡳ ᠱᠧᠩ ᠤᠨ jüng šü šeng un）、ꡜꡠꡞꡃ （hei₁ŋ–'eu₂–ši₁₁–yi₁n 行御史台的 ᠰᡳᠩ ᠶᡳᠤ ᠱᡳ ᠲᠠᡳ ᠶᡳᠨ sing yui ši tai yin）、ꡛꡤꡋ （sven–·u₂ê₁–shi₁–yi₁n 宣慰司的 ᠰᡳᡠᠸᠠᠨ ᠸᡝᠸᡝᠢ ᠰᡝ ᠶᡳᠨ siuwan wEwEi sE yin）、ꡙꡠꡏ （lê₁m–hvŋ–shi–yin 廉访司的 ᠯᡳᠶᠠᠨ ᠹᠠᠩ ᠰᡳ ᠶᡳᠨ lian fang si yin）等。类似的译写近音度很高，而且接近了汉语语音，更便于现代人的理解。相比之下，回鹘式蒙古文对汉语官职的音译，与汉语语音还是有一定的距离。这或许是当时的名圣大儒追捧八思巴字的一个原因。

史实证明，八思巴字蒙古语文献给时人及后人传递了很多有价值的信息。为此，笔者依据先贤们的研究思路，阅读居庸关过街塔石刻（西壁）资料后，还有必要澄清以下几个问题：首先蒙古国策·达木丁苏荣先生所编的《蒙古古代文学一百篇》里，将西壁上的八思巴字转写成蒙古文。其次策·达木丁苏荣先生在文中省略了一个字：ᠲᠣᠳᠤᠷᠢᠰᠠᠶᠠᠷ todurysayar，八思巴字为

ᠠ ᠊᠊᠊ ($t'o_1 - do_1 - rq - s \cdot r$)，这与鲍培的资料一致，而在照那斯图和呼格吉勒图本子里都有这个字[1]；笔者借助照那斯图先生提供的碑刻图版进行了核实，因字迹模糊而难以辨认。第三 ᠊᠊᠊ᠪ ($köbegün$) ᠊᠊᠊ 及省略号问题[2]，学者们既有分歧，也有趋近的认识；要解决它还需回归到碑刻，遗憾的是字迹的模糊也很无奈。第四 ᠊᠊᠊ ($i-ri_1n-ji_1n-do_3r-ji_1$ ᠊᠊᠊ irinčindorji) 正确写法问题，这在碑刻里非常清晰，只要认真订对不会出错；为此策·达木丁苏荣做了正确的转写，鲍培的八思巴字有误而转写正确，照那斯图和呼格吉勒图都转写 ᠊᠊᠊ (rinčindorji)，呼先生的八思巴字正确[3]。第五居庸关过街塔八思巴字石刻，其主题是面向佛祖为众生祈福，因而首先歌颂了转轮法王、阿育王以及皇帝菩萨、帝师以及博格达呼图克图们的大恩大德，并在他们福荫的佑护下，使民众安享太平永无忧患。第六八思巴字蒙古文诗歌，在表达方式上，与回鹘式蒙古文交相辉映，形成了一种别样的风格；如果说有什么异样感觉，那只是换了一种文字而已，在韵律上尤其在合辙押韵方面基本一致。第七在教育方面，诗文要求人们必须团结一心 ($sed-k'i_1l \ ni_1-k'ed-č'u_2$ ᠊᠊᠊ sedkil nigedčü)[4] 这是战胜一切的前提条件，与之相反一盘散沙只会导致失败。第七在现有的八思巴字蒙

---

① ［蒙古］策·达木丁苏荣编：《蒙古古代文学一百篇》（蒙古文，第二册），内蒙古人民出版社 1979 年版，第 555 页；郝苏民：《鲍培八思巴字蒙古文献语研究入门》，民族出版社 2008 年版，第 145 页倒数第一行，第 151 页；照那斯图：《八思巴字和蒙古语文献 Ⅱ 文献汇集》，东京外国语大学亚非语言文化研究所 1991 年版，第 174 页；呼格吉勒图、萨如拉编著：《八思巴字蒙古语文献汇编》，内蒙古教育出版社 2004 年版，第 443 页。

② 这在策·达木丁苏荣书里用省略号进行了标注，第 556 页；鲍培在八思巴字里提出了疑问，而在转写的蒙古文里加省略号同时其后写为 ᠊᠊᠊，第 146 页倒数第二行，第 156 页；照那斯图先生转写为 ᠊᠊᠊，并在其注释里倾向于"可温"，第 172—173 页，第 175 页；呼格吉勒图先生在其书里写成 ᠊᠊᠊，第 447 页。

③ 这一词汇的正确拼写，见照那斯图《八思巴字和蒙古语文献 Ⅱ 文献汇集》，第 170 页碑刻编号 13 之第 4 行，转写错误在第 175 页；［蒙古］策·达木丁苏荣编《蒙古古代文学一百篇》（蒙古文，第二册），第 557 页；郝苏民《鲍培八思巴字蒙古文献语研究入门》，第 147 页编号 13 之第 4 行，第 157 页；呼格吉勒图、萨如拉编著《八思巴字蒙古语文献汇编》，第 448—449 页，碑文见附图 40—44 居庸关石刻（西壁）之 13—14 行。

④ 呼格吉勒图、萨如拉编著：《八思巴字蒙古语文献汇编》，内蒙古教育出版社 2004 年版，第 447 页。

古语文献资料里，还有一个特殊的词汇 ⟨八思巴字⟩（bq-ši₁ 汉语为八合识① ⟨蒙古字⟩ baɣsi）。它的出现给后人提供了广阔想象的空间，而且可以进行大胆地进行联想、推测、推断。

《萨迦格言》（⟨蒙古字⟩ sain ügetü erdeni yin sang）虽然是一些残叶，但是它所传递的信息，都属于教育思想的精华。据载，当时的智者们在"治愚"（⟨蒙古字⟩ monɣɑy yi arilɣɑqɑu）② 方面下了很大的功夫。圣贤们认为，一叶障目使得人们走向了愚昧，因此解惑解蔽永无止境。在八思巴字蒙古语里，将愚昧写成了复数形式 ⟨八思巴字⟩（mu₂ŋ-q-·u₂d）③。这说明愚昧落后随处可见，开启民智的任务十分艰巨。在《萨迦格言》残叶里，也有 ⟨八思巴字⟩（su₂r-t´-qu₂è ⟨蒙古字⟩ surtɑqui）④ 一词，其意为"学""习"或"教"，是教育方面的一个重要术语。更有价值的是，在照那斯图先生的研究当中，在 ⟨蒙古字⟩ 这一词前附加的括号里还有（⟨蒙古字⟩ erdem yi manɑɣar ükübesü ber）修饰语。这很可能就是孔子所说的"朝闻道，夕死可矣"⑤ 的一种翻译。它告诉人们寻求知识和真理，永无止境，可谓"活到老、学到老、改造到老"。这是一个精神上的最高追求，事实证明，蒙古人早已接纳了这句名言。另外还有一个经典的训语是 ⟨八思巴字⟩⑥（bi₁-li₁-gu₂n k´eu₂-č´u₂-ni₁-yer o-lu₂q-sn èd/´eu₂-nen èd 用 智 慧 得 来 的 财 富，才 可 谓 真 正 的 财 富 ⟨蒙古字⟩ bilig ün küčün iyer olurysan ed ünen ed），这是智慧的力量，以此积累的财富很难被人掳掠。另外，在忽必烈圣旨录里，管理

---

① 呼格吉勒图、萨如拉编著：《八思巴字蒙古语文献汇编》，内蒙古教育出版社 2004 年版，"妥欢帖睦尔皇帝猴年（1368）圣旨"，第 346—347 页；"居庸关石刻（东壁）"，第 430 页、"居庸关石刻（西壁）"，第 436 页；郝苏民：《鲍培八思巴字蒙古文献语研究入门》，民族出版社 2008 年版，"居庸关过街塔洞东壁小字"，第 133 页之 6 行、"居庸关过街塔洞西壁大字原文"，第 144 页之 2 行；参见拙文《八合识再探》，载《内蒙古社会科学》（汉文版）2009 年第 4 期，第 51 页。

② 照那斯图：《八思巴字和蒙古语文献 II 文献汇集》，第 198、494、497 页；呼格吉勒图、萨如拉编著：《八思巴字蒙古语文献汇编》，第 476、210 页。

③ 呼格吉勒图、萨如拉编著：《八思巴字蒙古语文献汇编》，第 494 页。

④ 呼格吉勒图、萨如拉编著：《八思巴字蒙古语文献汇编》，第 481 页。

⑤ 朱熹注：《论语章句集注》，"里仁"，见宋元人注《四书五经》（上册），中国书店 1987 年版，第 14 页。

⑥ 呼格吉勒图、萨如拉编著：《八思巴字蒙古语文献汇编》，第 486、490 页。

国家与其约束人的身体倒不如赢得人心①的训谕，应该是转述成吉思汗的圣训②。这说明罗卜桑丹津撰写的《黄金史》，有一定的史料依据。得民心是安天下的根本，这是一个永恒的法则。

照那斯图先生的一篇研究论文，对蒙古文《孝经》③的翻译问题，提出了一个独特的看法。先生依据《元史》的记载，认为《孝经》最早是用国字——八思巴字翻译；其作者是中书（右）［左］丞孛罗铁木儿，他的名字在汉语及音译八思巴字画押中有记载；结论是明初学者将国字《孝经》转写为回鹘式蒙古文。这是一个很有趣的研究，解决了一个历史遗留的疑难问题。遗憾的是，国字《孝经》已经散佚，但它留给人们的仍然是对教育的孜孜以求，极大地彰显了元朝统治者以孝治天下的治国理念。

从某种意义上讲，八思巴字蒙古语文献对边远地区的治理，尤其元廷通过总制院或宣政院辖地——吐蕃之境的掌控，都具有独特的政治意义和历史价值。1247 年初阔端和萨班的凉州会晤以及《萨迦班智达致蕃人书》④的发布，开启了一个新时代——吐蕃正式纳入了中国版图。据不完全统计，元朝政府向吐蕃方面颁发的圣旨有 9 项，令旨和懿旨各一项，此外还附有原件的照片。所有这些都是元廷实施行政管理的明证，也是颠扑不破的历史事实。这也是八思巴字蒙古语文献的魅力所在。

在讨论八思巴字蒙古语史料时，还有必要特别提及这位释教大师。这是因为他的政教活动，兼顾了蒙、藏、汉、梵等多种语言，其业绩同元代的汉语和佛学连在一起，铸就了一个不朽的丰碑。他于宪宗戊午年（1258）七月十七日，因参加释道辩论点了《老子化胡经》的命门而名声大振；在众多儒佛道名流面前，道家因涉嫌抄袭门——"偷俺佛经改作道书"、"窃佛圣教妄作伪书"的内幕被揭穿，并以"剃头为释"⑤收场。这场辩论多少有点知识

① 照那斯图：《八思巴字和蒙古语文献Ⅱ文献汇集》，第 219 页。

② 乔吉校注：《黄金史》（蒙古文），内蒙古人民出版社 1983 年版，第 403 页。

③ （蒙古文）：（蒙古文），1985 年（蒙古文）；见照那斯图《八思巴字和蒙古语文献Ⅰ文献汇集》，东京外国语大学亚非语言文化研究所 1990 年版，第 109—116 页。

④ 樊保良、水天长：《阔端与萨班凉州会谈》，甘肃人民出版社 1997 年版，第 77、79—84 页。

⑤ （元）祥迈奉敕实录撰：《大元至元辨伪录》卷四，见《北京图书馆古籍珍本丛刊》77，子部·释家类，书目文献出版社 1998 年版，第 518—520 页，第 425 页下。

产权之争的韵味。有意思的是,以忽必烈为首的蒙古统治者对"抄袭行为",采取严厉的处罚措施彻底了断了造假者的后路。对此,人们往往都关注了辩论内容,却忽略了一个蒙、藏、汉、梵乃至于更多语言的交互翻译的事实。假如没有口译人员的多角度现场翻译,唇枪舌剑的交锋不可能有序进行,忽必烈也不会做出最后的决断。可见,多种语言文字翻译的训练机制,是一个积极适应元代社会需求的客观实在,进而造就了很多人才。

对于八思巴王启龙先生认为,他是一位"圣职人员兼教育家"、除了政治和佛事等活动,他还"致力于选拔和培养人才",胆巴、沙罗巴、阿尼哥、阿鲁浑萨理、刘容都是他著名弟子①。他作为八思巴字即蒙古新字的创始人,为它的普及推广做了大量的工作,并取得了显著的成效,也为后人留下了一笔宝贵的文化财富。作为元代第一任帝师(ꡊꡞ ꡚꡞ di shi) 的八思巴教育思想理念,更多地体现于他所的名著《彰所知论》当中。已故的著名蒙古学专家乔吉先生,对俄国圣彼得堡国立大学图书馆收藏的清代 1720—1730 年间的竹笔抄本《彰所知论》(*medegdegün – i belgetey – e geygülügči ner – e – tü šasdir*),进行深入研究、考证后,确认它是元代的蒙译本②。由此可见,八思巴《彰所知论》从被蒙译刊布的那天起,就在蒙古人当中产生了深远的影响。

八思巴的《彰所知论》,是针对裕宗皇帝——真金太子的问学而撰写的讲义,其目的在于"弘扬帝绪,大播宗风,彰其所知,造其所论,究其文理,推其法义"③。江浙释教总统沙罗巴④对它的汉译,后由前松江府的僧录管主八促成锓梓⑤,其影响力达到了一个空前的程度。大师的大作围绕器世界品、情世界品、道法品、果发品、无为法品,阐述了高深的佛教哲学命

① 王启龙:《八思巴生平与〈彰所知论〉对勘研究》,中国社会科学出版社 1999 年版,第 128 页,第 130 页。

② 乔吉:《蒙古族全史——宗教卷》,内蒙古大学出版社 2011 年版,第 50 页。

③ 元帝师发合思巴造,宣授江淮福建等处释教总统法性三藏弘教佛智大师沙罗巴译:《彰所知论二卷》(序),见《乾隆大藏经》(第 105 册)宋元续入藏诸论第 1313 部,(桃园县中坜市)财团法人桃园县至善教育事务基金会 2007 年版,第 652 页。

④ 有关沙罗巴的传略,见王启龙《八思巴生平与〈彰所知论〉对勘研究》,中国社会科学出版社 1999 年版,第 261—275 页。

⑤ 元帝师发合思巴造,宣授江淮福建等处释教总统法性三藏弘教佛智大师沙罗巴译:《彰所知论二卷》(序),见净空法师倡印《乾隆大藏经》(第 105 册)宋元续入藏诸论第 1313 部,第 685 页上。

题，进而向人们传递了自己的教育思想。大师提出的"澄净名信、乐修善法""专注一境曰定""知取舍法曰慧""明正精进"① 等，对现代人的自我修行都有积极的借鉴意义。更有意思的是，他对身心修炼②都提出了独到的见解，而且文化、启智、心育等最大限度地彰显了其"广兴教法""翻译教法""依法化民"③ 的政教主张。

二　八思巴字音写的汉语史料

帝师八思巴在创制蒙古新字时，为它赋予了"译写一切文字"④ 的特殊使命，这在元代汉语当中表现得尤为突出。为此，罗常培、蔡美彪⑤、神田喜一郎⑥、照那斯图⑦、李治安⑧、宋洪民⑨等人搜集、整理、研究的论著，为后继者提供了丰富的史料基础。

纵观宋洪民先生对八思巴字圣旨、令旨、中书省牒、碑额、年款⑩的录入、转写、对勘、校注，可以总结出以下几个的特点：

首先，与八思巴字蒙古语史料相比，用八思巴字音写的汉语资料读起来

---

① 元帝师发合思巴造，宣授江淮福建等处释教总统法性三藏弘教佛智大师沙罗巴译：《彰所知论二卷》（序），见净空法师倡印《乾隆大藏经》（第 105 册）宋元续入藏诸论第 1313 部，第 676 页下。

② 元帝师发合思巴造，宣授江淮福建等处释教总统法性三藏弘教佛智大师沙罗巴译：《彰所知论二卷》（序），见《乾隆大藏经》（第 105 册）宋元续入藏诸论第 1313 部，第 674—678 页。

③ 元帝师发合思巴造，宣授江淮福建等处释教总统法性三藏弘教佛智大师沙罗巴译：《彰所知论二卷》（序），见《乾隆大藏经》（第 105 册）宋元续入藏诸论第 1313 部，第 668 页上。

④ （明）宋濂等：《元史》，中华书局 1976 年版，第 4518 页。

⑤ 罗常培、蔡美彪合编：《八思巴字与元代汉语》（资料汇编），科学出版社 1959 年版；罗常培、蔡美彪编著：《八思巴字与元代汉语》（增订本），中国科学出版社 2004 年版；蔡美彪：《八思巴字碑刻文物集释》，中国科学出版社 2011 年版；还有蔡先生有关八思巴字的研究论文（略）。

⑥ 神田喜一郎：《八思巴文字的新资料》，载于《东洋学文献丛说》，（东京）株式会社二玄社 1969 年版。

⑦ 照那斯图、杨耐思编著：《蒙古字韵校本》，（北京）民族出版社 1987 年版；照那斯图编著：《新编元代八思巴字百家姓》，文物出版社 2003 年版；此外还有照先生的相关研究论文（从略）。

⑧ 李治安：《元吴澄八思巴字宣敕文书初探》，见中国元史研究会编，李治安主编《元史论丛》第十四辑，天津古籍出版社 2014 年版，第 37—75 页。

⑨ 宋洪民：《八思巴字资料与蒙古字韵》，商务印书馆 2017 年版。

⑩ 宋洪民：《八思巴字资料与蒙古字韵》，商务印书馆 2017 年版，第 291—293、297—301、303—318、322—326、328—330、338—339、352—367、369—375、378—385、399—407、409—412、415、420 页。

比较费劲。远古和中古时期汉语音韵与现代汉语语音之间形成的距离或差异，这在客观上，对初学者成了一道难题。不过先贤们的研究，为之感兴趣的人提供了帮助。事实上，现代汉语语音对元代汉语语音的理解和掌握，构成了巨大的干扰。普通人常犯的错误在于，用今天之汉语语音去推断中古汉语语音，而不顾八思巴字音译的事实产生误解。其解决的方法是，从八思巴字音译的实际出发，认真总结其拼写汉语规则和要领，复原文献记载的本来面目，正确解读其内隐的密码。

第二，就文本的整体而言，八思巴字对汉语的音译显得十分工整、简洁、流畅。两种文字交相辉映，构成了一个独特的美感。可见，碑文的书写者，还有那镌刻的工匠别出心裁，给后世留下了绝佳的艺术珍品。另外，八思巴字与汉字的协调性，还体现在二者字数的高度一致上，不多不少恰到好处。这与义译形成了鲜明的对比。从这个意义上讲，八思巴字对汉语发挥了一个注音或拼音的作用。所有这些在"蒙古字韵"和"蒙古字百家姓"里，都能够得到证明。总之，八思巴字的创制以及元廷对它的推广应用，在客观上为汉语音韵学的发展，注入了一个新的生命力。

第三，元朝政府对儒学一直采取了扶持政策，并给予了多方关照。至元二十五年（1288）的"儒学免役圣旨碑"（江浙会稽），又称江淮免秀才杂泛差役诏书碑的相关内容，在《元典章》①里有明确的记载。二者的区别在于，碑文里有固定的表达格式"长生天气力里，大福荫护助里"等词语，而在汉籍里省去了这些惯用语，其余的内容基本一致。这说明元廷对江淮地区的儒学的保护，还有对秀才的免役不仅有纸质资料的记载，而且在石碑上得到了镌刻，可谓板上钉钉毋庸置疑。然而通过仔细比对，二者之间也有两个字的出入。碑文里"常且存恤"，而在纸质文献里写成"常加存恤"，就是"且"和"加"的区别；碑文里"准此"，而在纸质文献里为"钦此"，这些都不影响圣旨的基本含义。

第四，至元三十一年（1294）的"文宣王庙圣旨碑"（又称孔子庙学圣旨碑）、"孔子庙学圣旨碑"（同名的两个碑，其中一个在江浙会稽，另一个在江苏松江）、"东平学圣旨碑"（山东东平）的内容，在《元典章》②里也

---

① 《海王村古籍丛刊——元典章》，"秀才免差役"，中国书店1990年版，第471页下。
② 《海王村古籍丛刊——元典章》，"崇奉儒教事理"，第471页上。

有记载。经过比对后发现，这四通碑的内容基本一致，只是立碑的地点不同而已。然而它们与《元典章》里的记载之区别在于：一、这四通碑开头都是"上天眷命"，内文没有实质性的区别。二、《元典章》里的记载，年月日在内文的前头，而在这四通碑里，把时间都标注在圣旨的后面。三、在个别字词方面，碑刻与《元典章》的记载，还有一定的出入：1. 在碑刻里有"上都大都诸路"，而在《元典章》"诸"变成了"诣"；2. 在碑文里有"应设庙学书院"，而在《元典章》里删掉了"应设"二字；3. 在碑文里记作"贡士庄诸人"，而在《元典章》里却改成"贡士庄田外人"4. 在碑文里有"养赡"二字，而在《元典章》里颠倒了它的顺序；5. 在碑文里有"超出"二字，在《元典章》里却改为"高出"；6. 在碑文里有"保举"二字，在《元典章》里却改为"举保"；7. 在碑文里的"沮扰"，在《元典章》里改成"沮壤？"。除此之外，在《元典章》里，省去了八思巴字的译写，只留下了圣旨的汉语部分。总之，这一圣旨碑里，传递了大量的教育信息，在此不一一赘述。

第五，至元大德十一年（1307）的"加封孔子制诏"的三个碑，在内容形式上基本相同。这是由元代的儒士阎复①撰写的制诏，也是他留给后世的一个经典之作。相比之下，碑文的开头，冠以固定的程文，然后切入主题，在收尾时多了几个"主者施行"几个字，再辅之以年月日。需要明确的是，在纸质文献里出现了"於戏"二字，但在碑文里却写为"呜呼"。从这一时刻起孔子"大成至圣文宣王"的封号传遍了世界各地。另据笔者考察，元代净州路儒学碑正面也镌刻着阎复"加封孔子制"②。加封孔子在元代及蒙古族教育史上，具有里程碑意义，这一举措在客观上创造了一个全新的教育体系。

第六，元廷于延祐三年（1316）加封孟子父母，对普通老百姓更具有教育意义。为此，张士观在其文中提到的"亚圣之才，亦资父母教养之力"

---

① （元）苏天爵编：《国朝文类》卷11《加封孔子制》，四部丛刊集部，上海涵芬楼藏元至正二年杭州路西湖书院刊大字本；见（元）苏天爵编《国学基本丛书——元文类》（上下册），商务印书馆1958年版，第129页。

② 王风雷：《元代漠南地区教育考》，载《内蒙古师范大学学报》（哲社版）2002年第4期。

"母以三迁之教"① 等寥寥数语点破了主题，要求人们以先贤为榜样教育好自己的子女。所有这些都有力地夯实了教育的根基，旨在提升父母的教子素养，最终要实现安天下的目的。至顺二年（1331）元廷对孟子的加封，其特色在于"亚圣公"（简称为"亚圣"）一词，美其名曰仅次于圣人。在此基础上，"沂国述圣公"的封号，充分肯定了孟子在儒家思想传承和发展上做出的杰出贡献。这说明蒙元统治者已经完全接纳了孟子"仁政"的治国理念，更加理智地包容"民贵君轻"② 的名言，在"王道"和"霸道"之间进行了正确的选择。另外。政府让孟子配享宣圣庙③，同时把《孟子》列为国子学及科考内容的史实，也见证了孟子在整个元代所享有的政教地位。所有这些与明太祖朱元璋对孟子所持的态度和反常的措施，形成了鲜明的对比。

第七，至顺二年（1331）元文宗把孔门高弟颜回加封为"兖国复圣公"，表彰了他所建树的"复礼之功"。颜回为何能够得以加封？原因何在？为此，孔子对颜回评价是："吾与回言终日，不违，如愚。退而省其私，亦足以发，回也不愚"；"有颜回者好学，不迁怒，不贰过"；"回也，其心三月不违仁"；"贤哉，回也！一箪食，一瓢饮，在陋巷，人不堪其忧，回也，不改其乐。贤哉，回也！""语之而不惰者，其回也与！""吾见其进也，未见其止也"；认为在德行方面颜渊排第一；颜渊死，子曰"天丧予，天丧予"、子哭之恸④。子贡对颜回的评价是，"回也闻一知十"；颜渊的个人的追求是，"愿无伐善，无施劳"；夫子在匡地被围时，颜渊的表现为，"子在，回何敢死"；他对夫子教诲的回应是，"回虽不敏，请事斯语矣"⑤。以上所述，便是颜回获得加封的内在资质。元统三年（1335）元朝政府对"兖国夫人"的追封以及对"颜子父母"的加封，对"迪民兴学议礼考文"更具有特殊意义。

第八，吴澄任职、晋级的 11 份圣旨、中书省谍，给人们传递了更多的

---

① （元）苏天爵编：《国学基本丛书——元文类》（上下册），商务印书馆 1958 年版，第 130 页。

② 朱熹注：《孟子·尽心下》，上海古籍出版社 1987 年版，第 111 页。

③ （明）宋濂等：《元史》，中华书局 1976 年版，第 1892 页。

④ 北大哲学系：《"论语"批注》，中华书局 1974 年版，第 31、111、114、117、200、231、234 页。

⑤ 北大哲学系：《"论语"批注》，中华书局 1974 年版，第 94、107、244、251 页。

文教信息。这是因为吴澄一方面是一个文化名人，另一方面也是元代重量级的教育家。纵观他的任职经历，基本没离开过文化、教育，并在学术领域成了一个顶级大家。"行省掾元明善以文学自负，尝问澄《易》、《诗》、《书》、《春秋》奥秘，叹曰：'与吴先生言，如探渊海。'遂执弟子礼，终其身。"①他在任国子监丞期间，对许衡旧制进行改革，并取得了良好的教学成效；升任国子司业后，进一步加大了教改力度，但因各种原因，未来得及实施；在翰林院、集贤院的履职以及经筵讲官的职位，干的还是文化教育的老本行；先生"身若不胜衣，正坐拱手，气融神迈，问答亹亹，使人涣若冰释"②。总之，吴澄是元代儒士中的佼佼者，更重要的是他的道德文章为他带来了无限的光环，进而得到了元廷的高度认可，可谓光宗耀祖。最直接的影响是，他的祖父母、父母、妻子，都得到了封荫。

第九，蒙元统治者充分利用"衍圣公"这一名号或曰王牌，在安民教化方面发挥了他应有的作用。早在太宗五年（1233）六月，"诏孔子五十一世孙元措袭封衍圣公"③。至元十九年（1282）十一月，江南袭封衍圣公孔洙入觐，以为国子祭酒，兼提举浙东道学校事，就给俸禄与护持林庙玺书④。元贞元年（1295），孔子五十三世孙孔治袭封衍圣⑤。仁宗时期（1312—1320），孔子五十四世孙孔思晦袭封衍圣公，月俸百缗，加之五百缗，赐四品印；元统元年（1334）孔思晦卒，其子孔克坚袭封衍圣公；至正十五年（1355）十月孔克坚子孔希学袭封衍圣公⑥。整个元代衍圣公的封号一直在延续，政府向他们提供了很高的地位和待遇。因此人们能够看到"衍圣公给俸牒"⑦的年款，比较真实地反映了当时的实际。除此之外，"中山府儒学圣旨碑额"（今河北定县）和"庆元儒学洋山砂岸复业公据碑"⑧（今浙江宁

① （明）宋濂等：《元史》，中华书局1976年版，第4011页。

② （明）宋濂等：《元史》，中华书局1976年版，第4012—4013页。

③ （明）宋濂等：《元史》，中华书局1976年版，第32页。

④ （明）宋濂等：《元史》，中华书局1976年版，第248页。

⑤ （清）王梓才、冯云濠编撰，深芝盈、梁运华点校：《宋元学案补遗》（全十册），中华书局2012年版，第4495页。

⑥ （清）王梓才、冯云濠编撰，深芝盈、梁运华点校：《宋元学案补遗》（全十册），中华书局2012年版，第4168页，第927页。

⑦ 宋洪民：《八思巴字资料与蒙古字韵》，商务印书馆2017年版，第420页。

⑧ 宋洪民：《八思巴字资料与蒙古字韵》，商务印书馆2017年版，第415、420页。

波）年款，都不同程度地折射出元代地方儒学发展的一个侧面。

第十，除了用八思巴字音写教育类碑刻，有关古帝王以及岳镇的碑文向人们传递了以下两方面的信息：首先，政府对玄门道教及其所属道观的管理，比较客观地反映了他们遭受"抄袭门"事件处罚后的发展状况。其中最典型的案例是，奉元路今陕西户县境内的重阳宫①的四通八思巴字音译汉语碑。孙德彧、焦德润、杨德荣都是道教头面人物。而李道谦是一个具有特殊影响力人物，他的大名在若干个碑刻②里都出现过。其次，有关祭祀类的八思巴字汉语碑有：河中（今山西永济市③）龙门禹庙④圣旨碑、北岳庙和东安王圣旨碑⑤。前者政府以皇帝圣旨形式保护了禹庙，同时也隐含了祭祀的成分，这在《元史·祭祀》都有明确的记载。而后两通圣旨碑，对当时的岳镇海渎的相关情况，提供了原始资料。"北岳安天大贞玄圣帝"的封号，还有"东镇沂山为元德东安王，南镇会稽山为昭德顺应王，西镇吴山为成德永靖王，北镇医巫闾山为贞德广宁王，中镇霍山为崇德应灵王"⑥加封、代祀北镇的碑额⑦，都有了明确的出处和石刻依据。祭祀是一种习俗，也是一种敬畏。它的功力在于对人们灵魂深处的洗涤、净化，是一个内在的感化。元廷对它的利用比较得体，也很到位。

第十一，郑鼎和郑制宜二人是父子关系，这在《元史》及《新元史》⑧典籍里都有明确的记载。郑鼎是泽州阳城人（今山西晋城所辖泽州阳城）；小时候读书晓大义，勇力过人，最擅长骑射；从宪宗征大理、吐蕃，以其战功赐名"也可拔都"；从世祖南伐屡建奇功；中统元年（1260）迁平阳（临

---

① 宋洪民：《八思巴字资料与蒙古字韵》，商务印书馆 2017 年版，第 289—291、346—350、386—389 页。

② 宋洪民：《八思巴字资料与蒙古字韵》，商务印书馆 2017 年版，第 394—398 页。

③ 史为乐主编：《中国历史地名大辞典》，中国社会科学出版社 2005 年，第 1651 页。

④ （明）宋濂等：《元史》，中华书局 1976 年版，第 1903 页；宋洪民：《八思巴字资料与蒙古字韵》，商务印书馆 2017 年版，第 286—288 页。

⑤ 宋洪民：《八思巴字资料与蒙古字韵》，商务印书馆 2017 年版，第 294—296 页，第 318—320 页。

⑥ （明）宋濂等：《元史》，中华书局 1976 年版，第 1900—1901 页。

⑦ 宋洪民著：《八思巴字资料与蒙古字韵》，商务印书馆 2017 年版，第 419 页。

⑧ 宋洪民：《八思巴字资料与蒙古字韵》，商务印书馆 2017 年版，第 339—344、330—335 页；（明）宋濂等：《元史》，中华书局 1976 年版，第 3634—3638 页；柯劭忞：《新元史》，中国书店1988 年版，第 674—675 页。

汾）、太原两路万户，并在抗饥救灾、振兴学校多有建树；后在伐宋战场上所向披靡，至元十三年（1276）加昭意大将军，赐白金五百两；第二年在与敌水战舟覆而溺死；至元十七年（1280），赠中书右丞，谥忠毅；郑制宜性聪敏，"通习诸国语"，继承父亲的遗志，既有战功，又有善政，得到成宗皇帝的高度认可。总之，以武功成就的郑氏家族成员当中，也散发着浓郁的书香气息。这是一个很值得深思的问题。

第十二，"宣付李达汉承袭高丽万户圣旨抄件刻本"[①]，比较客观地证明了用八思巴字音写汉语圣旨，已经超出了大元帝国的版图，辐射了周边的国家和地区，对其文化产生了深远的影响。朝鲜世宗二十八年（1444 年）颁布的训民正音，是在建设符合韩国（朝鲜）自然环境与风土文化的过程中，所创制的新文字体系；为此八思巴字在文字图形上给予了很大的启示[②]。另外，照那斯图、宣德五、郑光等学者们的研究，更有助于了解训民正音与八思巴字之间的内在关系[③]。更有意思的是，蒙古国著名的语言学家苏米亚巴特尔先生[④]，早在 50 年前撰文认为：作为拼音文字的训民正音与回鹘式蒙古文在渊源上具有一致的特点；与训民正音和蒙古文命运相关，为回鹘、粟特、арамей、финик 等诸多拼音文字的扩展增添了一个新的内容；这些拼音文字到了蒙古并未停止，相反它向东方传播至朝鲜；朝鲜吸纳蒙古回鹘式文不是照搬照抄，而是注意了其远古的楷体形式；训民正音的创制过程已经显而易见；与这两种文字源流相应的回鹘、粟特、арамей、финик 拼音文字创制思路也变得更加清晰，蒙古回鹘、回鹘、粟特及 арамей、финик 等拼音文字的创制，完全遵循了发音器官的形态即纯语音原则。过分强调一种文字独创性，没有多大意义。各类文字间的相互启发是客观存的一个历史事实，这

---

① 宋洪民：《八思巴字资料与蒙古字韵》，商务印书馆 2017 年版，第 376—377 页；该资料出处见包祥《汉城发现的八思巴字文献》，载《内蒙古大学学报》（哲学社会科学版）1994 年第 2 期。

② ［朝鲜］李元淳等著，詹卓颖译：《韩国史》，台北幼狮文化事业股份有限公司 1987 年版，第 192 页。

③ 照那斯图、宣德五：《训民正音和八思巴字的关系探究——正音字母来源揭示》，载《民族语文》2001 年第 3 期；［韩］郑光著，［韩］曹瑞炯译：《"蒙古字韵"研究——训民正音与八思巴文字关系探析》，民族出版社 2013 年版，韩文版序第 10 页，第 153—206、214—215 页。

④ Б. Сумъяабаатар, МОНГОЛ СОЛОНГОС БИЧИГ ҮСГИЙН ХОЛБООНЫ ТУХАЙ БНМАУ ОЛОН УЛСЫН МОНГОЛЧ ЭРДМТНИЙ ИХ ХУРАЛЫН БАИНГЫН ХОРОО ОЛОН УЛСЫН МОНГОЛЧ ЭРДМТНИЙ II ИХ ХУРАЛ II БОТЬ УЛААНБААТАР, 1973；为此特别鸣谢呼和浩特民族学院王桂荣教授提供的基里尔文资料及转写的蒙古文手稿。

在北方游牧民族文字的创制过程，都证明了这一点。总之，朝鲜方面与之相适应的"帖儿月真"字（ꠋꠃꠂꠅ dörbeljin üsüg），还有伟兀字（即畏兀字ꠋꠃꠂ ꠋꠃꠂ u iyur üsüg）教学进行了漫长的文化积累，也为其文字创制打下了坚实的基础。

三　余论

八思巴字蒙古语史料以及用它音写的汉语资料，为人们重新审视元代的诸路蒙古字学的教学情况，提供了广阔的空间。根据以上所述的两类八思巴字史料，对其教学可以做出如下推测：

一、对蒙古生徒而言，学习和掌握蒙古新字并不难，这只是一个时间的问题，且与个人的努力有着密切的关系。在条件允许的情况下，还可以自学。然而类似的记载，并不多见。

二、对色目生徒而言，学习和掌握蒙古新字，首先必须过蒙古语关，然后才能转向对八思巴字符识认、辨别、掌握。由于北方民族语言的近因性，他们的文化迁移并不难，稍加努力就可以过关。

三、对汉人南人学习者而言，在学习八思巴字有两种可能：其一在学好汉语的基础上，在音韵上下功夫。这在八思巴字《百家姓》《蒙古字韵》，以及用八思巴字音写的汉语资料中能够得到证明。而要真正学习和掌握蒙古语，还要下一番硬功夫，否则很难成功。值得一提的是，在整个元代学成蒙古语，而从事译史的汉人南人大有人在[①]。这都说明，汉人南人的蒙古语学习，还是比较成功的。

四、高丽人的八思巴字学习和掌握，有三种可能性：其一是直接学习"帖儿月真"字（ꠋꠃꠂꠅ dörbeljin üsüg）。其二是借助于汉语学习蒙古新字。这是因为高丽人同汉语的接触由来已久，这种可能性还是有的。其三是借助于伟兀字（畏兀字ꠋꠃꠂ ꠋꠃꠂ uiyur üsüg）学习八思巴字。

五、在八思巴字的推广、普及、应用方面，译史的影响力绝对不能低估。从某种意义上讲，他们在客观上发挥了一个师儒的作用，他们加工、润

---

① 蔡春娟：《元代的蒙古字学》，《中国史研究》2004 年第 2 期。

色的圣旨、令旨、中书省牒，对学习者而言成了一个活的教材。

六、从佛经翻译的角度讲，在寺院里学习使用八思巴字的问题是一个客观存在。由于两种文字的近因性，弟子们的学习容易产生正迁移。不过要真正学通灵活运用，还需进一步努力。

总而言之，八思巴字对元代各民族间的交往交流交融，发挥了重要作用，这是一个不争的事实。

感谢先贤们对八思巴字的研究，没有他们的努力和辛勤的耕耘，笔者很难写就这篇拙文。至于在文中引用的资料都进行了加注，因此不一一致谢。感谢先贤们奉献的精品力作！

2022 年 9 月 18 日星期日写完初稿，2022 年 11 月 18 日又进行了修改和补充。

（作者为内蒙古师范大学教育科学学院教授）

《国王字典》所记蒙元名物

特木勒

20 世纪 60 年代末，在黎巴嫩贝鲁特搜集奥斯曼突厥语资料的哥伦比亚大学突厥学教授 Tibor Halasi – Kun 偶得一套手稿胶片。这些图片中的手稿是 14 世纪的多语文分类词汇集。所有词汇以阿拉伯字母拼写，汇集了阿拉伯、波斯、突厥、希腊、亚美尼亚和蒙古六种语文的词汇，发现于也门的萨纳，原稿仍属也门某个人私藏。Halasi – Kun 教授联合匈牙利科学院的李盖提（Louis Ligeti）教授等多位学者，发起组织跨国研究团队，历经三十余年的整理与研究，这个举世罕见的词汇集《国王字典》（或称 *the Rasûlid Hexaglot*，即"拉素里王朝六语词典"）终于在千禧之年公布于世。这期间李盖提和 Halasi – Kun 教授分别于 1987 年和 1991 年去世。后续的工作一直由 Peter Golden 教授担纲，他和 Thomas Allsen 两教授分别为该书撰写导言，成为最早研究该书的专题文章。Allsen 教授认为，该书的蒙古语词汇来自伊利汗国的蒙古人。中国学者则注意到此书蒙古语词汇的分类和编排与元朝《至元译语》和明初《华夷译语》有很多有趣的关联。刘迎胜先生从词汇分类角度考察了《国王字典》和《至元译语》等书之间的关联。[①] 2008 年何启龙的文章是《对国王字典蒙古语因素的初步研究》。[②] 2012 年，李盖提和卡拉（George Kara）在《匈牙利科学院东方学报》发表的文章也专注于《也门多

---

① 刘迎胜：《中古时代后期东、西亚民族交往的三座语言桥梁——〈华夷译语〉与〈国王字典〉的会聚点》，《西域历史语言研究集刊》第 1 辑，科学出版社 2007 年版。

② Ho Kai – lung，"An Initial Study for Mongolian Factors in the 'Rasûlid Hexaglot'"，*Central Asiatic Studies*，Vol. 52，No. 1，2008，pp. 36 – 54.

语词典中的蒙古语词汇》。① 笔者关注的是,《国王字典》所记伊利汗国的词汇与元朝名物制度有紧密关联,2019 年元史会议在南京大学召开,笔者撰写并发表《阿合探马儿、军站与军站户初识》,就是利用《国王字典》的材料,考察"阿合探马儿"的含义。《国王字典》还排列出了四季和九个月的月份名,还有与之对应的伊利汗国的月名。2020 年,笔者在《西域文史》发表《古蒙古语月名札记》发掘利用了其中这些材料。②《国王字典》所记蒙古、突厥和波斯语词汇中仍有一些与伊利汗国和元朝军事和政治密切相关,与元史汉文史料形成很多映照关联。正如蒙元史学者近数十年来的研究所证明的元朝与伊利汗国之间紧密而频繁的联系,《国王字典》所记蒙古、突厥、波斯语名词与《元朝秘史》和元代汉文史料的关联同样值得关注,这些关联对于理解《元史》等汉文史料的人名和职官名词具有启发意义。换句话说,结合《元朝秘史》《元史》和《元典章》等元史汉文史料,我们可以发掘《国王字典》词语的更多内涵。兹据读书心得,拾掇写成札记,以就正于各位专家学者。

一 سنجلي sanjāli

《国王字典》第 192 – col. C 第 1 条记 سنجلي,读为 sanjāli。③ 现代蒙古语仍有 sandali,意谓"椅子",与《国王字典》所记 sanjāli 是一个词,但是已经没有什么特别的意义。《国王字典》所记 sanjāli 应该伊利汗国和元朝宫廷朝会里特别的物品。《华夷译语》的"器用门"出现两次相关联的语汇:其中一次汉字音写为"散札里",蒙古文写为 sanǰali,旁列汉语对应词汇为"交床"。④ 另外一次则写为"散塔里",蒙古文写为 sandali,译言"椅子"。元代法律文书汇编《至正条格》收录了一篇公文书《肃严宫禁》,其中有一

---

① Louis Ligeti and George Kara, "Vocabulaires Mongols des Polyglottes de Yemen", *Acta Orientalia Academiae Scientiarum Hungaricae*, Vol. 65, No. 2, June 2012, pp. 137 – 221.

② 特木勒:《阿合探马儿考》,《元史及民族与边疆研究集刊》第 38 辑,上海古籍出版社 2021 年版;特木勒:《古蒙古语月名札记》,《西域文史》第 14 辑,科学出版社 2020 年版。

③ Peter B. Golden ed., *The King's Dictionary:The Rasûlid Hexaglot——Fourteenth Century Vocabularies in Arabic, Persian, Turkic, Greek, Armenian, and Mongol*, with introductory essays by Peter B. Golden and Thomas T. Allsen, Leiden & Boston:Brill, 2000.

④ (明)火原洁:《华夷译语》,《北京图书馆古籍珍本丛刊》,书目文献出版社 1990 年影印本,经部,第 6 册,第 22 页、第 162 页。

件文书是关于"交床"：

> 至顺三年（1332）十月十三日，中书省奏："火你赤、达鲁花赤于内府提交床坐的上头，监察每言着呵，'教省部里定拟者。'么道，有圣旨来。部拟：'除诸王、驸马、勋旧大臣、宰辅、台院一品官员外，其余官属敢有似前坐交床者，你决贰拾柒下，标附过名。若遇朝贺日期，百官具公服未入班次，系在阙门之外者，不拘此例。'定拟了，与文书有。俺商量来，中书省、枢密院、御史台二品以上官员坐交床。其余衙门官员内，到一品者，许坐交床。别箇的，依部家定拟来的教行呵，怎生？"奏呵，奉圣旨："那般者。"①

这篇文书里出现的"交床"也就是《国王字典》和《华夷译语》记录的 sanjāli 或 san ǰali，也被称为"交椅"。元朝宫廷大内朝会期间，只有诸王、驸马、勋旧大臣、宰辅和御史台、枢密院一品官员才能坐。《元史》卷七十九《舆服二》记"交椅，银饰之，涂以黄金"②，极尽奢华，火你赤和达鲁花赤的品级显然远不够使用交椅，他们在大内朝会期间"提交床坐的上头"，御史台的监察御史认为是违制。《元史》记阿速氏失剌拔都儿从忽必烈征乃颜，"帝赏以金腰带及银交床等"③，应属同类物品。蒙古文史书罗藏丹津（Lobsang－Danjin）《黄金史》记录成吉思汗圣旨的话说"saitur ele kücün ien ögbesü sandali－tan noyad bolomui ǰa"④ 云，可硬译理解为"好生出气力呵，散答里有的官人每做也者"。这里的 sandali－tan noyad，意谓朝堂上坐交椅的官人，也就是显贵的大官人。

---

① 《至正条格（校注本）》"断例"卷1《肃严宫禁》，韩国学中央研究院2007年校注本，第169—170页。

② 《元史》卷79《舆服二》，中华书局1976年点校本，第1959页。

③ 《元史》卷135《失剌拔都儿传》，第3284页。

④ Lobsang－Danjin, *Erten－ü Qad－un ündüsülegsen törö yosun－u J̌oqiyal Tobčilan quriyaqsan Altan Tobči kemekü orošibai*, Ulaanbaatar: Ulus－un keblel－ün γaǰar, 1990, p. 110a.

二 جما ق čomaq

《国王字典》196 – col. A 第 17 条突厥语词جما ق，读音是 čomaq，英译者给出的解释是 mace，意谓狼牙棒。[1] 丹柯夫（Robert Dankoff）英译的喀什噶理《突厥语词典》列出 čomaq，英译曰 stick，泛指棒子。[2] 1970 年茨默（Peter Zieme）先生在《中亚杂志》发表德文书评，对苏联学者的《古代突厥语词典》（Drevnetjurkskij slovar）一书进行点评。他以 Knüppel（短促的棍、棒）来对应解释 čomaq，指出此词更可能意谓"刑罚或打击"。[3] 笔者认为，《国王字典》所列突厥语词 čomaq 意谓用来抛击的短木棒。在此词在《国王字典》第二次出现的时候，与之对应的蒙古语 bulau，即现代蒙古语 bila' u，汉译"布鲁"，是用来打猎的投掷器。耐人寻味的是，突厥语词 čomaq 影响了元朝的典章制度，《元史·郭宝玉传》记忽必烈与郭宝玉君臣之间有趣的对话："帝将伐西蕃，患其城多依靠山险，问宝玉攻取之策，对曰'使其城在天上则不可取，如不在天上，至则取矣。'帝壮之，授抄马都镇抚。"[4] 这里，"抄马都镇抚"之"抄马"不是汉语，应该就是突厥语 čomaq 的汉字音写。究其原因，可能与郭宝玉麾下领有的"砲手军匠"有关，这使得郭宝玉有足够的雄心以仰攻山城或碉楼。

三 بختاق boqtaq

《元朝秘史》第 254 节有"孛黑脱剌周"（boqtola ǰu）的记录，旁译"梳头着"。[5] 同书第 74 节描述月伦太后"孛黑塔剌周"（boqtala ǰu）只是第

① Peter B. Golden ed. , *The King's Dictionary*: *The Rasūlid Hexaglot—Fourteenth Century Vocabularies in Arabic, Persian, Turkic, Greek, Armenian, and Mongol*, with introductory essays by Peter B. Golden and Thomas T. Allsen, Leiden& Boston: Brill, 2000, p. 177 and p. 285.

② Robert Dankoff and James Kelly eds. , *Compendium of the Turkic Dialect*, Mass. : Harvard University Printing Office, 1985, p. 94.

③ Peter Zieme, "Reviews", *Central Asiatic Journal*, Vol. 14, No. 1/3, 1970, p. 231.

④《元史》卷 149《郭宝玉传》，第 3521 页。

⑤《元朝秘史》续集卷 1，中华书局 2012 年乌兰校勘本，第 352 页。

二个音节稍有不同，虽然都是动词，旁译却写为"固姑冠带着"。① "带着"对应的是动词后缀，其词根看来是"孛黑塔"。旁译"固姑冠"就是罟罟冠，元代诗文有很多记录，很多学者曾经讨论。方龄贵先生引木卡迪玛特《蒙古语词典》的附录《伊本木哈纳蒙古语汇》所记的 boqtaq，认为是（教皇、国王等之冠）。他说："据此合上举《元朝秘史》和《伊本木纳罕蒙古语汇》所见之语比较观之，是在蒙古语中罟罟与孛黑塔并见，孛黑塔殆系借自波斯语。"②《国王字典》的材料证明，"孛黑塔"可能来自突厥语，该书第写为 boqtaq，③ 英译者解释为"high cap worn by certain women"，给出的蒙古语为 bohtaq，就是突厥语 boġtaq 了，波斯语词为 kulâh。注解说这些妇女奥斯曼突厥语中特指皇家后宫妇女。《元朝秘史》中这个词没有作为名词出现过，在作为名词出现的时候，末尾的尾音 q 被省略了。

《元朝秘史》在第 115 节记帖木真联合札木合、王汗奇袭篾儿乞部营地，虏获一个"绰黑台额篾"（čoqtai eme），旁译为"固罟妇人"。④ 小林高四郎说这个 čoqtai 有"美丽"之意，与固姑冠无关，秘史旁译有误。⑤ 与此相关联，《国王字典》也列出一蒙古语词 čoqtu，相对应的突厥语词是 keng közlüg，英译者给出的解释是"large - eyed，beautiful - eyed"（大眼睛的，美目的）。⑥ 笔者认为，čoqtu 就是 čoqtai。英译者据对应的阿拉伯和波斯语词给出的解释与小林先生的解释大体契合。《元朝秘史》柯立夫（Francis Woodman Cleaves）英译本将 čoqtai 理解为 having glory，所以将 čoqtai eme 英译为 glorious woman。⑦ 罗依果（Igor de Rachewiltz）据柯立夫英译本改译为 splendid woman

① 《元朝秘史》卷2，第43页。

② 方龄贵：《元明戏曲中的蒙古语：罟罟考述》，载《西南联大暨云南师范大学60周年校庆社会科学论文集》，民族出版社1998年版，第59页。

③ Peter B. Golden ed.，*The King's Dictionary：the Rasûlid Hexaglot—Fourteenth Century Vocabularies in Arabic，Persian，Turkic，Greek，Armenian，and Mongol*，with introductory essays by Peter B. Golden and Thomas T. Allsen，Leiden & Boston：Brill，2000，p. 300.

④ 《元朝秘史》卷3，第94页。

⑤ ［日］小林高四郎：《元朝秘史"孛黑塔"考》，《善邻协会调查月报》1936年第50号。

⑥ Peter B. Golden ed.，*The King's Dictionary：the Rasûlid Hexaglot—Fourteenth Century Vocabularies in Arabic，Persian，Turkic，Greek，Armenian，and Mongol*，with introductory essays by Peter B. Golden and Thomas T. Allsen，Leiden & Boston：Brill，2000.

⑦ Francis Woodman Cleaves ed.，*The Secret History of the Mongols：For the first time，Done into English out of the Original Tongue，and Provided with an Exegetical Commentary*，Cambridge，Mass：Harvard - Yenching Institute，1982，p. 48.

（华丽高贵的女人）。① 村上正二据科瓦列夫斯基的词典日译为"贵妇人"。②
如果《国王字典》的解释成立，柯立夫则可能过度解释了。

四　زر جامه jāma – yi zar

元代文臣周伯琦的诗歌《诈马行》的序文说"国家之制，乘舆北幸上
京，岁以六月吉日，命宿卫大臣及近侍服所赐只孙珠翠金宝衣冠腰带，盛饰
名马，清晨自城外各持彩仗，列队驰入禁中，于是上盛服御殿临观，乃大张
宴为乐"云，这种奢华的宴会"名之曰只孙宴。只孙，华言一色衣也，俗呼
诈马筵"③。所谓"只孙宴"就是元朝诸王、驸马和大臣等穿着皇帝赐给的
统一服装参加的国宴。关于只孙宴期间诸王、驸马等所穿着的服装，1981
年，韩儒林先生在《历史研究》发表《诈马宴新探》，指出"诈马宴"之
"诈马"来自波斯语 Jāmah，意谓衣服。④ 韩先生文中引《史集》所记窝阔台
合汗时期的一个记录，合汗让一个穷苦的印度妇人到国库自取衣装，结果那
个妇人从仓库中取走了大量纳石失衣（波斯原نسیج جامهای Jāmahā – yi nasīj）。⑤
这里的"纳石失"，也写为纳失失，是波斯语 nasīj，意谓"织金锦缎"。
2005 年，李军先生在《历史研究》发表《"诈马"考》，以汉语理解汉字音
写的"诈马"，认为"诈马"是出席国宴者所骑乘的盛装的马匹。⑥ 2013
年，陈得芝先生发表《也谈"诈马宴"——兼议汉语中外来语译名词义的演
变》，指出韩儒林先生的结论"实属确切不易"。⑦

韩先生所引《史集》记录的波斯词是نسیج جامهای（jāmahā – yi nasīj），《国
王字典》提供了新的证据。该书第 205 – col. B 第 20 个词条波斯词زر جامه，

---

① Igor de Rachewiltz, *The Secret History of the Mongols: A Mongolian Epic Chronicle of the Thirteen Century*, Leiden & Boston: Brill, 2006, p. 435.

② ［日］村上正二訳注：《モンゴル秘史：チンギス·カン物語》I，東京：平凡社 1970 年版，第 210 页。

③ （元）周伯琦：《诈马行》序，《近光集》卷 1，《景印文渊阁四库全书》，台湾商务印书馆 1983 年影印本，第 1214 册，第 510 页。

④ 韩儒林：《元代诈马宴新探》，《历史研究》1981 年第 1 期。

⑤ 韩儒林：《元代诈马宴新探》，《历史研究》1981 年第 1 期。

⑥ 李军：《"诈马"考》，《历史研究》2005 年第 5 期。

⑦ 陈得芝：《也谈"诈马宴"：兼议汉语中外来语译名词义的演变》，《中国边疆民族研究》第 7 辑，中央民族大学出版社 2013 年版，第 47—51 页。

读作 Jāma – yi zar. 即织金的衣服。① 英译者在阿拉伯语之下出译名是 gilded garment，即"镀金的衣服"。笔者认为，Jāma – yi zar 应该解释为织金的衣服，恰好解释了 jāmahā – yi nasīj（织金缎匹）。令人惊喜的是，《国王字典》的波斯语词有相对应蒙古语词作为参照，蒙古语写为 دیل التتای 读作 altatai dêl。这就足以证明伊利汗国的人如何理解"诈马宴"之"诈马"了。需要说明的是，英译文 gilded garment（镀金衣服）尚未足以解释其义。《登坛必究》卷 22《译语》之"衣服门"列出有词条曰"织金"，蒙古语则写为"阿日炭太"。② 就是明证。总之，我们可以得出结论，"诈马宴"之"诈马"来自波斯语无疑，意谓织金的衣服，诈马非马，"诈马"只是译音用字而已，与汉字的字义无关，据字义揣度就偏离了方向，《国王字典》的史料再次印证了这一点。

五 اشوق ašuq

《国王字典》199 – col. A 第 19 条记突厥语词，读为 ašuq，英译者 ankle bone，③ 维基百科词条有 knuckle bone。与之并列的蒙古语词是 šiγa。蒙古语词 šiγa 在《元朝秘史》出现，音写为"石阿"，旁译"髀石"。该书第 116 节记帖木真与札木合在 qorunaq – ǰubur 之地联袂下营，两人共同回忆少年时期结为安答，扎木合将"^中忽阑_勒秃_黑石阿"（quraltuq ši'a，旁译"麕子髀石"）赠给帖木真，后者则以"称古_勒图_克秃 石阿"（činggültügtü ši'a，旁译"铜灌的髀石"）作为还礼。④ 看来所交换的应该都是游牧社会珍贵的礼物。髀石作为儿童游戏的玩具，在欧亚大陆历史悠久。《元史·太祖本纪》所记押剌伊而部"唯童子数人方击髀石为戏"⑤。

---

① Peter B. Golden ed. , *The King's Dictionary：The Rasûlid Hexaglot—Fourteenth Century Vocabularies in Arabic , Persian , Turkic , Greek , Armenian , and Mongol*, with introductory essays by Peter B. Golden and Thomas T. Allsen, Leiden& Boston：Brill, 2000, p. 296.

② 贾敬颜、朱风合辑：《蒙古译语女真译语汇编》，天津古籍出版社 1990 年版，第 142 页。

③ Peter B. Golden ed. , *The King's Dictionary：the Rasûlid Hexaglot—Fourteenth Century Vocabularies in Arabic , Persian , Turkic , Greek , Armenian , and Mongol*, with introductory essays by Peter B. Golden and Thomas T. Allsen, Leiden&Boston：Brill, 2000, p. 213.

④ 《元朝秘史》卷 3，第 95 页。

⑤ 《元史》卷 1《太祖本纪》，第 3 页。

　　《国王字典》之突厥语词 ašuq 在《元朝秘史》也出现了，该书第 152 节出现人名"阿勒屯阿傺黑"。①《秘史》汉字转写者选取"傺"字，应有其用意。此字在《广韵》中本来就是屋韵，k 入声，《秘史》音写者选用"傺"字应该就是看中了古音有入声，当然，鉴于当时入声消失，又加一"黑"字以弥补其失去的入声。《蒙古字韵》"傺"字排在鱼模韵，但是标明"傺"与"束"都是从入声转进来的。② 栗林均转写为 altun – ašuq，白鸟库吉、伯希和、李盖提和柯立夫都转写为 altun – ašuq，③ 应该都是正确的。罗依果推断为"金盔"（golden helmet）。④ 他推测 ašuq 的意思是头盔。笔者要讨论的是，《元史》所记兀良合台之子名将阿术之名，读音如何？笔者认为此"阿术"对应的是突厥语 ašuq。元史学者多读 a – zhu。其中的"术"字应该是参照了成吉思汗长子术赤之名。⑤ "术"字在《中原音韵》和《蒙古字韵》中，都属审母鱼模韵。阿术之名，还有一例作为比照，《元典章·刑部》卷 13 收录的公文书《仓库里贼赏例》说"至元二十三年（1286）正月二十二日准伯颜、阿束蒙古文字译该"云，⑥ 与伯颜一同出现的阿束，就是阿术。所以，洪金富校定本径将"阿束"改为"阿术"。⑦ 阿束未必就是错的，改订似无必要。《元史·世祖本纪》至元二十五年三月，元世祖忽必烈在往上都途中"驻跸野狐岭，命阿束、塔不带总京师城守诸军"⑧。"阿术"还可以写为

---

　　① 《元朝秘史》卷 5，第 160 页。

　　② 《蒙古字韵》卷上，《续修四库全书》，上海古籍出版社 2002 年影印本，第 259 册，第 61 页。

　　③ 详见《元朝秘史》卷 5，第 160 页；栗林均编：《『元朝秘史』モンゴル語全単語·語尾索引》，東北大学東北アジア研究センター 2001 年版，第 220、630 页；栗林均编：《『元朝秘史』モンゴル語漢字音訳傍訳漢語対照語彙》，東北大学東北アジア研究センター 2009 年版，第 25 页；Paul Pelliot, *Histoire secrete des Mongols：Restitution du texte Mongol et traduction francaise des chapitres I a VI*, Paris：Librairie d'Amerique et d'Orient, Adrien – Maisonneuve, 1949, p. 46.；Louis Ligeti, *Histoire secrète des Mongols*, Budapest：Akadémiai Kiadó, 1971, p. 108.；Igor de Rachewiltz, *The Secret History of the Mongols：A Mongolian Epic Chronicle of the Thirteen Century*, Leiden& Boston：Brill, 2006, p. 75.

　　④ Igor de Rachewiltz, *The Secret History of the Mongols：A Mongolian Epic Chronicle of the Thirteen Century*, Leiden& Boston：Brill, 2006, p. 564.

　　⑤ 按，术赤之名，《元朝秘史》写为拙赤，读 ǰoči，"拙"，《中原音韵》和《蒙古字韵》中都属歌戈韵，写蒙古语第四和六元音音节，但是在《元史》等汉文史料中没有像《元朝秘史》那样相对严格的设置，鱼模韵字替代歌戈韵字这类现象在元史汉文史料是常见现象。

　　⑥ 《元典章》卷 51《刑部》卷 13，中华书局、天津古籍出版社 2011 年陈高华等点校本，第 1718 页。

　　⑦ 《元典章》，"中央研究院"历史语言研究所 2016 年洪金富点校本，第 1503 页。

　　⑧ 《元史》卷 15《世祖十二》，第 310 页。

"阿束"，恰可证明"阿术"是读 ašu 的，这与《中原音韵》审母鱼模韵是契合的。笔者推断，无论"阿束"还是"阿术"，所记名字末尾应该都有 k 音。这个人名应该就是 ašuq。束，《广韵》归类为书母镯韵，读 syowk 音，还可以顺便提到，汉密尔顿（J. R. Hamilton）《五代回鹘史料》中长兴二年（931）突厥使臣"杜阿熟"之"熟"，是常母屋韵，读为 dzyuwk。①

《国王字典》190 – col. A24 还记录了 ašiq 同样也是髀石。② ašiq 和 ašuq 的差别只是齐齿呼和撮口呼而已。《元史》所记诸王名阿失帖木儿和瓦剌也先之子阿失帖木儿，应该就是 Ašiq – Temur 的汉字音写了。则此名恰好对应《元朝秘史》第 208 节所记成吉思汗将妃子亦巴哈转嫁给主儿扯歹，要求亦巴哈将从嫁而来的，由保兀儿赤（厨子）阿勒赤黑（Alčiq）和阿失黑帖木儿（Ašiq – Temur）带领的两百引者思人口留一半，即将他阿失黑帖木儿及其所领一百人口留下来作为"遗念"。③ 这里的御厨阿失黑帖木儿，罗依果转写为 Ašiq（Ašiγ）Temür，认为是"有用的铁"（useful iron）。④ 也就是说，将 Ašiq（Ašiγ）作"有益的，有用的"来理解了，这符合现代蒙古语的词义。《国王字典》的启发意义在于，Ašiq 或可解释为"髀石"。窝阔台之子合失，其名字则很有可能是 hašiq，只是在元音开头的 Ašiq 之前多了 h 音。⑤

① 详见 J. R. Hamilton, *Les Ouïghours à l'époque des Cinq Dynasties d'après les documents chinois*, Paris：Imprimerie Nationale, Presses Universitaires de France, 1955, p. 147；Laszlo Rasonyi and Imre Baski, *Onomasticon Turcium：Turk Personal Name*, Bloomington：Denis Sinor Institute for Inner Asian Studies at Indiana University, 2007, p. 82. 《元史》人名中"术"，应该分别考察，具体分体。汪古部之子"术安"，"术"应读，写为 Juan，景教名，还写为"注安"。术安就是注安，钱大昕《廿二史考异》已经注意。参见（清）钱大昕《廿二史考异》卷87《元史二》，商务印书馆1937年点校本，第1433页。但是"阿术"之读音，应该是不一样的。

② Peter B. Golden ed. , *The King's Dictionary：The Rasûlid Hexaglot—Fourteenth Century Vocabularies in Arabic, Persian, Turkic, Greek, Armenian, and Mongol*, with introductory essays by Peter B. Golden and Thomas T. Allsen, Leiden&Boston：Brill, 2000.

③ 《元朝秘史》卷8，第268页。

④ Igor de Rachewiltz, *The Secret History of the Mongols：A Mongolian Epic Chronicle of the Thirteen Century*, Leiden& Boston：Brill, 2006, p. 792.

⑤ Paul Pelliot, *Histoire secrete des Mongols：Restitution du texte Mongol et traduction francaise des chapitres I a VI*, Paris：Librairie d'Amerique et d'Orient, Adrien – Maisonneuve, 1949.

六 قوجا 火者

《国王字典》203 – col. A 第 20 条有 ابوكان قوجا，读作 ebügen qoja，与其并列的突厥语只是"老"，英文译注者认为 qoja 一名，很可能属于突厥（Turkic colume）。[1] 火，歌戈韵字，作为译音用字很多时候对应蒙古语 qo，《蒙古字韵》里八思巴字写做 hvo；者字属车遮韵，对应蒙古语至少 ǰa 和 ǰe 前后两个音节。[2]

《元史辞典》专门有词条，包含四项内容：其一是蒙古宗王的名字。宪宗元年（1251）"各方诸王复大会于阔帖兀阿阑之地，共推蒙哥即汗位于斡难河"，有诸王"火者等后期不至"（《元史·宪宗本纪》）；[3] 其二也是人名，此人是云南行省罗北甸（今云南元江）的土官，名为火者（《元史·世祖本纪》）；[4] 第三个火者是"元官吏。皇庆元年（1312），拘其所佩国公、司徒印"（《元史·仁宗本纪》），似也是特定人名。[5] 最后一项，"火者"是波斯语 Khwajah 的汉字音写。"原意为显者，富有者。中亚伊斯兰贵族常以此自称，以显示其显赫地位。元代回回上层人物也以此自称，如扎巴儿火者、密立火者等。"[6] 《元史辞典》属二十五史专书词典之一种，其对"火者"的定义以《元史》中出现的内容为准。上述四项解释涵盖了《元史》中出现的所有的"火者"。

《至正条格》收录的文书有《火者口粮》曰："天历二年（1329）四月初五日，中书省特奉圣旨：'省里行文书者，除皇后斡耳朵外，其余各斡耳朵，自天历元年为始，挪入来的新火者每，口粮、草料休与者。若有隐藏投

---

① Peter B. Golden ed. , *The King's Dictionary*：*The Rasûlid Hexaglot—Fourteenth Century Vocabularies in Arabic，Persian，Turkic，Greek，Armenian，and Mongol*, with introductory essays by Peter B. Golden and Thomas T. Allsen，Leiden&Boston：Brill, 2000.

② 按，伯希和、白鸟库吉和李盖提在拉丁转写的时候不分前后元音，将词尾"者"全部转写为 ǰe，误。《秘史》所记"斡勒札"和"完勒者兀"证明，"者"字在此处所记音与"札"一致。关于此问题，笔者将专文讨论，此处且不赘述。

③ 《元史》卷 3《宪宗本纪》，第 44 页。

④ 《元史》卷 14《世祖十一》，第 301 页。

⑤ 《元史》卷 24《仁宗一》，第 553 页。

⑥ 邱树森主编：《元史辞典》，山东教育出版社 2002 年版，第 162 页。

入来的，关支口粮、草料的，为头火者每不说，别人首告出来呵，将他每的宣、勅追了，重要罪过者。'"[1] 笔者以为 ebügen qoja 意谓"老火者"或"为头火者"。

七　نمو غان和کبك kebeg和نمو غان nomuqan

《国王字典》205 – col. B 第 6 条，突厥和蒙古语都写为کبك，读为 kebeg，英译者的理解是"residue left in a sieve, bran"，[2] 即筛子里的残留物，麦麸，米糠。察合台后王怯乩或怯别，看来就是这个，是个贱名。怯字，溪母车遮韵，《元朝秘史》里与之对应的字是"客"，怯薛，怯怜口等等。别，野乜克力乩加思兰，伯希和考订为 bek – arslan。[3] 这是"乩"对应 bek 之一例。

蒙古国歌曲《乌兰巴托的夜晚》歌词里有 namuqan，忽必烈次子北安王那木罕，是一个词吗？《国王字典》203 – col. C，نمو غان读作 nomoqan，译注者给出的解释是 quiet，modest，即"安静的""谦逊的"。[4] 元世祖忽必烈次子北安王那木罕之名，就是这个词，"那木罕"应读 nomuqan，对应现代蒙古语的 nomuqan，而不是 namuqan。元明时期"那"，泥母歌戈韵，在译音用字的时候多对应 no 音。"那颜"（noyan）意谓官人，"那海"（noqai）译言犬，都是显例。

---

① 《至正条格（校注本）》"断例"卷 10《火者口粮》，第 274 页；《至正条格（影印本）》"断例"卷 10《火者口粮》，韩国学中央研究院 2007 年影印本，第 142 页。

② Peter B. Golden ed. , *The King's Dictionary：The Rasûlid Hexaglot—Fourteenth Century Vocabularies in Arabic，Persian，Turkic，Greek，Armenian，and Mongol*, with introductory essays by Peter B. Golden and Thomas T. Allsen，Leiden & Boston：Brill，2000.

③ Paul Pelliot, "Le Ḫōja et le Sayyid Ḥusain de l'Histoire des Ming", *T'oung Pao*, Vol. 38, Livr. 2/5, 1948, p. 137.

④ Peter B. Golden ed. , *The King's Dictionary：The Rasûlid Hexaglot—Fourteenth Century Vocabularies in Arabic，Persian，Turkic，Greek，Armenian，and Mongol*, with introductory essays by Peter B. Golden and Thomas T. Allsen，Leiden&Boston：Brill，2000.

八 جتر čatir

《国王字典》198 – col. B 第 7 条列出突厥语جتر，读为 čatir 英译为 um-
brella，tent。① 蒙古语对应的语汇是 sikür，英译 parasol。方龄贵先生从《雍
熙乐府》里"擦褶儿"和《词林摘艳》"擦者儿"为线索，引《大元毡毯工
物记》和《续增华夷译语》之"察赤儿"、《华夷译语》之"茶赤儿"等材
料，认为是蒙古语，"意思是布凉棚或帐篷"。笔者认为，《国王字典》所记
čatir 就是察赤儿。t 音和 č 音都是舌尖音，转化的例如"文书"一词，从突厥
语 bitig 到蒙古语 bičig，就是显例。《元朝秘史》第 275 节有"也可察赤儿"，
yeke ča čir，旁译"大帐子"。②

方先生说，"又此语与源于突厥语的"察迭儿"之间的关系，俟别有
考"③。《国王字典》提供了证据，此书 202 – col. A 第 7 条 čatir wa alačuq 英
译 tent 和 large tent。④《元史·百官志》有"茶迭儿局"，应该就是生产帐篷
的国营作坊。笔者认为，"茶迭儿"就是 čatir 的汉字音写。迭，端母车遮韵，
开口等，写 ti 音是合乎元代译音规律的。

结 语

哈佛大学东亚系已故的傅礼初（Joseph Fletcher）教授在为札奇斯钦
（Jaqchid Sechin）和保罗·海尔（Paul Hyle）合著的《蒙古文化与社会》撰
写的前言中说："想到亚洲大陆的历史，我们究竟是要面对一个游牧文化呢，

---

① Peter B. Golden ed.，*The King's Dictionary：The Rasûlid Hexaglot—Fourteenth Century Vocabularies in Arabic，Persian，Turkic，Greek，Armenian，and Mongol*，with introductory essays by Peter B. Golden and Thomas T. Allsen，Leiden&Boston：Brill，2000，p. 203.

② 《元朝秘史》卷 9，第 287 页。

③ 方龄贵：《古典戏曲外来语考释词典》，汉语大辞典出版社、云南大学出版社 2001 年版，第193 页。

④ Peter B. Golden ed.，*The King's Dictionary：The Rasûlid Hexaglot—Fourteenth Century Vocabularies in Arabic，Persian，Turkic，Greek，Armenian，and Mongol*，with introductory essays by Peter B. Golden and Thomas T. Allsen，Leiden&Boston：Brill，2000.

还是面对几个不同的游牧文化？是否有一个称为突厥—蒙古的游牧文化，或者因其基本作用的差异，使位于大草原西部的突厥语系民族的社会经济形态，与那位于大草原东部的蒙古语系民族有所不同？这些差距，也可能由于蒙古民族的混一，而使之不甚明显。"[1] 内陆亚洲史和蒙元史学者都注意到，在大蒙古国之前，蒙古高原腹地和周边早就出现过很多政权。那些匈奴、突厥、回鹘等人群建立的政权积累了丰富的政治文化。这些政体的遗产不会随着政权的消失而烟消云散。早在大蒙古国建国的时候，克烈王国和乃蛮等突厥或突厥—蒙古文化混合的国家近在身边。这使得大蒙古国建国之初就在典章制度方面继承融合了突厥语系和蒙古语系人群所建立的多个政权的文化和政治遗产。《剑桥内陆亚洲史：成吉思汗系时代》的前言推断说，大蒙古国的崛起处于自匈奴以来系列游牧政体的长线的顶点。从那些内亚先驱者国家继承了大量政治文化遗产，这个国家本身也包含突厥语系、蒙古语系和其他人群的多民族的、包容性极强的国家。[2] 所以，当元史学界讨论元朝典章制度中蒙汉二元论的时候，或许应该考虑到，蒙古因素可能不只古代蒙古语族的人群，而是来自蒙古高原的因素。

（作者为南京大学历史学院教授）

---

[1] Jaqchid Sechin and Paul Hyle, *Mongolia's Culture and Society*, Boulder, Colorado：Westview, 1979. 札奇斯钦：《蒙古文化与社会》，《弗莱澈先生序》，台湾商务印书馆 1987 年版。

[2] Allen E. Frank, Peter Golden, eds. , "Introduction" in Nicola Di Cosmo, *The Cambridge History of Inner Asia：The Chinggisid Age*, Cambridge University Press, 2009.

芍药与元代上都的宫廷生活

杨印民

芍药荣于仲春，华于孟夏，是中国的传统名花，也是中国栽培最久的花卉之一，相传夏朝第五位君主帝相"命武罗伯植芍药于后苑"①，所以宋人王禹偁说芍药"百花之中，其名最古"②。郑樵《通志》也云："芍药著于三代之际，风雅之所流咏也。"③

从《诗经·郑风·溱洧》"维士与女，伊其相谑，赠之以勺药"④ 开始，中国历代文人对芍药的吟咏不绝如缕，南齐诗人谢朓"红药当阶翻"⑤ 一句，让芍药的美灵动而出，传诵千古。

宋代扬州芍药横空出世，成为中国芍药发展史上的黄金时期，直接确立了与洛阳牡丹双峰并峙、平分秋色的地位，在品种、栽培技术、文学成果等方面对于后世的影响极大⑥。讨论元代芍药，就无法回避宋代的扬州芍药。

---

① 参见陶宗仪《说郛》卷100，宛委山堂本，引宋人虞汝明《古琴疏》："帝相元年，条谷贡桐、芍药。帝命羿植桐于云和，命武罗伯植芍药于后苑。"

② （宋）王禹偁：《王黄州小畜集》卷11《芍药诗三首并序》，《四部丛刊》初编本。

③ （宋）郑樵：《通志二十略》昆虫草木略第一《草类》，王树民点校，中华书局1995年版，第1991页。

④ （汉）毛亨：《毛诗》卷4，《四部丛刊》初编本。

⑤ （南齐）谢朓：《谢宣城诗集》卷3《直中书省》，明末毛氏汲古阁景写宋刻本。

⑥ 有关宋代扬州芍药的研究成果主要有：舒迎澜《芍药史研究》（《古今农业》1991年第2期，第56—61页），从芍药在中国历代的发展情况、价值、品种、栽培技术等方面进行过重点介绍；陈雪飞《北宋扬州芍药三谱之比较及其史料价值》（《扬州职业大学学报》2018年第1期，第7—14页）文章横向对比了王观、刘攽、孔武仲三人所著芍药谱，发现其中的承袭关系，特别是王观之谱对于刘、孔二谱的借鉴；王功绢《论宋代扬州芍药文学》[《江苏教育学院学报（社会科学）》2011年第2期，第115—118页] 提出宋代扬州是一代都会，经济繁荣、社会安定，芍药的种植规模空前庞大，品种繁多、世人追捧，由此开创了宋代扬州芍药文学的繁荣局面。芍药在一代文人的笔下，既是扬州气象的缩微写照，也成为咏怀讽古的兴寄之物。

那么，入元以后扬州芍药的境况如何？面对上都芍药，"南人"官僚为何发出"从今再不数扬州"的概叹？芍药在元代上都宫廷生活中有哪些利用价值？本文拟对相关问题做一初步探讨。

一　从扬州到上都，宋元芍药视点的北移

自唐武则天以后，洛阳牡丹声名大噪，贵游趋竞，"而芍药之艳衰矣"①。入宋，扬州芍药声誉鹊起，"为天下冠"②，与洛阳牡丹相侔埒，"俱贵于时"③。

扬州土壤肥腻，宜于草木，居民以治花相尚，种花之家园舍相望，畦分亩列，尤以朱氏之园"最为冠绝"，南北二圃所种约五六万株。花开时节，朱氏"饰亭宇以待来游者，逾月不绝"。它如丁氏、袁氏、徐氏、高氏、张氏之园亦盛，而余者不可胜纪。④

然而，扬州芍药能够名扬天下，"非特以多为夸也"，除了数量优势外，更有观赏性强的优点，"其敷腴盛大而纤丽巧密，皆他州不及"。甚至有佳者"高至尺余，广至盈手"。诸多芍药名品相压，争妍斗奇，"故者未厌而新者已盛"⑤。

熙宁六年（1073），刘攽过扬州，著《芍药花谱》，花凡三十一品，每品略叙花之形、色，并评为七等。其"上之上"等共有六品，分别为冠群芳、赛群芳、宝妆成、尽天工、晓妆新、点妆红，除晓妆新为白缬子外，其余五品均为红色或紫色，可推测宋代芍药花最初以红色最受欢迎，苏轼有诗"扬州近日红千叶，自是风流时世妆"⑥，亦可佐证这一观点。

---

① （宋）王禹偁：《王黄州小畜集》卷11《芍药诗三首并序》。

② （宋）苏轼：《仇池笔记》卷上《万花会》，华东师范大学古籍研究所点校，华东师范大学出版社1983年版，第209页。

③ （宋）祝穆：《事文类聚》后集卷30《花卉部·芍药·杂著·刘攽：芍药花谱序》，文渊阁《四库全书》本；（宋）王遂：《清江三孔集》卷18《杂著·孔武仲：扬州芍药谱并序》，文渊阁《四库全书》补配清文津阁《四库全书》本。

④ （宋）祝穆：《事文类聚》后集卷30《花卉部·芍药·杂著·王观：扬州芍药谱后序》。

⑤ （宋）王遂：《清江三孔集》卷18《杂著·孔武仲：扬州芍药谱并序》。

⑥ （宋）苏轼：《苏文忠公全集·东坡后集》卷7《王进叔所藏画跋尾五首·赵昌四季·芍药》，明成化本。

刘攽之后，王观、孔武仲及南宋艾丑各自有谱。① 南宋绍熙年间成书的《广陵志》亦有《芍药谱》三十二种，② 这几种花谱多以"御衣黄"为首。御衣黄，"黄色浅而叶疏，类黄楼子"③，"其香正如莲花，比他色最殊绝"④，被宋人公认为芍药上品。可见，两宋时期，芍药流行色经历了由红转黄的过程，孔武仲甚至说："所谓绯红千叶，乃其中下者。"⑤

扬州居民不仅以治花相尚，且不分贵贱皆喜戴花，使得鲜花拥有广大的消费市场。每逢春季拂晓，城内开明桥之间设有花市⑥，四方之人赍携金币来"市种以归者"甚多。自三月初旬芍药始开，"浃旬而甚盛"，游观者相属于路，幕帘相望，笙歌相闻。⑦ 以扬州为中心，辐射至周边数百里，"自广陵至姑苏，北入射阳，东至通州、海上，西止滁、和州，数百里间，人人厌观矣"⑧。

真正把扬州芍药推向高潮的，当属元祐间蔡京知扬州时于每年春天举办的"万花会"，用芍药花达十余万枝，可以想见景况之盛。北宋词人晁补之有专为"扬州芍药会"而作的《望海潮》：

> 人间花老，天涯春去，扬州别是风光。红药万株，佳名千种，天然浩态狂香。尊贵御衣黄，未便教西洛独占花王。困倚东风，汉宫谁敢斗新妆。
>
> 年年高会江阳，看家夸绝艳，人诧奇芳。结蕊当屏，联葩就幄，红遮绿绕华堂。花面映交相，更秉蕑观洧，幽意难忘。罢酒风亭，梦魂惊恐在仙乡。⑨

---

① 万历《扬州府志》卷20《物产》，明万历刻本；（明）祁承爜：《澹生堂藏书目·维扬芍药谱》，清宋氏漫堂钞本。

② （明）高濂：《遵生八笺》卷16《燕闲清赏笺·下卷·芍药谱》，王大淳等整理，人民卫生出版社2017年版，第537页。绍熙《广陵志》已佚，高濂据嘉靖《维扬志》录出《广陵志》所收《芍药谱》。

③ （宋）祝穆：《事文类聚》后集卷30《花卉部·芍药·杂著·王观：扬州芍药谱后序》。

④ （宋）吴曾：《能改斋漫录》卷15《方物》，文渊阁《四库全书》本。

⑤ （宋）王遘：《清江三孔集》卷18《杂著·孔武仲：扬州芍药谱并序》。

⑥ （宋）祝穆：《事文类聚》后集卷30《花卉部·芍药·杂著·王观：扬州芍药谱后序》。

⑦ （宋）王遘：《清江三孔集》卷18《杂著·孔武仲：扬州芍药谱并序》。

⑧ （宋）祝穆：《事文类聚》后集卷30《花卉部·芍药·杂著·刘贡父：芍药花谱序》。

⑨ （宋）晁补之：《晁无咎词》卷2《望海潮·扬州芍药会作》，明刻宋名家词本。

　　然而盛况背后，因用花太多，公私诸家花园饱受摧残，官吏乘机因缘为奸，"民大病之"。元祐七年（1092），苏东坡到任扬州后，问民疾苦，毅然停办万花会。①

　　靖康之变后，金兵几次南下，扬州自不能幸免于难，屡遭洗劫，②"废池乔木，犹厌言兵"。南宋淳熙三年（1176）冬至，姜夔过扬州，入其城，"则四顾萧条，寒水自碧"，不禁怆然，乃自度一曲《扬州慢》，哀叹："二十四桥仍在，波心荡、冷月无声。念桥边红药，年年知为谁生。"③ 花事亦随人事，社会动荡，扬州芍药竟成寂寞无依的劫后余花。但从前揭艾丑及《广陵志》各有芍药谱来看，南宋时期扬州芍药的发展并未停滞。

　　"广陵芍药真奇差，名与洛花相上下。"④ 可以说，扬州芍药在中国芍药发展史上的地位是无出其右的，宋代是扬州芍药发展的黄金时期，宋人对于扬州芍药品种的不断培育出新，移植推广，乃至热情高涨的诗词歌咏，花会游观，使得扬州芍药不论在数量、质量还是品牌知名度上，都大放异彩，魅力四射，终与洛阳牡丹声名相侔，秋色平分，且历经千载至今不衰。

　　入元以后，扬州一度为江淮行省治所，置扬州路总管府，后改隶河南江北行省。⑤ 欧洲旅行家马可·波罗说扬州"城甚广大"，"颇强盛"，居民使用纸币，"恃工商为活"⑥。鄂多立克说"有实足的四十八到五十八土绵的火户"⑦，每土绵为一万，也就是说扬州有四十八到五十八万户。那么，元代扬州芍药的景况又是如何呢？

　　传世文献中鲜少有关元代扬州芍药的大篇幅记载，更无像宋代一样有多篇芍药花谱问世。但是从元人的诗歌中，仍然可以寻觅到扬州芍药的俏丽身

---

　　① （宋）苏轼：《仇池笔记》卷上《万花会》，第 209 页。

　　② 参见《金史》卷 3《太宗纪三》：天会七年（1129）五月，"拔离速等袭宋主于扬州"。中华书局 1975 年点校本，第 60 页。《宋史》卷 26《高宗纪三》：建炎四年（1130）九月、绍兴元年（1131）正月，"金人犯扬州"。中华书局 1977 年点校本，第 482、485 页。

　　③ （宋）姜夔：《白石道人歌曲》卷 4《自制曲·扬州慢》，《四部丛刊》初编本。

　　④ （宋）韩琦：《安阳集》卷 1《和袁陟节推龙兴寺芍药》，明正德九年（1514）张士隆刻本。

　　⑤ 《元史》卷 59《地理志二》，中华书局 1976 年点校本，第 1414 页。

　　⑥ ［意］马可波罗：《马可波罗行纪》第 143 章《扬州城》，冯承钧译，上海书店出版社 2001 年版，第 336 页。

　　⑦ ［意］鄂多立克：《鄂多立克东游录》35《关于扬州和明州城》，何高济译，中华书局 1981 年版，第 71 页。

影。陈旅《和维扬友人诗》："竹西池馆多红药，日日题诗舞袖前。"① 胡祗
遹《题储天章菊轩诗》："扬州红药扶桑日，香满人间照天赤。"② 扬州芍药
的繁盛景象呼之欲出，花开时节游人如织的热闹场面不难想见。

陈旅另有一首《用吴彦晖韵送扬州张教授还汴梁》："匆匆归去缘何事，
要看扬州芍药花。定有金盘承绛露，送他梁苑故人家。"③ 诗虽语涉调侃，但
透过字里行间，我们仍然能够感受到人们急于去扬州观赏芍药花的热切心
情。这说明，入元以后扬州芍药的品牌效应依然强大，魅力未减，扬州依旧
是时人观赏芍药的胜地。

在元代，扬州芍药花种倍受追捧和青睐，成为爱花者竞相求取的目标，
还往往作为亲友间的馈赠佳品，被移栽到各地。郝经有《芍药》一诗，题注
云"王承宣送扬州芍药数本"，夸赞扬州芍药"烟轻雪腻丰容质，露重霞香
阿娜身"④。耶律铸有诗名曰《取维扬红玉楼子千层阁芍药种迟而未至》：
"红玉楼当在玉京，千层阁合在层城。延留应欲腾光价，待合琼花作伴
行。"⑤ 据孔武仲《扬州芍药谱》，红玉楼子又叫绛州紫苗楼子，初开时浅
红，经数日变黄。千层阁又叫青苗黄楼子，大小间出千余层，其苗青。⑥ 二
者都是扬州芍药名品，耶律铸曾贵为中书左丞相，可称览物无数，竟仍心心
念之，可见扬州芍药在元人心目中的地位之高。马祖常《赋王叔能宅芍药》：
"诗人莫咏扬州紫，便与花王可颉颃。"⑦ 也能从侧面说明元人对扬州芍药的
看重。

相较两宋，元代统治中心北移，大都和上都成为帝国的政治中心，并实
行两都巡幸制，"每年四月，迤北草青，则驾幸上都以避暑，颁赐于其宗戚，
马亦就水草。八月草将枯，则驾回大都"⑧。事实上，元朝诸帝两都巡幸的行
期并不十分固定，每年从大都出发的时间早者在农历二三月，迟者则至五六

① （元）陈旅：《安雅堂集》卷2，文渊阁《四库全书》补配清文津阁《四库全书》本。
② （元）胡祗遹：《胡祗遹集》卷4，魏崇武、周思成校点，吉林文史出版社2008年版，第85页。
③ （元）陈旅：《安雅堂集》卷1《用吴彦晖韵送扬州张教授还汴梁》。
④ （元）郝经：《郝文忠公陵川文集》卷13《芍药》，秦雪清点校，山西人民出版社2006年
版，第197页。
⑤ （元）耶律铸：《双溪醉饮集》卷5，文渊阁《四库全书》本。
⑥ （宋）王遽：《清江三孔集》卷18《杂著》。
⑦ （元）马祖常：《马祖常集》卷3，王媛校点，吉林文史出版社2010年版，第60页。
⑧ （明）叶子奇：《草木子》卷3下《杂制篇》，中华书局1959年版，第64页。

月；而从上都回銮的时间通常在农历八月至十月之间。清暑上都期间，正好
在上都的芍药花期之内。

帝王巡幸，除了携带后宫妃嫔外，必然离不开大批扈从人员，翰林直学
士黄溍记："天子时巡上京，则宰执大臣、下至百司庶府，各以其职分官扈
从。"① 大批文人官僚的到来，使得上都的芍药花不再寂寞开无主，它们成为
被扈从官员记录和吟咏的重要素材，从而走入公众的视野。

二　滦京朱夏半，红药盛开初

上都地势高寒，中原地区的许多花卉难以在此地生长，故元人有"山后
天寒不识花"② 之句。上都较为常见的花卉主要有芍药、金莲和紫菊等，
"亭亭芍药枝，朱明胜春时。金莲与墨菊，兄弟相等推"③。特别是芍药花，
因为花型硕大，芬芳美丽，自然格外受到关注。上都芍药既有野外原生的，
也有人工精心培植的，人工培植的芍药主要集中在宫苑里面。

芍药的蒙古语音译为"察纳"（čana）。至元十四年（1277）十一月，
忽必烈曾驻跸"察纳儿台之地"④。此地应位于上都附近，必多芍药，故以
芍药命名。

"栾阳之野多芍药"⑤，上都郊外草原野生的芍药非常多，每年进入农历
四月，草原上的芍药开始生长，往往是新雨过后，"芳苗簇簇遍山阿"⑥。

"滦京朱夏半，红药盛开初。"⑦ 上都因地处漠南草原，地势高远，气候

---

① （元）黄溍：《黄溍集》卷 13《上都御史台殿中司题名记》，王颋点校，浙江古籍出版社
2013 年版，第 498 页。

② （元）袁桷：《清容居士集》卷 15《次韵继学途中竹枝词十首·其六》，王颋点校，浙江古
籍出版社 2015 年版，第 438 页。

③ （元）袁桷：《清容居士集》卷 16《开平昔贤有诗片云三尺雪一日四时天曲尽其景遂用其语
为十诗·其九》，第 458 页。

④ 《元史》卷 180《耶律希亮传》，第 4162 页。"察纳儿台"，危素《危太朴文续集》卷 2《故
翰林学士承旨资善大夫知制诰兼修国史赠推忠辅义守正功臣集贤学士上护军追封涞水郡公谥忠嘉耶
律公神道碑》作"察纳儿"，元人文集珍本丛刊本。

⑤ （元）陈旅：《安雅堂集》卷 1《琼芽赋》。

⑥ （元）黄溍：《黄溍集》卷 5《滦阳邢君隐于药市制芍药芽代茗饮号曰琼芽先朝尝以进御云
三首》，第 174 页。

⑦ （元）许有壬：《至正集》卷 12《奏事红禧殿赋殿前芍药》，文渊阁《四库全书》补配清文
津阁《四库全书》本。

寒凉，"淡淡东风六月春"①，春天来得要格外迟一些，芍药的花期也自然更晚一些，"紫禁天低夏日迟，深红芍药胜春时"②，通常情况下，上都芍药花从每年农历的五月份可以一直持续开到六月份，差不多一两个月的时间。

柳贯说："上京五月芍药始花。"③ 贡师泰亦有诗"五月方开芍药春"④，皆可佐证。早一些的在五月初五端午节就可以赏到花了，马祖常诗云："红药花开端午时，江南游客苦相疑。上京不是春光晚，自是天家日景迟。"⑤ 对于江南客子来说，暮春三月芍药花就开了，而上都却是五月端午才开花，难怪他们要"苦相疑"了。

而有些年月，端午节则未必能观赏到芍药花，王士熙《上京次李学士韵》："芍药阑前春信迟，燕京端午石榴时。双双紫燕自寻垒，小小白翎能念诗。"⑥ 可知这一年端午节的时候，大都的石榴花都开了，而上都的芍药花还迟迟未开。

到了农历六月，上都的芍药还是盛花期。《析津志》记录上都芍药"六月间花，有千叶大红者"，还有"楼子芍药"⑦。许有壬有诗题曰《六月朔留守官进芍药》⑧，六月朔即是农历六月初一，上都留守官向皇帝和后妃进献芍药花。马祖常也有诗说："南薰清暑上京居，六月凉亭正好鱼。雨岭火明山芍药，风田金动草芙蕖。"⑨ 说的也是六月的时节，新雨过后，山岭的野生红芍药花开得像火一样热烈；微风过处，大片的金莲花随风摇曳，掀起金色的波浪。

上都芍药花开得最美的要数御园的芍药，"更有御园红芍药，生香一曲

---

① （元）杨允孚：《滦京杂咏》卷上，清知不足斋丛书本。

② （元）袁桷：《清容居士集》卷15《次韵李伯宗学士途中述怀六首·其四》，第441页。

③ （元）柳贯：《柳贯集》卷5《观失剌斡耳朵御宴回》，魏崇武、钟彦飞点校，浙江古籍出版社2014年版，第115页。

④ （元）贡师泰：《玩斋集》卷4《送成谊叔应奉分院上京并呈谢敬德学士》，明嘉靖刻本。

⑤ （元）马祖常：《马祖常集》卷4《五月芍药》，第107页。

⑥ （元）蒋易辑：《皇元风雅》卷12《浙东廉使东平王士熙：竹枝词》，元建阳张氏梅溪书院刻本。

⑦ （元）熊梦祥：《析津志辑佚·物产·草花之品》，北京图书馆善本组辑，北京古籍出版社1983年版，第226页。

⑧ （元）许有壬：《至正集》卷18。

⑨ （元）马祖常：《马祖常集》卷3《寄姚参政上都》，第83页。

柘枝新”[①]。御园即内园，又有御苑、御花园、瑞林苑和北苑等名称，在上都外城北部，为皇家园林，里面豢养禽兽和培植花木供皇室玩赏。[②] 袁桷《上京杂咏》云：“内园通阆苑，千树压群芳。”[③] 阆苑即是宫苑，说明内园是与宫苑相通的。许有壬《和友人北苑马上四首》描述北苑有“古木阴阴覆苑墙”“高榆矮柳远参差”“金莲紫菊带烟铺”[④] 等诗句，内园花草树木之茂盛，可以想见。

东风亦肯到天涯，燕子飞来相国家。
若较内园红芍药，洛阳输却牡丹花。

杨允孚不仅在诗中夸赞上都内园芍药胜过洛阳牡丹，还在诗后自注说，内园芍药比扬州芍药还要更胜一筹：“内园芍药迷望亭亭，直上数尺许，花大如斗，扬州芍药称第一，终不及上京也。”[⑤] 对于上都内园芍药的赞美简直到了无以复加的地步。清人史梦兰据此曾作宫词云：“芍药生苗入馔初，东风吹暖遍穹庐。内园花发红如斗，共道扬州逊不如。”[⑥]

从杨允孚诗注“直上数尺许，花大如斗”来看，这些内园芍药应该是人工培植的名贵品种，而不太可能是野生芍药，一些品种有可能就是从扬州移植过来的。朝廷动用官府力量从江南求取名贵花草树木充盈大都和上都的宫苑，这在《元史》中是有明确记载的，如泰定四年（1327）三月，就曾“遣使往江南求奇花异果”[⑦]。清人陆长春据此作宫词云：“内园芍药异香含，银杏金桃味亦甘。却恨龙沙春色少，诏求花果到江南。”[⑧]

除了内园外，上都还有很多宫殿、皇家花园遍植芍药。

---

① （元）袁桷：《清容居士集》卷15《伯宗学士悉知鄙作唐律叙谢》，第447页。

② 参阅陈高华、史卫民《元代大都上都研究》，中国人民大学出版社2010年版，第216—217页。

③ （元）袁桷：《清容居士集》卷15《上京杂咏十首·其二》，第427页。

④ （元）许有壬：《至正集》卷27《和友人北苑马上四首》。

⑤ （元）杨允孚：《滦京杂咏》卷下。

⑥ （元）柯九思等：《辽金元宫词》，（清）史梦兰：《全史宫词·补遗·元补遗》，陈高华点校，北京出版社2018年版，第159页。

⑦ 《元史》卷30《泰定帝纪二》，第677页。

⑧ （元）柯九思等：《辽金元宫词》，（清）陆长春：《辽金元三朝宫词·元宫词》，陈高华点校，第100页。

洪禧殿，亦作红禧殿、鸿禧殿，它和水晶殿皆是上都宫城内的两座宫殿建筑。① 周伯琦咏洪禧殿诗有："镂花香案错琳璆，金瓮蒲萄大白浮。群玉诸山环御榻，瑶池只在殿西头。"② 可见洪禧殿铺陈奢华，金碧辉煌，是内廷宴饮的理想场所。洪禧殿前满植芍药，芍药开时，芳香袭人。许有壬《奏事红禧殿赋殿前芍药》："滦京朱夏半，红药盛开初。天欲留春律，花应待乘舆。一台香雾湿，千朵锦云舒。立转雕阑影，愚臣有谏书。"③ 从"千朵锦云舒"来看，芍药花株很多，种植面积很大。

萧洵《元故宫遗录》记录了大都宫城的水晶殿："有水晶二圆殿，起于水中，通用玻璃饰，日光四彩，宛若水宫。"④ 上都也有水晶殿，亦应与大都水晶殿相似，杨允孚《滦京杂咏》："谁道人间三伏节，水晶宫里十分秋。"⑤ 周伯琦有："冰华雪翼眩西东，玉座生寒八面风。"⑥ 都说明水晶殿里比较凉爽，适合盛夏避暑。"一派箫韶起半空，水晶行殿玉屏风。诸王舞蹈千官贺，齐捧蒲萄寿两宫。"⑦ 皇帝、后宫也常在水晶殿中举行宴会，或处理政务。周伯琦咏上都水晶殿云："玫瑰芍药相间开，宝阑十二拥瑶台。春风日日行天上，人道东皇六月来。"⑧ 水晶殿前遍植玫瑰和芍药，六月盛夏时节却如春日，玫瑰和芍药相继盛开，美不胜收。

"皇舆吉日如西内，马酒新羞白玉浆。"⑨ 西内也叫西宫，在上都城外西面山谷中的草原之上，是元朝皇帝行幸上都期间聚会和宴饮的离宫。西内规模最大的建筑是失剌斡耳朵（汉语意为"黄色的帐殿"），也即棕毛殿，每年诈马宴的宴会地点多在此处举行。西内一带生长着大面积的芍药，既有野生的，也有人工种植的，花开时节，宫墙内外如"红云""绛雪"，格外美丽。周伯琦《咏西内芍药》：

---

① 参阅陈高华、史卫民《元代大都上都研究》，第 207 页。
② （元）周伯琦：《近光集》卷 1《是年五月扈从上京宫学纪事绝句二十首》，文渊阁《四库全书》本。
③ （元）许有壬：《至正集》卷 12。
④ （明）曹昭撰、王佐增：《新增格古要论》卷 13，清惜阴轩丛书本。
⑤ （元）杨允孚：《滦京杂咏》卷上。
⑥ （元）周伯琦：《近光集》卷 1《是年五月扈从上京宫学纪事绝句二十首》。
⑦ （元）萨都刺：《萨天锡诗集·上京即事》，《四部丛刊》初编本。
⑧ （元）周伯琦：《近光集》卷 1《是年五月扈从上京宫学纪事绝句二十首》。
⑨ （元）周伯琦：《近光集》卷 1《上幸西内望北方诸陵酹新马酒彝典也枢密知院奉旨课驹以数上因赋七言》。

> 芳心有待却含羞，独殿群芳弄媚柔。
> 不是红云连阆苑，定应绛雪积昆丘。
> 赭袍重拥翠云裘，尚有春风数日留。
> 天女移来天上种，从今更不数扬州。①

周伯琦在诗中认为，西内芍药别有根芽，是"天女"移来的"天上种"，而非是从扬州移植过来的芍药品种，并且比扬州芍药更胜一筹。

西内除了棕毛殿外，还有慈仁宫、龙光殿等宫殿建筑。慈仁宫外的芍药和榆树尤为繁茂，引起了诗人们的诗兴："芍药摇樊槛，枌榆护迥畊。"②"翠榆舞影交驰道，红药飞香入御筵。"③

除了红芍药外，上都宫苑中也种植大片的白芍药，虞集有诗："金鼎和芳柔，滦京已麦秋。当阶千本玉，看不到扬州。"④ 这篇《白芍药》虽然是首题画诗，但是，就诗的内容来看，应该就是上都宫苑中白芍药花盛开时的真实写照。

从杨允孚的"扬州芍药称第一，终不及上京也"，到周伯琦"从今更不数扬州"，再到虞集"看不到扬州"，诸多"南人"汉族官僚对于上都芍药发自内心不吝言辞的赞美，以及对于宋代就已"甲天下"⑤ 的扬州芍药的贬抑，是颇值得令人深思的问题。相较于江南大都会扬州，上都远在漠南草原，非传统中国之地，又是元帝国的统治中心，按照常理，这些"南人"官僚对于扬州芍药的情感认同应该远高于上都，然而事实却恰恰相反。这一方面可以说明，元代由于芍药栽培技术的进步和地理环境的适宜，上都芍药确实品质优异，超越他处；另一方面也从深层次反映出，随着元朝立国日久，"南人"官僚阶层对于元帝国的身份认同意识已经建构完成，"南北一家"⑥的观念早已取代了黍离之悲的苦痛。"戎夷胡越共为邻"⑦，横亘在不同民族

---

① （元）周伯琦：《近光集》卷2。
② （元）周伯琦：《近光集》卷2《五月八日上京慈仁宫进讲纪事》。
③ （元）许有壬：《至正集》卷16《宴慈仁殿周览山川喜而有作》。
④ （元）虞集：《道园遗稿》卷4《题画白芍药》，元至正十四年（1354）刊本。
⑤ （宋）蔡絛：《铁围山丛谈》卷6，李梦生校点，上海古籍出版社2012年版，第76页。
⑥ （元）刘埙：《水云村稿》卷2《参政陇西公平寇碑》，文渊阁《四库全书》本。
⑦ （元）胡祗遹：《胡祗遹集》卷6《重午前一日新居写怀》，第151页。

和地域之间的心理隔阂，特别是在统治阶级上层中间，在某一层面上得以消弭。

由于芍药花具有较强的观赏性，又适合上都的气候环境，故而上都宫殿旁的花圃中大多遍植芍药。这些艳丽的芍药花和玫瑰、紫菊、金莲等花卉一道，构成了上都靓丽的园林景观，成为清暑上都的皇帝、后妃、大臣们愉悦身心的最佳风景。

"山上去采芍药花，山前来寻地椒芽。土屋青帘留买酒，石泉老衲唤供茶。"① "白鱼沙际网，黄鼠草间翎。芍药围红斗，麻姑缀玉钉。"② 这些诗歌都是描写上都郊外景物风情的，具有浓郁的乡土气息。上都周边地方亦多芍药，"门外春桥漾绿波，因寻红药过南坡"③。至治三年（1323）八月，御史大夫铁失等在距离上都西南三十里处的南坡店刺杀英宗，史称"南坡之变"。但这里的"南坡"也可能是指上都南门外某一处面北的山坡，而非一定是南坡店，南坡上开满了芍药花。

李陵台（今内蒙古正蓝旗黑城子）"去上京百里许"④，是元朝皇帝巡幸上都的必经之地，置有驿站。柳贯、黄溍、杨允孚、周伯琦、许有壬等多位扈从官员皆曾于此登台怀古凭吊，留下诗篇。⑤ 此地多芍药和金莲，许有壬有诗："李陵台下驻分台，红药金莲遍地开。斜日一鞭三十里，北山飞雨逐人来。"⑥

三　红药飞香入御筵：上都宫廷饮宴中的芍药

"紫驼峰挂葡萄酒，白马鬃悬芍药花。绣帽宫人传旨出，黄门伴送内臣

---

① （元）蒋易辑：《皇元风雅》卷 12《浙东廉使东平王士熙：竹枝词》。
② （元）袁桷：《清容居士集》卷 15《上京杂咏十首·其五》，第 428 页。
③ （元）马祖常：《马祖常集》卷 3《上京翰苑书怀三首》，第 61 页。
④ （元）杨允孚：《滦京杂咏》卷上。
⑤ （元）柳贯：《柳贯集》卷 2《望李陵台》："李陵思乡台，驻马一西向。"（第 29 页）；（元）黄溍：《黄溍集》卷 1《上京道中杂诗十二首·李陵台》："日暮官边道，土室容小憩。汉将安在哉，荒台独仿佛。"（第 29 页）；（元）杨允孚：《滦京杂咏》卷上："李陵台畔野云低，月白风清狼夜啼。健卒五千归未得，至今芳草绿萋萋。"（元）周伯琦：《扈从集·李陵台》："汉将荒台下，滦河水北流。"文渊阁《四库全书》本。
⑥ （元）许有壬：《圭塘小稿》卷 4《李陵台》，文渊阁《四库全书》补配清文津阁《四库全书》本。

家。"① 上都宫苑中因遍植芍药，故而上都宫廷生活中常常随处可见芍药花的身影。

元廷设有上都留守司兼本路都总管府，秩正二品，职掌如大都留守司并兼治民事。置留守六员，同知、副留守、判官各二员，另置经历、都事等吏员若干，主要负责守卫上都宫阙都城，调度本路供亿诸务，兼理营缮内府诸邸、都宫原庙、尚方车服、殿庑供帐等事，也包括营缮内苑花木。

上都留守司所辖上林署，秩从七品，掌宫苑栽植花卉，供进蔬果等。上林署又下设花园，具体负责花卉果木。②

许有壬有诗《六月朔留守官进芍药》：

> 六龙到处是阳和，上苑名花得最多。
> 罗帕笼香来黼扆，玉瓶添水付仙娥。
> 开迟只是留春者，养小其如玩物何。
> 昧死一言臣有献，中陵今日富菁莪。③

从诗中内容推测，每逢花开时节，上都留守官要定期向皇帝和后宫进献时节鲜花，这应该是惯例，也是留守官的职责所在，属于分内之事。

六月朔即是农历六月初一，此时上都的芍药花开得正茂，上都留守官从御苑中采撷大量芍药花进献给皇帝和后妃，这些花朵直接用罗帕兜裹，插在盛水的花瓶里清供，即可赏玩，又能调和室内气味。周伯琦有《宫词》："巫山隐约宝屏斜，朝著重绵昼著纱。徙倚牙床新睡足，一瓶芍药当荷花。"④ 荷花清新爽目，能祛暑气，自然是夏日室内插瓶清供首选。然而上都寒凉，因地理环境和气候制约，即使是宫廷里面，荷花也并非易见易得之物。芙蓉就是荷花。此时芍药最盛，故而要用芍药取代荷花。

用芍药等鲜花插瓶，置于案几清供，既可增添生活情趣，又能利于身心健康，不论在宫廷、民间还是方外，都是十分常见的。蒲道源有《乞芍药》

---

① （元）贡师泰：《玩斋集》卷5《和胡士恭滦阳纳钵即事韵》。
② 《元史》卷90《百官志六》，第2277、2282、2297—2298页。
③ （元）许有壬：《至正集》卷18《六月朔留守官进芍药》。
④ （元）周伯琦：《近光集》卷1《宫词》。

诗："闻道扬州绝品花，牵风带雨破天葩。铜瓶净涤求清供，不插青裙两髻丫。"①

"娑罗室内早春初，经卷香花礼佛余。"② 留守官采撷的芍药花一部分也可能作为宫廷供佛之用。用芍药供佛，宋时即有此俗。熙宁间，苏轼知密州（又称东武，今山东诸城），《东坡集》载：

> 东武旧俗，每岁四月大会于南禅、资福两寺，以芍药供佛，而今岁最盛，凡七千余朵，皆重跗累萼，繁丽丰硕。③

"梵音通朔漠，法曲广伊凉。"④ 上都城中有多种宗教的寺院道观，尤以佛教寺院最多，著名的如乾元寺和龙光华严寺等，这些寺院大多与皇室关系密切，一些寺内甚至设有神御殿或影堂供奉祖宗御容，并定期致祭。⑤ 后至元元年（1335），释德辉奉敕重修《百丈清规》八卷，规定国忌日、佛诞日、佛成道日、佛涅盘日、帝师涅槃日，寺院住持都要率比丘众严备香花、灯烛、茶果、珍馐"以伸供养"⑥。但这里的香花应泛指各种时令花卉，而非特指芍药花。

元朝皇帝和后妃、宗亲、近臣之间的宫廷饮宴相当频繁，特别是各种花开时节，都要举行宴会，而且名目各异。宫中碧桃盛开，举杯相赏，名曰爱娇宴；红梅初发，携尊对酌，名曰浇红宴；海棠花开有暖妆宴，瑞香花开有泼寒宴，牡丹花开又有惜香宴。落花也饮，名为恋春宴；催花又设，名为夺秀宴。"其或缯楼幔阁，清暑回阳，佩兰采莲，则随其所事而名之也。"⑦ 熊梦祥《析津志·风俗》也说："若紫菊开及金莲开，皆设燕。盖宫中内外宫

① （元）蒲道源：《顺斋先生闲居丛稿》卷7，元至正刻本。
② （元）顾瑛：《草堂雅集》卷3《陈方：寄开元和尚》，文渊阁《四库全书》补配清文津阁《四库全书》本。（元）顾瑛辑《草堂雅集》卷5《陈方》（杨镰等整理，中华书局2008年版，第469页）作"寄开元和上"，当误。
③ （宋）苏轼：《苏文忠公全集·东坡集》卷7《玉盘盂二首并序》。
④ （元）袁桷：《清容居士集》卷15《上京杂咏·再次韵十首·其二》，第430页。
⑤ 《元史》卷75《祭祀志四》，第1875页。
⑥ （元）释德辉：《敕修百丈清规》卷1《报恩章第二》、卷2《报本章第三》，大正新修大藏经本。
⑦ （明）陶宗仪：《元氏掖庭记》，《香艳丛书》本。

府饮宴，必有名目，不妄为张燕也。"① 清人史梦兰《元宫词》有："数百昭仪尽控鸾，巾袍轮日侍雕栏。花开禁苑频催宴，才罢浇红又泼寒。"②

上述陶宗仪所记的赏花宴应该主要是在大都举行的，因为桃、梅、海棠、牡丹、瑞香这些花木很难在上都生长，且开花多在阳春三月或之前，此时皇帝尚在大都，还未清暑上都。而熊梦祥所记的紫菊宴和金莲宴肯定是在上都举行的，绝无疑问。二人都没有说出赏芍药花的宫宴名称，但以芍药在上都花卉中一枝独秀的地位，赏芍药花宴一定是必不可少的。芍药因花期较迟，故又有"殿春"之称，苏轼"多谢化工怜寂寞，尚留芍药殿春风"③，即谓此也。故而陶宗仪所说的"恋春宴"或许就是为芍药花而设的。

事实上，芍药的身影常常在各种宫廷饮宴中出现。元人吴当描述文宗天历间的一次宫廷大宴诗云：

> 阁中群玉署，殿外执金吾。馔启黄羊圈，香浮白兽炉。宫腰齐窈窕，官瓮杂醍醐。鲜脍银丝脆，驼峰翠釜腴。芳馐调芍药，珍鼎荐淳母。优戏停丝竹，殊音备越胡。④

诗中的"芳馐调芍药"，与唐代诗人韩愈诗句"五鼎调芍药"⑤异曲同工，都是讲芍药根的调味功能，是烹饪时，特别是煮肉时，把芍药根作为一剂佐料来使用的。

西汉司马相如《子虚赋》有"勺药之和具而后御之"，颜师古注曰："勺药，药草名，其根主和五藏，又辟毒气，故合之于兰桂五味以助诸食，因呼五味之和为勺药耳……今人食马肝、马肠者，犹合勺药而煮之，岂非古

---

① （元）熊梦祥：《析津志辑佚·风俗》，北京图书馆善本组辑，第204页。

② （元）柯九思等：《辽金元宫词》，（清）史梦兰：《全史宫词·元宫词》，陈高华点校，第137页。

③ （宋）陈景沂：《全芳备祖》前集卷3《花部·芍药》，明毛氏汲古阁钞本。

④ （元）吴当：《学言稿》卷2《天历初元京师之变大兴军旅中外皇皇遄闻顺附诛放奸臣朝廷清明海宇宁一皇帝神圣郊天告庙躬行典礼酬功报力恩泽周溥大宥涤濯仁施溽沛百官称庆筵秩秩进贤去邪皆繇睿断太平之运适符于今草野愚臣谨摭所闻著为歌咏以称述盛德愧辞语芜谫不足当太史之采传示久远云尔共八十韵》，文渊阁《四库全书》补配清文津阁《四库全书》本。

⑤ （唐）韩愈：《昌黎先生文集》卷8《晚秋郾城夜会李正封联句上王中丞卢院长》，宋蜀本。

之遗法乎?"① 颜师古说的就是芍药根能和五脏,还能辟毒,与兰桂等五味相合,是用于烹饪的好调料。

宫廷大宴中,通常会有一道美食,叫"芍药羹"。元时铨选官员,考满者"率命于殿中纪事",待选定后才会离京。逗留京城期间,都能享受到朝廷的款待。元人金守正有诗《送袁景阳县丞考满再任兴宁二首》,其中有"垂绅鹭序朝仪会,载笔螭头殿陛高。玉椀和羹分芍药,金盘荐果赐樱桃"②等句。这里的"玉椀和羹分芍药",就是用玉碗分食芍药羹。芍药羹非元人首创,早在南朝时期,梁简文帝作《七励》,文中就有"离红之脍,勺药之羹"③,可知渊源有自。

宋人不论男女皆喜戴花,宫廷大宴多有赐花和戴花环节,如《宋史·礼志》记载上巳、重阳赐宴仪:

> 酒五行,预宴官并兴就次,赐花有差。少顷,戴花毕,与宴官诣望阙位立,谢花,再拜讫,复升就坐。酒行,乐作。饮讫、食毕,乐止。酒四行而退。④

杨万里有诗:"春色何须羯鼓催?君王元日领春回。芍药牡丹蔷薇朵,都向千官帽上开。"⑤ 按照规定,赴宴臣僚受赐之花须戴归私第。但是自景祐以来,许多大臣才出殿门未及行马,已取赐花授之左右仆从人等。⑥ 庆历七年(1047)御史进言:"凡预大宴并御筵,其所赐花并须戴归私第,不得更令仆从持戴,违者纠举。"⑦

《元史》中未见有朝廷宫宴赐花和臣僚戴花的直接记载。然杨允孚《滦京杂咏》云:"丽日初明瑞气开,千官锡宴集蓬莱。黄门控马天街立,丞相

---

① (汉)班固:《汉书》卷57上《司马相如传》,中华书局1962年点校本,第2544页。
② (元)金守正:《雪厓先生诗集》卷4,明永乐刻本。
③ (宋)李昉:《文苑英华》卷351《问答一》,明刻本。
④ (元)脱脱:《宋史》卷113《礼志十六·嘉礼四·宴飨》,第2695页。
⑤ (宋)杨万里:《诚斋集》卷19《德寿宫庆寿口号淳熙丙午元日圣上诣东朝庆寿八秩积阴顿晴飞雪美日圣孝昭格万姓呼舞拟作口号十解》,《四部丛刊》初编本。
⑥ (清)徐松:《宋会要辑稿》礼45,刘琳等点校,上海古籍出版社2014年版,第1725页。
⑦ (元)脱脱:《宋史》卷113《礼志十六·嘉礼四·宴飨》,第2686页。

簪花御苑回。"① 可见也有宫宴赐花和臣僚戴花的现象。扈从官员张昱有诗《陪宴相府得芍药花有赋》②，从标题可知，他去宰相府陪宴，得到了宰相赏赐的芍药花，也可佐证宴会赐花的风气在元代上流社会是存在的。照此推测，既然相府宴会都可以赐花，那么宫廷宴会赐花就更应该是寻常事了。

宫廷宴会中的芍药花还有另外一个功能，就是用来作装饰。从参加过上都宫廷大宴的官员们所写诗句来看，宫廷宴会上花团锦簇，就连座席旁边也是全部铺陈芍药花的。柳贯《观失剌斡耳朵御宴回》："芍药名花围簇坐，蒲萄法酒拆封泥。"③ 贡师泰《上京大宴和樊时中侍御》："暖茵攒芍药，凉瓮酌葡萄。"④ 芍药花不仅妖娆富丽，且气味芬芳，令人赏心悦目，再加上葡萄、马奶等美酒醉人的芳香，在座席旁摆满芍药花，更能有效地烘托宴会气氛，达到宾主同欢的效果。

贡师泰《上都诈马大燕》云："清凉上国胜瑶池，四海梯航燕一时。岂谓朝廷夸盛大，要同民物乐雍熙。"⑤ 张光弼《辇下曲》也说："黄金酒海赢千石，龙杓梯声给大筵。殿上千官都取醉，君臣胥乐太平年。"⑥ 通过君臣同乐的饮宴，笼络宗戚、勋贵、怯薛、文武百官人等，实现金瓯永固的美意，这正是元朝宫廷频繁举行各种饮宴的初衷所在。

诈马宴是元朝皇帝清暑上都期间规模最为隆重盛大的宫廷宴会，又名济逊宴，或作质(只)孙宴，宴会集宴饮、议政、歌舞、游戏和竞技于一体。杨允孚《滦京杂咏》诗注云："每年六月三日诈马筵席，所以喻其盛事也。千官以稚尾饰马入宴。"⑦ 诈马宴举行的日期是在农历六月，择三天吉日举行。举行诈马宴的时候，正是芍药花盛开的时节，"红药山冈诈马朝"⑧，不但野外的山冈上开满了红芍药，宫城里各个宫殿的阶前，亦是"曲阑红药翻帘栊"⑨。在和风的吹拂下，阶前红药翻飞，飘入殿上宴席间，因此又有

---

① (元)杨允孚:《滦京杂咏》卷下。
② (元)张昱:《张光弼诗集》卷2，辛梦霞点校，北京师范大学出版社2016年版，第416页。
③ (元)柳贯:《柳贯集》卷5《观失剌斡耳朵御宴回》，第115页。
④ (元)贡师泰:《玩斋集》卷5《上京大宴和樊时中侍御》。
⑤ (元)贡师泰:《玩斋集》卷4《上都诈马大燕》。
⑥ (元)张光弼:《张光弼诗集》卷1《辇下曲》，第343页。
⑦ (元)杨允孚:《滦京杂咏》卷上。
⑧ (元)苏天爵:《元文类》卷7《王士熙：寄上都分省僚友》，《四部丛刊》初编本。
⑨ (元)周伯琦:《近光集》卷1《诈马行》。

"红药飞香入御筵"① 之说。

"宫女侍筵歌芍药，内官当殿出蒲萄。"② 为助酒兴，教坊女乐在诈马宴上都有歌舞表演，侍宴宫女还会演唱《芍药歌》，大约此时芍药盛开，有应景之意。然此《芍药歌》的内容则不得而知。

唐代韩愈有七言诗《芍药歌》③，诗人借花咏志，通过歌咏芍药独自开放、不与世俗争俏的品质，表现出自己不羁于世俗的眼光与特立独行的狂放姿态。考其内容，并不适合在宴会中歌唱。

元人袁桷有《新安芍药歌》，题目下自注："送胡伯恭之婺源"，婺源属古新安之地，又，芍药一名将离，离草，将别以赠之，所以最适合送行时歌咏。

> 洛阳花枝如美人，点点不受尘土嗅。轻朱深白铸颜色，高亚绿树争精神。那如新安红芍药，透日千层光闪烁。碧云迸出紫琉璃，风动霓裳凝绰约。我闻种花如种玉，尽日阴晴看不足。微云澹荡增宠光，细雨轻蒙赐汤沐。何人看花不解理，香雪纷纶手中毁。酒酣跌踢空低昂，得意须臾竟如此。翩翩骕骦云中君，爱花直欲留青春。青春如流欲归去，明年看花君合住。④

此诗先写洛阳牡丹之美，再转歌新安红芍药，更胜洛阳牡丹。通俗易懂，朗朗上口，特别适合歌咏，但因为属于私人赠别诗，应该不会在宫廷大宴中吟唱。

前文提及，宋人王观著有《扬州芍药谱》一卷，他亦填有《红芍药》词一首：

> 人生百岁，七十稀少，更除十年孩童小，又十年昏老。都五十载，

---

① （元）许有壬：《至正集》卷16《宴慈仁殿周览山川喜而有作》。

② （元）迺贤：《金台集》卷2《失剌斡耳朵观诈马宴奉次贡泰甫授经先生韵》，明末汲古阁刻本。

③ （唐）韩愈：《昌黎先生文集》外集卷1《芍药歌》，宋刻本。内容为："丈人庭中开好花，更无凡木争春华。翠茎红蕊天力与，此恩不属黄钟家。温馨熟美鲜香起，似笑无言习君子。霜刀翦汝天女劳，何事低头学桃李。娇痴婢子无灵性，竟挽春衫来比并。欲将双颊一晞（一作稀）红，绿窗磨遍青铜镜。一尊春酒甘若饴，丈人此乐无人知。花前醉倒歌者谁？楚狂小子韩退之。"

④ （元）袁桷：《清容居士集》卷8，第190—191页。

一半被睡魔分了。那二十五载之中，宁无些个烦恼？

　　子细思量，好追欢及早。遇酒追朋笑傲。任玉山摧倒，沉醉且沉醉，人生似，露垂芳草。幸新来，有酒如渑，结千秋歌笑。①

　　人生苦短，须当及时行乐的态度，非常适合在宴会上吟唱，所以侍筵的宫女很有可能吟唱的正是此首小词。

　　"芙蓉金照晴川迥，芍药红翻滦水香。"② 六月里，滦水河畔的上都城内外，芍药、金莲花、紫菊以及各种野花相继开放，春光如画，后宫的妃嫔、宫女纷纷外出踏青。杨允孚《滦京杂咏》："铁番竿下草如茵，淡淡东风六月春。高柳岂堪供过客，好花留待踏青人。"诗后自注："踏青人，指宫人也。"③

　　"淡墨轻黄浅画眉，小绒绦子翠罗衣。君王又幸西宫去，齐向花阴斗草归。"④ 除了踏青赏花外，宫人们也会趁着皇帝巡幸西内离宫，一起到芍药花阴斗草，打发闲暇寂寥的清暑时光。

四　上都芍药充馔、茗饮与入药

　　上都芍药除了花朵具有观赏、装饰和食用功能外，芍药嫩芽可以充作菜蔬直接入馔食用，还可以加工为茗饮代替茶叶；芍药根茎又可以作为调味品用于烹煮肉食，还可以经过加工做成药材入药。

　　芍药喜温耐寒，在我国的分布区域非常广泛，元代一些方志中常见记载。⑤ 芍药在北方地区更为多见。《析津志》"物产"条载："芍药芽，京南、

① （元）彭致中辑：《鸣鹤余音》卷3《王通叟：红芍药》，明正统道藏本。

② （元）王沂：《伊滨集》卷5《白翎雀》，文渊阁《四库全书》本。

③ （元）杨允孚：《滦京杂咏》卷上。

④ （元）杨允孚：《滦京杂咏》卷上。

⑤ （元）俞希鲁：《至顺镇江志》卷4《土产·花·芍药》："土人谓之草牡丹。按刘贡父《芍药谱》云：天下名花，洛阳牡丹、广陵芍药为相侔埒，其名品甚众。京口于广陵为近，大抵治花之法又与广陵相似，故比他处特盛焉。府治内旧有芍药亭，谱中有茅山冠子、紫楼子、茅山红三种。"同卷《土产·药·芍药》："有赤白二种。《本草》陶云：茅山者最好，白而长大。"杨积庆等校点，江苏古籍出版社1999年版，第123、148页。（元）刘大彬《茅山志》卷11《灵植检第十篇·神芝奇药》："芍药，《本草》隐居曰：出白山、蒋山、茅山最好，白而长大，余处尔有，而多赤。"元刻本配明刻本。（元）陈性定《仙都志》卷下《草木》（明正统道藏本）及（元）冯福京《（大德）昌国州图志》卷4《叙物产·花类》（清刻宋元四明六志本）皆有"芍药"。

北、东、西俱有之，土地所宜。在端午前俱可食，午节后伤生。"① 这说明大都地区的人们是有食用芍药芽的习俗的。

上都居民也有食用芍药芽的习俗，"栾阳之野多芍药，人掇其芽以为蔬茹"②。草原上野生的芍药嫩芽清甜味美，可以作为菜蔬食用。杨允孚《滦京杂咏》："时雨初肥芍药苗，脆甘味压酒肠消。扬州帘卷东风里，曾惜名花第一娇。"作者自注："草地芍药初生软美，居人多采食之。"③ 陈孚也有"囊中药卷苁蓉叶，盘里蔬堆芍药牙"④；马祖常"红蓝染裙似榴花，盘蔬饤饾芍药芽"⑤，可见芍药芽入馔是一道很受大众喜欢的菜品，很多人都品尝过。

"山后天寒不识花，家家高晒芍药芽。南客初来未谙俗，下马入门犹索茶。"⑥ 新生的芍药芽作为蔬茹除了直接鲜食外，还可晒干储藏食用，也可制成芽茶，充作茗饮。虞集有诗"颇闻好事者，采撷置充茗"⑦，说的就是这件事。所以诗人会看到上都一带家家户户晾晒芍药芽的情景，当南方的客人进门索茶的时候，主人因为没有茶叶，通常会泡一杯芍药芽茶代替茶叶饮用。

在当时，芍药芽不仅为上都的平民百姓和官员们食用，还可以作为贡品进上。元人邵亨贞《野处集》载，元邵武路总管兼管内劝农事汪从善十三岁时，遵其父太医院使汪斌之命，奉"芍药芽及香药一器"入觐元世祖于便殿，忽必烈令其脱下帽子，端详良久后，点首许可，并用手抚其额，对汪斌说："卿有子矣，使学文术，后当远大。"汪斌顿首叩谢，于是汪从善便舍弃家传医学而"业儒"⑧。

文中虽没有言明汪从善进奉给忽必烈的芍药芽用途，但是，因为芍药芽是和香药一起进奉的，所以可能充作茗饮作为养生的用途比作为菜肴食用的

① （元）熊梦祥：《析津志辑佚·物产》，北京图书馆善本组辑，第226页。
② （元）陈旅：《安雅堂集》卷1《琼芽赋》。
③ （元）杨允孚：《滦京杂咏》卷下。
④ （元）陈孚：《陈刚中诗集》，《玉堂稿·夜宿滦河菁儿》，明钞本。
⑤ （元）马祖常：《马祖常集》卷5《和王左司竹枝词十首》，第135页。
⑥ （元）袁桷：《清容居士集》卷15《次韵继学途中竹枝词十首》，第438页。
⑦ （元）虞集：《道园遗稿》卷1《谢吴宗师送芍药名酒》。
⑧ （元）邵亨贞：《野处集》卷3《元故嘉议大夫邵武路总管兼管内劝农事汪公行状》，文渊阁《四库全书》补配清文津阁《四库全书》本。

可能性更大。香药又称"舶药"，最初主要用来薰燃香料来去除异味，后逐渐入药，并使用香药配制的药茶。早在宋代，上层社会消费香药食品就相当盛行，不管是公家还是私家，贵族以香药食品为盛礼。① 宋代的宴饮用香尤为引人注目，薰香燃香烛、香药配制酒、饮食调香等饮宴设计独具特色。② 元代宫廷香药多为海外或地方官员进贡而得，《元史》记载，至元十九年（1282）九月，安南国进贡犀兕、金银器、香药等物。③ 元廷在户部下设都提举万亿广源库，掌香药、纸札诸物。④ 因香药贵重不易得，常常成为上层社会礼尚往来的馈赠佳品。

元代用芍药芽制茶最有名的人物当属雄武人邢遵道，⑤ 遵道曾制芍药芽"以代茗饮"，不但清脾甘芳，还能辅气导血，"非茗饮所能及也"⑥。袁桷《书邢遵道二父家传》有"药囊有底阴功满，诗卷相辉盛事全"⑦之句，可知邢氏家族诗礼传家，亦儒亦医。至治间，内廷有旨"命如法以进"，英宗"饮而嘉之"，于是号为"琼芽"⑧。

天历二年（1329）夏，陈旅扈从上都，在邢遵道处饮滦水琼芽，赞不绝口，于是为作《琼芽赋》云："夫芍药之为物，以花艳取重于流俗，至用为药饵，为烹胹之滋，皆不足以尽芍药之妙。"⑨ 他认为，芍药用来观赏、入药、入馔都不能尽其妙，只有做成琼芽才能真正得其精髓。

由于进贡宫廷之故，滦水琼芽知名度非常高，扈从上都的官员们有机会品尝到琼芽后，非常喜爱，纷纷赋诗称扬。黄溍曾以《滦阳邢君隐于药市，制芍药芽代茗饮，号曰"琼芽"，先朝尝以进御云》为题，一口气作诗三首：

> 君家药笼有新储，苦口时供茗饮须。

---

① 参阅夏时华《宋代上层社会生活中的香药消费》，《云南社会科学》2010 年第 5 期，第 137—141 页。

② 参阅纪昌兰《异域来香：宋代宴饮中的香药》，《安徽史学》2018 年第 6 期，第 18—25 页。

③ 《元史》卷 12《世祖纪九》，第 246 页。

④ 《元史》卷 85《百官志一》，第 2127 页。

⑤ 称雄武的地名较多，唐代雄武军或雄武城，位于蓟州（今天津市蓟州区）东北。辽代雄武军即归化州，治所在文德县（今河北张家口市宣化区）。邢氏或为后者可能性更大。

⑥ （元）陈旅：《安雅堂集》卷 1《琼芽赋》。

⑦ （元）袁桷：《清容居士集》卷 16《书邢遵道二父家传》，第 466 页。

⑧ （元）陈旅：《安雅堂集》卷 1《琼芽赋》。

⑨ （元）陈旅：《安雅堂集》卷 1《琼芽赋》。

一味醍醐充佐使，从今合唤酪为奴。

芳苗簇簇遍山阿，珠蕾金芽未足多。
千载茶经有遗恨，吴侬元不过滦河。

春风北苑斗时新，万里函封效贡珍。
羡尔托根天尺五，不劳飞骑走红尘。①

王沂也与邢遵道父子因琼芽结缘。王沂往年试上京乡贡士于集贤署，得到过邢遵道惠赠的"滦水琼芽"。七年后，王沂再至上都，彼时邢遵道已然过世，其子承继父业，携滦水琼芽来寓舍拜访王沂。物是人非，"山阳闻笛之感"不禁油然而生，王沂遂以《芍药茶》为题，赋诗三首：

瀛洲忆昔较群材，一饮云腴睡眼开。
陆羽似闻茶具在，谪仙空载酒船回。

滦水琼芽取次春，仙翁落杵玉为尘。
一杯解得相如渴，点笔凌云赋《大人》。

扬州四月春如海，彩笔曾题第一花。
夜直承明清似水，铜瓶催火试新芽。②

已见前说，芍药根茎和五脏，能辟毒，可充作烹煮肉食等的调料。除此之外，按照野生和人工栽培品种的不同，以及加工方法的不同，芍药根茎可制成白芍药和赤芍药入药。

《神农本草经》说，芍药味苦，酸，平，微寒，有小毒，主邪气腹痛，除血痹，破坚积，寒热疝瘕，止痛，利小便，益气，通顺血脉，缓中，散恶

---

① （元）黄溍：《黄溍集》卷5，第174页。
② （元）王沂：《伊滨集》卷11。

血,逐贼血,去水气,利膀胱、大小肠,消痈肿、时行寒热,中恶腹痛、腰痛。① 元代著名医生罗天益在《古方名实辨》也说:"芍药,酸,微寒,调和中气。"②

现代医学认为芍药根可散瘀活血,泻肝清热,镇痉、镇痛,养血、补血。中医常将赤芍和白芍作为理血药和补血药,主治胸胁腹痛、痈肿、血痹、月经不调、四肢挛急等症。③

白芍药和赤芍药是元代众多医书药方中常见的药剂。许国祯是元代宫廷御医,博通经史,尤精医术。忽必烈在潜邸时即随侍左右,"掌医药"。即位后,授荣禄大夫、提点太医院事,赐金符。忽必烈曾因过饮马湩,得足疾,国祯屡次进药医治。庄圣太后唆鲁禾帖尼有疾,国祯及母韩氏,皆以医侍。④ 国祯又以宋、金、元三朝御药院所制成方为基础,撰成《御药院方》十一卷,收录治疗内科、外科、妇科、儿科、五官科等疾病方剂千余首。这部皇家的御用药方集的很多方剂中都使用了白芍药和赤芍药。

如治疗折伤,血瘀不散病症的虎杖散,用虎杖(剉)二两、赤芍药(剉)一两,"捣罗为细末,每服三钱匕,温酒调下,不拘时候"⑤。

当归地黄丸,专治妇人血气不和,月事不匀,腰腿疼痛。用药:当归、熟地黄、川芎、白芍药各二两;南玄胡索、牡丹皮各一两;人参、黄芪各半两,"上为细末,炼蜜和丸,如梧桐子大。每服三十丸,米饮送下,食前,日进二服。常服平养气血"⑥。

五 余论:从两场赏花会看宋元两代文士心态

"芍药花前闲日坐,海棠枝下醉时眠。自今岁岁穷心赏,已负花开四十

---

① (明)缪希雍:《神农本草经疏》卷8《草部中品之上·芍药》,文渊阁《四库全书》本。

② (元)罗天益:《卫生宝鉴》卷1《古方名实辨》,武文玉、孙洪生校注,中国医药科技出版社2011年版,第4页。

③ 参阅舒迎澜《芍药史研究》,《古今农业》1991年第2期,第56—61页。

④ 《元史》卷168《许国祯传》,第3962—3963页。

⑤ (元)许国祯:《御药院方》卷8《治杂病门》,王淑民、关雪点校,人民卫生出版社1992年版,第134页。

⑥ (元)许国祯:《御药院方》卷11《治妇人诸疾门》,第206—207页。

年。"① 芍药因为花朵艳丽,花型硕大,适合观赏,又易于培植,一直深受人们的喜爱。在元代,文人士大夫、民间普通百姓乃至方外人士种花、相互赠花、互邀赏花等活动都是十分常见的。

芍药的移栽培植通常要在秋天进行。程钜夫有诗《解安卿惠红药嘉种》:"人言秋半宜求种,公籴私园劳仆从。"②不论是皇宫内苑还是私人宅第,秋天移栽的芍药,来年春天才会开花。如果在春天移植,则很难开花。王观在《扬州芍药谱后序》中详细地介绍过移栽芍药的最佳时间和具体方法以及注意事项:

> 方九月十月时,悉出其根,涤以甘泉,然后剥削老硬病腐之处,揉调沙粪以培之,易其故土。凡花大约三年或二年一分,不分则旧根老硬而侵蚀新芽,故花不成就。③

刘敏中应邀到友人张秀实的花园赏芍药,"爱其盛丽,醉中有分植之言",张秀实随即赠送了四株。因为是春季花开时节移栽的,结果来年春天"枝叶茂遂而皆不作花"④。这就是由于移栽季节的不对而导致了不开花的结果。

"故人得好花,持赠乃兼并。"除了有名贵芍药花种互相分享外,友人之间也相互赠送鲜花。玄教大宗师吴全节向虞集赠送芍药和名酒,虞集在《谢吴宗师送芍药名酒》中说:"金盘日中出,品目标禁省。一萼重数铢,大与牡丹并。"⑤ 说明此花或出自宫苑,名贵异常。

元代都有哪些芍药名品呢?耶律铸对此记录较多,他本人十分喜爱芍药,自云因分种芍药,有《芍药花选辞》三十三首,并编《花史》,称芍药为"近侍"⑥。在《双溪醉饮集》中,耶律铸记录与牡丹同名芍药有四十余

---

① (元)刘诜:《桂隐诗集》卷4《对花偶成》,文渊阁《四库全书》本。

② (元)程钜夫:《程钜夫集》卷28《解安卿惠红药嘉种》,王齐洲、温庆新点校,湖北人民出版社2018年版,第509页。

③ (宋)祝穆:《事文类聚》后集卷30《花卉部·芍药·杂著》。

④ (元)刘敏中:《中庵集》卷19《和傅君实张公子园赏花二首并引》,清钞本。

⑤ (元)虞集:《道园遗稿》卷1《谢吴宗师送芍药名酒》。

⑥ (元)耶律铸:《双溪醉饮集》卷6《花史序释》。

品，如御衣黄、遇仙红①，胜玉、一生香等②。另有一些芍药品名如异香、红玉楼子、千层阁、杨家一捻红、醉西施、红妆、宝冠、醉粉、凝笑等③，个中也有与牡丹同名的。见于元人吟咏的还有杨妃芍药④等品种。

元人似乎很喜爱双头芍药，故而多见诗人吟赏。如大德四年（1300）夏，中书省右司韩云卿私家花园的芍药盛开，国子祭酒刘敏中为作《瑞药序》："韩右司云卿筑亭所居后圃，前为两槛，寔以众卉，而红药独盛。去岁东槛者一蒂作二花，重趺累萼，骈然杰出。西槛今岁复然，而午艳尤绝。"⑤再如，汪泽民所辑《宛陵群英集》就有佚名的一首《双头同心芍药出西城居民家》⑥。程钜夫也有《题赵子昂画罗司徒家双头牡丹并蒂芍药》⑦。

这种双头芍药，名为"合欢芳"，双头并蒂而开，"一朵相背也"，在宋人刘攽和王观的《芍药谱》中就有记载，被列为七等中的"下之下"等⑧，可见并非稀罕之品。而孔武仲《扬州芍药谱》称这种双头芍药名"多叶鞍子"，"多叶粉红，其端如粉红或成双头，则谓之双头芍药，尤多开成鞍子，故名"⑨。

各种芍药花中，金带围尤具传奇色彩。金带围亦称金系腰、金缠腰、金腰带，花朵"上下红，中间黄蕊间之"⑩，形似身穿红紫官袍，腰系金色腰带的宰相官袍。宋时，金带围"无种，有时而出，则城中当有宰相"⑪。

北宋庆历间，韩琦以资政殿学士帅淮南。一日，后园中有金带围盛开，"一干分四歧，歧各一花"，当时扬州芍药未有此一品，韩琦异之，开一会，欲招四客来赏，以应四花之瑞。除主人韩琦外，受邀前来赏花者有时任大理

---

① （元）耶律铸：《双溪醉饮集》卷5《题与牡丹同名芍药》。
② （元）耶律铸：《双溪醉饮集》卷5《戏题与牡丹同名芍药》。
③ （元）耶律铸：《双溪醉饮集》卷5《长春芍药同坐客赋》《取维扬红玉楼子千层阁芍药种迟而未至》《芍药》。
④ （元）金守正：《雪厓先生诗集》卷4《杨妃芍药》。
⑤ （元）刘敏中：《中庵集》卷13《瑞药序》。
⑥ （元）汪泽民辑：《宛陵群英集》卷10《今体》，文渊阁《四库全书》本。
⑦ （元）程钜夫：《程钜夫集》卷30，第562页。
⑧ （宋）祝穆：《事文类聚》后集卷30《花卉部·芍药·杂著》所载刘攽《芍药花谱》、王观《扬州芍药谱》。
⑨ （宋）王遂：《清江三孔集》卷18《杂著》。
⑩ （宋）沈括：《梦溪补笔谈》卷3《异事》，明崇祯马元调刊本。
⑪ （宋）陈师道：《后山谈丛》卷2，李伟国点校，中华书局2007年版，第33页。

寺评事通判王珪、佥判王安石及大理寺丞陈升之三人。"至中筵，剪四花，四客各簪一枝，其为盛集。"后三十年间，四人皆为宰相。① 这就是后世文人常常津津乐道的"四相簪花"故事。

元代也有一次观赏金带围的七人雅集，发生在至正二十年（1360）孟夏四月十一日，岳榆与翟文中过昆山，访顾瑛玉山草堂，正值春晖楼前芍药盛开，顾瑛摆酒春晖楼上。是日，雷雨新霁，风日淡荡，赵善长折金带围一朵插瓶中，"及以红白花擎绕攒簇"。先由朱伯盛督行酒令，赵善长和道士于立大醉。时东南寇乱正炽，元朝统治风雨飘摇，顾瑛谓："人事惟艰，天时自适，友朋盍簪，宁无一语以纪其行乐乎?"于是以"红药当阶翻"一句分韵赋诗，诗成者共四人：翟文中得"红"字，岳榆得"药"字，袁华得"当"字，顾瑛得"翻"字②。

事实上，"四相簪花"和草堂雅集这样的赏花会，是古代文人士大夫十分常见的社交方式，也是一种流行风气，正如陆友仁所说："然大概赏花，则为宾客之集矣。"③ 文士们藉由此类定期或不定期聚会，联络彼此情感，增进友谊，并且建立个人在社会中的声望，同时也是取得各方面讯息来源的重要渠道。

对比宋元两次观赏金带围的赏花会，我们可以看到两个问题：

其一，最迟在宋仁宗庆历年间以前，扬州芍药中金带围这一名品尚未人工培植成功，"无种，有时而出"，所以韩琦"异之"，以为"宰相"之兆而特别重视。而元末玉山草堂雅集的时候，赵善长似乎很随意地折来一枝金带围插瓶，且诗成四人的四首诗中，无一语言及"宰相"典故。这说明，元代芍药的栽培技术较宋代相比有了很大进步，宋代看起来很珍稀的品种，在元代可能已经很普通了，不再被视作"异象吉兆"。

其二，宋元两代知识分子入世态度的不同。宋代士大夫入世态度更为积极，他们对于仕途有着更为执着的较高追求。在"四相簪花"的赏花会中，韩琦在"尚少一客"的情况下，先以"官最长"者充数，因不至，退而求

---

① （宋）沈括：《梦溪补笔谈》卷3《异事》。

② （元）顾瑛辑：《玉山名胜集》卷下《春晖楼·义兴岳榆季坚：分题诗序》，杨镰、叶爱欣整理，中华书局2008年版，第336—338页。

③ （元）陆友仁：《吴中旧事》，清墨海金壶本。

其次，"历求一朝官足之"①。反映了当时士大夫通过附会祥瑞，对于封侯拜相的强烈企盼意识。

宋代皇帝与士大夫共治天下，士大夫社会政治地位空前提高，使他们自觉践履着儒学所规定的"仕以行道"的士道精神，"致君尧舜"和以天下为己任的政治主体意识得到空前强化。②

而元末文士的入世态度是消极的，甚至是回避的。当时寇乱四起，国难当头，而以玉山草堂雅集为代表的一批文人，以"天时自适"，诗酒照旧，弦歌不废，无有一丝传统文人士大夫的家国责任感。

这是一个非常惹人深思的变化。因为传统中国文人士大夫最不能释怀的就是深存内心对国家、百姓的眷眷忧患与责任，即所谓的修身、齐家、治国、平天下是也。但在元末，一些文人们却主动放弃了这种崇高。那么，到底是究于一种什么样的缘由，使元末的一部分文人放弃了千百年来最能体现文人士大夫精神骨髓的家国责任感而沉湎于诗酒雅集之中呢？

么书仪曾在《元代文人心态》一书中剖析说，哀莫大于心死，元代汉文人士大夫在经历了长时期的挫折和痛苦之后，才认清了这个蒙元政权不容他们置喙，他们被彻底边缘化的现实。这个时代不需要他们去驾驭，他们既无法拯救国家和民众，也拯救不了自己。这种无可救药的绝望，导致了玉山草堂式的享乐思潮的诞生和蔓延，导致了文人士大夫对政事关切程度极大地减弱，离心倾向大大地增强。③

然而，如果把玉山草堂式享乐行为的诞生与蔓延，完全归结为是汉人士大夫被蒙元政权长期边缘化，导致离心倾向大为增强的结果，其结论是失之偏颇的。我们不否认，与前揭杨允孚、虞集、周伯琦等处于统治阶级上层的南人官僚不同，元末一些中下层文人内心确实产生出对于元廷统治者长期歧视南人政策的心灰意冷，于是在断绝了"致君尧舜"的干政之路后，转身投入朱元璋等人的反元队伍。

① （宋）沈括：《梦溪补笔谈》卷3《异事》。

② 参阅郭学信《论宋代士大夫群体意识的时代特征》，《聊城大学学报》（社会科学版）2018年第1期，第48—58页。

③ 参阅么书仪《元代文人心态》，文化艺术出版社1993年版，第262页。

数十年来，南人不得仕省台院部，仅补远道宪史……向使累朝股肱耳目之臣祗率世祖旧章，南北人才视之无间，俾其君子汇进，小人爱戴，而致治之美垂衍无疆。夫何妄生区别，于一统之朝，日益猜忌怀愤？诸人亦以摈弃不录，构衅引类，发于长淮数千里间，蔓延江左，干戈烂漫，亦有以致之也。①

但是，更不乏在遗书中直言"生为元朝臣，死作元朝鬼。忠节既无惭，清风自千古"②的刘鹗辈人物。元末李士瞻更是直言："本朝自立国以来，仁义忠孝之道陶濡百年，士大夫以名节自立者风满天下。兵兴十年余，仗节死义之人，固为不少。"③

可以说，在元末，虽然多数士人对于本朝的腐败统治感到痛惜愤恨，但是在思想感情上始终不能轻易与之决裂。同时对于下层民众发起的反抗运动，抱有仇视和抵制态度。一些人从维护"纲常名教"的角度出发，拒绝与反元势力合作，甚至不惜为元朝殉节。一些人虽为形势所迫，暂时栖身于一些地方割据集团，仍念念不忘元廷。甚至是明朝开国的佐命文臣，加入新朝也多有不得已之处，始终对元朝怀有眷恋之情④。

事实上，玉山草堂一幕幕盛宴的开办，最重要的根源还是在于以顾瑛为代表的元代文士们好重诗酒的性格情趣使然，而与元代文人因在政治上长期被边缘化产生离心倾向的关系不大。

当然，这里对于宋元两次金带围赏花会的比较是片面的，也是孤立的，因为两个团体所处的时代环境不同，社会地位也不一样，所以它反映出的，只能是各自当时社会的一个侧面而已。

附注：本文部分内容以《元代上都宫廷饮宴中的芍药花》为题，发表在《文史知识》2020 年第 4 期，第 60—65 页。

（作者为中国国家图书馆研究馆员）

---

① （明）陶安：《陶学士集》卷14《送许经历序》，北京图书馆古籍珍本丛刊本。
② （元）刘鹗：《惟实集》附录《刘鹗墓志铭》，文渊阁《四库全书》，第 1206 册，第 373 页。
③ （元）李士瞻：《经济文集》卷4《题王彦方小传后》，湖北先正遗书本。
④ 参阅陈高华、张帆、刘晓《元代文化史》，广东教育出版社 2009 年版，第 341 页。

陕西考古出土元代骑马俑性质蠡测[*]

樊　波　李举纲

2018 年 10 月，《元代刘黑马家族墓发掘报告》（以下简称《报告》）由文物出版社出版发行，刊布了以元代汉人世侯刘黑马为主的 12 座墓葬群考古资料。此墓葬群位于西安市长安区韦曲街道办夏殿村，具有规模大、排列有序、形制完整、出土文物数量多的特点，为研究陕西蒙元时期的历史提供了丰富资料，具有重要的学术研究价值。

在这一墓群中，M16 为刘黑马之子刘元振及妻郝柔的合葬墓，此墓经清理之后，出土并复原陶俑 75 组 90 件，其中有两件被命名为"骑马俑"，编号"标本 M16：127""标本 M16：77"，其形象《报告》描述如下：

> 陶男俑为婆焦发式，脑后两侧垂"不郎儿"，头戴钹笠帽，帽后垂缨，身穿右衽交领窄袖辫线袄，腰束革带，足着靴，踏于马镫内，身体微前倾，双手作执缰状，呈骑马坐姿塑于马鞍上；陶马披鬃束尾，模塑出鞍鞴、障泥、络头、勒、襻胸、鞦、鞘、镫，呈走动姿立于踏板上。
>
> 标本 M16：127，陶俑面向右，左手曲肘握拳举于身前，右肘微向外握拳置于右髋侧，系包囊于腰后，陶马右腿向前呈走动姿。通高37.5、通长 32.0、踏板厚 0.75 厘米。
>
> 标本 M16：77，陶俑面向左，右手曲肘握拳举于身前，左肘微向外握拳置于左髋侧，从右肩至左腰挎背长方形囊匣于背，陶马左腿向前呈走动姿。

* 本文系陕西省社会科学基金项目"陕西关学石刻文献集存"（立项号：2021N002）阶段性成果。

通高 37.5、通长 32.0、踏板厚 0.75 厘米。①

对照图版，两位骑马者形象可概括为：头戴钹笠帽，身穿右衽交领窄袖辫线袄，腰束革带，足着靴蹬于马镫内。面向右者，系包囊于腰后，系带穿过包囊上的三个带襻后系于腰间。需要补充的一点是，《报告》描述时遗漏了包囊一侧还系有一壶状物，上窄，细颈，有腹；面向左者，背挎一长方形囊匣，系带从囊匣内侧穿过而绕右肩至左腋下，造型生动。

比对陕西已公布的蒙元考古资料，发现延祐三年（1316）王世英夫妇合葬墓、泰定三年（1326）耶律世昌夫妇合葬墓、泰定四年（1327）贺胜墓中亦出土有相似的骑马俑。

王世英夫妇合葬墓出土骑马俑，定名为"女骑马俑"，具体描述如下：

> 女骑马俑 2 件。大小相同。马头向前作站立状，下有束腰长方形底板，头顶鬃毛前垂，颈部鬃毛分于两侧，垂尾，下端挽十字形结。头有缰笼，口内有马衔，背有鞍，两侧圆形障泥。缰笼及前后攀带施白彩。女俑脸形丰满，眉目清秀，头戴白色圆形宽沿毡笠帽，帽顶红缨后垂，前额一缕长发，脑后两侧各下垂一至肩环髻。脚踩蹬骑于鞍上，头身侧向一边，一手屈于胸前，一手略屈于腰侧，双手握拳，中有孔，作执缰状。长 31、高 36.8 厘米。标本 M11：23，着右衽上衣及百褶裙，露足，背负红色长方体箱具，黄色系带从右肩绕至左腋下，头、身侧向左边。标本 11：26，身着右衽至足长袍，腰后负橘黄色包裹，白色包带束于腰间，头、身侧向右边。②

从描述可知两件陶俑的上衣均为右衽，而陕西出土蒙元陶俑明确为女性者上衣均为左衽，男俑则多为右衽，故这两件骑马俑应为男俑。一俑腰后背橘黄色包囊，也可见三个带襻，由白色系带束于腰间；一俑背负红色长方形匣子，黄色系带从右肩绕至左腋下，系带亦从囊匣内侧穿过。前者面向右，

---

① 陕西省考古研究院：《元代刘黑马家族墓发掘报告》，文物出版社 2018 年版，第 42—43 页。
② 西安市文物保护考古所：《西安南郊元代王世英墓清理简报》，《文物》2008 年第 6 期，第 54—55 页。

后者面向左，陶俑所着服饰、所戴帽子均与刘元振郝柔墓骑马俑一致，尺寸也差不多。

耶律世昌夫妇合葬墓未见完整资料发表，清理陶俑数量不详，但公布有"灰陶骑马男俑"和"灰陶骑马女俑"各一件，通高 43 厘米，长 35 厘米，[①]着装与刘元振夫妇合葬墓出土俑相同，上衣均为右衽，尺寸较之略大。对照所公布的图版，男俑从左肩至右腋下挎背一长方形囊匣，系带从囊匣中部缠绕 2 次后打结系于左前胸；女俑在马上作奔走状，左手曲肘握拳于身前，右手握拳直臂，背负包囊。女俑头梳这一时期侍女俑常见的双鬟髻，却身着男俑特征的右衽长袍，与常规不合。俑头与俑身之间有明显修复连接痕迹，因此推测女俑头系后期修复时误装，而非骑马俑原始俑头，加之钹笠帽佚，从而导致被误为"女骑马俑"，因此这件陶俑本身形象也应与刘元振郝柔墓骑马俑一致。

贺胜墓亦为夫妻合葬墓，出土"男骑马俑"共 9 件，俑身基本为"头戴圆形军盔，盔上有缨。身着窄袖长袍，单襟向右裹，腰束带，足蹬靴，髻髻从中分开，双辫垂肩"。9 件骑马俑，尺寸基本在 40—46 厘米之间，有的腰挂长刀，有的身背弓箭、腰悬箭囊，有的右手持枪，有的身背箭囊。[②] 9 件中有背负囊匣的骑马俑形象，目前所知资料显示其姿态有三种，但具体组合关系不详。第一类，与耶律世昌夫妇合葬墓出土骑马俑相似，从右肩至左腋下挎背一长方形囊匣，系带从囊匣中部缠绕两次后打结系于前胸，但运动的手姿与之相反；第二类，囊匣背负方式与上一类同，但胸前无明显的带结；第三类，匣囊已佚，从背部残留痕迹分析，背负方式应与刘元振夫妇合葬墓骑马俑背挎长方形囊匣相同，但有两股系带，一从左肩至右腋下，一从右肩至左腋下，在胸前成交叉状，且一股在另一股上缠绕有三圈。

以上四座出土骑马俑的元墓均为科学发掘的纪年墓，且有墓志出土，为确定所出陶俑的烧造时间提供了可靠的依据。刘元振夫妇合葬墓出土墓志两合，一合为至元十二年（1275）刊刻的《刘元振墓志》，另一合是大德六年（1302）刊刻的《郝柔墓志》。据披露，该墓出土陶俑两套，一套是至元十

---

① 谭前学主编：《三秦瑰宝——陶俑卷》，三秦出版社 2015 年版，第 116 页。

② 咸阳地区文物管理委员会：《陕西户县贺氏墓出土大量元代俑》，《文物》1979 年第 4 期，第 11—12 页。

二年刘元振下葬时所放，位于墓室前室边缘及两侧放置陶明器的壁龛内；另一套则系 27 年后郝柔下葬时放置的，陶俑呈现出了明显的造型变化。"郝柔的墓志摆放在前室中轴线靠前的位置，正对墓门，其后及两侧摆放着以出行仪仗为主的第二套规模数量较大的陶俑群"①，"骑马俑"为郝柔下葬时的随葬俑，即大德六年器物。延祐三年（1316）所刻《王世英墓志》称，王世英"（大德）十年正月廿三日终于家，享年七十有三，葬于咸宁县洪固乡先茔之次"。其妻萧氏，"后公十年，延祐乙卯十二月廿九日卒……明年丙辰二月十一日以萧夫人祔公墓"。王世英与萧氏下葬时间相差了 10 年，虽墓志刊刻于延祐三年（1316）萧氏下葬时，但此墓仅出土一套陶俑，且萧氏又是祔葬王世英墓，出土的陶俑从做工、形制、大小和郝柔随葬的陶俑相似，故推测骑马俑应为王世英下葬时放置，即大德十年随葬品。《耶律世昌墓志》刊刻于泰定三年（1326）夫人石抹氏卒后，距耶律世昌病卒已有 32 年时间，出土骑马俑的造型较郝柔墓更加生动，技艺更加细致，故墓中陶俑应为石抹氏下葬时所放。贺胜墓亦为夫妻合葬，从《贺胜墓志》知，贺胜所娶夫人张氏、捏古真氏均较贺胜早亡，② 故墓主应为贺胜，陶俑是泰定四年（1327）贺胜的随葬品。

综合以上信息，四座墓基本情况列表如下：

墓葬名称	刘元振郝柔合葬墓	王世英萧氏合葬墓	耶律世昌石抹氏合葬墓	贺胜夫妇合葬墓
发掘时间	2009 年	2005 年	1950 年	1978 年
墓葬所在位置	西安市长安区韦曲街道夏殿村西曲江观山悦住宅小区基建工地	西安市雁塔南路东侧曲江溪水园住宅小区基建工地	西安市长安县韦曲街道办	西安市户县秦渡公社张良寨村
现藏地	陕西省考古研究院	西安博物院	陕西历史博物馆	户县文管所

---

① 杨洁：《陕西关中蒙元墓葬出土陶俑的组合关系及相关问题》，《考古与文物》2015 年第 4 期，第 87 页。

② 咸阳地区文物管理委员会：《陕西户县贺氏墓出土大量元代俑》，《文物》1979 年第 4 期，第 16 页。

续表

墓葬名称	刘元振郝柔合葬墓	王世英萧氏合葬墓	耶律世昌石抹氏合葬墓	贺胜夫妇合葬墓
出土陶俑数量	75组90件	38件（套）	不清	131件
所在位置是否扰动	虽曾被盗扰，但放置陶俑的墓室前室未被扰动，保存了下葬时的原貌。①	虽经盗扰，但仅限于后室棺内，前室随葬器物基本原地摆放。②	不清	骑马俑和动物模型多集中于墓室西部，俑多置于门口内，陶器则放置在墓室的东部。③
骑马俑数量	1组2件	1组2件	1组2件	9件，组合不清楚
骑马俑下葬时间	大德六年（1302）	大德十年（1306）	泰定三年（1326）	泰定四年（1327）

上述四座元墓出土的骑马俑虽略有尺寸上的差别，但姿态形象较为相似。郝柔墓和王世英墓中都有腰后背包囊和背负囊匣的骑马俑组合，由于目前掌握的耶律世昌墓和贺胜墓出土资料不全，两墓中是否也有类似组合不明确，所以本文主要以四墓都有的背负长方形囊匣的骑马俑形象为考察对象，尝试探讨这类陶俑在当时是否有现实原型，以及其在随葬品中的性质。

郝柔墓出土陶俑　　　　　**王世英墓出土陶俑**

---

① 陕西省考古研究院：《元代刘黑马家族墓发掘报告》，第42—43页。
② 西安市文物保护考古所：《西安南郊元代王世英墓清理简报》，《文物》2008年第6期，第54页。
③ 咸阳地区文物管理委员会：《陕西户县贺氏墓出土大量元代俑》，《文物》1979年第4期，第11页。

耶律世昌出土陶俑　　　　　　贺胜墓出土陶俑

贺胜墓出土陶俑

　　根据相关的研究成果，陕西元代"高级官员与低级官员、普通平民所使用陶俑的尺寸没有太大差别，工艺造型上随时代早晚出现变化"，因此将陶俑分为前期（1294 年之前）、中期（1295—1332）、晚期（1333—1368）三个阶段。[①] 上述四座元墓，时间最早的是大德六年，最晚的是泰定四年，时间相距 25 年，属于中期阶段。这一时期陶俑有其时代特点，"元代大德至泰定年间，陶俑制作工艺趋于精良，且多座墓葬中的随葬陶俑造型相近，呈现

---

　　① 杨洁：《陕西关中蒙元墓葬出土陶俑的组合关系及相关问题》，《考古与文物》2015 年第 4 期，第 87 页。

出批量化生产的现象"①。若以骑马俑所背囊匣为考察点，会发现囊匣的整体造型变化不大，上端均刻画有匣盖，除王世英墓的囊匣在匣口有断裂难辨认真实情况外，其他的均在匣盖处可见一锁样装饰。只是大德年间的囊匣棱角较明显，匣盖略短；泰定年间的囊匣更为圆润，匣盖较长。因此，相近时间段墓葬的囊匣造型更为接近，但在细节上又存在点滴的差异。

郝柔墓出土囊匣造型　　　　　王世英墓出土囊匣造型

耶律世昌墓出土囊匣造型

---

① 杨洁：《陕西关中蒙元墓葬出土陶俑的组合关系及相关问题》，《考古与文物》2015 年第 4 期，第 85 页。

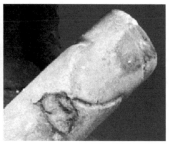

贺胜墓出土囊匣造型

骑马俑所背负的囊匣到底为何物？

对比文献，发现骑马俑背负的匣囊与文献中急递铺兵传递的紧急公文的包装非常相像。《元史》载："元制，设急递铺，以达四方文书之往来。"①所谓急递铺，是元代在驿站系统之外建立的专门传递官府公文的组织，其设立目的即为了确保公文传递的稳定和安全。②经急递铺传送的官方文书，根据急缓的不同，包装方式是有所不同的：

> 其文字，本县官司绢袋封记，以牌书号，其牌长五寸、阔一寸五分，以绿油黄字书号；若系边关急速公事，用匣子封锁，于上重别题号，及写某处文字发遣时刻，以凭照勘迟速。其匣长一尺、阔四寸、高三寸，用黑油红字书号。已上牌匣俱系营造小尺，上以千字文为号。③

据学者研究，"在至元十二年以前，军情文书已经由急递铺递送，并且

---

① 《元史》卷101《兵志四》，中华书局1976年标点本，第2596页。

② 有关元代急递铺的形成、发展、组织结构、职能、使用、管理等情况，可参看默书民先生《元代官府信息的传输系统——急递铺》一文（魏崇武主编：《元代文献与文化研究》第三辑，中华书局2015年版，第153—198页）。

③ 《永乐大典》卷14575引《经世大典·急递铺二》，中华书局1986年影印本，第6459页上左。

以法规的形式规定，以后的军情文书应经由急递铺传递。军情文书入递在至元二十六（1289）年十一月又得到重申"①，因此，传递紧急军事公文是急递铺的职责之一。上述文献中所谓"若系边关急速公事，用匣子封锁"一句，显示急递铺传递的紧急军事公文按照规定是要用匣子装封的。除军事公文外，文献显示中书省、兵部、御史台、枢密院的急速公文也是需要匣子发遣的。如至元二十八年十二月，江西行省的发文中规定："省、部、台、院急速之事，另置匣子发遣。其匣子入递，随到即行，一昼夜须及四百里。此等文字，另行附历，以备照刷，其行省、行院、行台皆准此。"② 这里不仅提到急速公文需"置匣子发遣"，并要求"随到即行，一昼夜须及四百里"。

此外，用匣子来装封公文，还可举两例：

一是，中统三年四月十四日中书省的发文。

> 右三部呈：各路入递申省文字，多无匣子封钥，往往只用封皮转发前来，窃恐漏泄公事，兼有雨水湿损。仰行移各路：今后应据申发文字封裹用匣子盛顿，如无封钥，于上书写各路字号传递，毋得住滞。③

二是，至元九年八月十九日西蜀四川行省的发文。

> 中书省准西蜀四川行省咨：铺兵递到省院咨文，累有磨损者，恐致漏泄，事关利害。都省议得：省院行移西蜀四川行省文字，拟令绿油漆木匣盛顿入递送。兵刑部造到绿油漆木匣四十个，割付枢密院依上施行。移咨本省，如遇回咨，就用传去木匣盛顿入递施行。④

综合上述文献，基本可以确定，元代规定急递铺负责的紧急公文传送需要用木匣封装，并要求封钥。从图像学角度分析，骑马俑背负的囊匣与封装紧急公文的木匣，在形制和功能上是有相似之处的。首先，装封紧急公文的

---

① 默书民：《蒙元邮驿研究》，博士学位论文，暨南大学，2004 年，第 112 页。
② 《元典章》卷 37《兵部卷四》"整治急递铺事"条，陈高华等点校，中华书局、天津古籍出版社 2011 年标点本，第 1303 页。
③ 《永乐大典》卷 14575 引《经世大典·急递铺二》，第 6459 页下左。
④ 《永乐大典》卷 14575 引《经世大典·急递铺二》，第 6461 页上右。

匣子"长一尺,阔四寸,高三寸",这一比例与骑马俑背负的长方形囊匣较为类似;其次,两者均有锁;再次,文献中专门提到造得绿油漆木匣 40 个以备使用,说明木匣可以根据需要饰以颜色,王世英墓的红色囊匣即可与之对应。

如果骑马俑背负的囊匣就是运送紧急公文的木匣,那么,骑马俑是否就是承担传递公文任务的急递铺兵的形象呢?

对于急递铺兵的装束,文献中描述如下:

> 文书至,则纪于历,视早晏标至时于封。因以绢囊贮而板夹之,又包以小漆绢。卒腰革带,带悬铃,手枪挟被襆赍文书以行,夜则持炬火焉。道狭车马者、负荷者,闻铃则遥避诸旁,夜亦以惊虎狼,不若又响及所之铺,则铺人出以俟其至。囊板以护文书,不破碎,不襞积;摺小漆绢被襆以御雨雪,不濡湿;枪以备不虞。①

据此,急递铺兵的基本装束为:腰革带,悬铃,持枪,挟雨衣。与之对照,骑马俑的衣着装备明显不符。这是因为,按照元制,"每十里或十五里、二十五里,则设一铺,于各州县所管民户及漏籍户内,签起铺兵"②。规定的公文传递具体流程为:"凡有递转文字到铺司,随即分朗附籍,速令当该铺兵裹以软包袱,更用油绢卷缚,夹板束系,赍小回历一本,作急走递到下铺交割附历讫;于回历上令铺司验到铺时刻,并文字总计角数,及有无开拆摩擦损坏,或乱行批写字样。如此附写一行,铺司画字回还。若有违犯,易为挨问。"③ 可见,急递铺负责传递的公文主要是靠铺兵们以步行接力的形式予以完成的,文献所记装束应为步行急递铺兵的装束,而非骑马传递者。

在《马可波罗行纪》中也有一则与传输急切信息相关的记述:

> 尚有言者,上述诸铺别有人腰带亦系小铃,设有急须传递某州之消息,或某藩主背叛事,或者其它急事于大汗者,其人于日间奔走二百五

---

① 《永乐大典》卷 14575 引《经世大典·急递铺二》,第 6458 页下右。
② 《元史》卷 101《兵志四·急递铺兵》,第 2596 页。
③ 《永乐大典》卷 14575 引《经世大典·急递铺》,第 6460 页上左。

十至三百哩之远，夜间亦然。其法如下：其人于所在之驿站取轻捷之良马，疾驰至于马力将竭，别驿之人闻铃声亦备良马铺卒以待；来骑抵站，接递者即接取其所贵之书或他物，疾驰至于下站；下站亦有预备之良马铺卒接递，于是展转接递，其行之速，竟至不可思议。①

有学者据此认为，元代存在着骑马急行的急递铺兵，"如有非常紧急之文件，则要求急递铺兵以骑马急行的方式，次序接力相传"②。也有学者注意到，"此段前部分讲的是传递急速信息的海青使臣；后部分详细解释时，似乎是在讲特殊的急递铺兵骑马传递公文"，认为马可波罗此处将"持海青牌的使臣和铺卒有所混淆"③。海青使臣，是凭借海青符使用驿站传送紧急机密信息的人，他与急递铺兵传递方式是不同的，海青使臣到驿站后是换马不换人，直至传递的目的地；而铺兵则是接力式传递，只负责一段路程的传递任务。由于现存中文文献中，没有发现设置有使用马匹的急递铺，故有学者对《马可波罗行纪》记载的准确性持怀疑态度。④

那么，背负囊匣的骑马俑是不是持海青符的使臣形象呢？

此种人颇受重视，头胸腹皆缠布带，否则不堪疲劳。常持一海青符，律其奔驰之时，偶有马疲或其它障碍之时，得在道路上见有骑者即驱之下，而取其马。此事无人敢拒之，由是此种铺卒常得良马以供奔驰。⑤

以上是《马可波罗行纪》中对海青使臣的一段描述，很明显，海青使臣"头胸腹皆缠布带"的装扮与骑马俑"头戴钹笠帽"的形象有很大差异，而且此则文献也未交代公文的包装方式，所以不能断定骑马俑表现的是海青使

---

① 冯承钧译：《马可波罗行纪》，上海书店 1999 年版，第 245 页。
② 李漫：《元代传播考——概貌、问题及限度》，北京大学出版社 2013 年版，第 56 页。
③ 默书民：《元代官府信息的传输系统——急递铺》，见魏崇武主编《元代文献与文化研究》第三辑，中华书局 2015 年版，第 175、174 页。
④ 默书民：《元代官府信息的传输系统——急递铺》，见魏崇武主编《元代文献与文化研究》第三辑，第 175 页。
⑤ 冯承钧译：《马可波罗行纪》，第 246 页。

臣的形象。

综合以上文献的分析，虽然没有与背负囊匣骑马俑完全对应的文献，不能完全断定骑马俑就是骑马的急递铺兵，但如果说这一形象表现了元代的信息传递，这一结论尚可成立。

如果将视线推至金元时期，研究表明，宋代的急脚递中，乘马传递与脚走传递两种方式是并存的，金代急递铺传送公文也有步行传递和乘马传递两种方式，故宋金时期是有骑马、步行两种情况。[①]

首先，作为随葬品的陶俑，是现实生活的再反映，前代的武士类、乐舞类、游猎类陶俑都有对应的形象，陶俑形象是源于现实的生活。例如，蒙元胡人形象俑，有研究认为，"元墓中出现胡人形象的陶俑是现实主义的写照。它说明元代贵族和投降蒙元的高级汉官要彰显自己权贵者的身份"[②]。在以上四座元墓中，郝柔墓[③]、耶律世昌[④]、贺胜[⑤]墓中都出土有胡人俑。尤其是贺胜墓出土的色目人骑驼击鼓的陶俑形象，与文献中"象舆"队伍中一人鸣驼鼓于上的记载是相对应的。"色目人骑骆驼敲圆鼓，并非凭空臆造，当来自墓主贺胜生前亲身的经历及见闻。"[⑥] 既然色目人骑驼击鼓的陶俑形象来自生活，那么，背负囊匣传递信息的骑马俑也应该来自生活，只是艺术的表现手法上会更加仪卫化，不能与现实完全一一吻合。如果将腰后背包囊的骑马俑一并来进行考察的话，也许能够更好理解这一形象所要表现的主题。上文提到，骑马俑腰后的包囊都有三个带襻，那么意味着这一包囊可能也是一种特制的容具，或本就是皮革或油绢所缝制，而非软布包袱。因为无论包囊还是囊匣，作为传递公文的载体，都能够实现传送纸张的不破损、不叠压、不濡湿。

---

① 相关研究文章有：曹家齐《宋代急脚递考》，《中国史研究》2001 年第 1 期；焦杰《北宋急脚递的传递方式考》，《中国历史地理论丛》2008 年第 3 期；邱树森、默书民《元代官府公文传输的几个问题》，《河北学刊》2004 年第 2 期。

② 葛承雍：《蒙元时代胡人形象俑的研究》，《文物》2014 年第 10 期，第 64 页。

③ 陕西省考古研究院：《元代刘黑马家族墓发掘报告》，第 46—47 页。

④ 葛承雍：《蒙元时代胡人形象俑的研究》，《文物》2014 年第 10 期，第 59 页。

⑤ 咸阳地区文物管理委员会：《陕西户县贺氏墓出土大量元代俑》，《文物》1979 年第 4 期，第 12 页。

⑥ 陕西省考古研究院：《蒙元世相——陕西出土蒙元陶俑集成》，人民美术出版社 2018 年版，第 5 页《序二》。

郝柔墓出土包囊　　　　　　王世英墓出土包囊

其次，四位男性墓主，均为元代官员，其家庭背景或经历显示其生前是有机会亲览急递铺兵传递的重要公文。

为了便于理解，根据墓志内容，将四座墓男墓主、女墓主的家庭出身和经历列表如下：

男性墓主身份对比

墓主	刘元振	王世英	耶律世昌	贺胜
家庭出身	汉人世侯刘黑马家族		世勋大族耶律秃花家族	高官显宦京兆贺氏家族
最高职务	成都路经略使、怀远大将军、行军副万户	耀州同知	安西路耀州尹	中书左丞相、开府仪同三司、上柱国
父祖辈	曾祖：刘伯林，西京留守兼兵马副元帅；祖父：刘时；父：刘嶷（即刘黑马），河北陕西等路都总管万户、成都路经略使	祖：王革；父：王汝舟。	伯祖父：耶律阿海，太师、梁国王；祖父：耶律秃花，也可那延、随路兵马都元帅兼陕西京兆路事、濮国公；父：耶律猪哥	曾祖：贺种德，封通奉大夫、护军，雍郡公；祖父：贺贲，京兆路总管、诸军奥鲁；父：贺仁杰，光禄大夫、上都留守、虎贲亲军都指挥使、平章政事、商议陕西等处行中书省事

续表

墓主	刘元振	王世英	耶律世昌	贺胜
历官	宪宗三年（1253），都总管万户府事； 宪宗八年（1258），宪宗皇帝亲御六师，为先锋； 中统元年（1260），都总管万户； 二年（1261），成都经略使； 至元七年（1270），怀远大将军、行军副万户； 至元十一年（1274），潼川路招讨副使	京兆宣慰司奏差； 至元五年（1268），成都省宣使； 至元六年（1269），安西王府通事； 至元十一年（1274），敦武校尉； 武功令； 华阴令； 至元二十八年（1291），咸阳令； 大德五年（1301），忠勇校尉、耀州知事	至元三十年（1293），知安西路耀州事	16岁，宿卫； 集贤学士； 28岁，参知中书政事； 大德八年（1304），光禄大夫、上都留守兼本路都总管、开平府尹、虎贲亲军都指挥使；至大四年（1311），拜光禄大夫、左丞相、行上都留守兼本路都总管府达鲁花赤； 延祐元年（1314），拜开府仪同三司、上柱国
子女	刘纬：辅国上将军、四川西道宣慰使	王良弼：从仕郎、襄阳令； 王公弼：陕西省宣使，卒	耶律思敬； 耶律思聪； 耶律思恭； 耶律思温：巩昌宁州等处打捕鹰房怯连口民匠长官； 耶律思义，夭； 耶律思忠； 耶律思明：四川行中书省宣使	贺惟一，陕西廉访副使； 贺惟贤，宿卫

女性墓主身份对比

墓主	郝柔	萧氏	石抹氏	张氏或捏古真氏
丈夫	刘元振	王世英	耶律世昌	贺胜
娘家	太原五路万户郝和尚拔都之堂妹	高陵县令萧天禄之女	万夫长之女	不清
是否有墓志	有	无	无	无
葬礼执行人	刘纬	王良弼	耶律思温	贺惟一

通过上表可以看到，刘元振、贺胜、耶律世昌均是显宦家族出身，王世英出身平民，是靠个人奋斗才得以官职升迁，最后的品级也不高。作为女性墓主的郝柔是陕西中小世侯郝和尚拔都的堂妹，家族势力不可小觑，而王世英夫人萧氏、耶律世昌夫人石抹氏分别是县令和万夫长之女，家族的威望与郝柔家族无法相比。

刘元振是河北陕西等路都总管万户刘黑马之子，父子两人长期奋战在宋蒙战争的四川战区前沿，作为军事将领，紧急军事公文的接收和上报应是寻常之事。郝柔虽是女眷，但从其墓志可以了解到，当年刘元振无论任职商於，还是在四川带兵打仗，郝柔都随行军中，且能为丈夫出谋划策。贺胜是忽必烈宿卫出身，之后一直在中央中枢机构任职，官至左丞相、上都留守，审阅紧急公文的机会必然较多。王世英在至元五年（1268）出任过成都省宣使，这时仍是宋蒙战争的高峰期，墓志也记载其参与了具体战事，因此，是有可能见过急递铺兵传递紧急军事公文的。

上述四组骑马俑集中出现在大德和泰定年间，时间跨度25年。在此之前的陕西蒙元墓葬中并未出现背负囊匣或腰后背包裹样式的骑马俑，应是这一时期出现的新的陶俑样式。陕西目前发现的元墓约50座，在已公布资料中，有陶俑明确位置的纪年墓12座，其中大德六年到泰定四年之间除以上四座外，还有皇庆二年（1313）武敬墓（延安路医学教授）①、至治元年（1321）刘氏墓（平民）②、泰定二年（1325）李新墓（平民）③。若将考察的范围再扩大一些，时间往前推10年，有元贞元年（1295）袁贵安墓（平民）④，往后推十年还有至元五年（1339）张弘毅夫妇墓（平民）⑤，这些墓中都未发现任何形式的骑马俑，侧面说明这一新样式的选择可能有一定的家

---

① 陕西省考古研究院：《西安南郊皇子坡村元代墓葬发掘简报》，《考古与文物》2014年第3期，第21—34页。

② 刘汉兴、高小猛：《陕西：周至县建筑工地发现一座元墓》，国家文物局官网 http://www.ncha.gov.cn/art/2012/8/17/art_723，2012年8月17日。

③ 马志祥、张孝绒：《西安曲江元李新昭墓》，《文博》1988年第2期，第3—6页。此墓出土一方买地券，券主为李新，非李新昭。

④ 西安市文物保护考古研究院：《西安曲江缪家寨元代袁贵安墓发掘简报》，《文物》2016年第7期，第23—42页。

⑤ 西安市文物保护考古研究院：《西安曲江元代张达夫及其夫人墓发掘简报》，《文物》2013年第8期，第27—48页。

庭背景。

郝柔、贺胜下葬之日，正在其各自家族兴旺之时，郝柔独子刘纬时任四川西道宣慰使；贺胜长子贺惟一为陕西廉访副使，以后更是官位逐步上升，所以郝柔、贺胜墓中的骑马俑，应是其家人为显示墓主身份而进行的个性化选择，尤其是贺胜墓中，出土的数量不仅多，而且品种样式也丰富。王世英出身平民家庭，儿子或县令或宣使，职位不高；耶律世昌虽是耶律秃花家族成员，[①] 但这一家族的主要成员因转战云南而更多地落户在那里。耶律世昌本人只担任过耀州知事，七个儿子中只有两子曾任低级官吏，家族在关中的没落之势明显。所以，家属为王世英和耶律世昌墓中选择新样式的骑马俑，附和跟风的成分可能要更多一些。

因此，背负囊匣的骑马俑可能是模仿驿传、急递铺的形象，或者是急递铺兵的仪仗化，故与文献不能一一吻合。这类样式的骑马俑主要出现在大德、泰定年间，流行于 30 年左右的短时间内，是这一时期出现的新陶俑类型，在陶俑组合中作为出行方阵使用。四座使用这类骑马俑造型的元墓，其墓主多具有显贵出身，故推测使用的目的可能是以此来彰显墓主高贵的身份，反映了当时关中出现的新丧葬形式。

（作者分别为西安碑林博物馆研究馆员、汉景帝阳陵博物院研究馆员）

---

① 段志凌、杨戬：《西安碑林藏元〈耶律世昌墓志〉考》，《碑林集刊》第 17 辑，三秦出版社 2011 年版，第 84—89 页。

元朝火葬盛行原因辨析[*]

张韶华

在中国古代，广大汉族地区开始流行火葬的时间较晚。一般认为，火葬是在五代时期成为民间葬俗的重要部分，至宋元时期大面积流行。就元朝而言，相关资料显示，两都所在的中书省直辖区"腹里"，北方的辽阳、陕西、甘肃三行省，江南的江浙、江西、湖广三行省，连接南北的河南行省，西南的四川、云南两行省及宣政院辖区皆有火葬分布。关于宋元火葬何以盛行，前人研究有所涉及。徐苹芳认为，宋元时代火葬盛行，原因有两方面：一是受了佛教的影响，二是贫民无地可葬[①]。冯尔康认为，宋元明清时期汉人实行火葬，"最重要的原因是贫穷埋葬不起"[②]。这些观点颇具启发意义，惜论述过简，未能充分展开。另外，对于前述见解，也有一些学者持不同意见并展开了激烈的争论。本文拟在吸收借鉴前人研究成果的基础上，重点对元朝火葬盛行的原因以及学界的争论试作分析和补充，借此从一个侧面观察元朝的社会风貌。

一　宗教因素

佛教世俗化是元朝火葬盛行的深刻原因。

---

* 本研究受郑州大学"17 哲社科研启动费"（列支 16 年度）资助。

① 徐苹芳：《宋元时代的火葬》，《文物参考资料》1956 年第 9 期，第 21—22 页。

② 冯尔康：《去古人的庭院散步：古代社会生活图记》，中华书局 2005 年版，第 192 页。

元世祖朝，意大利人马可波罗来华，曾亲见中国多地都有火葬习俗。检读《马可波罗行纪》，不难发现，马可在回顾某地火葬现象时，通常都要先说明该地居民是"偶像教徒"或者"崇拜偶像"①。他甚至宣称："君等应知世界之一切偶像教徒皆有焚尸之俗。"② 这种语境下的"偶像教徒"是指佛教信徒。比马可晚生半个世纪的非洲旅行家伊本·白图泰于元顺帝朝来华，也敏锐地注意到了中国的火葬习俗。据他所言，"中国人是膜拜偶像的异教徒，像印度人一样火化尸体。"③ 显然，在马可、伊本这两位外邦人眼中，元朝火葬习俗与佛教有着密切的关系。

论及火葬与佛教，元人与马可、伊本的观点一致，如史伯璿就在《上宪司陈言时事书》中指出：火葬，"推其所自，乃出于西方远国之俗，非诸夏声名文物之邦所当行也。往往自佛法流入中国之后，遂导中国之人行之耳"④。贡师泰《义阡记》说："自浮图氏之教行，而火葬遂兴。"⑤ 谢应芳《吴处士妻墓志铭》说："吴俗尚佛氏，死者火之。"⑥ 又，谢氏《与任义甫书》说："比闻主婿之丧，始欲茶毗（火葬），此则释氏之教也。"⑦ 类似例子，不一而足。它们反映了元人有一个基本的认识——火葬在中国的兴起乃是由于佛教的传入与传播。这种看法并非元人所独有，宋辽之人也这样认为。北宋贾同《禁焚死》说：火葬，"根其由，盖始自桑门之教，西域之胡俗也"⑧。桑门之教即佛教。南宋洪迈《容斋续笔》说："自释氏火化之说

---

① ［法］沙海昂注：《马可波罗行纪》第 1 卷第 57 章，第 2 卷第 94、128、130、131、133、136、137、139、140、145、151、153 章，冯承钧译，中华书局 2004 年版，第 190—191、379、505、511、513、516、522、523、535、537、547、571—573、596 页。

② ［法］沙海昂注：《马可波罗行纪》第 1 卷第 57 章，冯承钧译，第 190 页。

③ ［摩洛哥］伊本·白图泰：《伊本·白图泰游记》，马金鹏译，华文出版社 2015 年版，第 396 页。

④ （元）史伯璿：《青华集》卷 2，李修生主编：《全元文》，凤凰出版社 2004 年标点本，第 46 册，第 425 页。

⑤ （元）贡师泰：《贡礼部玩斋集》卷 7，中国基本古籍库影印明嘉靖刻本，第 333 页。

⑥ （元）谢应芳：《龟巢稿》卷 19，《四部丛刊三编》，上海书店 1986 年影印本，集部，第 69 册，第 11 页 b。

⑦ （元）谢应芳：《龟巢稿》卷 12，《四部丛刊三编》，集部，第 69 册，第 60 页 b。

⑧ 见（宋）吕祖谦编：《皇朝文鉴》卷 125，黄灵庚、吴战垒主编：《吕祖谦全集》，浙江古籍出版社 2008 年标点本，第 14 册，第 436 页。

起，于是死而焚尸者，所在皆然。"① 辽朝王鼎《六聘山天开寺忏悔上人坟塔记》说："及佛教来，又变其饰终归全之道，皆从火化，使中国送往，一类烧羌。"② 可见，在宋辽元之人看来，当时社会之所以火葬风行，自域外传入的佛教起到了至关重要的作用。火葬确为佛教葬法③。佛教称其为茶毗（巴利文 Jhāpeti 或 Jhāpita），又译阇毗、阇维、耶维等，古代写刻中常讹作荼毗④。

　　中外学者也多将佛教影响视为宋元火葬盛行的重要原因之一，如国内学者徐苹芳就说："不论从实际的情况或情理的推测上，都可说明它（火葬）是受了佛教的影响。"⑤ 法国学者谢和耐认为，宋代火葬流行，其中不乏经济动机，但这种风尚之所以能够兴起，是"因为中国的社会长期以来已逐渐习惯了佛教的观念和思想方式"⑥。值得注意的是，20 世纪 90 年代，张邦炜、张敏发表《两宋火葬何以蔚然成风》一文，从三个方面对前人观点提出了商榷，得出了相反的结论：火葬习俗的形成与佛教信仰并无必然联系⑦。刘浦江不赞同这一结论。他以佛教世俗化为视角，特意对二张第三方面的论证进

---

① （宋）洪迈：《容斋续笔》卷 13 "民俗火葬"条，《容斋随笔》，中华书局 2005 年标点本，上册，第 381 页。

② 陈述辑校：《全辽文》卷 8，中华书局 1982 年版，第 207 页。标点有改动。

③ 据王磊研究，佛教葬法有火葬、野葬（尸陀林葬）、水葬、全身葬。参见王磊《试论中古时期佛教徒的全身葬法》，《中山大学学报》2013 年第 2 期，第 107—114 页。这些葬法中，火葬对中国社会所产生的影响最大。

④ 任继愈主编：《佛教大辞典》，江苏古籍出版社 2002 年版，第 890 页。

⑤ 徐苹芳：《宋元时代的火葬》，《文物参考资料》1956 年第 9 期，第 21 页。可另参许周鹣《古代江南的火葬习俗》，《东南文化》1989 年第 2 期，第 78 页；陈小锦《火葬与社会文明的进化——兼论宋代火葬》，《广西师院学报》1996 年第 1 期，第 100 页；朱瑞熙《宋代的丧葬习俗》，《学术月刊》1997 年第 2 期，第 72 页；徐吉军《中国丧葬史》，江西高校出版社 1998 年版，第 434—436 页；黄新宇《宋代火葬摭谈》，《文献》2000 年第 4 期，第 282—283 页；王宇《佛教对宋朝火葬盛行的影响》，《五台山研究》2008 年第 2 期，第 25—30 页；冉万里《宋代丧葬习俗中佛教因素的考古学观察》，《考古与文物》2009 年第 4 期，第 81—82 页；李政《两宋火葬述论》，硕士学位论文，安徽大学，2010 年，第 19—26 页；李政《浅谈南宋临安一带火葬兴起之原因》，《赤峰学院学报》2010 年第 7 期，第 11—12 页；朱晓琴《禁而不止的两宋火葬》，《陇东学院学报》2011 年第 5 期，第 46 页；郝怡《宋代丧礼中火葬盛行的原因分析》，《黑龙江史志》2013 年第 23 期，第 36 页；张韶华《元代火葬风俗的两个特别现象》，《寻根》2022 年第 1 期，第 112—117 页。

⑥ ［法］谢和耐：《蒙元入侵前夜的中国日常生活》，刘东译，江苏人民出版社 1995 年版，第 131 页。

⑦ 张邦炜、张敏：《两宋火葬何以蔚然成风》，《四川师范大学学报》1995 年第 3 期，第 97—99 页。

行了反驳①。那么火葬习俗在五代之际形成、在宋元之世臻于极盛，到底与佛教有无关系？这无疑是一个值得深思的问题。尽管本文的研究断代于元朝，但鉴于火葬习俗的历史延续性，实有必要在时间段上前后延伸，对该问题作一辨析。二张指出，前人认为，宋代火葬习俗与佛教信仰密不可分主要依据三个理由。它们是：火葬往往由寺院主办，士大夫之家实行火葬是由于信佛，火葬是佛教流传的结果。二张对此——进行了辩驳。本文拟在刘浦江的基础上，从三个方面对二张的观点再作商讨。

对于理由一，二张承认这类情况宋代确实不少，并举数例予以证明。但二张特别强调，"宋代寺院大有包办丧葬之势"，除了主办火葬，更参与土葬。当时一些实行土葬的人家，办丧中常有"饭僧设道场或作水陆大会，写经造像，修建塔庙"等举措。凡此都与佛教有关。二张对此评论道："如果一定要联系，岂止火葬，土葬与信佛也不无关联。"从行文语气看，二张认为，土葬与信佛无关，由此推出使用火葬也与信佛无关。笔者愚见，二张存在认识上的误区，未能区分丧葬之法与丧葬程序两个概念②。土葬作为葬法之一种，为汉地所固有，单就这一点而言，确实与信佛无关。但据后文，宋代的丧葬（包括土葬）程序已然佛教化，故常有饭僧等佛教性质的仪节。二张把土葬之法与信佛无关的认识覆盖到整个土葬程序上，实乃以偏概全。退一步讲，即使宋代土葬程序与信佛无关，又怎能类比出火葬也与信佛无关？

对于理由二，二张指出，宋代士大夫因信佛而火化者大概仅有朱炎。其人"学禅久之"，"后竟坐化"。相反，平生奉佛、好佛的士大夫，死后实行土葬者却大有人在。由此得出结论："信佛与土葬并无任何矛盾；反之，火葬与信佛也无必然关联。"二张还认为，宋代士大夫之家实行火化，具体原因常在于"远路归葬"，而非由于信佛。针对这段论证，笔者谈以下几点看法。第一，朱炎之事见《宋稗类钞》。据笔者检读，原文确实说朱炎学禅，

---

① 刘浦江：《宋代宗教的世俗化与平民化》，《中国史研究》2003年第2期，第121页。案，刘氏从佛教世俗化的角度切入，以此来审视佛教与火葬习俗的关系对笔者很有启发。

② 此处所谓丧葬之法（简称葬法）是指处理死者尸体的方法，如土葬、火葬等。土葬是将死者尸体埋入地下。火葬是将死者尸体焚烧。无论土葬，还是火葬，抑或其他葬法，要完成对尸体的处理，都要经历一个过程，即丧葬程序，其中包含一系列的步骤或仪节。

于《楞严经》若有所得，"后竟坐化"，但只字未提实行火化①。笔者推测，唯一的可能是二张把"坐化"误解为了火化。案，坐化，指佛教徒端坐安然而死②。其义与火化无涉。第二，宋代确有士大夫因信佛而遗命火化者。笔者找到的例子是北宋名相王旦。据司马光《涑水记闻》，王旦"性好释氏，临终遗命剃发着僧衣，棺中勿藏金玉，用荼毗火葬法，作卵塔而不为坟。其子弟不忍，但置僧衣于棺中，不藏金玉而已"③。王旦居宰相之职，理当谙知宋太祖朝曾颁布过火葬禁令④，然而身为百官表率，却遗命火化，公然违背"祖宗之法"，可见信佛之深。这一例子二张应当未曾寓目。第三，二张提到宋代有不少士大夫生前信佛，死后却不火葬反而土葬。在笔者看来，这种现象不难理解。众所周知，佛教入华后，中国士大夫大都受儒释道的共同熏陶。其中绝不乏信佛甚笃者。但也要看到，佛教并不是他们唯一的信仰。换句话说，这些士大夫并非纯粹的佛教徒。至于身后火葬还是土葬，端的要看哪种信仰对其影响更深。笔者的观点是：一些士大夫信佛与实行土葬并不矛盾，但另有士大夫则是因信佛而主张火化。因此，不能说"火葬与信佛也无必然关联"。第四，笔者也承认，宋代一些士大夫之家采用火化确实有方便归葬的考虑。但这只是当时行用火化的原因之一，并不能以此来否定另一个原因——信佛。

对于理由三，二张反驳道：佛教早在汉代就已经传入中原地区，迄于唐朝后期，900 年间，"世人当中死后火葬者屈指可数"。至于火葬成为一种社会习俗已是五代十国时期，然而五代两宋佛教并不比隋唐佛教更加兴盛。因此，"不能把火葬习俗的形成归结为佛教流传的结果"⑤。二张的逻辑是，如果是佛教推动火葬形成习俗，为何这种情况不出现在隋唐，而是五代？因为

① （清）潘永因：《宋稗类钞》卷 7《宗乘》，书目文献出版社 1985 年标点本，下册，第 593 页。
② 陈聿东主编：《佛教文化百科》，天津人民出版社 2005 年版，第 312 页。
③ （宋）司马光：《涑水记闻》卷 7，中华书局 1989 年标点本，第 143 页。
④ 建隆三年（962）三月，宋太祖下令，"禁民以火葬。"（宋）李焘：《续资治通鉴长编》卷 3，中华书局 1979 年标点本，第 65 页。《东都事略》亦记建隆三年禁火葬诏，说："近代以来，遵用夷法，率多火葬，甚愆典礼。自今宜禁之。"（宋）王称：《东都事略》卷 2《本纪二》，《二十五别史》，齐鲁书社 2000 年标点本，第 13 册，第 8 页。
⑤ 案，关于佛教的发展趋势，二张引用了吕澂、范文澜两家观点。吕澂认为，五代十国时期，佛教在南方虽"续有发展"，但在北方仅"勉强维持"。范文澜说："宋朝佛道两教丧落。"对此，二张评论道："这些说法是否确切，可以讨论。但要反过来说五代两宋时期佛教比隋唐时期更兴盛，只怕离事实更远。"言下之意，五代两宋佛教不比隋唐佛教更兴盛。

在他们看来，五代佛教不比隋唐佛教更兴盛。笔者认为，火葬成俗不但与佛教有关系，而且关系十分紧密。问题的关键是要探明佛教在隋唐五代宋元时期的发展趋势。

关于佛教在隋唐五代宋元时期的发展趋势，需要借助几个概念来说明。现今学界有一种二分法，将佛教划分为学理佛教和世俗佛教。学理佛教是"高僧大德、文人学士所钟爱的，以研习佛理、修证佛果为主要内容与目的的佛教"；世俗佛教是"广泛流布于中国大众中的重信行轻义理（相对而言）的佛教"①。前者是经院式的，后者是世俗化的。后者的社会基础远远大于前者。这一情形是中国佛教走向世俗化的必然结果②。中国古代佛教发展历程大致可分作两个阶段。第一阶段，学理佛教占据主流地位，期间世俗佛教开始萌芽并有了一定程度的发展。进入第二阶段，佛教义学衰微，世俗佛教一跃而成为主流③。这一转变意义深远。它是佛教世俗化进程由量变到质变的标志，意味着佛教的发展跳脱了经院佛学的狭小圈子，开始全面走向社会大众，并对其生活的各个方面都产生了广泛的影响。至于学理佛教、世俗佛教优势地位的互转何时发生，李四龙认为是五代北宋，杨宝玉认为是中晚唐，虽有不同，但却前后衔接，大体可认为是晚唐五代。这一时间段很特殊，因为火葬习俗就是在此期间形成。换言之，火葬习俗是在中国佛教世俗化由量变到质变的大背景下形成的。

佛教世俗化促进了世俗社会的佛教化。汉地的丧葬礼俗，包括丧葬程序、丧葬之法在内均被裹挟其中，同此趋势。北宋郑獬感叹道："而今之举

---

① 杨宝玉：《中晚唐时期的世俗佛教信仰》，黄正建主编：《中晚唐社会与政治研究》，中国社会科学出版社 2006 年版，第 572—573 页。

② 王新水这样定义，佛教世俗化"是指佛教信仰不局限于寺庙之内，而是走向更广阔的社会，信众日益扩大，即所谓佛教信仰之平民化、民间化、大众化及佛教行为之日常生活化"。佛教世俗化的实质是世间佛教化。王氏还指出，在汉语佛教语境中，"俗"既可指不信教，也可指在家信教。而佛教所谓之"世俗化"所取乃"俗"之后一义。参氏著《维摩诘经思想新论》，黄山书社 2009 年版，第 272—273 页。

③ 李四龙：《民俗佛教的形成与特征》，《北京大学学报》1996 年第 4 期，第 55 页。案，李四龙将中国佛教划分为学理型佛教和民俗型佛教。前者即学理佛教，后者大体与世俗佛教相当。为行文方便，本文统一用学理佛教、世俗佛教。

天下，凡为丧葬，一归之浮屠氏。"① 佛教传入前②，汉地以自身的传统和文化为根基，业已形成了一套纷繁复杂的丧葬程序，包含一系列步骤。佛教入华后，尤其是佛教开始中国化、世俗化后，汉地的丧葬程序不断融会佛教因素，一些具有佛教性质的活动皆被纳入了丧葬仪轨。就宋代来说，尽管当时不少丧家实行土葬，但办丧过程中却热衷于采用佛教仪节，如"饭僧、设道场，或作水陆大会、写经造像、修建塔庙"③ 等。此时的丧葬程序有着多元的文化内涵，兼容儒释道三教因素，与佛教传入前的丧葬程序相比已有天壤之别。

再就是丧葬之法的佛教化。汉地的传统葬法是土葬。长期以来，受儒家孝道观念的支配，土葬是汉地最主流的葬法④。随着佛教日渐世俗化，佛教葬法——火葬慢慢突破儒家孝道观念的藩篱，开始为汉族大众所接受。事实上，唐中期就已经出现了因信佛而遗命火葬的现象。唐宪宗元和七年（812），南阳何府君夫人边氏卒，死前遗言："吾早遇善缘，了知世幻，权于府君墓侧，别置一坟，他时须为焚身，灰烬分于水陆。"⑤ 这道遗嘱充满佛

①　（宋）郑獬：《礼法》，（宋）吕祖谦编：《皇朝文鉴》卷103，黄灵庚、吴战垒主编：《吕祖谦全集》，第14册，第28页。

②　佛教起源于古印度，至于何时传入中国（汉地），说法众多。详见汤用彤《汉魏两晋南北朝佛教史》，北京大学出版社2011年版，第3—18页。各说之中，汉哀帝元寿元年（前2）"伊存授经"说经学者反复论证，可信度最高，渐成佛教开始传入中国的主流观点。据记载，元寿元年，大月氏伊存出使汉朝，授博士弟子《浮屠经》（见《三国志》裴松之注引《魏略·西戎传》等）。王志远评论说："50年代（案，1950年代）之后，针对古代流传的说法和日本人的观点，中国学者提出了自己的见解，其中'伊存授经'的论证最为翔实。这种见解在中国学术界逐渐成为主导，并影响到日本等国。"另外，中国佛教协会、中国宗教学会还将1998年定为佛教传入中国2000年之纪念年，实质就是确认元寿元年伊存授经为佛教传入中国之始。参见王志远《中国佛教初传史辨述评——纪念佛教传入中国2000年》，《法音》1998年第3期，第6页。

③　（宋）司马光：《司马氏书仪》卷5，《丛书集成初编》，商务印书馆1936年版，第54页。标点有改动。

④　据刘厚琴的研究，汉朝以孝治天下，"将孝视为维护社会等级关系以及社会统治秩序稳定的伦理精神基础"，是孝从道德主张向法律义务过渡的重要时期；随着孝伦理的宣传，西汉后期和东汉孝道已经逐渐世俗化。参见氏著《汉代伦理与制度关系研究》，中国社会科学出版社2008年版，第8、6、10页。由此来看，佛教传入中国之际，无论是在国家意识形态层面，还是在普通民众的心理层面，孝道观念已然牢固确立。在这一观念的支配下，中国人认为事死应当一如事生，尤忌亲尸受到伤害，入土为安的土葬之法因此得以长期占据主流地位。这可视为佛教入华后约900年间火葬不兴的原因之一。

⑤　（唐）文皎：《唐故边氏夫人墓记》，河南省文物研究所、河南省洛阳地区文管处编：《千唐志斋藏志》，文物出版社1984年版，下册，第1000页。案，此墓记由大圣善寺沙门文皎述并书。

教意味。另外，边氏《墓记》乃是由僧人述、书。凡此皆表明边氏遗命火葬必然是受了佛教影响。不可否认，这些情况起初只是个别现象。然而随着佛教世俗化的日益推进，火葬终于在五代时期打破了土葬的垄断地位，从此成了一种流行葬法，更在宋元时代达到鼎盛。正如刘浦江所说，"火葬就是在佛教世俗化和平民化的背景之下盛行起来的"[①]。其实，如果我们将考察视域进一步扩大，就会发现火葬由佛教葬法转变为社会大众广泛采用的葬法，正是在唐宋变革的历史环境下实现的[②]。

回过头来看，二张认为，如果是佛教因素促使火葬成俗，那么这种情况更应该发生在隋唐，而不应晚至五代，因为五代佛教不比隋唐佛教更兴盛。通过前面的考察，我们知道隋唐时期兴盛的是学理佛教，期间世俗佛教虽有发展，但整体来看并未在汉地民众中打开多大的局面，火葬之法自然也就没有什么市场。延及五代北宋，学理佛教衰落，世俗佛教却成了主流。世俗佛教对汉地民众所施加的影响，无论广度，还是深度，绝非学理佛教所能比拟。在这种情况下，佛教的思想观念才为广大汉族民众所普遍接受，其中还包括佛教的葬法——火葬。

踵继宋朝，元朝火葬习俗依然盛而不衰。尽管时代已发生变迁，但佛教始终是火葬习俗背后的支撑因素。元朝推行兼容并蓄的宗教政策。各种宗教中，佛教地位最高。当时有僧人称："今国家崇尚象教，古昔莫能加。"[③] 象教即佛教[④]。藉由统治者的大力支持，元朝佛教发展迅速，与汉族大众的融合度超越既往。张养浩在元武宗至大三年（庚戌，1310）上《时政书》，

---

① 刘浦江：《宋代宗教的世俗化与平民化》，《中国史研究》2003 年第 2 期，第 121 页。

② 关于唐宋变革，参见柳立言《何谓"唐宋变革"?》，《中华文史论丛》2006 年第 1 辑，第 125—171 页。学理佛教、世俗佛教优势地位互转是中国佛教发展史上的一次变革，正处于唐宋变革期，而火葬就是在此期间成为一种社会习俗。

③ 见（元）虞集《道园学古录》卷 47《勅赐黄梅重建五祖禅师寺碑》，《四部丛刊初编》，上海书店 1989 年影印本，集部，第 236 册，第 5 页 a。案，清人赵翼说："古来佛事之盛，未有如元朝者。"关于元朝官方的各种崇佛之举，可详参赵氏《陔余丛考》卷 18 "元时崇奉释教之滥" 条，中华书局 1963 年版，第 2 册，第 351—355 页。标点有改动。

④ 汉语大词典编辑委员会、汉语大词典编纂处编纂：《汉语大词典》第 10 卷，汉语大词典出版社 1992 年版，第 19 页。

说："凡天下人迹所到，精蓝胜观，栋宇相望。"① 精蓝指佛寺、僧舍②。这很能说明元朝佛教流布之广。从中国佛教发展史来看，元朝处于世俗佛教占主流的时代。在此情势下，火葬习俗焉能不兴？故而不少元人将火葬的兴盛归结为佛教的传播。征引之文于上可见，兹不繁述。

有元一朝，确有因信佛而实行火化之人，现举证如下。濮鉴，崇德人，皇庆元年（壬子，1312）春上冢，指祖茔之西大树对庵僧说："我死可化于此。"六月二十八日，濮鉴卒。其子遵奉先意，以十二月九日火化于所指之地③。濮鉴遗命火化必然是出于信佛之故，理由包括：一，濮氏祖茔建有坟庵，并礼请僧人居之。濮鉴特向庵僧交代身后火化，正是信佛的表现。二，濮鉴生前常有崇佛之举，包括创建仁寿等五座佛寺④，向名山大刹捐金舍田，印施藏经。三，濮鉴死后，"僧、俗吊者系道，梵呗之音，不绝于耳"。这说明濮鉴平昔所交多有僧侣之辈，其丧事的办理也采用了佛教仪节。四，濮鉴家境富裕，并非无力办丧，亦非无地可葬。综合以上几点，可确定濮鉴是因信佛而遗命火化。唐昱，云间人，"平生事佛尤谨"，表现为：一，亲自到四明补怛迦山感大士现像。二，为淀山寺创建大雄殿、宝塔等建筑设施。三，向多座佛寺施予钱粟。四，置办饮食以供万僧。据其行状，类似举动"不可以数计者尤多也"。至正十三年（癸巳，1353），唐昱卒。其子"奉枢火葬于寿宁庵先茔，从治命也"⑤。唐昱治命火化显然也是由于信佛的原因。张伯仁，昆山人，乃父死，谢应芳代其作祭文一篇。祭文述说伯仁兄弟以其父"素嗜佛学，视身为幻，敬以荼毗之法奉之，遵治命也"⑥。可见，伯仁之父治命火化，原因就在于其生前嗜好佛学。可以推断，元朝因信佛而火化者不

---

① （元）张养浩：《归田类稿》卷2，文渊阁《四库全书》，上海古籍出版社1987年影印本，集部，第1192册，第490页下栏—491页上栏。

② 汉语大词典编辑委员会、汉语大词典编纂处编纂：《汉语大词典》第9卷，汉语大词典出版社1992年版，第229页。

③ （元）赵孟頫：《赵孟頫集》卷9《元故将仕郎淮安路屯田打捕同提举濮君墓志铭》，浙江古籍出版社2012年标点本，第236—237页。

④ 据墓志铭，濮鉴除了创建佛寺，还曾创建玄明道观、永安东岳行祠。这表明濮鉴本人信仰多元，但对佛教的信仰应该更深，因此才遗命火化。

⑤ （元）邵亨贞：《野处集》卷3《故忠翊校尉徽杭等处榷茶提举唐公行状》，文渊阁《四库全书》，上海古籍出版社1987年影印本，集部，第1215册，第211页上、下栏。

⑥ （元）谢应芳：《龟巢稿》卷20《代张伯仁等祭父文》，《四部丛刊三编》，集部，第69册，第18页b。据谢氏《龟巢稿》卷20《祭昆山张伯仁文》，可知伯仁是昆山人，生活于元明之交。

乏其人。总而言之，元朝葬法一如两宋，传统的土葬依然有人实行，而由于佛教的影响，火葬也被广泛采用。

笔者还注意到，元人往往用浮屠法①、荼毗法、佛氏之荼毗、乾毒道阇维②、浮屠氏荼毗之法、释氏荼毗之法③等佛教语辞径称火葬。这从一个侧面反映了元朝火葬习俗兴盛，佛教因素不容忽视。

二　人地矛盾等原因

佛教原因之外，对元朝火葬产生作用的还有人地矛盾、贫困、便于归葬、少数民族的影响等因素。

（一）人地矛盾

人地矛盾是元朝火葬盛行的推动因素，长江下游一些地区的表现尤为明显。

元朝长江下游一带经济发达、人口稠密，加之客观原因，一些地区人地矛盾甚是突出，从而推动了火葬的盛行。元人的相关记述对此有反映。先看杭州。方回撰于至元二十四年（1287）的《普同塔记》说："钱塘故大都会，承平时城东西郊日焚三百丧有奇，月计之万，岁计之十二万，亩一金而岁欲十二万穴，势不可，故率以火化为常。"④因是大都会，则此"钱塘"应是杭州⑤。宋人吴自牧《梦粱录》"杭州"条："杭城号武林，又曰钱

① 见（元）黄溍：《金华黄先生文集》卷38《奉训大夫武昌路诸色人匠提举漆君墓志铭》，《四部丛刊初编》，上海书店1989年影印本，集部，第240册，第13页a；（元）戴良：《九灵山房集》卷14《亡妾李氏墓志铭》，《四部丛刊初编》，上海书店1989年影印本，集部，第243册，第9页b。

② 三者分别见（元）方回：《桐江续集》卷33《柳州教授王北山诗序》，文渊阁《四库全书》，上海古籍出版社1987年影印本，集部，第1193册，第683页上栏；（元）程端学：《积斋集》卷2《送鄞尉周居性序》，中国基本古籍库影印民国四明丛书本，第87页；（元）赵孟頫：《赵孟頫集》卷8《有元故征士王公墓志铭》，第224页。

③ 二者分别见（元）谢应芳：《龟巢稿》卷14《送杨善章序》，《四部丛刊三编》，集部，第69册，第12页b；卷18《跋吕仲珪孝思卷》，《四部丛刊三编》，集部，第69册，第10页b。

④ （元）方回：《桐江续集》卷35，文渊阁《四库全书》，集部，第1193册，第707页下栏。

⑤ 案，在《普同塔记》中，方回介绍过钱塘因葬地缺乏而火葬盛行的情况后，即交代道士刘祖华"于西湖之赤山"买地建普同塔以藏"既燎者之骨"。西湖可佐证此处"钱塘"为杭州。

塘。"① 应该说，方回的这几个数据更多的是一种估算，未必精确。但在缺少元朝火葬人数统计资料的情况下，其重要性不言而喻。"亩一金而岁欲十二万穴，势不可"，表明此地的人口规模已达到或接近土地容纳力的上限，地狭人稠的态势十分明显。这必然导致活人向死人争地，死人缺乏可葬之地，火葬之法势在必行。

人地矛盾推动火葬流行还发生在长江下游的吴淞江流域。杨维桢《朱氏德厚庵记》说："淞，〔泽〕国也，无高陵燥壤为民之终，往往人终其亲，不（诸）〔委于〕水火，则寄（请）〔诸〕浮图氏之室。虽衣冠仕族，或有不免。"② 类似的表述又见杨氏《华亭胥浦义冢记》，"淞之民，类不以礼葬其亲者，人谓无丘陵之地，则有（何）〔付〕之水火，亦势使之然也"③。淞指吴淞江，按元朝行政区划，流经平江路和松江府。在杨维桢看来，吴淞江流域火葬盛行与其地理环境关系密切。传统观念，为避免水泉进入墓室造成内部破坏，葬地的选择讲究地势高敞④。而吴淞江流域的地理条件恰恰相反。它号称"泽国"，地势卑下⑤，呈现水浅土薄的特征⑥。在这种地质环境下，

---

① （宋）吴自牧：《梦粱录》卷7，浙江人民出版社1980年标点本，第52页。

② （元）杨维桢：《东维子文集》卷16，《四部丛刊初编》，上海书店1989年影印本，集部，第245册，第7页a。案，泽，原脱；委于，原作"诸"，明正德、嘉靖间刻本《东维子文集》亦如此，《全元文》据清抄本《杨铁崖先生文集全录》予以补、改。笔者认为合理。参见李修生主编《全元文》，凤凰出版社2004年标点本，第41册，第408—409页。又，诸，原作"请"，据清文渊阁四库全书本《东维子集》改。

③ （元）杨维桢：《东维子文集》卷12，《四部丛刊初编》，集部，第245册，第14页a。

④ 《吕氏春秋》说："葬浅则狐狸抇之，深则及于水泉，故凡葬必于高陵之上，以避狐狸之患、水泉之湿。"见许维遹《吕氏春秋集释》卷10，中华书局2009年整理本，第221页。王子今认为，秦汉时期的葬地选择，普遍追求"高敞"，其出发点可能首先在于防水以保证墓主及其地下居室和用物的安全。参见王子今《说"高敞"：西汉帝陵选址的防水因素》，《考古与文物》2005年第1期，第33页。墓葬选址讲究"高敞"的记载不绝于书，除了防水目的，其中还融入了风水因素。

⑤ 杨维桢称吴淞江流域是"泽国"。又，明人陈继儒《上王相公》说："苏松偏处东南，地势卑下，号为泽国。"见（明）陈继儒《陈眉公集》卷12，《续修四库全书》，上海古籍出版社2002年影印本，集部，第1380册，第191页上栏。明朝苏松一带约元朝平江路、松江府，地处吴淞江流域。

⑥ 所谓水浅土薄，张传勇解释说，"水浅是指地下水位高，土薄是指地势低，稍一深挖即见水泉。"参见张传勇《因土成俗：明清江南地区的自然地理环境与葬俗》，《中国社会历史评论》第9卷，天津古籍出版社2008年版，第260页。杨维桢及下文殷奎的描述都符合这一特征。

土层中的水极易渗入圹内，对葬具、死者遗体等带来破坏①。总之，水浅土薄之地不宜葬埋。不过，杨维桢说，吴淞江流域"无高陵燥壤"，"无丘陵之地"稍嫌绝对。事实上，这种地形并非全无。一如杨维桢，元明之交的殷奎也从地理环境出发寻找火葬盛行的原因。其《故善人余景明墓文》说："蘇于浙水西为地尤下湿，人死不皆得高原广垄以葬，则相为火柩以瘗沈江流，或蘱之烬，人习见以为当然，曾莫之知非也。"② 蘇，古同"苏"，即苏州府，为明朝建置，元时为平江路。所谓"人死不皆得高原广垄以葬"，暗示吴淞江流域固然以水浅土薄之地为主，但高原广垄也有，只是远不能满足人们下葬的需求③。其实质就是人地矛盾。面对这一情形，人们如何处理死者？杨维桢提到了两种方式：一是实行火葬，二是寄诸寺院。据他观察，即便是一些衣冠仕族，也不免如此行事。火葬为杨维桢、殷奎所共同关注，表明两人都认为，吴淞江流域水浅土薄导致可葬之地严重缺乏，迫使人们普遍采行火葬。

关于吴淞江流域的人地矛盾，杨、殷二人的论述偏重地理角度。现从人口角度补充说明。梁方仲曾对元朝人口密度做过估算。其中，吴淞江流域所属的江浙行省为 91.23 人/平方千米，居全国之冠④。数据越高，意味着土地所承载的人口压力越大。早在南宋时代，两浙地区人多地少的矛盾就已经显

---

① 明人王廷相论及墓室的营建："江南、闽、越水浅土薄之地"，"纵砌砖石成室，终为水壑，不如筑为灰鬲，万无一失也。"见（明）王廷相《雅述》下篇，《王廷相集》，中华书局 1989 年标点本，第 866 页。

② （明）殷奎：《强斋集》卷 4，文渊阁《四库全书》，上海古籍出版社 1987 年影印本，集部，第 1232 册，第 436 页下栏。案，此文撰于明太祖洪武七年十二月一日（1375 年 1 月 3 日）。紧接引文，殷奎又说："异时吾先子丧吾祖，尝援礼以行之，而诮者交至。"这是殷奎讲述乃父礼葬亲人，不行火葬，却遭人讥诮。据杨维桢《元故殷处士碣铭》，可知殷奎之父名庠，字君序。殷庠葬亲不用火葬，事在元朝。见（明）朱珪《名迹录》卷 3，文渊阁《四库全书》，上海古籍出版社 1987 年影印本，史部，第 683 册，第 57 页上、下栏。

③ 吴郡金伯祥居松江笠泽间，葬父于吴江久咏乡之韩墅。此地距家"数百武，然水浅土薄，四顾皆陂田涂潦，沮（汝）〔洳〕渗溢，耒耜之涂，牛羊之径，又出没旁午，在五患之所必迁者也"。乃改葬于吴县横山之吴巷村。"横山在太湖上，与郡西南众山相旁礴，距笠泽不下七十里。然土益厚，水益深，草木益丰茂，盖乐丘也。"（元）陈基：《夷白斋稿》卷 20《瞻云轩诗序》，《四部丛刊三编》，上海书店 1986 年影印本，集部，第 70 册，第 2 页 a。案，洳，原作"汝"，据清文渊阁《四库全书》本《夷白斋稿》改。元朝吴江州、吴县皆属平江路。这条史料说明吴淞江流域虽以水浅土薄为特征，但水深土厚宜于葬埋的山地也存在。

④ 梁方仲：《中国历代户口、田地、田赋统计》，中华书局 2008 年版，第 255 页。

现。时人黄震甚至称"浙间无寸土不耕"①。由于元朝平宋时尽量减少杀戮，江南人口损失较少，入元后又有了较快的增长。有数据显示，至元二十七年（1290）平江路的人口密度为 319 人/平方千米，高于南宋中后期平江府的 213 人/平方千米；同年松江府的人口密度为 349 人/平方千米，高于平江路。从至元二十七年（1290）到至正九年（1349），平江路的户年平均增长率为 0.3‰，同期松江府的户年平均增长率为 1.3‰，均呈上升趋势②。南宋时期，两浙是火葬最盛行的区域③。入元后，吴淞江流域人口增长，由于土地总量有限，人多地少的矛盾势必加剧。该地区的地形以水浅土薄为特征，可葬之地本就不多。那么人口的增长必然迫使死人向活人让地，广泛采行火葬实乃情势使然。

（二）贫困

贫困是元朝火葬盛行的又一重要原因。

元朝不少地方厚葬侈丧之风大行。相反，一些民众则因家庭贫困而无力营葬，甚至无地可葬，只能转而诉诸火化。宋元之际人梁椅《戒火化文》说："释氏茶毗，固其俗，然偘夫贱民力不足备美（價）〔欑〕，买抔土，则习其愚而从夷狄，莫之禁也。"④ 土葬是传统葬法。从始死到下葬，再到服除，整个过程仪节烦琐，持续数年，颇耗物力、财力。富裕之家办之不难，而贫困之家往往不胜负担。即便一切从简办理，要实现葬埋，起码也要有棺木以装殓死者，有空闲之地以供下葬。但据梁椅所见，当时贫民多有不能置备棺木、购买葬地者，无奈之下只好实施火葬。相比土葬，火葬的优点在于简便易行、节省开支、节约土地，故为贫寒之家所采行。如《至正直记》中一黄姓渔人，家贫，母死，火化于溧阳"凤山西南角上"，"就瘗灰骨于石穴

① （宋）黄震：《慈溪黄氏日抄分类》卷 78《咸淳八年春劝农文》，中国基本古籍库影印元后至元刻本，第 5418 页。

② 吴松弟：《中国人口史》第 3 卷《辽宋金元时期》，复旦大学出版社 2000 年版，第 643、486 页。

③ 徐吉军：《中国丧葬史》，第 426 页。

④ （元）梁椅：《戒火化文》，《处州府志》卷 4，李修生主编：《全元文》，江苏古籍出版社 2001 年标点本，第 22 册，第 328 页。案，欑，原作"價"，不通，据文义改。美欑指棺木。《赵仲白》："仲白既明数，前知死日，访其友寺丞方公信儒求棺，及死，方公捐美欑殓之。"见《刘克庄集笺校》卷 148，辛更儒笺校，中华书局 2011 年标点本，第 13 册，第 5827 页。

之下，弗顾也"①。又，李谦，燕人，祖父、父母相继卒于吴地。时家道衰落，"（李）谦力度不能举，不免焚而函其骨，暂寄邻僧庵"。李谦独自还燕，教授童子。所得收入绝不妄用，积累数年，复又南来，奉三丧归葬于燕地，时为至正十年（1350）②。李谦火化三位亲人，不乏方便日后归葬的考虑，但家贫不能办丧是其主因。

在元朝，因贫困而实行火化还有一些特殊情况。据《元史·孝友传一·王荐传》，福州路福宁州下令"禁民死不葬者，时民贫未葬者众，畏令，悉焚柩，弃骨野中。"③停丧不葬是元朝比较突出的丧葬问题之一。可以想见，福宁州所推出的整治措施势必严苛，且未能充分考虑民众不葬的原因——贫困，导致其竞相采行火化以作应对。应该看到，福宁州的火葬之所以发生，直接原因是官方政策失误，根本原因还是民众贫困。另据史伯璿《上宪司陈言时事书》，元朝社会，一些丧家（贫富皆有）为资冥福，财力尽数"殚于佛事，于是有当葬而无力可葬，乃以吾亲之尸，付之车薪之火者矣"④。以史伯璿之见，这些丧家原本有能力实施土葬，只因修崇佛事而耗尽了资财，以至于重困，结果只得行用火化。这一问题被郑重地反映给宪司，说明不是个别现象，应具有一定的广泛性。

（三）便于归葬

便于归葬也是元朝人实行火葬的原因。

中国人有死后归葬故里的传统。对死于异乡之人，只要条件许可，都会尽力使之归葬。既要归葬，难免遇到地理悬远、尸体防腐困难等现实问题，以致消耗过高的经济成本。何以处之？关于元朝情况，不妨先看三个例子。王某，河东人，仕于江南，迎母就养。母卒，因"数千里舟车之费无所于办"，不得归葬，"或以家贫道远劝之如浮屠氏教"，即实行火化。王某与其

---

① （元）孔克齐：《至正直记》卷1"渔人致富"条，上海古籍出版社1987年标点本，第30页。

② （元）郑元祐：《侨吴集》卷12《信庵李先生墓志铭》，《郑元祐集》，浙江大学出版社2010年标点本，第298—299页。

③ 《元史》卷197，中华书局1976年标点本，第4453页。

④ （元）史伯璿：《青华集》卷2，李修生主编：《全元文》，第46册，第426页。

弟坚拒其说①。又，周居性，括苍人，为鄞县尉，奉父至官所以养。父卒，"贫无以返葬，或劝其从佛氏之茶毗"，居性不肯②。又，宋秀英，蒲圻人，嫁同县魏云瑞。云瑞"旅死齐安"，秀英"遣冢子载柩还"。有人认为，"尸涉江，蛟龙必覆舟"，遂建议焚化尸骨，走陆路归葬。秀英说："弃夫体烈焰中，逆天孰甚焉？"③就以上三个例子而言，虽然当事人都否定了实施火化以便归葬的建议，但可以看出元朝社会另有一部分人并不反对这样的做法。事实上，这种做法还为当时法令所特别允许。据《元典章》，元世祖朝曾颁令禁治火葬，不过对于一些特殊人群，包括"从军应役并远方客旅"，则规定"不须禁约"，亦即准其"从便焚烧"④。官方如此规定，其考量重点无疑是便于归葬。

　　观诸史海，元朝采行火化以便归葬的例子不难找到。早在蒙哥汗朝，时为藩王的忽必烈奉命征云南，先期派遣三名使者前往谕招，俱被杀。后大军至，"火其骨，函送三家"。其中一人为秦州王姓士子⑤。又，吕仲珪，昆山人，"其亲旅殡白下，去家五百余里"，不得春秋省扫，乃"权宜用释氏茶毗之法，函骨而归葬之故土"⑥。另外，前文所举李谦之祖父、父母亦卒于远乡，其实施火化也不乏方便归葬的意蕴。火化违背儒家伦理，而经济成本高昂通常又是归葬亡人必须面对的境况。针对这一矛盾，元初火葬禁令特地网开一面，并不据传统伦理道德一概而禁。这说明当时选择火化以求归葬之便的现象比较普遍，致使官方在整顿火葬问题时不得不变通处理。

---

①　（元）吴澄：《吴文正公集》卷15《王德臣求赙序》，《元人文集珍本丛刊》，新文丰出版公司1985年影印本，第3册，第289页上、下栏。案，此文撰于元仁宗皇庆元年（1312）。

②　（元）程端学：《积斋集》卷2《送鄞尉周居性序》，中国基本古籍库影印民国四明丛书本，第87页。

③　（明）宋濂：《銮坡后集》卷7《魏贤母宋夫人墓铭》，罗月霞主编：《宋濂全集》，浙江古籍出版社1999年标点本，第2册，第713页。案，与王氏兄弟、周居性无力归葬其亲不同，魏云瑞死，其家有能力水路归葬。只是有人担心覆舟之患，因而建议改走陆路，其提出火化，无疑也是出于方便归葬的考虑。

④　《元典章》卷30《礼部三·礼制三·丧礼·禁约焚尸》，天津古籍出版社、中华书局2011年标点本，第2册，第1062页。

⑤　（元）姚燧：《牧庵集》卷18《提举太原盐使司徐君神道碑》，《姚燧集》，人民文学出版社2011年标点本，第288页。

⑥　（元）谢应芳：《龟巢稿》卷18《跋吕仲珪孝思卷》，《四部丛刊三编》，集部，第69册，第10页b。

（四）少数民族的影响

在元朝，有些汉族人采用火葬则是受了少数民族的影响。

汉族的传统葬法是土葬。与此不同，中国历史上的一些少数民族，如《墨子》中的仪渠国①，《荀子》中的氐、羌②，《后汉书》中的冉駹夷③，《周书》中的突厥、焉耆国④，《北史》中的契丹⑤，《旧唐书》中的党项羌⑥以及樊绰《蛮书》中的蒙舍、乌蛮⑦等都有火葬习俗。在族际互动中，这些民族的火葬习俗是否对汉族民众产生过影响，因史料缺乏，大多数情况并不清楚。但我们知道，中国历史的发展是一个多民族不断融合的过程，不同族群之间彼此涵化再也平常不过⑧。据现有史料，至少可确定契丹的火葬习俗对汉族民众产生过不小的影响。

元初，任监察御史的王恽说，中都（大都前身）存在亟须纠正的丧葬风俗，"如父母之丧，例皆焚烧"，"习既成风，恬不知痛"，"契勘系契丹遗风，其在汉民，断不可训，理合禁止"⑨。按王恽的描述，中都汉族民众深受契丹人的影响，实施火葬极为平常。火葬确为契丹旧俗。相关研究显示，约在 6 世纪，火葬便已在契丹人中流行开来。契丹人的火葬植根于原始信仰——火葬具有保佑狩猎成功的作用。辽初，佛教为契丹人所接受。原始信仰支配下的火葬习俗因佛教因素的注入而得以强化，并向辽朝境内的汉族人群蔓延⑩。可见早在辽朝，契丹人的火葬已开始影响到汉族人。这一趋势长

---

① 吴毓江：《墨子校注》卷 6《节葬下》，中华书局 1993 年标点本，第 268 页。

② （清）王先谦：《荀子集解》卷 19《大略篇》，中华书局 1988 年标点本，下册，第 501 页。

③ 《后汉书》卷 86《西南夷传·冉駹夷传》，中华书局 1965 年标点本，第 2858 页。

④ 《周书》卷 50《异域传下·突厥传》《焉耆传》，中华书局 1971 年标点本，第 910、916 页。

⑤ 《北史》卷 94《契丹传》，中华书局 1974 年标点本，第 3128 页。

⑥ 《旧唐书》卷 198《西戎传·党项羌传》，中华书局 1975 年标点本，第 5290、5291 页。

⑦ （唐）樊绰：《蛮书校注》卷 8《蛮夷风俗》，向达校注，中华书局 1962 年标点本，第 216 页。

⑧ （宋人）李清臣《韩忠献公琦行状》说："河东俗杂羌夷，用火葬。"见（宋）杜大珪《新刊名臣碑传琬琰之集》卷 48，中国基本古籍库影印宋刻元明递修本，第 1118 页。这条材料暗示河东一带受羌夷影响，流行火葬。

⑨ （元）王恽：《乌台笔补》，《宪台通纪（外三种）》，浙江古籍出版社 2002 年标点本，第 309 页。

⑩ 景爱：《辽金时代的火葬墓》，《东北考古与历史》第 1 辑，文物出版社 1982 年版，第 104—115 页。宋德金认为，契丹人的火葬，"是原始葬俗遗留和受佛教传播影响的结果，同时也有北方民族间互相承袭的因素在内"。惜未展开论述。参见宋德金《辽金文化比较研究》，《北方论丛》2001 年第 1 期，第 47 页。

期延续，以致元初王恽称中都火葬是契丹遗风。从历史演进的角度看，汉族人实施火葬原因多端，契丹人的影响只是其中的一方面。而这恰是两个民族长久共存、相互融合的一种表现。

另外，元朝统治下，除契丹外，女真、唐兀以及西南一些少数民族皆有火葬习俗。随着文化交流、民族融合的加深，估计这些民族的火葬或多或少也会对其他族群产生影响①。

三 小结

以上笔者从五个方面归纳了元朝火葬盛行的原因，其中对佛教因素着墨最多，重点辨析了张邦炜、张敏两位学者的观点——火葬习俗的形成与佛教信仰并无必然联系。通过考察，笔者认为，火葬与佛教关系十分密切，火葬习俗就是在佛教世俗化的历史背景下于五代时期形成的。易言之，是佛教世俗化促使火葬由佛教葬法转变为了一种流行葬法。宋元两朝，火葬之风大盛，佛教是其背后强有力的支撑因素。事实上，不止宋、元，在辽、西夏、金、大理统治区域，火葬习俗也十分流行，且皆与佛教息息相关②。在笔者看来，火葬之所以成为一种流行葬法，佛教因素所发挥的作用最为深刻。因为佛教作为一种宗教信仰，一旦被社会大众所接受，其影响直接涉及思想观念层面，进而主导人们的行为方式。另外，人地矛盾、贫困、便于归葬、少数民族的影响等原因也不可忽视。它们与佛教因素相互叠加，形成合力，共同推动了元朝火葬习俗的盛行。

（作者为郑州大学历史学院讲师）

① 这一判断尚缺乏直接证据，在此仅能举一旁证。赵定甲在《历史文化名镇——凤羽》一文中说，云南洱源县凤羽镇帝释山元代火葬墓群现存众多梵文墓碑，而"实行火葬是元代外来民族（主要是蒙古族）的风俗"。此文见赵寅松主编《白族文化研究 2001》，民族出版社2002年版，第563—579页。案，蒙古族原本实行土葬，且为秘葬制。若赵定甲所说不误，则元代进入凤羽的蒙古人很可能是受当地民族、宗教的影响而改行火葬。

② 参景爱：《辽金时代的火葬墓》，《东北考古与历史》第1辑，第107—109页；史金波：《西夏文化》，吉林教育出版社1986年版，第195—196页；李萍：《云南古代火葬墓研究》，硕士学位论文，云南大学，2010年，第133—134页。

元代士人阶层女性的精神世界

——以《肃雍集》为中心的考察

杨　蕊

在传统书写话语中，古代女性一般被框定在儒家传统的道德评价体系中，形象单一，事实上，她们同样有丰富充实的日常生活与精彩纷呈的精神世界，元代女诗人郑允端就是其中的典型代表。

郑允端，字正淑，元代平江路（今江苏苏州）人，是宋代丞相郑清之的五世孙，她写有大量诗词，临终前整理为《肃雍集》，希望"藏诸家塾，以示子孙"[①]。今《涵芬楼秘笈》收有金亦陶手写本，共收录 150 首诗作。元代有诗词传世的女性近八十位，无论创作数量或质量，郑允端都极为突出。她以"近世妇人女子作诗无感，发惩创之义，率皆嘲咏风月、陶写情思、织艳委靡、流连光景者也"[②] 为戒，创作了很多贴近现实的诗篇，它们是研究元代士人阶层女性精神世界的宝贵材料。

有关郑允端的研究成果较少，主要探讨其文学创作特色；[③] 有关元代知

---

① （元）郑允端：《肃雍集·题辞》，《涵芬楼秘笈》，国家图书馆出版社 2000 年影印本，第 10 册，第 733 页。

② （元）郑允端：《肃雍集·题辞》，《涵芬楼秘笈》，第 10 册，第 733 页。

③ 曾亚兰：《元代学社女诗人郑允端》，《杜甫研究学刊》1994 年第 3 期；李超：《元代女诗人孙淑与郑允端之比较》，《江西科技师范学院学报》2010 年第 2 期；刘燕：《论元代女诗人郑允端的诗歌创作》，《上饶师范学院学报》2017 年第 2 期；熊海英：《女性、市民与晚唐体：元代江南诗人社会之新变——以郑允端〈肃雍集〉为中心》，《江汉论坛》2021 年第 11 期；舒红霞《元代几位女性作家作品考辨》（《大连大学学报》2019 年第 4 期）对《肃雍集》中个别诗作的著作权问题进行了分析。

识女性生存境遇和精神世界的成果也比较有限。① 本文拟以《肃雍集》为中心，考察以郑允端为代表的元代士人阶层女性的人生理想、精神追求、审美情趣和性别观念等精神层面的特征，不足之处请方家指正。

一　郑允端的兴趣空间与人生理想

元代没有专门针对女性的官方教育体系，宋代司马光所著《书仪》有关于女子接受教育的规定，即七岁诵《孝经》《论语》，九岁为之讲解《孝经》《论语》《列女传》《女戒》之类，十岁教以婉娩听从及女工之大者。② 朱熹《家礼》延续了这些要求，并为元代士人所认可。③ 然而，平民之女少有识字机会，读书的女童多出自望族、儒门。④

由于家中世尚儒业，郑允端颇通义理，爱好书画，《肃雍集》150 篇诗作中，有读书感想 18 篇，品画题诗 27 篇，共占据了将近三分之一的篇幅（表 1），除了《列女传》《女诫》等传统闺训读物，她还读文集、神话小说等文学作品，《春秋》《白虎通》等儒家经典著作和《西汉书》等史书；除了山水景色图，还欣赏人物画像与历史叙事图，兴趣广泛。

① 当前研究元代知识女性现实生活与精神世界的成果主要有：杨惠玲《从元代诗词谈元代妇女的人格理想》，《福建学刊》1995 年第 4 期；陆银娣《举得性情之正——简析元代女诗人孙淑的生活与创作》，《科教文汇（中旬刊）》2008 年第 1 期；陈高华《元代妇女服饰简论（上）——服装和化妆》，《北京联合大学学报（人文社会科学版）》2008 年第 3 期；陈高华《元代妇女服饰简论（下）——发式、首饰、缠足和鞋》，《北京联合大学学报（人文社会科学版）》2008 年第 4 期；珊丹《元代女诗人张玉娘的创作与生活》，《中华女子学院山东分院学报》2009 年第 1 期；陈高华《元代女性的交游和迁徙》，《浙江学刊》2010 年第 1 期；张方《全真女冠与元代社会》，《宗教学研究》2011 年第 1 期；王瑞来《管道升的世界——个案解析：诗情画意中凸显的社会性别》，《中华女子学院学报》2011 年第 4 期；易素梅《家事与庙事：九至十四世纪二仙信仰中的女性活动》，《历史研究》2017 年第 5 期；张国旺《论元代的女童教育与女教书》，《厦门大学学报（哲学社会科学版）》2018 年第 2 期；陈丽华《元代泉州官宦家中的妇女——以三方女性墓铭为例》，《福建文博》2020 年第 2 期。

② （宋）司马光：《司马氏书仪》卷 4《婚仪·居家杂仪》，《丛书集成初编》，商务印书馆1936 年影印版，第 1040 册，第 45 页。

③ （宋）朱熹：《家礼》，《朱子全书》，王燕均、王光照校点，上海古籍出版社、安徽教育出版社 2002 年标点本，第 7 册，第 886 页。

④ 相关研究参见张国旺《论元代的女童教育与女教书》，《厦门大学学报（哲学社会科学版）》2018 年第 2 期。

表1 《肃雍集》中读书品画类诗作统计

类别	篇目	篇数	比例
读书类	《读西汉书》《秋胡戏妻卷》《罗敷曲》《读白虎通》《咏史》《读文山丹心集》《读曹大家女诫七篇》《题董生卷》《七夕》《临李夫人帖》《春词集句》《秋词集句》《桃花源》《毛女》《读春秋》《追和虞伯生城东看杏花诗韵》《愚妇行》《哀李处女》	18	12%
品画类	《山水障歌》《题耕牧图》《陶令归来图》《倪元镇画》《赵仲穆溪山图》《浣花老人图》《临安图障》《题画》《题鄞山图》《蔡文姬别虏图》《柳阴垂钓便面》《索画》《杜少陵春游图》《姑苏台障》《卢仝小像》《靖节小像》《东坡赤壁图》《将军出猎图》《刘伶荷锸图》《右军书扇图》《顾定之墨竹王元章写梅于上因赋此》《题画二首》《仲穆小景》《柯丹丘竹石》《明皇联辔图》《徐熙杏花》	27	18%
共计		45	30%

郑允端热衷写作，也乐于和人交流。友人赠诗，她赞"词源能倒峡，气岸可凌云"，称之"诗伯"。① 她曾题诗于扇面，赠姻亲中的某位武将。② 她会追和虞集的诗韵记录下游玩的情景，③ 会在女性宴集时即兴赋诗，④ 也会以诗文赠与制笔生、制衣人、妓女等人，⑤ 社交广泛。凡此种种，皆不同于传统礼教中女性"不出中门"的刻板形象。

在郑允端看来，自己以写诗为乐，除了受家学影响，还得益于丈夫的支持：

---

① （元）郑允端：《肃雍集·谢友示吟稿》，《涵芬楼秘笈》，第10册，第750页。

② （元）郑允端：《肃雍集·羽扇为姻家达将军赋》，《涵芬楼秘笈》，第10册，第766页。

③ （元）郑允端：《肃雍集·追和虞伯生城东看杏花诗韵》，《涵芬楼秘笈》，第10册，第753页。

④ （元）郑允端：《肃雍集·碧筒（王夫人席上作）》，《涵芬楼秘笈》，第10册，第753—754页。

⑤ （元）郑允端：《肃雍集·赠妓朱阿多》，《涵芬楼秘笈》，第10册，第770页；（元）郑允端：《肃雍集·赠制笔生》，《涵芬楼秘笈》，第10册，第739页；郑允端：《肃雍集·赠制衣生》，《涵芬楼秘笈》，第10册，第756页。

某自幼承家庭之训，教以读书识字，在后向学，剽窃绪余，粗知义理。及长，归同郡施伯仁氏，而伯仁又文献故家儒雅之士，气味相类，妇职之暇，尤得操弄笔墨，吟咏性情。①

时人杜寅为诗集作序时也叹："予尝叹夫世之妇人有才智者，常恨不遇其夫。"②事实上，元代不少儒士之家都乐于教育女童读书习字，女性通文墨者不少，有诗文传世者却寥寥，除了与女性作品受众少、流传空间狭窄、流传手段有限等因素有关外，以儒家思想为指导的女德教育的开展也是造成作品留存较少的原因之一。如司马光《书仪》虽然规定女子九岁开始读书，却指定阅读《论语》《孝经》等儒家经典与《列女传》《女戒》等闺训书籍。朱熹更是认为："古之贤女，无不观图史以自鉴，如曹大家之徒，皆精通经术，议论明正。"在他看来，女子读书目的是"贤"，因此不赞成时人"教女子以作歌诗"。③杜寅虽叹有才智之妇人不遇其夫，但在赞美郑允端"善于诗章"之前，也先对其"事父母舅姑则极其孝，事夫子则极其敬"④的贤德品质给予了肯定。对于儒士而言，德行才是评判女性最重要的标准。

这一背景对于元代士人阶层女性人生价值观的塑造影响颇深。郑允端热爱诗文，但也将"操弄笔墨"排在"妇职之暇"。她读《女诫》等女教书，"敛衽再三读，敬佩毋敢渝"⑤。她称赞妇人"义在中馈间""夙夜无违事"⑥。在郑允端看来，女子的义务是执掌家务，而非专心学术，所以当兄长去世时，她才会有"可怜无子传家学，空使平生醉六经"⑦的感慨。与之相比，元代另一位女诗人孙淑更为极端，她认为，写诗只是"偶适情"，"女子当治织纴组紃以致其孝敬，辞翰非所事也"。因此，创作之后往往"又恒毁其稿"⑧。

---

① （元）郑允端：《肃雍集·题辞》，《涵芬楼秘笈》，第10册，第733页。
② （元）杜寅：《肃雍集·后序》，《涵芬楼秘笈》，第10册，第783—784页。
③ （宋）朱熹：《家礼》，《朱子全书》，第7册，第886页。
④ （元）杜寅：《肃雍集·后序》，《涵芬楼秘笈》，第10册，第783—784页。
⑤ （元）郑允端：《肃雍集·读曹大家女诫七篇》，《涵芬楼秘笈》，第10册，第749页。
⑥ （元）郑允端：《肃雍集·早起》，《涵芬楼秘笈》，第10册，第747页。
⑦ （元）郑允端：《肃雍集·哭兄郑仁里先生》，《涵芬楼秘笈》，第10册，第757—758页。
⑧ （元）陶宗仪：《南村辍耕录》卷13《绿窗遗稿》，《元明史料笔记丛刊》，中华书局2004年标点本，第158—161页。

不过，郑允端在某些诗作中流露出了对人生价值的不满足。她在《庭槐》一诗中提到"妇人不作功名梦，闲看南柯蚁往来"①，闲适中夹有一丝怅惘；在《七夕》一诗中盛赞柳宗元的诗文，称羡道"自分此身甘大拙，何须乞巧向天孙"②，饱含对诗文大家的崇敬与向往。郑允端自称本欲将诗作"俟宗工斤正，然后出示多人"，无奈抱病多年，只能"藏诸家塾，以示子孙"；在自拟的挽歌辞中，她感叹"但恨在世时，立善名弗彰。名苟可垂后，愈久愈芬芳"③。虽为女子，郑允端也有着"流芳百世"的人生理想。曹大家的训诫终究不能完全涵盖她的人生追求与价值取向。

二 郑允端的道教情怀与精神追求

女性入道由来已久，自汉末道教初创，便有魏夫人之类闻名于世的女道士，④唐代越来越多的皇室贵族、士人阶层女性等开始入道修养。宋代随着理学向下层社会扩张的影响，女性入道开始接受道德审视，女冠比例大大减少。⑤金元时期，全真教创立，女性与道教的联系再次紧密起来，再加上元代宽松的宗教政策，越来越多的女性开始信奉道教。女仙美丽、自由、飘逸的形象，成为女子们摆脱尘世束缚、向往美好生活的愿望载体。

在《肃雍集》中，不少篇目涉及道教意象，既有对道教女仙的书写，也有对道教主题生活器具的描绘。其中，道教神灵"麻姑"的意象出现频率最高，姑且以之为例探讨郑允端的道教情怀。

（一）郑允端的道教情怀

麻姑是道教中的女仙，传说中她"年十八九许，于顶中作髻，余发散垂至腰，其衣有文章，而非锦绮，光彩耀日，不可名字，皆世所无有也"，虽

---

① （元）郑允端：《肃雍集·庭槐》，《涵芬楼秘笈》，第 10 册，第 766 页。
② （元）郑允端：《肃雍集·七夕》，《涵芬楼秘笈》，第 10 册，第 767 页。
③ （元）郑允端：《肃雍集·自拟挽歌辞》，《涵芬楼秘笈》，第 10 册，第 781 页。
④ 魏夫人即道教上清经派祖师魏华存，在梁代陶弘景编撰的《真灵位业图》中位居女真之第二高位，仅次于西王母。经过学者研究，魏华存确有其人，实为天师道法在江南传播的早期代表。参见周冶《南岳夫人魏华存新考》，《世界宗教研究》2006 年第 2 期。
⑤ 根据程民生的研究，整个宋代道士人数约十六万人，女冠约五千人。详见程民生《宋代僧道数量考察》，《世界宗教研究》2010 年第 3 期。

然样貌年轻，却"已见东海三为桑田"①。青春常驻的麻姑逐渐成为长寿之神。自唐开元以来，麻姑屡获官方褒封。② 元明时期，麻姑祭祀愈发受到重视，建昌府相继建立三忠祠、胡公祠、育英堂等祠庙，使当地发展成儒释道三教圆融的文化圣地。③

郑允端的家乡平江与麻姑传说息息相关。《神仙传》中，麻姑收到王方平的邀请，到蔡经家中做客，"方平欲东之括苍山，过吴，往胥门蔡经家"④，胥门是吴郡西城门，由于"子胥居其旁，民以称焉"⑤，而吴郡就是后来元代的平江路所在地，根据《吴郡志》与《大明一统志》可知，元代当地还保留有古迹蔡经宅，⑥ 为当地麻姑故事的流传与神灵崇拜的形成奠定了基础。

郑允端晚年一直缠绵病榻，麻姑作为与"长寿"相关的道家女仙，被郑允端视为自己回归仙境的引路人：

> 我本海上仙，偶为俗念牵。误落尘网中，一去二十年。近得麻姑书，问讯何时还。临风空踟蹰，矫首三神山。⑦

这首《写怀》表达了郑允端对病体的痛恨和面对死亡的自我宽慰，她对麻姑的崇拜与渴望健康的人生体验息息相关。

在元杂剧中，常有女子结伴踏青的片段，而在现实世界里，麻姑庙就是

---

① （晋）葛洪：《神仙传》卷3《王远》，《景印文渊阁四库全书》，台湾商务印书馆2008年版，子部，第1059册，第270页。

② 开元二十七年，唐玄宗于建昌敕建麻姑庙，麻姑作为道教正统女仙的身份获得官方认可。两宋时期，朝廷先后封赠麻姑"清真夫人""真寂冲应元君""真寂冲应仁裕妙济元君"等封号，祭祀规格不断提高。参见刘晓艳《麻姑文化与道教文学奇观麻姑集》，《宗教学研究》2014年第2期。

③ 刘晓艳：《麻姑文化与道教文学奇观〈麻姑集〉》，《宗教学研究》2014年第2期。

④ （晋）葛洪：《神仙传》卷3《王远》，《景印文渊阁四库全书》，第1059册，第269页。

⑤ （宋）朱长文：《吴郡图经续记》卷上《门名》，《宋元方志丛刊》，中华书局1990年影印本，第1册，第645页。

⑥ 宋代方志记载有蔡经宅："蔡经宅，在朱明寺西（事具神仙门。《吴地记》）。"详见（宋）范成大《吴郡志》卷9《古迹》，《宋元方志丛刊》，中华书局1990年影印本，第1册，第756页。《大明一统志》也记载有蔡经宅："蔡经宅，在胥门后，汉王方平得道，尝教经尸解之术。"详见（明）李贤等撰《大明一统志》卷8《苏州府志·古迹》，明天顺五年内府刊本，第15页a。虽不见于元代方志，但可以证明蔡经宅在元代一直留存。

⑦ （元）郑允端：《肃雍集·写怀》，《涵芬楼秘笈》，第10册，第747页。

她们相约的地点之一。在《高氏姊惠素罗》一诗中，有"明朝急为裁春服，相约麻姑礼上清"句，① 郑允端为感谢女性友人赠送罗缎，与之相约在春季礼拜麻姑，由此可见，元代女子们相约女仙祠庙、祈福踏青是一种常见的交际方式。此外，诗集中有《纱幮》《楮帐》等咏物之作，这些起居器具的图样很多源自道教意象，如玉女烟霞洞、仙人云雾窗等，② 女性婚后的家具用品大多出自陪嫁，按照传统闺训，女性大多数时间也都消磨在家中，为了吸引消费者，这些用具的图样一定程度上会按照女性的喜好或时人对女性的期许进行绘制，道教主题图样家具的普及指向的是女性接受道教文化的普遍性。

（二）郑允端的隐逸思想

对麻姑的崇拜并不能说明郑允端是严格意义上的道教徒，作为儒门之后，郑允端依然保持儒者底色。在《肃雍集》中，更多的是郑允端对陶渊明、庞蕴、杜甫、文天祥等古代名士的评论，对陶渊明等隐士尤其偏爱，在《陶令归来图》一诗中，她坦率地表示：

> 我爱陶彭泽，放浪形骸外。食贫自晏如，游宦不足贵。无弦不抚琴，有酒竟成醉。赋辞归去来，此中有深意。③

在《习隐》一诗中，她又表达了向唐代隐士庞蕴看齐的愿望：

> 少无适俗韵，尘事厌相关。须随庞家老，归卧鹿门山。④

陶渊明与庞蕴都是隐士的典型代表，郑允端对他们的疏旷心境与安贫乐

---

① （元）郑允端：《肃雍集·高氏姊惠素罗》，《涵芬楼秘笈》，第 10 册，第 759 页。
② "山中玉女烟霞洞，天上仙人云雾窗。竹枕梦回清漏断，一凉如水浸秋江。"详见郑允端《肃雍集·纱幮》，《涵芬楼秘笈》，第 10 册，第 768 页；"楮君清白古人风，岁晚周旋与我同。四面暖云生浩浩，一团和气自融融。神游雪洞瑶池上，梦到琼楼玉宇中。惊破梅花三弄角，半窗残月淡朦胧。"详见郑允端《肃雍集·楮帐》，《涵芬楼秘笈》，第 10 册，第 755 页。
③ （元）郑允端：《肃雍集·陶令归来图》，《涵芬楼秘笈》，第 10 册，第 745 页。
④ （元）郑允端：《肃雍集·习隐》，《涵芬楼秘笈》，第 10 册，第 777 页。

道表达了崇拜之情。

元末，隐逸之风在文人圈中盛行。① 刘仁本、王冕、倪瓒等人的诗画作品中都呈现不同程度的隐逸思想。郑允端热爱读书赏画，曾专门作诗称赞倪瓒等人的画作。② 受到这些文人的影响，郑允端也更加钟爱寄情山水的作品。在《山水障歌》中，郑允端感叹："此身已向闺中老，自恨无缘致幽讨。布袜青鞋负此生，长对画图空懊恼。"③ 字里行间都是对山林归隐的向往与求而不得的无奈。究其原因，或许是元末文人圈追求隐逸的整体氛围影响了郑允端的想法，再加上病痛缠身的无奈现实，她不得不从隐逸田园的想象中找寻自我慰藉。元末儒士圈盛行的隐逸文化与道教缥缈无为、避世淡泊的信条恰有相通之处，古代隐士和麻姑仙子一起，成为郑允端的精神寄托。

三　郑允端的审美特征与性别观念

传统史学对性别的探讨主要局限于男性对女性的形象审美与道德期许，但古代女性也拥有自己的性别观念，《肃雍集》中不少篇目是郑允端对古今人事的评论，透露出她独特的性别审美特征与道德期许。

（一）郑允端的异性审美

精忠报国是郑允端偏爱的写作主题之一。读史书时，她曾作诗致敬三国时期的将领严颜，称赞他"大节光前古，高风立懦夫"，并表示："男儿操守处，到此是良图。"④ 她也曾哀叹文天祥的悲壮命运，称赞他"精忠古所

---

① 对元代文人隐逸之风的研究参考刘中玉《元代江南文人画家逸隐心态之生成》，《元史论丛》第9辑，中国广播电视出版社2004年版，第220—233页；申万里师《元代江南隐士考述》，《元史论丛》第10辑，中国广播电视出版社2005年版，第302—317页；高文《元代文人"后陶渊明情结"的文化审视》，《社会科学辑刊》2007年第4期；张佳佳《山林之乐与仕宦之忧——〈玉笥集〉与元明之际士人的隐逸心态》，《复旦学报（社会科学版）》2009年第5期；张毅《"逸品"的精神与诗情画意》，《北京大学学报（哲学社会科学版）》2016年第6期；任红敏《元代科举对元代文坛格局的影响》，《齐鲁学刊》2017年第2期等。

② 相关作品有：《倪元镇画》《赵仲穆溪山图》《仲穆小景》《顾定之墨竹王元章写梅于上因赋此》《柯丹丘竹石》等。

③ （元）郑允端：《肃雍集·山水障歌》，《涵芬楼秘笈》，第10册，第737页。

④ （元）郑允端：《肃雍集·咏史》，《涵芬楼秘笈》，第10册，第747页。

难"①。她还曾为《将军出猎图》赋诗，感叹："短衣匹马非吾事，坐对晴窗看画图。"② 暗含对将军戎马的崇敬之意。

郑允端对忠臣良将的推崇与当时的社会背景息息相关。元朝末年，水患四起，瘟疫横行，朝廷未能及时安抚民心，又因变更钞法而使王朝境遇雪上加霜，多地百姓揭竿而起，红巾军由北向南蔓延，元末人叶子奇形容当时"山东西、河南北、淮左右皆为寇壤，城郭丘墟，积骸如山"③，陶宗仪也曾记载："江南自兵兴以来，官军死锋镝，郡县荐罹饥馑，乡村农夫，离父母、弃妻子，投充壮丁，生不习兵，而驱之死地，以故乌合瓦解，卒无成功。"④战火纷飞的年代，精忠报国的文臣武将寄托着百姓对安稳生活的渴望，自然成为大众心中的英雄。

郑允端自己也受到炮火的牵连。至正年间，江西袁州路慈化寺红巾军起义，建立"天完"政权，先后占领德安、鄱阳、安陆、武昌、江陵、江西诸郡。⑤郑允端与身在匡庐（今江西庐山）的妹妹失去联系，十分担忧其安危："到今一年久，音问绝来书……不知患难中，死生竟何如。"⑥

至正十六年（1356），张士诚攻平江，"官军一战而败，死者过半，残兵千余"，不得不退屯嘉兴，张士诚带军长驱直入，二月，"劫掠奸杀，惨不忍言"，"凡有寺观庵院、豪门巨室，将士争夺，分占而居，了无虚者"⑦。郑家为世家大族，首当其冲，郑允端惊惧之下，身心受创，长期卧病。郑允端的仲兄在此期间也死于战火，得知噩耗，郑允端悲痛万分："杀气昏城垒，朝来战鼓悲。不虞貔虎难，深负鹡鸰诗。人物嗟何及，文章遂不支。空将满眼泪，挥洒向庭帷。"⑧

国家垂亡之际，郑允端对日薄西山的生命感到绝望，同时对正义之师抱有

---

① （元）郑允端：《肃雍集·读文山丹心集》，《涵芬楼秘笈》，第 10 册，第 747 页。

② （元）郑允端：《肃雍集·将军出猎图》，《涵芬楼秘笈》，第 10 册，第 769 页。

③ （明）叶子奇：《草木子》卷 3《克谨篇》，《元明史料笔记丛刊》，中华书局 1959 年标点本，第 55 页。

④ （元）陶宗仪：《南村辍耕录》卷 29《纪隆平》，《元明史料笔记丛刊》，第 357 页。

⑤ （明）权衡：《庚申外史》"辛卯"条，《丛书集成初编》，商务印书馆 1936 年排印本，第 3911 册，第 13—15 页；（清）张廷玉等：《明史》卷 123《明玉珍传》，中华书局 1974 年标点本，第 3701—3703 页。

⑥ （元）郑允端：《肃雍集·思妹》，《涵芬楼秘笈》，第 10 册，第 744—745 页。

⑦ （元）陶宗仪：《南村辍耕录》卷 29《纪隆平》，《元明史料笔记丛刊》，第 357—358 页。

⑧ （元）郑允端：《肃雍集·丙申二月一日闻仲兄死于兵》，《涵芬楼秘笈》，第 10 册，第 748 页。

期待与渴望。在她看来，忠肝义胆是男子最珍贵的品质，保家卫国是男子有担当的体现，严颜、文天祥等人就是她心目中的理想男性形象。在《拟寄衣曲》一诗中，郑允端借征妇之口表达了对男子的期许："好将功业立边陲，要使声名垂史记。"①她劝解众多与夫分离的女子"不是夫君相弃去，男儿及壮要封侯"②。得知自己的表弟从军入伍时，她告诫"勿为儿女态，须展丈夫雄。戮力清王室，毋言后论功"③。字里行间都是对男子保卫河山的规劝。

（二）郑允端的同性审美

郑允端的书写对象中有许多女子，或是义妇孝女，或是道姑、歌姬，身份地位各不相同。作为同性，郑允端对这些女子不仅有容貌的欣赏、道德的赞颂，还有人生价值的肯定。

郑允端曾作《四体美人》诗，从正面、背面、侧面、半身等四个角度描绘女子的美好身姿，并不似众多男性文人直言"软""柔""娇"等语，她多以周边景色来侧面映衬女子之美，善于通过强烈的颜色对比来造成想象中的视觉刺激，如"花阴满地日卓午，芍药金盘五色鲜""若个亭台绿水边，粉墙低处出婵娟"等，极具画面感。④另外，郑允端曾作《佳人脸斑》一诗，借用贵妃研墨的典故，将女子面容的瑕疵描写得俏皮可爱：

> 制词李白御前来，解使真妃捧砚台。醉后不知天在上，笑将香墨溅红腮。⑤

美而不艳，浓而不妖，这是郑允端描绘女性容貌的特点，也是这位女诗人同性审美的表达。

在道德方面，郑允端与大多数文人一样，欣赏儒家文化所推崇的女性，她曾赞颂淳于缇萦舍身救父，也曾称曹大家为"妇道真楷模"⑥。她认为，

---

① （元）郑允端：《肃雍集·拟寄衣曲》，《涵芬楼秘笈》，第 10 册，第 739 页。
② （元）郑允端：《肃雍集·闺思》，《涵芬楼秘笈》，第 10 册，第 767 页。
③ （元）郑允端：《肃雍集·送内弟从军帅》，《涵芬楼秘笈》，第 10 册，第 748 页。
④ （元）郑允端：《肃雍集·四体美人》，《涵芬楼秘笈》，第 10 册，第 762—763 页。
⑤ （元）郑允端：《肃雍集·佳人脸斑》，《涵芬楼秘笈》，第 10 册，第 773 页。
⑥ （元）郑允端：《肃雍集·读曹大家女诫七篇》，《涵芬楼秘笈》，第 10 册，第 749 页。

妇人"义在中馈间，敢辞力作疲"，并对"夙夜无违事"①的妇人表达了钦佩之情。

然而，郑允端所欣赏的女性并非只有恪守妇职之人，她还对歌姬等下层女性有所关注，并持以肯定态度。她曾赋诗赠与一位名为朱阿多的妓女：

> 吴下娇娃唤阿多，合欢髻子绾双螺。十三便解识音律，唱得江南水调歌。②

元代，文人集会多以歌姬相伴，时有文人为歌姬赋诗，而歌姬亦凭借名士赠诗而闻名。朱阿多被称为"吴下娇娃"，应与郑允端同属一地，郑允端与妓女结识并赠诗，一种较为可能的情形是，郑允端等士人阶层女性聚会时，也会邀请歌姬助兴。对于这些歌姬，郑允端并无歧视，甚至赋诗以赠，称赞其对音律的擅长。在《歌姬入道》一诗中，郑允端也描绘了一位擅长音律的歌姬，她不贪图富贵，舍弃红尘、投身道家，得到了郑允端的支持与赞赏，在郑看来，《琵琶行》中因贪图富贵而拥有不幸婚姻的妓女才可悲，淡泊名利、有更高精神追求的歌姬值得称赞。③

郑允端对女子们聚会时的文情雅趣也多有推崇，在某次宴席上，郑作诗称赞以荷盘当酒罍的方式，形容以此罍饮酒使人"胸中爽气飘飘起，鼻底清香拍拍回"，同时对男子聚会所谓"风流"的娱乐方式嗤之以鼻："可笑狂生杨铁笛，风流何用饮鞋杯。"④

鞋杯又称金莲杯，据传是元末诗人杨维桢所创，《南村辍耕录》记载："杨铁崖耽好声色，每于筵间见歌儿舞女有缠足纤小者，则脱其鞋载盏以行酒，谓之金莲杯。"⑤ 同时代众多的杂剧作品，也常有对女子金莲小脚的描绘，亦具有强烈的男性审美特色。郑允端作为女子，称杨维桢创制"金莲杯"为"可笑"，是元代女性对部分男性畸形审美为数不多的正面批评。

---

① （元）郑允端：《肃雍集·早起》，《涵芬楼秘笈》，第10册，第747页。
② （元）郑允端：《肃雍集·赠妓朱阿多》，《涵芬楼秘笈》，第10册，第770页。
③ （元）郑允端：《肃雍集·歌姬入道》，《涵芬楼秘笈》，第10册，第756页。
④ （元）郑允端：《肃雍集·碧筒（王夫人席上作）》，《涵芬楼秘笈》，第10册，第753—754页。
⑤ （元）陶宗仪：《南村辍耕录》卷23《金莲杯》，《元明史料笔记丛刊》，第279页。

四 结语

郑允端出身于儒学世家，长于诗文，闲暇时以读书赏画为乐。虽自认女子义在中馈，却也有垂名千古的人生理想；虽喜爱道家女仙，却更推崇儒家隐逸之士。对世间男女，郑允端有独特的价值评判与道德期许：她推崇忠臣良将，讴歌义妇孝女，面对道姑、歌姬等中下层女性，也会肯定其人生价值。与大多数男性士人不同，郑允端不宣扬"解舞腰肢娇又软"的女子形象，而推崇富有创造力、生命力的女子；她鄙夷"金莲杯"等流传于士人圈的娱乐手段，对部分男性畸形审美提出批评。

在元代，还有很多儒士家庭，培养出了与郑允端相似的才女，如《绿窗遗稿》作者孙淑、《梅花集》作者郭真顺、著名书画家管道昇等，她们都自幼饱读诗书，满腹文华，对纷杂世事有自己的褒贬评判，对形色男女有独到的审美倾向。由于性别身份、成长环境、学习内容等有所差异，她们的观点与男性士人常有不同，其诗文中隐含着乐于自我成长、敢于自我认同的女性意识。但一因恪守闺训、不敢或不想以诗文示人，二因内容多以闺趣为主、作品受众较少，三因传播手段受限，她们大多鲜有作品传世，只能寥记于好事文人的笔记、丛谈或男性家人的墓志之中，其中丰富多彩的精神世界和熠熠闪光的女性意识大多被后人忽略。相关研究应是学术界努力开拓的新领域。

（作者为武汉大学历史学院博士研究生）

元代外来移民的样貌：
以教育为中心的考察*

马　娟

　　元代是中国历史上首个由少数民族建立的大一统王朝，开创了少数族裔治理中国的新纪元。这一时期的中国，迎来了历史上又一个"外来移民入华风潮"，来自中亚、西亚、东南亚、南亚，乃至欧洲、非洲的各国人汇聚一处，掀起了人类历史在旧世界秩序下的规模空前而又壮观的移民运动。而蒙古西征则是这一移民运动的最初动因，造成大量上述地区的人口向东方移民；战争结束后，出于贸易、传教等形式的移民活动继续发生，从而形成了蒙元帝国时期中国境内庞大的外来移民群体。此外，还有大量边疆地区的不同部族内迁，各色人等在蒙元政权的统治之下，造就了中国古代史上空前绝后的国与国之间的移民现象，族与族之间的融合局面，从而为中华民族多元一体奠定了坚实的基础。在这一关键而又重要的历史节点，少数民族与中国主体民族汉人一起，在元代政治、经济、文化、教育、科技、军事诸领域内共同合作，推动了元代中国的历史发展进程。

　　教育历来被视作是"开化风气"的治国之本。中国历史上不乏重视、发展教育的少数民族统治者，前秦与北魏可谓这方面的杰出代表，元朝在前代基础上继往开来，在教育领域开辟出新局面，其最突出的表现之一就是大量外来移民官员的参与，这也是元代教育不同于前朝之处，而学界对此甚少关

　　* 本文为国家社科基金一般项目"元帝国统治下的外来移民研究"阶段性成果，批准号20BZS047。

注。本文在广泛收集史料的基础上，考察元代外来移民在教育领域的活动，并尝试以此为视角来阐释这一群体如何从"外来者"变为"大元臣民"，即他们如何完成身份转换，并借此一窥中华民族多元一体格局形成的历史运行轨迹。

一

元代疆域空前广阔，民族成分众多且复杂。本文所考察的群体为元代外来移民及其后裔，他们在元代被视作色目人，包括范围相当广泛。元人陶宗仪云其种类有"三十一种"，① 但其中有不少重出者，故实际并没有这么多。这其中既有外来移民，也有西北边疆各部。他们或任职中央，或任职地方，在不同的领域贡献了自己的聪明才智，其在教育领域的活动丝毫不逊色于其他领域。

元朝建立后，中央设中书省，地方设行中书省，这是中国历史上行政区划的一大变化，对后世影响深远。行省之下设路、府、州、县。元朝作为少数族裔建立的大一统王朝，它对教育的重视程度丝毫不亚于汉人王朝。时人对此多有记载："世祖皇帝既定大统，人文聿兴，学校之设，为急先务"；② "皇朝既一函夏，首崇学校"③。

庙学起于唐朝，宋代继承。两朝先后给孔子加谥号，并在京城与地方设孔子庙，依庙设学，分为国子监学与府、州、郡、县学，通称庙学。其中国子监学的费用来自朝廷，从宋代起，地方各级学校均置学田，以支付各种费用。④ 这一点为元朝所承袭，故其路学、府学、州学、县学亦属于庙学范畴。元代尊儒、崇儒，乃至用儒蔚然成风，正如欧阳玄所云："我朝用儒，于斯为盛。"⑤

① （元）陶宗仪：《辍耕录》卷 1《氏族·色目三十一种》，中华书局 1959 年版，第 13 页。
② （元）虞集：《道园类稿》卷 22《奉元路重修宣圣庙学记》，《元人文集珍本丛刊》第 5 册，新文丰出版公司 1985 年版，第 576 页下。
③ （元）王元恭：《至正四明续志》卷 8《翁洲书院记》，《宋元方志丛刊》第 7 册，中华书局 1989 年版，第 6553 页上。
④ 邱树森主编：《元史词典》，山东教育出版社 2002 年版，第 1062 页。
⑤ （元）欧阳玄：《圭斋集》卷 9《曲阜重修宣圣庙碑》，《四部丛刊》初编本，第 26 页。

朝廷对教育的重视不仅仅体现在圣旨诏书的层面，还会落实到具体的政策层面："世祖皇帝每诏儒臣进对，亦尝赐坐，俾尽所言。伏愿自今以始，赐座设几，从容顾问"①。我们知道，自北宋起，宋太祖借故撤去宰相之座，学界普遍认为这是相权开始式微的表现之一。元承宋制，并从站而论道更发展为跪而论道。因此，此处苏天爵所说的世祖给侍讲的儒臣"亦尝赐坐"，一方面可看出皇帝对儒臣的优待和尊重，另一方面则反映出他对知识的崇尚和对教育的重视。当然，在苏天爵这位儒臣看来，"赐坐"还不够完美，因此他委婉地表达希望以后不仅能够"赐坐"，还能够"赐座设几"。

世祖对民间儒士亦是如此："我世祖皇帝初定天下，即使使东祠孔子，复延致鸿儒，大兴礼乐文教之事。民占为儒家，复其徭役。每诏下条序学校，于是圣道彰明，教化纯美，天子坐致太平之功，学校不废也。"② 可见，世祖不仅派使臣祭祀孔子，招募鸿儒兴办教育，更重要且更实惠的是，民占籍为儒户者，"复其徭役"，即免除儒户赋税徭役，这对于民间举办教育，百姓接受教育的积极性均有直接影响。除此之外，各级学校、书院为任职与学习的师生提供住宿与膳食："于是国有国学，府有府学，而州而县，莫不有学。兼之设教有条，肄业有科，师徒供给有廪膳，有司劝沮有升黜，甚盛举也。"③ 甚至还会为生员提供"解渴酒"："于新拜降户内，每人拨与使唤的小孩儿一个者。各人并教读人等，每人日支米面各一斤、肉一斤，本处官人每底孩儿不在此限。外据家粮，每人日支米一升。这必阇赤孩儿每，晚后与解渴酒四瓶。"④ 这种既有伴读仆厮，又有酒肉的优质读书学习待遇充分体现出元廷的兴教力度。

对此，元人谓："至于我朝，既尊夫子为大成，又设学校于天下，皆欲学者成己成物，以期于古昔之盛，其崇教之意至矣。"⑤ 正是在此种政策的导

---

① （元）苏天爵：《滋溪文稿》卷26《经筵进讲赐座》，中华书局1997年版，第428页。

② （元）李孝光：《李孝光集校注（增订本）》卷17《昆山州重修学宫记》，陈增杰校注，浙江古籍出版社2016年版，第985页。

③ （元）李继本：《一山文集》卷5《涞水县学记》，康熙二十八年金侃抄本，《北京图书馆古籍珍本丛刊》第94册，书目文献出版社1998年版，第740页。

④ （元）熊梦祥：《析津志辑佚·学校》，北京古籍出版社1983年版，第198页。

⑤ （元）马思道：《清丰县增修庙学记》，嘉靖《新修清丰县志》卷12《纪述三》，嘉靖三十七年，《原国立北平图书馆甲库善本丛书》第294册，国家图书馆出版社2013年版，第208页。

引下，元代的教育在全国各地焕发出勃勃生机："皇朝自国都、郡县，皆建学"①；"皇元御极，天下郡县皆置学"②。以致元人发出这样的感慨："皇元列圣相承，诏令国都州县设立学校，张置师牧，以行政教，开平万世，何其规模隆古，轶越汉唐矣！"③

二

在元代重教兴教政策下，各级庙学纷纷创建。郑元祐如是说："国家右文崇儒，路、府、州、县，莫不有学，犹以为未也，故所在有书院，即其地之贤者而祀之。"④ 不管任职中央，还是地方的少数族裔官员，都普遍重视教育，视之为自己的当政之急，故这方面的业绩相当突出。蒙古人哈剌哈孙（1257—1308）于大德三年（1299）任中书左丞相，后升至右丞相。当时大都尚无孔子庙，国学也无专职机构，而是隶属他署。面对这种情况，哈剌哈孙感叹："首善之地，风化攸出，不可怠。"于是上书朝廷请建庙学，并时时前往监视进展。⑤

中央官员的做法为地方官吏兴教做出了表率，故任职地方的少数族官员也普遍重视教育，往往将地方庙学的建设当作自己到任的第一要务。外来移民中的地方官员在其中也表现得非常抢眼。

松江在唐代时为华亭，至宋该地还无学校，只是祭祀孔子而已，直到元祐年间（1086—1094）才略有初创。南宋被灭后，元朝规定，人口达到五万户的县升为州，而华亭人口已突破二十万，故特建散府，改称松江。这一时期该地虽设教授名额，但建筑设施均已老旧，这种状况已持续有六十年，直

---

① （元）虞集：《道园类稿》卷23《南康路都昌县重修宣圣庙学记》，第589页上。

② （元）周万石：《绩溪县修学记》，弘治《徽州府志》卷12《词翰二》，弘治十五年刻本，第18页下。

③ （元）纳怜不花：《明伦堂记》，雍正《平谷县志》下卷《艺文志》，雍正六年刻本，《故宫博物院稀见方志丛刊》第1册，故宫出版社2013年版，第210页。

④ （元）郑元祐：《侨吴集》卷9《颍昌书院记》，《元代珍本文集汇刊》，"中央"图书馆编印1970年版，第358页。

⑤ （元）刘敏中：《中庵集》卷4《敕赐太傅右丞相赠太师顺德忠献王碑》，《北京图书馆古籍珍本丛刊》第92册，书目文献出版社1993年版，第296页下—297页上。

到达鲁花赤哈只亚中公到任后才有所改变。史称其甫一上任，"款谒学宫，□①其位置褊迫，规模庳下，慨然而叹……盍撤而新之，遂发己币以倡"。他的这一举措得到当地民众的热切回应，争相捐款出力，"前后共七万五千缗有奇"，甚至连教授林圣予"亦辍学廪来助"。"于是材甓既具，工徒既集，乃徙藏书阁、陆氏三贤祠于北，以拓其故址，中建先圣殿，旁列两庑，前辟三门，崇高修广，加其旧三分之一。始事于至正二年春三月，而讫功于三年秋七月。"② 史籍对哈只亚中的记载仅此一条，除去他任松江府达鲁花赤期间，扩建当地府学外，我们对其生平履历一无所知。不过从他的名姓带有哈只来看，他出自回回人应当无可怀疑。哈只为阿拉伯语 Haji 一词的音译，是对朝觐过麦加的穆斯林的尊称。松江府学之所以能够旧貌换新颜，得益于哈只亚中的重视与倡导，前后费时一年四个月，黄溍认为，他"有志于古"，知为政轻重缓急之事。③

罕马鲁丁任宝庆路达鲁花赤时，"实任提调，庀止校宫，与同知忻都、府判王招孙……今侯重学事若家事，门庑峻齐，重层维固，于以使学者改化旧习，务新美"④。罕马鲁丁生平事迹不详，其名当来自波斯语 Kamal al-Dīn，意为"宗教之完善"，⑤ 元代汉文文献中又译写为可马剌丁。⑥ 至正十二年（1352），河南起兵，波及江南，杭州庙学遂毁于兵乱。杭州号称东南甲郡，地广人众，供给浩繁，朝廷对于选派何人治理此地是颇为慎重的。帖木列思即在这种情况下被制授中大夫（正四品）出任杭州路总管。面对庙学无片瓦幸存、图籍遭焚的狼藉现状，他如是说："兴举学校，承流宣化之大者也，其可诿以百姓新免毒蠚，疮痍未瘳，而谦让未遑乎？"之后以雷厉风行之势买地复学，前后耗时整一年。事成之后立碑以志纪念。碑文由时任江

---

① 按，原文缺，视其上下文，或补为"以"字。

② （元）黄溍：《黄溍集》卷17《松江府重建庙学记》，王颋点校，浙江古籍出版社2013年版，第675页。

③ （元）黄溍：《黄溍集》卷17《松江府重建庙学记》，第675页。

④ （元）赵洪：《宝庆路学兴造记》，嘉庆《湖南通志》卷45《学校三》，嘉庆二十五年刻本，第5页下。

⑤ Salahuddin Ahmed, *A Dictionary of Muslim Names*, New York：New York University Press, 1999, p. 93.

⑥ （元）俞希鲁：《至顺镇江志》卷19《人材》，杨集庆等点校，江苏古籍出版社1999年版，下册，第774页。

南儒学提举的王大本所撰，江浙行省平章政事、提调行宣政院事、江浙都财赋事康里庆童所书。碑文云："若夫学校之建，则明伦之堂宏敞高亮，以隆迪教讲道之原。设大小学四斋，以严授业辨惑之会……而学校之制大备焉。"承担修复杭州庙学重任者为帖木列思，字周贤，康里人，其祖为故平章军国事，赠纯诚佐理同德翊戴功臣、追封东平王，父为陕西行中书省平章政事忠定公。① 即不忽木之孙、回回之子。② 此皆为修建路学之例。

与此同时，县学的兴建也不容忽视。时人云："皇元御极，天下郡县皆置学。"③ 苫思丁任济阳县达鲁花赤期间："尝屋而垣之，以安神主，工费不取于官，不敢及民，或以事集，或不久代之，竟无以复旧观，至元二十八年……即有重起之志。"④ 苫思丁当为波斯语 Shams al‑Dīn 之元代汉语音译，又写作瞻思丁，意为"宗教之太阳"。乐安县亦是如此，"延祐三年（1316），豫章邓镕为教官，时邑长倒剌沙提调学事，议修之。四年冬，邑令黄栋孙至长倡其议，令成其谋……有富家捐至元楮一百贯，专修讲堂"⑤。倒剌沙亦为波斯语 Daulat Shāh 之音译，意为"王之权力"。

外来移民官员不仅在中原地区兴办教育，创办学校，在边远地区任职时也会将兴学看作第一要务。在边疆地区兴学会面临种种困难："桂郡去京师几万里，藩百粤，抵绝域，为岭表巨镇。所部多山，民猺杂处，俗尚剽劫，古号难治……至元十三年丙子，王师南下，烬于兵。既而岭南帅史格宁海隅还，即故址而新之。后之典郡者，继踵兴葺。稽其年，逮今五十有奇，殿庑而下，咸蠹朽将倾。"桂林离京师距离遥远，且民族杂处，民风剽悍，在封建统治者看来属于"沾染王化"不够之地。伯笃鲁丁就是在如此困难重重的背景下，与僚佐一起营建府学，不仅如此，因资金问题，他还捐献己俸以助

① （清）阮元：《两浙金石志》卷18《杭州路重建庙学之碑》，浙江古籍出版社2012年版，第451页。

② 《元史》卷130《不忽木传》，第3173页。按，《元史·不忽木传》仅云回回曾任陕西行省平章政事，未提其谥号，据王大本《杭州路重建庙学之碑》可补《元史》缺漏之处。见《两浙金石志》卷18，第451页。

③ （元）周万石：《绩溪县修学记》，第18页下。

④ （元）杨文郁：《重修庙学记》，万历《济阳县志》卷九《艺文志》，万历三十七年刻本，顺治六年增刻本，傅璇琮等编：《国家图书馆藏地方志珍本丛刊》第158册，天津古籍出版社2016年版，第233—234页。

⑤ （元）吴澄：《吴文正公集》卷20《乐安重修县学后记》，《元人文集珍本丛刊》第3册，新文丰出版公司1985年版，第366页下—367页上。

一臂之力。① 伯笃鲁丁为阿拉伯语 Badr al‑Dīn 之元代汉语音译，意为"宗教之满月"。②

元代各地庙学的修建从大蒙古国时期即已开始，一直持续到元末，即使后期政局开始动荡之际，外来移民官员修建庙学之举依然在继续。庐陵地区教育发达，其民"不惑于邪说，不迷于正道"，故在至正十二年（1342）兵乱兴起，局势混乱，其他地区人心惶惶，莫知所措之时，该地民众能够组织义军逆而进讨，以保卫家园，但最终庐陵本地的学校还是遭到焚毁。史载："事变以来，万宇一炬，学宫不与俱化，特棻桷摧挠，圬盖毁疏，教职久已病之。"③ 达鲁花赤、中宪大夫纳速儿丁看到这一狼藉的景象，不禁慨叹："县邑，近民之地，声教之所由始，其所系岂轻哉。"于是命人鸠工度材，加以修葺，遂"门廊殿庑，斋阁宾次，丹粉互映，焕然一新"④。时值至正十六年（1356），离元朝灭亡仅十二年。纳速儿丁，又作纳速剌丁，均为阿拉伯语、波斯语 Nāsir al‑Dīn 之汉语音译，意为"信仰之捍卫者"。

以上所举之例均为元代外来移民在地方任职期间积极兴创教育之案例，他们中有回回人，有康里人，均为外来移民之后裔。他们修建庙学、路学、府学、县学，深得当地百姓支持。这类事例在元代汉文史料中可谓比比皆是，举不胜举，且贯穿有元一代。笔者此处仅举几例，窥一斑而见全豹，从中可见这一群体在地方恢复、兴办、修建学校与教育的活动。

三

书院最早出现于唐，盛于宋，并被元、明、清所沿袭，为中国传统文化的传承发挥了巨大作用。书院在发展过程中逐渐形成官方与民间两种形式。元朝虽是少数民族建立的王朝，但元代书院的修建数量与宋代相比有过之而无不及。就连对元朝持否定看法的国学大师钱穆先生在提到元代书院时，也

---

① （元）梁遘：《重修府学记》，嘉庆《广西通志》卷133《建置略八》，光绪十七年桂垣书局补刊本，《广西通志》第14册，江苏广陵古籍刻印社1987年版，第33页上。

② *A Dictionary of Muslim Names*, p. 30.

③ （元）萧飞凤：《修庐陵郡学记》，同治《庐陵县志》卷14《学校志》，同治十二年刊本，成文出版社1989年版，第980页。

④ （元）萧飞凤：《修庐陵郡学记》，第981页。

不得不对此予以认可。① 时人谓："郡县学外，天下初惟四书院，今书院遍东南皆是矣。"② 朝廷更是鼓励创建书院："世祖皇帝混一区宇，郡县学益崇且侈，愿以力创书院者，有司弗夺其志"③。

正是在朝廷政策的支持下，各地书院如雨后春笋般涌现出来。公安号称"儒人辐凑之地"，大德六年（1302）建公安书院，又名竹林书院。不幸的是，该书院于元统三年（1335）毁于火，仅存正殿。当地儒士向行省反映情况，廉平章助其恢复学田，又调拨修建材料，但仅够重修讲堂、仪门及两祠堂，不足以完成修复的计划。于是当地人又找到阿里平章，"蒙为主盟，大书扁额，继荷按察宣慰总府诸司一力扶持，诸生议论始定，遂乘公暇，亲为规画，俾枭学租以充修造，或分任而起盖，或协力以赞助。于是八斋有舍、棂星有门，魁星有堂，前贤有祠，两庑俱备，百废俱举，宛如旧规。屋计三十四间……"④ 阿里是穆斯林常用之名，为阿拉伯语、波斯语 Alī 之音译，意为"极好的"。

潮州路则有韩山书院，建成之后，元代大儒吴澄亲自为此撰文，以示纪念。据此可知，韩山书院的修建始于至顺辛未（1331），总管王元恭到任潮州，与达鲁花赤灭里沙、副手哈里蛮共同商议促成，"撤旧构新"，⑤ 从而使潮州韩山书院旧貌换新颜。灭里沙乃 Malik Shāh 之元代汉语音译，为阿拉伯语与波斯语的混组，前者意为"王"，后者亦为"王"之意。统治伊拉克与波斯的塞尔柱苏丹即为此名，是穆斯林常用之名。

西湖书院创建于宋代，为元代所承袭，在历史发展的长河中几度兴废，几度沉浮。元军兵临城下，此处学废，但礼殿犹存。至元三十一年（1294），徐琰将旧殿改为书院，且将锁阑桥三贤堂即白居易、林逋和苏轼祠堂迁附于此，置山长一名，改名为西湖书院，逐渐兴盛起来，号为浙东西之冠。二十年后，兵起祸杭城，书院亦废，"象设哆剥，庭庑汙秽，居人马迹，交集其

---

① 钱穆：《国史大纲》（下册），商务印书馆 1996 年版，第 661 页。
② （元）陈栎：《陈定宇先生文集》卷 2《送吴玄庵序》，《元人文集珍本丛刊》第 4 册，新文丰出版公司 1985 年版，第 278 页下。
③ （元）任士林：《松乡集》卷 1《重建文公书院记》，元刊本，第 4 页。
④ （元）文子璋：《重修公安书院记》，成化《公安县志》卷下，嘉靖二十二年刻本，《原国立北平图书馆甲库善本丛书》第 363 册，国家图书馆出版社 2013 年版，第 60 页。
⑤ （元）吴澄：《吴文正公集》卷 20《潮州路韩山书院记》，第 373 页下。

中，书籍俎豆购入藉弗禁。明年，三贤堂毁。学官廪久绝，仿偟莫知所措"，即是当时真实而又生动的描述。前来任职的康里公目睹残垣断壁，叹息不已："兵革之余，虽疮痍未复，教化其可一日而废乎！况勉励风纪之任，而书院又密逃宪治也哉！"为了在这种残败不堪的废墟上重建书院，康里公个人捐献白米二百石、白金五十两以助其役，并于至正十九年春正月完工。对于康里公这种举动，贡师泰由衷称颂："虽当崎岖戎马之间，不忘《诗》《书》《礼》《乐》之事，可谓识见超卓，深知治本者矣。"此处需要提及的是，参与重修西湖书院的还有回回人提举马合谟（Mahmūd）。① 这里重建西湖书院的康里公即前文所提到的重修杭州路学的康里人帖木列思。他在《元史》中无传，其祖父不忽木传中也未被提及，《元人传记资料》亦无只言片语。贡师泰云其事迹均在《武功录》中，只是不知道该书是否保存下来，暂且存疑。

据相关史料记载，元代对书院的管理与州学相同："国朝于天下祠学所谓书院者，例设官，置师弟子员，与州学等。尝诏有司，以闲田隙地係于官者，归之学院，以赡廪稍之不足。"② 可见，书院亦依州学模式设有官员，有老师与生员，并拥有学田以供师生口粮之不足。书院成为元代教育制度的另一种有益补充形式。

值得注意的是，除创建或重修书院外，外来移民官员在地方上还有修建尊经阁的行为。史称："大元延祐乙卯，楼毁于火，官命重建……至治壬戌九月，工毕事完，轮奂复旧。同知总管府事、亚中大夫马合睦提调其役。"③从这段史料可看出，临安书院藏经楼因火而毁于延祐二年（1315），至治二年（1322）重修完毕，时隔七年。而这次尊经阁的重修工程是由马合睦负责主持的，时任总管府事，其名为阿拉伯语、波斯语 Mahmūd 元代汉语音译，亦是回回人常用之名。

孔子是中国历史上最有影响力的思想家与教育家，有"孔圣人"之美称。开元二十七年（739），唐玄宗授孔子"文宣王"封号。元武宗即位后，

---

① （元）贡师泰：《贡礼部玩斋集》卷7《重修西湖书院记》，明天顺沈性刻嘉靖十四年徐万壁重修本，第6页。

② （元）宋禧：《庸菴集》卷14《高节书院增地记》，《四库全书》本，第9页。

③ （元）吴澄：《吴文正公集》卷20《临安书院重修尊经阁记》，第375页下。

于大德十一年（1307）封孔子"大成至圣文宣王"。武宗封诏碑文收录于《两浙金石志》中，题名《元加孔子号诏碑》，时为大德十一年七月。该志中还有一通碑题为《元成宗加孔子号诏书碑》，时间亦是大德十一年七月。①需要说明的是，成宗于同年正月驾崩，五月武宗即位，而诏碑时间是七月，所以称成宗加孔子号诏碑不确，应为武宗，这一点是需要辨明的，以免误导大众。元人欧阳玄明确谓武宗加封孔子"大成至圣文宣王"。② 至于为何封孔子为"大成至圣文宣王"，时任西湖书院山长的陈泌这样说："惟夫子集群圣大成垂教万世，虽追崇之典屡殰，未有备其极者。大德丁未（1307——引者注）始加大成之号，其所以致褒称之隆茂，以尚矣。"③ 元人刘泰在回顾了历代对孔的封谥号云："其伟号未易副其实也。逮我圣朝，即洪至道，缅怀高风，大阐民彝，莫先孔子。故至圣之上，复加大成，以示敬隆往昔，可谓尽其实矣。"④ 事实上，元代各朝除给孔子授封号外，还给儒家其他有贡献者加以封号："洪惟我朝隆兴，奄有金、宋，混一区宇，圣圣相承，修文偃武，兴学举校。大德之诏，加封夫子以大成。元统之诏，加封颜、曾、孟，以复圣、宗圣、亚圣于国爵之下，天下郡邑，莫不遵制。"⑤也就是说，大德年间武宗授孔子大成至圣文宣王，而元统年间顺帝则授颜回、曾子、孟子等儒家代表人物分别为复圣、宗圣、亚圣等封号。这些充分说明元朝统治者对儒家创始人孔子及其代表人物的尊崇，从侧面反映出对教育的重视。这些封号可谓和他们对中国教育、思想的巨大贡献相匹配，同时也展现出武宗对孔子的尊崇超过前代，孔子这一封号被后世所沿袭。

孔子加封号圣旨颁布后，地方上遂出现了一股立诏加封孔子碑的风潮。这与朝廷的态度密不可分。有史料说："明诏既诰天下，路府州县，敬刊于

---

① （清）阮元：《两浙金石志》卷14，第451页。

② （元）欧阳玄：《圭斋集》卷9《曲阜重修宣圣庙碑》，第25—26页。

③ （清）阮元：《两浙金石志》卷14，第352页。

④ （元）刘泰：《诏加封孔子碑记》，《邹县地理志》卷2《古今记文》，嘉靖四年刻本，《原立北平图书馆甲库善本丛书》第330册，国家图书馆出版社2013年版，第302页。

⑤ （元）卢荫：《内乡县学增置配享记》，成化《内乡县志》卷6《文苑略》，成化二十一年刻本，《原国立北平图书馆甲库善本丛书》第347册，国家图书馆出版社2013年版，第579页。

琬琰。碑之阴，若无一言封扬，非臣子之忠也。"[1] 由此可见，地方积极响应中央的举措，并大力宣扬，并将此举与对国家的忠诚联系在一起。在这种背景下，邹县达鲁花赤帖木儿不花在竖立加封孔子诏碑后，请刘泰撰碑记其事。[2] 同样，济宁路加封孔子，达鲁花赤月鲁亦请刘泰撰写碑阴。[3]

事实上，在武宗加封孔子之前，就有任职山东的少数族裔官员修建文庙。文庙是唐代所建文宣王庙在元代的省称，元人方回曾云："武林增炳焕，文庙郁岧峣。"[4] 世祖时期，时任山东东路都转运副使安时中于至元十二年（1275）与达鲁花赤纽邻等同僚各输月俸，并发动"士属乡民各弃丰赀，创贤廊，筑门墙，绘塑三圣，画彩十哲"。其后来任职的达鲁花赤乌马儿"补修栋楹"。至元二十六年，纪祥又与达鲁花赤阿马歹等人"创画七十二贤像，以美瞻仰"[5]。乌马儿为阿拉伯语 Umar 一词的汉语音译，意为"生命"。

至元二十九年（1292）温县达鲁花赤哈散与属下相谋划欲建文庙，以实现"长民以教民为本，教民以学政为先"的治理愿景，但哈散很快离任，接替他的是布伯。布伯继续哈散的提议，最终在当地建起了文庙。[6] 这里提到的哈散为阿拉伯语 Hasān 之音译，意为"美化者"。

另有闻喜县达鲁花赤阿里（Alī）于延祐年间（1314—1320）重修毁于大德七年的宣圣庙，他曾这样说："人之所以能知孝悌忠信而不陷于禽兽之域者，乃吾夫子垂训之力也。久见圣庙未完，不修营，殆于忘本。"并给费用，亲自监管，不仅在原址上扩建，且以彩雕装饰殿堂，绘历代名儒之像。[7] 从"吾夫子"之表述可看出回回人阿里对儒家圣人孔子的认同。

---

① （元）刘泰：《加封孔子诏碑阴》，道光《钜野县志》卷20《金石志上》，道光二十六年续修刻本，《中国地方志集成·山东府县志辑》第83册，凤凰出版社、上海书店出版社、巴蜀书社2004年版，第457页。

② （元）刘泰：《诏加封孔子碑记》，《邹县地理志》卷2《古今记文》，第302—303页。

③ （元）刘泰：《加封孔子诏碑阴》，道光《钜野县志》卷20《金石志上》，第457页。

④ （元）方回：《前参政浙西廉访徐子方得代送别三十韵》，（清）顾嗣立编《元诗选初集》甲集《紫阳居士方回》，中华书局1987年版，第213页。

⑤ （元）鞠英：《修高密文庙记》，民国《高密县志》卷15上《艺文志》，民国二十四年铅印本，《中国地方志集成·山东府县志辑》第41册，凤凰出版社、上海书店出版社、巴蜀书社2004年版，第563页。

⑥ （元）郝采麟：《修温县文庙碑记》，康熙《怀庆府志》卷13《碑记上》，康熙三十四年刻本，第19页上。

⑦ （元）吕希才：《闻喜县补修宣圣庙记》，《山右石刻丛编》卷32《元》，光绪二十七年刻本，第16页下。

需要留意的是，庙学除教授生徒之外，还负有祭祀之责。故外来移民官员在兴建庙学的同时，对祭器也是十分重视的。延祐七年（1320）年，达鲁花赤忽林赤与主簿亦速福拜谒文庙，见所用祭器为石，于是说：

> "宣圣为万世师，其祀莫重于礼，礼莫先于器。器，礼所寄也，盍图之？"遂率先捐己俸，用金制作一套祭器：共四十有四，皆有盖。小尊二，大尊二，壶尊二，箸尊二，像尊六，牺尊五，罍二，洗二，皆有幂。爵地十有九，坫二，龙勺五，竹工为笾三十五，皆有巾。梓人为豆数称之，俎五十，筐五十。越明年春，上下聿崇祀事，灿然一新。①

正如引文所言，尊师莫重于祭祀，祭祀莫重于礼，而礼莫重于器。在官员看来，祭器是否合乎礼，关系到尊师与否。故对此高度重视，亦速福及其上司忽林赤不仅出己薪俸以黄金制作的祭器代替原来的石制祭器，而且还相当完备齐全，体现出外来移民官员对儒学的崇尚之情。亦速福为阿拉伯语 **Yusuf** 之音译，先知名，乃穆斯林男性常用之名，今译优素福。

从前引方回诗句可见，文庙一般都高峻壮观，且备有祭器。元代外来移民官员修建文庙的意义在于传承发扬传统文化，不断强化文庙的教化功能，淳美社会风气，巩固封建国家的统治。诚如元人所云："以阐文化，厚风俗，盖知治民之要道者。"②

四

元世祖建立元朝后，实行汉法，这在一定程度上推动了教育的恢复与发展。而武宗加封孔子"大成至圣文宣王"后，更是掀起修文庙、路学、府学、县学以及书院的高潮。史云："圣朝制诰，路、府、州、县立学，守令兴举，风宪勉励，所以崇教化，育人才，扶世道，美风俗也。"③ 元代中央设

---

① （元）叶载采：《元至治辛酉元年教谕叶载采文庙祭器记》，《新昌县志》卷5《礼制》，民国八年铅印本，成文出版社1970年版，第473页。

② （元）鞠英：《修高密文庙记》，第563页。

③ （元）赵浚明：《临江路清江县儒学买田记》，崇祯《清江县志》卷8《艺文志》，崇祯十五年刻本，《原国立北平图书馆甲库善本丛书》第360册，国家图书馆出版社2013年版，第600页。

有国子学,行省之下的路、府、州、县也拥有与之相应的学校。所设专门机构有儒学提举司,主要负责行省所领各路、府、州、县学校教育、祭祀、钱粮诸事。学官有儒学正、儒学教授、儒学教谕、儒学提举等。这一点在元人文集中有明确的反映:"部使者加察详焉。行省设官以主之,其选视学正录。皇上嗣大历服,播告中外,勉励日加。明年,置各省提举以敦教事。"[①]

在这样的政策指导下,元代外来移民官员对教育的重视也就不足为奇。当然,他们在兴教过程中难免会面临种种问题,最突出的就是修建与维护学校、文庙或书院的资金问题。就笔者目前所掌握的史料来看,地方一级教育机构的修建资金百分之百由地方政府自行解决,或者由地方官从僚佐中募集,或是民间筹款。至于维护费用,诸如支付师生口粮之类的开销,则多依赖于学田收入。但是,因种种原因,学校收入微薄且不稳定,从而影响教育的落实与实施。

我们来看临江路这一事例:"临江为江右名郡,清江为临江剧邑,学校虽设,岁计甚微。春秋之祭祀,仅供师生之廪稍不给。宫墙颓圮,莫克完聚。"[②] 从这条史料可看出,临江虽为"江右名郡",而作为它下属的大县清江的县学却岁入"甚微",以致面临师生口粮难以保证,学校墙体倾蹋之窘境。恰在此时(至正八年,1348),前江东佥宪清彻公"以元勋世胄宿德重望受知圣眷"前来任职。甫一到任,首先调查县学,了解到上述困难,不禁慨叹:"圣天子以学较任守令,县学虽令职而守,实总其纲,可不思以称上意乎?"接着他给出解决方案:"清江镇张主一先生书院亦久废不治,而岁计充溢有余,以有余补不足,亦事体可行者。"[③] 由此可见,清江镇有张主一任山长的书院,收入充足却废弃不用,而县学恰与之相反,有生源却收入不足。因此,清彻公提议以"充足"补"不足"来解决清江县学所面临的迫切需求。据史料记载可知,通过这一举措,清江县获得"中统钞四百二十八定有奇"。清彻公欲以此款为县学购学田,但他不敢擅自作主,于是上报宪司。时值宪使蒙古人买来的纠治临江,清彻公向他反映了自己的计划,得到崇儒重道的买来的的支持,于是以所得中统钞购入民田。遗憾的是,清彻公

---

① (元)任士林:《松乡集》卷1《重建文公书院记》,第4页。
② (元)赵浚明:《临江路清江县儒学买田记》,第600页。
③ (元)赵浚明:《临江路清江县儒学买田记》,第600页。

未及事成而逝。遗留事宜由后继者完成，县学每年从学田收入为每亩一百六十，租额得六百四十斗，"其直计以中统钞为定有四，书院之田数入与县学等"①。总之，清江县学的财政问题最终在清彻公、买来的等人的努力与支持得以完善解决。这位为清江县学出谋划策，东奔西走的清彻公乃咸阳王赛典赤嫡孙木八剌，字世明。② 木八剌沙为阿拉伯语、波斯语 Mubarak 之音译，意为"吉祥的""幸福的"。

清江县以购买学田，以田养学的方式解决了县学财政危机，而衢州明正书院的学田问题相比而言要复杂得多。明正书院为宋室南渡后所建，初始有田一百七十六亩，后又增加六十三亩，总计二百三十九亩。南宋灭亡后，书院为元朝所继承，并设山长。但随着佛、道势力的提升，明正书院学田十之七八为佛、道两家所侵夺，而地方政府听之任之，不加干涉。仁宗即位后，"垂意庠序之事，凡田之在学宫者，冒取有禁"③。在中央政策的监督下，总管申侯开始过问此事，阅读过往诉讼案卷，并进行核实，将被佛、道所夺学田全部如数还给明正书院。这位申侯名月鲁帖木儿，乃高丽人。④ 在九十多年的时间里，明正书院的学田数次被侵夺，被索回，又被侵夺，最终在外来移民高丽人月鲁帖木儿的过问下失而复得。这一方面反映出元代宗教势力繁盛，一方面是政策上的随意性，在这种背景下，作为学校、书院主要经济来源的学田得不到有效保护，从而给教育的发展带来消极影响，同时也与中央政府的重教、兴教政策背道而驰。

比较有趣的是，元代还存在不同学校之间争夺学田的纠纷。元代的多元性特点之一体现在文字的使用方面。官方文字有汉文、蒙古文与波斯文，故设有教授不同文字的学校。至元六年（1269）正式在各路设置蒙古字学，并分配名额，路级官员子弟有两个名额，州级一个名额，其余名额为民间子弟所得。还规定愿充生徒者可免杂役。元贞元年（1295），"命有司割地，给诸路蒙古学生员饩廪"⑤。由此可知，蒙古字学与庙学一样拥有学田，并以此

---

① （元）赵浚明：《临江路清江县儒学买田记》，第601页。
② （元）赵浚明：《临江路清江县儒学买田记》，第601页。
③ （元）黄溍：《黄文献公集》卷7上《明正书院记》，《丛书集成初编》本，第4册，中华书局1985年版，第242—243页。
④ （元）黄溍：《黄文献公集》卷7上《明正书院记》，第242—243页。
⑤ 《元史》卷81《选举一·学校》，第2028页。

供应师生膳食。因之,学田对于蒙古字学的维系具有重要意义:"立蒙古学习字通译以修时用,各置校官之师以训诸生。然而师生廪膳,必系乎岁收,阙则教养废,此学校田土之不可无也。"① 温州路下辖永嘉县有塗地约五百多亩,自南宋以来一直属于学校所有。至顺元年(1330),赵华甫将其作为无主田献给了蒙古字学,从此埋下了儒学与蒙古字学之间关于学田争讼的种子。这一争端持续数年,难以根断。一直到笏伯长剌到任达鲁花赤,将学田按照肥瘠、多少平分两校之后才从根本上解决了蒙古字学与儒学之间关于学田的争夺问题。对这一结果,时人称颂:"今而两学各要其业,师生各作所餻,而校官者尚当厚风俗,息词讼之源,有英材以备朝廷之选,庶不负监郡公(指笏伯长剌——引者注)勉励之意。"而完美解决争讼的笏伯长剌史称其"回纥人也,读书有德量,为政以仁厚。其先世翰林学士承旨,故于学校事靡不尽心焉"②。元代所谓回纥即回回,钱大昕对此有明确考证。③ 据此可知,笏伯长剌为回回人,其名疑为笏伯都剌(Ubaydullah,意为"安拉之奴仆")之误,其父祖任翰林学士承旨,因受家风之影响,故热衷于教育事业。

五

元代各族官员之所以在各地任时将兴教、重教视作第一要务,除却与中央政府的重视、倡导政策密切相关外,大部分官员本身就为儒家文化所吸引。如前举中书右丞相哈剌合孙,"善骑射,尤习国书,闻儒者谈辄喜"④。故在其任职期间,积极推动大都孔子庙与国学机构的创设,以及郊礼的实行。为此他采取了一系列措施:"选名儒为学官,奏遣近臣子弟入学,而四方来学者益众。"⑤ 从哈剌合孙的措施可知,大都设国学后,首先是选择近臣子弟入学,而所谓近臣即指那些位于权力核心圈的大臣,这些人中外来移民

---

① (元)孙以忠:《温州路儒学记》,(明)王瓒、蔡芳编,胡珠生校注《弘治温州府志》,上海社会科学院出版社 2006 年版,第 538 页。

② (元)孙以忠:《温州路儒学记》,第 539 页。

③ 陈文和主编:《嘉定钱大昕全集》第 3 册《廿二史考异》卷 100《奸臣传》,凤凰出版社 2016 年版,第 1626 页。

④ (元)刘敏中《中庵集》卷 4《敕赐太傅右丞相赠太师顺德忠献王碑》,第 295 页下。

⑤ (元)刘敏中《中庵集》卷 4《敕赐太傅右丞相赠太师顺德忠献王碑》,第 297 页上。

居多。他们若要在新迁入国巩固自己的地位，首先要具备两方面的条件，一是熟悉统治者的文化即蒙古文化，至少通晓蒙古语，这一点从元代文献所载来看，外来移民大多通晓多种语言，因此担任译史、怯里马赤者非常多；另一点则是要了解占主流地位的儒家文化。这不仅因为他们所要管理的对象是在这一文化影响下的民众，另一方面他们的子孙后代如欲步入仕途，除恩荫这条途径外，参加科举考试则是另一条途径，而若参加科举，则必须学习儒家经典。元代的科举考试虽分左右两榜，但试卷依然是以汉文作为考试文字，内容也是儒家经典。在这层含义上，这些来自五湖四海的贵族子弟通过国学这条门径，跟随当时的名儒硕德学习儒家经典、思想，从而接触到中原传统文化，既提升了他们的汉学修养，同时也可以帮助他们通过科举考试，步入仕途。

在地方广设各级学校，不仅对儒学的传播起了扩大与推动作用，更为重要的是，通过设学，改变了社会风气，尤其对于边远地区来说，意义更为重大。这方面有前举伯笃鲁丁在桂林修建庙学之例，同时还备齐了祭器："笾豆簠簋，罍爵之节，钟磬笙管，琴瑟之音"，一切合乎礼节，甚至比中原有些地区做得还好。①

这方面最显著的个案是赛典赤·赡思丁治理云南。他任云南平章政事期间，在文教方面的措施有"创建孔子庙、明伦堂，购经史，授学田，由是文风稍兴"②。云南民族众多，尚有未归附者，俗无礼仪，被视为蛮荒之地："云南去中国极为荒远，其俗朴鲁犷悍，氈裘椎髻。"③赛典赤到任后，召集僚佐说："'夷俗资性悍戾，督产畏义，求所以渐摩化服其心者，其惟学乎？'乃损俸金，市地于城中之北偏，以基庙学。"④据史料可知，赛典赤所建庙学规模不小，共有屋五十三楹，并将孔子七十二弟子以及历史上对传播儒学有功之人的像绘列于墙面上，以供瞻仰学习。赛典赤在云南推广儒学，讲授儒家经典与仪礼，从而使当地风气为之一变。需要说明的是，赛典赤建成庙学不久即逝世，而他的继任者脱脱木儿继续其未完事业，选择子弟入

---

① （元）梁遘：《重修府学记》，光绪十七年《广西通志》卷133《建置略八》，第33页上。

② 《元史》卷125《赛典赤·赡思丁传》，第3065页。

③ （元）郭松年：《创建中庆路大成庙碑记》，《新纂云南通志》卷92《金石考十二》，刘景毛等点校《新纂云南通志》（五），云南人民出版社2007年版，第225页。

④ （元）郭松年：《创建中庆路大成庙碑记》，第226页。

学，特别值得一提的是，所选学生除了官员子弟外，还有平民之子。任命四川人王君荣任教官。

赛典赤与其继任者脱脱木儿在云南兴建庙学，传播儒学，对云南产生了不可估量的影响。史云：

> 教无类也，孰谓异俗之不可化哉？今夫云南荒服之人，非有故家流风以资于闻见也，又非乡党师友之习也，一旦举中国之治以加之，皆反心革面，若其固者。于以见王者之德大以远，夫子之道尊而明，而异俗之果不难治也。他日化成俗定，人材辈出，彬彬乎齐鲁之风，则任斯事者，宜无愧于文翁云。①

上引这段史料客观而又真实地描述了赛典赤在云南行儒学所带来的良效，改变了当地的蛮荒风气，促进了当地文明程度的提升，加速了云南与中原文化上的趋同性，密切了与中央的关系，巩固了中央对云南行省的控制，即所谓"华夏之风灿然可观矣"②。可谓意义重大而又深远。

六

中国历来是一个多民族的国家，而中华民族形成的过程正如费孝通先生所言的"滚雪球"的过程。正是在这样一个历史进程中，中华民族形成为包含五十六个民族的大家庭。在这一历史进程中，少数民族对中国传统文化的传承与推动做出了了不起的贡献，值得大书一笔。

元朝在中国历史上可谓是独特的存在，它开启了少数民族入主中原建立大一统王朝的新局面，首次将吐蕃与云南纳入中国版图，漠北与辽阳分别设行省，疆域超越任何一个前朝，部族种类亦无前代能与之相比，语言文字复杂，仅官方使用的文字就有三种：汉语、蒙古语和波斯语。因此表现在教育方面也呈献出多语教学，设有国子学、蒙古字学和回回字学。而且元代还编有多种双语书籍，普遍设置译史，有人称元代是中国翻译史上的黄金时代，

---

① （元）郭松年：《创建中庆路大成庙碑记》，第 226 页。
② （元）郭松年：《创建中庆路大成庙碑记》，第 226 页。

正是反映了元代多民族、多文化、多语言汇聚的历史场景。

在如此多元复杂的格局下，如何进行有效统治是元朝统治必须面对的实际问题。元人曾提到当时存在的难题："部民往往不解汉语，各恃部长，跳梁不能制。"[①] 通过以上所举之例可看到，元代官员应对这一难题的途径是教育。元朝统治者之所以高度重视儒家思想，并大力提倡兴学创教，其根本目的在于统一意识形态，维护封建国家的统治秩序。尤其武宗加封孔子为"大成至圣文宣王"，顺帝加封颜回、曾子、孟子为复圣、宗圣、亚圣，又封朱熹为齐国公，这一系列更加彰显其政治意图，即所谓"学校之教，先王为治本也"[②]。即是说，重视并提倡兴学创教对大元政权来说，具有如下重大意义：

首先，"敦劝子弟从师学问，读书讲礼，皆有要义"[③]。通过兴学，使年轻子弟知学、向学。一般来看，凡是兴教之地，儒风皆大振，从而达到"美风俗"的统治目的。

其次，"卉衣远人，皆能讲圣人之道，酣饫子吏，习文辞，群试于有司，献艺于上国，与吾中土之士角长于一日，往往腼仕，岂土俗至是哉？盖圣化远被，劝学之效渐劇使然也"[④]。此处的所说的"远人"不仅包括元朝统治下的边疆部族，还包括来自异国的不同文化背景的外来移民。通过向他们宣讲圣人之道而将之纳入国家统一的意识形态框架之中，有助于消弭不同民族之间的隔阂，有利于"大元臣民"即国家共同意识的产生，从而有利于国家的稳定与统治。

在这一过程中，元代外来移民官员也积极参与其中，他们和汉人僚属共同创建庙学，兴修路学、县学、文庙，招收官民子弟入学，学习儒家经典、礼仪。他们在边疆地区推广儒学所取得成效更明显，影响更大。正是他们在全国

---

① （元）杨遇：《元故同知蓟州事杨公墓碑》，《遵化通志》卷44《古迹考》，光绪十二年刻本，《中国地方志集成·河北府县志辑》第22册，上海书店出版社、巴蜀书社、江苏古籍出版社2006年版，第612页。

② （元）余阙：《青阳先生文集》卷2《穰县学记》，张云霞点校，安徽师范大学出版社2021年版，第40页。

③ （元）张乐善：《达鲁花赤马合末去思碑》，光绪《重修新乐县志》卷5《艺文上》，光绪十一年刻本，《中国地方志集成·河北府县志辑》第8册，上海书店出版社、巴蜀书社、江苏古籍出版社2006年版，第273页。

④ （元）吴炳：《登封县重修庙学记》，成化《河南总志》卷14《集文》，成化二十年刻本，《原国立北平图书馆甲库善本丛书》第343册，国家图书馆出版社2013年版，第822页。

各地对儒学的传播，使中国传统在元代不仅没有中断发展，反而在传承中继续发展，并孕育出元杂剧这种中国文学史上的灿烂夺目的花朵。更为重要的是，通过他们在全国各地的儒学措施，使元代各族人有了共同的文化价值观念，加强了不同民族之间的相互认同，而于他们自身而言，修建庙学、文庙、书院亦是参与传统文化构建的行为与过程，并在这一过程中践行"中夏之俗"，即由周公、孔子等先圣所制订的礼法与思想。这种"中夏之俗"的践行过程就是他们完成在地化的过程，同时也是他们由"外来者"转为"在地者"的过程。

总之，元代外来移民在元代中国教育领域的活动为我们生动展现了中华民族多元一体的历史运行轨迹，并为构建中华民族共同体意识奠定了坚实的历史基石，其影响与意义不言而喻。

（作者为浙江大学历史学院副教授）

《圣武亲征录（新校本）》若干问题的讨论

——兼说伯希和、韩百诗对《圣武亲征录》的研究

尹 磊

　　《圣武亲征录》是研究蒙元史的一种重要史料，历来为中、外学者所重。就我国而言，其中比较重要的成果就有何秋涛、李文田、沈曾植、丁谦、王国维①等人的研究。就国际学界而言，早先曾有日本学者那珂通世的《校正增注元亲征录》②，等到伯希和（P. Pelliot）、韩百诗（L. Hambis）《圣武亲征录译注》的第一部分问世后③，可以说将《亲征录》的研究推进到了一个难以企及的高度。因此，直到21世纪，才又产生像美国学者艾骛德（Christopher P. Atwood）那样精研《圣武亲征录》的学者，他的研究成果据称近期即将出版，其中有部分也已经译成中文发表④。与之对应，中华书局于2020年出版了贾敬颜校注、陈晓伟整理的《圣武亲征录》（新校本）（以下简称新校本）一书，可以说反映了我国学者对《亲征录》研究的最新进展。如所周知，这部书原是贾敬颜先生的未刊稿，据新校本的整理说明称，贾先生自

---

① 反映何秋涛、李文田、沈曾植等人研究成果的，参《校正元亲征录》；丁谦的著作为《元圣武亲征录地理考证》；王国维的校注本见氏著《蒙古史料四种》。

② 那珂通世：《校正增注元亲征录》，见故那珂博士功绩纪念会编《那珂通世遗书》，大日本图书1915年版。

③ Paul Pelliot et Louis Hambis, *Histoire des campagnes de Gengis Khan*, E. J. Brill, 1951.

④ ［美］艾骛德著，马晓林译：《〈说郛〉版本史——〈圣武亲征录〉版本谱系研究的初步成果》，《国际汉学研究通讯》第九期，北京大学出版社2014年版。

1956 年校勘《圣武亲征录》，历经二十余年完成了《圣武亲征录斠本》的初稿，并于 1977 年左右以油印的形式印发学界，后来又增补了大量内容并对初稿进行了删改①，惜贾先生生前未能出版，而整理者又花了三年半的时间进行整理，诚为不易，因此有读者在豆瓣评论称之为"目前最权威的本子"②。

一 《新校本》的优长之处

笔者以为，除了作为一部优秀的古籍整理作品所具有的基本优点之外，这部书就蒙元史研究方面而言，其优长之处还体现在以下四个方面，在此分别举例说明。

（一）可以校正此前学者关于《亲征录》原本的推测

比如关于《亲征录》记载的金人讨伐塔塔儿部之史事，《亲征录》云："金主遣丞相完颜襄帅兵逐塔塔儿北走。"伯希和、韩百诗在《圣武亲征录译注》中推测道："本书的蒙古语编年史原文中肯定没有完颜襄这个名字，而是与拉施都丁书里一样只称为'丞相'，或者最多是像《秘史》里那样称为王京丞相；这是忽必烈时代把本书从蒙文翻译为汉文的时候，译者重构出的汉文名字的完整形式，并且这个重构出的名字还从《亲征录》传到了《元史》之中。"③

据贾敬颜先生在《新校本》中的研究，旧本各本只作"丞相某"，因此，伯希和等人认为，完颜襄的名字是在忽必烈的时代就加到汉文译本中的推断是不能成立的④。

（二）可以补充之前诸家所用底本的阙漏

比如《亲征录》记载的"十三翼之战"，前人所使用的本子，"札剌儿

---

① 贾敬颜校注：《圣武亲征录（新校本）》，陈晓伟整理，中华书局 2020 年版，整理说明。
② "贾先生的校注本毫无疑问代表了《亲征录》文献整理的最高水平，是目前最权威的本子"，《圣武亲征录（新校本）》词条书评第 1 条，参 https：//book. douban. com/subject/34879040/。
③ Paul Pelliot et Louis Hambis, *Histoire des campagnes de Gengis Khan*, p. 194.
④ 贾敬颜校注：《圣武亲征录（新校本）》，陈晓伟整理，第 41 页。

及阿哈部为一翼"以下脱失了两翼的记载，以至于他们只能通过《史集》中的平行史料进行复原和重构。而贾敬颜先生根据国家图书馆藏郑杰注本（底本）进行了补充，内容为"兀忽出之子忽都、阿而党吉为一翼；蒙哥都吉颜之子长寿及瓮古儿拜要乌部为一翼"，使十三翼的记载得以完璧。

（三）可以纠正此前学者在人名正字法上的一些猜测

比如关于"失力哥也不干"其人，《亲征录》有"失力哥也不干手执阿忽出拔都塔儿忽台二人来至忽都浑野"的记载，伯希和、韩百诗认为："我们试图将本文中的人名重构为失力哥〔秃〕也不干，并读作 Širgü〔tü〕-äbügän，但这处的错误——如果可以说是错误的话，应该相当古老，因为在《元史》中对应的段落中也是作'失力哥也不干'，此外，很可能是明代的抄写者基于《元史》中的错误形式，而删除了'秃'字。"① 据贾敬颜先生书，郑杰注本及伯希和未曾见过的几个本子中，此人的名字实际上是写作"失里哥都也不干②"的。

（四）可以与此前学者的对音拟构相印证

关于《亲征录》记载的"及荽叶胜和率忙兀部亦来归"中的"荽"字，伯希和等人说："接下来的音节是可疑的，'荽'可以排除，但'叶'则没法解释。'菜'肯定是错的，但可能是'蘽'的俗字'藁'。尽管如此，这个'藁'字假设出的原文形式是 -lui -、-rui - 而不是我们想要的 la。"③

关于此字，贾敬颜先生新校本所用的底本郑杰注本，据陶本补了一个"莱"（lai）字，在诸本中最为优长④，且与伯希和此处关于语音的假设暗合。

二 《新校本》存在的问题

虽然《新校本》存在着诸多优点，然而仔细研读一过，发现可以改进之

---

① Paul Pelliot et Louis Hambis, *Histoire des campagnes de Gengis Khan*, p. 158.
② 贾敬颜校注：《圣武亲征录（新校本）》，陈晓伟整理，第30、31页。
③ Paul Pelliot et Louis Hambis, *Histoire des campagnes de Gengis Khan*, p. 166.
④ 贾敬颜校注：《圣武亲征录（新校本）》，陈晓伟整理，第30、33页。

处仍然不少，以下拟从新校本点校错误、相关语文学（Philology）知识理解之误、因未参考前人研究所致之误、应出校记失校之处、引用他说时的理解错误以及有待商榷之处等六方面，分别加以讨论。

（一）《新校本》的点校、录入错误

第 1 页，缀言部分第 2 段第 1 行，"疑王鹗奏请延访太祖事迹宣付史馆，时人之所撰述"。"史馆"与"时人"之间不应点断。

第 36 页中注释 8 "原校：别吉，母也。"原意是指忽儿真哈敦是薛彻别吉的母亲，整理者错误的点断了"别吉母也"一句，造成了错误，同页注释 10 "别吉，次母也"。也是如此。

第 69 页"汪可汗分兵由怯绿连河指忽八海牙山，先发部众，后成列而进"，应断句为"汪可汗分兵由怯绿连河指忽八海牙山先发，部众后成列而进"。

第 95 页"上族人答力台斡真斤、按摊、火察儿、塔海忽剌海、阿答儿斤、木忽儿哈檀、札木哈等背我还"，其中"阿答儿斤、木忽儿哈檀"应连为一人，"阿答儿斤"为其族属；"背我还"应断开，"还"与下文"且说亦剌合"相连。

第 365 页，原跋末尾"注韩居士杰识"，即郑杰，然而在书前的整理说明和缀言部分中，又均作"郑傑"。

第 369 页，附录之《圣武亲征录》题跋辑录，所辑钱大昕《十驾斋养新录》"圣武亲征录"条，"而其撰安童碑，乃复与此抵牾何耶？"其中，"抵牾"与"何耶"之间应该点断。

（二）《新校本》在语文学理解上的错误

《新校本》第 7 页注释成吉思汗幼年时的近侍"脱端火而真"时，曲从旧说，为将"火而真"比附为《元史》中所记掌弓矢之事的"火儿赤"，竟不惜引《史集》称在该书的平行段落中作"Ta［o］［dūn］－hūrčī"，但实际上这完全是校注者自己猜测的结果。在《史集》中，此人的名字分明译作脱端－塔忽儿赤（Tahūrčī）①，校注者无视前面已有"脱端"这一部分，自行把 Tahūrčī 补充为"Ta［o］［dūn］－hūrčī"。实际上，伯希和早就指出，这个"火而真"应该是来自 quhurči，即"quhur 琴的演奏者"，但《圣武亲征录》原文的汉译者，由于更熟悉火儿赤、火儿臣这个名称，所以下意识地用"火而真"来进行翻译②，因此使从屠寄③开始到贾先生一系列的中国学者产生了误解。

《新校本》第 65 页，同一段中提到了"兀忽阿忽出"和"阿忽兀忽出"。对于前一个名称，校勘者没有给出任何理由，就在校勘记中否定了京、傅、史本以及《元史》中此人名字开头的"沆"字。此人的名字，《史集·成吉思汗纪》伊斯坦布尔抄本、塔什干抄本作"انكقهاقوجو"，《史集》第一卷第一分册《泰亦赤兀惕部落》集校本作"انكقو قوجو"（此承魏曙光兄检出），由此可见，关于这个名称的前半部分，作"兀忽"肯定是不妥的，应以"沆忽"为正，"阿忽兀忽出"（或可拟构为 Aqu－uquču）更是一个不可取的形式，王国维、伯希和诸家也早已提出应改正为"沆忽"。

（三）因未参考前人研究所致之误

《新校本》第 15 页校勘记【十五】在提到成吉思汗与札木合的对抗时，针对原文中"鲜明昆那颜之子迭良统火力台、不答合辈为一翼"一句，认为史、傅、何三本作"统"是错误的，缪荃孙校作"统"也错误，而根据其他赵、翁、钮等诸本写成"垓"，把它和前面的"迭良"连起来，作为一个人名。但伯希和早已指出，"迭良即 Däräng，与拉施都丁书中的 Därängi 相对应"④，根据校注者的意见，他认为 Därängi 应该与"迭良垓"⑤ 对应，但这一比对不仅在语音上存在问题，而且校注者本人也未给出如此比对的原因何在。

---

① ［波斯］拉施特主编：《史集》第一卷第二分册，余大钧、周建奇译，商务印书馆 1992 年版，第 109 页。

② Paul Pelliot et Louis Hambis, *Histoire des campagnes de Gengis Khan*, p. 20.

③ 屠寄：《蒙兀儿史记》，卷二，1b，柯劭忞、屠寄：《元史二种》，上海古籍出版社 2012 年版。

④ Paul Pelliot et Louis Hambis, *Histoire des campagnes de Gengis Khan*, p. 62.

⑤ 贾敬颜校注：《圣武亲征录（新校本）》，陈晓伟整理，第 17 页。

《新校本》第 28 页校勘记【四】中解释"马兀牙答纳"这个人名时提到，"史集部族志照烈作 Yadagana"。但实际上 yadagana 只能对应这个人名中"牙答纳"的部分。显然校勘者未能参考伯希和等人的研究，伯希和在此正确地指出，《史集》里的这个名字，应该和前面的一个词 Māqūī - 连起来，读作 Māqūī - Yādānā①。与此相关的是，《史集》俄译本出于对汉文平行史料缺乏掌握，把马兀牙答纳这一个人给当成了 gāgūī 和 yādāgānā 两个人，据此译出的汉译本也没有认真的核对汉文史料，还把他们装扮成了两个很"蒙元味道"的人名——"合忽亦"和"牙答合纳"②，但实际上在任何蒙元时代的史料中，都不可能找到这两个虚构的人名。

（四）应出校记而失校之处

《新校本》第 5 页，"宿将察剌海"，伯希和、韩百诗所用说郛诸本作"夙将"，而校勘者并未注出。

《新校本》第 30 页，"阿忽赤拔都"，伯希和等早已有考，认为应作"阿忽出拔都"③，校勘者未出校记。

《新校本》第 30 页，"搠只钞鲁罕二人……来归"。《新校本》在校勘记【十八】中已经引用《史集》，明确指出"史集曰 Jočī - jāūrqeh 可证"，但对于原文中把这位"搠只钞鲁罕"当成两个人的错误，却未出校记。

《新校本》第 34 页，"失邱儿泣曰：'盖以捏群太石、叶速该拔都二君去世，我专为他人所辱至此。'因大哭"一段中，"专"字解释不通，沈曾植的意见为"等"之误，伯希和的意见应理解为"转"，然而校勘者于此均未出校记。

《新校本》第 45 页，"适灭里乞部与我会战"，王国维本作"与我众战"，《新校本》未出校记。

《新校本》第 56 页，"我昆弟如野鸟依人，终必飞去"，伯希和早已提出，虽然"所有的抄本均作'终'字，但拉施都丁则提到了'冬天'，在《元史》中进行了更多加工的文本也是同样。鉴于这里提到的是在温暖地区度过寒冷季节的

---

① Paul Pelliot et Louis Hambis, *Histoire des campagnes de Gengis Khan*, p. 145.

② ［波斯］拉施特主编：《史集》第一卷第一分册，余大钧、周建奇译，商务印书馆 1992 年版，第 192 页。

③ Paul Pelliot et Louis Hambis, *Histoire des campagnes de Gengis Khan*, p. 159.

鸟类，‘终’这个字在这里是没有意义的，我相信应该读作‘冬’，并且我也是如此进行订正的”①。而校勘者未出校记。

（五）引用他说时的理解错误之处

《新校本》第 3 页，校勘记【六】注释也速该擒获的塔塔儿部首领帖木翰怯一名之时，转述伯希和《圣武亲征录译注》中的意见，称"太宗名窝阔台，《元史》卷一〇九诸公主表有翰可真公主，皆翰怯之属格形式"。其实，伯希和的原文为，"窝阔台"可能是"翰怯"一词的属格形容词形式，而"翰可真"则是"窝阔台"一名的阴性形式②。

《新校本》第 11 页，校勘记【九】在给"八鲁剌思"部落名所作的注释中，转引伯希和之说："此适可校正《史集》之作 Qūralās 之误"，但在伯希和的《圣武亲征录》中，给出的转写是قورلاس Qōrulās③。

《新校本》第 17 页，校勘记【十七】引伯希和书中说，"盖录之作者，每以蒙古文之 - ' - 译 - q - ，而'兰'与 - rqa - 之区别，错在两书所本之原文，增减一钩之差而已"。这段话本身文意不通的地方，可以通过正确的译文得以明白："《亲征录》的译者用 - q - 来译写 - ' - （蒙文书写中的 - γ - 和 - q - ）。至于拉施特书中结尾的 - rqa，在我们的文本中作兰（ - ran），其分歧既不能归因为汉文，也不可归因为是波斯文，而是蒙古文原文添了或缺了一小勾所造成的。"④

《新校本》第 56 页引用伯希和的话来解释"也的脱不鲁"这个名称的时候，称其含义是"言有'七首级'也，非突厥语词"。而实际上伯希和的原话是"Yädi - Tubluq 的意思是'有七个球的人'……无论如何，这个名字是突厥语而非蒙古语"⑤。新校本的校对者，由于缺乏突厥语的知识，不知道 Tub 有"球"的意思，因此不敢用法语 boule 的本义"球"来翻译，而是使用了引申义"头"，可谓望文生义；并且还把伯希和本来表达的肯定意见改成了否定意见，更是谬以千里了。

---

① Paul Pelliot et Louis Hambis, *Histoire des campagnes de Gengis Khan*, p. 328.
② Paul Pelliot et Louis Hambis, *Histoire des campagnes de Gengis Khan*, p. 10.
③ Paul Pelliot et Louis Hambis, *Histoire des campagnes de Gengis Khan*, p. 34.
④ Paul Pelliot et Louis Hambis, *Histoire des campagnes de Gengis Khan*, p. 58.
⑤ Paul Pelliot et Louis Hambis, *Histoire des campagnes de Gengis Khan*, p. 317.

（六）其他有待商榷之处

《新校本》第9页，当提到秃台察儿从玉律哥泉来萨里川劫掠搠只的马匹时，校勘者在校勘记中称原文中"众来萨里川掠搠只牧马"中的"众"是"泉"之舛伪，认为何秋涛根据《类编》在"众"上添了"举"字，而王国维从之乃"皆不可信"，应根据缪荃孙本为"来萨里川掠搠只牧马"。然而从上下文意来看，很明显此处应加上"举众"两字，文意更为优长，伯希和等所使用的说郛本也正是如此。

《新校本》第10页，在讨论秃台察儿此人的校勘记（三）中，引用《秘史》，称秘史128节"相应者作'迭兀'，即'弟'，疑系将蒙古文'弟'字译入人名之内"。这段文字突兀而令人无法理解，因为无论是《亲征录》的秃台察儿，还是《秘史》的绐察儿，这两个人名中都没有与"迭兀"对应的成分。根据笔者个人的推测，此处应是校勘者引用《史集》中提到"札木合薛禅亲属中有一个人，名叫迭兀答察儿"① 进行注释后残留的部分，而原注不知是在校订的过程中还是整理的过程中被删除了。

《新校本》第25页，原文"是时，泰赤乌部地广民众，而内无统纪。其族照烈部与我近，常猎斡禅札剌马思之野。上时亦猎，围阵偶相属。既合，上曰：'可同宿于此乎？'彼曰：'猎骑四百，糗粮不具，已遣半还。'上曰命给助同宿者"。一段，校勘者据唯一产生异文的史本，在"命给助同宿者"后面加了"于此乎"三字②，但可以明显看出，加了之后，语意反而变得不清楚了。可以肯定，这是史本在抄写的时候，抄重了前一句的"于此乎"而导致的。

三　伯希和、韩百诗对《圣武亲征录》的研究

从以上所举的例子中，不难看出伯希和、韩百诗工作的重要性。根据韩百诗所撰写的前言，《圣武亲征录译注》的底本实际上是由韩百诗从汉文的《圣武亲征录》译成法文并加以简单注释的一个稿本。韩百诗的这项工作，

---

① ［波斯］拉施特主编：《史集》第一卷第一分册，余大钧、周建奇译，第314页。
② 贾敬颜校注：《圣武亲征录（新校本）》，陈晓伟整理，第27页。

是应伯希和的要求，于1931年也就是他25岁的时候开始进行的，直到1935年29岁时完成了译注本的初稿。我在此还有一个推测，就是韩百诗的这项工作，不能视为他本人闭门造车的产物，而应该视为是在伯希和讲授的研讨课（séminaire）上，经过师生共同讨论的结果。这个推测的证据之一，是《圣武亲征录译注》中提到"hūn‑izär即'黄金之血'，解释不通，有位同仁建议我读作hūn‑iräz'葡萄之血'"①，这应该就是在研讨课上由学生提出的意见，并为伯希和所采纳了。直至如今，还有很多法国的研究生研讨课是以这样师生共同阅读原文并进行译注的形式进行。有可能中国蒙元史研究的代表人物韩儒林先生1934—1935年在巴黎时，就参加了伯希和有关《圣武亲征录》的研讨课，所以在回国后才写出了《成吉思汗十三翼考》（1940年）这篇著名的论文，而其论文的主题，也正是《圣武亲征录》一书中最主要的部分之一。

在接受了伯希和对初稿的指点之后，韩百诗又对自己的翻译进行了进一步的完善，但等到1941年他同伯希和再谈到此事的时候，才发现伯希和不仅已对他的翻译进行了订正，而且大量补充和改造了注释的内容，正像伯希和的弟子丹尼斯·塞诺对乃师治学所采用"水蛭学问"（leech‑scholarship）的评价所说，"当他分派韩百诗翻译……《圣武亲征录》时，他是为了搭设一个蓬架，好在上面铺上他自己评注的葡萄藤"（参见丹尼斯·塞诺《怀念伯希和》，罗新译）。当然，这可能是作为葡萄种植者的伯希和在生命结束前种植的最后一株葡萄藤了。由于二战的爆发，法国遭到德国的全面占领，从一开始就是纳粹政权抵抗者（résistant）的伯希和，陷入了艰难的境遇之中，据塞诺回忆，在德国人占领期间，伯希和还曾经被短期逮捕过。从《圣武亲征录》一书也能看出当时局势的痕迹，在书中他多次提到，"目前的状况不允许我们在新出准确的高比例地图上确定这些名称"②；"很可惜我既未能参考箭内亘的著作，也未能参考《热河省全图》，幸运的是《钦定热河志》中汇集了很多我所未见的文本，在当前我所处的不利的环境中，这就是我所能搜集到的了"③；并且由于战争的影响，他没有办法参考包括《通鉴续编》、

---

① Paul Pelliot et Louis Hambis, *Histoire des campagnes de Gengis Khan*, p. 232.

② Paul Pelliot et Louis Hambis, *Histoire des campagnes de Gengis Khan*, p. 45.

③ Paul Pelliot et Louis Hambis, *Histoire des campagnes de Gengis Khan*, p. 98.

岷峨山人《译语》、《明实录》等在内的多种汉文著作。当时，伯希和的《马可波罗注》已经完成，据伯希和自己所述"正在印刷之中①"。因此，《圣武亲征录》的译注，可以说是伯希和学术生涯最后的一项大工程，很可惜的是，根据韩百诗所说，当伯希和于 1945 年去世时，他仅完成了全书约三分之一篇幅的注释。但是，从本书中经常出现的"将在下文 xx 节中讨论这一问题""将在××节中进行详细讨论"等可以看出，对于《圣武亲征录》余下的部分，伯希和还是作了一些注释的，至少我们可以认为他进行了一些准备，并且应该还以笔记的形式保存了下来。从韩百诗的前言来看，在他的"大师"去世之后，本来他是想用几年的时间，让《亲征录译注》的剩余部分也都能出版，但出于某种我们所不知道的原因，这部书的剩余部分终究未能闻世。即便如此，正如有学者所指出的，《圣武亲征录》原书的 21 段文字，却被伯希和和他的弟子"加上了 400 页以上的详细注文，可以说在迄今为止欧美汉学界所产生的大量汉学及内亚史笺注类著作中，尚无一本书的正文与注文在篇幅数量上反差如此之大。换言之，在目前如林的汉学或内亚史学术著作中，要找出一部对正文笺注最赅密之作，恐怕非《圣武亲征录》莫属。纵然暂不考虑该书的考据原创性如何，仅从这一点上观察，它在相关学术史中也理应占有一席之地"②。

伯希和之所以能够对《圣武亲征录》进行详尽的注释并提出创见，结合其所处的背景看来，除了他精熟相关的汉、蒙、波斯文文献之外，还有几个需要强调的有利条件：一是 1934 年屠寄《蒙兀儿史记》的成书。正如在《圣武亲征录译注》中伯希和的夫子自道，对于屠寄书里有关蒙古史事、地名等的诠释，他使用频率最高的一个词是"任意而为"（arbitrairement），他针对屠寄的很多解释都提出了尖锐的批评，但在某些地方又对屠寄的重构和解释表示赞同，甚至加以赞许。虽然对于刘迎胜老师提出的，伯希和在撰写《亲征录》的注释时，"凡是屠寄用过的书他就用过，凡是屠寄没有用的书他也没有用"这个观点，笔者不敢苟同，但我至少部分同意刘老师的意见，也就是伯希和是以中国学者（当然也包括日本学者、西方学者）的研究为基

---

① Paul Pelliot et Louis Hambis, *Histoire des campagnes de Gengis Khan*, p. 98.
② 钟焓：《一人考据深似海——伯希和及其内亚史研究概观》，收入氏著《重释内亚史》，社会科学文献出版社 2017 年版，第 13 页。

础来进行研究的。二是蒙古学者送给伯希和的罗卜藏丹津所著之《蒙古黄金史》的抄本。这部书发现于 1926 年，伯希和使用的抄本，是该书的发现者札木养公复制并送给他的，我们在《圣武亲征录译注》中可以看到，伯希和在复原蒙古人名和地名上，对这一抄本的依赖程度之深。三是格鲁塞《蒙古帝国史》的出版。格鲁塞此书出版于 1941 年，现在看来这本书利用的多是二手资料，没有什么太大的学术价值，但如置身于伯希和的时代，则会发现《蒙古帝国史》为法语读者提供了一个有关成吉思汗早期历史的叙事框架，而这个框架正是伯希和所需要的。

四　伯希和、韩百诗的研究对中国元史学界的影响

虽然如前文所述，韩儒林先生曾从伯希和学习，但由于历史的原因，他后来也并没有利用 1951 年出版的《圣武亲征录译注》对有关成吉思汗十三翼的论文进行修订。在 1982 年出版的《穹庐集》中，这篇文章保留了初版时的原貌（仅删去了有关的平行文本）。1979 年出版的《圣武亲征录》蒙译本中，也没能参考法文的译注本，从而在专有名词的转写复原中，出现了大量的错误，其中有部分已经被亦邻真先生所指出①。亦邻真先生对专有名词的复原，往往与伯希和的研究相合。此外，1983 年《蒙古史研究参考资料》（新编第 26、27 辑）中刊载了黄振华先生所译《圣武亲征录译注》的前言和导论部分的汉译文，1985 年《蒙古史研究参考资料》（新编第 39 辑）又刊载了他翻译的《圣武亲征录注释》（一），但由于译者的法语水平恐怕不甚高明，所以其中错译的部分非常多。比如其中提到跌里温盘陀的意思是"雌鼠的山岗"，但原文实际上是说"跌里温盘陀（Däli'ün – bolto［q］）的意思是'脾脏形状的山'"。造成这样误会的原因何在呢？恐怕是译者只知道法语里面 rate 有"雌鼠"的意思，不知道还有"脾脏"这一解释所导致的。

从南京大学蒙元史研究的传统看，陈得芝先生在跟随韩儒林先生做研究生时，就曾经研读伯希和、韩百诗的《圣武亲征录译注》，写出了《十三世

---

① 亦邻真：《评蒙译〈圣武亲征录〉》，载乌云毕力格、乌兰编《般若至宝：亦邻真教授学术论文集》，上海古籍出版社 2019 年版，第 469—480 页。

纪前的克烈王国》等论文；刘迎胜老师也常常强调《译注》一书的重要性，他在 1994 年出版的《西北民族史与察合台汗国史研究》中，就注意到屠寄《蒙兀儿史记》的成书，与激发伯希和在蒙元史研究领域的研究热情并最终撰成《圣武亲征录译注》之间的内在联系。他先发表在《欧亚学刊》（第一辑），后来又收入所著《海路与陆路：中古时代东西交流研究》（北京大学出版社 2011 年版）一书中的《蒙古征服前操蒙古语部落的西迁运动》一文，更反映出他对伯希和、韩百诗的研究成果中与巴牙兀惕部有关内容的全面吸收。

回到《圣武亲征录（新校本）》，笔者认为，纵然存在一些问题，但此书仍然可称为一部造福学林的佳著。总之，正如亦邻真先生在《评蒙译〈圣武亲征录〉》一文中所说："考虑到有益于阅读该译本的广大读者，同时也能对以后的彻底修订有所裨益，故在此提出一些已见，望诸位明鉴。"①我们也希望，新校本通过进一步修订能成为真正经历时间考验的著作，并为蒙元史研究者提供参考。

（作者为南京中国科举博物馆副馆长）

---

① 亦邻真：《评蒙译〈圣武亲征录〉》，载乌云毕力格、乌兰编《般若至宝：亦邻真教授学术论文集》，第 469 页。

关于《平宋录》若干问题的新考索

曹金成

　　《平宋录》刻成于元成宗大德八年（1304），是现存成书最早且最为详细地记载元朝灭宋历程的历史文献。前人对《平宋录》的概要介绍与评价，当以清乾隆朝四库馆臣所给出的以下文字为代表：

> 　　《平宋录》三卷，旧题杭州路司狱燕山平庆安撰。一名《大元混一平宋实录》，又名《丙子平宋录》。前有大德甲辰邓锜、方回、周明三序。纪至元十三年巴颜下临安及宋幼主北迁之事，与史文无大异同。惟元世祖《封瀛国公诏》、巴颜《贺表》诸篇，及追赠河南路统军郑江事，为史所未备，颇足以资参考。
>
> 　　此书黄虞稷《千顷堂书目》以为刘敏中作。今按周明序，称"平庆安请于行省，奏加巴颜封谥，建祠于武学故基，武成王庙之东。且锓梓王行实行于世"，后又有"大德八年甲戌月（案：大德元年为甲辰，九月当建甲戌，此盖当时习俗之文，不合古例，谨附识于此。）燕山平庆安开版印造《平宋录》"一行。俱不言新著此书。是此书实刘敏中所撰，庆安特梓刊以传。后人以其书首不题敏中姓名，未加深考，遂举而归之庆安耳。今改题敏中名，从其实焉。敏中字端甫，章丘人，由中书掾历官至翰林学士承旨，卒，追封齐国公。事迹具《元史》本传。①

---

① 《钦定四库全书总目（整理本）》，中华书局1997年版，第720页。按，"大德八年甲戌月"，可理解为"大德八年甲辰岁建戌月"。按照古人以十二地支与十二月相配的"月建"观念，建子之月即十一月，依次类推，建戌月即九月，此即四库馆臣所谓"九月当建甲戌"之缘由。

四库馆臣的这一提要，涉及《平宋录》的作者、书名、卷数与史料价值等问题，所述并非完全平实可信。既往的研究，仅考察了《平宋录》的版本，并简要辨析了作者的身份①，但仍有进一步检讨的空间。有鉴于此，本文以四库提要所涉议题为中心，并援引史源这一问题，在与前人成果充分对话的同时，对《平宋录》一书进行全新考索。

一　作者

四库馆臣征引黄虞稷（1629—1691）《千顷堂书目》的说法，进一步论证《平宋录》作者实为刘敏中，而非"旧题杭州路司狱燕山平庆安"，认为后者只是"梓刊以传"而已。此说不但在清代、民国影响甚大②，当今学界亦多信从不疑③。最新的研究则指出刘敏中的碑传材料从未提及他著有《平宋录》一书，故更倾向于将《平宋录》作者题名为"平庆安辑"④。此节即作进一步检讨。

诚如前人所言，刘敏中并非《平宋录》的作者。对此，还可进一步论证。若刘敏中果真是《平宋录》的作者，则正文前的序言必定会对其撰述旨趣以及与此相关的作序缘起有所着墨⑤，然其中除了表彰平庆安的刻印之功外，却对刘敏中未置一词，这不得不让人质疑刘敏中作为《平宋录》作者的身份。

此外，《平宋录》的文本本身亦存在诸多弊端，如同一人物前后指称有

---

① 熊燕军：《〈平宋录〉的版本及作者》，《元代文献与文化研究》第 2 辑，中华书局 2013 年版，第 38—47 页。
② （清）稽璜：《续文献通考》卷 163《经籍考》，浙江古籍出版社 2000 年版，第 4155 页上；（清）刘锦藻：《清续文献通考》卷 271《经籍考十五》，浙江古籍出版社 2000 年版，第 10152 页上；（清）张佩纶：《张佩纶日记》，谢海林整理，凤凰出版社 2015 年版，第 390 页；民国《山东通志》卷 131《艺文志第十》，民国七年铅印本，第 39 页 a。
③ 《中国历史大辞典·史学史卷》，陆峻岭所撰词条，上海辞书出版社 1983 年版，第 92 页；夏征农主编：《辞海》之《中国古代史分册》，上海辞书出版社 1988 年版，第 562 页；邓瑞全、王冠英编著：《中国伪书综考》，黄山书社 1998 年版，第 336 页；杨镰主编：《全元诗》第 11 册，中华书局 2013 年版，第 259 页。
④ 熊燕军：《〈平宋录〉的版本及作者》，第 47 页。
⑤ 按，四库馆臣指出正文前有"邓镔、方回、周明三序"，其实遗漏了方回与周明二序之间的杜道建序，故《平宋录》正文前共有四篇序文。

别（既称忽必烈为"至尊"，又以"上"指代）、蒙古语人名的汉译前后不一（前有"乙乞里歹"，后则作"亦只里歹"）、删节而成的衔接生硬的"云云"类话语（复州翟贵降附时，有"丞相曰'汝今迎师而降，鄂州亲属可令无虞'云云。丞相召贵曰'复州去江陵不远，汝遣使去招谕'云云"）以及干支纪日的一些错误，等等①，若出自"朝廷有大制作，必遣使需其文"的刘敏中之手②，显然不可思议。总之，目前将《平宋录》的作者比定为刘敏中难以令人信服！

就《平宋录》的具体内容来看，卷上与卷中所记确如四库馆臣所说，是"纪至元十三年巴颜下临安及宋幼主北迁之事"。然细绎其文，卷上与卷中伯颜下临安的纪事以干支纪日，而卷中末"宋幼主北迁之事"则以数字纪日，这显然是后者直接抄录其他材料缀接到前者之后所致③。卷下依次编入了宋太后致淮东制置李知院书、大丞相贺表、贺表、赐宋主诏、追赠郑江、抚劳战士、丞相伯颜公勳德碑等文章，作者皆非刘敏中。邓锜序言所谓"次第《平宋录》讫"云云，暗示此书并非一蹴而就，而是按一定次序陆续纂成，恰与其卷次内容相符。至于将《平宋录》作者署名为刘敏中，很可能是刘敏中曾撰有《敕赐淮安忠武王庙碑》而导致后人张冠李戴的误解④。

至于所说"旧题杭州路司狱燕山平庆安撰"或"平庆安辑"，其实亦不确切。缪荃孙根据《平宋录》邓锜序云："大德七年，杭州路司狱官平庆安建白：大丞相太傅伯颜公，加封淮安王，谥忠武，创祠立石，介于武成王庙左。又次第《平宋录》讫，大路推官王国宝请序其首。"认为"是书旧题平著，不为无据"⑤。但在这一叙述中"次第《平宋录》讫"之主语为平庆安，并不明朗。又，周明序末有言："杭州路司狱燕山平庆安，奋身陈言于宣抚□□。奉使嘉其言而转呈都省，遂获闻奏，追封淮安王，谥忠武，都省俯从祠祀之请，俾之募缘以集其事。平司狱又能货庐买木，以倡其首，请佣杭城

---

① 按，此处所引《平宋录》原文，请参见笔者于上海古籍出版社即将出版的《平宋录》点校本，恕无法逐一注明；下同。

② （元）曹元用：《敕赐故翰林学士承旨赠光禄大夫柱国追封齐国公刘文简公神道碑铭并序》，参见邓瑞全、谢辉校点《刘敏中集》，吉林文史出版社 2008 年版，第 458 页。

③ 详见本文第三节。

④ 熊燕军：《〈平宋录〉的版本及作者》，第 47 页。

⑤ （清）周家楣、缪荃孙等编纂：《光绪顺天府志》卷 124《艺文志三》，北京古籍出版社 1987 年版，第 6478—6479 页。

亡宋武学故基武成王庙之东，建立祠宇，往来之人，得瞻庙貌，皆发忠义之心。仁义哉！平司狱之操心也。且锓梓王行实传于世，名之曰《丙子平宋录》。开卷瞭然，见王勋业之大。凡当时同心勠力之人，因王而得彰其名于天下后世。"显然，平庆安只是筹建杭州路伯颜祠堂与刊刻《平宋录》的倡言者与实施人。《平宋录》卷下还记有平庆安为建祠、印书之事所写的跋文："燕山平庆安起盖祠堂，开板印造《平宋录》。大德八年甲戌月平庆安。"丝毫未提其为《平宋录》之作者。可见，将《平宋录》的作者推断为平庆安，亦缺乏坚实的证据。

笔者注意到，元人黄溍也撰有《平宋录序》一文，虽不见于今本《平宋录》，但或可借此进一步管窥《平宋录》的作者身份。今征引如下：

> 《平宋录》者，纪淮安忠武王平宋之功也。王庙在杭城燬于灾，监察御史言："王宣劳戮力，弼成正统，功莫大焉。宜令有司复其祠宇，仰副国家崇报之意。"御史台上于中书省以闻，已被旨可其奏。而江浙行中书省亦以为言，乃命中顺大夫、本投下诸色总管府达鲁花赤普化乘传而南，与行省官同莅其役。庙之告成也，行省既请胙王以大国，锡铭于石章，且俾儒司刻《平宋录》于杭学，以侈其传。按录之旧文，与所赐《王庙碑》、《开国元勋佐命大臣碑》、《皇朝经世大典》所序，五战间有不能尽同，二碑、大典皆史家承旨撰著，今悉取正焉。他书有可证据则增入，有当参订则附注，余无所考者，并存其旧，以俟史官之裁择。王世冑之懿，官伐之隆，德器之宏，勋烈之茂，则有制词及碑文在。谨以冠予篇端，兹不敢赘述也。①

按，顺帝至正二年（1342）杭州火灾烧毁了浙江行省省廨与杭州路儒学司，伯颜祠堂殆亦受到殃及，故此文很可能撰于顺帝至正年间，其中所提"《王庙碑》"即刘敏中撰《敕赐淮安忠武王庙碑》，《开国元勋佐命大臣碑》即元明善撰《丞相淮安忠武王碑》②，"《皇朝经世大典》所序"殆即《经世大典》之《征伐·平宋》条。

---

① （元）黄溍：《黄溍全集》，王颋点校，天津古籍出版社2008年版，第270页。
② 熊燕军：《〈平宋录〉的版本及作者》，第41页。

黄溍明确指出，此次儒司重刻《平宋录》时，"二碑、大典皆史家承旨撰著，今悉取正焉"，其实是在一定程度上将《平宋录》与"史家承旨撰著"区别对待。而且，与司狱平庆安刊印《平宋录》时一样，黄溍对此次所刻《平宋录》的作者亦只字未提。据此再联系到上文所述文本本身的缺陷，就不难想见：大德年间成书的《平宋录》很可能出自杭州一带文史素养乏善可陈的基层文吏之手，其作者自然也就难免在当时寂寂无闻了。

二　书名与卷数

正如本文开篇四库馆臣所示，《平宋录》的书名并不统一。除了四库馆臣所提《大元混一平宋实录》《丙子平宋录》外，笔者发现还有其他书名，今列表如下：

书名	出处	备注
《大丞相伯颜平宋实录》	邓锜序	
《大元丙子平宋实录》	周明序	
《新刊大元混一平宋实录》	清抄本卷上书名①	《守山阁丛书》、《芋园丛书》本作"《平宋录》"。
《新刊大元混一江南实录》	清抄本卷中、下书名	《守山阁丛书》、《芋园丛书》本作"《平宋录》"。

其中，清抄本中所谓"新刊"云云，殆就元世祖朝所诏修并刊刻的《平宋录》而言。《大元丙子平宋录》《新刊大元混一平宋实录》显然就是四库馆臣所谓《丙子平宋录》《大元混一平宋实录》之全称，与《大丞相伯颜平宋实录》《新刊大元混一江南实录》均可简称为《平宋录》。若考虑到平庆安刻书是为了表彰伯颜平宋的丰功伟绩，则邓锜序文所用《大丞相伯颜平宋实录》最名副其实②。

---

① 关于《平宋录》的版本问题，详见本文第五节。

② 按，前人研究认为，"大德八年本专述伯颜平宋之事，因此也被称为《伯颜平宋录》"，又说名为《丙子平宋录》《大元混一江南实录》的《平宋录》"早佚"，参见熊燕军《〈平宋录〉的版本及作者》，第40、38页。然周明序所揭书名《大元丙子平宋实录》表明这一认识并不切实。

相较于书名，《平宋录》的卷数引出的问题则更为复杂。四库馆臣所寓目者为三卷①，然见于文献著录者，还有一卷、二卷、十卷，如下表所示：

卷数	出处	备注
一卷	杜贵墀：《巴陵人物志》卷 12，参见叶启倬辑《郎园先生全书》第 194 册，第 4 页 a	此"一卷"，系对《碧琳琅馆丛书》本《平宋录》卷数的误记（参见《巴陵人物志》卷 12，第 3 页 b），实应作"三卷"
	莫友芝撰，傅增湘订补：《藏园订补邵亭知见传本书目》卷 4，傅熹年整理，中华书局 2009 年版，第 285 页	
两卷	黄佐：《南雍志》卷 18，《中华再造善本》影印嘉靖二年刻增修本，第 36 页 b	
	黄虞稷：《千顷堂书目》卷 5，瞿凤起、潘景郑整理，上海古籍出版社 2001 年版，第 141 页	
	黄虞稷、倪灿：《补辽金元史艺文志》，参见王承略、刘心明主编《二十五史艺文经籍志考补粹编》第 22 卷，清华大学出版社 2014 年版，第 25 页	
	钱大昕：《元史艺文志》卷 2，参见陈文和主编《嘉定钱大昕全集》（增订本）第 5 册，凤凰出版社 2016 年版，第 154 页	
十卷	焦竑：《国史经籍志》卷 3，参见王云五主编《丛书集成初编》第 25 册，商务印书馆 1929 年版，第 67 页	
	黄虞稷：《千顷堂书目》卷 5，瞿凤起、潘景郑整理，第 141 页	此十卷本，见于上述《千顷堂书目》所记两卷本夹注
	钱大昕：《元史艺文志》卷 2，参看陈文和主编《嘉定钱大昕全集》（增订本）第 5 册，第 154 页	

① 按，前人研究据目前所见最早的三卷本系《四库全书》本推测，今传三卷本是元代以后改编而来："估计明清时，由于诸本残缺，后人遂将大德八年本和至正本合二为一。"同时又说，也有可能是"采入四库时，四库馆臣将其分为三卷"。参见熊燕军《〈平宋录〉的版本及作者》，第 46 页。但本节后文已指出，今传三卷本的版式与傅增湘所见"影写元刊本"同，尤其是此说并无实据，故本文暂不采纳。

其中，傅增湘所说一卷者，名《大元丙子平宋录》，系"影写元刊本，十行二十字。有大德甲辰邓锜序及方回序。钤有吴志忠及惠栋藏印"①。缪荃孙亦曾寓目："旧钞蓝格本。元平庆安撰。卷首'大元丙子平宋录'，卷末'大元混一江南实录'。"② 此一卷本的行数、每行字数以及序言作者，与今传清抄本同③。

　　最值得注意的是，钱大昕所录两卷本与十卷本。十卷本名《平宋录》，前人注意到，至元十三年六月，元廷"诏作《平金、平宋录》，及诸国臣服传记，仍命平章军国重事耶律铸监修国史"④，因而推测，是年诏修的《平宋录》很可能就是十卷本⑤。然目前所见对十卷本的最早著录即上文所引焦竑《国史经籍志》一书，其中还将"伯颜"认定为十卷本《平宋录》的作者，显系误解。四库馆臣早已尖锐地指出，《国史经籍志》"丛抄旧目，无所考核，不论存亡，率尔滥载。古来目录，惟是书最不足凭"⑥，故不得不令人质疑所记《平宋录》卷数的可靠性。后来黄虞稷所谓十卷说，或许即据焦竑著录而来⑦。至于钱大昕，他一方面指出十卷本是"至元十三年刘敏中奉诏修"⑧，另一方面又说此系"相传"而来⑨，可见他对原书并未寓目，只是因袭前人所言而已。总之，十卷本《平宋录》的卷数是否确实，以及此书与至元十三年诏修《平宋录》是否为一书，目前均缺乏直接而有力的证据。

　　钱大昕所录两卷本，名《伯颜平宋录》。关于两卷本与十卷本的关系，

---

① （清）莫友芝撰，傅增湘订补：《藏园订补郘亭知见传本书目》，傅熹年整理，中华书局2009年版，第285页。

② （清）缪荃孙：《艺风藏书续记》卷4，参见张廷银、朱玉麒主编《缪荃孙全集·目录》，凤凰出版社2013年版，第220页。

③ 详见本文第五节。

④ 《元史》卷9《世祖纪六》，中华书局1976年标点本，第183页。

⑤ 熊燕军：《〈平宋录〉的版本及作者》，第39页。按，王恽记其在至元十四年贡职翰林院后，"时每会集，日课读平宋事迹若干编类者"（王恽：《玉堂嘉话》，杨晓春点校，中华书局2009年版，第49页），似乎指的是阅读官修《平宋录》一书之事。

⑥ 《钦定四库全书总目（整理本）》，第1153页。

⑦ 按，《千顷堂书目》即记有"焦竑《国史经籍志》六卷"，参见黄虞稷《千顷堂书目》卷10，瞿凤起、潘景郑整理，上海古籍出版社2001年版，第294页。

⑧ （清）钱大昕：《元史艺文志》，参见陈文和主编《嘉定钱大昕全集（增订本）》第5册，凤凰出版社2016年版，第154页。

⑨ （清）钱大昕：《十驾斋养新录》卷13《平宋录》，杨勇军整理，上海书店出版社2011年版，第261页。

周中孚怀疑:"岂钱氏别有所见,抑以一书歧而为二也。"① 然钱氏的行文表明这显然是两部不同的史书②。在钱大昕的其他著作中,其实对两卷本《平宋录》的内容还有更为详细的介绍:

> 《平宋录》二卷:《丞相贺平宋表》;《太师淮安忠武王赠谥制》;《淮安忠武王庙碑》,刘敏中撰并书;《淮安忠武王碑》,元明善撰;《丞相淮王画像赞》,苏天爵撰。以上上卷。世祖至元元年入觐至英宗敕立碑;至正三年正月跋;失末页。《丞相伯颜公勳德碑》,史周卿撰,至元十三年建,卅一年重立,寇元德跋;《至正四年追封淮王制》;《淮忠武王庙碑》,王沂撰,揭傒斯书,至正四年渡江官员。以上下卷。按至元十三年,诏修《平宋录》十卷。相传刘敏中所修,与此卷数不合,且当时虽以伯颜为大将,而同事尚有阿朮、阿里海涯诸人,不应专记伯颜一人。若至正四年追封淮王,更在敏中既殁之后,此录必非敏中所修之本。③

此二卷本《平宋录》还收有至正四年(1344)的制文,与上文所述三卷本亦迥然有异,二者显然是两部不同的史书,此点胡玉缙早已指出④。因此,钱大昕所谓"不知撰人,或云平庆安作"的推测,就根本无从谈起了。

三 史料来源

《平宋录》共三卷,卷下纂辑了与平宋相关的诏书、贺表、碑文等材料,

---

① (清)周中孚:《郑堂读书记》补逸卷9《史部·杂史类》,黄曙辉、印晓峰标校,上海书店出版社2009年版,第1394页。

② 按,钱大昕在二卷本后有夹注:"不知撰人,或云平庆安作。"与十卷本迥然有别。参见陈文和主编《嘉定钱大昕全集》(增订本)第5册,第154页。此说后为魏源所沿袭,参见(清)魏源《元史新编》卷92《艺文志二》,光绪慎微堂刊本,第3页b。

③ (清)钱大昕:《十驾斋养新录》卷13《平宋录》,第260—261页。关于两卷本《平宋录》的内容,钱大昕在其读书日记中亦有记载,见于《竹汀先生日记钞》卷1《所见古书》,参见陈文和主编《嘉定钱大昕全集(增订本)》第1册,凤凰出版社2016年版,第537—538页。

④ 胡玉缙撰,王欣夫辑:《四库全书总目提要补正》,上海书店出版社2020年版,第470页。按,有学者推测此两卷本即黄溍所序本,参见熊燕军《〈平宋录〉的版本及作者》,第44页。熊文据苏天爵《丞相淮王画像赞》撰于至正九年(1349),推测此二卷本"很可能刊印于至正九年火稍后",又说杭州伯颜祠庙在至正二年毁于火灾。然伯颜祠庙在至少七年的时间内却一直没有告成,着实不可思议。因此,在没有确凿证据的前提下,此二卷本与黄溍序本的关系,暂时存疑。

而卷上与卷中的史源则需进一步探析①。

通观《平宋录》前二卷史事，与以下两部文献所记内容大有关联。

一、《丙子北狩》。《丙子北狩》出自随南宋宗室北行的日记官严光大之手②。《平宋录》卷中最后按日述及南宋宗室北迁的经过，以及北迁后的遭际与处境，与《丙子北狩》几乎如出一辙。显然，《平宋录》在编撰时必定参考过《丙子北狩》一书。

二、《元史》卷一二七《伯颜传》。《伯颜传》中伯颜入元经历与率军灭宋的详情，其叙事脉络与《平宋录》基本相同；在具体细节方面，尽管二者的个别史文互有详略，但重合之处实多。故可肯定，《伯颜传》与《平宋录》应有共同的史料来源。

不过，与《伯颜传》相较，《平宋录》的文本本身还透露出其部分史源可能具有口述材料的性质。原因有二：一是《平宋录》的个别文字体现出听音记字的书写特点，如下表所示：

《平宋录》	《元史》卷 127 《伯颜传》
万户武显	万户武秀
炎山	盐山
黄家原堡	黄家湾堡
天道难行	天道南行

其中，"炎山"与"黄家原堡"，显然是对湖北一带的地名"盐山"与"黄家湾堡"的汉字音译③。而最明显的莫过于"天道难行"，此句出自伯颜军中术士李国用之口，《伯颜传》载其所言："天道南行，金、木相犯，若

---

① 按，《元史》卷 170《畅师文传》："十二年，丞相伯颜攻宋，选为掾属，从定江南，及归，舟中惟载书籍而已。十三年，编《平宋事迹》上之。"（第 3995 页）有学者怀疑此《平宋事迹》"不知是否即《平宋录》，如若不是，也一定是《平宋录》的重要史源"，参见熊燕军《〈平宋录〉的版本及作者》，第 39 页。需要指出的是，畅师文作为伯颜"掾属"，主要以当事人的身份编写《平宋事迹》，大可保障文字的整饬与纪事的准确，这也是其后来能够入职翰林并纂修《成宗实录》的重要原因（《元史》卷 170《畅师文传》，第 3996 页）。然《平宋录》在文字本身与纪日等方面均存在诸多缺陷，若主要据《平宋事迹》编辑成书，则令人难以想象。

② （元）刘一清：《钱塘遗事校笺考原》，王瑞来校笺考原，中华书局 2016 年版，第 23—24 页。

③ 按，盐山在今湖北钟祥西北伍庙西北，黄家湾堡在今湖北钟祥东北洋梓西南黄家湾，参见邱树森主编《元史辞典》，山东教育出版社 2002 年版，第 1195、728 页。

二星交过，则江可渡。"① 揆诸语意，《平宋录》中的"天道难行"无疑就是"天道南行"之误。《平宋录》之所以出现字词上的这类不规范甚至错误音写，显然与其所据材料的口述性质有关，循此理路，关于万户武秀的姓名，应亦以《伯颜传》为准。

二是纪日的误差所提供的证据。《平宋录》至元十一年"冬十一月戊子"（十六日）、"乙未"（二十三日）、"己亥"（二十七日）条所记史事，在《伯颜传》、《元史》卷八《世祖纪五》、《经世大典》之《征伐·平宋》条等相关文献中分别为"十月戊午（十六日）"、"乙丑"（二十三日）、"己巳"（二十七日）之事。对此，最为合理的解释应是：《平宋录》至元十一年十一月的纪事来自某一口述材料，后者的提供者在追忆往事时将本该是十月的纪事误作十一月，从而导致《平宋录》中也出现了相差一月的错误纪事。

以上对《平宋录》在编撰时曾参考过口述材料的论证，有助于重新探究其中所记"溧水"一名的由来。《平宋录》记载至元十一年九月伯颜南征，派万户武显等前锋进趋郢州，"至溧水"，正值"溧水泛滥"。按"溧水"，李文田校跋本、《四库提要著录丛书》、《原国立北平图书馆甲库善本丛书》与《守山阁丛书》本均同，《芋园丛书》本则作"溧水"②。有学者据中华书局点校本《元朝名臣事略》卷二《丞相淮安忠武王》引元明善《丞相淮安忠武王碑》所记"漂水溢途"，推测《守山阁丛书》本《平宋录》中的"溧水"应为"漂水"之误，并进而论定"漂水"也是误记，另引《元史》卷一二七《伯颜传》"遇水溧"，指出《守山阁丛书》本《平宋录》所记"溧水"应为"溧水"之误，从而认为"至溧水"即"到了一个水溧"，下文"溧水泛滥"即"水溧之水涨溢泛滥"③。《芋园丛书》作"溧水"，恰与此相合，然这一观点尚可进一步检讨。查元刻本《元朝名臣事略》原文即作"溧水"，元刻本《元文类》卷二十四所收元明善《丞相淮安忠武王碑》亦

① 《元史》卷 127《伯颜传》，第 3102 页。

② 关于《平宋录》的版本问题，详见本文第五节。

③ 高建国：《伯颜南征遇"溧水"事辨析》，《元史及民族与边疆研究集刊》第 25 辑，上海古籍出版社 2013 年版，第 109—111 页。

作"溧水"，而《宋季三朝政要》卷四述此事时则将"溧水"书作"滦水"①。"溧水""滦水"，与《芋园丛书》本的"灅水"，均是用汉字记写其相近读音的产物，这恰与以上所论口述性材料系《平宋录》的一大史源相符。由此可见，《守山阁丛书》本《平宋录》中的"溧水"并非"灅水"之误，而是循其所据口述性史料本身读音而来，至于李文田校跋中的"溧水"，则为"溧水"之形讹。

四　史料价值

关于《平宋录》的史料价值，四库馆臣认为卷上、卷中"与史文无大异同"，而特别强调卷下所收伯颜《贺表》等文，"为史所未备，颇足以资参考"。其实，伯颜《贺表》具载于《元史》卷一二七《伯颜传》，又见于《元文类》卷十三，《追赠郑江》，为元人魏初所上奏章，备录于《青崖集》，均非"为史所未备"。此外，卷上与卷中也有诸多内容颇具参考价值②。清人俞正燮在指出六朝、唐、辽、金、元"娘子"一词为尊称时，即征引《平宋录》卷中"丞相娘子"一称作为例证③。今人亦指出《平宋录》前两卷有"有可补史阙或据以考证史事之处"，惜未展开举证④。下面即进一步择取卷上与卷中的相关史文，借以管窥《平宋录》的独特史料价值。

先看卷上：

至元十二年正月，伯颜遣陈奕、吕文焕谋取蕲州。至于为何选派此二

---

① （元）苏天爵：《元朝名臣事略》卷2《丞相淮安忠武王》，元刻本，参见杨讷主编《元史研究资料汇编》第94册，中华书局2014年版，第326页；（元）元明善：《丞相淮安忠武王碑》，参见（元）苏天爵编：《元文类》卷24，元末西湖书院刻本，第12页b；《宋季三朝政要》卷4，元皇庆元年刻本，第7页a；《宋季三朝政要》卷4，元至治三年刻本，第6页a。

② 元人孔克齐将《平宋录》视作"异日史馆之用，不可阙"的"国朝文典"之一，目前尚不能遽断其所说为两卷本还是三卷本。参见（元）孔克齐《至正直记》卷1，庄葳、郭群一校点，上海古籍出版社2012年版，第65页。按：此书作者原作"孔齐"，实应作"孔克齐"，参见丁国范《〈至正直记〉三议》，《元史及北方民族史研究集刊》1987年第11期，第64—66页；顾诚《〈至正直记〉的作者为孔克齐》，《元史论丛》第6辑，中国社会科学出版社1997年版，第228—230页；尤德艳《关于〈静斋至正直记〉及作者考述》，《中国典籍与文化》2003年第3期。

③ （清）俞正燮：《癸巳存稿》卷4，辽宁教育出版社2003年版，第128—129页。按：此标点本将《丙子平宋录》讹作"《内子平宋录》"。

④ 邓瑞全、王冠英编著：《中国伪书综考》，第336页。

人，《平宋录》以伯颜之口作了交代："向闻管景模、王滕、吕师道等与汝最相亲，汝可密书示之，则令来降，不亦可乎！"

至元十二年正月，伯颜祷于大孤山祈求渡江顺利，《元史》卷一二七《伯颜传》仅留下了"乃祷于大孤山神"这寥寥数语，《平宋录》则给出了更为详细的记载："或言于丞相曰：'番阳湖内大孤山神祠，请祷之。'丞相然之。遣人诣大孤山，祷曰：'钦奉大元皇帝命，举兵以征不庭。长江既渡，今湖口大风数日，阻我兵不能进。如祭之风定，后则许汝岁时无缺；祭享，若风不息，汝必不安。'是日，祭回风息，大军遂渡。丞相令江州士民岁时祭享。"

关于廉希贤遇害后，派遣张羽使宋一事，《伯颜传》亦有简略提及，但据《平宋录》才可得知原来是受吕文焕的推荐："吕文焕等言于丞相曰：'议事官张羽为人端悫刚决，兼有才略，其人可往。'丞相然之，召而问之。羽曰：'虽蹈廉、严之覆辙，然事不避难，臣之职也。羽何敢辞！'"

再看卷中：

至元十二年九月戊子日的纪事，《伯颜传》仅留下了"次高邮"三字，《平宋录》则着墨更多："戊子，攻白马湖，克之。沂流至清口、桃源，进至高邮境。遣帐前合必赤千户薛彻干等，先帅铁骑数百趋高邮。遇宋兵，出战，宋兵大败，斩首数级。次日，丞相率诸将阅兵城下，观宋壁垒而还。进至范光湖，避兵之民甚众。丞相遣人招谕，悉降。又遣侍卫军总管颜聚等，乘战舰五十余艘，破草湖乡贼，即日克之，令诸将秣马俟行。"

至元十二年十月伯颜分兵三道进趋临安，据《伯颜传》，右路统帅为阿剌罕，左路统帅为董文炳。《平宋录》可对此略加补充：右路军将领还有"四万户总管奥鲁赤"，左路军还包括"蒙古官帅万户张弘范、万户张祗、都统范文虎、王世强、管如德、史胜等，省都事杨晦领幕府事"。

至元十三年三月伯颜入临安后，分兵镇戍诸处。其具体布置，《伯颜传》仅提及："以阿剌罕、董文炳留治行省事，以经略闽、粤；忙古歹以都督镇浙西；唆都以宣抚使镇浙东。"《平宋录》所述则更为翔实："丞相命诸将分兵镇守临安，令阿剌罕、奥鲁赤蒙古、汉军镇屯西湖钱唐门等处，阇里帖木儿、怀都、乙乞里歹镇守钱唐、仁和，黄头兵屯富阳，相威等军屯盐官，焦兴、黄顺军屯德清，晏彻儿、刘源等镇守湖州市，忙古歹、范文虎抚治临安，以水弩砲诸将及别万户诸军分屯湖州市北，如犬牙相御。"

以上只是荦荦大端，举其要者略加阐释，但已不难看出《平宋录》中的独家记载对相关历史研究的重大参考价值。

五 版本

关于《平宋录》的版本，前人的研究重在梳理、辨析元明清书目著录中的情况。①对此，还可补充的是清人邵懿辰所说的"明南监本"，②这是目前见于著录的最早版本，但不知是否仍在世间。本节则对《平宋录》的传世版本择要略加介绍。

以笔者管见，今所传《平宋录》皆为清抄本与清刻本。清抄本中最为常见的无疑当属《四库全书》本。此外，国家图书馆还藏有一部李文田校跋本，善本书号为11816（后文简称"清抄本A"），最后附有抄录者识语：

> 《平宋录》三卷，疑即平庆安所撰。黄氏《千顷堂书目》作刘敏中撰，未知何据。而焦氏《经籍志》直作伯颜撰，并云十卷，误矣。丁酉正月，借张子充之本钞得之。时雷雨乍过，雪霰交下，寒威不减，腊尽时也。二十七日，枚菴漫士吴翌凤记于古欢堂之南荣。

关于作者与卷数的问题，上文第一、二节已述。"丁酉"即乾隆四十二年（1777）。吴翌凤（1742—1819），号"枚菴漫士"，"古欢堂"为其书房。

这一抄本在吴翌凤的识语后，还留下了校勘者李文田的跋文：

> 此本当从元刻本出，以提写空缺，均仍其旧故也。墨海金壶、守山阁两刊本，于缺泐之字，或径连接，或以意增补，多无义理，非见此本，不悟彼之深也。然则此乃明抄之善本矣。顺德李文田校记。

李文田所谓"明抄之善本"，似应作"清抄之善本"。他认为此本"当从元

① 熊燕军：《〈平宋录〉的版本及作者》，第38—45页。
② （清）邵懿辰：《增订四库简明目录标注》，邵章续录，上海古籍出版社1979年版，第239页。

刻本出"，与傅增湘推断"影写元刊本"同。另外，此本"十行二十字"，亦同于傅增湘所寓目者，二者可能来自同一个底本，抑或相互之间存在传抄关系。

除了清抄本 A 外，北京大学图书馆还藏有一部清抄本，善本书号为 LSB/4244，后被《四库提要著录丛书》影印出版（史部，第 195 册）。《原国立北平图书馆甲库善本丛书》（第 195 册，后文简称"清抄本 B"）亦影印了一部清抄本（后文简称"清钞本 C"），题"《平宋录》三卷"一册"为小字夹注，字号需调小"，后有"宋兰晖脱本"，以及"姜渭"之印，但字迹模糊不清处较多，近来李治安先生所编《元史研究资料汇编补编》（广西师范大学出版社 2020 年版，史部，第 6 册）亦收有此本。①

《平宋录》最早的清刻本是《墨海金壶》本，为嘉庆十三年（1808）张海鹏"较梓"（参见卷下第 6 页 b），左右双边，黑口无鱼尾，半叶 11 行，每行 23 字。后钱熙祚（1800—1844）又刻有《守山阁丛书》本。需要指出的是，《守山阁丛书》本《平宋录》系据《墨海金壶》本而来，二者实为一版，仅屈指可数的个别文字存在差异，如《墨海金壶》本记至元十一年"丞相总兵江南"，《守山阁丛书》本则改作"丞相总兵南伐"，再如《墨海金壶》本中的"上命左丞相巴延节制诸军伐宋"，《守山阁丛书》则将伯颜（巴延）的官职误改为"右丞相"，可见钱熙祚的改动并未完全达到后出转精的效果。

此外，清末方功惠（1829—1897）所刻《碧琳琅馆丛书》，亦收有《平宋录》（最后有"嘉应饶轸校字"，参见卷下第 8 页 b），今陈建华、曹淳亮主编《广州大典》（第 8 辑第 4 册，广州出版社 2008 年版）据以影印。此版《平宋录》左右双边，黑口无鱼尾，每半叶 9 行，每行 21 字。民国年间，黄肇沂（1902—1975）所辑刻的《芋园丛书》，即完全根据《碧琳琅馆丛书》本刊印而来。

以往学界对《平宋录》的参考利用，尤其重视清人钱熙祚辑刻的《守山

---

① 按，缪荃孙曾记有一部三卷本《平宋录》，系"旧抄本。有'雪苑宋氏兰挥藏书记'朱文长印"，参见（清）缪荃孙《清学部图书馆善本书目·史部下》，《缪荃孙全集·目录》，第 453 页。此旧抄本似即《原国立北平图书馆甲库善本丛书》与《元史研究资料汇编补编》所影印者。

阁丛书》本①。后出标点本，也是据《守山阁丛书》本而来②。不过，《守山
阁丛书》本所见蒙古人名已遭清人改译，一些词句也有讹误与不通之处，利
用起来并不尽如人意。因此，在厘清《平宋录》传世版本的基础上，对其重
新整理与点校就很有必要了。

通过上述的版本梳理可知，在校注《平宋录》时，清抄本 A 无疑是最佳
的底本。同时，可校以其他两部清抄本。清抄本 B、清抄本 C 与两部清刻本
（《守山阁丛书》本、《芋园丛书》本）。需要补充说明的是：清抄本 A 开篇
的邓镐序有数百字阙文，可据清抄本 C 补并出注说明；清刻本中，《墨海金
壶》与《守山阁丛书》本实为一版，《碧琳琅馆丛书》与《芋园丛书》本也
是同一版本，可取后出之《守山阁丛书》与《芋园丛书》本为参校本，二本
与《墨海金壶》《碧琳琅馆丛书》本个别文字有异者，可出注说明；此外，
《平宋录》本身纪事的讹误之处，非版本校所能解决，可参考《元史》卷八
《世祖纪五》、卷九《世祖纪六》、卷一二七《伯颜传》，以及《经世大典》之
《征伐·平宋》条、《宋季三朝政要》、《钱塘遗事》等文献予以校正。

按：本文在修改过程中，先后得到南京大学历史学院于磊先生，以及中国历史
研究院古代史研究所张晓慧与湖南大学岳麓书院于月两位女史的悉心赐正，特
此鸣谢！

（作者为山东大学历史文化学院副研究员）

---

① 杨志玖审定，李治安、王晓欣编著：《元史学概说》，天津教育出版社 1989 年版，第 291
页；陈得芝：《蒙元史研究导论》，南京大学出版社 2012 年版，第 26—27 页；陈高华、陈智超等：
《中国古代史史料学》，中华书局 2016 年版，第 321 页。

② 王云五主编：《丛书集成初编》第 3910 册《校正元亲征录　平宋录》，商务印书馆 1939 年
版；《中国内乱外祸历史丛书》第 9 辑（神州国光社 1951 年版），后改为《中国历史研究资料丛书》
（上海书店 1982 年版，书名为《避戎夜话》，实际上还收录了《大金吊伐录》《南渡录》与《平宋
录》三部文献）；车吉心主编：《中华野史》（辽夏金元卷），泰山出版社 2000 年版，第 564—571
页）。按，《中华野史》所收《平宋录》的标点本，不但遗漏了正文前的序言，而且在解题中又说：
"这次整理以《守山阁丛书》本为底本，并参校了《丛书集成初编》本。"其实，《丛书集成初编》
本即据《守山阁丛书》本排印而来，在其整理中并无参校价值。又，前人研究认为，《四库全书》
本后，"《墨海金壶》、《守山阁丛书》、《碧琳琅馆丛书》及《丛书集成初编》等不同版本"，"很可
能是据《四库》本刊印"，参见熊燕军《〈平宋录〉的版本及作者》，第 46 页。但仅就改译的民族
语文姓名而言，如也先卜花，《四库全书》本作"额森布哈"，《墨海金壶》等刻本作"额森卜"，
再如阿塔海，《四库全书》本作"安塔哈"，《墨海金壶》等刻本作"阿达哈"，其间差异迥然，可
见此说是想当然的推测。

宗家文库本《事林广记》的
编纂特点及文献价值[*]

陈广恩

  《事林广记》是元明时期十分流行的一部百科全书型日用类书，内容包括 50 多个门类[①]。该书的历代编纂者往往追求物无不该、事无不贯的编纂模式，因故全书内容十分丰富，可谓包罗万象，涉及人们衣食住行、医疗卫生、语言文辞、相面占卜、社会交往、修身养性、居家礼仪、待人接物、宗教信仰、娱乐休闲等日常生活的方方面面，以及天文地理、岁时节气、律令诉讼、官职制度等各种社会资讯。这些内容，保留了"较多的市井状态和生活顾问的数据"[②]，是研究当时社会生活的重要史料。

  《事林广记》不仅在元明两朝十分流行，而且在同时期的日本和朝鲜也备受青睐。现存《事林广记》的大部分刻本（包括元刻本和明刻本）、抄本收藏于日本，即是《事林广记》在日本流行的最好证明。而 1443—1477 年朝鲜王朝编纂的《医方类聚》，除了大量引用中医古籍之外，另有三种日用

  [*] 本文属于国家社科基金重大项目"日本静嘉堂所藏宋元文集珍本整理与研究"（18ZDA180）阶段性成果。

  [①] 不同版本的《事林广记》，其总目所列门类不尽一致。我们以宗家文库本总目所列门类为例，具体类目有天象、历候、节序、地舆、郡邑、方国、胜迹、仙境、人纪、人事、家礼、仪礼、农桑、花果、竹木、帝系、纪年、历代、圣贤、先贤、宫室、学校、文籍、辞章、儒教、幼学、文房、服饰、器用、音乐、音谱、武艺、道教、修真、神仙、佛教、禅教、文艺、棋局、医学、卜史、杂术、官制、国典、货宝、算法、刑法、公理、饮馔、禽兽、拾遗 51 个。

  [②] 胡道静：《事林广记》前言，（宋）陈元靓原编：《事林广记》，日本京都中文出版社 1988 年影印本，第 7 页。该本据椿庄书院刊本影印。

类书——《事林广记》《居家必用》《四时纂要》也在征引之列，其中《事林广记》被引 37 处，《居家必用》被引 34 处，《四时纂要》被引 11 处①。《事林广记》的征引次数在三种类书中最多，这也是它在朝鲜颇为流行的一种体现。

《事林广记》现在流传的版本，均为元明时期的刻本、和刻本，以及后来的抄本。各种刻本、抄本共计有 21 种之多。这些版本大部分收藏在日本，且与国内收藏的版本少有重复，故多为日藏孤本。

《事林广记》各个版本之间，内容多有不同，尤其是各元本之间出入颇大，我们不宜将其视为内容相同的同一种文献的不同版本。对此陆心源早已指出："是编各类所征引皆至南宋止，如《地舆》则止于宋四京二十三路，《历代》则止于中兴四将，《先贤》则止于罗豫章、李延平，《人事》《家礼》则止于温公、朱子之说。惟《圣贤类》则有《大元褒典》，《字学类》则有《蒙古书姓》，当是元人增入，《郡邑》《官制》《俸给》三类，全是明代之制，乃明初人所加增也，新之名盖由于此。疑此书在当时取便流俗通用，自元而明屡刊屡增，即其所分子目，恐亦非元靓之旧矣。"②陆心源此说是针对现藏日本静嘉堂文库的明永乐刻本《事林广记》而言，因此他指出《郡邑》《官制》《俸给》三类全是明代之制。这也正如胡道静所言：《事林广记》每次"翻刻之时，为了适应当前的需要，一定会增加一些新鲜的、合乎要求的东西进去，删掉一些失去时效、不切实际的东西"，因此"现存元、明各种刻本的《事林广记》，内容都有出入，无一完全相同"③。从这个意义来讲，《事林广记》的各个版本均有不可替代性，各个版本均有其独特的价值。同时元明时期流行的经过改编、增补的《事林广记》，其内容显然与陈元靓最初编成的《博闻录》已大相径庭，所以关于《事林广记》的作者，笔者以为用"陈元靓原编"进行界定，可能更符合实际情况。

收藏在日本长崎县立对马历史研究中心的《事林广记》，是元代刻本，

---

① 李倩：《〈医方类聚〉所引中国古代医籍研究》，硕士学位论文，北京中医药大学，2006 年，第 14 页。

② （清）陆心源：《皕宋楼藏书志》，《清人书目题跋丛刊之一》，中华书局 1990 年影印本，第 677—678 页。该本据归安陆氏十万卷楼刊本影印。

③ 胡道静：《事林广记》前言，（宋）陈元靓原编：《事林广记》，日本京都中文出版社 1988 年影印本，第 5—6 页。

这是日本在古籍普查时新发现的版本。该版本至今尚未公开，因收藏在对马岛，位置偏僻，因此日本国内学界的利用亦十分不便，前往查阅的学者寥寥无几。对于此本，宫纪子已有专文进行探讨，松田孝一也针对宗家文库本附载的《皇元朝仪之图》进行了复原和再研究①。笔者对该本的版本问题做过探讨，认为此本是介于反映元朝初期社会信息的和刻本与元后期西园精舍本、椿庄书院本、积诚堂本之间的版本，因此，宗家文库本对于探讨《事林广记》在元代前中后期的流传具有显著价值②。本文拟针对宗家文库本的编纂特点和文献价值再做进一步的分析探讨。

一

宗家文库本，宫纪子称之为对马本或对马宗家本，因其收藏文库名为"宗家文库"，所以，笔者将此本称为宗家文库本③。与和刻本相比，宗家文库本一个显著的不同是编排体例发生了很大变化。和刻本的编排体例，是按照天干自甲至癸编为十集，每集再分若干门。和刻本这种分类用"门"，标题用"分门纂图"的编排方式与《事林广记》的前身《博闻录》是一致

---

① ［日］松田孝一：《〈事林広記·皇元朝儀之図〉解説補遺》，《13、14 世紀東アジア史料通信》第 9 号，2009 年。

② 陈广恩：《日本宗家文库所藏〈事林广记〉的版本问题》，刘晓、雷闻主编：《隋唐辽宋金元史论丛》（第 7 辑），上海古籍出版社 2017 年版，第 291—306 页。

③ 窃以为，对于《事林广记》的不同版本，从目前各个版本的保存情况来看，很难用一个统一的标准来命名，但应该尽可能给各个版本一个比较明确和易于辨别的名称，而不宜用时代或者年号来指代，这样会出现分辨不清的情况。如学界目前有至顺本的说法，但至顺本至少有两个版本，即西园精舍本和椿庄书院本，因为这两个版本都是至顺时期刊刻的，所以用至顺本的说法显然不够明确，容易混淆。笔者以为，如果《事林广记》的版本有明确的刊刻书坊，则可以以书坊名称来指代该刻本，如西园精舍本、椿庄书院本、积诚堂本、梅溪书院本、翠岩精舍本等。如果同一书坊刊刻的版本存在两种或者以上，则可以根据刊刻时间进一步限定，如日本所藏詹氏进德精舍刻本，即有两种，我们可以根据牌记上的时间分别称之为弘治五年进德精舍本和弘治九年进德精舍本。对于刊刻书坊未知的版本，可以以收藏单位来命名，如收藏有江户时代抄本的比睿山延历寺睿山文库藏本，我们可以称为睿山文库本，还有宗家文库本、大岛文库本等。对于收藏在两家及以上藏书机构的未注明刊刻书坊的同一种版本，则以增补者、刊刻者等信息命名。至于日本翻刻的版本，因为仅有一种，所以可以沿用学界惯用的和刻本的称谓。因故，笔者对各个版本的命名，使用了书坊、收藏单位、增补者等多个不同的标准，这是需要特别说明的。

的①。积诚堂本也采用了这种编排体例，全书分为十集，每集再分上下两卷。宗家文库本则将全书改编为前、后、续、别四集，集内再分若干卷编排各个类目，原来和刻本十集的内容完全被打乱，并做了重新编排，其后椿庄书院本、西园精舍本继承了这种编排体例。至明代的各种版本，在前、后、续、别四集的基础上增加了新、外两集，改编为前、后、续、别、新、外六集的编排体例，这种编排体例只不过是宗家文库本编排方式的发展而已。由此可见，宗家文库本改变了《博闻录》最初的编排方式，开启了其后元明时期各种版本《事林广记》（除积诚堂本之外）的编排体例。

不仅编排体例做了很大修改，而且内容的增删调整也非常明显。宗家文库本增设了和刻本没有的一些类目，这些类目大都被其后诸本《事林广记》所继承，其中比较重要的有别集中的《官制类》《货宝类》《算法类》等。元朝统一之后，原来蒙古人的官制、金朝的官制，与南宋的官制迥然有别，各个政权使用的货币也完全不同，短时间内元朝政府不可能完成全国范围内的官制、货币的整齐划一，新的制度在全国的推广和施行必然有个较为漫长的过渡期和适应期，因此，这方面的信息无疑是生活在南宋故地的江南人所感兴趣的内容，也与人们的日常生活息息相关。而关于数学知识在民间的运用，则具有更强的实用性②，这也体现出《事林广记》作为日用类书不断追求实用的特点。这种情况再如前集卷七《胜迹类》、卷十二《人事类》、卷十八《仪礼类》，后集卷三《历代类》、卷十二《辞章类》、卷十三《儒教类》，续集卷六《神仙类》、卷十一《文艺类·围棋》等，也是和刻本没有而宗家文库本增补的类目。

宗家文库本别集卷八《国典类·朝仪》，所载内容与睿山文库本一致，今存其他各本《事林广记》中无载。《国典类》主要是宋金两朝的朝贺典仪和官员迎接礼仪，也有元朝的礼仪制度，如《大元庆节》等。与《东京梦华录》《大金集礼》《通制条格》《元典章》等文献中的相关记载相比，宗家文库本和睿山文库本的记载更为详细，更加接近原貌。如关于忽必烈的生

① ［日］宫紀子：《對馬宗家舊藏の元刊本'事林廣記'について》，《東洋史研究》第 67 卷第 1 号，2008 年。

② 参见刘璐《西园精舍本〈事林广记〉研究——以杂术类、算法类、饮食类为中心》，硕士学位论文，暨南大学，2018 年，第 45 页。

日——天寿圣节，宗家文库本载"八月二十八日该遇皇帝天寿圣节……"①
而《元典章》只记载"圣节拈香……"没有记载忽必烈生日的具体日期，
并且参拜仪式也不如宗家文库本所载详细②。与椿庄书院本、西园精舍本、
积诚堂本相比，宗家文库本更多地保留了南宋、金朝和元初的官制，而前三
本更多的是元朝的官制，宗家文库本正好可以补充前三本的不足。这些内容
也体现出元初完成统一之后，在元朝自己的官制还没有完全建立起来之际，
职官制度更多的是杂用宋金旧制，而与此同时，元朝改革、完善王朝官制的
工作也同时展开。

　　具体到各个类目之中，内容的增加就更为明显了。我们以和刻本、宗家
文库本、西园精舍本三种版本关于相马的内容进行对比，就能看出《事林广
记》的这种改编进程。和刻本没有相马的相关记载，仅有相牛法。宗家文库
本补入《相马歌》，歌诀如下：

> 三十二相眼为先，次观头面要方圆。
> 诀法不看先代本，便是盲人信步行。
> 眼似垂铃紫色鲜，满筐凸出不惊然。
> 白缕贯瞳行五百，班如撒豆不同看。
> 面颊侧击如镰背，鼻如金盏可藏拳。
> 口义须深牙齿远，舌如垂剑色如莲。
> 口无黑压须长命，唇似垂箱盖一般。
> 食槽宽净颡无肉，咽要平兮筋有拦。
> 耳如杨叶才批竹，咽骨高兮髀不坚。
> 八肉分兮弯左右，龙会高兮上古传。
> 项长如凤须弯曲，鬃毛茸细要如绵。
> 鬐长膊阔抢风小，臆高胸阔脚前宽。
> 膝要高兮圆似掬，骨细筋粗节要攒。
> 蹄要圆实须卓立，身平充阐要平宽。

---

① 《新编纂图群书类要事林广记》别集卷8《国典类·朝仪·大元庆节》，宗家文库本。
② 陈高华、张帆、刘晓、党宝海点校：《元典章》卷28《礼部一·礼制·朝贺·庆贺》，天津
古籍出版社、中华书局2011年版，第1003页。

　　　肋骨弯兮须坚密，排鞍肉厚稳金鞍。

　　　三峰压□①须藏骨，卧如猿落重如山。

　　　鹅鼻曲直须停稳，尾似流星散不连。

　　　膏筋大小须匀壮，下节攒肋②紧一钱。

　　　羊髭有距如鸡距，能奔急走日行千。

　　　已前贵相三十二，万中难选一俱全。③

　　至西园精舍本，除了保留《相马歌》之外，还补充了《相良马法》和《毛旋善恶图》两幅插图以及《相毛旋歌》，内容比起宗家文库本又有了进一步的丰富。三个版本《事林广记》中相马内容从无到有乃至不断增补，显然与蒙古统治者对马匹的重视有关。

　　和刻本《岛夷杂志》末条为"茶弼沙国"，宗家文库本于该条之后又揉入和刻本《山海灵异》的部分内容，同时增补了源自《太平广记》的"异邦习俗"和"海隅风土"两个类目，其中"海隅风土"全部是岭南的风土人情。这部分内容在宗家文库本中补入，应当是当时江南人了解岭南之地社会信息需求的体现。而新补的 30 个国家，说明读者群体关注的范围从江南、岭南原南宋故地，不但扩展至北方蒙古和金之地，进而延伸至海外诸国，这也是元朝统一后随着海外贸易的扩大，元人对世界的认识也随之发生了改变。

　　宗家文库本前集卷十六《家礼类·丧礼》，将和刻本壬集卷三《丧祭通礼》所录《岁时祭祝文式》《考忌辰祝文式》《妣忌辰祝文式》等祝文，修改为《致赙奠状式》《谢状式》《慰人父母亡疏》《父母亡荅人慰疏》《慰人祖父母亡启状》《祖父母亡荅人启状》等文书，到椿庄书院本和西园精舍本，又将宗家文库本的六份文书，修改成表格形式，内容与宗家文库本的六

---

　　① 此字底本不清，西园精舍本亦不清，《相良马宝金篇》将"压□"作"厌厌"，安稳貌，当是。参见（唐）李石等编著，邹介正、和文龙校注《司牧安骥集校注》卷1，中国农业出版社2001年版，第10、12页。

　　② 肋，西园精舍本和《司牧安骥集》卷1《相良马宝金篇》均作"筋"，当是。

　　③ 《新编纂图群书类要事林广记》别集卷17《兽畜类·牧养·相马歌》，宗家文库本。歌诀之末注云："右出李伯乐《宝金篇》"，可知此《相马歌》即是李伯乐的《宝金篇》。《宝金篇》和《良马相图》、《良马旋毛之图》，最早见于《司牧安骥集》卷1。

份文书一致，只是比前者更加简洁明了。显然，宗家文库本比起和刻本，内容更为具体，针对性更强，更加实用。上文提到和刻本没有《仪礼类》，宗家文库本增补的是《乡仪》。椿庄书院本和西园精舍本在此基础上，又补充了《拜见新礼》一项。这种改编过程，显示出与人们日常生活密切相关的仪礼，从无到有，并更加贴近实际需要。上述这些内容的增加，都是出于补充人们应时的社会需求，体现出《事林广记》追求实用的编纂特点。

二

宗家文库本增加的一些内容，有的其他文献中未见有记载，有的与《事林广记》的其他版本或其他文献中的记载有着明显不同，因此这类内容的文献价值就显得更为珍贵。如别集卷十三《饮馔类·酒》所载《云腴酒》和《霹雳酒法》，其他各本《事林广记》均无记载，而云腴酒的酿造方法，笔者在其他文献中也未发现。宗家文库本所载云腴酒的制造方法如下：

> 每米一石，先将八斗淘净，用汤于塯内荡，其汤不须太热。搅令均平，候三宿。漉，上甑蒸熟，摊在案上，天气冷则放温，天气暖则放冷。用清水曲五斤，连面、曲十斤，于内留二斤作投麹，其八斤糁在饭上。用浆、酵二斗，水五斗，共七斗。用麻油一两，炒葱半斤，椒一两，浆半升，一处揉烂。熟，入塯，令面平。用蒲团盖，候三宿，却将元留米二斗淘净，用水浸一昼夜。漉出蒸，候熟，摊放案上，依前冷暖气候。用以元留下麹一斤，入塯，一处均拌，却用蒲团盖二十日。熟，上榨。每石米取酒一石一斗二升，蒸饭柴一百斤。此系清酒法。
>
> 煮酒法：每石用麹并酝造法，并依清酒料则例。三十日熟，上榨，澄清。三日，包装入瓶。每瓶用黄蜡八分放瓶内，瓶口用白纸一片，上用菖蒲一片，如指面大。或不用菖蒲，在人用箬叶、竹篾包扎。上甑蒸，候透熟，香辣取下，封泥，上栈。蒸饭柴，每石米用一百斤；煮酒柴，每石用六十斤。①

---

① 《新编纂图群书类要事林广记》别集卷13《饮馔类·酒·云腴酒》，宗家文库本。

　　由麹方可见，云䏌酒的酿造工序比较复杂，所载方法也非常细致，并且分为清酒法和煮酒法两种制酒方法，说明云䏌酒有清酒和煮酒两个品种。云䏌酒的酿造方法，今存其他相关文献中未见有记载，可能这种造酒方法仅见于宗家文库本。金代文豪赵秉文的诗中提到了云䏌酒："手持云䏌酒，与云更献酬。"① 但关于云䏌酒的相关记载并不多，其后诸本《事林广记》也未载这种酒的制作方法，或许云䏌酒在当时并不十分流行。

　　再如霹雳酒法：

　　　　暑月为霹雳酒，色黑而味醇芳甘。取受二斗，令瓶净。淘好糯米一斗，炊如饭。摊之以水，每一斗用水二升，熟和之。以纸密封瓶口，候三日熟，不可压，但只把取上面清者，糟自沉底。仍候雷霹雳时，收取雨水淘米。吃之后，能忽忽扑人。②

　　关于霹雳酒，最早见于唐人皇甫嵩的《醉乡日月》，但现存《醉乡日月》的各种版本均已佚失了该条内容。后来的类书，如《类说》《岁时广记》等则保留下来《醉乡日月》中关于霹雳酒的记载。如《类说》载："霹雳酵：'暑月，候大雷霆时，收雨水掬米、炊饭、酿酒，名霹雳酵。'"③ 《岁时广记》所载基本相同："霹雳酒：《醉乡日月》：'暑月，候大雷霆时，收雨水淘米、炊饭、酿酒，名曰霹雳酒。'"④ 对照《岁时广记》和《事林广记》，可知《类说》中的"掬"，应当是"淘"之讹。从唐代的《醉乡日月》开始，其后《类说》《岁时广记》《事林广记》均有记载，说明霹雳酒在当时还是比较流行的。因《醉乡日月》已遗失霹雳酒的记载，《类说》《岁时广记》又未记录霹雳酒的酿造程序和方法，因此可以说，霹雳酒的具体酿造方法，是靠宗家文库本《事林广记》才得以保存下来。

　　此外，宗家文库本收录有至元十一年关于举行科举的一道圣旨，其具体

① （金）赵秉文：《闲闲老人滏水文集》卷4《古诗·七夕与诸生游鹊山》，《四部丛刊》初编本。

② 《新编纂图群书类要事林广记》别集卷13《饮馔类·酒·霹雳酒法》，宗家文库本。

③ （宋）曾慥辑：《类说》卷43《醉乡日月·霹雳酵》，《四库提要著录丛书》，北京出版社2011年影印本，子部，第58册，第371页。该本据明天启六年岳钟秀刻本影印。

④ （宋）陈元靓：《岁时广记》卷2《霹雳酒》，《四库提要著录丛书》，北京出版社2011年影印本，史部，第35册，第150页。该本据明刻本影印。

内容如下：

> 至元十一年内圣旨节该：古者学校，官为廪给，养育人材。今来名儒凋丧，文风不振。民间应有儒士，都收拾见数，令高业儒人转相教授，攻习儒业，务要教育成材。其中选儒生，若有种田者输纳地税，买卖者出纳商税，其余差发，并行蠲免。仍将论及经义、词赋分为三科，作三日程试，专治一经一科为式，有能兼者听，但不失文义者为中选。①

西园精舍本也节录了这条圣旨，不过是将这份诏书直接跟在至元六年（1269）的圣旨之后刊载出来，亦未列诏书颁布的时间，可见编纂者是将至元十一年的圣旨混入至元六年圣旨之中刊刻的，误将两条圣旨合并为一条，并且内容仅录至"并行蠲免"之处②，其后关于选试的具体规定也没有收录。这份圣旨条画，《元史》《庙学典礼》《元典章》《通制条格》《至正条格》等文献均未收录，其完整内容仅见于宗家文库本。对比太宗窝阔台戊戌（1238）选试的圣旨可知，忽必烈颁发的这道圣旨，其实是窝阔台九年（丁酉年，1237）在耶律楚材、郭德海等人的建议下，大蒙古国颁行的遍试儒生的开科取士诏令③，次年即举行了著名的戊戌选试，忽必烈只不过是将窝阔台的圣旨重新颁发了一次。

关于这份圣旨颁发的背景，史籍中有迹可循。《元史》载："（至元）十一年十一月，裕宗在东宫时，省臣复启，谓'去年奉旨行科举，今将翰林老臣等所议程式以闻'。奉令旨，准蒙古进士科及汉人进士科，参酌时宜，以立制度。"但结果是"事未施行"。④可见，这份圣旨颁布的主要推动者是太子真金，而议定程式者，正是真金身边的儒士窦默、姚枢、许衡、杨恭懿等人⑤。忽必烈时期，元廷曾围绕科举的行废展开多次争议，但最终结果均是

---

① 《新编纂图群书类要事林广记》后集卷9《学校类·大元新降条画》，宗家文库本。
② 《新编纂图增类群书类要事林广记》后集卷6《学校类·大元新降条画》，《域外汉籍珍本文库》（第5辑），西南师范大学出版社、人民出版社2015年影印本，第505页。该本据西园精舍本影印。
③ 王颋点校，《庙学典礼》卷1《选试儒人免差》，浙江古籍出版社1992年版，第9页。
④ 《元史》卷81《选举志》，中华书局1976年点校本，第2017页。
⑤ （元）苏天爵著，陈高华、孟繁清点校：《滋溪文稿》卷3《陕西乡贡进士题名记》，中华书局1997年版，第28页。

不了了之，其根本原因姚大力先生已有细致分析①，同时应该与忽必烈拒绝科举、对儒学持选择性学习和吸收的态度也有关系②。真金集团推行科举，正与《事林广记》所载皇庆二年科举诏内容吻合。诏书中说："……奏为立科举的俺文卷里照呵，世祖皇帝、裕宗皇帝几遍教行的圣旨有来，成宗皇帝、武宗皇帝时分，贡举的法度也交行来。"③说明真金对行科举是非常积极的。《元史》《元典章》等未收录至元十一年圣旨，宫纪子指出此乃后来讳言之结果④。的确，这则圣旨的真正颁布者可以说是真金而非忽必烈，父子二人对行科举的态度有明显的不同，其后二人矛盾升级，裂痕日渐扩大，真金最终因南台御史上奏禅位之事引起忽必烈震怒，惊惧而亡。因此关于其父子之间的矛盾和斗争，自然为史臣所讳言。大概宗家文库本的编纂、刊刻者疏于校对，才将这条圣旨完整地保存下来。

三

《事林广记》被认为是"开拓了类书附载插图的途径"⑤，这在中国类书史上具有里程碑式的意义。其后类书，如《永乐大典》《图书编》《三才图会》《古今图书集成》等，都很重视附载插图，这显然是受了《事林广记》的影响。宗家文库本附载的插图（共计254幅，而和刻本仅有163幅），无疑是展现当时社会生活场景的宝贵资料，而将这些插图与前后版本中相关插图和内容结合起来进行对比研究，则更能看出宋元明时期社会变迁的历史轨迹。

宗家文库本后集卷九《学校类》附载有《宋太学图》，这幅图仅见于宗家文库本。该图刻画十分细致，使我们对宋代太学的结构布局一目了然。宋

① 姚大力：《元朝科举制度的行废及其社会背景》，载南京大学历史系元史研究室编《元史及北方民族史研究集刊》（第6辑），1982年，第33—38页。

② 李治安：《忽必烈传》，人民出版社2004年版，第555、546页。

③ 《新编纂图增类群书类要事林广记》后集卷6《学校类·科举诏》，《域外汉籍珍本文库》（第5辑），西南师范大学出版社、人民出版社2015年影印本，第505页。

④ ［日］宫纪子：《對馬宗家舊藏の元刊本'事林廣記'について》，《東洋史研究》第67卷第1号，2008年。

⑤ 胡道静：《事林广记》前言，（宋）陈元靓原编：《事林广记》，京都中文出版社1988年影印本，第7—8页。

代太学隶国子监，南宋以后国子监"专掌天下之学校"①，并负责雕印出售监本书。从插图的具体内容来看，《宋太学图》反映的也正是国子监的结构布局及各级职官情况。图中显示，负责国子监全面工作的是位于阁位之后、插图核心位置的祭酒、司业和太博。祭酒即国子监祭酒，是国子监的最高长官，负责诸学之政令及教法等事。司业是国子监副长官，佐祭酒总领诸学之政令和教法。太博即太学博士。此外，宗家文库本记载的太学官员还有国子博士、国子监丞、国子监簿、太学正、太学录、国子正、国子录、监书库、监厨官。前廊的官员有学录、学谕、直学、教谕，逐斋官员有斋长、斋谕、集正。生员名额分别是太学生一千员、国子生二百员、内舍生一百员。武学则有学正、掌仪、直学等官。② 这在图中也有一些相关展示。插图上方和右侧所列各斋，具体情况是：宋初建有服膺、谌身、习是、守约、存心、允蹈、养正、持志、率履、诚意十斋，其后增设七斋：观化、贯道、务本、果行、谨信、时中、循理。再后来学官因太学尚有隙地，于是向朝廷提出申请，又增设三斋：节性、经德、立礼。一共二十斋。每斋置炉亭，大率可坐二十四位。③ 此外，国子监内的各类建筑还有太学正门、中门、偏门、监东门、国子监门、入监门、小门、崇化堂、酴醾架、鼓楼、戟门、大成殿、三礼堂、石经阁、土地堂、射圃、射弓亭、神厨、印文字所、仓、库、小厨、浴堂、上堂、下堂、井、灶井、厕等，各种设施，一应齐备。监内的绿化，最主要的树木是槐树，其次是竹，还有花木。

再如后集卷十四《幼学类》附载的《对坐接谈图》，也是仅见于宗家文库本的一幅插图。图中主人头戴宽檐笠子帽，宾客头戴四方瓦楞帽，主宾均身着交领长袍，相对而坐。主人的服饰和相貌，是典型的蒙古特色，但图中所刻"《中庸》阃奥，《大学》户庭"八字，又体现出主宾相见礼仪和接谈内容的浓厚的儒家色彩。

宗家文库本别集《官制类》附载的《宋朝文武官品之图》，未见于其他史料，该图简洁直观地展现出了南宋文武散官的官品官阶。

---

① （宋）吴自牧：《梦粱录》卷8《诸监》，《中华再造善本》明清编，国家图书馆出版社2014年影印本。该本据北京大学图书馆藏清初抄本影印。
② 《新编纂图群书类要事林广记》后集卷9《学校类·宋朝太学旧规》，宗家文库本。
③ 《新编纂图群书类要事林广记》后集卷9《学校类·宋朝太学旧规》，宗家文库本。

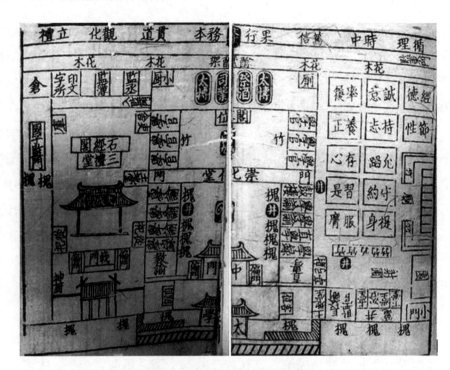

宗家文库本附载的《宋太学图》

宗家文库本附载的《炉亭之图》

宗家文库本附载的《对坐接谈图》

宗家文库本《天文类》附载的《律吕配卦图》，和刻本无此图，宗家文库本是把和刻本"律吕生配"后的文字内容改编成图，用图的形式直观地表示出来。《历候类》中《二十四气七十二候图》的情况也是这样。宗家文库本附载的《今制莲漏之图》《昼夜长短之图》，也是和刻本所无。这些插图，直观明了，又容易引起读者注意，其后的椿庄书院本、西园精舍本均保留了宗家文库本补入的这些插图。

和刻本丁集卷四《文艺门·抚琴要略》，有一幅孔子抚琴的插图，但仅是孔子抚琴的动作，再无其他任何人物，亦无场景。至宗家文库本，则将此

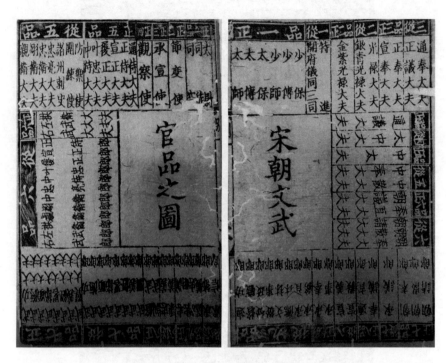

宗家文库本附载的《宋朝文武官品之图》

图改编为《夫子杏坛之图》，除了孔子抚琴的动作之外，两旁还侍立着孔门十位弟子，有场景、人物，画面更为饱满生动。西园精舍本、椿庄书院本均保留了此图。和刻本丙集卷一、二提到的先贤，只有孔子和周敦颐的画像，宗家文库本除了此二人画像之外，还补充了武成王及程颢（1032—1085，字伯淳，明道先生）、程颐（1033—1107，字正叔，伊川先生）、张载、邵雍、司马光、朱熹等人的画像，这些画像也被其后的椿庄书院本和西园精舍本所继承。据宫纪子研究，昭烈武成王的画像，所据为建安周氏家藏《礼奠图》真本，二程等圣贤画像，所据为《新编音点性理群书图解》前集卷一《遗像》，也是据建安"大贵家所得的七先生子孙家庙的真本传写"①。

---

　　① ［日］宫紀子：《對馬宗家舊藏の元刊本'事林廣記'について》，《東洋史研究》第 67 卷第 1 号，2008 年。

和刻本附载的《孔子抚琴图》	宗家文库本附载的《夫子杏坛之图》

宗家文库本附载的诸圣贤画像

四

《事林广记》作为日用类书，其编纂方式是大量征引其他各类文献汇编成书。宗家文库本征引的文献很多，我们以前集卷三《节序类》为例，来看看宗家文库本的引书情况。该卷征引的书目，计有《东京梦华录》《荆楚岁时记》《玉烛宝典》《史记》《通典》《明皇杂录》《宋朝会要》《辇下岁时记》《唐书》《礼记》《孝经纬》《诗经》《风土记》《占书》《新序》《左传》《周礼》《琐碎录》《白氏六帖》《汉书》《宋书》《岁华纪丽》《山海经》《高僧传》《禅苑宗规》《大藏经》《禅谈语录》《续齐谐记》《越地传》《大戴礼记》《抱朴子》《开元天宝遗事》《孔氏六帖》《历忌释》《阴阳书》《楚词》《拟天问》《风俗记》《道藏经》《龙城录》《晋阳秋》《晋书》《南粤志》《明皇实录》《道德经》《南华经》《正一修真旨要》《汉杂记》《四人月令》《女仪》《唐杂录》《说文》《广雅》《魏台访议》《风俗通》《独断》《吕氏春秋》《秦中岁时记》《神异经》《南部新书》等 60 余种，其中《琐碎录》《禅苑宗规》《禅谈语录》《越地书》《历忌释》《拟天问》《南粤志》《明皇实录》《汉杂记》《女仪》《唐杂录》等均已亡佚。这些靠宗家文库本得以保留下来的以上已经亡佚的著作之佚文，吉光片羽，弥足珍贵。如引《南粤志》云："闽中风俗，十月一日，皆作糯糍，或作京饦，以祀先祖，告冬之意也。"《南粤志》，亦作《南越志》，作者是南朝宋沈怀远。沈怀远为吴兴武康（今浙江德清西）人，曾因坐事徙广州，后官武康令。《南越志》即是他在广州期间所撰。此书早已失传，从元代历明清至民国，陶宗仪、王仁俊、叶昌炽等人做过辑佚，得一卷。其后中山大学骆伟、骆廷两位先生根据《太平御览》《太平广记》《太平寰宇记》《艺文类聚》等 17 种古文献，在前人辑佚的基础上辑成《南越志》，编入《岭南古代方志辑佚》一书中①。这是目前关于《南越志》佚文辑录最为全面的作品，但也未辑得宗家文库本保存的这条佚文。《事林广记》征引这条引文，是从宗家文库本开始的，之前的和刻本中并无此条佚文。宗家文库本之后的椿庄书院本、西园精舍本、积诚堂本等都保留了该条引文，其中椿庄书院本和积诚堂本国内有收藏，并且均已影印出版。再如宗家文库本征引三国吴徐整《三五历记》，该书今仅有清人马国翰、王仁俊的辑佚本，原书也已亡佚。

宗家文库本征引的引文中，还有一些不见于其他相关古文献记载，这些引文可能仅保留在宗家文库本之中（有的引文其他版本的《事林广记》也有保留），其价值亦十分珍贵，如前集卷一《天文类·太极·十二宫分野所属图》所引诗云：

> 子在宝瓶齐青位，丑当磨竭越杨州。
> 寅中人马燕幽地，卯临天蝎宋豫求。
> 辰属天秤郑兖分，巳为双女楚荆丘。
> 午周三河属狮子，未居巨蟹秦雍留。
> 申魏益州阴阳位，酉赵冀州为金牛。
> 戌有白羊鲁徐郡，亥为双鱼卫并收。

这首诗以十二地支对应十二宫，又将十二宫与十二星座、十二诸侯国及其分野一一对应起来。如子对应齐，分野在青州，对应的星座是宝瓶；亥对应卫，分野在并州，对应的星座是双鱼。以此类推。作者用诗歌的形式，配以插图，将比较抽象的天文知识直观地反映出来，不但简洁明了，一目了然，而且读起来朗朗上口，便于记诵，实用并且贴近生活。

---

① 骆伟、骆廷辑注：《岭南古代方志辑佚》，广东人民出版社 2002 年版，第 153—175 页。

宗家文库本附载的《十二宫分野所属图》	宗家文库本附载的《律吕配卦图》
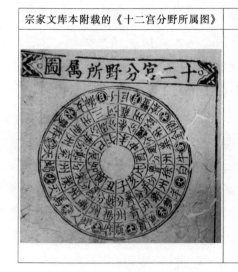	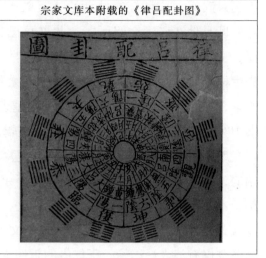

前集卷二《历侯类·律吕生配》所引诗，也属于这种情况。诗云：

> 黄钟子月律初生，大吕年终太簇正。
> 二月夹钟三姑洗，四当仲吕五蕤宾。
> 自从六月林钟吕，夷则还居七月行。
> 南吕八兮无射九，应钟十月卦为坤。

律和吕是古代用来校正乐音标准的管状仪器。以管的长短来确定音节。从低音算起，成奇数的六个管叫律，成偶数的六个管叫吕。阳六为律，阴六为吕。六律分别是黄钟、太簇、姑洗、蕤宾、夷则、无射，六吕分别是林钟、南吕、应钟、大吕、夹钟、中吕。六律六吕，总谓之十二律，以配十二月。"自十一月一阳生，其卦为《复》，黄钟，气应积阳。至四月而六阳已极，其卦为《乾》，律应中吕。自五月一阴生，其卦为《姤》，蕤宾，气应积阴。至十月而六阴已极，其卦为《坤》，律应应钟。一律一吕，递月分配，周而复始，而一岁成焉。"① 宗家文库本亦是以诗歌和插图相配的形式，直观而又清楚地展现出十二律与十二月、十二地支以及卦象的对应关系。

这类诗歌形象生动，言简意赅，而又押韵易记，在现实生活中有很强的

---

① 《新编纂图群书类要事林广记》前集卷2《历侯类·律吕生配》，宗家文库本。

实用性。抑或这些诗歌不是宗家文库本征引自其他文献的，而是当时社会生活中流行的歌诀，被编纂者直接加以利用。

此外，宗家文库本也具有较高的文献校勘价值，这方面的例子很多，如对照宗家文库本前集卷四《地舆类·历代国都》，可知睿山文库本所抄"大元皇帝奄有天下，混一南北，建国定都，以燕山府为大兴府，号称中都，山河之固，都邑之盛，室之美，前古之所未有"一段话中，"室"前脱"宫"字①。据宗家文库本前集卷一《天文类·七政之图》，可知西园精舍本该图中"又出西方，二月日而一入"的"二"，乃"八"之讹，而椿庄书院本图中该字，已完全看不出字迹。再如根据宗家文库本，西园精舍本前集卷二《节序类·岁时杂记》"七月·中元"条下，"中元先数日，市井卖具器"一句中，"具"乃"冥"之讹②；椿庄书院本前集卷三《地舆类·地理沿革》"淮南东路"条下，"伯"乃"宿"之误③；积诚堂本癸集上卷《地舆类·舆地纪原》载，"至（晋），分十九道，为郡一百七十二"，"二"乃"三"之讹④。这类例子，不胜枚举，宗家文库本可以作为点校整理其他版本《事林广记》的对校本。

（作者为暨南大学中国文化史籍研究所教授）

---

① 《新编纂图群书类要事林广记》，日本比睿山延历寺睿山文库藏江户时代抄本。

② 《新编纂图增类群书类要事林广记》，《域外汉籍珍本文库》（第5辑），西南师范大学出版社、人民出版社2015年影印本，第372页。

③ （宋）陈元靓原编：《事林广记》，日本京都中文出版社1988年影印本，第117页。

④ 《纂图增新群书类要事林广记》，《中华再造善本》金元编，北京图书馆出版社2005年影印本。该本据后至元六年郑氏积诚堂刻本影印。

元代藁城董氏家族碑传文献丛考

罗 玮

河北藁城董氏家族是元代著名的汉人勋贵官僚家族。蒙古国前四汗时期，董氏家族先人还是大汉军军阀真定史氏的副将，地位不高。元世祖忽必烈时期，董氏家族成员迅速崛起，董文炳、董文用和董文忠三人成为元世祖的心腹汉臣，在元廷内外均发挥了重要作用，"太傅忠献公文炳，总国兵旅，出奋爪牙，入为股肱，实将相之器。太师正献公文忠，掌国符信，入托心膂，出司耳目，实预帷幄之谋"①。自此奠定了藁城董氏家族显达的政治地位。而藁城董氏家族在有元一代的政治影响力也是持久而巨大的，"重臣大家，封爵胙土，爰及子孙，距今且百年，传者或绝或微，可历指而数。其蕃胤显仕，号称独盛者，藁城董氏而已"②。

与政治上的显赫威势相匹配，董氏家族成员的家族文献也较为丰富，其中碑传是董氏家族史料最主要的组成部分。董氏家族也是存世碑传较多的元代汉人官僚家族。董氏家族的文献不仅存世数量巨大，并且家族各代均有文献存世，分布比较平均，因此能够较客观反映家族各代的情况。其形式主要有行状、家传、神道碑和墓志铭，等等，部分成员还有大字墓碑传世。从已有碑传记载中还可找到一些已亡逸传记的基本信息。

---

① （元）欧阳玄：《大元勑赐故资政大夫御史中丞赠纯诚肃政功臣开府仪同三司太博上柱国赵国公谥清献董公神道之碑》（后文简称《董士珍神道碑》），沈涛辑：《常山贞石志》卷23，《石刻史料新编》第一辑第十八册影印清光绪二十三年（1897）嘉兴沈氏刻本，台湾新文丰出版公司1977年版，第13567页。

② （元）吴师道：《吴师道集》卷15《董氏传家录序》，邱居里、邢新欣点校，吉林文史出版社2008年版，第357页。

而确认碑传的撰文、立碑时间和内容有无改动等问题是利用这些碑传材料进行历史研究的基本前提。只有将时间等问题搞清楚之后，这些碑传才真正变成可资利用的历史研究工具。

一　董氏家族第一代文献

1.《大（太）傅忠烈公神道碑》为董俊的神道碑，李冶所撰，收于《（嘉靖）藁城县志》①。碑文中言"至元乙丑，河南等路副统军使董侯文炳及诸第（弟）以其显考龙虎公之行状再拜，请铭其墓道"，则可知该碑撰于至元二年（1265）。

2.《追赠董俊圣旨碑》，收于《常山贞石志》卷十八。② 案碑末所记，圣旨当下于至大元年闰十一月。此碑有拓片传世，见图1。③

3.《寿国董忠烈公传》，元明善撰，刻于《追赠董俊圣旨碑》碑阴。北京大学图书馆古籍部藏有该拓片原件，藏名为《至大元年圣旨碑阴董俊传》，拓片照片见图。④ 拓片录文收录于《常山

图1　《追赠董俊圣旨碑》拓片

---

① （元）李冶：《太傅忠烈公神道碑》（后文简称《董俊神道碑》），（清）李正儒纂修：《（嘉靖）藁城县志》卷8，明嘉靖十三年（1534）修，《原国立北平图书馆甲库善本丛书》二九二册影印明嘉靖十三年（1534）刻本，国家图书馆出版社2013年版，第1077页上至1078页下。

② 《追赠董俊圣旨碑》，《常山贞石志》卷18，第13475页上。

③ 收藏于台北"中研院"历史语言研究所，登录号：04048。

④ （元）元明善：《至大元年圣旨碑阴董俊传》，典藏号A161430，原编号：艺风堂27195。可知为缪荃孙旧藏。参见胡海帆《金石拓片特藏调查报告》，庄守经主编《北京大学图书馆馆藏文献调查评估报告集》，北京大学图书馆内部印行，1992年，第433页。

贞石志》①，是董俊的又一篇传记。该文献不仅题目磨泐缺损，内容更是与《藁城董氏家传》矛盾抵牾之处颇多，疑点颇多，值得深入研究。根据作者研究结果②，该碑传题名应为《寿国董忠烈公传》，在定名之后，就需要确定撰写时间。拓片文末记有"至大三年十□□日曾孙守仁立石"，"十"后空格当为"月"字。则至大三年（1310）十月当是《忠烈公传》的撰写时间下限。而碑文中所记董俊"制赠翊运效节功臣、太傅、开府仪同三司、上柱国、追封寿国公、谥忠烈"一文则给我们提供了更多线索。对董俊以上封赠见于至大元年（1308）闰十一月的《追赠董俊圣旨碑》，③刻于同碑碑阳。可知元明善是为至大元年封赠董俊圣旨而撰写《忠烈公传》一文，至大元年可理解为撰写的时间上限。则可判定至大元年到三年为《忠烈公传》的撰写时间范围。

图2 《寿国董忠烈公传》拓片

但出现一个疑点有待解决，即撰《忠烈公传》时元明善的官职情况。元明善（1269—1322），字复初，大名清河人，元代著名的官僚和文人。察碑文之首，元明善列衔为"翰林直学士、朝列大夫"。但据马祖常撰《元明善神道碑》所载："仁宗即皇帝位，迁翰林待制、承直郎兼国史院编修官，与修成庙《实录》，加奉议大夫。是年，升翰林直学士、朝列大夫、知制诰、同修国

---

① （元）元明善：《寿国忠烈董公传》（后文简称《董公传》），《常山贞石志》卷18，第13475页下—13477页下。

② 详见拙文《元明善〈寿国董忠烈公传〉考——兼论董文用对元朝〈太祖实录〉纂修的影响》，《中国史研究》2019年第3期。

③ 佚名：《追赠董俊圣旨碑》，《常山贞石志》卷18，第13475页下。

史。"① 案元仁宗即位于至大四年三月，② 那么元明善自然是在至大四年才升为翰林直学士。碑文之末所刻"至大三年"应如何解释呢？

这一疑惑需要考稽更多材料才能解开。首先，可以找到一些类似记载用以佐证。元明善撰《华阳道院记》："至大三年夏。……真人还朝，为余缕言王君如右，因为求铭华阳。"而文末署名便为"翰林直学士、朝列大夫、知制诰、同修国史元明善撰"③。虞集撰《书堂邑张令去思碑后》："至大二年夏五月，余受国子助教，入京师，舟过会通河。……明年，见翰林直学士元复初为堂邑人作张君去思碑。"④ 这都说明至大三年，元明善确已任翰林直学士。其次，还有一些旁证说明这一问题。张养浩亦撰有一篇《元明善神道碑》，其中追忆自己与元明善的同僚关系时称："仁宗在潜邸，同为太子文学，入翰林，余待制，君直学士。"⑤ 从其字面表述，已看出元明善出任直学士实在元仁宗为皇太子时，即武宗朝，⑥ 同时张养浩任翰林待制。《张养浩神道碑》亦载："仁宗在春宫，召为太子司经，阶奉训大夫。未至，改太子文学，俄拜监察御史。……奏改翰林待制"，之后才有"仁宗皇帝御极"之文。⑦ "春宫"，在古代典故中即指"东宫"，太子居所。⑧ 可知所记相同。

综上可以判定，《寿国董忠烈公传》为至大元年（1308）十一月至三年十月间撰文。

---

① （元）马祖常：《马祖常集》卷 11《翰林学士元文敏公神道碑》（以下简称"马祖常《元明善神道碑》"），王媛点校，吉林文史出版社 2010 年版，第 219 页。

② 《元史》卷二十四《仁宗纪一》，第 539 页。

③ （元）元明善：《华阳道院记》，（清）杨世沅：《句容金石记》卷 6，《石刻史料新编》第 2 辑第 9 册影印台北"中研院"史语所傅斯年图书馆藏铅印本，第 6498 页上。

④ （元）虞集：《书堂邑张令去思碑后》，《国朝文类》卷 39，《四部丛刊初编》影元至正西湖书院刊本，第 7 页 b、第 9 页 a。

⑤ （元）张养浩：《张养浩集》卷 20《故翰林学士资善大夫知制诰同修国史赠具官谥文敏元公神道碑铭》（以下简称"张养浩《元明善神道碑》"），李鸣、马振奎点校，吉林文史出版社 2008 年版，第 172 页。

⑥ 《元史》卷 22《武宗纪一》："（大德十一年）六月癸巳朔，诏立母弟爱育黎拔力八达为皇太子，受金宝。"第 480 页。

⑦ （元）张起岩：《大元敕赐故西台御史中丞赠摅诚宣惠功臣荣禄大夫陕西等处行中书省平章政事柱国追封滨国公谥文忠张公神道碑铭》，《张养浩集·附录一》，第 255 页。

⑧ 如（宋）司马光：《资治通鉴》卷 172《陈纪六》："皇太子养德春宫，未闻有过。"胡三省注："太子居东宫，东方主春，故亦曰春宫。"中华书局 1956 年版，第 5454 页。

二 董氏家族第二代文献

1. 董文炳碑传

（1）《赵国忠献公神道碑》，为董文炳的神道碑，王磐撰，收于《（嘉靖）藁城县志》①。案文中所记，撰碑于至元十五年十一月十七日董文炳下葬后。另据姚燧撰《董氏立本堂记》有"十七年，故商大参公为今中书左丞公——时以翊卫指挥使——书先正平章忠献公碑"一语②。这位"今中书左丞公"当为董士选，"先正平章忠献公"则为董文炳，"商大参公"为商挺。因此可知董文炳神道碑实际树碑于至元十七年（1280），由商挺书。此外，根据《（嘉靖）藁城县志》中所收之董氏成员几篇碑传与存世拓片及录文相比多有所删改的情况来看，该董文炳神道碑的文字可能非上石原文。

（2）《藁城令董文炳遗爱碑》，撰者为进士张延③。文中载董文用官职为"兵部尚书"，根据董文用仕宦生涯的考述，可知碑文实际撰于至元十九年到至元二十二年间。

（3）《藁城董氏家传》，元明善撰，收于《元文类》④。该传主要记载了董俊、董文炳两代人的生平，其中以董文炳的记载为主体。根据文中"士选，今为资政大夫、御史中丞，领侍仪司"一语，并参考董士选仕宦生涯，⑤可以推断该文撰于大德四年（1300）至大德七年闰五月之间。另外，该碑文中明确记有"大德五年"字样⑥，则可进一步缩小为大德五年到七年之间。

---

① （元）王磐：《赵国忠献公神道碑》（后文简称《董文炳神道碑》），《（嘉靖）藁城县志》卷9，第1081页上栏—1085页下栏。

② （元）姚燧：《董氏立本堂记》，《姚燧集》卷6，查洪德编辑点校，人民文学出版社2011年版，第103页。

③ （元）张延：《藁城令董文炳遗爱碑》（后文简称《董文炳遗爱碑》），《（嘉靖）藁城县志》卷8，第1071页上—第1074页上。案《县志》中署名撰者为"王磐"。但观其碑文，有"翰林学士承旨王磐文其碑以表诸墓"之语，可知撰此碑者非王磐本人。关于此文作者，由碑中载"公薨之年，邑中父老缅怀旧德，乃属进士张延状公实，征词于翰林，刻之贞石"一语，可知事迹部分为以张延所撰，碑末之词出于翰林院官之手。

④ （元）元明善：《藁城董氏家传》，（元）苏天爵编：《国朝文类》卷70，第20册，第1—14页。

⑤ 见（元）吴澄：《吴文正公集》卷32《元荣禄大夫平章政事赵国董忠宣公神道碑》（后文简称《董士选神道碑》），《元人文集珍本丛刊》第三册影台北"中央"图书馆藏明成化刊本，新文丰出版公司1985年版，第543页下。

⑥ 《元文类》卷70，第1007页。

（4）亡佚传记

①《董文炳行状》。

《董文炳遗爱碑》载："公薨之年，邑中父老缅怀旧德，乃属进士张延状公实。"可知张延撰《董文炳行状》。

②《董文炳墓志》。

《元朝名臣事略·左丞董忠献公》曾引有"李野斋撰墓志"①，李野斋为李谦。另《藁城董氏家传》载："敕翰林待制李谦志其墓。"综上可知李谦撰有《董文炳墓志》。

2. 董文用碑传

（1）《董文用行状》，虞集撰②。根据文末所题："大德七年三月某日，大都路儒学教授虞集状"③，可知行状的撰写时间。另吴澄撰《董文用墓表》中称："（大德）五年，翰林阁学士复以大都路儒学虞教授集所述行状撰公神道碑。"考察虞集行状，可知吴澄所记有误④。

（2）《董文用神道碑》，阎复撰，张起岩书并篆额，拓片录文收于《常山贞石志》⑤。该碑文磨泐缺损严重，"文几四千言而磨灭者大半"，"可辨者仅千余字"，⑥ 录文因此空缺甚多。据前述，该碑在大德七年之后依据《行状》撰成，当相隔不远。另外，沈涛根据神道碑标题中已经写有赠官及封谥，另据书碑人张起岩的官职，判定刻石于顺帝时期⑦，当是。此碑碑额有

---

① （元）苏天爵编：《元朝名臣事略》卷14，姚景安点校，中华书局1996年版，第270页。

② （元）虞集：《翰林学士承旨董公行状》（后文简称《董文用行状》），《元文类》卷49，第706页；《国朝文类》卷49，第14册，第137页；另见《道园学古录》卷20，《四部丛刊本》影明景泰翻元小字本，第6册，第14—28页。

③ （元）虞集：《道园学古录》卷26《董文用行状》，《四部丛刊》本第6册，第28页。《元文类》中作"大德十年"为误。

④ （元）赵汸：《邵庵先生虞公行状》（后文简称《虞集行状》）："大德六年，以大臣荐擢大都路儒学教授。"见《东山存稿》卷6，《景印文渊阁四库全书》第1221册，第323页下栏。而沈涛认为"七年"为《道园学古录》刊本之误，是没有参考虞集生平的错误判断。见《常山贞石志》卷21，第13539页上栏。

⑤ （元）阎复：《大元故翰林学士承旨资德大夫知制诰兼修国史致仕宣献佐理功臣银青荣禄大夫少保追封赵国公谥忠穆董公神道碑》（方格中字据碑篆额和《董文用墓表》所补），《常山贞石志》卷21，第13534页下栏。

⑥ 《常山贞石志》卷21，第13539页下栏。

⑦ 《常山贞石志》卷21，第13539页上。

拓片传世，见图3。①

此外，《（嘉靖）藁城县志》也收有一篇文献名曰《董文用神道碑》，未题撰者②。但其内容经与拓片残文比对可发现有异。仔细比对两篇碑文，会发现字数有明显差别。拓本有四千余字，《县志》本仅有两千余字，少了近一半，由此沈涛评论道："文虽为《藁城县志》所收，已遭修志者为删改，与拓本多异。"③可见《县志》本并非完本。

但仔细核查材料内容就会发现，《县志》本并非简单"删改"而来。而似乎是有意"拼接"而成，即文首

图3 《董文用神道碑碑额》拓片

部分和铭文取自拓片本，中间内容抄自吴澄撰《董文用墓表》，并且也经过了删改。

抄入的文首部分为：

> 世祖皇帝尧日御天三十五载，正明良，胥会治，格雍熙。当穷奇梼杌未底天罚，窃弄威柄，不为势夺，不为利诱，有若王文康公鹗，许文正公衡，张忠宣公文谦，高风懿范，无愧千古。若夫忠孝传家，世济其美，风节矫矫，颉颃数公之后者，资德董公其人也。公讳文用，字彦才，世为真定藁城人。

抄入的铭为：

> 维董命氏，豢龙是先。受姓虞廷，著望广川。由汉历唐，代不乏

---

① 收藏于台北"中研院"历史语言研究所，登录号：04520。

② （元）阎复：《赵国忠穆公神道碑》，《（嘉靖）藁城县志》卷9，第1085上—1087页上。

③ 《常山贞石志》卷21，第13539页下。

贤；藁城之宗，实佐圣元。显允惟公，忠孝家传。宣力四方，事不避难。画谋中兴，反侧其间。劝农海濒，敦本力田。郡政之良，民力汝宽。遗爱在人，永矢弗谖。公之立朝，大节可观。聚敛为奸，折以正言。首虺可撩，须虎可编。谗者翩翩，媒孽帝前。维帝念公，曲示保全。逸老盎坡，纯嘏自天。天佑善人，报施罔愆。兰苗其芽，珠玉成渊。滹水之后，马鬣其阡。载德贞泯，百世弗刊。

以上两部分是拓片录文中唯一保存完整的文字。可见明嘉靖年间修《藁城县志》时，《董文用神道碑》已磨泐严重，所依据的拓片与清代沈涛看到的一致。

此外，吴澄《董文用墓表》中曾引用一段《董文用神道碑》的文字，也足可引起注意，兹转引如下：

神道碑曰："公天资仁孝，岁时事祖祢如事生，事兄忠献公如事父。训饬子弟严而有礼，与人交侃侃和易。好贤乐善，不啻饥渴。莅官以宽大为务，不事细故。国有大议，能言人之所不敢。遇不可，辞气愤厉，虽贲、育之勇不能过。闲居闻朝有失政，辄终夕不寐，倚壁叹曰：'祖宗险阻艰难以取天下，而使贼臣坏之！'尝言：'人臣当以节义报上，不可偷安以负国家。'忧患之诚，老而弥笃。前后所遭宿奸巨蠹谋中公者数矣，赖圣主知公之深、眷公之重，故其谋不得逞。古所谓忠信自结主知君，非耶？仕宦余五十年，及薨，其家惟有祭器、书册、纸墨。"盖得公之实云。

而拓片本中这一段文字虽亦有磨损，但仍可一窥端倪：

公夙有□□时□□祖□□高□□如将见之。事□忠献公□□事父，训饬子弟严而有□，与人交侃侃和□，好贤乐善，不啻饥渴。临民众宽慈为主，而略于细故。至于□大政，决大议辞气愤发虽贲育之勇无以□□□□□□□□朝政有不善□终夕不寐□□□□□祖宗□阻艰□以□天下，□□□□□□□□□□□□□□□□□□□□□□□□□当以节义报上，讵可偷安苟容以负国家乎。

前后皆大奸□谋害公者，数矣。赖（下空）

通过以上对比，可以看到，《董文用神道碑》拓片文本与吴澄所见也有所区别，可能刻石之文有过修改。

（3）《董文用墓表》，吴澄撰①，实际为董文用的又一块神道碑。据文中"至顺三年，公之子南康路总管士恒贻书临川吴澄"，可以确知撰文于至顺三年（1332）。据碑中所载董士恒的请碑理由："先公平生言行，碑铭可稽，然荐膺六龙，封谥名爵既异，复有待于不一之书也"，可知此墓表是对阎复撰《董文用神道碑》的更新。另，沈涛认为是与《董文用神道碑》一同上石②。

（4）亡佚传记

①《董文用去思碑》。《董文用行状》载：董文用离开卫辉总管任上时，"为郡多善政，民有去思，具见郡教授陶师渊所撰碑文"。可知陶师渊撰有《董文用去思碑》。

②《董文用遗事》。《元朝名臣事略·内翰董忠穆公》曾引所谓《遗事》，未载撰者③。

3. 董文直碑传

（1）《董文直神道碑》，元明善撰④，北京大学图书馆收藏有原碑拓片⑤，录文也收于《常山贞石志》中⑥。

关于撰碑时间，沈涛在碑文后案语中已经提及，该碑的篆额者杨桓的列衔为"儒林郎、秘书少监"，据《元史·杨桓传》，杨桓任秘书少监在成宗即位后，大德三年即去世⑦。因此沈涛认为该碑撰文、篆额并在大德初⑧。按

---

① （元）吴澄：《吴文正公集》卷34《有元翰林学士承旨资德大夫知制诰兼修国史加赠宣猷佐理功臣银青荣禄大夫少保赵国董忠穆公墓表》，《元人文集珍本丛刊》第3册，第564页上栏至566页下。

② 《常山贞石志》卷21，第13539页上栏。

③ 《元朝名臣事略》卷14《内翰董忠穆公》，第280页。

④ （元）元明善：《藁城令董府君神道碑》（后文简称《董文直神道碑》），《元文类》卷65，第950页。

⑤ 《藁城令董文直墓碑》，北京大学图书馆古籍部收藏拓片，典藏号：A161456。

⑥ （元）元明善：《大元故藁城令董府君墓碑铭有序》，《常山贞石志》卷18，第13481页。

⑦ 《元史》卷164《杨桓传》，第3854页。

⑧ 《常山贞石志》卷18，第13482页下。

照常理，撰文与篆额当在相近时间完成。因此沈涛的研究可以初步界定撰碑时间。但通过研究可以将撰碑时间进一步锁定。据《秘书监志》，杨桓以儒林郎出任秘书少监在至元三十一年十二月十九日①，次年即改元元贞。而根据拓片原件和录文文末所题，立碑时间和立碑人为"皇庆元年岁在壬子十一月壬子朔十九日庚戌男定远大将军洪泽屯田万户士表立石"，可知该碑为董文直子董士表所立。核查《董士表神道碑》，董士表于大德元年（1297）六月去世②。因此皇庆元年（1312）实际立碑时董士表已经去世十余年，上石之文仍保留了原碑中的立碑人记载。由此可以进一步判断，《董文直神道碑》撰于成宗朝元贞元年（1295）到大德元年之间。

但碑中一些记载表明文字上石时有所更新修改。沈涛已经觉察到元明善列衔为"翰林直学士"，实际是皇庆元年元明善的官职③。但碑文中超出大德元年时限的修改之处相信并不仅此一处④。

综上可确定《董文直神道碑》初撰于元贞元年（1295）到大德元年之间的两年时间里，立碑于皇庆元年（1312），并且部分修改了上石之文。

（2）亡佚传记

《董文直行状》。《董文直神道碑》中载有"赵人张世昌先生之状"一语。可知张世昌撰有《董文直行状》。

4. 董文忠碑传

（1）董文忠的碑传主要为姚燧所撰之神道碑，但现存主要有两个版本。第一个是《董文忠神道碑》，收于《牧庵集》⑤。第二个为《金书枢密院事董

---

① （元）王士点、商企翁编次：《秘书监志》卷9，高荣盛点校，浙江古籍出版社1992年版，第170页。

② （元）揭傒斯：《大元定远大将军洪泽屯田万户赠昭勇大将军后卫亲军都指挥使上轻车都尉追封陇西郡侯谥武献董公碑》，《常山贞石志》卷23，第13572页下栏。

③ 《常山贞石志》卷18，第13482页下栏。

④ 如碑中有"孙男守义，嗣屯田万户"。案董守义袭父士表军职在大德二年，"大德二年，子守义袭"见《董士表神道碑》，《常山贞石志》卷23，第13572页下栏，可知此为一处修改。另注意到碑文中已称董文直三兄文用谥号为"忠穆"，八弟董文忠谥号为"忠贞"。根据本书"封赠"部分的研究，董文用获谥"忠穆"在大德七年之后，董文忠谥"忠贞"则在大德五年。则又为两处修改。

⑤ （元）姚燧：《牧庵集》卷15《董文忠神道碑》，《四部丛刊》影武英殿聚珍本，第4册，第78页。

公神道碑》，收于《元文类》①。据《史彬事迹钩沉》一文的研究，《董文忠神道碑》为姚燧所撰原稿。该文又根据其中载董士珍任"中书省参知政事"的时间断年，董士珍任中书参知政事是七年二月任命，八年离职，因此判断撰碑应在成宗大德七年（1303）到八年间②，当是。但实际上碑文中还有信息可以进一步将撰写时间定位得更精确。碑中称董士选官职为"江浙行省右丞"。根据后文对董士选仕宦生涯的研究，可知他是大德七年四、五月间被外放江浙的。而董士珍任中书参政到大德八年正月③。至此可以确定《董文忠神道碑》撰于大德七年四、五月到大德八年正月间的八、九个月间。

而关于《金书枢密院事董公神道碑》，据《史彬事迹钩沉》研究，该碑是一个经过修改的版本，改动时间锁定在约大德十一年（1307）到武宗至大元年（1308）间，主要增加的信息是更新了有关董文忠子孙的记载④。据这一结论可以推断《金书枢密院事董公神道碑》应该是最终上石的文字。

比对两份神道碑文本就会发现，《金书枢密院事董公神道碑》并非单纯的更新和增加文字，还删除《董文忠神道碑》中不少细节内容。

另外，据《焦养直神道碑》中"公书忠穆之墓"一语⑤，或许说明《金书枢密院事董公神道碑》是由其同僚焦养直手书的⑥。

（2）亡佚碑传

①《董文忠行状》。姚燧《董文忠神道碑》载："士珍将铭坟道，持辽阳行省参政王公思廉之状，远走江东，而以访燧。"可知王思廉撰有《董文忠行状》。

②《董文忠墓志》。《元朝名臣事略·枢密董正献公》曾引"涿郡卢公

---

① （元）姚燧：《金书枢密院事董公神道碑》，《元文类》卷61，第887页；《国朝文类》卷61，第18册，第69—83页。

② 毛海明、张帆：《史彬事迹钩沉》，《中国史研究》2014年第1期，第144页。

③ 《元史》卷112《宰相年表》："董［士珍］正月—月"，第2810页。

④ 毛海明、张帆：《史彬事迹钩沉》，《中国史研究》2014年第1期，第143—144页。

⑤ （元）虞集：《焦文靖公神道碑》，《虞集全集》，王颋点校，天津古籍出版社2007年版，第1074页。但此碑将董文忠初次谥号"忠贞"误作董文用谥号"忠穆"。

⑥ "公书忠穆之墓"也可以理解为书写墓碑，但已知董文忠的三块大字墓碑分别为萧𣂏和张晏书写，则可知焦养直所书应为神道碑。

所撰《墓志》"①。"涿郡卢公"即为卢挚，可知其撰《董文忠墓志》。

③《董文忠家传》。吴澄《赵国董正献公家传后序》："适孙守中，今参知湖广行中书省政事，谓正献公行状、墓志、神道碑事迹有缺遗，嘱其客修成家传，纂述该悉。"② 可知董文忠孙董守中令门客撰有《赵国董正献公家传》一文，以补碑传之缺，撰者身份不详。

5. 大字墓碑

（1）董文毅墓碑

全名《大元中顺大夫荆湖北道宣慰使董公之墓》，书者不详，收于《常山贞石志》③，北京大学图书馆古籍部藏有拓片④。根据碑题，立于至顺四年（1333）。

（2）董文忠墓碑

董文忠现知有三方墓碑。分述于下：

①《有元赠大司徒寿国忠贞董公之墓》，萧斛书⑤。据《常山贞石志》辑者沈涛碑后案语中的考证，该碑撰于大德十一年（1307）。

②《大元赠太师赵国正献董公墓》，张晏书⑥。根据本文对董氏家族封赠的研究，可确定该碑立于延祐元年（1314）至二年间。

图4　《董文忠墓碑》拓片

③《有元赠体仁保德佐运功臣太师开府仪同三司上柱国赵国正献董公之墓》，同为张晏书⑦，有拓片传世，见图4⑧。根据封赠研究，与上碑应立于同时。或处于墓园不同位置。

---

① 《元朝名臣事略》卷14《枢密董正献公》，第289页。

② （元）吴澄：《吴文正公集》卷14《赵国董正献公家传后序》，《元人文集珍本丛刊》第三册，第261页。

③ 《常山贞石志》卷21，13534页上。董氏家族大字墓碑均收于此书，后不再在正文中写明。

④ 收藏名：《董文毅墓表》，北大图书馆古籍部藏拓片，典藏号：12271。

⑤ 《常山贞石志》卷17，第13472页上。笔者听闻古代史研究所藏有此碑拓片，但尚未得见。

⑥ 《常山贞石志》卷20，第13516页下。

⑦ 《常山贞石志》卷20，第13517页下。

⑧ 拓片来源：中国国家图书馆藏，编号：各地1321。为陆和九旧藏，有"和九审释金石文字记"印。

综上，董氏第二代共有碑传 9 篇，现知亡佚传记 8 篇，已知大字墓碑 4 方。

三　董氏家族第三代文献

（一）董文炳诸子文献

1. 董士元碑

《追封董士元圣旨残碑》，收于《常山贞石志》卷十八。① 案碑文末尾所记，圣旨下于至大元年（1308）闰十一月，碑立于至大三年。碑阳碑阴具有刻文，碑阳拓片传于世，见图 5。②

2. 董士元夫人碑传

《董士元侍其夫人碑》。董士元未见碑传传世，但其夫人侍其淑媛有碑，为王恽撰③，由董士元次子守仁请立。据碑文载，其撰于至元三十年（1293）九月九日侍其夫人下葬之后。

3. 董士选碑传

①《董士选神道碑》为吴澄撰④。据碑中"公殁之三年，承乏史馆，公之诸子，将树碑墓道，乃遗书公行事大概如右，而诗之于其左"。案董士选去世于至治元年，去世

图 5　《追封董士元圣旨碑》残碑拓片

后三年由吴澄撰碑，则在至治三年之后。此时吴澄自称"承乏史馆"，即在

---

① 《追封董士元圣旨残碑》，《常山贞石志》卷 18，第 13479 页下栏。
② 收藏于台北"中研院"历史语言研究所，登录号：12387。
③ （元）王恽：《秋涧先生大全文集》卷 52《故武节将军侍卫亲军千户董侯夫人碑铭》（后文简称《董士元侍其夫人碑》），《元人文集珍本丛刊》第 2 册影台北"中央"图书馆藏元至治刊本明代修补本，第 124 页上—125 页下。
④ （元）吴澄：《吴文正公集》卷 32《元荣禄大夫平章政事赵国董忠宣公神道碑》，第 541 页下栏—545 页上。

翰林国史院短暂任职。查《吴澄行状》载："（至治三年）五月至京师，六月入院。……（泰定元年），七月有旨国史院修《英宗实录》，时汉人承旨缺，先生总其事，分局纂修。既毕，先生有归志。……十一月至豫章，……十二月抵家。"① 以此判断，吴澄收到董士选诸子请为撰碑的书信时间在至治三年（1323）六月至泰定元年（1324）七月之间。而证据表明吴澄撰碑时间还在之后。如碑中载董士选谥"忠宣"。根据柳贯所撰《董士选谥忠宣》制文载："薨葬五年，有司乃始下其易名之议。"② 已知董士选葬于至治元年，则知其谥"忠宣"约在泰定二年（1325）。

综上，可知《董士选神道碑》约撰于泰定二年之后。

②《董士选家庙碑铭》为虞集撰③。据碑中"守恕，江西行省参政，殁于官"可知此碑撰于董守恕去世之后。案董守恕于至正五年（1345）正月十九日去世④，而虞集于至正八年去世⑤，则可知此碑撰于五年到八年之间。

4. 董士龙传记

董士龙为董文炳养子，后复詹姓。已知有传记两篇：

①《詹士龙小传》，宋濂撰⑥。据文中载："予总修《元史》时，有司不以闻，失于纪载。因徇其孙婿余文昇之请，删其墓志为小传一通以传。"案《元史》最终修成上进明廷在洪武三年（1370）七月⑦。可知该传写于洪武三年七月后。

②《詹士龙传》，朱善撰⑧。据该传文首载，洪武十年（1377）九月五

---

① （元）虞集：《故翰林学士资善大夫知制诰同修国史临川先生吴公行状》，《虞集全集》，第862 页。

② （元）柳贯：《柳贯诗文集》卷 8《董士选赠忠宣》，柳遵杰点校，浙江古籍出版社 2004 年版，第 172 页。

③ （元）虞集：《道园类稿》卷 37《董忠宣公家庙碑铭》（后文简称《董士选家庙碑铭》），《元人文集珍本丛刊》第六册影台北"中央"图书馆藏明初覆刊元抚州路学刊本，第 195 页下—198 页下。

④ （元）虞集：《道园类稿》卷 43《江西行省参政董公神道碑铭》，《元人文集珍本丛刊》第六册影明初覆刊元抚州路学刊本，第 288—293 页。

⑤ （元）赵汸：《东山存稿》卷 6《虞集行状》，《景印文渊阁四库全书》第 1221 册，第 324 页上。

⑥ （明）宋濂：《宋学士文集》卷 48《詹士龙小传》，《四部丛刊初编》景侯官李氏观槿斋藏明正德刊本，第 11 册，第 1 页 b。

⑦ 《元史·宋濂目录后记》，第 4677 页。

⑧ （明）朱善：《朱一斋先生文集》文集前卷 6《詹士龙传》，《四库全书存目丛书》集部第 25 册，影印明成化二十二年（1486）朱维鉴刻本，齐鲁书社 1996 年版，第 215 页。

日（庚辰），明工部郎中、詹士龙孙婿余文昇与朱善相语士龙事，遂请朱善为传。可知该篇詹士龙传记写于洪武十年九月后。

5. 大字墓碑

①《董士元墓碑》，全名《大元镇国上将军金书枢密院事节愍赠推诚效节功臣资德大夫中书右丞上护军追封赵郡公谥忠愍董公墓》，书者不详①。该碑没有立碑年月，根据封赠部分，上并列三次封赠，当立碑较晚。

②《董士选墓碑》，全称《元故荣禄大夫陕西等处行中书省平章政事董公墓》，杨俊民书②。碑末所题磨损，但可知为至正十□年立。

（二）董文忠诸子文献

董文忠五子中，三子有碑传传世，比例很高。

1. 董士珍碑传

①《董士珍神道碑》，欧阳玄撰，张起岩书，姚庸篆额，拓片论文收于《常山贞石志》③。《（嘉靖）藁城县志》也收有此碑④，但与《常山贞石志》所收拓片录文相比，可知似乎经过了删改。⑤案碑中文首记载，该碑为至正四年（1344）冬十二月九日（甲子）顺帝敕撰。据文末所题为至正七年（1347）二月一日刻石。另据沈涛的研究，碑首欧阳玄列衔中有"翰林学士承旨"一职，核危素所撰《欧阳玄行状》⑥，欧阳玄五年进翰林学士承旨，六年即除福建廉访使。沈涛因此判断，实际立碑在至正五年⑦，当是。另根据碑中孙婿郑郊的官职可判断⑧，七年上石时碑文未做改动。

① 《常山贞石志》卷18，第13480页下栏。

② 《常山贞石志》卷24，第13593页下栏。

③ （元）欧阳玄：《大元敕赐故资政大夫御史中丞赠纯诚肃政功臣开府仪同三司太傅上柱国赵国公谥清献董公神道之碑》（后文简称《董士珍神道碑》），《常山贞石志》卷23，第13567页上栏。

④ （元）欧阳玄：《赵国清献公神道碑》，《（嘉靖）藁城县志》卷9，第293页。

⑤ 但《藁城县志》中所收碑文亦有可补充拓片录文之处。如关于董士珍具体葬日和葬地，录文或因碑文磨泐而阙如。而《藁城县志》中碑文则明确记为"以是年八月十三日，归葬于藁城之九门"。

⑥ （元）危素：《大元故翰林学士承旨光禄大夫知制诰兼修国史圭斋先生欧阳公行状》（后文简称《欧阳玄行状》），《欧阳玄集·附录》，魏崇武、刘建立点校，吉林文史出版社2009年版，第336页。

⑦ 《常山贞石志》卷23，第13570页上。

⑧ 《董士珍神道碑》中载郑郊官职为"无为州同知"。据研究，郑郊至正六年转任秘书监丞。由此可知《董士珍神道碑》在大德七年上石时并没有更新内容。

此外虞集撰《董守简神道碑》虽磨泐不堪，但其后部涉及了董士珍神道碑建碑的始末，"公将属圹，召铠告之曰：'先清献公神道之碑未立，我深念之。在中书时有□□命翰林学士承旨欧阳公园、张公起岩、姚公庸□□□□□我不讳，汝趣成之。我死见先人于地下乃无愧矣。'无一言及其家事。得年五十有五。公葬。铠即伐石树清献公碑卒成公之志"。由此可知董士珍神道碑为董铠遵照董守简遗命，于守简去世次年所建。

②亡佚传记

《董士珍行状》《董士珍墓志铭》。《董士珍神道碑》载："公之薨，大司农张晏状其行。既葬，翰林学士元明善铭其墓。"则可知由张晏撰《董士珍行状》，元明善撰《董士珍墓志铭》。

图6 《董士珍墓碑》拓片

2. 董士良碑传

《董士良神道碑》，为苏天爵撰①。案碑中记董士良子守成官职为"真定衡水县尹"，根据对董守成仕宦生涯的研究，董守成于至正四年（1344）任衡水县尹，五年调任河南行省都事。而对照苏天爵生平，苏天爵于四年任集贤侍讲学士，兼国子祭酒，正在大都任职；五年便出为福建廉访使②，因距离遥远，当不便于受请撰碑。综合判定该碑应撰于至正四年。

3. 董士恭碑传

《董士恭神道碑》为黄溍撰，朵尔直班书，赵期颐篆额③。据碑中载，为至正十年（1350）夏四月九日顺帝敕撰。

---

① （元）苏天爵：《滋溪文稿》卷12《元故朝列大夫开州尹董公神道碑铭》（后文简称《董士良神道碑》），陈高华、孟繁清点校，中华书局1997年版，第189页。

② 《元史》卷183《苏天爵传》，第4226页。

③ （元）黄溍：金华黄先生文集》卷26《资德大夫陕西诸道行御史台御史中丞董公神道碑》（后文简称《董士恭神道碑》），《四部丛刊》景元写本，第7册，第98—104页。

4. 大字墓碑

①《董士珍墓碑》，全称《有元赠纯诚肃政功臣太傅开府仪同三司上柱国赵国清献董公墓》，张晏书①。因与《董文忠墓碑》上张晏列衔相同，可推知书碑于延祐元年（1314）至二年间。有拓片传世，见图7。

②《董士恭墓碑》，全称《大元资德大夫陕西诸道行御史台御史中丞董公墓》，书者不详②。据沈涛案语中的研究，该碑当于至顺元年（1330）董士恭葬后所立。

图7 《董士表墓碑》拓片

（三）其他第三代成员文献

1. 董士表碑传

《董士表神道碑》为揭傒斯撰，赵期颐篆额③。沈涛根据碑中揭傒斯列衔判定碑撰于至正二年（1342）到三年间④，核对《揭傒斯神道碑》与《揭傒斯墓志铭》⑤，当是。据碑文末题记，知是至正八年（1348）九月建碑。

2. 大字墓碑

《董士表墓碑》，全称《有元故定远大将军洪泽屯田万户赠昭勇大将军后卫亲军都指挥使上轻车都尉追封陇西郡侯谥武献董公墓》，董士廉书⑥。并有

① 《常山贞石志》卷20，第13517页下。

② 《常山贞石志》卷20，第13522页下。

③ （元）揭傒斯：《大元定远大将军洪泽屯田万户赠昭勇大将军后卫亲军都指挥使上轻车都尉追封陇西郡侯谥武献董公碑》（后文简称《董士表神道碑》），《常山贞石志》卷23，第13572页下栏—13574页上。

④ 《常山贞石志》卷23，第13574页下栏。

⑤ （元）欧阳玄：《元翰林侍讲学士中奉大夫知制诰同国史同知经筵事豫章揭公墓志铭》，《揭傒斯全集·附录一》，李梦生标校，上海古籍出版社1985年版，第572页；（元）黄溍：《翰林侍讲学士中奉大夫知制诰同修国史同知经筵事追封豫章郡公谥文安揭公神道碑》，《揭傒斯全集·附录一》，第582页。

⑥ 《常山贞石志》卷23，第13575页上。

拓片传世，见图。① 据后文对董士表封赠的研究，可知是泰定三年（1326）后书并立。有拓片传世，见图7。②

综上，世系方面，董氏第三代已知共十八人，其中养子一人，全部可确知名讳。董文毅、文进子辈情况不见记载。董文振、文义早逝，亦不知其子。

文献方面，董氏第三代共有碑传9篇，现知亡佚碑传2篇，大字墓碑5方。

四 董氏家族第四代成员文献

（一）董文炳系

1. 董守恕碑传

《董守恕神道碑》，虞集撰③。因没有拓本录文，因此碑文末并无明确建碑时间可供参考，但碑中载董守恕去世后，"其第四子某啜泣以墓碑为请。集不忍为也，执笔抒思而言之"。案董守恕去世于至正五年（1345）正月十九日，虞集撰碑当在此后不久。

2. 大字墓碑

《董守愨墓碑》，全称《大元故中奉大夫浙东海右道肃政廉访使董公之墓》，杨俊民书④。据碑题为至正十□年立。

（二）董文直系

《董守义神道碑》传世，为虞集撰，王守诚书，赵期颐篆额，收于《常山贞石志》⑤。案碑中载为至正八年（1348）九月建碑。沈涛根据书碑人王守诚的列衔为"河南江北等处行中书省参知政事"，结合王守诚生平，判定

---

① 收藏于（台北）"中研院"历史语言研究所，登录号：04505。

② 收藏于（台北）"中研院"历史语言研究所，登录号：04502。

③ （元）虞集：《道园类稿》卷43《江西行省参政董公神道碑铭》（后文简称《董守恕神道碑》），《元人文集珍本丛刊》第6册影明初覆刊元抚州路学刊本，第288—293页。

④ 《常山贞石志》卷24，第13594页上。

⑤ （元）虞集：《元故怀远大将军洪泽屯田万户赠昭勇大将军前卫亲军都指挥使上轻车都尉追封陇西郡侯谥昭懿董公神道碑铭》（后文简称《董守义神道碑》），《常山贞石志》卷23，第13575页上栏。

该碑撰于至正五年（1345）到七年间①，当是。

董守义还有大字墓碑，全称《有元故怀远大将军洪泽屯田万户赠昭勇大将军都指挥使前卫亲军都指挥使上轻车都尉追封陇西郡侯谥昭懿董公墓》②。沈涛在案语中称，通过拓片字体辨识，认为是董士廉所书，当与《董士表墓碑》同时，即泰定三年之后。此碑有拓片传世，见图8。③

图8　《董守义墓碑》拓片

（三）董文忠系

1. 董守中碑传

《董守中神道碑》为揭傒斯撰，巎巎书，许师敬篆额④。文首明确记载元统元年（1333）十一月，顺帝下敕撰碑。

2. 董守简碑传

（1）黄溍撰《董守简神道碑》，为王守诚书、赵期颐篆额⑤。未见拓片录文。据文首记载，该碑文是至正八年（1348）四月十日（丙子），顺帝敕令黄溍所撰。是否建碑不详。

① 《常山贞石志》卷23，第13577页下栏。
② 《常山贞石志》卷23，第13577页上栏。
③ 收藏于台北"中研院"历史语言研究所，登录号：04494。
④ （元）揭傒斯：《大元敕赐正奉大夫江南湖北道肃政廉访使董公神道碑》（后文简称《董守中神道碑》），《揭傒斯全集》卷7，李梦生标校，第421—425页。
⑤ （元）黄溍：《金华黄先生文集》卷26《御史中丞赠推诚佐治济美功臣荣禄大夫河南江北等处行中书省平章政事柱国追封翼国公谥忠肃董公神道碑》（后文简称黄溍《董守简神道碑》），《四部丛刊》本第7册，第104—115页。

（2）虞集撰《董守简神道碑》，苏天爵书，张起岩篆额①，拓片录文收于《常山贞石志》，磨泐严重。碑中载"故事，大臣既葬，则载其功德行事月于金石，表诸墓道礼也"。可知该碑撰于至正六年（1346）六月二十六日（癸酉）董守简下葬后不久。据碑末知为至正八年十一月建碑。

（3）苏天爵撰《董守简墓志铭》②。案志文中所载"及葬，子铠遂来请铭"可知，该墓志铭撰于至正六年五月董守简去世，至六月下葬之间。

3. 亡佚传记

《董守简行状》。黄溍《董守简神道碑》载："公兄子太常礼仪院判官钥，以其孤铠祥事未毕，代为奉集贤侍讲学士苏天爵所述行状授溍，曰：'请以备采择。'"可知苏天爵撰有《董守简行状》。但《董守简行状》与前述同一撰者的《董守简墓志铭》是否为同一篇，还有待研究。

五 亡逸董氏家族文献

除本文以上考证出的诸多已亡佚的董氏成员传记外，文献记载中还透露出一些董氏家族文献的信息。目前可考者叙述于下：

1. 《藁城董氏世谱》

虞集撰有《〈藁城董氏世谱〉序》③，说明曾存在一部董氏家族文献——《藁城董氏世谱》。关于其撰修情况，据虞集自述："吾于国家功臣之系，得藁城董氏功德事状，思见其子孙之能长久也。乃为录而序之。"可知是虞集抄录编排元朝功臣传中的董氏记载而成，并自为之序。相信《世谱》的撰写动机也是董氏家族成员的托请。

此外，有理由相信《世谱》是附于元明善撰《藁城董氏家传》之后的。虞集言："乃为录而序之，以附其《家传》"便说明这一点。此外吴澄撰有

---

① （元）虞集：《大元故荣禄大夫御史中丞赠推诚佐治济美功臣河南江北等处行中书省平章政事柱追封冀公谥忠肃董公神道碑铭并序》（后文简称虞集《董守简神道碑》），《常山贞石志》卷23，第13577页下。

② （元）苏天爵：《滋溪文稿》卷12《元故荣禄大夫御史中丞赠推诚佐治济美功臣河南行省平章政事冀国董忠肃公墓志铭并序》，陈高华、孟繁清点校，第192页。

③ （元）虞集：《道园学古录》卷5《藁城董氏世谱序》，《四部丛刊》影明景泰翻元小字本，第2册，第100—101页。

《题〈董氏家传世谱〉后》①，也说明《家传》与《世谱》联为一书。关于《世谱》的内容，顾名思义，应是董氏家族之谱系。吴澄在同文中曰："《藁城董氏家传》，元明善撰；《世谱》，虞集撰。《传》详核，《谱》简明"，说明《世谱》应是世系表一类的简要世系记载，以与《家传》互为佐证。

《世谱》的内容，传世文献中已无法看到。但虞集序言中曾引有《世谱》中关于董氏起源和藁城董氏先世之文字，其曰："董氏出董父者，以字为氏。出陆终之子参胡者，姓董，以姓为氏。其在藁城者，墓有遗石，表曰：'御史大夫'。然中更乱离，不知何代人，亦不知其所自氏。今定谱，自其可知者，世别而备书之。"其透露藁城董氏在前代亦有官宦显达者，但具体朝代和身份不详。

有记载表明，直至元代后期，《世谱》与《家传》都是董氏家族基本的家族文献，为家族收藏传承②，直至产生新的文献对其进行补充。

幸运的是，经过长期的田野调查，笔者发现了一部《藁城董氏世谱》的清嘉庆年间抄本，其详情笔者有另文予以论述③。

2. 《董氏传家录》。

《董氏传家录》即是元代后期产生的新家族文献。吴师道撰《董氏传家录序》为我们提供了这一文献的编撰信息④。根据该序言，《传家录》系由董文忠曾孙董钥编撰，其编辑缘由是为弥补《世谱》《家传》等家族文献记载之不足，"今正献公之曾孙、监修国史府长史钥著《董氏传家录》，谓'诸公为董氏纪载者，有《世系》，有《家传》，固可即是而考其本末矣。然二书之所不及者，亦不能无也'"。

《传家录》的内容，序言中称："乃以谱系列于前，而复以墓道之碑、赠谥之制与夫行述、谥议、遗爱、逸事之文，纂辑比次，凡《传》、《谱》之

① （元）吴澄：《吴文正公集》卷27《题〈董氏家传世谱〉后》，《元人文集珍本丛刊》第三册影台北"中央"图书馆藏明成化刊本，新文丰出版有限公司1985年版，第475页下。

② 吴师道撰《董氏传家录序》引董钥语曰："诸公为董氏纪载者，有《世谱》，有《家传》，固可即是而考其本末矣。"见《吴师道集》卷15，邱居里、邢新欣点校，第357页。据后文的考证，《董氏传家录序》写于后至元六年（1340）到至正三年（1343）三月之间。可知至顺帝朝前期之前，董氏家族主要的家族文献即《世谱》与《家传》。

③ 见笔者《新见河北大名董氏藏元〈藁城董氏世谱〉清嘉庆抄本研究》，《文史》2020年第3期。

④ （元）吴师道：《吴师道集》卷15《董氏传家录序》，邱居里、邢新欣点校，第357页。

未备者，于此有考焉。"由此可知，董钥将家族世系列于《传家录》之首①，之后便系统收集了董氏家族的各种文献，形成董氏家族的文献汇编。其目的正如书名一样，欲令家族世代传承阅览，"夫使凡董氏之族，览之而朝夕惕厉，以无忘先人之丰功盛烈，继继承承，与国无穷"②。前文注释已经提到，序言撰于后至元六年（1340）到至正三年（1343）三月之间。则《传家录》当也编撰于此前不久。

由此可见《董氏传家录》是元代后期董氏家族文献的全面结集，但惜今已不存。

综上，现存藁城董氏家族碑传共 25 篇，这构成了对董氏家族进行研究的最基本资料，相信这一文献数量在元代官僚家族中也是位居前列的。现存董氏家族成员的大字墓碑 16 方，其中包括《常山贞石志》所收四方不明身份的董氏家族成员墓碑，碑主身份有待考证。但其中一方墓碑《元故奉政大夫江南湖北道廉访副使董公墓》有拓片传世，见图 9。③

此外，现知亡佚传记 12 篇，但相信实际上亡佚的董氏成员传记当比此数更多，此外还有亡佚家族文献两部。虽然藁城董氏家族的传世碑传文献数量在蒙元时代诸多世侯官僚家族中名列前茅，但只能说这还是此家族文献的一部分。笔者在全国各地民间还发现了数量相当可观的藁城董氏各支脉后裔的明清近代谱牒，近年从各种渠道也得知在藁城故地发现有一些董氏碑刻的实物，尤其是之前未见拓片和录文的文物，其中也

图 9 《董守义墓碑》拓片

---

① 应即《世谱》所载董氏世系，再补入董氏后世繁衍子孙信息。
② （元）吴师道：《吴师道集》卷 15《董氏传家录序》，邱居里、邢新欣点校，第 357 页。
③ 收藏于台北"中研院"历史语言研究所，登录号：04081。

不乏有价值的元代史料信息。对此笔者将另撰文予以介绍。①

藁城董氏家族碑传信文献息分别列表于后，以便读者观览，一目了然。

表1   **董氏家族碑传文献情况表**

传记名	撰者、书者、篆额者名	撰文、立碑时间
《董俊神道碑》	李冶撰	撰于至元二年（1265）
《寿国董忠烈公传》	元明善撰	撰写于至大元年闰十一月至至大三年十月之间，为至大三年（1310）十月上旬刻石立碑
《董文炳神道碑》	王磐撰、商挺书	撰碑于至元十五年十一月十七日后不久，书碑于至元十七年
《董文炳遗爱碑》	张延撰	撰于至元十九年到至元二十二年间
《藁城董氏家传》	元明善撰	撰于大德五年（1301）至七年闰五月之间
《董文用行状》	虞集撰	撰于大德七年三月某日
《董文用神道碑》	阎复撰，张起岩书并篆额	撰于大德七年三月后，刻石于顺帝时期
《董文用墓表》	吴澄撰	撰于至顺三年（1332），与《董文用神道碑》一同上石
《董文直神道碑》	元明善撰	撰于成宗朝元贞元年（1295）到大德元年间，皇庆元年（1312）十一月十九日立碑，上石之文进行了修改
《董文忠神道碑》	姚燧撰	初撰于成宗大德七年（1303）四、五月到大德八年正月间；约大德十一年（1307）到武宗至大元年（1308）进行了修改，定名为《金书枢密院事董公神道碑》
《董士元侍其夫人碑》	王恽撰	撰于至元三十年（1293）九月九日后
《董士选神道碑》	吴澄撰	撰于泰定二年（1325）后
《董士选家庙碑》	虞集撰	撰于至正五年（1345）到八年间
《詹士龙小传》	宋濂撰	撰于洪武三年（1370）七月后
《詹士龙传》	朱善撰	撰于洪武十年（1377）九月后
《董士表神道碑》	揭傒斯撰并书，赵期颐篆额	撰于至正二年（1342）到三年间，至正八年（1348）九月建
《董士珍神道碑》	欧阳玄撰，张起岩书，姚庸篆额	至正四年（1344）冬十二月甲子下敕，五年（1345）撰碑、书碑，至正七年（1347）二月一日刻石
《董士良神道碑》	苏天爵撰	撰于至正四年（1344）

---

① 已发表的成果参见拙文《新见河北大名董氏藏元〈藁城董氏世谱〉清嘉庆抄本研究》，《文史》2020 年第 3 期。

续表

传记名	撰者、书者、篆额者名	撰文、立碑时间
《董士恭神道碑》	黄溍撰，朵尔直班书，赵期颐篆额	撰于约至正十年（1350）
《董守恕神道碑》	虞集撰	撰于至正五年（1347）正月十九日后
《董守义神道碑》	虞集撰，王守诚书，赵期颐篆额	撰于至正五年（1345）到七年间，至正八年（1348）九月建碑
《董守中神道碑》	揭傒斯撰，嵊嵊书，许师敬篆额	撰于元统元年（1333）十有一月
《董守简墓志铭》	苏天爵撰	撰于至正六年（1346）六月二十六日后
《董守简神道碑》	黄溍撰，王守诚书、赵期颐篆额	撰于至正八年（1348）四月
《董守简神道碑》	虞集撰，苏天爵书，张起岩篆额	撰于至正六年（1346）六月二十六日后，至正八年（1348）十一月立碑

表2　　　　　　　　　　　董氏家族大字墓碑情况表

代次	姓名	碑名	书者	立碑时间
Ⅱ	董文毅	《大元中顺大夫荆湖北道宣慰使董公之墓》	不详	至顺四年（1333）
	董文忠	《有元赠大司徒寿国忠贞董公之墓》	萧𨏍	大德十一年（1307）
		《大元赠太师赵国正献董公墓》	张晏	延祐元年（1314）至二年
		《有元赠体仁保德佐运功臣太师开府仪同三司上柱国赵国正献董公之墓》	张晏	延祐元年至二年
Ⅲ	董士元	《大元镇国上将军金书枢密院事节愍赠推诚效节功臣资德大夫中书右丞上护军追封赵郡公谥忠愍董公墓》	不详	不详
	董士选	《元故荣禄大夫陕西等处行中书省平章政事董公墓》	杨俊民	至正十□年立
	董士表	《有元故定远大将军洪泽屯田万户赠昭勇大将军后卫亲军都指挥使上轻车都尉追封陇西郡候谥武献董公墓》	董士廉	泰定三年（1326）后
	董士珍	《有元赠纯诚肃政功臣太博开府仪同三司上柱国赵国清献董公墓》	张晏	延祐元年至二年
	董士恭	《大元资德大夫陕西诸道行御史台御史中丞董公墓》	不详	至顺元年（1330）

续表

代次	姓名	碑名	书者	立碑时间
IV	董守懿	《大元故中奉大夫浙东海右道肃政廉访使董公之墓》	杨俊民	至正十□年
	董守义	《有元故怀远大将军洪泽屯田万户赠昭勇大将军都指挥使前卫亲军都指挥使上轻车都尉追封陇西郡侯谥昭懿董公墓》	董士廉	泰定三年后
V	董钺	《内供奉董公墓碑》	董守庸	至正初年
	不明	《有元奉训大夫提举天赐场盐使司事董公墓》①	董守庸	元统三年（1335）
	不明	《元故奉政大夫江南湖北道廉访副使董公墓》	张国维	元统三年（1335）
	不明	《大元赠忠显校尉真定路中山府判官董公墓》②	赵兴宗	至正十六年（1356）
	不明	《（上缺）贤直学士太（上缺）肃董公墓》③	张璪	不详
	不明	《大元故董显肃侯墓碑》④	不详	不详

表3　　　　　　　　　　家族已知亡逸碑传文献表

代次	传主	文献名	撰者
I	董俊	《董俊行状》	不详
II	董文炳	《董文炳行状》	张延
		《董文炳墓志》	李谦
	董文用	《董文用去思碑》	陶师渊
		《董文用遗事》	不详
	董文直	《董文直行状》	张世昌
	董文忠	《董文忠行状》	王思廉
		《董文忠墓志》	卢挚
		《董文忠家传》	不详
III	董士珍	《董士珍行状》	张晏
		《董士珍墓志铭》	元明善
IV	董守简	《董守简行状》	苏天爵

（作者为中国社会科学院古代史研究所助理研究员）

---

① 《常山贞石志》卷21，第13546页上。
② 《常山贞石志》卷24，第13595页上。
③ 《常山贞石志》卷24，第13595页下。
④ 《常山贞石志》卷24，第13596页上。

《元史》列传取材碑文利弊分析

——以彻里、拜住传为案例

修晓波

　　《元史》列传史料来源是多方面的。有元人碑铭、墓志、行状、家传等碑文材料，苏天爵《国朝名臣事略》，已经失传的《后妃功臣列传》，以及《经世大典》"臣事"目等。① 其中《国朝名臣事略》多取材于元人碑文，②《后妃功臣列传》也与碑文材料有关（详下）。《元史》修纂者未加考订，直接或间接据碑文材料写成列传。碑文材料入传，保存了研究《元史》的文献资料，同时也带来若干弊端。这是一个问题的两个方面，都需要深入地研究。本文试以《元史》彻里、拜住列传为案例，对此问题进行探讨，以期对《元史》列传价值能有一些新的认识。

一 《元史》彻里、拜住传与碑文材料的渊源关系

　　彻里，又译阇里，蒙古燕只斤氏，早年由宿卫入仕。历任福建行省平章

---

　　① 邱树森：《关于〈元史〉修撰的几个问题》，《元史及北方民族史研究集刊》第 11 期，1987年；王慎荣：《元史探源》，吉林文史出版社 1991 年版，第 151 页；陈得芝：《蒙元史研究导论》，南京大学出版社 2012 年版，第 10—11 页；陈高华：《元代政书〈经世大典〉中的人物传记》，载《元史研究新论》，上海社会科学院出版社 2005 年版，第 461—462 页。

　　② 欧阳玄说："君（苏天爵）独博取中朝巨公文集而日抄之，凡而元臣世卿墓表家传，往往见诸编帙中。"见（元）苏天爵《元朝名臣事略》欧序，中华书局 1996 年点校本，第 2 页。《元朝名臣事略》，原名《国朝名臣事略》，清乾隆中武英殿聚珍版刊行本书，改为今名。

政事，江南诸道行台御史大夫，江浙行省平章政事，后为中书平章政事。拜住，蒙古札剌儿氏，大蒙古国开国功臣木华黎后裔、名相安童之孙，先后任中书平章政事、中书左丞相及中书右丞相。两人在《元史》分别有传。① 选择这二人列传讨论，是因为其列传皆与碑文材料有关而又有所不同，各具一定代表性。现分别进行研考。

(一)《彻里传》与碑文史料

有学者认为："《彻里传》材料取自姚燧所撰《平章政事徐国公神道碑》（以下简称《徐国公神道碑》），苏天爵节录碑文编列《元朝名臣事略》，改称为《平章武宁正宪王》（以下简称《正宪王》）。"② 可将本传与《正宪王》相关内容比勘如下。《彻里传》：

> 至元十八年（1281），世祖召见，应对详雅。悦之，俾常侍左右，民间事时有所咨访。从征东北边还，因言大军所过，民不胜烦扰，寒饥且死，宜加赈给，帝从之。乃赐边民谷帛牛马有差，赖以存活者众。擢利用监。二十三年（1286），奉使江南，省风俗，访遗逸。时行省理财方急，卖所在学田以价输官。彻里曰："学田所以供祭礼、育人才也，安可鬻？"遽止之。还朝以闻，帝嘉纳焉。③

《正宪王》：

> 至元十有八年，入见，帝赐之问，而奇其对，进侍帷幄。时询民情，细微敷告无隐。一诸侯王称兵东北，帝自将征，入其地矣，军中夜惊，公出抚遏，人识言音，喧哄一寂。跳梁既平，为奏兵余之民，艰窭剥肤，不赈恤之，将不生活。敕赐谷帛牛马脱寒饥者，亡虑数十万人。擢利用监，古武库也，匪简在帝心人者，不以付之。二十有三年，诏求

---

① 《元史》卷130《彻里传》，中华书局1976年点校本，第3161—3163页；卷136《拜住传》，第3300—3306页。

② 《元史探源》，第181页。

③ 《元史》卷130《彻里传》，第3161页。

逸遗于江之南，且省其俗。时相方急治赋，鬻民学田，官有其直。令既行矣，公则止还诸学，用为完庙养贤之须。归以事闻，制甚嘉可。①

以上两书内容相同，只是文字表述有些差异。可以再比较一组内容。《彻里传》：

> （至元）二十四年（1287），分中书为尚书省。桑哥为相，引用党与，钩考天下钱粮，凡昔权臣阿合马积年负逋，举以中书失征，奏诛二参政。行省乘风，督责尤峻。主所无偿，则责及亲戚，或逮系邻党，械禁榜掠。民不胜其苦，自裁及死狱者以百数，中外骚动。廷臣顾忌，皆莫敢言。彻里乃于帝前，具陈桑哥奸贪误国害民状，辞语激烈。帝怒，谓其毁诋大臣，失礼体，命左右批其颊（即扇耳光）。彻里辩愈力，且曰："臣与桑哥无仇，所以力数其罪而不顾身者，正为国家计耳。苟畏圣怒而不复言，则奸臣何由而除，民害何由而息？且使陛下有拒谏之名，臣窃惧焉。"于是帝大悟，即命帅羽林三百人往籍其家，得珍宝如内藏之半。桑哥既诛，诸枉系者始得释。②

《正宪王》：

> （至元）二十有四年，桑葛（桑哥）分中书庶务立尚书省，初为平章，后为丞相。凡昔盗杀臣，为领部，为制国用使，为尚书省，所逋钱粟，并归中书，举诬为中书失征，杀其二相。大为计局，钩考毫厘，诸省承风，鄂省已剧，浙省尤酷。延蔓以求，失其主者，逮及其亲。又失，代输其邻，追系收坐，岸狱充牣，榜掠百至。或关夫三木，责妻市酒以偿。民不堪命，自经裁与瘐死者，已数百人。虐焰熏天，诸王贵戚，亦莫谁何，无不下之。独公奋然数其奸赃，帝初未然，益犯威颜，言色俱厉。帝以为丑诋大臣，失几谏礼，怒遣左右批其颊，辩不为止，曰："臣非有仇于彼而然，直不忍其罔上自私。敢因雷霆一击，遂而结

---

① 《元朝名臣事略》卷4《平章武宁正宪王》，第68页。
② 《元史》卷130《彻里传》，第3161—3162页。

舌，使明帝有不受言之名，臣实愤耻。"帝意始解，命将卫士百人，控鹤倍之，入籍其家，得金宝衍溢栋宇，他物可资计者，将半内帑。罪既彰白，始钤其人，诸系计局者皆出之。①

　　与前一组情况相同。需要说明的是，《徐国公神道碑》全文 1900 余字，《正宪王》2000 余字。《正宪王》摘录《神道碑》而字数又略多出后者，是因其记叙彻里在江浙行省平章政事任上，治理吴松江水道时，引用了《吴松江记》一段记载："岁甲辰（1304），前海运千夫长任仁发，以吴松江故道堙塞，使震泽之水失其就下性，为浙西居民害垂二十年，慨然上疏，条其利病疏导之法。中书省以闻，特命平章彻里公董其役……始于大德八年（1304）冬十一月望前二日……至九年（1305）二月晦毕工。复置闸窦，启闭以时，物无疵疠，民无夭阏，而事竟集。"② 这一段内容为《徐国公神道碑》所无，是苏天爵编写《正宪王》时加入的部分。《元史·彻里传》据此撰成如下文字："震泽之注，由吴松江入海。岁久，江淤塞，豪民利之，封土为田，水道淤塞，由是浸淫泛滥，败诸郡禾稼。朝廷命行省疏导之，发卒数万人，彻里董其役，凡四阅月毕工。"③ 此外，《元史》本传记彻里死后所追赠事宜，《正宪王》未载，而《徐国公神道碑》与《追封徐国公谥忠肃制》均有记载，称至大之元（1308），制赠推忠守正佐理功臣、太傅、开府仪同三司、上柱国、徐国公、谥忠肃。④

　　综上所述，三者的关系应该是《元史·彻里传》主要依据《正宪王》改写，又参照了其他史料；后者基本摘录《徐国公神道碑》（文中皆有小注），也选收了其他文献。《彻里传》史料来源为元代碑文是没有疑问的。

（二）《拜住传》与碑文史料

　　对于《拜住传》，有人认为，采自黄溍的《中书右丞相赠孚道志仁清忠

　　① 《元朝名臣事略》卷 4《平章武宁正宪王》，第 68—69 页。
　　② 《元朝名臣事略》卷 4《平章武宁正宪王》，第 70—71 页。
　　③ 《元史》卷 130《彻里传》，第 3163 页。
　　④ 《牧庵集》卷 14《平章政事徐国公神道碑》，北京图书馆古籍珍本丛刊，书目文献出版社 1987 年版，第 92 册，第 75 页；（元）程钜夫：《楚国文宪公雪楼程先生文集》卷 3《追封徐国公谥忠肃制》，洪武二十九年刻本，第 1 页 a。

一德功臣太师开府仪同三司上柱国追封郓王谥文忠神道碑》（以下简称《郓王神道碑》）。① 兹将《拜住传》与《郓王神道碑》有关内容进行比照。本传：

> 拜住，安童孙也。五岁而孤，太夫人教养之。稍长，宏远端亮有祖风。至大二年（1309），袭为宿卫长。仁宗继位，延祐二年（1315），拜资善大夫、太常礼仪院使。②

《郓王神道碑》：

> 王生五岁而孤，兖王夫人抚育备至，令知文学者陈圣贤孝弟忠信之说，以开导之，闻辄领解。大德十一年（1307），武宗皇帝入正大统，王甫十岁，迎谒道左。上亲执其手，慰藉久之。人见王嶷然公辅之器，相与属目，谓有祖风。至大二年，袭掌环卫……延祐二年，擢资政大夫、太常礼仪使。③

两者内容基本相同，文字表述有异。此外本传称"延祐二年，拜资善大夫"，《郓王神道碑》则作"延祐二年，擢资政大夫"。再进行一组比较。本传：

> 铁木迭儿复引参知政事张思明为左丞以助己。思明为尽力，忌拜住方正，每与其党密语，谋中害之。左右得其情，乘间以告，且请备之。拜住曰："我祖宗为国元勋，世笃忠贞，百有余年。我今年少，叨受宠命，盖以此耳。大臣协和，国之利也。今以右相仇我，我求报之，非特吾二人之不幸，亦国家之不幸。吾知尽吾心，上不负君父，下不负士民而已。死生祸福，天实鉴之，汝辈毋复言。"④

---

① 《元史探源》，第190页。
② 《元史》卷136《拜住传》，第3300页。
③ 《金华黄先生文集》卷24《郓王谥文忠神道碑》，四部丛刊初编集部，上海书店1989年影印本，第2页b—3页a。
④ 《元史》卷136页《拜住传》，第3303页。

《郓王神道碑》：

> 既尽发故首相（指铁木迭儿）欺悖之迹，削其官爵，仆其碑，籍其家。背公死党者多谋不利于王。左右请为之备。王曰："吾尽吾心，上不负吾君吾祖父，下不负吾士民而已，何备为？"然深患谗言之兴，因侍燕间从容奏曰："陛下不以臣年少，无似使备员宰相。方务彰善瘅恶，期致隆平。苟有沮之者，则臣不能有所为矣。"上曰："卿第勉之。果有间言，朕不听也。"①

比较两书背后中伤拜住的，本传特指张思明（铁木迭儿党羽），《郓王神道碑》泛指为铁木迭儿死党。其次是拜住得知此事后的态度，本传记载他不予理会，而《郓王神道碑》记拜住将此事奏报了英宗，并说"苟有沮之者，则臣不能有所为矣"，心存顾忌。

两书文字表述不同而且内容也有不尽一致处。对此笔者的理解是，《元史》编纂的方法是纪、志、传各部分均由若干人分别执笔，②列传部分也由不同的人分头撰写。在从碑文取材时，文字表述自然就会出现差异。至于内容有些差异比如《拜住传》，说明该传史料并非完全出自《郓王神道碑》，它应还有其他史料来源。《国朝名臣事略》与存世《经世大典》"臣事"目没有拜住事迹可考。本传其他史料来源有可能为元廷的《后妃功臣传》。此传纪已亡佚，今不可复见，但参与其事的苏天爵曾上《修功臣列传》（即《后妃功臣传》），说："及元贞初，诏修《世祖实录》，命中外百司、大小臣僚各具事迹，录送史馆，盖欲纪述一代之事，寓修诸臣列传……今史馆修书（指《后妃功臣传》），不过行之有司，俾之采录。或功臣子孙衰替，而无人供报；或有司惮烦，而不尽施行。"③说明《后妃功臣传》史料来自两个途径，即各级官员自己报送及功臣子孙的提供。他们所供报的，自然是自家碑铭、墓志、行状、家传等碑文材料。说《拜住传》史料基本取自元人碑文，也是没有问题的。

---

①　《金华黄先生文集》卷24《郓王谥文忠神道碑》，第5页b。
②　陈高华：《〈元史〉纂修考》，载《元史研究新论》，第451页。
③　苏天爵：《滋溪文稿》卷26《修功臣列传》，中华书局1997年点校本，第444—445页。

二 彻里、拜住传取材碑文的个案考察

碑铭、家传所记是已逝主人生前事迹，素材由碑主家人提供，仅从自家视角论事，带有悼念亲人的感情色彩，对历史事件的记述往往有失客观。本文所举两人列传最大的弊端，《彻里传》是独揽功劳，《拜住传》是为尊者讳，都与史实不符且均与照录碑文有关。先说《彻里传》。彻里仕途中引人注目的事件是弹劾桑哥，按照前引本传的说法，桑哥伏罪乃至被诛，是彻里一人极力弹劾（被批其颊，却辩愈力）所致。但这与事实不合。桑哥伏诛，是汉人集团与色目人集团矛盾冲突以及朝中权贵共同打压的结果，并非彻里一己之力所为。至元二十八年（1291）七月丁巳，桑哥被杀。①《元史》记载此前已有征兆。是年春，"帝猎柳林，彻里等劾奏桑哥罪状，帝召问不忽木，具以实对。帝大惊，乃决意诛之"②。桑哥传对此亦有详细记录："二十八年春，世祖畋于濼北，也里审班及也先帖木儿、彻里等，劾奏桑哥专权黩货。时不忽木出使，三遣人趣召之至，觐于行殿，世祖以问，不忽木对曰：'桑哥雍蔽聪明，紊乱政事，有言者即诬以他罪而杀之。今百姓失业，盗贼蜂起，召乱在旦夕，非亟诛之，恐为陛下忧。'留守贺伯颜，亦尝为世祖陈其奸欺。久而言者益众，世祖始决意诛之。"③此外，是年五月，"中书省臣麦术丁、崔彧言：'桑哥当国四年，诸臣多以贿进，亲旧皆授要官，唯以欺蔽九重、朘削百姓为事。宜令两省严加考核，并除名为民，'从之"④。《彻里传》记其一人独谏致使桑哥被诛的说法为揽功之笔。此说采自《正宪王》而源于《徐国公神道碑》，已如前述。

再谈《拜住传》。该传所据碑铭由皇帝敕命廷臣撰写。《郓王神道碑》作者黄溍自述撰文缘由："至正八年（1348）春正月五日，皇帝御兴圣宫便殿，中书省臣以故右丞相郓文忠王神道之碑未建，奏请敕臣溍为之文，以赐其家俾刻焉。"所以，他开篇便是颂词："臣溍窃惟王（拜住）之宏模伟度，

---

① 《元史》卷16《世祖纪十三》，第349页。
② 《元史》卷130《不忽木传》，第3168页。
③ 《元史》卷205《桑哥传》，第4575页。
④ 《元史》卷16《世祖纪十三》，第347页。

山高而海深，非末学小臣所能窥测。"① 这种文体岂能做到客观公正？兹举两例。

其一，《拜住传》："夏五月，徽政使失烈门、要束木妻也里失八等谋为逆。"② 也里失八为皇太后答己宠幸之人。《郓王神道碑》："东朝嬖倖，怙宠干政，首相帖木迭而（铁木迭儿）颇与之，相为表里。"③ 此事涉及宫廷内一场政治斗争。元武宗在位时，曾立他同母胞弟爱育黎拔力八达为皇太子（后来的仁宗），约定爱育黎拔力八达之后，传位给武宗之子和世瓎（音刺），即后来的明宗。④ 但爱育黎拔力八达即位后，"延祐三年（1316）春，议建东宫，时丞相铁木迭而（铁木迭儿）欲固位取宠，乃议立英宗（仁宗子硕德八刺）为皇太子，又与太后（答己）幸臣识烈门（失烈门）譖帝（指明宗）于两宫，浸润久之，其计遂行"⑤。这里的关键人物是武宗和仁宗的母亲答己。元朝政治一个突出特点是皇后、皇太后干政乃至擅政。仁宗死，其子硕德八刺即位（英宗），随即与答己出现矛盾。"及既即位，太后来贺，英宗即毅然见于色。后退而悔曰：'我不拟养此儿耶！'遂饮恨成疾。"⑥ 史书对答己的评价是："自正位东朝，淫恣益甚，内则黑驴母亦烈失八（也里失八）用事，外则幸臣失烈门、纽邻及时宰迭木帖儿（铁木迭儿）相率为奸。"⑦ 英宗不满答己所为，于登基两个月后即延祐七年（1320）五月，以"谋废立"的罪名将失烈门、也里失八等人尽数诛杀，并籍其家。⑧ 英宗的对立面是太后答己，其他人只是她的党羽。《拜住传》据《郓王神道碑》改写，讳言逆臣背后的靠山答己。

其二，拜住政治生涯中遭遇的最大事件为南坡之变，本传对此语焉不详："奸党闻之益惧，乃生异谋。晋王也孙帖木儿时镇北边，铁失潜遣人至王所，告以逆谋，约事成推王为帝。王命囚之，遣使赴上都告变。未至，车驾南还，次南坡，铁失与赤斤铁木儿等夜以所领阿速卫兵为外援，杀拜住，

---

① 《金华黄先生文集》卷24《郓王谥文忠神道碑》，第1页a。
② 《元史》卷136《拜住传》，第3301页。
③ 《金华黄先生文集》卷24《郓王谥文忠神道碑》，第3页b。
④ 《元史》卷31《明宗纪》，第693页。
⑤ 《元史》卷31《明宗纪》，第693页。
⑥ 《元史》卷116《后妃二》，第2902页。
⑦ 《元史》卷116《后妃二》，第2902页。
⑧ 《元史》卷27《英宗一》，第602页。

遂弑帝于行幄。"① 《郓王神道碑》："事连铁实（铁失），恐不自保，遂与赤因帖木而（赤斤铁木儿）等潜蓄异谋。其年秋，乘舆还次南坡。帝崩，王（拜住）亦及于难。"② 叙事极简。《拜住传》所记详于碑文，但仍回避了一个重要问题，即晋王也孙帖木儿（泰定帝）是否牵连其中。也孙帖木儿是忽必烈嫡裔（真金长孙、晋王甘麻剌长子）。世祖忽必烈在位时，曾立真金为太子，但其早亡。"世祖崩，晋王闻讣奔赴上都"，显然怀有政治意图。结果却是"成宗即帝位，而晋王复归藩邸。"③ 甘麻剌卒，也孙帖木儿袭封晋王。他有继承皇位的资格，并且伺机而动。"王府内史倒剌沙得幸于帝（也孙帖木儿），常侦伺朝廷事机，以其子哈散事丞相拜住，且入宿卫。久之，哈散归，言御史大夫铁失与拜住意相忤，欲倾害之。"④ 南坡之变后，也孙帖木儿在龙居河（怯绿连河）即帝位（泰定帝）。他即位后，对策划和参与谋杀英宗、拜住的主要人员封官晋级：知枢密院事淇阳王也先铁木儿为中书右丞相，诸王月鲁铁木儿袭封西安王，内史倒剌沙为中书平章政事，铁失知枢密院事，孛罗为宣徽院使等。⑤ 随即又将这些人或诛杀或流放，⑥ 而自己的心腹倒剌沙除外。敕封表示他们之间可能有默契在先，清洗又是一种姿态，表明自己对待此事的立场。但欲盖弥彰，后来图帖睦尔（元文宗）在即位诏书中说："至于晋邸，具有盟书，愿守藩服，而与贼臣铁失、也先帖木儿等潜通阴谋，冒干宝位，使英宗不幸罹于大故。"⑦ 揭示了事件真相。对这个历史事件，《拜住传》及碑文均未提及关键人物也孙帖木儿。元人碑文没有直书此事，明初史臣亦未如实记载，说明列传作者只是简单地过录碑文资料而成书。

下面再结合彻里、拜住传的订误，讨论列传取材碑文的具体问题。

（一）从征叛军的时间不准确。《彻里传》："从征东北边还……（至元）二十三年，奉使江南，省风俗，访遗逸。"该段材料出自《正宪王》（小字

① 《元史》卷136《拜住传》，第3305页。
② 《金华黄先生文集》卷24《郓王谥文忠神道碑》，第5页b—6页a。
③ 《元史》卷115《显宗传》，第2894页。
④ 《元史》卷29《泰定帝一》，第637页。
⑤ 《元史》卷29《泰定帝一》，第639页。
⑥ 《元史》卷29《泰定帝一》，第641页；《元史》卷207《铁失传》，第4600页。
⑦ 《元史》卷32《文宗一》，第709页。

注录自《徐国公神道碑》):"一诸侯称兵东北,帝自将征,入其地矣,军中夜惊……二十有三年,诏求逸遗于江之南,且省其俗。""帝自将征"指世祖忽必烈征讨元宗王乃颜叛乱之事。本传照录,将此事系于至元二十三年(1286)前。《元史》世祖本纪云:至元二十四年四月,"诸王乃颜反"。五月,"帝自将征乃颜,发上都"。很快平定叛乱,"获乃颜辎重千余"①。所载可信。屠氏书云:"二十三年,奉使江南,省风俗,访遗逸……明年,乃颜称兵辽东,从驾亲征。"注曰:"碑云一诸侯王称兵东北,旧传云从征东北边,暗指二十四年亲征乃颜事。碑传乃叙其事于二十三年之前,殊为倒误。"② 已纠其误。

(二)人名脱字。《彻里传》:彻里"复奉旨往江南,籍桑哥姻党江浙省臣乌马儿、蔑列、忻都、王济,湖广省臣要束木等,皆弃市,天下大快之"。桑哥余党有王巨济而无王济者。史载至元二十八年十一月,监察御史言:"沙不丁、纳速剌丁灭里、乌马儿、王巨济、璋真加、沙的、教化的皆桑哥党与,受赇肆虐,使江淮之民愁怨载路。今或系狱,或释之,此臣下所未能喻。"③ 又载二十九年(1292)二月,月儿鲁等言:"纳速剌丁灭里、忻都、王巨济,党比桑哥,恣为不法,楮币、铨选、盐课、酒税,无不更张变乱之。"④《元史》列传亦有佐证。崔彧奏:"纳速剌丁灭里、忻都、王巨济,党比桑哥,恣为不法"⑤;至元二十三年,"桑哥立尚书,会计天下钱粮,参知政事忻都、户部尚书王巨济,倚势刻剥,遣吏征徽州民钞,多输二千锭"⑥;"参政忻都既去,寻召赴阙。以户部尚书王巨济专任理算,江淮省左丞相忙兀带总之"⑦。足可见本传"王济"人名脱"巨"字,为"王巨济"之误。本传此误在于照录《正宪王》所致,《正宪王》(小字注录自《徐国公神道碑》):"又命(彻里)籍党恶,浙省诸臣,平章、左右丞、参政乌马、蔑列、忻都、王济等家,并桑葛之姻,鄂省要束木,皆醢以谢天下,以

---

① 《元史》卷14《世祖十一》,第298—299页。
② 屠寄:《蒙兀儿史记》卷115《彻里传》,中国书店1984年影印本,第715页。
③ 《元史》卷16《世祖十三》,第352页。
④ 《元史》卷17《世祖十四》,第359—360页。
⑤ 《元史》卷173《崔彧传》,第4043页。
⑥ 《元史》卷191《许楫传》,第4358页。
⑦ 《元史》卷205《桑哥传》,第4574页。

成其狱。"①《元史》本传撰修者只是简单地依据《正宪王》等改写成稿，甚至连文中人名都未及检核比照。《蒙兀儿史记》（以下简称《蒙史》）《元书》《元史类编》均已校改。②

（三）彻里闻"帝不豫"时间恐不确切。《彻里传》："三十一年（1294），帝不豫，彻里驰还京师，侍医药。帝崩，与诸王大臣共定策，迎立成宗。""帝不豫"句下内容出自《正宪王》（小字注录自《徐国公神道碑》）。《元史》本纪："三十一年春正月壬子朔，帝不豫，免朝贺"。"庚午，帝大渐。癸酉，帝崩于紫檀殿。"③彻里时任福建行省平章政事。在信息闭塞、交通不便的古代社会，"帝不豫"的消息从大都传至福建需要一定时间，彻里从福建赶回大都又需要一定时间。忽必烈病死于至元三十一年正月，彻里得到世祖有病的信息不太可能也在三十一年。屠氏书云："三十年（1293）冬，闻汗不豫。"注曰："旧传云三十一年帝不豫，与本纪三十一年正月壬子朔帝不豫合。其实帝之不豫，必在其前。史臣为帝崩张本，始纪于岁首，不然。福州至大都水陆数千里，岂能于十有九日中得讯驰侍医药哉？今酌改以符事实。"④《元史》世祖本纪记载"帝不豫"，指世祖病重。此前应有从宫廷非正式途径传出的消息，并且传递到福建。这个时间点应在至元三十年底。本传将"帝不豫"句前加"三十一年"，为过录《正宪王》时未仔细考证所致。

（四）误将拜中书左丞相事记在失烈门等同党伏诛后。《拜住传》：英宗登基（延祐七年三月），五月，徽政使失列门（失烈门）、要束木妻也里失八等密谋为逆，英宗召拜住商议，"命率卫士擒斩之，其党皆伏诛。拜中书左丞相"。《元史》英宗纪云：延祐七年五月己丑，"以拜住为中书左丞相"。"戊戌，有告岭北行省平章政事阿散、中书平章政事黑驴及御史大夫脱忒哈、徽政使失烈门等与故要束谋妻亦列失八谋废立，拜住请鞫状……命悉诛之，籍其家。"⑤本纪所据为元廷实录，当属可信。拜住为大蒙国开国功臣后裔，

————————

① 《元朝名臣事略》卷 4《平章武宁正宪王》，第 69 页。
② 《蒙兀儿史记》卷 115《彻里传》，第 715 页；（清）曾廉：《元书》卷 63《彻里传》，清宣统三年刻本，第 6 页 a；（清）邵远平：《元史类编》卷 14《彻里传》，扫叶山房本，第 1 页 b。
③ 《元史》卷 17《世祖十四》，第 376 页。
④ 《蒙兀儿史记》卷 115《彻里传》，第 715 页。
⑤ 《元史》卷 27《英宗一》，第 602 页。

政治上可靠,任命他为中书左丞相(时中书右丞相铁木迭儿为答己党人),并率卫士出面铲除异己,符合宫廷斗争常规模式。《蒙史》已更正本传此事的误载,并注云:"拜住进左丞相事在五月己丑,后九日戊戌始奉命诛识烈门(失烈门)等。旧传叙述先后倒置,今订正。"①曾濂《元书》载此事与《元史》英宗纪及《蒙史》同。②《郓王神道碑》未记此事。

(五)计算建太庙时间有误差。《拜住传》:"至元十四年(1277),始建太庙于大都,至是四十年。"此谓"至是",为延祐七年(1320)硕德八剌(英宗)即位之年。关于在大都建太庙的时间,《蒙史》作"自至元中创建太庙于大都,至是四十余年"。注云:"至元十四年至延祐七年,凡四十四年。"③然而至元十四年并非在大都建太庙的初始时间。大都,蒙古人称汗八里(突厥语,意为汗城),本为金中都(燕京)。成吉思汗十年(1215)木华黎攻取中都后,④仍称燕京。世祖至元元年(1264),"遂改中都,其大兴府仍旧。四年,始于中都之东北置今城而迁都焉。九年,改大都"⑤。而至元四年(1267)十一月乙酉,即"享于太庙"⑥。说明至元四年兴建中都时已有太庙,此时距延祐七年是五十三年。如果不以大都(包括中都)为限,单说建太庙的时间,则可追溯至中统四年(1263)三月癸卯,在蒙古国上都开平府(今内蒙古正蓝旗东闪电河北岸)"初建太庙"⑦。若以此计算,至延祐七年已经五十七年。《元书》称:"自中统四年始立太庙,至是垂六十年"⑧,便是以初始建太庙时间计算的。总之,《拜住传》所谓"始建太庙于大都,至是四十年"的说法不准确。《郓王神道碑》未记此事。

(六)诏张思明于行在,而非上都。《拜住传》:至治二年(1322)"秋七月,奏召张思明诣上都,数其罪,杖而逐之,铁木迭儿继亦病卒"。张思明被杖击的原因,可能与"不支蒙古子女口粮,饿死四百人,遂废于家"一

---

① 《蒙兀儿史记》卷122《拜住传》,第755页。
② 《元书》卷76《拜住传》,第8页b。
③ 《蒙兀儿史记》卷122《拜住传》,第756页。
④ 《元史》卷一《太祖纪》,第18页。
⑤ 《元史》卷58《地理一》,第1347页。
⑥ 《元史》卷6《世祖三》,第116页。
⑦ 《元史》卷5《世祖二》,第91页。
⑧ 《元书》卷76《拜住传》,第8页b—9页a。

事有关。① 受杖的地点，史书记载至治二年秋七月辛酉，英宗"次浑源州。中书左丞张思明坐罪杖免，籍其家"②。当时英宗出行住跸浑源州（今山西境内，元属大同路），不可能将张思明诏至上都开平"数其罪"。《蒙史》：帝"还次浑源州，闻思明不给卫中蒙兀子女口粮，饿死四百人，大怒。立奏召思明诣行在，杖免之，且籍其家"③。所言当是。又，"杖而逐之"句后，中华书局点校本用逗号断句。若此，其后句"铁木迭儿继亦病卒"，应在七月事。今考英宗本纪：至治二年八月庚寅，"铁木迭儿卒，命给直市其葬地"④。铁木迭儿卒于八月。本传"杖而逐之"句后，当用句号。《郅王神道碑》未记此事。

（七）拜中书省右丞相在至治二年十月。《拜住传》：至治二年"冬十二月，进右丞相、监修国史"。拜住任右丞相的时间有三种说法，此其一。袁桷《命拜住为右丞相诏》注云："至治二年十二月。"⑤ 本传说法盖源于此。第二种说法为《郅王神道碑》：至治二年"冬十一月，王拜中书右丞相、监修国史"⑥。与《元史》宰相年表所载一致。⑦ 第三种说法为《元史》英宗本纪：至治二年十月己丑，"以拜住为中书右丞相"，十一月"己亥，以立右丞相诏天下"⑧。三者比较，英宗本纪的记载当属可信，而且也可解释第二种说法的原因，即拜住任右丞相在十月，诏告天下在十一月。《宰相年表》所记为对外公布的时间。《蒙史》："十月，拜住进拜右丞相。"⑨ 与《元史》英宗本纪同。

（八）为太常礼仪院使时，年方十八岁。《拜住传》："初，拜住为太常礼仪院使，年方二十。"《郅王神道碑》记载："大德十一年（1307），武宗皇帝入正大统。王（拜住）甫十岁。""延祐二年（1315）擢资政大夫。"⑩

---

① 《元史》卷177《张思明传》，第4123页。
② 《元史》卷28《英宗二》，第623页。
③ 《蒙兀儿史记》卷122《拜住传》，第756页。
④ 《元史》卷28《英宗二》，第624页。
⑤ 苏天爵：《国朝文类》卷9，四部丛刊初编集部，上海书店1989年影印本，第14页a。
⑥ 《金华黄先生文集》卷24《郅王谥文忠神道碑》，第4页a。
⑦ 《元史》卷112《表第六上·宰相年表》，第2825页。
⑧ 《元史》卷28《英宗二》，第624—625页。
⑨ 《蒙兀儿史记》卷122《拜住传》，第756页。
⑩ 《金华黄先生文集》卷24《郅王谥文忠神道碑》，第3页a。

延祐二年拜太常礼仪院使，时年十八岁，未及二十岁。

三 对碑文材料入史的看法

现在分析碑文材料入史的利弊问题。前例彻里、拜住传正误与碑文关系可分为四种情况。第一，碑文不误，传文有误。有两例：（七）拜中书省右丞相在至治二年十月；（八）为太常礼仪使时，年方十八岁。第二，碑文有误，传文照录亦误。有两例：（一）从征叛军的时间不准确；（二）人名脱字。第三，碑文记载不清，传文转录致误。有一例：（三）彻里闻"帝不豫"时间恐不确切。第四，碑文未记其事。有三例：（四）误将拜中书左丞相事记在失烈门等同党伏诛后；（五）计算建太庙时间有误差；（六）诏张思明于行在而非上都。第四种情况与本文题目无关，暂且不论。第一种情况，碑文记录的是传主履历信息，有更正传文讹误的价值。第二、三种属于一类，碑文都没有准确的记载，传文转录致误。还有基本源自《徐国公神道碑》的《彻里传》为传主揽功有违事实，据《郓王神道碑》所撰《拜住传》存在讳言情况。《元史·彻里传》仅 1100 余字；《拜住传》稍多，3500 余字。两传因摘录碑文材料出现诸多错误，说明问题严重。

上述问题归咎于两个方面。一方面是碑文。私家碑文多为歌功颂德而作，并非信史素材。史学著述可引用私家碑文但须谨慎，要分析碑文作者思想及写作动机。一般情况下，私家碑文有关履历信息、世系嬗递等材料较有价值，可补正史阙误；涉及建功立业尤其是宫廷政治的内容须谨慎求证，切不可孤立使用。另一方面是作者。历史学作为一门科学，最本质的特征是"其文直，其事核，不虚美，不隐恶"①。我国自古就有史家秉笔直书的优秀传统，春秋时期有所谓"在齐太史简，在晋董狐笔"②。汉代司马迁著《史记》，更是开创了以求实精神编撰纪传体史学著作的先河。宋人司马光主编《资治通鉴》也体现了这种精神。可惜这个优良传统在《元史》中消失了，严谨考据的史料不见了，取而代之的是未加甄别、抄录碑文材料的著述。出

①《汉书》卷 62《司马迁传》，中华书局 1983 年点校本，第 2738 页。
②（宋）文天祥：《文山先生全集》卷 14《指南后录·正气歌》，四部丛刊初编集部，上海书店 1989 年影印本，第 39 页 b。太史指齐国史官，董狐为晋国史官，均以直笔著称于世。

现这种情况的原因大致如下：

其一，功臣档案长久阙失。元朝统治者重视的是政治、经济、军事以及宗教。相比之下文化处于次要地位，不重视史书编著，甚至没有这个意识。元世祖初年，翰林学士承旨王鹗上奏："自古帝王得失兴废，班班可考者，以有史在。我国家以威武定四方，天戈所临，罔不臣属，皆太祖庙谟雄断所致，若不乘时纪录，窃恐岁久渐至遗忘。《金实录》尚存，善政颇多，辽史散逸，尤为未备。"① 这里说的是辽史，对于本朝《后妃功臣传》的编纂也是怠慢拖延。妥欢帖睦尔（元顺帝）即位（1333）之初，苏天爵上疏请修《功臣列传》，内称："夫祖宗大典既严金匮石室之藏，而功臣列传独无片简只字之纪，诚为阙典。然自大德以来，史臣屡请采辑，有司视为泛常，迄今未尽送官。"② 这里的"大德以来"指大德丙午（十年，1306），至妥欢帖睦尔即位时已经二十八年，相关史料仍"未尽送官"。王祎也说："国朝沿袭旧制，其修累圣实录，咸有常宪，而名臣之当附传其间者，久犹阙如。盖自大德丙午，逮今至正戊子，屡诏史臣纂修，以备实录之阙，亦既具有成编矣。"③ 文中"名臣"，即指《后妃功臣列传》。此书的编纂自大德丙午到至元戊子（至正八年，1348），前后四十余年，终于"成编"。在这种情况下，显然没有经过认真考证。元廷不重视修史，导致功臣的宫廷档案长时间阙失。结果《元史》列传作者只能依靠久拖而成的《后妃功臣列传》以及功臣墓志、家传等作为修史的主要材料。以至于清人赵翼评价说："《元史》亦多回护处。非明初修史诸人为之著其善而讳其恶也。盖元时所纂功臣等传，本已如此，而修史者遂抄录成篇耳。"④

其二，没有私人史书可据。元朝当代史的著述不甚发达。这里讲一下苏天爵编辑的《国朝名臣事略》。苏天爵，字伯修。真定人。任翰林国史院典籍官，升应奉翰林文字，预修《武宗实录》。⑤ 他在史学上的成就，即先后

---

① 《元朝名臣事略》卷 12《内翰王文康公》，第 239 页。
② 《滋溪文稿》卷 26《修功臣列传》，第 444 页。
③ （明）王祎：《王忠文公集》卷 2《〈国朝名臣列传〉序》，丛书集成初编，中华书局 1985 年影印本，第 35 页。
④ （清）赵翼：《廿二史札记》卷 29《元史回护处》，上海古籍出版社 2011 年点校本，第 589 页。
⑤ 《元史》卷 183《苏天爵传》，第 4224 页。

编成《国朝名臣事略》和《国朝文类》。其中《国朝名臣事略》以人物为中心，编辑四十七人"事略"。后来明人修《元史》，列传部分从体例到取材都受此书影响。① 有人认为，这是一部史料价值很高的传记体专著，在元代史学著作中颇有代表性。② 主要是指该书保存了大量元代一手文献资料。欧阳玄称苏天爵编辑《事略》，收集大量元人文集及碑文，"及夫闲居，记录师友诵说，于国初以来文献有足征者，汇而萃之，始疏其人若干，属以其事，中更校雠，柈去而导存，抉隐而搜逸，久而成书"③。这个评价有些过誉。该书只是对资料的收集、取舍和剪裁，说"中更校雠"，名不副实。前文所记《元史·彻里传》与《国朝名臣事略》之《正宪王》、《徐国公神道碑》三者之间的关系以及《彻里传》的错讹，就说明《事略》对所收资料包括碑文，未加考证。有人统计，《元朝名臣事略》引文达 123 篇，均辑于有关人的碑铭、墓志、行状、家传及时人文集等。④ 全书基本由引文组成，是一部传记体的资料集而非史学专著。要之，明初修纂《元史》时，没有现成的私家史书可以利用。

其三，政治因素掺杂其中。已有学者指出，朱元璋修纂《元史》是出于政治上的考虑。⑤ 这里补充的是，当时新生的明王朝面临的最大挑战，还不是内地元朝残存的军事力量。随着北伐军的继续进军，这些元军残部很快会被消灭，不足深虑。朱元璋眼里最大的危险还是北遁的元顺帝妥欢帖睦尔。他在当时仍沿用大元国号，保持着较完整的元朝建制。⑥ 由于大元国号的存在，在朱元璋与妥欢帖睦尔之间就有一个谁是"正统"的问题。修纂《元史》是朱元璋证明自己正统地位的重要举措。所以朱元璋从洪武元年（1368）即命儒臣纂写《元史》，先后两开书局，不足一年仓促成书。我国史书自《史记》列传末尾设"太史公曰"一段后，成为传统长期沿用，名为赞曰或论曰，如《汉书》为"赞曰"、《宋史》为"论曰"、《金史》为

① 韩儒林：《影印元刊本国朝名臣事略序》，载《穹庐集》，上海人民出版社 1982 年版，第211 页；萧启庆：《苏天爵和他的元朝名臣事略》，载《元代史新探》，（台北）新文丰出版公司 1983 年版，第 329—330 页。

② 姚景安：《元朝名臣事略》前言，中华书局点校本，第 1 页。

③ 《元朝名臣事略》欧序，第 2 页。

④ 《元朝名臣事略》前言，第 7 页。

⑤ 《关于〈元史〉修撰的几个问题》，第 54 页；《元史探源》，第 26—27 页。

⑥ 蔡美彪：《明代蒙古与大元国号》，载《辽金元史考索》，中华书局 2012 年版，第 462 页。

"赞曰"等。都是对该卷人物总结性的评论,体现了史学著作的思想性,也是史书不同于其他人物传纪的一个标志。这个修史方法到《元史》这里被弃用。主编宋濂对此的解释是:"今修《元史》,不做论赞,但据事直书,具文见意,使其善恶自见,准《春秋》及钦奉圣旨事意。"① 其实,论赞文字虽简,却要求公允客观,既为当时人们所接受,又经得起时间检验。《元史》列传主要取材于碑文,不同于信史,又如何在此基础上论赞? 故而只能作罢。宋濂的说法只是一个托词。从某种意义上说,修纂《元史》是为了完成朱元璋的政治任务,而不是一项纯粹的文化工程。

通过上面的分析,似可得出几点认识。第一,我国历史上形成的优良著史方法和传统,到编纂《元史》时出现了转折。《元史》列传多据碑文材料转录,使这一部分成为资料汇编。这种编纂方法及由此在史学上产生的负面影响,不可低估。第二,订正《元史》错误是元史研究的一项基础性工作,在这方面碑文材料有其自身价值。这是着眼于史料正误。若考虑到列传取材于碑文,那么即使《元史》讹误得到纠正,使用时也需分析判断,从研究问题的角度再进行考据,切忌将史料拿来即用,尤其是列传部分。第三,表面看,碑文材料入史是编纂方法问题,实则是政治因素使然。有政治动机的修史活动,都不是史学研究。修史要由专门的史学人才遵循自身学科规律办事。这是《元史》修纂留给后人的一个深刻教训。

附记:当年我跟随蔡美彪先生攻读中国古代史博士研究生时,先生说要把《元史》作为一部著作来考订,不应单纯地局限于史料正误。我曾有志于该项工作却终未能如愿。每念及此,便觉愧疚并留有遗憾。今值《元史论丛》筹划"纪念蔡美彪先生专辑",我撰成此文聊以自慰,更是表达对先生的敬意与深切怀念。

2023 年 3 月

(作者为青岛大学历史学院教授)

---

① 宋濂:《纂修〈元史〉凡例》,载于《元史》,第 4676 页。

读《元史》札记两则

张金铣

一 "大德十三年"为"大德五年"

《元史》卷一二一《别的因传》载，别的因，乃蛮部人，万户抄思之子。"大德十三年，进昭勇大将军、台州路达鲁花赤。卒，年八十一。"①

大德（1297—1307）为元成宗年号，止于十一年。中华书局本校勘记云："大德十三年，此误。按《黄金华集》卷二八《答禄乃蛮氏先茔碑》有'大德某年，公始至台州'，'至大二年六月十日卒'。至大二年系大德十一年之后二年。"中华书局本已指出其错讹，然未补正其年代。

清代浙江方志则有关于别的因（别的斤）的记载。乾隆《浙江通志》（文渊阁四库全书本）卷一一六《职官志六》载，成宗朝台州路达噜噶齐（达鲁花赤）五人：达实密、锡都、拜德济、托博、硕格。②而光绪二十五年《浙江通志》刻本则载，成宗朝台州路达鲁花赤五人：撒里蛮、忻都、别的斤、脱钵、小哥。③民国《台州府志》（喻长霖等纂修，民国二十五年铅印本）卷一〇《职官表二》记载这五位达鲁花赤任职具体时间："元贞元年，撒里蛮，以昭勇大将军至；大德元年，忻都，以嘉议大夫至；大德五

---

① 《元史》卷 121《别的因传》，中华书局 1976 年版，第 2995 页．

② （清）李卫等纂修：乾隆《浙江通志》卷 116《职官志六》，文渊阁《四库全书》本第 522 册，第 145 页。

③ （清）李卫等纂修：乾隆《浙江通志》卷 116《职官志六》，商务印书馆影印光绪二十五年刻本，1934 年，第 2072 页。

年，别的斤，以昭勇大将军至，今案《元史》作别的因；大德七年，脱钵，以昭勇大将军至；大德十年，小哥，以正议大夫至。"①

别的因，乾隆《浙江通志》作"拜德济"；光绪《浙江通志》刻本及民国《台州府志》作"别的斤"，其散官为昭勇大将军，正三品。别的因，大德五年任台州路达鲁花赤，在职二年。据上分析，此处"大德十三年"，当为"大德五年"。

二 "十一年"为"二十一年"

《元史》卷一四八《严忠济传》云："忠济统理方郡凡十一年，爵人命官，生杀予夺，皆自己出。"②

严忠济，泰安长清人，东平路行军万户严实次子。据元好问《遗山先生文集》（四部丛刊初编本）卷二六《东平行台严公神道碑》："（严实）子男七人：长忠贞，金紫光禄大夫，前公卒；次忠济，袭公职。"③又据《元史》卷一四八《严忠济传》，太宗庚子年（1240），严实卒，严忠济袭职领兵。次年辛丑（1241），"入见太宗，命佩虎符，袭东平路行军万户、管民长官"，"定宗、宪宗即位之始，皆加褒宠"。世祖中统年间，"大臣有言其威权太盛者。中统二年，召还京师，命忠范（严忠范）代之"④。严忠济自庚子年袭职，至中统二年（1261）夺职，在任凡二十一年。

王恽《秋涧先生大全集》（四部丛刊初编本）卷八一《中堂事记（中）》收录中统元年《授东平万户严忠济制》。其辞曰："尔父承国家兴运，左右将士同心戮力，封植东平，施为名藩，我祖宗嘉尔父之功，乃建为侯。自尔嗣位又廿年，朕初即政，复命袭爵，往即乃封，敬之慎之。"⑤可见，中统元年严忠济已嗣位二十年，至次年在职计二十一年。

据上分析，此处当云"忠济统理方郡凡二十一年"，原文脱"二"字。

（作者为安徽大学历史学院教授）

① （民国）喻长霖等纂修：民国《台州府志》卷10《职官表二》，中国方志丛书本。
② 《元史》卷148《严忠济传》，第3508页。
③ （金）元好问：《遗山先生文集》卷26《东平行台严公神道碑》，四部丛刊初编本。
④ 《元史》卷148《严忠济传》，第3507页。
⑤ （元）王恽：《秋涧先生大全集》卷81《中堂事记（中）·授东平万户严忠济制》，四部丛刊初编本。

宝山毛岳生及其所著《元书》考[*]

邓进荣

一　引言

有清一代文网甚严，文字狱屡有发生。不过，仅从学术研究的角度来看，清朝时期却算得上是文人学者辈出的时代。无论是经学抑或史学的研究，清代学者的研究成果及其影响无疑是至钜且深的，其研究范围之广博、内容之精深，均为其他朝代的儒者学人所难企及。

现代学者欲做相关研究则不得不在清人的研究基础上以求深入。笔者草写此文，即拟对清代学人毛岳生，包括他的生平、交游及其著述等进行探讨研究，冀能进一步借鉴、吸收清代学者的学术研究成果，继而推进学界对清代的元史学、学术史等方面的研究。

二　毛岳生的父祖

宝山毛氏得膺盛名是从毛岳生的祖父毛大瀛开始的。毛大瀛（1736^①—

　＊　本文系教育部人文社会科学研究青年项目"道咸以降的清人元史学研究"（项目号：21YJC770007）阶段性研究成果。

　①　按：毛大瀛生年，据毛岳生《奉直大夫四川简州知州先大父毛公行状》（《休复居文集》卷6，《清代诗文集汇编》，上海古籍出版社2010年影印本，第570册，第185页）所记其卒年及年岁（虚岁六十六）推定，则当在清雍正十三年（1735），然据其《四十生朝述怀十四首》及其于乾隆四十年（1775）正月初一所作《元旦》（《戏鸥居诗钞》卷6，《清代诗文集汇编》，上海古籍出版社2010年影印本，第387册，第579—580页）诗之记载，毛大瀛年四十时，恰为山东王伦起义之次年（乾隆四十年，1775），可推定其生年在乾隆元年（1736）。故关于毛大瀛之生年，本文取其本人自述，定在1736年。

1800），原名思正，字又芰，改字海客①，曾号梅坡②。毛大瀛早擅诗名，号"练川十二才子"之一，但毛大瀛屡仆于科场，终其一生，未能在科举中取得功名。

毛大瀛后来在满洲贵族国泰处任幕僚，长达十年之久，直至乾隆四十七年（1782）年国泰案发。其后，毛大瀛曾以监生的身份参与《四库全书》的誊录，期满按例派任陕西州同知，因父丧未成行。乾隆五十六年（1791）末至乾隆五十七年（1792）秋，毛大瀛跟随惠龄参加了清朝与廓尔喀之间的战争。③廓尔喀战事结束时，毛大瀛获补任潼川府参军之职，后又累积战功，在乾隆五十八年（1793 年）前后④升任四川中江令。嘉庆元年（1796），达州白莲教起事，毛大瀛随惠龄、勒保等进剿白莲教众，再立战功，被升为简州知州，后来勒保被弹劾罢官，当时毛大瀛虽已被保荐为潼川知府，然亦因之而遭罢免。四年，毛大瀛又被任命为简州知州，时白莲教众起事为乱者甚众。五年三月辛巳，毛大瀛领兵出境，欲阻之于简州境外，终因寡不敌众，为白莲教众杀于金堂县境内的土桥沟，时在是年三月壬午（农历三月十三日，公历 4 月 23 日）。⑤

毛大瀛诗名卓著，据前文所引《毛大瀛行状》，毛大瀛著有诗集三十卷，文集八卷、杂著六卷，其中刊行的只有诗九卷，词话一卷、丛话一卷⑥而已，其他著述均已佚失。

毛岳生之父毛际盛（1763—1791），字泰交，又字清士。年少时曾从学

　　① （清）毛岳生：《奉直大夫四川简州知州先大父毛公行状》，《休复居文集》卷 6，《清代诗文集汇编》，第 570 册，第 183—185 页；赵尔巽等：《清史稿》卷 489《毛大瀛传》，中华书局 1977 年标点本，第 13512 页。

　　② （清）毛大瀛：《题浦鹤天梅花村四首》，《戏鸥居诗钞》卷 8，《清代诗文集汇编》，第 387 册，第 598 页，其诗首句"廿载梅坡子"下有自注"余旧号梅坡"。

　　③ （清）姚令仪：《戏鸥居诗钞序》，（清）毛大瀛：《戏鸥居诗钞》卷首，《清代诗文集汇编》，第 387 册，第 508 页。

　　④ 民国《中江县志》卷 5《职官·文职表》，《中国地方志集成·四川府县志辑》，巴蜀书社 1992 年影印本，第 21 册，第 696 页。

　　⑤ （清）毛岳生：《奉直大夫四川简州知州先大父毛公行状》，《休复居文集》卷 6，《清代诗文集汇编》，第 570 册，第 184 页。

　　⑥ 按，《戏鸥居词话》《丛话》有王欣夫、赵怡深等所刊印之《戊寅丛编》本，词话后收入唐圭璋《词话丛编》，其早年所作诗被王鸣盛选录刊入《练川十二家诗》，南京图书馆有藏本，《中国古籍总目》失载。

于钱大昕，号称"综贯经术、声音、训诂、辞章、金石之学"①。毛际盛一生短暂，今存《说文解字述谊》及《说文新附通谊》二卷，另外，曾撰有诗稿《楚游草》《登岱草》②，今皆不存。

三 毛岳生生平行实及其交游

毛岳生（1791—1841），字生甫，又字兰生，号休复。毛岳生刚及周岁，其父毛际盛就已经过世，等到他的祖父在乾隆五十八年（1793）获得了中江县令的职务后，毛岳生便随其祖母、母亲等前往四川依附其祖毛大瀛。嘉庆五年（1800）四月，毛大瀛殉国。毛岳生又随其祖母吴氏、母陈氏等东归上海嘉定（毛氏一族，氏出上海宝山，自毛大瀛始移家于嘉定）。

正如姚椿为毛岳生所撰墓志中记载，虽然毛大瀛、毛际盛学殖深厚，却不及授之于毛岳生，毛岳生只能"崛起自奋"③。毛岳生早年读书时没有机会获得父祖的指教，但其祖母吴氏颇知诗书④，对之督教又十分严格。毛岳生年少时还曾得到时任本地书院执事的顾日新（1763—1823，一名融，号剑锋）夫子赏识，被招入书院就学，顾日新对他"饮食教诲不啻弟子"⑤。嘉庆十五、六年间（1810—1811），毛岳生经由姚椿引荐，前往江宁（今江苏南京）钟山书院，跟随姚鼐习古文辞之学。故毛岳生的文章、学问在他还未

---

① （清）毛岳生：《先太宜人行略》，《休复居文集》卷 6，《清代诗文集汇编》，第 570 册，第 187 页。

② 光绪《宝山县志》卷 12《艺文》，《中国方志丛书》，成文出版社 1983 年影印本，第 1452 页。

③ （清）姚椿：《毛生甫墓志铭》，《通艺阁文集》卷 6，《清代诗文集汇编》，上海古籍出版社 2010 年影印本，第 522 册，第 368 页；同氏所著增订文集《晚学斋文集》卷 6，《清代诗文集汇编》，上海古籍出版社 2010 年影印本，第 522 册，第 469 页。

④ （清）毛岳生：《祖母吴太夫人九十乞言事略》，《休复居文集》卷 6，《清代诗文集汇编》，第 570 册，第 186 页，言其祖母"少工诗间，吟讽以乐志""暇日喜读《通鉴》，先府君少时，五经诸书，皆口授章句"，而毛大瀛诗集《戏鸥居诗钞》卷 1 收《紫薇花次内韵》一首且附其妻吴氏（名若云，字绛衣）诗一首，云"浓姿轻点碧天霞，对坐空庭月影斜，记取丝纶高阁下，燃藜夜照紫薇花"，《清代诗文集汇编》，第 387 册，第 516 页。

⑤ （清）朱春生：《顾剑锋墓志铭》，《铁箫庵文集》卷 4，《清代诗文集汇编》，上海古籍出版社 2010 年影印本，第 463 册，第 433 页；顾日新逝世后，毛岳生曾为之撰祭词，并委托其师同乡陈泰来携悼文代为祭奠，参看毛岳生《答吴江陈礽庵泰来见赠》《祭吴江顾先生融文》，《休复居诗集》卷 3、6，《清代诗文集汇编》，上海古籍出版社 2010 年影印本，第 570 册，第 80、191 页。

满二十岁的时候已经颇具根基了。

因家道中落，毛岳生年届弱冠便已开始外出谋职"以资两世之养"。毛氏最初投靠岳父陈某①以谋职事，毛氏在其为仆人黄厌所撰墓志中有语称"道光三年三月，余游汀州"②，表明他初次前往福建依附岳父陈氏的时间在道光三年（1823），而他的诗集中亦载有《卧病外舅长汀丞署偶游后园作二绝句》诗二首，正是毛氏寓居福建长汀县时所作③。不久之后，毛氏岳父陈某改官福州，因之，岳生又再次前往依附④。

毛岳生早年屡屡外出游幕，奔波在闽、浙、江西一带，然长期以来，却入不敷出，家境异常窘迫，自谓"尤贫窭，屡困归，归无三月粮"，但家中十余口均要仰仗毛氏的薪俸给养，故毛岳生往往又不得不再次"强出"⑤。毛岳生屡次外出，却又未必时时能够谋得职事。在寄给汪仲洋的信中，他如是诉说：

> 岳生比亦无他求，特以处境至穷，约阖家十五六人，近惟余二月粮。过此往，则所以事老母、蓄妻子，刍米朝夕之需，多无所出。此非阁下与他朋友道地左右，而使客游有所，其必至困厄流离，不可言述。伏望凡有可谋者，时赐咨度，勿惮烦数。诚使衣食有可资藉……而岳生于再见之后，略不揣度，遽有干乞……"⑥

当时的毛岳生苦无旅居之所，与汪仲洋亦不过是初识，却不得不冒昧写

---

① 陈氏，或名廷仕，浙江元和人。嘉庆二十一年时任长汀县丞，参阅光绪《长汀县志》卷20《职官》，《中国方志丛书》，成文出版社 1967 年影印本，第 281 页；又，民国《长汀县志》卷 12《职官志》，《中国地方志集成·福建府县志辑》，上海古籍出版社 2000 年影印本，第 35 册，第 461 页。

② （清）毛岳生：《仆黄厌墓砖志》，《休复居文集》卷 5，《清代诗文集汇编》，第 570 册，第 183 页。

③ （清）毛岳生：《休复居诗集》卷 1，《清代诗文集汇编》，第 570 册，第 55 页。

④ （清）毛岳生：《钱塘江上得外舅福州书，风雪、酒醒、夜久不寐，因书二诗寄妇》《休复居诗集》卷 2，《清代诗文集汇编》，第 570 册，第 64 页。

⑤ （清）毛岳生：《先太宜人行略》，《休复居文集》卷 6，《清代诗文集汇编》，第 570 册，第 187 页。

⑥ （清）毛岳生：《与汪少海书》，《休复居文集》卷 3，《清代诗文集汇编》，第 570 册，第 158 页，毛氏彼时困顿之状亦可见于其书与吕璜之信，参同集同卷，第 156—157 页。汪仲洋，字少海，四川成都人，时在浙中任职，著有《海盐县新办塘工成案》一卷、《心知堂诗稿》十八卷，今存。

信向他求助，由之犹可见毛氏穷困潦倒之甚。

　　道光二年（1822），曾燠以巡抚衔巡视两淮盐务①。道光四年（1824），毛岳生自闽中远游归来后便客居曾燠幕府中，直至道光六年（1826），曾燠北归。道光九年（1829）或十年前后，毛氏又客幕于时任江阴令的蒋德宣处②，蒋德宣逝于任上，时在道光十一年（1831）十月③。道光十二年（1832）四月，姚莹任武进县令，毛岳生前往依附④。道光十六、七年间，姚莹⑤权两淮盐运使，毛岳生仍为幕僚，直至姚莹调任台湾。在毛岳生生命的最后几年，他往返于嘉定、扬州、江阴之间，在江阴暨阳书院校书、课徒之余，间或客幕，直至道光二十年一年病殁为止。

　　毛岳生一生游历四方，交游广阔，与之相交甚深的文人学者为数不少，兹将毛氏引为至交的十数人论列于下：

　　娄县姚椿。毛氏与姚氏为世交，自毛岳生的祖父毛大瀛与姚椿的父亲姚令仪开始。嘉庆初，姚令仪曾协同杨揆等为毛大瀛刊刻诗集，毛岳生则为姚令仪撰墓志铭⑥。姚椿（1777—1853），字春木，一字子寿。晚号蹇道人、樗寮病叟。姚椿撰有《通艺阁诗录》八卷，《通艺阁诗续录》八卷、《通艺阁诗三录》八卷、《通艺阁文集》六卷附补编一卷、《和陶诗》三卷、《晚学斋文录》十二卷（该文集即《通艺阁》的增补本）《樗寮文续稿》一卷等⑦。对于毛岳生而言，姚椿的身份介于师友之间，前引毛氏《与吕月沧书》中即有"某所学皆出子寿"之语。毛姚两人的情谊维持了一生，一直保持着诗歌

---

　　①　曾燠生平，具见（清）包世臣：《曾抚部别传》，（清）缪荃孙：《续碑传集》卷21，《清代传记丛刊》，明文书局1985年影印本，第116册，第192—195页。

　　②　（清）毛岳生：《书史忠正公家书石刻后》，《休复居文集》卷2，《清代诗文集汇编》，第570册，第144页。

　　③　蒋氏的墓志乃毛岳生所撰，题作《江苏江阴县知县汉军蒋君墓志铭》，《休复居文集》卷5，《清代诗文集汇编》，第570册，第174—175页。

　　④　（清）蒋彤：《清李申耆先生兆洛年谱》，台北：台湾商务印书馆1981年版，第139—140页；（清）方东树《送毛生甫序》一文及之，载《考槃集文录》卷8，《清代诗文集汇编》，上海古籍出版社2010年影印本，第507册，第257页。

　　⑤　姚莹生平，参看（清）徐宗亮《姚公墓表》、（清）吴嘉宾：《姚公传》，缪荃孙编：《续碑传集》卷35，《清代传记丛刊》，第117册，第9—16页。

　　⑥　（清）毛岳生：《休复居文集》卷5，《清代诗文集汇编》，第570册，第170—171页。

　　⑦　关于姚椿生平及其著述，参见其弟子沈日富所撰《国子监生貤封修职郎晋文林郎姚先生行状》，《受恒受渐斋集》卷2，《清代诗文集汇编》，上海古籍出版社2010年影印本，第628册，第190—194页。

唱和以及书信往来的习惯。在毛岳生的诗集中有数十首诗是赠予或酬答姚椿之作，其中亦有兼及姚椿之弟姚楗的诗。毛岳生早年以白雁诗成名，姚椿已有诗和之①。在为姚椿母许氏所撰墓志中，毛岳生提及"岳生后去而远游，归必见夫人于里第"，而姚椿的几个儿子后来又拜毛岳生为师②。

乡居时，毛岳生所交诸人中主要有黄钟、黄铉、黄汝成、诸仁煦、陆珣、庄尔保、钱绎等人。

毛氏诗集卷一即有《重入闽中与诸敦夫仁煦黄子仁铉陆子劭珣别》《江行寄怀敦夫子仁子劭并贻子仁子潜夫汝成》《峡口大雪三日寒甚夜不成寐有怀西溪曩游寄敦夫子仁》等诗③，毛岳生又曾为钱绎画像作赞，在赞辞中有云"余屡远游，以性寡合，知友不过数人，家居则惟子乐、敦夫、子仁、子劭、子仁兄损之丈，贤子潜夫而已"④。

黄钟（1766—1835），字损之，一字在东。曾从学于钱大昕，与毛岳生的父亲毛际盛是同学。黄钟本无子，弟黄铉将己子黄汝成过继给了他。黄氏家族家资颇丰，曾屡出巨资赈灾。另，黄氏与钱大昕之弟钱大昭是姻亲关系，曾出资刊刻钱大昕《元史氏族表》《元史艺文志》《潜研堂诗集》《潜研堂诗续集》等⑤。毛岳生的诗文集最初也是由黄氏出资刊行。黄钟墓志铭乃毛岳生所撰⑥。

黄铉，黄钟之弟，黄汝成生父，字子仁，又字石香，晚号樗父，曾为生员，后通过捐资获得了主簿的头衔。黄铉性情简而有制，善为五言诗。毛岳

① 毛岳生诗见《休复居诗集》卷1，《清代诗文集汇编》，第570册，第52页；姚椿和诗见氏著《通艺阁诗续录》卷10《白雁四首和毛生甫岳生》，《清代诗文集汇编》，第522册，第76页。

② （清）毛岳生：《休复居文集》卷5，《清代诗文集汇编》，第570册，第178页。

③ （清）毛岳生：《休复居诗集》卷1，《清代诗文集汇编》第570册，第56、59页。第61页有寄赠庄桐生诗，诗名过长，兹略而不录；卷2，第62页有《子仁（黄铉）属题情话庐图曾作四绝句以应忽忽失去越三年客福州偶赋此篇奉寄》，第63页又有诗寄庄桐生及其父庄东来。诗集他卷尚有诗赠此数人，不一一具录。

④ （清）毛岳生：《休复居文集》卷6，《清代诗文集汇编》，第570册，第196—197页。

⑤ （清）钱大昭：《潜研堂诗续集·序》，（清）钱大昕：《潜研堂集》，吕友仁点校，上海古籍出版社2009年版，第1129—1130页。

⑥ （清）毛岳生：《黄损之墓志铭》，《休复居文集》卷5，《清代诗文集汇编》，第570册，第180—181页。

生曾为其诗集作序①。黄鉝又能写文章，且兼通医术②。

黄汝成，（1799—1837），字庸玉，号潜夫，廪贡生，黄鉝之子。黄汝成与毛岳生交情甚笃，不善诗，为文甚佳，曾给顾炎武的《日知录》作集释，为《日知录》之通行本，另撰有《袖海楼杂录》。③

诸仁煦，字敦夫，一字慎斋，诸廷槐之子。乾隆五十九年（岁甲寅，1794）副榜，授太和教谕，卒年七十八，撰《论语述》，毛岳生为作序，诗集则有黄汝成所为序。④

陆珣（1783—1831），字文石，号子劭，岁贡生。好学不倦，淹通经史，曾与毛生甫一同校理钱塘所著《淮南子天文训补注》，为世人所重，著有《三养斋古文》《听雨楼诗》《考辨经史杂说》等。⑤

庄尔保，字桐生，一字桐卿，生卒年不详。祖父庄铨、父庄东来。庄尔保性坦适，"与人交煦煦"，不与势利之人交往，尤其好诗，曾选编《嘉定诗钞》正续集，亦由黄氏出资刊行，又能究习医理⑥。

除世交、乡居好友外，与晚年毛岳生关系最为密切的就是邓显鹤、姚莹，暨阳书院山长李兆洛及其诸弟子等。

邓显鹤（1777—1851），字子立，一字湘皋，晚号南村老人，湖南新化人，以编纂湖南地方文献而享盛誉，其个人著述有《南村草堂诗钞》及《南村草堂文钞》等，邓氏与毛岳生相交始于道光元年（1821），时毛岳生携家

---

① （清）毛岳生：《休复居文集》，《清代诗文集汇编》，第 570 册，第 139 页。

② 光绪《嘉定县志》卷 19《列传·文学》，《中国地方志集成·上海府县志辑》，上海书店 2010 年影印本，第 8 册，第 418 页。

③ 黄汝成生平及其家世，参看（清）毛岳生《黄潜夫墓志铭》，《休复居文集》卷 5，《清代诗文集汇编》，第 570 册，第 181—182 页；又，（清）李兆洛《黄潜夫家传》，《养一斋文集》续集卷 5，《清代诗文集汇编》，上海古籍出版社 2010 年影印本，第 493 册，390—391 页。毛岳生曾给黄氏文集作序，见《休复居文集》卷 1，第 133—134 页。

④ 光绪《嘉定县志》卷 19《列传·文学》，《中国地方志集成·上海府县志辑》，第 8 册，第 412 页；《论语述·序》载《休复居文集》卷 1，《清代诗文集汇编》，第 570 册，第 132 页；诗集序载黄汝成《袖海楼文录》卷 2，《清代诗文集汇编》，上海古籍出版社 2010 年影印本，第 600 册，第 308 页。

⑤ 陆珣生平事迹，参阅（清）黄汝成《江苏试用训导摄常州府武进县教谕苏州府新阳县训导岁贡生陆先生行状》，《袖海楼文录》卷 5，《清代诗文集汇编》，第 600 册，第 324 页。

⑥ （清）葛其仁：《五友传》，缪荃孙编：《续碑传集》卷 79，《清代传记丛刊》，第 119 册，第 541—542 页；庄尔保父祖传略，参阅光绪《嘉定县志》卷 16《宦迹》，《中国地方志集成·上海府县志辑》，第 8 册，第 338 页。

眷自福建探亲归来，道过南昌，而邓显鹤亦在南昌曾燠处①。道光四年（1824）始，邓显鹤与毛岳生同时入曾燠幕，三人常有唱和之作。即便邓显鹤后来返归湖南，毛岳生与之仍互赠诗文、通信往来②。

　　毛岳生和李兆洛相识，大致在道光九年（1829），时毛氏客幕蒋德宣处。之后二人往来甚为频繁，曾共同校理祁韵士《藩部要略》、姚鼐文集等③。李兆洛文集中可见二人交通往来的篇章有：《毛清士说文述宜序》（《养一斋文集》卷三，《清代诗文集汇编》第493册，第40页，下文所引李氏诗文集同此版本）《毛母朱宜人传》（《养一斋文集》卷六，第271—272页）、《笔匣铭为生甫》《石印匣铭为生甫题》（《养一斋文集》卷十八，第299页）《跋生甫手录中好书后》（前引《养一斋文集》续集卷二，第359页）《毛母朱太宜人七十寿序》（《养一斋文集》续集卷三，第368—369页）《黄潜夫家传》（因毛岳生请托而作，《养一斋文集》续集卷五，第390—391页），《休复居图为毛生甫作》（《养一斋诗集》卷一，第416页）《生甫毛君以西礀明府（即李德宣，晚年号西礀）招饮凌霄花下原韵叠韵见贻即依原韵奉答》（《养一斋诗集》卷四，第439页）等，毛岳生诗文集中收有其赠李兆洛之诗数首，为所编《地理韵编今释》所写序文，为李氏和陶诗撰跋文一篇，书信一札，为庆李氏七十大寿而撰序一篇，为之写刻像砚铭、杖铭各一④。

　　姚莹与毛岳生均曾就学于姚惜抱，毛岳生自道光十二年始，又屡次入其幕府，故既有同学之情，又有同僚之谊。姚莹权两淮盐务时，曾组织焦山之游，诸同游之人均有诗作，姚氏拟将之刊印，毛岳生曾为该诗集作序，又为姚莹的文集作序。后来姚莹被派往台湾任职，毛岳生更是一路送至福建，待

---

　　① （清）邓显鹤：《题宾谷（曾燠）中丞赏雨茅屋诗集》《章门过毛生甫岳生茂才即送归嘉定兼简姚子寿松江》《与生甫小酌东湖》，氏著《南村草堂诗钞》卷1，《清代诗文集汇编》，上海古籍出版社2010年影印本，第523册，第81页；（清）毛岳生：《同韵答新化邓湘皋显鹤》《次韵曾宾谷中丞见赠》《中丞赠诗末章颇伤甘亭感复和答》《与湘皋游东河河上旧有祠祀徐孺子苏云卿二高士有司方新其祠》，《休复居诗集》卷2，《清代诗文集汇编》，第570册，第72页；（清）曾燠：《读毛生甫岳生休复居诗稿有赠》《长歌赠邓湘皋显鹤》《题湘皋粤东集后兼寄李韦庐郎中》等，《赏雨茅屋诗集》卷16，《清代诗文集汇编》，上海古籍出版社2010年影印本，第456册，第235页。

　　② 邓、毛二人在道光四年（1824）之后的诗文唱和往来，见诸前揭二氏文集，不具引。

　　③ （清）蒋彤：《清李申耆先生兆洛年谱》，第139—140、180页。

　　④ （清）毛岳生：《休复居诗集》卷5、6，《休复居文集》卷1、2、3、6，《清代诗文集汇编》，第570册，第105、107—108、113、130—131、146、148—149、160、197页。

姚莹登船后方归。姚莹入台之后，双方仍有书信往来。①

当然，与毛岳生有诗文唱和、交通往来的友人固远不限于上文所论。比如彭兆荪（甘亭）、凌曙（子升）、屠倬（孟昭，琴邬）、孙均（古云，遂初）、黄安涛（霁青）、蒋德宣（子浚，西礵）、郭麐（祥伯，频伽）、吕璜（月沧）、潘德舆（彦辅，四农）、方东树（植之）、程庭鹭（序伯）、刘宝楠（楚桢）、练廷璜（立人）等，毛氏诗集中亦屡见之。

四 《元书》撰述前后及其散佚过程

毛岳生称得上是钱大昕的再传弟子，他长期关注蒙古史研究的问题，认为明修《元史》庞杂无序，曾发愿重修《元史》，未竟而终。好友姚椿为之所撰墓志有云："君以前辈尝病《元史》冗漏，见詹事（笔者注：此指钱大昕）所为残稿，因加补辑，纂录异册数十种。未已，奔走道路，年又限之，卒未克底于成。"②

丁晏曾追述其旧交好友，各为赋诗一首以寄其怀，诗前有各人小传，成《感旧诗》数卷。对于毛岳生谙熟元代史事、典故，长于蒙古史研究之事，丁晏的感旧诗中便有记载。诗前有毛生甫小传，云"应试戊戌、己亥，晤于白门，订交。尝欲修改《元史》，练习《元史》掌故、舆地、官爵、姓名之难记者，口熟如悬河"，其感旧诗有"毛生学如海，元史尤综甄，蒙古谙国语"之言③。

尚需提及的是，《北京图书馆古籍善本书目·史部》著录有毛岳生批校之监本《元史》，毛氏以朱笔过录钱大昕《元史稿》补正《元史》之内容，

---

① （清）毛岳生：《休复居诗集》卷6，《休复居文集》卷1，《清代诗文集汇编》，第570册，第112—116、131、139页，姚莹文集［《东溟文后集》卷6《与毛生甫书 己亥（道光十九年，1839）四月》，《续修四库全书》，上海古籍出版社2002年影印本，第1512册，第535—537页］中收有一信，为姚莹入台后寄出，从信的内容来看，此并非姚莹赴台任职后双方的首次通信，可惜的是，关于双方交往的函札，姚莹集中仅收此一份，而毛岳生文集中更是一封未收。

② （清）姚椿：《通艺阁文集》卷6，《清代诗文集汇编》，第522册，第368页。

③ （清）丁晏：《颐志斋感旧诗》，《清代诗文集汇编》，上海古籍出版社2010年影印本，第587册，第35页。

每卷末加以按语，以抒己见。牟润孙曾见之，并抄录数卷①。于之可见，毛岳生在元史研究方面用功甚勤。

前文已经论及，晚年的毛岳生与黄汝成、李兆洛及其诸弟子等关系密切。通过现存毛、黄及毛、李之间的书信及相关文献，我们可以考察出毛氏《元书》成书的大致过程。

李兆洛弟子蒋彤等在为其师所编年谱中有如下记载：

> 是年（道光十五年，1835），搜罗元朝宪章及元人诗文集最夥。时生甫以《元史》疏丛，更著《元书》，取钱氏大昕《元史经籍志》（笔者注：即钱氏《元史艺文志》），列其目，属先生访求。先生每得一书，以授彤校阅。仿四库书目义例，撮其书中指要，附於卷末，遂付钞胥录存副本。生甫有得，亦寄院中，盖两相购致者，不下数十百种也②

毛岳生孜孜以求元代典籍，遇不可多得之书，往往亲自手录，如明人冯从吾的《元儒考略》。该手抄本后归缪荃孙，缪氏在所著《艺风藏书记》中记载到：

> 《元儒考略》四卷。旧钞本。明冯从吾撰，有毛生甫、李申耆跋语。毛氏手跋曰"道光十七年六月十日未刻手写已。时桐城姚石甫莹权两淮盐运使，余客其幕中。休复毛岳生记"。李氏手跋曰："中好是书，列元儒之能宗尚程朱者，采撷颇备。盖《明儒学案》之嚆矢，而宗尚醇实，不存门户之见。惟窦子声、刘梦吉、黄楚望诸人，删取《元史》太略，或未得深诣所在。中好去今未远，世间当尚有刊行本。生甫函修《元史》，恐一时不可得，遂手录之。二日而竟，可谓敏矣。道光十七年八

---

① 参阅牟润孙《论清代史学衰落的原因》，原载《明报月刊》总第 202 期，1982 年 10 月，收入氏著《注史斋丛稿》（增订版），中华书局 2009 年版，第 683 页；杜维运《中国史学史》，商务印书馆 2010 年版，第 822 页。按：笔者近日发现，毛岳生所批校之明万历三十年（1602）北监本《元史》今仍藏在国家图书馆，善本书号：A02183。

② （清）蒋彤：《清李申耆先生兆洛年谱》，第 157—158 页。

月二十一日，识于扬州运使署。兆洛"①。

毛岳生曾多次请托同乡兼挚友黄汝成代为觅寻与元朝历史相关的史书及文集。黄汝成在《答毛生翁书》一札中便有相关记载，云"《袁清容集》写本，昨亦从妹婿胡子莹借得，附去。元明善《清河集》，广问皆无"，"《元大一统志》残本，舍弟习夫家无是帙"②。

《元书》的最终完成情况今已难详察其究竟，但我们仍可从毛岳生写给李兆洛以及黄汝成寄给毛岳生的几封函札中窥知一二。

毛岳生在写给李兆洛的函札中有语云"《元史》益得统纪，已写出后妃、公主二传。其所由舛错增删，又成考辨数卷，诸表皆定"③。

黄汝成《与毛生翁书》一函记载"间得手书，并示所作《元史》后妃公主二传及纪表志传"，此一函札中收录有毛岳生所撰写的《元书》凡例。黄氏集中另有《又与毛生翁书》一札。上述二札包括双方对于毛氏《元书》撰述体例及内容的相关讨论。

从这两封信件中，我们可以看出当时毛氏《元书》撰述的概况：

毛岳生删去了旧史（指《元史》）《公主表》，将相关内容并入了诸公主传；世系表则增加了孛端察儿之前的十一世，且详列子姓；删除了《元史·食货志·岁赐》所列诸王部分，并入世系表；删改钱大昕氏族表，并入世系表；仿照《辽史》作《部族表》，将元太祖至元宪宗时蒙古所灭诸部族列入。另外，毛氏曾增设《异同名表》，认为旧史繁杂，故前后统一汉语音译人名所用的汉字，人名相同者列入此表，以官氏、世系等区别之④，后又一度拟删去该表，故黄汝成在信件中向之询问删此表的缘由等。我们通过黄汝成回复毛岳生的第二封函札中可知，后来毛岳生接受了黄汝成的意见，恢复了《异同名表》。

---

① 缪荃孙：《艺风藏书记》之《艺风藏书续记》卷4，上海古籍出版社2007年版，第332页。李兆洛跋文收在李兆洛文集中，文字与此处所记多有出入，不影响文意表达者，姑略之。惟引文斜体加粗的两处，对文意理解有碍，兹为指出。据李兆洛文集，当作"中好学问醇实，不存门户之见""生甫亟修校《元史》"，参阅（清）李兆洛《养一斋文集》续集卷2《跋生甫手录中好书后》，《清代诗文集汇编》，第493册，第359页。

② （清）黄汝成：《袖海楼文录》卷4，《清代诗文集汇编》，第600册，第324页。

③ （清）毛岳生：《休复居文集》卷3，《清代诗文集汇编》，第570册，第160页。

④ （清）黄汝成：《袖海楼文录》卷4，《清代诗文集汇编》，第600册，第319—322页。

按，黄汝成卒于道光十七年（1837）二月，故黄氏和毛岳生的通信在只能在这一年之前，据之可知当时毛氏《元书》的完成进度。其后数年，毛氏应该曾对《元书》作过进一步的撰述与修订。可惜的是，道光二十年（1840），黄銑刊刻毛岳生遗著时，毛氏弟子陈克家限于某些原因，未能将毛氏遗稿尽数搜罗，只是将《元书》后妃、公主二传附在毛氏的诗文集之后。

光绪年间，胡祥鏴曾将《休复居文集》所附《元书·后妃公主列传》翻刻，并请吴凤翰、沈恩孚校正其书，列入《渐学庐丛书》。据书后的沈恩孚跋语，毛岳生的《元书》原稿先后曾被蒋浦汪氏、永康应氏、怀宁汪氏等收藏①，最后则不知所踪，至今当已佚失。

最后，笔者拟对现仅存的一卷《元书·公主后妃列传》的史源等情况进行探讨。通过检阅，笔者发现毛岳生在撰写本卷时至少已经利用了以下文献资料：

1. 《元史》。毛岳生的《元书·公主后妃列传》的主体内容仍出自《元史》。

2. 《蒙古秘史》。蒙古语人名的若干汉语译名的写法仅见于《秘史》，而毛氏之书数处见之，如成吉思汗母亲的名字，《元史》作"月仑"，《秘史》作"诃额仑"②（《休复居文集》附卷，第 198 页）；再如，原也速该部下"脱朵延·吉帖儿"，《元史》作"脱端火儿真"，而《元书》记此人名与《秘史》同（《休复居文集》附卷，第 199 页，下文简称《文集》）。

3. 元明宗皇后迈来迪的传记的部分资料源自孔克齐所撰《至正直记》（《文集》第 208 页）。

4. 苏天爵编《国朝文类》。昌国大公主帖木伦传，参考了张士观《驸马昌王世德碑》；赵国大长公主阿剌海别吉传，主要取材自阎复的《驸马高唐忠献王碑》；高昌也立安敦公主传，源出虞集的《高昌王世勋碑》（《文集》第 212—214 页）。

---

① 沈恩孚：《跋〈元书后妃公主列传〉》，徐蜀编：《宋辽金元正史订补文献汇编》，北京图书馆出版社 2004 年影印本，第 1 册，第 150 页。

② 按：《元朝秘史》与《元史》中译音不同是因为，中古蒙古语中这一人名原本是零声母词，而中古蒙古语的零声母词可与 h 辅音开头的词互通，以致两书使用了不同的音译，现代蒙古语中，那些以 h 开头的词，都已经变成了零声母的元音。参阅亦邻真《〈元朝秘史〉及其复原》，亦邻真复原：《元朝秘史》（畏兀儿蒙古文），内蒙古大学出版社 1987 年版，正文第 93 页。

5. 不答昔你公主的传文资料的部分内容采集自杨瑀所著《山居新语》或陶宗仪《南村辍耕录》（《文集》第220页，文集中"不答昔你"误作"不答昔思"）。

另外，毛氏应该还利用了不少元人文集等资料，不再一一列举。

毛岳生所作《元书》今虽仅存一卷，却也是探研元史者所不可忽略的重要著述。

当然，毛氏该稿亦非全无可议之处。比如说，该文稿中存在人名倒误、脱衍、史实考证错误、辨别不明等问题。兹举例如下：

1. 世祖皇后察必，倒误成"必察"（《休复居文集》（以下简称《文集》第203页）前文述忽必烈诸后时正确，作"察必"，而在其传正文中则出现了倒误，《渐学庐丛书》本已校正）。

2. 成宗皇后卜鲁罕父亲名作"脱里忽思"，传文中则倒误为"脱里思忽"。真金之子，即武宗、仁宗之父，其名应为"答剌麻八剌"，《文集》中其名前衍出一"答"字，《答己传》中则无误（此条《渐学庐丛书》本已校出）。仁宗爱育黎拔力八达，名字中脱一"力"字（《文集》第205页）。

3. 顺宗女、武宗、仁宗姐祥哥剌吉，其名倒误为"祥哥吉剌"（《文集》，第217、219页）。搠思蛮公主嫁阿术鲁，讹作"阿木鲁"（《文集》第220页）。

4. 太宗皇后脱列哥那传，又言窝阔台另有"秃纳吉纳六皇后"，实际上，二者是同一人的同名异译罢了。又定宗后斡兀立·海迷失，毛氏将其名一分为二，谓其名"斡兀立"，氏"海迷失"（《文集》第202页）。实际上，斡兀立·海迷失是蔑儿乞氏人。

5. 速哥答思，泰定帝皇后，毛氏沿《元史·后妃表》之误，误认其为元世祖后（《文集》第203页）。

6. 明宗皇后八不沙，实际上是泰定帝的伯姐，成宗之外甥女，而毛氏误以为其是泰定帝的外甥女（《文集》第208页）等。

当然，上文所列毛氏《元书》所存在的诸问题亦未必全是毛氏本身的错误，比如一些脱误、讹字的问题也可能是在文集刊刻过程中造成的。倘若毛氏文集的稿本尚幸存于世的话，当可取之与刊本对勘，确认其正或误。

五 结语

清代确为学术昌明之大时代，取得卓越成绩的文人学者可谓不尠。本文所考察之毛岳生，如从仕途上来讲，绝称不上成功。毛氏一生漂泊，游幕四方，终其一生，亦未能在举业上有所收获，然其对于学术之追求则从未因生业困顿而弃之不顾，诚所谓"以学术为志业"者。

上文主要考察了毛岳生的生平、交游以及其重要元史研究著述《元书》的修撰过程、成书、流传及散佚情况等，同时对毛氏《元书》所仅存之《后妃公主列传》从史源学方面进行了探讨并指出了其中的若干疏误。值得注意的是，从毛岳生《休复居士诗文集》所载内容来看，毛氏对于音韵训诂、舆地、金石、天文历法以及经义礼法诸学均有精深的理解与独到的研究，限于主题及篇幅，本文未能一一展开。

毛岳生在极其穷困潦倒的境况下，尚能如此勤奋砥砺，孜孜于学，在诗文创作、历史研究诸方面取得如此巨大之成就，实在令人钦佩。笔者不欲其人、其著述永远湮没在故纸堆中，拟表而发之，此实为笔者撰写此文的一大诱因。

（作者为内蒙古财经大学旅游学院讲师）

新出石刻《元承务郎平江路同知常熟州事吕公圹志》考释

申万里

    洛阳吕氏是北宋有名的仕宦家族，其成员吕蒙正、吕夷简叔侄在宋太宗、宋真宗和宋仁宗时期担任宰相，仕宦辉煌，成就了北宋显赫的仕宦家族。北宋在"靖康之难"中亡于金，洛阳吕氏家族被迫南迁，其中的一支迁到霍邱（今属安徽省），家道中落。不久，以卖柴为生的霍邱吕氏成员吕文德，被南宋军事统帅赵葵（1186—1266）发现后从军，逐步在南宋军队中崛起。在吕文德的带动之下，吕氏家族在南宋中后期崛起，成为当时最重要的军事家族。吕氏家族中，吕文德之子吕师夔，吕文德之弟吕文福、吕文焕相继加入南宋军队，成为长江流域守卫南宋的重要军事力量。吕文德死后，吕文焕守卫襄阳近六年，阻遏了元朝军队南下统一全国的步伐。吕文焕在至元十年（1273）投降，加速了南宋的灭亡。元朝统一以后，吕氏家族仍受到元朝的信任，进入元朝的文字辈和师字辈的吕氏子弟多人入仕，官品较高，在元朝成宗以前的政治、经济和军事方面地位较高。大德五年到六年（1301—1302）随着吕文焕和吕师夔的去世，吕氏家族开始衰落。仕宦机会明显减少，经济拮据，政治地位下降。此后的吕氏子弟弃武习文，吕氏成为江南士人之家。① 在宋元之际的吕氏代表人物中，吕文福之子吕师孟参与了南宋灭亡之际的宋元交涉，他因拒绝投降元朝，在元大都禁锢数年，放回江南。他

---

① 具体内容见申万里：《宋元之际的吕文焕及家族》，（韩国）*Central Asian Studies* 19 – 2 2014，pp. 75 – 106.

在全国统一之后回到平江路长洲县（今属苏州市），开始隐居生活，广交江南名士，扩大家族影响，在江南得到较好的名声，形成平江吕氏，与建康（吕文焕）吕氏和九江吕氏（吕师夔）并立。

元朝大德年间，随着吕文焕和吕师夔的去世，这两支吕氏家族开始衰落，吕师孟为代表的平江吕氏，由于在江南的正面影响和子孙仕宦的成功，得到明显的发展，其人际交游网络中，江南名士较多，反映了这个家族在当地士人中良好的声誉。史料记载，直到清朝初年，平江吕氏在苏州一带仍有影响。① 1959 年 11 月，吕师孟夫妇的墓葬得到发掘，出土了家族陪葬品和吕师孟的墓志，对于研究该家族在宋元之际的发展情况非常重要。2019 年初，本人结识了吕师孟的后人——江苏盐城的吕海常先生，根据他提供的线索，本人到苏州碑刻博物馆参观，了解了馆存《吕仪之墓志》的情况，吕海常先生还给我提供了该墓志的拓片，为了解和使用该墓志提供了条件。该墓志目前还没有被学术界使用，属于新材料。墓志内容反映了吕师孟之后平江吕氏在元朝的发展状况，对于研究该家族在元朝的处境、仕宦和人际关系网络等问题，提供了可靠的一手资料，有必要向学术界推介。本文首先对该墓志——《元承务郎平江路同知常熟州事吕公圹志》进行释读，然后在墓志的基础上，从该墓志的时间线索、家族人际交游网络、吕仪之仕宦情况以及本文涉及的程钜夫江南求贤和元代广海选制度进行考释，为学术界认识、使用该墓志提供方便。

一　吕仪之墓志录文

吕仪之墓志高 120 厘米，宽 70 厘米，隶书阴刻，竖写 18 行，共 459 字，个别文字漫漶以外，大部分都可以识认，现将碑文释文转换成简体并标点如下：

> 元承务郎、平江路同知常熟州事吕公圹志
> 先考讳仪之，字可象，姓吕氏，世居安丰之霍丘。祖父宦游于吴，

---

① 申万里：《宋元之际的吕师孟及其家族》，《南开学报》2016 年第 2 期。

因家焉。曾祖讳深，故累赠相国公。妣夫人马氏，祖讳文福，故资善大夫、中书左丞。妣夫人刘氏，夫人刘氏。父讳师孟，故嘉议大夫、漳州路（摁）[总] 管、行淮东宣慰副使。母夫人束氏。

初至元丁亥，廷绅驰驿江南，寻访遗贤，以先考博记经传，引以入，见称，眷命陪随宰臣，习为政之务。寻擢集贤校理，改秘书郎，皆不就。

己丑冬，钦受宣命，承事郎贵州知州。大德壬寅移封州知州兼劝农事，散官如故。癸卯秋礼任，甲辰冬十月以父丧解官。

至大己酉正月，钦遇潭恩升等，援亲老附近铨注例，庚戌冬转承务郎、平江路同知常熟州事。次年十月署事，皇庆初元七月，以公事计禀京师。十一月南还，甫□旬，以疾终于正寝。

考生于景定甲子二月廿四日，卒于皇庆壬子十二月九日，享年四十有九。娶叶氏，故市舶公讳黄孙女，男一人，泳；女一人，洲济。赘张炯为婿，故翰林侍讲学士、讳伯淳之孙。

先考事亲孝，处己谦，居官廉，待人信，而寿止于斯，痛哉！痛哉！

泳侍女兄禀命慈亲，转闻于重闱上，以次年癸丑三月十六日丙午，奉柩葬于平江路长洲县武丘乡九都坤山之原。葬日薄，未□□铭当代鸿笔，姑撮岁月梗概，纳诸圹云。

孤子吕泳泣血百拜谨识。

忝眷集贤侍讲学士中奉大夫赵孟頫填讳 吴德言刊

二 碑文考释

该碑文字数不多，以吕仪之之子吕泳口气写成。大德八年吕仪之之父吕师孟去世，其墓志中没有提到吕泳，[①] 说明他当时还没有出生。按照两个墓志的时间推算，吕泳当时还是八岁以下儿童。碑末提款："忝眷集贤侍讲学士中奉大夫赵孟頫填讳，吴德言刊"，关于请赵孟頫"填讳"的问题，中国古代晚辈出于对长辈的尊敬，不能亲自书写长辈的名号，该墓志是以吕仪之

---

① 吕师孟的墓志，参见方回《故宣慰嘉议吕公墓志铭》，碑文拓片收入王德庆《江苏吴县文物清理简报》，《文物》1959 年第 11 期，第 20 页。

儿子吕泳的身份写成，吕仪之的名号就需要邀请辈分高于吕泳的亲友填写。赵孟頫生于南宋宝祐二年（1254），年龄比吕仪之大十岁（吕仪之生于南宋景定五年［1264］），作为南宋的宗室之后，赵孟頫在江南有很大的影响，他元世祖时期受到程钜夫荐举到大都做官，当时吕文焕、吕师夔还健在，吕氏家族政治地位较高，赵孟頫与吕氏中的吕师孟（吕泳的祖父）应是同一时代，从辈分和年龄上看，他都是"填讳"的最佳人选。吴德言没有史料记载，应是墓志的刊刻人。下面从该墓志的时间线索、人际关系线索和吕仪之生平仕宦三个方面，对照以前出版的吕师孟的墓志，进行考察。

首先，看该碑时间线索。碑文中说："初至元丁亥，廷绅驰驿江南，寻访遗贤，以先考博记经传，引以入，见称。"至元丁亥为至元二十四年（1287），至元二十三年元世祖忽必烈派程钜夫江南求贤，这一年他到了扬州，他自述："至元二十三年，余以侍御史行御史台事，被旨求贤江南，过扬州，会故人。"① 次年，也就是至元二十四年程钜夫到达杭州，他自述："至元丁亥，余以侍御史奉诏求贤，驰驿至杭。"② 吕仪之生活在平江路长洲县，位于扬州和杭州之间，估计至元二十四年程钜夫路过平江路时，在当地人的推荐下接见了吕仪之，程钜夫赏识他，将他作为"求贤"的对象。根据吕师孟的墓志，吕仪之的父亲吕师孟南宋晚年以南宋兵部尚书的身份，随当时南宋丞相贾余庆等与元朝丞相伯颜谈判，并拒绝投降元朝，南宋灭亡，吕师孟被留滞大都，至元十七年（1280），他在接受了元朝的任命以后，从大都回到平江路长洲县虎丘乡隐居，程钜夫江南求贤是在吕师孟回到大都七年以后，时间并不长，说明了吕师孟回到吴县以后，以南宋遗民的身份，恪守传统道德准则，"孝事父母惟谨，友于兄弟，至如析父财，公一毫不问，待士谦，临下恕，好施予，恤孤贫，笃学博记"③。这些好的品质，为其家族赢得了声誉，为其子吕仪之成为程钜夫的求贤对象创造了条件。

此后，己丑年至元二十六年（1289），吕仪之离开大都，担任贵州知州。大德壬寅（大德六年，1302），吕仪之被任命封州知州。大德癸卯（大德七

① （元）程钜夫：《雪楼集》卷20《故国子助教李性学墓碑》，《景印文渊阁四库全书》，集部，第1202册，（台北）商务印书馆2008年版，第283页。
② （元）程钜夫：《雪楼集》卷14《送范晋教授江陵序》，第184页。
③ 吕师孟的墓志，参见方回《故宣慰嘉议吕公墓志铭》，碑文拓片收入王德庆《江苏吴县文物清理简报》，《文物》1959年第11期。

年，1303）赴任。大德甲辰（大德八年，1304）以父丧解官。按：吕师孟墓志中记载，他于"大德八年（1304）甲辰七月十七日酉时，考终命，享年七十有一"。两碑记载相符。

至大庚戌（至大三年，1310），吕仪之担任平江路常熟州同知，至大四年（1311）任职。皇庆元年（1312）赴京师，十一月南还途中病逝。吕仪之生于宋度宗景定甲子（五年，1264），死于皇庆元年（1312），终年四十九岁。

上面吕仪之的墓志，反映了他从至元二十四年程钜夫江南"求贤"到皇庆元年去世的情况，与早出的吕师孟墓志的内容，在大德八年以前重合，重合的内容，两碑记载完全相同。大德八年到皇庆元年的记载是首次出现的新材料。

其次，我们考察吕仪之及其家族的人际关系网络。该墓志铭以吕仪之之子吕泳的口气写成，前面已经说明，吕泳当时是不满八岁的儿童，碑文中"泳侍女兄禀命慈亲，转闻于重闱"，这里的"慈亲"和"重闱"是父母、祖父母的意思，说明吕泳需要在其姐姐的带领下，完成下葬父亲的部分仪式，确实说明他是儿童，他能否完成墓志撰写无从考证，有可能是找人代写。

墓志最后由"忝眷集贤侍讲学士中奉大夫赵孟頫填讳"，这里的"填讳"，前面已经解释，"忝眷"到底是什么称呼？需要考证。赵孟頫曾在一封家信中自称"忝眷"，这句话是："八日，孟頫书致家书，顿首再拜万户相公尊亲家，忝眷赵孟頫谨封。"① 另外，明朝学者李东阳也有自称忝眷的记载，他在一封祭文中写道："维弘治十七年岁次甲子五月庚寅朔，越三日壬辰，具官忝眷李东阳，钦奉朝命，祭告于阙里圣庙。越既竣事，乃克以刚鬣、柔毛、庶馐之奠，致祭于故衍圣公南溪先生亲家之灵。"② 这里的两则材料都是自称忝眷，并且指代的另一方称其为"亲家"。亲家指儿女有婚姻关系的双方，由此看来，"忝眷"应是儿女亲家一方的谦称，说明两家有直接

---

① （清）高士奇：《江村消夏录》卷3《元赵文敏公八札》，《景印文渊阁四库全书》，子部，第826册，台湾商务印书馆2008年版，第562页。

② （明）李东阳：《怀麓堂集》卷96《祭南溪公文》，《景印文渊阁四库全书》，集部，第1250册，台湾商务印书馆2008年版，第1027页。

或间接的婚姻关系。赵孟頫在填讳以后的自称"忝眷",说明他的子女可能与平江吕氏有婚姻关系,至少说明赵孟頫与平江吕氏之间关系密切,这一点将在下面论述。

按:赵孟頫(1254—1322)字子昂,湖州人,宋宗室后裔。至元二十三年程钜夫江南求贤,被征入京师,授兵部郎中,迁集贤直学士,出为济南路同知,大德三年被任命为江浙行省儒学提举,定居杭州。武宗至大三年拜翰林侍读学士,仁宗继位,迁集贤侍讲学士,累迁翰林学士承旨,延祐六年告老归。① 吕仪之去世在皇庆元年,这一年元仁宗继位,赵孟頫被召入京师,担任集贤侍讲学士。次年也就是皇庆二年(1313),吕仪之在平江路下葬,赵孟頫应该还在京城任职,他回平江路参加辈分比自己低,年龄比自己小十岁的吕仪之葬礼的可能性不大,"填讳"应是吕氏派人到京城大都找他完成。

那么,在吕师孟的墓志中并没有提及赵孟頫与平江吕氏有交往,吕仪之又是如何与赵孟頫建立密切的关系?由于没有具体的史料记载,这里只能推测如下:二人一起在程钜夫江南求贤中被推荐到大都,此时,吕氏家族是元朝南人族群中政治影响最高的家族之一,这是作为南宋宗室出身又身为南人族群的赵孟頫结交吕仪之的政治基础,赵孟頫与吕仪之同在大都生活两年(吕仪之至元二十四年到大都,至元二十六年赴任),应是在这期间的共同经历中,二人建立了密切的关系。

赵孟頫是元朝著名的书法家、画家,又是南宋的宗室,任官元朝中央和地方,特别是担任了江浙行省儒学提举,在江南士人中间有很高的影响和地位。作为吕氏家族成员之一的吕仪之,在元朝任官二十三年,仕至五品,同样是元朝南人仕宦比较成功的例子,平江吕氏在江南的社会地位,进一步促成了赵、吕两家密切关系的确立。

碑中提到吕仪之的妻子叶氏,是"故市舶公讳賁孙女"。这里,叶賁比吕仪之高两辈,应是南宋时期的市舶官,不过,叶賁的具体情况如何?目前从宋元为文献中找不到记载。

碑中还提到张伯淳的孙子张炯入赘到吕家,与吕仪之女儿结婚。按张伯

---

① (元)欧阳玄:《圭斋文集》卷9《元翰林学士承旨、荣禄大夫、知制诰兼修国史、赠江浙等处行中书省平章政事魏国赵文敏公神道碑》,《景印文渊阁四库全书》,集部,第1210册,(台北)商务印书馆2008年版,第78页。

淳（1243—1303）字师道，嘉兴崇德人，南宋进士，至元二十三年起为杭州路儒学教授，荐授翰林直学士，元贞元年除庆元路治中，未几辞官，大德四年召到大都担任翰林侍讲，大德七年卒。①吕师孟的墓志未谈到他与张伯淳的交游，但张伯淳是赵孟頫的"中表"，②即姑表兄弟，估计张伯淳与吕仪之的交游，是赵孟頫推动的结果。张伯淳孙子入赘吕家，反映了两个家族三代人的交往和密切关系。那么，吕仪之一子娶叶氏，一女与张伯淳结亲，赵孟頫与吕仪之互为亲家的可能性不大，赵孟頫为什么对吕仪之自称"忝眷"？本人认为其中原因应该从张伯淳这里解释。作为姑表兄弟，张伯淳既然与吕仪之互称亲家，赵孟頫随其表兄对吕家自称"忝眷"，应该也能说得过去。

尽管吕仪之的墓志所涉及人物不多，但从吕仪之在程钜夫江南求贤过程中被选中，赵孟頫作为吕仪之"忝眷"，在吕仪之去世以后为他的墓志"填讳"，以及张伯淳孙子张炯入赘吕家与吕仪之女儿结婚等情况，我们仍然可以看出，这一时期吕氏家族仍是当地的名族，影响较大。对比吕仪之的弟弟吕俨之，吕家的这种家族发展状况更有意思。吕师孟的墓志记载：

> （吕师孟）子男二人，仪之，承事郎封州知州，兼劝农事；俨之，登仕郎英德路同知桂阳州事。女三人，长适将仕郎、必际县（今属贵州省）尹叶繻。次适将仕郎、鸭水县尹夏赟孙。次适杨浩之，故行尚书省左丞前驸马都尉镇之子。孙男二人，溥、涛，孙女二人，在幼。③

上面记载中，吕仪之、吕俨之的下一辈"孙男二人，溥、涛，孙女二人"中，都是吕俨之的子孙，吕仪之的儿子吕泳在吕师孟去世的大德八年还没有出生。在"孙女二人"中或许有吕仪之的女儿。以上情况让人不解——虽然吕师孟墓志中将吕仪之放在前面，吕俨之放在后面，但从子女的年龄来看，作为哥哥的吕仪之比弟弟吕俨之的子女反倒年轻不少。

另外，吕仪之、吕俨之的父亲吕师孟时期，平江吕氏家族的仕宦和婚姻

---

① （元）程钜夫：《雪楼集》卷17《翰林侍讲学士张公墓志铭》，第230页。

② （元）姚桐寿：《乐郊私语》（不分卷）《张文穆公》，《宋元笔记小说大观》，第6册，上海古籍出版社2001年版，第6105页。

③ （元）方回：《故宣慰嘉议吕公墓志铭》，碑文拓片收入王德庆《江苏吴县文物清理简报》，《文物》1959年第11期。

等构成的人际关系网络堪称豪华：吕俨之任贵阳州（元朝属于下州）同知，属于正七品官。吕俨之二子吕溥、吕涛中，吕涛曾拜当时著名画家、诗人朱德润为师，[1] 娶当地首富陆德阳之女，[2] 仕为海门县尉。就婚姻来看，吕师孟的三个女儿，长女嫁给必际县尹叶繻，属于元代七品或八品的官员；次女嫁给鸭水县尹夏赟孙，同样属于元朝七品或八品的官员，夏赟孙是南宋降将夏贵的孙子，[3] 夏贵南宋时期是吕文焕的部将，南宋末投降元朝。这段婚姻说明元朝平江吕氏与其部将夏氏家族的密切关系。三女嫁给杨浩之，其父杨镇是南宋驸马，元朝为杭州富民，"家富于赀"。[4] 这种婚姻构成的人际关系网络，反映了吕师孟时期平江吕氏家族在元代江南比较高的社会地位。相比之下，吕仪之、吕俨之兄弟人际关系网络明显萎缩，反映了元朝这个家族的第二代以下出现了衰落的趋势。

最后，我们考察吕仪之一生的生活和仕宦情况。吕仪之至元二十四年程钜夫江南求贤时，被选中的主要原因，墓志记载是"博记经传"，可见他幼年时代受过良好的儒学教育。到大都以后，吕仪之二十三岁，或许因为年轻，他并没有被任官，而是"随宰臣习为政之务"。不久元朝任命吕仪之为集贤校理，改秘书郎。按，元朝集贤院不设集贤校理一职，吕仪之被任命的或为临时职务。另外，元朝秘书监设秘书郎，正七品，文职官，适合士人担任。吕仪之拒绝这两次任命，反映了他在仕宦方面追求有实权的地方行政职务。至元二十六年，吕仪之在大都待职两年以后，被任命为贵州知州，元代贵州属湖广行省岭南广西道辖区，行政级别属于下州，知州为从五品。大德六年（1302），吕仪之调封州知州，封州属湖广行省广西宣慰司辖区，仍为从五品。他大德七年上任，次年因为吕师孟去世，丁忧离任。至大三年吕仪之援引元朝规定官员亲老，就近铨注的政策，转平江路常熟州同知，常熟州元代为中州，州同知从六品，行政级别比以前降低了。

---

① （元）朱德润：《存复斋文集》卷1《寿乐堂铭并序》，《四部丛刊续编》，商务印书馆1934年版，页二。

② （元）黄溍：《金华黄先生文集》卷37《徽州路儒学教授陆君墓志铭》，《四部丛刊初编》，上海商务印书馆1922年版，页十五。

③ （元）刘岳申：《申斋集》卷8《大元开府仪同三司、行中书省左丞夏公神道碑铭》，《景印文渊阁四库全书》，集部，第1204册，（台北）商务印书馆2008年版，第278页。

④ 《元史》卷170《申屠致远传》，中华书局1976年点校本，第3989页。

按：元朝位置较偏僻的云南和岭南地区属于"烟瘴之地"，一些北方出生的官员不愿去任职，为解决这一情况，元朝设立广海选，以蒙古、色目官员犯轻罪和南人群体出身的官员，选注这些地区的官员，官品优升一等。"仕于是者，政甚善不得迁中州、江淮，而中州江淮夫士，一或贪纵不法，则左迁而归之是选焉，终身不得与朝士齿。"① 吕仪之调官平江常熟州属于广海调江淮，尽管有"亲老附近铨注例"，但不符合广海选的规定，应该是元朝官方对他的优待铨注，官品降低符合元代官吏铨选规定。②

皇庆元年吕仪之到京城出差，十一月南还，不久病逝。元代地方官经常被差占，承担一些押运等事务，吕仪之在常熟州同知的任上出差京师，应是属于这种情况。他在四十九岁去世，确实令人惋惜。

从仕宦来看，吕仪之在程钜夫江南求贤中被选中，京城待职二年，担任从五品的贵州知州和封州知州，其仕宦经历对于元朝南人来说，确实是比较优越的。至大三年吕仪之担任常熟州同知，尽管官职从从五品降到从六品，但从广海调到江淮，这是当时大部分官员很难做到的，吕仪之晚年调回靠近家乡的常熟州任同知，不能不说是幸运的。

近年来，随着考古的发展，新出墓志越来越多，为历史研究提供了重要的新材料。平江吕氏家族出土了父子两块墓志，其中本文考释的《元承务郎平江路同知常熟州事吕公圹志》属于近年出土的新材料，对于我们认识宋元之际江南仕宦家族的发展延续非常重要，也可以说，为我们考察宋元江南仕宦家族的发展延续提供了一个典型的个案。吕仪之墓志的发现，填补了吕师孟以后平江吕氏的发展空白，对于吕师孟墓志中的一些内容也有补充，非常值得学术界重视。

（作者为武汉大学历史学院教授）

---

① （元）朱思本：《贞一斋稿》卷1《广海选论》，《续修四库全书》，集部，第1323册，上海古籍出版社2002年版，第612页。

② 有关元代广海选的问题，请参照贾建增《元朝广海选制度初探》，《中国边疆史地研究》2020年第2期。

元《玉阳观创建烈祖殿记》新考

李俊义　　武忠俊

元代《玉阳观创建烈祖殿记》，2017 年 11 月 1 日出土于辽宁省锦州市义县古城西北街棚户区施工工地，现存于辽宁省义县文物保护中心。碑立于元至治三年（1323），红棉石质，圆首无碑座。碑身高 165 厘米，宽 70 厘米，厚 18 厘米；碑底榫头长 25 厘米，宽 35 厘米①。碑阳额题篆书"玉阳观创建烈祖殿记"3 行 9 字；碑阳碑文楷书，24 行，满行 36 字；碑阴碑文楷书，20 行，满行 29 字。王殷民撰并书丹，耿怀篆额。此碑出土后不久，邵恩库先生作过初步研究（以下简称"邵文"）②。笔者拜读之后，感觉此碑仍有进一步深入研究之必要。爰不揣固陋，据原碑照片重新录文，并结合相关文献进行考释，以就正于学界大雅宏达。

一　碑文录文

碑文转录中，原碑换行处以"｜"表示，邵文仅载碑阳之文，未加标点，且有误植之处，笔者皆以注释形式表而出之，以便读者稽核。

---

① 邵恩库：《义县出土元代玉阳观道教石碑铭文简考》，《辽宁省博物馆馆刊》，科学出版社 2018 年版，第 75 页。

② 邵恩库：《义县出土元代玉阳观道教石碑铭文简考》，《辽宁省博物馆馆刊》，科学出版社 2018 年版，第 75—81 页。

碑阳

玉阳观创建烈祖殿记」

横□后人王殷民撰并书丹」

□唐州儒学教授耿怀篆额」

崇义玉阳观在州之扈驾营，全真诸人为王尊师者所建。大定初，师自宁海东来，创基并」地，居十数年。后世追慕，故因取以为名。岁乙亥，」圣朝太师国王木花丽领兵南下，金紫光禄大夫、兵马都元帅、崇义军节度使、便宜行事王公」以城款附，故得乡井完居，民皆按堵。州治之于金国也，素称大郡，户登版籍者数余十万载。」雁锦贼张智之寇，杀略无遗。玉阳道院时乃鞠为荆棘之囿。辛卯，元帅府左监军李庭植夫」人杨氏，孀①居贞洁，心慕玄风，舍家礼②弘道通密真人丘长春为教度师，法名志徽③，俾主居」是观。岁以道业精进，赐号清虚大师。其功德事迹④，备载《金进士官民⑤献石记》。至元丁丑，清虚」师年⑥踰耳顺，景迫桑榆，人事尤倦于接待。具疏礼请重阳观宗主女冠赐紫明真大师岳守」和主领院事，岳乃⑦玉阳师之曾孙也，来继法席，愿力愈深，斋戒愈苦，弃履跣足，殆五十霜，」一时道俗举皆归敬焉。大德丙午，遘⑧疾少闻，召门弟子曰：吾于⑨圣殿左腋，别创列仙祠宇，」旦夕奉修，香火之敬，冀酬宿心，众以谓何如？佥曰：愿竭力执作。于是命工雇役，荤木陶铣。□⑩」暑一周，落成华殿。下迨堂厨、仓库，以次而具。计其赀费，奚啻百万缗。起妙庄严，兒⑪塓五祖、七」真尊像，青龙、

---

① 邵文此字误作"霜"。

② 邵文此字作"□"。

③ 邵文此字误作"微"。

④ 邵文此字误作"绩"。

⑤ 邵文此字误作"氏"。

⑥ 邵文此字误作"季"。

⑦ 邵文此处衍"□"。

⑧ 邵文此字误作"遇"。

⑨ 邵文此处衍"三"字。

⑩ 原碑此字漫漶不清，据文义，此字应为"寒"。

⑪ 邵文此字误作"垸"。

白虎、武弁卫前，玉女、金童、仙裳侍侧。游览者日以著①肩接踵，无
不咨嗟称赏，实」为玄门之伟观也。载越岁，一旦，师升堂示众，谓知
观田道清曰：统②事既成，粃盉未就，吾今行」矣，汝宜勉旃。且命宗
主住持。道清服应师训，夙夜不敢怠，仅历岁三稔，功大③备偕。崇道
友敦」武校尉、百夫长赵模过予而言曰：先师夙习持戒，严修道勤，
□□院门，讫于终之日。今营建」功毕④，敢以记请，俾传我师之名永
于不朽，可乎？愚谓明⑤之道价，推重一方，至于制作之」劳，人所共
睹，何待不腆之文而侈美为然。窃有感焉，□吾儒之泮⑥宫，以有司之
权而□欲修」葺，绵历岁月，竟无所就，常使过客起园蔬之叹，夫何威
力而遽能⑦成之者若是耶？赵敦武与」予仝砚席，以故旧托，谊不获辞。
姑取其经历之始末，且⑧为之记云⑨。」

　　大元至治三年孟夏　日，玉阳观住⑩持提点门徒田道清等立石　郭
友诚刊」

碑阴⑪

　　□□□阴志」
　　□□□⑫真大师门徒：」
　　□道清住持玉阳观提点　　田道淳　康道勤　岳道坚　曹道元」
□⑬道达　张道冲　韩道和　卢道妙　张彰童　傅小童　刘英童」

---

① 邵文此字误作"差"。
② 邵文此字未识。
③ 邵文此字误作"夫"。
④ 邵文此字未识。
⑤ 原碑此处漫漶不清，据文义，此二字应为"真师"。
⑥ 邵文此字未识。
⑦ 邵文此处"遽能"二字未识。
⑧ 邵文此字误作"直"。
⑨ 邵文此处脱"云"字。
⑩ 邵文此字误作"主"。
⑪ 邵文未载碑阴，今据原石补录。
⑫ 据此字可辨识部分及碑阳所记，此字应为"明"。
⑬ 原碑此字漫漶不清，据碑阳所记，此字应为"傅"。

□①阳观四至：⌋

东至玉真庵，南至广胜寺，西至城巷，北至万寿宫菜园。⌋

殿宇房舍：⌋

圣殿壹座叁间，十一真殿壹座叁间，灵宝堂壹座壹间。⌋

灵官堂壹座壹间，东斋堂壹座叁间，西斋堂壹座叁间，厨壹座五间。⌋

庄产朱家庄壹处。⌋

寨东北地壹段，东至孟信卿地，南至武茂卿地，西至道，北至周家地。⌋

寨北柳林地壹段，东至河，南至河，西至孟遇并自己地，北至河。⌋

寨北小北庄地壹段，东至道，南至孟全并孟信卿地，西至道，北至武清甫地。⌋

寨东北河边地壹段，东至道，南至孟国宝地，西至閇河，北至道。⌋

寨东北地壹段，东至李成之地，南至道，西至孟国宝地，北至道。⌋

寨东北斜角地壹段，东至道，南至道，西至孟家地，北至孙善甫地。⌋

寨东北地壹段，东至孙善甫地，南至道，西至孟家地，北至水渠并人行小道。⌋

寨西北壹段，东至朱通甫地，南至官道，西至官道，北至水渠。⌋

庄院壹处，东至河，南至河，西至武清甫并武茂卿地，北至道。⌋

至治三年四月　日，住持玉阳观提点□。⌋

二　玉阳观的创建与发展

碑阳首题"玉阳观创建烈祖殿记"九字，烈祖为创基立业之祖，此碑为纪念玉阳观创建烈祖殿而立。

碑文曰"崇义玉阳观在州之扈驾营"，崇义即崇义军，为军镇名，指玉阳观所在地义州（今辽宁义县）。辽代于义州（宜州）始置崇义军②，金代

---

① 原碑此字漫漶不清，据碑阳所记，此字应为"玉"。

② 《辽史》卷39《地理志三》，中华书局2020年点校本（修订本），第487页。

相沿；成吉思汗大蒙古国时期，仍于义州置崇义军节度使。可见此建置仍在使用，元朝建立后方废弃。此处撰写于元至治三年的碑文使用"崇义"一词，应当是沿袭旧有之称谓。玉阳观位于"州之扈驾营"，扈驾营应当是由皇帝巡行义州时留下的产物，根据碑文行文的时间线来看，玉阳观初创于金，那么扈驾营的由来应追溯于金代。据《金史》载："（世宗）壬辰，次梁鱼务。……丙申，次义州。"① 这是大定元年金世宗由辽阳入中都之行程，世宗至义州之前先至梁鱼务（今辽宁锦州黑山县姜屯镇土城子），那么《金史》所言义州应确指距梁鱼务不远的辽西义州，和碑文所言义州为一地，扈驾营也很有可能是因金世宗巡行义州时而产生。

玉阳观由"全真诸人为王尊师者所建"，此处"王尊师"为何人？碑文曰："大定初，师自宁海东来，创基并地，居十数年。后世追慕，故因取以为名。"全真教以"玉阳"为号者，最为著名的是玉阳真人王处一，王处一为王重阳弟子，乃全真七子之一。碑文提到大定初王处一从"宁海东来"，创立基业并修行十数年之事，应当是指王处一于金大定九年（1169）辞别王重阳，东行至文登铁槎山（查山）云光洞修行九年的行迹。此事见载于《玉阳体玄广度真人王宗师道行碑铭》："明年，辞居查山……洞居九年。"② 王处一这段九年隐居的经历，是他修行得道的重要时期，据《金莲正宗记》载：

> 从此之后，往来于登、宁之间。夜则归于云光洞口，偏翘一足，独立者九年，东临大海，未尝昏睡，人呼为"铁脚先生"。丘真人赞之曰："九夏迎阳立，三冬抱雪眠。"如此炼形九年，而入于大妙，顺行逆行，或歌或舞，出神人梦，接物利生。③

九年的隐居修行，王处一修行得道，"入于大妙"。碑文特意提及王处一这段修行经历，应当也是认为这是王尊师得道之始。彼时，"金世宗皇帝闻

---

① 《金史》卷6《世宗本纪》，中华书局2020年点校本（修订本），第124页。
② （元）李道谦：《甘水仙源录》卷2，《道藏》第19册，天津古籍出版社1988年整理本，第737页。
③ （元）秦志安：《金莲正宗记》卷5，《道藏》第3册，天津古籍出版社1988年整理本，第362页。

其名，二十七年丁未，召赴阙，问以卫生、为治"①。此后，王处一又四次赴阙觐见，得赐"体玄大师"之号，由此可见王处一与金世宗关系密切。由于得到统治阶层的重视和礼遇，王处一在全真教的地位日渐显赫，成为当时全真教的领袖人物之一。碑文言"后世追慕"之语，也反映出王处一的显赫声望。王处一生平传教主要集中在山东一带，并没有资料记载其是否去过辽西义州。但当时王处一的弟子众多，国侦《玉虚观记》曾称其"门人居天下者三之二。"② 与山东相距不远的义州，想来王处一一脉的弟子也不在少数。由全真教弟子以"玉阳"为号建立的玉阳观，一定程度上也反映出当时王处一一脉的蓬勃发展与深远影响。

迨至金末，北方战起，锦州张致等人作乱，玉阳观"时乃鞠为荆棘之囿"，处于艰险境地。直至木华黎平定辽地，玉阳观方迎来了再度发展的时期。碑文曰："辛卯，元帅府左监军李庭植夫人杨氏，孀居贞洁，心慕玄风，舍家礼弘道通密真人丘长春为教度师，法名志徽，俾主居是观。"辛卯系蒙古窝阔台三年（金正大八年，1231），元帅府左监军李庭植夫人杨氏受丘处机引度出家，成为了玉阳观的住持。杨氏作为贵族女性而出家入道的例子，在全真教的历史上也不常见。事实上，有富裕的家境及一定文化知识水平的贵族女性群体，表现出好佛好道的兴趣亦属正常，但大部分只是以在俗信众的身份参与，如杨氏这般舍家入教，最重要的原因在于其已"孀居"，这类丧偶的女性在世俗约束力下降的情况下，更有舍家入教的倾向。碑文记载，杨氏礼丘处机为教度师（道教中主持入教传度科仪的度师）。然而，丘处机逝世于金正大四年（1227），无论如何也不可能于正大八年（1231）为杨氏主持入教。笔者推测，碑文所言辛卯年，可能是指杨氏住持玉阳观的时间，而杨氏受丘处机引度应是在辛卯年之前。

杨氏于玉阳观静修多年，道业精进，得赐"清虚大师"之号。至元丁丑（至元十四年，1277），杨氏年事已高，"具疏礼请重阳观宗主女冠赐紫明真大师岳守和主领院事"，明真大师岳守和亦为女冠，原为重阳观宗主，受清虚大师礼请住持玉阳观。岳守和为赐紫法师，声誉甚隆，且身份特殊，乃

---

① （元）刘志玄：《金莲正宗仙源像传》，《道藏》第3册，天津古籍出版社1988年整理本，第378页。

② 陈垣编纂：《道家金石略》，陈智超、曾庆瑛校补，文物出版社1988年版，第442页。

"玉阳师之曾孙也"。这个表述其实疑点颇多，玉阳师指王处一，然岳守和作为曾孙却姓氏不一，同时作为女性，也不太符合曾孙的定义。笔者认为，岳守和确系王处一的第四代后裔，应当是某一代女方所出，跟随男方姓氏，碑文所言"曾孙"应当是曾孙辈的男女统称。岳守和住持期间，开始了玉阳观的进一步创建。大德丙午（大德十年，1306），岳守和召集门人，修建供奉全真"列仙"的祠宇，内奉"五祖、七真尊像"。全真教五祖分南北二宗，玉阳观属北宗道统，供奉的自然是北五祖及全真七子。事实上，在全真七子逝世后，全真教已经出现五祖七真并供的雏形。至元代世祖、武宗时期，先后敕封北五祖及全真七子①。从官方名义上确立了这十二人在全真教的统序，此后各地对五祖七真的供奉便正式化和统一化。玉阳观作为一个全真道观，五祖七真的供奉祠宇必不可少。因此，岳守和主持这次创建对玉阳观来说具有重要的宗教意义。岳守和门人田道清等专门勒碑立石，既是纪念烈祖殿的创立，也是传述岳守和创建之功。

三 碑文所见金末相关史实

碑文曰："岁乙亥，圣朝太师国王木花丽领兵南下，金紫光禄大夫、兵马都元帅、崇义军节度使、便宜行事王公以城款附，故得乡井完居，民皆按堵。州治之于金国也，素称大郡，户登版籍者，数余十万载。羁锦贼张智之寇，杀略无遗。"

这一段碑文涉及金末辽西及义州诸多史实。碑文中"木花丽"，为"木华黎"之同名异译。"乙亥"为蒙古太祖十年（金贞祐三年，1215），是年，木华黎引兵入辽，先后平定东京（今辽宁辽阳）、北京（今内蒙古大名城）以及辽宁大部分地区。木华黎受封"太师、国王"是在蒙古太祖十二年（1217）②，而非太祖十年，此处为撰文时附加后封职衔。木华黎在平定辽地的过程中，采用招抚安民、厚待降将的策略，各地守军闻风而降，碑文提到的义州王公（即王珣）正是其中之一，据《元史·王珣传》记载：

---

① （元）刘志玄：《金莲正宗仙源像传》载《元世祖皇帝褒封制词》及《武宗皇帝加封制词》，《道藏》第 3 册，天津古籍出版社 1988 年整理本，第 366—367 页。

② 《元史》卷 119《木华黎传》，中华书局 1976 年点校本，第 2932 页。

王珣,字君宝,本姓耶律氏,世为辽大族。金正隆末,契丹窝斡叛,祖成,从母氏避难辽西,更姓王氏,遂为义州开义人。……珣武力绝人,善骑射……初,河朔兵动,豪强各拥众据地,珣慨然曰:"世故如此,大丈夫当自振拔,否则为人所制。"乃召诸乡人,谕以保亲族之计。众从之,推珣为长,旬月之间,招集遗民至十余万。岁乙亥,太师木华黎略地奚霫,珣率吏民出迎,承制以珣为元帅,兼领义、川二州事。①

王珣家族本为耶律氏,先世为辽代大族,后避祸迁至辽西义州。在史料中我们并未发现王珣家族有任职于金廷的记载,但其家族毫无疑问是义州当地的豪强大族。在蒙金战争中,金朝在军事节节败退的劣势下,被迫收缩兵力,大部分地区在金朝控制力度减弱的情况下处于权力的真空期,趁势而起的是地方豪强大族,"拥众据地",如王珣这般,在时局危殆的情况下,以豪强大族的实力自然而然成为主导地方的领袖,据义州之地可详择去就。而其在降木华黎之后,于蒙古太祖十二年(1217),入朝觐见成吉思汗,得授"金紫光禄大夫、兵马都元帅,镇辽东便宜行事,兼义、川等州节度使"②,与碑文所记"金紫光禄大夫、兵马都元帅、崇义军节度使、便宜行事"的职衔若合符契。

同时,碑文中还提及金代义州的人口数据,称"州治之于金国也,素称大郡,户登版籍者,数余十万载",在《金史·地理志》记载的各州府户口数据中,义州有"户三万二百三十三"③,《地理志》所载户口数据的年代,学界普遍认为是泰和七年④,乃金代户口繁盛之时。碑文所记数据虽未标明年代,但从文意来看,应当也是指金代义州人口繁盛之时,二者所记义州户口数据当可互相印证。而葛剑雄先生在《中国人口史》中曾指出,金代户口

---

① 《元史》卷149《王珣传》,第3534页。
② 《元史》卷149《王珣传》,第3535页。
③ 《金史》卷24《地理志上》,第559页。
④ 关于《金史·地理志》的户口年代,目前最具影响力的说法是韩光辉、刘浦江等人的泰和七年说,参见韩光辉《〈金史·地理志〉户数系年正误》,《中国史研究》1988年第2期;刘浦江《金代户口研究》,《中国史研究》1994年第2期。

数据，每户平均口数在 5.96—6.71 之间①，以此推算，义州"户三万二百三十三"换算为口数应在 18 万左右，碑文所称"数余十万"可为其佐证。

义州虽因王珣之降免于蒙金战乱，但其后还是遭受到地方叛乱的破坏，"罹锦贼张智之寇，杀略无遗"。张致之乱是金末席卷辽西的重大叛乱。蒙古太祖九年（1214），张致之兄张鲸于锦州聚众十余万，杀金节度使，降蒙古。十年，木华黎密察张鲸有反意，诛之，张致遂据锦州而叛，"略平、滦、瑞、利、义、懿、广宁等州"②，义州亦于此时陷入战乱之中。至十一年，木华黎俘获张致，战乱方平。此处碑文称"张致"为"张智"，可能是同音误写之讹。

除此之外，碑文中提到的元帅府左监军李庭植亦是金末义州的重要人物，其弟李守贤于《元史》有传，其中记载有关于李庭植的一些信息：

> 李守贤，字才叔，大宁义州人也。……金大安初，守贤暨兄庭植，弟守正、守忠，从兄伯通、伯温，归款于太师、国王木华黎，入朝太祖于行在所，即命庭植为龙虎卫上将军、右副元帅、崇义军节度使，守贤授锦州临海军节度观察使，弟守忠为都元帅，守河东。③

《元史》记载，李庭植及其众兄弟于金大安初便投奔蒙古人。蒙古对金战争开始于金大安三年（1211），但彼时蒙古的进军方向集中在中都以西的长城内外地区和以中都为中心的华北平原及山东半岛地区，辽西地区则并无大规模交战，出身于辽西义州的李庭植兄弟六人，在战火未波及辽西时，几乎举族而投奔木华黎，背后有何隐情我们不得而知，但这种举动无疑得到了蒙古的信重。在李氏兄弟觐见成吉思汗后，李庭植受封龙虎卫上将军、右副元帅、崇义军节度使。从时间上来看，李庭植任崇义军节度使早于王珣，但彼时蒙古尚未占领义州，李庭植此职应当只是空衔。至于碑文提到的"元帅府左监军"一职，在《元史·木华黎传》中有这样的记载，"以义州监军李

---

① 葛剑雄：《中国人口史》第 3 卷，复旦大学出版社 2005 年版，第 202 页。
② 《元史》卷 119《木华黎传》，第 2931 页。
③ 《元史》卷 150《李守贤传》，第 3547 页。

廷植之弟守忠权河东南路帅府事"①，李廷植即指李庭植，义州监军应当就是指碑文中元帅府左监军一职。屈文军先生在探讨木华黎对金朝降人的官职安排中曾指出，木华黎军政府较多的借用金元帅府的官职任用降人，其中元帅府左右监军正是任用较多的一职，元帅府应当指木华黎帅府，左右监军只表示地位低于正副元帅，具体职掌则并不固定②。结合前文提到李庭植曾受右副元帅一职，可以推测，李庭植原以右副元帅随木华黎征伐，后以元帅府左监军一职掌监军义州地方的职责，这可能是《元史》中称李庭植"义州监军"的缘由。

四 结语

义县玉阳观今已无存，幸而这通元碑出土，可以使今人获悉这座全真道观之重要信息。玉阳观初创于金，重兴于元，碑文记载的两任住持与全真七子中的王处一、丘处机有一定程度的关联，可为金元时期全真教相关研究提供可资参考的信息。同时，碑文提到木华黎南征、锦州张致之乱等相关史实，以及义州王珣、李庭植等正史记载之人物，为印证当时史实提供了极为珍贵的文献。

（作者分别为大连民族大学东北各民族交往交流交融史研究中心教授、辽宁大学经济学院博士研究生）

---

① 《元史》卷119《木华黎传》，第2932页。
② 屈文军：《元太祖朝木华黎军政府对金地降人的官职官衔除授》，刘正刚主编：《历史文献与传统文化》第21辑，暨南大学出版社2016年版，第59—66页。

《天宝寨记》所见元末太行
山区的堡寨武装

朱建路

元明易代之际，在元廷的统一指挥下，太行山地区建立了系列堡寨，成为一支重要的义军力量。但相关史籍对元军与明军对垒的记载很多，反映元末民间地方武装的材料很少，对太行山地区堡寨的记载更是稀见。今以新发现摩崖碑刻《天宝寨记》为中心，对太行地区民间地方堡寨武装进行研究。不当之处，请方家教正。

一 《天宝寨记》考释

河北省邯郸市磁县陶泉乡花驼村位于太行山深处，此村山上有一处摩崖碑刻，碑文楷书，额题"天宝寨记"四字，内容涉及元明战争中的地方武装及民众的政治倾向，具有珍贵的史料价值。此碑未见著录。今先将碑记迻录如下，再作考释。

1. 至正廿八年闰七月初六日在寨避兵官民人等姓名开列于后：

2. 各处人民一万余户，各村社万夫长，磁州、辉州判官姜成，同知胡佑先，

3. 路村王忠，黄沙社赵子和，全社长张彦实，槐树社于成□□□□台进道

4. 彭城高成，白土赵信、郭村苗林、中寨柳成、城子里赵彦清、索

家庄郑仲礼

5. □□庄主簿张信、北贾壁主簿□进、石场村县尉魏彦谦，白土主簿杨旺

6. 闲良官：行院经历张文殷，都事尚继良、县尹解惟祯，县尹□□，

7. 泰□州同库□中，□州同王可祯，东平府判席正，辉州判官张弥□、录判田青，

8. 磁州判官王□，开州判官李宽、滑州同知蔺宽、辽州同柳得春、威州判官王鲸信，

9. 登州同知□□，怀庆府判马太、彰德府判赵德陆、滏阳县杜登、卫辉府判张仲悯。

10. 见任官：磁州判官李孟实，滏阳县尹朱元，□□韩哲，典史胡思忠，巡检万家间。

11. 医工：葛从善、张□□、郝惟善、徐仕进。

12. 耆宿：谢议、宋国安、朱义甫、蔚士□、宋伯刚、于白成。滏阳主簿马成。

13. 行院断事官易福元，淮南等处行中书省参政哈剌把都。

14. 寨主：怀庆府判□忠，曲周主簿□策，获嘉主簿□□□□□□□

15. 镇抚：大名路治中□□□，开州同知□□□辛乡□□□□，忠显校尉百户□□□。

16. 潞州判官张通，林州同知赵成，赵州官张守道，巡检赵庭玉。

17. 提调寨官：辽阳等处行枢密院□院张守义。

18. 戊申年十一月吉日置石。石匠刘全，大□总管郭受恩、郭赐恩。

天宝寨所在地元代属于广平路磁州滏阳县。至正二十八（1368）年闰七月，明军北伐如火如荼，"辛丑（初三），大明兵取卫辉路。癸卯（初五），大明兵取彰德路"①。"乙巳（初七）大将军徐达等师至磁州。遣人诣彪州召

---

① 《元史》卷47《顺帝纪十》，中华书局1976年版，第985页。

指挥王臻还兵守漳河。明日达师至邯郸，元守将遁去。"① 碑文第 1 行记载官民"至正廿八年闰七月初六日在寨避兵"，可见正是在明军北伐势如破竹，已经攻下彰德路，即将攻打磁州的形势下，这些官民避兵到天宝寨。

此摩崖碑刻内容均为官民题名，是一通题名碑。碑刻中题名大致可以分为如下几类：各村社万夫长、闲良官、见任官、医工、耆宿。第 3—4 行题名内容为"村社名"加"姓名"的形式，应即第 2 行中的"各村社万夫长"。各村社中出现万夫长，应与元末朝廷实行团结乡兵政策有关，这些人都是被临时任命的团练首领。

碑文第 5 行"□□庄主簿张信、北贾壁主簿□进、石场村县尉魏彦谦，白土主簿杨旺"，其中除"□□庄"因石刻漫漶不知村名外，北贾壁、石场村、白土是当地至今仍存在的村名。县尉"专一捕盗"②，主簿一般设在县中，上、中、下县都置主簿一员、尉一员，其中下县"民少事简之地，则以簿兼尉。"③ 仁宗延祐元年六月"壬辰，增置畿内州县同知、主簿各一员。"④ 至正十七（1357）年正月"辛卯，命山东分省团结义兵，每州添设判官一员，每县添设主簿一员，专率义兵以事守御……"⑤ 但从未见到在村中设置主簿、县尉的记载。碑文中的这些主簿、县尉，会是居家的某些县的退职主簿、县尉吗？如果是这样，肯定会将县名带上，不会略去县名而仅留职官；且如是退职主簿、县尉，则应归入"闲良官"中。所以从各方面推测，这些主簿、县尉都应是设置在村中的主簿、县尉。村中设有主簿、县尉，这是不见于记载的历史现象，或许是在战争形势下的权宜之计。在《天宝寨记》中将他们单独列出，表明他们在维持地方秩序中发挥着一定作用。

碑文第 6—9 行均为闲良官，所谓闲良官是什么类型的官，《元典章》的一件文书标题为《闲良官把柄官府》，其中记载："大德七年十月十九日，江西行省准中书省咨：尹滋等言：诸闲良官内，有一等豪猾无知小人，不曾请俸勾当，诳受宣敕，不去远方之任。或有驰驿，因作买卖，虚走一遭，推

---

① 《明太祖实录》卷33，"中央"研究院历史语言研究所1962年版，第580页。
② 陈高华等点校：《元典章》卷9《吏部三·捕盗官·县尉专一巡捕》，中华书局、天津古籍出版社2011年版，第359页。
③ 《元史》卷91《百官七》，第2318页。
④ 《元史》卷25《仁宗二》，第565页。
⑤ 《元史》卷45《顺帝八》，第935页。

事回还，别续求仕。或在家住坐，与司县官接为交友，俱不当杂役，更影占别户。如此把柄不均……"① 《陶文简公全集》卷十一《世传第六》记载："山长府君讳义行昌三幸府君第三子也，当元季以行业推择，署鹭洲书院山长，无何请罢还。明兴，例改闲良官。"② 可见，闲良官是曾任官而退职的官员。此处闲良官除未标明任官地方与漫漶不清外，涉及地域有东平府、辉州、磁州、开州、滑州、辽州、威州、登州、怀庆府、彰德府、滏阳县杜登、卫辉府，这些地区多位于磁州以南，可能是在明军北伐步步紧逼的形势下，逃到磁州的官员。

第 10 行为见任官，有"磁州判官李孟实，滏阳县尹朱元，□□韩哲，典史胡思忠，巡检万家闾"。磁州为广平路属州，滏阳县为磁州倚郭县。上文分析，正是在明军北伐即将进至磁州的时候，官民到天宝寨避兵，开列现任职官只有此五人，说明这些官民是从磁州到天宝寨的。

碑文第 13 行有"淮南等处行中书省参政哈剌把都"。淮南等处行中书省的全称是淮南江北等处行中书省，至正十二年"闰三月，置淮南江北等处行中书省于扬州，以淮西宣慰司、两淮盐运司、扬州、淮安、徐州、唐州、安丰、蕲、黄皆隶焉。除平章二员，右丞、左丞各一员，参政二员，及首领官、属官共二十五员。为头平章，兼提调镇南王傅府事。至十一月，始铸淮南江北等处行中书省印给之"③。淮南等处行中书省治所在扬州，此时早已被红巾军占领，参政哈剌把都也是仅有虚衔。

至正后期，为了应对战争的形势，元朝添设置了一些行政机构。《元史·百官志八》中记载：

> 至正兵兴，四郊多垒，中书、枢密，俱有分省、分院；而行中书省、行枢密院增置之外，亦有分省、分院。自省院以及郡县，又各有添设之员。而各处总兵官以便宜行事者，承制拟授，具姓名以军功奏闻，则宣命敕牒随所索而给之，无有考核其实者。于是名爵日滥，纪纲日

① 《元典章》卷 57《刑部十九·诸禁·禁豪霸·闲良官把柄官府》，第 1916—1917 页。
② （明）陶望龄：《陶文简公全集》卷 11《世传第六》，国家图书馆藏明天启六年刻本。
③ 《元史》卷 92《百官八》，第 2332—2333 页。

紊，疆宇日蹙，而遂至于亡矣。①

碑文第 17 行"提调寨官辽阳等处行枢密院□院张守义"，碑文漫漶，张守义官职似为辽阳等处行枢密院知院。辽阳等处行枢密院应就是此时期添置的机构。关于元顺帝时期的行枢密院，《元史·百官志八》有"行枢密院"条：

> 至元三年，伯颜右丞相奏准，于四川及湖广、江西之境，及江浙，凡三处，各置行枢密院，以镇遏奸乱之民。每处设知院一员，同知、佥院、院判各一员。湖广、江西二省所辖地里险远，添设同佥一员……至正十三年五月，岭北行枢密院添设断事官二员……十五年十月，置淮南江北等处行枢密院于扬州。十二月，河南行枢密院添设院判一员。十六年三月，置江浙行枢密院于杭州……十八年，以参政崔敬为山东等处行枢密院副使，分院于潮州，兼领屯田事。十九年八月，以察罕帖木儿为河南行省平章政事，兼河南山东等处行枢密院知院。二十六年八月，置福建江西等处行枢密院"②

其中提到的行枢密院有九处，但没有辽阳等处行枢密院。《大元故翰林学士承旨荣禄大夫知制诰监修国史楚国李公圹志》记载李士瞻之子李守恒元末曾任辽阳等处行枢密院断事府经历③；清代丰润农民在耕地时得到至正二十五年中书礼部造"辽阳等处行枢密院断事官印"④。这些说明元末确实设置过辽阳等处行枢密院。《元史》"顺帝朝"部分的内容，来自明初文臣搜集的资料，其中有缺漏实属正常。

　　碑文第 18 行书写日期为"戊申年十一月吉日"，此为刻写摩崖的时间。"戊申年"为至正二十八年（1368）。这与碑文第 1 行书写为"至正廿八年闰七月初六日"形成鲜明对比。前后时间书写形式不同，反映出碑记作者的政治倾向。至正二十八年闰七月初六，元朝仍在做拼死一搏，所以仍书元朝

---

　　① 《元史》卷 92《百官八》，第 2327 页。
　　② 《元史》卷 92《百官八》，第 2333—2334 页。
　　③ 刘钟英等：《安次县志》卷 8《艺文志》，《中国方志丛书》，成文出版社 1969 年版，第 431 页。
　　④ （明）杨钟义撰，雷恩海、姜朝晖点校：《雪桥诗话续集》卷 8，人民文学出版社 2011 年版，第 1328—1329 页。

年号；此年七月丙寅夜，元顺帝开健德门北逃上都，元朝灭亡。在天宝寨避兵的官民，在此年十一月不书"至正"年号，说明他们确知元朝已经灭亡；但不书洪武年号而用干支纪年，反映出作者忠于元朝的思想倾向。《天宝寨记》是不多见的反映元明之际基层官民思想倾向的材料。

二 太行山西部的堡寨

太行山地势复杂，易守难攻，是战乱中理想的避兵场所，金末附近百姓多在太行山中结寨聚族自保。《元史》卷一百四十七《张柔传》记载："金贞祐间，河北盗起，柔聚族党保西山东流寨，选壮士，结队伍以自卫，盗不敢犯。"[①] 张柔聚族党的西山就是太行山，东流寨应是太行山中一处堡寨。《元史》卷一百五十一《邸顺传》记载："金末盗起，顺会诸族，集乡人豪壮数百人，（邸顺）与其弟常，筑两寨于石城、玄保，分据以守。"[②] 邸顺是行唐人，在动乱中与其弟建立堡寨自保。《敕赐御史中丞赵公先德碑铭》记载赵柔在金末"团结义民，栅险以阨其兵衝，使不得犯，为便道以给薪水如平时，乡之人赖以全活者亿万计。会天兵下紫荆口，柔率义民归行省八扎，且以单骑入各堡砦谕逆顺，各堡砦豪长皆弛兵来归我行省。行省以闻，制授龙虎卫上将军，真定、涿、易等路兵马都元帅……"[③] 紫荆关位于易县，赵柔在紫荆关投降蒙古军，他所结寨地点应就在紫荆关。赵柔单骑谕降各堡寨，后被授予真定、涿、易等路兵马都元帅，则他谕降堡寨也是这些地区西部太行山的堡寨。

同样，太行山也容易被盗贼占据，成为盗贼啸聚一方的巢穴。《故光禄大夫太保赠太傅仪同三司谥文贞刘公行状》记载刘秉忠之父刘润在大蒙古国初期任邢州录事，"时西山诸堡寨未附，寇盗充斥，录事公时或暮夜醉归，虽凶恶辈，必相与扶送至家而去"[④]。说明当时邢州西部的太行山区是盗贼出

---

① 《元史》卷147《张柔传》，第3471页。

② 《元史》卷151《邸顺传》，第3570页。

③ （元）马祖常：《石田先生文集》卷13《敕赐御史中丞赵公先德碑铭》，《元人文集珍本丛刊（六）》，新文丰出版公司1982年版，第661页。

④ （元）张文谦：《故光禄大夫太保赠太傅仪同三司谥文贞刘公行状》，《藏春集》卷6，《元人文集珍本丛刊（一）》，新文丰出版公司1982年版，第99页。

没之地。《故易州等处军民总管何侯神道碑铭》记载："初，侯之父尝为山西贼所袭，乃言诸靖侯，与十二人俱冒险捷出，以复父仇，杀掠数百里，破灵邱、奉圣、安水诸堡寨。"① 这条材料中的灵丘、奉圣、安水诸堡寨也都是盗贼巢穴。

金元之际蒙古军队与原金朝武装在太行山区也展开拉锯式的争夺。木华黎任命史天倪为河北西路都元帅，后被武仙所害。史天泽与肖乃台合力返攻，"仙弃真定，奔西山抱犊寨"②。后来武仙以抱犊寨为基地，又攻占真定，史天泽跳城墙逃至藁城，在董俊的帮助下才又夺回真定城。"然高公、抱犊诸柵，仙之巢穴也，不即蕰覆，则终遗后患"③，攻破抱犊寨之后，史天泽才真正在真定站稳脚跟。《元史》卷一百五十《何伯祥传》记载："何伯祥，易州易县人。幼从军于金，从张柔来归。太祖定河朔，惟保定王子昌、信安张进坚守不下。子昌，金骁将也，柔命伯祥取之。兵逼其城，子昌出走，追及之，伯祥执枪驰马，子昌反射之，中手而贯枪，伯祥拔矢弃枪，策马直前，徒手搏之，擒子昌。进闻之，亦遁去。伯祥遂攻西山诸寨，悉平之。"④ 王子昌等人应是在西山建寨以抵御蒙古军，何伯祥攻打西山诸寨，将其攻灭。

元朝建立后，在特殊情况下，太行山地区的堡寨也会被利用起来。《元史》卷四《世祖纪一》记载中统二年（1261）十月庚子"修燕京旧城。命平章政事赵璧、左三部尚书怯烈门率蒙古、汉军驻燕京近郊、太行一带，东至平滦，西控关陕，应有险阻，于附近民内，选谙武事者，修立堡寨守御"⑤。中统二年秋，阿里不哥占领和林并挥师南下。忽必烈修燕京、驻重兵，选取熟悉武事百姓设立堡寨守御，目的即是为防御阿里不哥进攻中都。此年十一月与忽必烈在大漠南缘的昔土木脑儿激战，打败阿里不哥，这些堡寨才没有派上用场。

在元末战乱情况下，太行山更是成为元廷抵御叛军的屏障。《元史》卷

---

① （元）郝经：《郝经集编年校笺》卷35《故易州等处军民总管何侯神道碑铭》，人民文学出版社2018年版，第941页。

② 《元史》卷120《肖乃台传》，第2965页。

③ （元）苏天爵：《元朝名臣事略》卷7《丞相史忠武王》，第115页。

④ 《元史》卷150《何伯祥传》，第3544页。

⑤ 《元史》卷4《世祖一》，第75页。

四十五《顺帝纪八》记载至正十八年"二月己巳朔，议团结西山寨大小十一处以为保障，命中书右丞塔失铁木儿、左丞乌古孙良桢等总行提调，设万夫长、千夫长、百夫长，编立牌甲，分守要害，互相策应"①。元朝廷在大都西部太行山区建立众多的堡寨，命中书右丞塔失铁木儿、左丞乌古孙良桢等总行提调，各寨"分守要害，互相策应"，加强在西山各处的防卫。《元中顺大夫秘书监丞陈君墓志铭》记载："淮寇陷湖州，所在绎骚。适有朝旨，令郡县团结义民以自守。"②虽然此条史料所涉为南方的湖州，但其中明确记载秉承朝廷的旨意，团结义兵。据此可以推测在太行山地区团结义兵、建立堡寨，是元朝政府的统一部署。

元末见于记载的太行山区堡寨，在保定路、易州、房山县等处都有分布。《元史》卷一百四十五《月鲁不花传》记载月鲁不花以吏部尚书兼保定路达鲁花赤，"遂兼统黑军数千人及团结西山八十二寨民义军，势大张。贼再侵境，皆不利，遁去"③。保定路西部太行山设有八十二寨，可见规模之大，应该组成一个较为系统的防御体系。《一山文集》卷六《刘则礼传》记载："岁戊申，京师失守，车驾北巡，则礼所部兵溃散，仅余百人，止于易之龙门山。居无何，从十余骑，由间道谒总戎云中，至即俾还征兵。时将作院使田买驴团结沿山诸砦，留则礼共事，遂与画策封守。"④这条史料显示，将作院使田买驴率领义兵在易州西部山区建立的诸寨，在至正二十八年（1368）元顺帝北遁的情况下，仍在坚持抵抗。

房山邻近大都，附近堡寨可能更多。秘书少监张庸"团结房山，迁同金将作院事，又除刑部尚书，仍领团结"⑤。这里只说"团结房山"，没有说堡寨的数量，应是一系列堡寨组成的防御体系。在今北京市房山区韩村河镇圣水峪村西白云山上，仍有元至正十九年般舟寨众寨官题名⑥，今转引如下：

① 《元史》卷45《顺帝纪八》，第941页。

② （元）戴良：《戴良集》卷15《元中顺大夫秘书监丞陈君墓志铭》，吉林文史出版社2008年版，第256页。

③ 《元史》卷145《月鲁不花传》，第3450页。

④ （元）李继本：《一山文集》卷6《刘则礼传》，国家图书馆藏清康熙二十八年金侃抄本。

⑤ 《元史》卷196《忠义四·张庸传》，第4435—4436页。

⑥ 马垒：《圣水峪元至正摩崖题记考释》，《文物春秋》2013年6期。

维大元国大都路涿州房山县般舟寨主万户岳钦，钦奉」圣旨中书刑部防御团练官普颜郎中，」省台委官、顺德路知事蒲良」钦，副万户坟庄刘伯真，」万户皇后台张守琭，副千户杜村魏宗义，」千户岳家庄岳士彬，副千户北郑店王谊」散成。」中院王进中，」西村李三□。」正官位下内史府总管、新城□敬，堡头屯百户□□，」新城县外门王明善，」团□□吏、泔池张彦忠、□乐深、□士能，南郑□□。」至正十九年三月有□日建立。」石匠良□梁子□、独树梅仲□□。」

将此题记与《天宝寨记》对比，发现二者在某些方面存在共性。一是两者都有寨主的设置，且《天宝寨记》中还有"提调寨官"与"镇抚"的职官设置。从般舟寨题记来看，寨主来自上级官府的任命，而非自封。《析津志》记载："至正戊戌十八年五月奉奏圣旨，都堂特委御史台治书张冲叔靖，翰林学士金刚宝子贞，刑部郎中秦裕佰景容，工部员外郎周肃友恭，省检校吕谦伯益暨宛平县达鲁花赤和尚国宾与合属首领官吏，为团结事到来东斋堂村，设立万夫长、千夫长、牌子头目人等，于各处把隘口、寨、村、岭，必令垒塞去处。"[1] 这条材料也说明堡寨的设立是官方的统一部署。

由上述记载推测，《天宝寨记》中众职官可能也是上级官府的任命，天宝寨可能是早已存在的军事堡寨，只是在明军即将攻占磁州的形势下，众多民众才到天宝寨避兵。般舟寨题记中在副万户、万户、千户、副千户与人名之间，都有坟庄、皇后台、杜村、岳家庄等附近村名，说明这些副万户、万户、千户、副千户都来自附近村庄，是临时任命的团练首领。这与《天宝寨记》中"各村社万夫长"后列各个村、社的名字，甚至在村中出现了主簿、县尉的职官，属于相同的情况。堡寨中的主要军事力量都是附近村社百姓组成的团练，他们成为元末防守的一支重要力量。

这些堡寨的最终结局，史料记载较少。秘书少监张庸团结房山，"会诸寨既降，庸守骆驼谷，遣从事段祯请援于扩廓帖木儿，不报。庸独坚守拒战，众将溃，庸无去志。已而寨民李世杰执庸出降，以见主将，庸不屈，与祯同被杀。"[2] 张庸所统领的房山地区的多数堡寨后来归附明军，张

---

① （元）熊梦祥：《析津志辑佚》，北京图书馆善本组辑，北京古籍出版社 1983 年版，第 250 页。
② 《元史》卷 196《忠义四·张庸传》，第 4436 页。

庸被寨民挟持出降，不屈被杀。将作院使田买驴所统领的易州堡寨最终也是"率其众降"①。天宝寨最后的归宿，史料阙如我们不得而知。但通过类似堡寨的命运，我们可以进行猜测。磁州军民在天宝寨避兵，但明军并未尾随进攻天宝寨，此年七月"己酉大将军徐达等师次临清"②。七月己酉是七月十一日，明军在攻下广平后即折向东，到达临清，后直取大都。天宝寨的五万军民在山中坚守近五个月，在确定元朝已经灭亡的情况下，于此年十一月刻立摩崖作为纪念，此后可能就解散归附明政权了。

综上，在元末的太行山地区，元廷建立了一系列军事性的堡寨，它们即是抵御红巾军的据点，也是百姓避乱的港湾。堡寨多由朝廷选派的官员统一指挥，主要由地方团练负责戍守，并对团练首领给予万户、千户、百户的职衔，甚至如《天宝寨记》中所显示的，给予一些团练首领主簿、县尉的官职。这些堡寨在元朝大势已去的形势下，可能最终多数都降附了明朝，但在元末动乱的过程中，他们也是一支不可忽视的武装力量。

（作者为河北师范大学历史文化学院副教授）

---

① （元）李继本：《一山文集》卷6《刘则礼传》，国家图书馆藏清康熙二十八年金侃抄本。
② 《明太祖实录》卷33，第581页。

济渎庙祭祀补议[*]

——追悼蔡美彪先生

［日］ 樱井智美

前 言

以东岳泰山为首的五岳、四渎、四海、五镇等中国的名山大川以及传说中的海洋，自古以来作为当地人们的信仰对象，从隋代以来，历代支配中国的王朝不断对其神祇赠予封号，并派遣使者到地方的祠庙举行国家祭祀。元代①的皇帝派代理使者进行祭祀的活动非常兴盛，有如"岳镇海渎，使者奉玺书即其处行事，称代祀"② 等记录存在，针对这种代祀活动有多种角度的研究和探讨③。

---

* 本文是明治大学人文科学研究所 2023 年度个人研究项目的阶段性成果。

① 本文为了讨论上的方便，将蒙古帝国领有五岳四渎的时期统称为"元代"。

② 《元史》卷 72《祭祀志一》，中华书局 1976 年标点本，第 1780 页。

③ 主要的研究有马晓林《元代国家祭祀研究》，南开大学博士学位论文，2012 年；《国家祭祀、地方统治与其推动者：论元代岳镇海渎祭祀》，《西南大学学报（社会科学版）》2011 年第 5 期，第 193—196 页；《元代岳镇海渎祭祀考述》，《中国史研究》2011 年第 4 期，第 131—144 页。此外，森田宪司《元朝における代祀について》（《东方宗教》98，2001 年）等注视了元代特殊的祭祀制度；还有王元林《国家祭祀与海上丝路遗迹：广州南海神庙研究》（中华书局 2006 年版）等以特定祠庙为对象进行了研究。另外，马晓林主编《宋元国家祭祀文献辑刊》（共 30 辑）近期由北京燕山出版社出版发行，也提高了祭祀研究的意义。

笔者也曾以数篇元代石刻史料为出发点，讨论过元代的岳渎祭祀①。对于本文的讨论对象——济渎庙，以前笔者也曾撰文分析过相关问题②。但迄今为止，对元朝历代皇帝济渎祭祀活动的探讨，尚停留在世祖一朝的分析，成宗朝以后尚未得到充分的研究。而且，笔者前文在推论投下领与济渎祭祀的关联性时，对世祖朝的讨论也有论据不充分的地方。论据的不足首先是因为笔者的能力所限，其次关于元代中期③的情况，目前可供参考的研究数量相对较少，也影响了讨论的范围。对于政治斗争频繁出现的元代中期的历史，在中国国内有一部分通史内容讲述了当时具体的政治情况，但是在日本的历史研究中，除去一些对元代政权经营与政治史方面具体的研究成果④，大部分的研究讨论主要集中于世祖朝及其以前的时段。

元朝史中关于成宗朝以后的记述，伴随着当时复杂的权力构造，以及与中国的制度、社会和文化相互联络的关系，在讨论时较为困难。并且，仁宗至泰定帝时期的研究也相对较少，这个问题与史料本身的不完全，以及各皇

---

① 除济渎庙以外，笔者关于岳渎祭祀活动的讨论，有《元代の北岳庙祭祀とその遂行者たち》，气贺泽保规编：《中国石刻资料とその社会—北朝隋唐期を中心に》，东京：汲古书院 2007 年版；《元代の南海庙祭祀》，《骏台史学》163，2018 年等。

② 笔者曾对济渎庙做以下研究：《〈创建开平府祭告济渎记〉考释》，《元史论丛》第 10 辑，中国广播电视出版社 2005 年版，第 363—372 页。（拙稿①）；《中国における蒙元史研究の现状と石刻调查の意义—元史学会参加及び北岳庙·隆兴寺·济源市の石刻调查をとおして》，《东アジア石刻研究》1，2005 年；《クビライの华北支配の一形象——怀孟地区の祭祀と教育》，《骏台史学》124，2005 年。（拙稿②）；《河南省济源市·沁阳市元代石刻调查报告》，《13，14 世纪东アジア史料通信》11，2009 年；《元至元九年〈皇太子燕王嗣香碑〉をめぐって》，与姚永霞共著，《骏台史学》145，2012 年。（拙稿③）；《元代的岳渎祭祀：以济渎庙祭祀为中心》，《元史论丛》第 14 辑，天津古籍出版社 2014 年版，第 312—319 页；《モンゴル时代の济渎祭祀——唐代以来の岳渎祭祀の位置づけの中で》，《明大アジア史论集》18，2014 年。

③ 本文以成宗朝至泰定帝朝作为元中期。

④ 松田孝一：《元朝期の分封制——安西王の事例を中心として》，《史学杂志》88－8，1979 年；同《フラグ家の东方领》，《东洋史研究》39－1，1980 年；野口周一：《元代武宗期の王号授与について》，同编《アジア诸民族における社会と文化》出版社 1984 年所收；《元代后半期の王号授与について》，《史学》56－2，1986 年；杉山正明：《大元ウルスの三大王国——カイシャンの夺权とその前后（上）》，《京都大学文学部研究纪要》34，1995 年；同《モンゴル帝国と大元ウルス》，京都：京都大学学术出版会 2004 年版；村冈伦：《元代永宁王家の系谱とその投下领》，《东洋史苑》66，2006 年；牛根靖裕：《元代云南王位の变迁と诸王の印制》，《立命馆文学》608，2008 年等篇，都对蒙古治下汉地的权力构造做过讨论。

帝在位时期的短暂有很大关系。因此，笔者在编集了《元朝的历史》[①]后，也收到书评，认为本书在政治史讨论中缺少有关元朝中期的研究等意见[②]。本文改换一个视角，进一步探讨笔者以前的研究与元代中期政治史的联系。从河南省济源市现存的一座岳渎庙出发，再次考察元代的祭祀活动，并对笔者之前的研究做一些补充。

一

　　对于元朝的岳渎庙祭祀，在拙文[②]中曾总结了"济渎祭祀碑一览"的表格。[③]但是，正如表格中目录名所标示，其中的碑刻仅为济渎庙中所现存的石刻或文献史料。所以，只有"遣使代祀岳渎"等纪事，没有明确记述代祀"济渎"的情况，未曾被笔者收录，因此无法通过这个表格了解祭祀活动全体的概况。而且此后，森田宪司"可见元代石刻拓影目录表"的公布、增补[④]，也完善了数据库和系统的检索功能，笔者才注意到尚有未整理出来的祭祀活动。本文在前文成果之上，继续考察成宗朝至泰定帝朝（至元三十一年至泰定五年，1294～1328 年）的济渎庙祭祀。首先，列出了表 1 "元代成宗朝至泰定帝朝岳渎祭祀"。该表格展示了岳镇海渎庙的祭祀活动和立碑的整体情况[⑤]。

　　关于表 1，有以下几点说明。首先，年月日沿用资料上标记的干支和日期，西历换算时省略旧历中年末年始的差异，采用一般的换算方法。碑刻的名称主要沿用森田的命名。碑刻出处使用略称，祭文的收录和出处，仅标记

---

　　① 樱井智美、饭山知保、森田宪司、渡边健哉编：《元朝の历史——モンゴル帝国期の东ユーラシア》（东京：勉诚出版 2021 年）一书，以总结日本元朝史研究的现况及提出新的课题为目的，但对元中期没有做充分地讨论。

　　② 川本正知书评（《13、14 世纪东アジア史料通信》26，2021 年）；藤原崇人书评（《史学杂志》131 - 1，2022 年）；谏早庸一书评（《北大史学》62，2022 年）。

　　③ 拙稿②，注（5）前揭，第 34—35 页。

　　④ 森田宪司：《可见元代石刻拓影目录稿》，刊载于《奈良大学总合研究所所报》第 17—23 号，2009—2015 年，在 Nara University Repository 中公开。

　　⑤ 相关研究如下：Teng Li，"The Sacred River: State Ritual, Political Legitimacy, and Religious Practice of the Jidu in Imperial China"，Religions 2022，13，507，doi：10. 3390/rel13060507. 另，听闻马晓林《元代国家祭祀研究》（南开大学博士学位论文，2012 年）即将刊载，期待其中或有从其他角度整理资料表格和目录的研究成果。

可以读出碑文内容的资料（如照片、拓本、碑刻录文等）和有题跋的资料，并按照史料价值的高低顺序列举。如没有具体的记录，曾举行过祭祀的史料也予以标示。其所在省份的名称、地点等，无论现存与否，都明确标示出来。

经过以上的整理，分析表 1 的话，可以注意以下的几个方面。首先，在世祖朝得到整备的岳镇海渎祭祀，在此后元中期的皇帝即位时期，大多都实施了下来（表中序号 1、24、28、29、47、48、52）。元朝在皇位交替、改元、立皇太子之际，都会在诏书中明确提到岳渎等的国家祭祀①，作为皇帝即位纪念的活动日程之一，代祀岳渎是不可或缺的内容。世祖忽必烈时期所制定下来的代祀岳渎制度，在《元史》本纪中留有很多记录②，然而，表 1 所列元中期的记录却大多未被收录。其原因有可能是频繁的皇位交替给修史活动带来问题而减少了祭祀的记录③，不能断言为其改变了世祖时期逐渐规范化的祭祀活动。但是，与世祖朝相比较，在祭祀之后建立碑刻的频率却变得较高，表现出在政权更迭之际，立碑者希望利用石刻将祭祀事迹保留下来的愿望变得强烈的倾向④。

其次，将各个祠庙的石刻、文章的数量相比较的话，可以看出祭祀南海庙的次数最多，次为本文所中心讨论的济渎庙祭祀。关于这一点，虽然笔者有可能因为利用了旧文的成果而导致资料上有些偏颇，但实际上，这也表现

———

① 《大元圣政国朝典章》卷三《圣政二·崇祭祀》，至元三十一年四月成宗、大德十一年五月武宗、至大四年三月仁宗、延祐七年三月英宗《登宝位诏书》中，列举了祭祀相关的条画内容（英宗朝内容在《新集一·国典·诏令》也有记载）。并且也收录于大德五年四月诏书、大德十一年十二月《至大改元诏书》，至大二年二月（正月）《上尊号诏书》、至大四年正月《祀南郊诏书》、延祐四年闰正月《建储诏书》，其中发布了同样的命令内容。

② 马晓林：《元代国家祭祀研究》，第153—154页。

③ （元）潘昂霄：《金石例》卷10《史院纂修凡例·岳渎降香》（淮建利点校：《金石三例》，中州古籍出版社2015年版，第129页）："某日遣使持香祠五岳四渎后土，如衡山始入版图，东海南海始遣使，皆书至岳渎海。加封则先书加五岳四渎四海封号，某神加某号，详书之毕，却书分遣使臣奉制辞香币祠于庙所。如西海北海附祭，亦合书于初年，后不复书。或专遣一使遍行，则特书。"

④ 井黑忍：《宋金元の乡村社会の展开 Ⅰ宋金元代の华北乡村社会——山西地域を中心に》（《岩波讲座世界历史7 东アジアの展开8～14世纪》，东京：岩波书店2022年版）指出随着宋金元朝的推移，制立碑刻的地域社会发生了变化。在元代的不同时期也存在着立石者信息的多寡、内容的不同。济渎庙虽然是国家祭祀的对象，同时也是地域社会的信仰对象，在这种性质的济渎庙立碑的人，与井黑所讨论的对象有相通之处。

出南海庙碑刻的制作状况较为良好，以及独有济渎庙中被多次派遣使者而来的情况。岳镇海渎庙所在的地理上的特征，也影响了祭祀活动的积极与否。次章进一步讨论济渎庙中积极实行的祭祀活动，和其时代的变迁。

<h1 style="text-align:center">二</h1>

本章通过怀孟地区的地理位置在政治上的意义，来探讨济渎庙祭祀的特征。笔者前文曾论述过，关于世祖至元年间，裕宗真金和那木罕的济渎庙祭祀中兄弟间的权力争夺问题，以及皇帝之外举行祭祀活动的违法性。① 然而，重新思考这一段史事，发现应该更加注意济渎庙作为忽必烈在即位前所属投下领的重要祠庙之一的性质。因此，笔者从这一问题出发，对世祖朝的活动作若干补充探讨。

表 1 所列成宗朝到泰定帝朝的这一段时期内，很少能看到皇帝之外的人物进行祭祀的例子。如后文论及，在皇庆元年与延祐元年立石的石刻（序号 31、35）中，有当时皇太后答己（顺宗答剌麻八剌的王妃）曾参与祭祀的情况。但是，在其祭祀之际，也可以明确看到是以皇帝作为主体。然而，拙文②也有论及，在世祖朝，却可以看到次子裕宗真金在至元九年（1272）进行的祭祀②，和四子那木罕在至元二十三年、以及翌年的祭祀③，此外还有至元二十六年和二十七年，庶子镇南王脱欢进行的祭祀④。那木罕的祭祀中，曾提到"思以神祇介祉、祖考储休"而派遣使者，说明祭祀不是出于皇帝的命令，而是其自身为主体的祭祀。

同时，镇南王的两回祭祀，可以通过最近公开"皇子镇南王遣官祭渎

---

① 樱井智美、姚永霞：《元至元九年'皇太子燕王嗣香碑'をめぐって》，《骏台史学》145，2012 年，第 33—35 页。

② 《皇太子燕王嗣香碑记》，载陈垣编纂，陈智超等校补《道家金石略》，文物出版社 1988 年版，第 1102 页，以下简称《道家》。

③ 《皇子北安王降香记》，载北京图书馆金石组编《北京图书馆藏中国历代石刻拓本汇编》第 48 册，中州古籍出版社 1989 年版，第 100 页，以下简称《北图》。

④ 《皇子镇南王遣官祭济渎记》（现存）。冯军：《济渎庙碑刻研究》附录 1《济渎庙历代碑文录》，硕士学位论文，郑州大学，2011 年。姚永霞《〈皇子镇南王遣官祭济渎灵应记〉碑记浅析》（《北方文物》2012 年第 2 期）及《文化济渎》（中州古籍出版社 2014 年版，第 214 页）都有其录文，但利用录文时需要注意其移录过程中有一些错误。

记"，得知其经过。据《元史》本纪或"铁木儿不花传"，脱欢于至元二十一年以后，被授予镇南王的称号远征交趾、占城，至二十五年为止因为牺牲人数太多败战，引兵返回江南。因此脱欢没能得以实现入觐的愿望①。此后，直到明确记载其再次出镇扬州的至元二十八年为止，几乎看不到有脱欢的资料留存。从"皇子镇南王遣官祭渎记"来看，恐怕在至元二十六年，与他相关的碑文"皇子镇南王暨元妃晚烈意谓钦承帝命，镇守南荒，庶边境以无虞，致人民之宁静，寔赖我祖考大德之昭著，神灵之所祐也"，仍宣言其自身由神灵和祖先的德泽守护而实施任务。然而事实却是，脱欢在安南、占城败战终绩的二年后，才派遣祭祀济渎的使者。

关于如何看待上述世祖忽必烈子孙祭祀的问题，据《元史》可知，怀孟地区在宪宗七年成为忽必烈的投下领。此后，其子裕宗真金（至元二十二年，1286年逝去）和其孙顺宗答剌麻八剌（至元二十八年逝去）都先世祖而死去，在世祖死后，武宗海山作为次任该地区的投下领的首领②。世祖在长期以怀孟地区为投下领的管理期间内，曾在至元二十八年命其子顺宗出镇怀州③。从他派遣子孙至怀州的情况来看，怀孟地区应为包括子孙在内，世祖一族的投下领地。所以，从投下领所在这一标志性的祠庙、济渎庙的角度来看，裕宗、那木罕、镇南王的祭祀，都可以解释为他们作为族内人，对前代祖先所获权益之地的一系列的祭祀活动。以前，笔者曾将其理解为宗王或臣下在未经许可的状况下对其进行国家祭祀，这是错误的。在镇南王的祭祀中，虽然不知其中的"元妃晚烈"所指为谁，但可以知道她与镇南王共同出镇江南，在祭祀场合有女性参与或其中会言及女性的这一点，与投下领的祠庙、寺观中，女性参与祭祀的事例也具有共通的特征。

---

① 《元史》卷117《帖木儿不花传》（第2912页）："镇南王脱欢第四子也。初，世祖第九子脱欢以讨安南无成功，终身不许见，遂封镇南王，出镇扬州"等。

② 《元史》卷4《世祖纪一》岁丙辰条（第60页）："冬，驻于合剌八剌合孙之地。宪宗命益怀州为分地。"卷95《食货志三·岁赐·诸王·睿宗子世祖次子裕宗位》"裕宗子顺宗子武宗"（第2417页）中作："五户丝，丁巳年，分拨怀孟一万一千二百七十三户。"六年（丙辰）末（冬）该命令曾由宪宗发布，但是实际为次年的七年（丁巳），由世祖命令分拨。

③ 《元史》卷115《顺宗传》（第2895页）："二十八年，始诏出镇怀州（中略）。未至，以疾召还。明年春，世祖北幸，留疾京师，越两月而薨，年二十有九。"

三

前节所提到世祖的投下领地，在世祖逝去以后，为武宗所继承。其中，成宗也是世祖的孙辈之一，成宗在即位之际，自然也应该对这个地区有管理之权。但是此时皇帝对济渎庙的尊崇和相关的记载，相较于其他济渎庙却没有很大不同。关于这个问题的理由，要沿着时间变化，从表1所示济渎庙总体的变化动向，来分析济渎庙特有的性质与变化。

成宗在即位之际对五岳四渎全部派遣了祭祀的使者。从中可以知道，他严格遵守了即位诏书中所写的条画内容（序号1）[①]。只是，在祭祀之后是否立碑，碑刻又是否完整地保存下来，则因各个祠庙的状况而有所差异。现在能够解读出来，而且其中曾记载成宗举行了祭祀的碑刻，仅有南海庙的1通。

还有，在成宗朝以后的祭祀，有一个显著的特征是全真教之外的道教集团参与其中。世祖朝对全真教给与了严厉的态度。例如，至元七年（1270），在保求边境的安宁和镇压蝗灾、旱灾的祭祀活动中，当时的全真教掌教、诚明真人张志敬在大都南城全真教的大长春宫举行大醮祈祷，结束之后，全真教道士却派东平严氏的一个成员严忠祐去济渎庙祭祀[②]。然而，至元十二年的济渎祭祀，首先在京城的玉虚观举行了仪式，其后派遣观内正一大道（即真大道教一系）的七祖、圆明玄悟真人杜福春，到济渎庙举行了代祀[③]。由此可以看出在岳渎祭祀中，全真教道士的绝对权威在世祖朝遭到了打压，并如后文所述，在武宗朝的苗道一时期也被排除于朝廷主要的祭祀活动之外。

通过两相比较可见其中的差别，正一教一派的玄教，在成宗以后，教团

---

① 《代祀南海神记》（《嘉靖广州志》卷35《礼乐》）："四月甲午，皇帝嗣登宝位。乙未，诏赦天下，命遣使祭五岳四渎，有司祭名山大川。"另有《南海神庙碑刻集》（以下简称《碑刻集》），广东人民出版社2014年版，第245页。条画内容见第3页注。

② 《济渎投龙简记》（现存）。这座碑文没有收录于清代金石书，如《皇子镇南王遣官祭渎记》，载姚永霞《文化济渎》，第211—212页。

③ 《代祀济渎投龙简记》，《北图》第48册，第64页。关于杜福春等大道教的动向，参看刘晓《元代大道教玉虚观系的再探讨——从两通石刻拓片说起》，《中国史研究》2005年第1期；《元代大道教史补注——以北京地区三通碑文为中心》，《13，14世纪东アジア史料通信》13，2010年。

首领张留孙和宗室构筑了密切的关系，在主要的祈祷场所发挥了中心作用①。其弟子之一，后来也成为他的后继者的吴全节，负责江南道教的统领任务和活动，担当实行代祀（序号5、7）②。

关于此时的一些重要事情，例如大德二年（1398）命令加封五镇，向五镇派遣使者进行了祭祀。在至元二十八年，已经对五岳、四渎、四海进行了加封，此时加上四镇的封号，岳镇海渎的王号已经齐备③。所以可能也因为岳渎祭祀制度完备的原因，世祖朝特别受重视的怀孟地区，在此时的祭祀暂时变得减少了。

而在此之后的一个新的转换时期是，武宗、仁宗的母亲答己（兴圣太后）因受成宗妻卜鲁罕皇后的排挤，被遣出京城，史料记载，于大德九年（1305）七月"壬戌（18日），以金千两、银七万五千两、钞十三万锭，赐兴圣太后及宿卫臣，出居怀州"④。此际，尚且二十岁左右、后来即皇帝位的仁宗与母亲共赴怀州。如果《元史》的记述没有错误的话，同年十月，乘成宗"不豫"之际，卜鲁罕皇后矫拟制"诏"，答己和仁宗母子花了一年以上的时间徐徐移动，终于在翌年的大德十年十二月到达了怀州。在移动过程中，据说曾发令地方衙门不要过度铺张，令其随从人员也不要干扰百姓生活之类的告诫⑤。到达怀州后，很快便秘密得到翌年十一年正月成宗去世的消息，他们在怀州停留了1—2个月，于1月23日便返回了大都。北上之路十分迅速，25日曾到访过卫辉路的比干墓，经漳河、邯郸等地，2月16日即

---

① 此时期正一教与朝廷的关系，孙克宽：《元代道教之发展》，台中：东海大学出版社1968年版；高桥文治：《张留孙的登场前后》（同《モンゴル时代道教文书の研究》，东京：汲古书院2011年版，第243—281页，初出：1997年）；宫纪子：《历代カアンと正一教—〈龙虎山志〉の命令文より》（同《モンゴル时代の《知》の东西》，名古屋：名古屋大学出版会2018年版，第190—222页，初出：2004年）；吴小红：《元代龙虎山道士在两都的活动及其影响》，《元史论丛》第12辑，内蒙古教育出版社2010年版；刘晓：《元代道教公文初探——以〈承天观公据〉与〈灵应观甲乙住持札付碑〉为中心》，《东方学报》（京都）86，2011年；酒井规史：《正一教·玄教と江南の在来道观》，《东洋の思想と宗教》30，2013年等较为详细。从表1中现存成宗时期的碑刻中，无法看出代祀前大都道观的祭祀状况。

② （元）虞集：《道园学古录》卷25《河图仙坛之碑》，四部丛刊初编本，第5页b—第14页b。

③ 《元史》卷76《祭祀志五·岳镇海渎》，第1900页。

④ 《元史》卷21《成宗纪四》，第464页。

⑤ 《元史》卷24《仁宗纪一》（第535页）："大德九年冬十月，成宗不豫，中宫秉政，诏帝与太后出居怀州。十年冬十二月，至怀州，所过郡县，供帐华侈，悉令撤去，严饬扈从毋扰于民，且谕金事王毅察而言之，民皆感悦。"

到达大都①。

回看这一段史事，答己与其夫成宗答剌麻八剌，在成宗生前的至元二十八年已被命令出镇，虽说途中曾有折回，但恐怕是与其夫一起移动。此后顺宗逝去之后，直到成宗朝为止，答己曾服侍在大都的裕宗夫人阔阔真，协助皇太子府的运营②。答己与仁宗在大都与怀孟地区的这种往还方式，以及在移动过程中特别的行动很值得注意。从这一点出发，以下再来探讨在表 1 中答己权力不断强化的武宗朝至英宗朝这一时期的济渎祭祀。

四

从表 1 中可以明显看出，武宗朝没有遗留太多关于岳渎祭祀的记录，当然需要排除在其即位时，按照规定进行的一回祭祀（序号 24）③。还有一年之后的至大元年三月，继承前年十二月"至大改元诏"，向岳渎派遣使者的祭祀（序号 25）④。然而，在此之后的祭祀资料，却比成宗朝少了很多。这个原因很值得思考。武宗在位不满四年，可能会存在未立碑刻的情况，但碑刻资料仍然与《元史》等修史和资料编纂不同，可能会更客观地反映当时的情况。

按照研究，武宗朝为所谓"溥从宽大"的时代，对宗室、功臣大加分

---

① 《元史》卷 21《成宗纪四》（第 472 页）："十一年春正月丙（辰）〔寅〕朔，帝大渐，免朝贺。癸酉（8 日），崩于玉德殿"；卷 116《后妃传·顺宗昭献元圣皇后》（第 2900 页）："大德九年，成宗不豫，卜鲁罕皇后秉政，遣仁宗母子出居怀州。十年十二月，后至怀州。十一年正月，成宗崩。时武宗总兵北边，（左）〔右〕丞相答剌罕哈剌哈孙阴遣使报仁宗，与后奔还京师。后与仁宗入内哭，复出居旧邸，朝夕入奠"；卷 24《仁宗纪一》（第 535 页）："十一年春正月，成宗崩，时武宗为怀宁王，总兵北边。戊子（23 日），帝与太后闻哀奔赴。庚寅（25 日），至卫辉，经比干墓（中略），令祠比干于墓，为后世劝。至漳河（中略），行次邯郸（中略）。二月辛亥（16 日），至大都，与太后入内，哭尽哀，复出居旧邸，日朝夕入哭奠"；卷 22《武宗纪一》大德十一年（第 478 页）："先是，成宗违豫日久，政出中宫，命仁宗与皇太后出居怀州。至是，仁宗闻讣，以二月辛亥与太后俱至京师。"另外，延祐三年仁宗曾敕修比干墓。
② 屠寄：《蒙兀儿史记》卷 19《后妃传》。关于答己的生平，许正弘《元答己太后与汉文化》，《中国文化研究所学报》第 53 期，2011 年的讨论最为详细。
③ 光绪《广东通志》卷 214《金石略十六·祀南海王记》；《碑刻集》，第 254 页。
④ 参照第 3 页注。

封①，对儒、佛、道教都展示了积极尊崇的姿态。儒教方面，在大德十一年加封孔子"大成"之号，颁布诏旨制作石碑，遍立全国各地的庙学之中，推行保护儒教政策②。而关于藏传佛教方面，也有很多研究表示，从世祖朝开始，包括宗室的女性在内的信仰不断加强，例如成宗为皇太后阔阔真（裕宗妃）在五台山建设佛寺。至大年间，武宗和皇太后答己派军队建设寺院，至大二年（1309），答己赴五台山举行佛事，由皇太子仁宗和高丽王王璋扈从。后到英宗即位后，英宗终于亲自行幸五台山，逐渐强化了藏传佛教的信仰③。对于道教方面，也可以看到，在成宗朝正一教和玄教逐渐变得有力发展起来，一时期掌教空位的全真教也在至大元年七月任命苗道一为全真教的第十二代掌教，至大三年二月，又对全真教五祖七真进行了加封。而道教各派的首领也是在武宗朝一律获得了集贤院的官位④。为证明对宗教的推崇，有很多都立了碑刻并传至后世。

相比较之下，济渎祭祀的碑刻却很少，说明武宗在祭祀制度完备之后，渐渐地不再过度推崇济渎祭祀。而且，武宗朝的祭祀活动，无论祭祀的主体还是在文面上，都与皇太后答己和皇太子仁宗相关。可见曾计划亲祀郊祀、也曾亲祀宗庙的武宗对济渎却没有特别的表示，而是优先选择拉拢对自身更为有利的儒士官僚，以及道士、僧侣等。

其次在仁宗朝，在尊崇三教的姿态之中，岳渎祭祀也再度活跃起来。作为其即位的纪念，在至大四年四月济渎祭祀的碑刻《投龙简记》（序号35）中，讲述了这个时期围绕济渎祭祀的政治动向⑤。首先，碑刻在宣明仁宗即位的同时，也加上了"皇太后母仪懿恭、思齐内活"称赞答己的内容。其次，在命令代祀使者进行祭祀的碑文中，也并列"皇帝、皇太后"。武宗期

---

① 野口周一：《元代武宗期の王号授与について》；牛根靖裕：《元代云南王位の変迁と诸王の印制》等。

② 宫纪子：《大德十一年〈加封孔子制诏〉》，同《モンゴル时代の出版文化》，名古屋：名古屋大学出版会2006年版，第271—301页，初出：1999年。

③ 关于元代藏传佛教尊崇，相关研究很多，主要可参考村冈伦《元代モンゴル皇族とチベット仏教—成宗テムルの信仰を中心にして》，《仏教史学研究》39 – 1；王颋《五台山与元代的佛教崇奉》，《元史论丛》第10辑，第351—362页。

④ 高桥文治：《武宗カイシャンと苗道一》，同《モンゴル时代道教文书の研究》第2章第4节，初出：1999年。

⑤ 《投龙简记》，《北图》第49册，第36页；《道家》第894页。

持续存在的皇太后的权势，在仁宗即位后，也进一步被更明确的标记出来。大都的祭祀，首先命令正一教的首领张留孙主持，在原本为全真教道观的长春宫中举行七昼夜的周天大醮。接下来派遣集贤司直的周应极和正一教的陈日新①赴济源，二人于六月到达济渎，并在郊外的天坛紫微宫举行了祭祀。参加祭祀的道士们，仍然还是正一教的道士。祭祀结束后，参加的地方官以"皇帝在昔龙潜、而怀孟实汤沐之邑、今兹飞龙在天、光烈如此。首有事于天坛、济源、而山水之灵感若是。不有纪勒、何以昭示于后"，向使者周应极请求撰写碑文。此处的碑文便强调了仁宗在即位之前曾停留怀孟，并且那里仍然为忽必烈家的投下领的内容。

在此时的祭祀对象中，包括岳渎庙在内、中岳嵩山庙较多（序号31、33、36、39、42），也都是与仁宗和皇太后关系密切的场所。从"皇庆元年，仁宗皇帝命设大醮于大都南城长春宫，公（吴全节）奉旨投金龙玉简于嵩山、济渎"的记载来看②，吴全节所拟写非"诏"，而为"旨"，可知这条命令也出自答己皇太后。

还有举行祭祀的契机，多为"祈雪"（序号30）、"弭星芒祷雨"（序号33）、"旱暵"（序号34）、"上示星芒、下徼銮御"（序号37）、"秦山摧裂"（序号44）等天变地异，或彗星出现的事件，与元代前期或后期没有太多不同。元代中期的祭祀特征，与是谁举办祭祀有很大关系。例如延祐三年（1316）的"大元投龙简记"（序号37）中，祭祀主办者为皇帝和皇太后，在大都长春宫举行了长达九昼夜的大醮，由玄教的张留孙和全真教的孙德彧奉命主持。同时也派遣了太一教的蔡天祐和集贤侍读学士李俌。太一教的蔡天祐参与济渎祭祀的原因，当是怀孟地区距离太一教的中心彰德路较近的缘故。这一点可与作为使者派往南镇或南岳的道士中，大多为正一教的道士的事例相对比。

五

在从皇庆年间至延祐前半期为止的时期内，与上述记录的祭祀回数之多

---

① 关于陈日新的事迹，参看（元）虞集《道家学古录》卷50《陈真人道行碑》。
② （元）虞集：《道园学古录》卷25《河图仙坛之碑》。

不同，延祐后半期所举行的祭祀记录却并不详细。仅能得知此后英宗朝时，在英宗即位的延祐七年立有数封碑刻，派遣了使者进行祭祀（序号47－49）。

至泰定帝朝，从表1的碑刻数目可见当时也积极举行了祭祀。关于祭祀的原因，虽然不可否定是因为当时天灾的增加①，然而当时不仅岳渎祭祀频繁，宗庙祭祀和显微神御殿的创设等各项行动也很多，展开了一个新的时期②。因为泰定帝自身并不是作为裕宗、顺宗的子孙而登基为帝，他有意识地追溯世祖或是显宗拖雷的事迹，强调自己作为其子孙的正统地位。在泰定帝的命令中可频频看到"世祖旧制""世祖圣训"之类的表述，意在强调自己的权威应上溯至世祖的时代。在这种影响下，对曲阜孔子庙或淮岳渎祭祀的名山大川、圣帝明位、忠臣烈士的祭祀，都变得活跃起来③。

因此对于已研究讨论的泰定元年《周天大醮投龙简记》（序号54）④也可以从这个角度做一些新的阐释。正一教的道观、大都崇真万寿宫所举行的"金箓周天大醮"，曾由"玄教大宗师玄德真人吴全节，太一崇玄体素演吉真人嗣教七祖蔡天祐，五福太一真人吕志彝，正一大道真人刘尚平，玄教嗣师真人夏文泳"率"法师、道士几千人"举办祭祀。从中可以注意，当时在为朝廷祈求安泰的道教诸宗派中，除了全真道掌教以外，都参与了这次的祭祀。此后，在延祐三年太一教的蔡天祐赶赴济渎祭祀，也是因为怀孟地区距离太一教中心彰德路较近这一同样的原因。关于泰定帝以后的怀孟路作为投下领的权利去向，笔者尚有不明之处，还需今后继续加以考察。

结　语

至此笔者探讨了在世祖朝的祭祀中，岳渎祭祀全体不断突出强化，是由

---

①　《元史》卷30《泰定帝纪二》（第687页）评论："泰定之世，灾异数见，君臣之间，亦未见其引咎责躬之实。然能知守祖宗之法以行，天下无事，号称治平，兹其所以为足称也。"

②　《元史》卷74《祭祀志三·宗庙上》，第1836页；《元史》卷75《祭祀志四·神御殿》，第1876页。

③　参看牛潇《元代弘吉剌氏族与曲阜孔庙的加封祭祀》，《色目（回回）人与元代多元社会国际学术研讨会暨二〇一九年中国元史研究会年会论文集》，2019年；宫纪子《地方神の加封と祭祀——〈新安忠烈庙神纪实〉より》，同《モンゴル时代の〈知〉の东西》，第253—324页，初出：2005年。

④　刘晓：《元代皇家五福太一祭祀》，《隋唐辽宋金元史论丛》第四辑，上海古籍出版社2014年版。修正了拙稿①中对太一教相关论证的不足之处。

于其具有投下领祭祀性质，其活动不断盛行。在成宗时期，伴随五镇的加封、确立了岳渎祭祀的制度，由玄教道士主持的代祀活动变得活跃。武宗朝，与其他事例所留下的印象不同，为岳渎祭祀的低迷时期。而在仁宗朝的祭祀中，较多见到皇太后答己的参与，而且祭祀也与仁宗即位登基的背景相关联，使得怀孟地区的济渎庙祭祀相较其他地域得到了重视。在泰定帝时期，祭祀变得相当盛行。原因不只是由于泰定帝重新拉拢人才的需要，还有泰定帝为强调自身源于忽必烈的血统，而承袭忽必烈的祭祀活动，这种双重的需要所导致。

元代中期的祭祀活动，并非此前所形成的一种祭祀活动逐渐低迷的刻板印象。虽然此时持续不断的政治斗争给祭祀的实行带来一定的困难，但与一般所提及至正年间祭祀的活跃程度相比，决不亚于其活跃的程度。而且，对于皇帝即位以前的祭祀行动，特别是围绕着武宗和仁宗朝中镇祭祀的背景，本文也说明了一些新的问题（序号 22、26）。但表 1 中，除去笔者从前所考察的北岳、济渎、南海之外，并没有将资料收集的足够完全，还遗留着很多问题。包括元末的祭祀活动在内，结合社会情势和道教势力的动向来考察的话，全面总结、分析岳渎祭祀的工作，还留待今后的课题来完成。

行文至此，笔者之所以选择了近年没有进一步考察的题目，是因为笔者曾以学习、研读碑刻史料的目的，1997 年有一段在蔡美彪先生处留学的经历。

追忆起向蔡先生求学的过往，我有幸从 1997 年到 1998 年，有一年的时间跟随先生学习元史。那时我大约每周一次到蔡先生的办公室里请教和谈话。最初请教的是《中国通史》元史部分的详细内容，后来就向先生学习碑刻资料的解读方法。当时面对还未达而立之年的我，先生从来没有否定过我的意见或想法，而是很耐心地从其他角度来引导我，那段时间是我人生中最难忘怀的一段经历。这个时间解读碑刻史料的经验，也是我今天研究的基础。

回国之后，与蔡先生联系的机会转为赴北京调查之际，那时先生都会亲自来看望我。当我向蔡先生报告自己在日本就职，或者孩子出生这些消息的时候，先生也无比高兴。最后一次见到蔡先生，是在 2012 年 8 月南开大学的学会上。当时因为很久没有见面，先生专门到我的住处访见我，还记得当时先生说起夫人亡故的时候，含着泪光的情景。当时说好下次到北京的时候，一定再去拜访先生，却每次都因为他务而不得不延期，一直在说下次见面，却最终未能再次聆听先生的教诲，后悔至极。

我在作留学生拜见先生时，桌子上摞着厚厚一叠、写着许多校正文字的原稿，现在这些资料已经作为《八思巴字碑刻文物集释》《元代白话碑集录》和《辽金元史考索》等书出版了。这些著作中所见到的蔡先生严谨的治学态度，常在我的心中。并且，先生的这些著作对在日本有志于做蒙元史的学生来说，也是必读的书目之一。今后我也会继续致力于发展日本的蒙元史研究，以感铭先生的教诲之恩。最后我想在此谨致对蔡先生的感恩之情，谢谢蔡先生，愿二位老人在天堂安眠。

表 1　　　　　元代成宗朝至泰定帝朝岳渎祭祀一览

序号	年月日	西历	祭祀记录/碑刻题名	出处/相关史料	省	场所
1	至元三十一年四月甲午	1294	代祀南海庙记	嘉靖广州 35/13，南海碑刻 243	广东	广州
2	元贞二年二月	1296	遣使代祀岳渎	元史 19/403		
3	元贞二年三月	1296	祀中岳记	挼古 18	河南	登封
4	元贞二年九月	1296	重立南岳石桥记	湖湘 1/142	湖南	衡山
5	元贞二年	1296	奉诏祀中岳淮渎南岳南海	道园 25 河图仙坛之碑 元史 202/4528	河南 湖南 广东	登封 南阳 衡山 广州
6	大德元年四月	1297	南海新庙代祀记	隶竹 5	广东	广州
7	大德元年	1297	奉诏祀西岳河渎江渎	道园 25 河图仙坛之碑 元史 202/4528	陕西 山西 四川	陇州 河中 成都
8	大德二年二月	1298	加封五镇诏书碑	北图 48/152，菁华	浙江	绍兴
9	大德二年二月	1298	加封五镇诏书碑	东洋 2307，2308	辽宁	北镇

续表

序号	年月日	西历	祭祀记录/碑刻题名	出处/相关史料	省	场所
10	大德二年二月	1298	大元增封东镇元德东安王诏	罗蔡 29，山东临朐 1，沂山 21（阳），23（阴），沂山碑拓 3，UBC	山东	临朐
11	大德二年二月	1298	御祭南海神文/代祀南海神记	天下 5，嘉靖广州 35/7，35/14，南海碑刻 245，246	广东	广州
12	大德二年三月	1298	南镇庙加封四镇圣旨碑	掆古 18	浙江	山阴
13	大德二年四月	1298	北岳庙题名残字	掆古 18	河北	曲阳
14	大德三年四月	1299	济渎灵贶碑	中州 5/12	河南	济源
15	大德六年三月	1302	济渎投龙简记	怀庆 26/41	河南	济源
16	大德六年十月	1302	大元降御香之记	山东青州 7	山东	青州
17	大德七年	1301	祭南海神文	嘉靖广州 35，南海碑刻 248	广东	广州
18	大德八年二月	1304	大德八年御祭中镇祭文	洪洞 50，三晋洪洞 69	山西	洪洞
19	大德八年	1304	代祀南海	元史 164/3859	广东	广州
20	大德九年二月	1305	代祀北岳记	掆古 18	河北	曲阳
21	大德九年	1305	谕祭南海神文	嘉靖广州 35，番禺 30，广州 103	广东	广州
22	大德十年七月	1305	霍岳庙马儿年令旨碑	道家 715	山西	霍州
23	大德十年八月	1306	中岳投龙简记	掆古 18	河南	登封
24	至大元年正月乙丑	1308	祀南海王记	番禺 30，广东 214，广州 103，南海碑刻 254	广东	广州
25	至大元年三月丁卯	1308	遣使祀五岳四渎	元史 22/497		
26	至大元年十二月	1308	至大元年总管祀中镇记	洪洞 51，三晋洪洞 70	山西	洪洞
27	至大呈年十二月二十一日	1311	沂山东镇庙祭春记	掆古 18	山东	临朐
28	皇庆元年六月三日	1312	重建南镇庙碑	掆古 18	浙江	会稽
29	皇庆元年六月	1312	中岳祀香记	掆古 18	河南	登封
30	皇庆元年十二月丁亥	1312	诏祷岳渎	元史 23/554，58/1066		
31	皇庆元年	1312	奉旨投金龙玉简于嵩山济渎	道园 25 河图仙坛之碑	河南	济源 登封
32	皇庆二年二月二十一日	1313	皇庆二年代祀东镇祭文	山东临朐 6，沂山 29	山东	临朐

序号	年月日	西历	祭祀记录/碑刻题名	出处/相关史料	省	场所
33	皇庆二年五月二十一日	1313	中岳投龙简诗	翰墨 6/60	河南	济源 登封
34	皇庆二年十月二十三日	1313	御香碑记	东洋 2321，2322（碑身のみ），菁华	辽宁	北镇
35	延祐元年八月一日	1314	投龙简记	北图 49/36（阳），中州 5/18，道家 894，洛阳 72（阴あり）	河南	济源
36	延祐元年	1314	奉诏代祀中岳等神	元史 187/4135	河南	登封
37	延祐三年二月十日	1316	大元投奠龙简之记	北图 49/48，翰墨 6/63，中州 5/19，道家 862	河南	济源
38	延祐三年九月	1316	重修济渎清源善济王庙碑	拐古 18	河南	济源
39	延祐四年春月	1317	祀中岳记	拐古 18	河南	登封
40	延祐四年六月	1317	代祀北镇之记	北图 49/57（阳，无额），东洋 2322（阳，阴，额），2322（阳）	辽宁	北镇
41	延祐六年十月	1317	王桂祭陕西岳镇名山	元史 26/580	陕西	华阴 陇州
42	延祐四年十一月	1317	皇太后遣使祀中岳记	拐古 18	河南	登封
43	延祐四年十二月九日	1317	祀西岳文	拐古 18	陕西	华阴
44	延祐四年十二月二十六日	1317	大元特祀西镇之碑	道家 748	陕西	陇州
45	延祐六年三月二十八日	1319	延祐六年迷祇儿等代祀东镇碑	山东临朐 7，沂山 272，UBC	山东	临朐
46	延祐六年	1319	赵虚一奉祠南海	道园 46	广东 河北 浙江	广州 曲阳 绍兴
47	延祐七年五月八日	1320	皇帝登极祀岳之记	菁华	河北	曲阳
48	延祐七年六月	1320	代祀南海王记	南海拓片 36，南海碑刻 47	广东	广州
49	延祐七年	1320	南镇降香记	拐古 18	浙江	山阴
50	至治二年二月	1322	圣旨颁降御香记	中州 5/20（考释のみ）	河南	济源
51	至治二年九月十八日	1322	东镇沂山元德东安王庙神祐宫记	山东临朐 9，沂山 32	山东	临朐

续表

序号	年月日	西历	祭祀记录/碑刻题名	出处/相关史料	省	场所
52	泰定元年二月	1324	皇帝登宝位祀北岳记	北图 49/99	河北	曲阳
53	泰定元年三月	1324	代祀记残	沂山 273	山东	临朐
54	泰定元年五月	1324	周天大醮投龙简记	翰墨 6/69，道家 863，中州 5/21	河南	济源
55	泰定元年五月	1324	代祀南海王记	番禺 30，广东 214，南海碑刻 256	广东	广州
56	泰帝元年七月庚寅	1324	遣使代祀岳渎	元史 29/649		
57	泰定元年十月	1324	东岳庙圣旨碑	捃古 19	山东	泰安
58	泰定二年三月上旬	1325	济渎神庙之记	北图 49/104，菁华	河北	曲阳
59	泰定二年三月二十三日	1325	代祀祷雨灵应记	中州 5/21	河南	济源
60	泰帝二年八月辛丑	1325	遣使代祀岳渎名山大川	元史 29/659		
61	泰定三年正月	1326	南镇庙置田记	北图 49/109	浙江	绍兴
62	泰帝三年三月乙巳朔	1326	遣使分祀五岳四渎	元史 30/668		
63	泰定三年八月	1326	代祀中岳记	捃古 19	河南	登封
64	泰定四年五月十八日	1327	祀西镇吴岳庙祝文	捃古 19	陕西	陇州
65	泰定四年七月	1327	代祀南海王记	南海拓片 40，南海碑刻 51，番禺 30/11	广东	广州
66	泰帝四年闰九月甲戌	1327	致祭五岳四渎	元史 30/682		
67	致和元年三月	1328	代祀东镇庙倡和诗刻	捃古 19	山东	临朐
68	致和元年四月二十九日	1328	致祭南镇昭德顺应王文	捃古 19	浙江	山阴
※出处（略号）						

北图：北京图书馆金石组编《北京图书馆藏中国历代石刻拓本汇编》100 册（中州古籍出版社 1989 年版）

道家：陈垣编纂，陈智超等校补《道家金石略》（文物出版社 1988 年版）

道园：虞集《道园学古录》50 卷（四部丛刊本）

东洋：《东洋文库所藏中国石刻拓本目录》（东洋文库 2002 年版）

广东：阮元等修，江藩等纂《广东通志》334 卷［同治三年（1864），道光二年重刊本，中国地方志集成，凤凰出版社 2010 年版］

广州：戴肇辰等修，史澄等纂《广州府志》163 卷［光绪五年（1879）刊本，中国地方志集成，上海书店出版社 2003 年版］

翰墨：李源河主编《翰墨石影》（河南省文史研究馆藏搨片精选，广陵书社 2003 年版）

洪洞：李国富、王汝雕、张宝年主编《洪洞金石录》（山西古籍出版社 2008 年版）

湖湘：刘刚主编《湖湘碑刻》（湖南美术出版社 2009 年版）

怀庆：唐侍陛修，洪亮吉等纂《乾隆怀庆府志》

嘉靖广州：黄佐纂修《广州志》70 卷（现存 37 卷，广东省人民政府地方志办公室"广东省情数据库"，2018 年 1 月 8 日阅览）

菁华："碑帖菁华"（中国国家图书馆·中国数字国家图书馆读者云门户）http：//read. nlc. cn/allSearch/searchList? searchType = 34&showType = 1&pageNo = 1（2023 年 5 月 25 日阅览）

捃古：吴式芬撰《捃古录》（北京市中国书店刷印原刊本线装本，1982 年）

菉竹：叶盛编《菉竹堂碑目》6 卷（粤雅堂丛书本）

罗蔡：罗常培、蔡美彪《八思巴字与元代汉语（增订版）》（中国社会科学出版社 2004 年版）

洛阳：黄明兰、朱亮编《洛阳名碑集释》（朝华出版社 2003 年版）

南海碑刻：黄兆辉、张菽珲编撰《南海神庙南海碑刻》（广东人民出版社 2014 年版）

南海拓片：冯少贞、李珺责任编辑《南海神庙碑刻拓片集》（广州出版社 2007 年版）

番禺：李福泰修，史澄等纂《番禺县志》54 卷［同治十年（1871）刊本，中国地方志集成，上海书店出版社 2003 年版］

三晋洪洞：汪学文主编《三晋石刻大全 临汾市洪洞县卷》（三晋出版社 2010 年版）

山东临朐：赵卫东、宫德卫编《山东道教碑刻集 临朐卷》（齐鲁书社 2011 年版）

山东青州：赵卫东、庄明军编《山东道教碑刻集 青州昌乐卷》（齐鲁书社 2010 年版）

天下：周南瑞撰《天下同文集》50 卷（四库全书珍本五集）

UBC：Open Collections，Library，The University of British Columbia

沂山：张孝友主编《沂山石刻》（山东友谊出版社 2009 年版）

沂山碑拓：政协山东省临朐县委员会编《东镇沂山碑拓集锦》（齐鲁书社 2013 年版）

元史：宋濂编《元史》210 卷（中华书局 1976 年版）

中州：毕沅《中州金石记》（石刻史料新编 18，新文丰出版有限公司 1977 年版）

（作者为日本明治大学教授）